Maria Kordeva

Le principe de séparation des pouvoirs en droit allemand

Préface d'Olivier Jouanjan

Editions juridiques franco-allemandes

Imprint
Any brand names and product names mentioned in this book are subject to trademark, brand or patent protection and are trademarks or registered trademarks of their respective holders. The use of brand names, product names, common names, trade names, product descriptions etc. even without a particular marking in this work is in no way to be construed to mean that such names may be regarded as unrestricted in respect of trademark and brand protection legislation and could thus be used by anyone.

Cover image: www.ingimage.com

Publisher:
Editions juridiques franco-allemandes
is a trademark of
International Book Market Service Ltd., member of OmniScriptum Publishing Group
17 Meldrum Street, Beau Bassin 71504, Mauritius

Printed at: see last page
ISBN: 978-620-2-48449-7

Zugl. / Agréé par: Strasbourg, Université de Strasbourg, 2014

Parus chez le même éditeur
Im gleichen Verlag erschienen

Dans la collection / Schriftenreihe *Revue générale du droit*

Série « Colloques » / Serie „Kolloquien“

- COSSALTER Ph. (dir.), *Die grenzüberschreitende Zusammenarbeit in der Großregion / La coopération transfrontalière dans la Grande Région*, 2016.
- N'DIAYE F. (dir.), *Le crowdfunding ou financement participatif : état des lieux en Europe*, 2016.

Série « Manuels » / Serie „Handbücher“

- CAILLE P., *Contentieux administratif*, 3ème édition 2018 (1ère édition, 2016 ; 2ème édition, 2017).
- HLAWON M. et JAILLET L., *Staatsrecht I – Droit constitutionnel allemand I*, 2de édition, 2017.
- MANCOSU G., *La transparence publique à l'ère de l'Open Data*, 2019.
- de NANTOIS Ch., *Approche empirique de la science politique*, 2ème édition 2019 (1ère édition, 2016).
- TIFINE P., *Droit administratif français*, 4ème édition 2018 (1ère édition, 2014 ; 2ème édition, 2015 ; 3ème édition, 2016).

Dans la collection / Schriftenreihe BIJUS

Série « Manuels » / Serie „Handbücher“

- HLAWON M., *Droit international privé allemand et européen du patrimoine - Guide pour la pratique notariale franco-allemande*, 2018.

L'ensemble des œuvres publiées dans les collections « Revue générale du droit » et « BIJUS » sont également consultables gratuitement sur www.revuegeneraledudroit.eu et www.bijus.eu

Alle Veröffentlichungen der Schriftenreihen „Revue générale du droit“ und „BIJUS“ sind auf www.revuegeneraledudroit.com bzw. www.bijus.eu kostenlos abrufbar

Dans la collection / In der Schriftenreihe *Études et Documents du CJFA* (EDCJFA)

- EDCJFA n°1 : AUTEXIER Ch., FLAUSS J.-F., FROMONT M., GREWE C., KOENIG P., RIEG A., *Le Glossaire de la Loi fondamentale allemande*, 1987.
- EDCJFA n°2 : AUTEXIER Ch., *La Loi relative à la Cour constitutionnelle fédérale*, 1987.
- EDCJFA n°3 : AUTEXIER Ch., *La Loi fondamentale*, 1996.
- EDCJFA n°4 : AUTEXIER Ch., *Constitution du 4 octobre 1958*, 7ème éd., 2009.
- EDCJFA n°5 : AUTEXIER Ch., *Traité d'Union*, 1991.
- EDCJFA n°6 : AUTEXIER Ch., *Gemeinsame lothringisch-saarländische administrative Einrichtungen und Verfahrensweisen – Rechtsgutachten*, 1993.
- EDCJFA n°7 : AUTEXIER Ch., CATHALY A., *Loi sur la juridiction administrative*, 1995.
- EDCJFA n°8 : FRIED K., QUECKENSCHEID D., HOSER A., KUDER A., WOLF M., *Etudes comparatives : droit d'asile, le statut constitutionnel du juge en France, la condition juridique de la femme mariée, l'acquisition de la nationalité en France et en Allemagne*, 1995.
- EDCJFA n°9 : AUTEXIER Ch., *La Constitution du* Land *de Sarre*, 1995.
- EDCJFA n°10 : AUTEXIER Ch., CATHALY-STELKENS A., *Loi sur la procedure administrative non contentieuse*, 1996.
- EDCJFA n°11 : LANGE C., *Le Statut constitutionnel de l'enseignement privé en France, éléments de comparaison avec le droit allemand*, 1997.
- EDCJFA n°12 : AUTEXIER Ch., GLAAB K., *Einführung in das französische Verfassungsrecht*, 1998.
- EDCJFA n°13 : GROSSHANS R., WERNET M., *Le droit au travail – son développement et sa portée actuelle en France et en Allemagne*, 2000.
- EDCJA n°14 : HLAWON M., JAILLET L., *Deutsches Staatsrecht / Droit constitutionnel allemand I*, 2nde éd., 2017 (1ère édition, 2015).

L'ensemble des EDCJFA sont consultables gratuitement sur www.bijus.eu.

Alle Veröffentlichungen der EDCJFA sind auf www.bijus.eu kostenlos abrufbar.

Dans la collection / In der Schriftenreihe *Cahiers juridiques franco-allemands*

- WITZ Cl., *La coopération commerciale dans la convention ACP – CEE du 31 octobre 1979 de Lomé I à Lomé II,* 1979.
- HUET-WEILLER D., *Bilan de 10 ans d'application de la réforme de la filiation, conférence du 15 mai 1983 dans le cadre du "Dialogue franco-allemand"*, 1983.
- PRADEL J., *Le médecin devant la loi pénale, conférence du 18 novembre 1983 dans le cadre du "Dialogue franco-allemand"*, 1984.
- AUTEXIER Ch., *L'action extérieure des régions*, 1984.
- ROUDAUT R., *Les relations commerciales et industrielles franco-allemandes, conférence du 25 avril 1984 au Centre d'Études Juridiques Françaises de l'Université de la Sarre dans le cadre du "Dialogue franco-allemand"*, 1984.
- JUNG H., *Le système des sanctions dans le droit pénal des mineurs en R.F.A., conference du 30 septembre 1983 à la* Richterakademie *de Trèves à l'occasion d'un session de formation continue sur le système des sanctions*, traduction : HAUPTMANN J.-M., 1985.
- BRIGOULEIX B., *L'opinion publique française et l'Allemagne dans la perspective européenne*, résumé de la conférence prononcée le 22 novembre 1984 à l'Université de la Sarre, 1985.
- FERRETTI R., *La nouvelle décentralisation et les finances locales*, 1985.
- VITU A., *Les traits caractéristiques de la procédure pénale française, conférence du 10 mai 1985 à l'Université de la Sarre dans le cadre du "Dialogue franco-allemand"*, 1985.
- MENUDIER H., *L'Allemagne à la télévision française*, 1985.
- VARII AUCTORES, *Le trentenaire du Centre d'Études Juridiques Françaises (15–25 novembre 1985)*, 1985.
- FLAUSS J.-F., *Le règlement amiable devant la CEDH*, 1986.
- BRUNET A., *Le sort des créanciers dans le nouveau droit français de la faillite*, 1987.
- PRADEL J., *Trente ans de politique pénitentiaire française*, 1987.
- AVRIL P., *L'influence des institutions sur les partis politiques - Der Einfluß der*
- *Verfassungsordnung auf die politischen Parteien*, 1988.
- ROBERT J., *Terrorisme et libertés publiques - Terrorismus und Freiheitsrechte*, 1988.
- TUNC A., *La loi Badinter après cinq ans d'application*, 1991.
- FROMONT M., *Asylrecht in Frankreich*, 1993.
- LUCHAIRE F., *L'Europe et la souveraineté des États*, 1994.

L'ensemble des Cahiers juridiques franco-allemands sont consultables gratuitement sur www.bijus.eu.

Alle Veröffentlichungen der Cahiers juridiques franco-allemand sind auf www.bijus.eu kostenlos abrufbar.

Maria KORDEVA

Le principe de séparation des pouvoirs en droit allemand :

étude doctrinale et jurisprudentielle

Préface d'Olivier JOUANJAN

Prix de thèse de l'Université de Strasbourg

Prix de thèse du Centre français de droit comparé

Prix de thèse *Koch* du Chapitre de Saint-Thomas

Thèse de doctorat présentée et soutenue publiquement le 6 décembre 2014 à l'Université de Strasbourg devant un jury composé de MM. les Professeurs Jacky **HUMMEL** (rapporteur, Université de Rennes I), Matthias **JESTAEDT** (président, Albert-Ludwigs-Universität, Freiburg-im-Breisgau, RFA), Olivier **JOUANJAN** (directeur de thèse, Université Panthéon-Assas, Paris 2), Éric **MAULIN** (Université de Strasbourg), Christoph **SCHÖNBERGER** (directeur de thèse, Universität Konstanz, RFA), Karl-Peter **SOMMERMANN** (rapporteur, Deutsche Universität für Verwaltungswissenschaften, Speyer, RFA).

Conformément à la décision du Conseil scientifique du 4 février 2009 l'Université de Strasbourg ne délivre aucune mention.

Préface

Le principe de séparation des pouvoirs est évidemment un principe fondamental du constitutionalisme moderne qui a trouvé sa première expression juridique à l'article 16 de la *Déclaration* de 1789 comme chacun sait. La tradition le rapporte aux développements du chapitre 6 du livre XI de l'*Esprit des lois*. Dans un article célèbre paru aux *Mélanges Carré de Malberg* en 1933, Charles Eisenmann avait montré que, dans l'*Esprit des lois*, la séparation des pouvoirs ne s'y trouvait pas, si du moins cette séparation des pouvoirs devait signifier « confier les trois fonctions de l'État à des autorités ou groupes d'autorités absolument distinctes et indépendantes », comme si ces autorités ou groupes d'autorités exerceraient « d'une façon à la fois intégrale et exclusive » l'une des fonctions étatiques[1]. Louis Althusser reconnaît sa dette envers Eisenmann au chapitre qu'il consacre au « mythe de la séparation des pouvoirs » dans son petit livre consacré à Montesquieu[2]. De même la thèse de Michel Troper trouve ses prémisses dans l'analyse d'Eisenmann[3]. Puisqu'une telle séparation « intégrale et exclusive » des pouvoirs entendus comme fonctions attribuées à des organes indépendants est introuvable, Michel Troper rappelle que, dans une sorte de geste de sauvegarde de la théorie, on inventa la distinction entre séparation « rigide » et « souple » des pouvoirs[4], notamment sous la plume de l'auteur primé au concours ouvert pour 1878 par l'Académie des sciences morales et politiques sur le sujet[5]. Cette distinction devint la vulgate de la doctrine constitutionnelle française : nous avons tous appris la distinction entre une séparation « rigide » propre au régime dit « présidentiel » et la séparation « souple », typique du régime di « parlementaire ». Pourtant, nous avons en même temps appris que la séparation soi-disant « rigide » procédait par « freins et contrepoids », *checks and balances*, comme si ces freins et contrepoids ne venaient nullement contredire le principe d'une séparation « rigide » des pouvoirs ! Et l'on nous expliquait que cette séparation rigide s'exprimait par un simple « contrôle sur les actes », sans possibilité pour le pouvoir exécutif de dissoudre le pouvoir législatif, le Congrès, ni pour le Congrès de renverser l'exécutif, même si la procédure d'*impeachment*... On se souvient aussi que, étudiant, on comprenait mal pourquoi,

---

[1] Charles Eisenmann, « *L'esprit des lois* et la séparation des pouvoirs », *Mélanges Carré de Malberg*, 1933, rep. dans du même, *Écrits de théorie du droit, de droit constitutionnel et d'idées politiques*, Charles Leben (éd.), Paris, Éd. Panthéon-Assas, 2002, p. 565.

[2] Louis Althusser, *Montesquieu. La politique et l'histoire*, Paris, PUF, 1959.

[3] Michel Troper, *La séparation des pouvoirs et l'histoire constitutionnelle française*, 1973, 2e éd., Paris, LGDJ, 1980.

[4] *Ibid.*, p. 12.

[5] Antoine de Saint-Girons, *Essai sur la séparation des pouvoirs dans le droit public français*, Paris, Larose, 1881.

selon ces doctrines si bien établies – en France du moins –, le Sénat américain exerçait un droit de contrôle sur les nominations à certains postes exécutifs et judiciaires, nominations proposées par l'exécutif, ce qui, d'après les maîtres français, devait se distinguer du contrôle parlementaire « sur les personnes »... Et on ne comprenait pas davantage pourquoi et comment, si le régime parlementaire se caractérisait par un contrôle sur les personnes, la fonction normative pouvait être séparée entre le « législatif » et l'« exécutif », celui-ci disposant d'un pouvoir réglementaire, de faire donc lui aussi des « lois matérielles », pourquoi l'exécutif pouvait intervenir dans la procédure législative, et moins encore pourquoi les organes juridictionnels pouvaient annuler des actes exécutifs ou les laisser inappliqués, et même – mais à l'époque cela avait encore l'air d'être une incroyable nouveauté en France, alors que c'était déjà monnaie courante dans d'autres régimes parlementaires européens – censurer des lois. La séparation des pouvoirs devenait non pas seulement un principe introuvable, mais davantage encore un principe impossible dont on pensait d'ailleurs pouvoir annoncer la fin à la veille de la Seconde guerre mondiale[6].

Pourtant il est dans la jurisprudence du Conseil constitutionnel, tout d'abord sous la forme vague de la « conception française de la séparation des pouvoirs »[7], puis comme « principe de la séparation des pouvoirs »[8], que celui-ci soit ou non formellement rapporté à l'article 16 de la Déclaration. Toutefois, il est remarquable que ce principe – qui remplit des fonctions très diverses dans l'ordre juridique et constitutionnel français, de la distinction des fonctions juridictionnelles administratives et judiciaires à la garantie de l'autonomie financière des pouvoirs publics constitutionnels, en passant par la protection de la compétence normative de l'exécutif et de la fonction juridictionnelle à l'encontre des pouvoirs législatif et exécutif – ne trouve aucune définition générale dans les décisions du Conseil constitutionnel qui en exprimerait le plus petit dénominateur commun. On entend par là une formule qui fixerait une directive d'application du principe et contribuerait au moins relativement à la rationalisation de sa concrétisation, à la manière de ce que l'on trouve, par exemple, pour un principe pourtant tout aussi vague et indéterminé que le principe d'égalité[9]. Difficile ou impossible à définir, en France, le principe semble s'appliquer exclusivement *à l'intuition*.

En République fédérale d'Allemagne, le principe de séparation ou division des pouvoirs – le mot *Gewaltentrennung* (littéralement : séparation des pouvoirs) a aujourd'hui complètement laissé la place à celui de *Gewaltenteilung* (littéralement :

---

6 Marcel de la Bigne de Villeneuve, *La fin de la séparation des pouvoirs : les nouvelles formules de la statologie sociale*, Paris, Sirey, 1934.

7 Cons. const., décision n°224 DC du 23 janvier 1987.

8 Depuis : Cons. const., décision n°248 DC du 17 janvier 1989 ; décision n°258 DC du 8 juillet 1989 ; décision n°260 DC du 28 juillet 1989 ; décision n°268 DC du 29 décembre 1989.

9 Malheureusement, la formule générale appliquée à l'égalité, par insuffisance de rigueur logique, n'est en aucun cas capable de rationaliser quoi que ce soit : Olivier Jouanjan, « Le Conseil constitutionnel, gardien de l'égalité ? », *Jus Politicum*, vol. IV, 2012, p. 157 et s.

division des pouvoirs) – est ancré à l'article 20 al. 2 de la Loi fondamentale, d'après lequel le peuple exerce le « pouvoir d'État » – la *Staatsgewalt*, qui pourrait aussi être rendu par puissance publique – au moyen d'élections et de votations et « par des organes spéciaux (*besondere Organe*) investis des pouvoirs législatif, exécutif et judiciaire ». On remarque que cette formule ne dit pas exactement ce que la tradition française, si critiquée et à juste titre comme on l'a vu, présuppose : que le principe attribuerait à chaque *organe spécial* à titre exclusif l'un des trois « pouvoirs », l'une des trois fonctions. Le principe d'exclusivité ne concerne que les organes juridictionnels de la Fédération et des *Länder* au titre de l'article 92 : « Le pouvoir de rendre la justice est confié aux juges ; il est exercé par la Cour constitutionnelle fédérale, par les tribunaux fédéraux prévus par la présente Loi fondamentale et par les tribunaux des *Länder.* » Par ailleurs, ces juges sont « indépendants et ne sont soumis qu'à la loi ». Ces dispositions font aux juges une place particulière et spécifiquement protégée dans le système général de la division des pouvoirs ce qui évidemment ne peut surprendre, c'est une exigence de l'État de droit, principe dont la séparation des pouvoirs elle aussi participe. Toutefois, il serait hâtif d'en déduire que la puissance de juger échapperait purement et simplement à ce système : elle s'y trouve institutionnellement garantie de manière forte et spécifique.

La Cour constitutionnelle fédérale a donné sinon une définition du principe, du moins une explicitation destinée à en orienter la concrétisation : « La division des pouvoirs telle que normée par l'article 20 al. 2, phrase 2 de la Loi fondamentale constitue, pour la Loi fondamentale, un principe fonctionnel et organisationnel constitutif. Elle vise au contrôle mutuel des organes de l'État et, de cette manière, à la modération de la puissance de l'État. En ce sens, elle cherche également à ce que les décisions de l'État soient aussi satisfaisantes (*richtig*) que possible, c'est-à-dire qu'elles soient adoptées par les organes qui offrent les meilleures garanties en fonction de leur organisation, de leur composition, de leur fonction et de leur procédure[10]. » Dans cette même décision, la Cour ajoute que ce principe n'est « nulle part parfaitement réalisé » : « Il existe de nombreuses imbrications et balances entre les pouvoirs. La Loi fondamentale n'exige pas une absolue séparation un contrôle, un frein et une modération mutuels des pouvoirs. (…) Aucun des pouvoirs ne saurait acquérir à l'égard d'un autre pouvoir une prépondérance qui ne serait pas prévue par la Loi fondamentale. Aucun pouvoir ne peut être privé des compétences nécessaires à l'accomplissement de ses missions constitutionnelles. Le domaine essentiel de compétence (*Kernbereich*) des différents pouvoirs ne saurait être modifié. »

Il est clair qu'une telle formule générale ne constitue pas la définition du concept de séparation ou division des pouvoirs, si l'on attend d'une définition qu'elle fournisse la prémisse d'où il suffirait de déduire une solution. Il s'agit plutôt de fixer des points de vue topiques permettant d'orienter et, ainsi, rationaliser

---

[10] Arrêt du 17 juillet 1996, BVerfGE (*Recueil des arrêts de la Cour*), t. 95, p. 1 (p. 15), « Südumfahrung Stendal ».

relativement la concrétisation d'un principe. C'est la technique habituelle de la Cour qui a fait l'objet d'une très vive critique méthodologique[11]. On peut à tout le moins objecter qu'il n'est pas sûr qu'une application purement intuitive de principes constitutionnels sans une *optique*, même un peu floue, sans une explicitation minimale du cadre et de la profondeur de champ, sans une *mise au point* globale de ces principes soit plus favorable à la rationalité de leur concrétisation. S'agissant en tout cas de la séparation des pouvoirs, comme l'écrivait Georg Jellinek, « aucune division ne saurait présenter le caractère d'une logique rigoureuse, parce qu'il s'agit d'embrasser la vie et non pas une matière morte »[12].

L'immense mérite de la thèse de Maria Kordeva est précisément d'embrasser cette vie constitutionnelle sans projeter sur elle un arsenal doctrinal préétabli qui figerait la séparation des pouvoirs comme une nature morte. Elle travaille dans le paysage complexe, un peu broussailleux de la jurisprudence de la Cour constitutionnelle allemande. Les « faiseurs de systèmes » lui en voudront sans doute un peu, mais oublieront justement qu'il n'y a pas de *système* absolument rationnel de la séparation des pouvoirs. On ne peut que ramener ce principe à cette optique lâche qu'utilise la Cour constitutionnelle fédérale évoquée plus haut et qui ne forme qu'une unité très relative. Mais c'est justement tout l'intérêt que l'on prend à lire ce travail : si une théorie juridique de la séparation des pouvoirs est possible, elle ne peut être qu'une théorie *faible*, souple qui oriente, sans déterminer par elle-même la solution des cas concrets qui peuvent être soumis au juge constitutionnel.

L'analyse de la jurisprudence que propose Maria Kordeva est à la fois exhaustive et d'une très grande probité : elle n'en rajoute pas. Elle ne mobilise pas, comme tant de thèses le font aujourd'hui, un appareil théorique auquel il s'agirait d'adhérer *a priori*, sans s'apercevoir, *a posteriori*, que celui-ci n'est pas en mesure d'apporter un véritable éclairage sur l'objet. Elle ne *frime* pas, alors qu'on lit tant de thèses qui ne voient même pas le hiatus insurmontable entre leurs prétentions théoriques et la réalité de leurs démarches et de leurs résultats. Maria Kordeva entend seulement donner à voir ce qu'il en est du principe de la séparation des pouvoirs dans un ordre juridique étranger. Il faut ajouter que ses traductions de l'allemand juridique, et spécialement de la langue compliquée de la Cour constitutionnelle fédérale, sont excellentes. Ce faisant, elle devrait donner à penser aux juristes français, et peut-être aussi à la juridiction constitutionnelle française, non pas comment ils *devraient* comprendre et appliquer le principe, mais à tout le moins comment on *pourrait réfléchir mieux* à ce principe, avec ce principe.

C'est pourquoi on doit espérer que cette thèse soit lue comme elle le mérite : comme l'incitation faite à la doctrine et la jurisprudence françaises, auxquelles elle s'adresse, non pas d'adopter les principes allemands, mais de faire retour sur leurs propres présupposés afin de donner à ce principe difficile une signification

---

[11] Oliver Lepsius, « Die maßstabsetzende Gewalt », Jestaedt/Lepsius/Möllers/Schönberger, *Das entgrenzte Gericht*, Francfort/Main, Suhrkamp, 2011, p. 161 et s.

[12] Georg Jellinek, *L'État moderne est son droit*, t. 2, Paris, rééd. Panthéon-Assas, 2005, p. 313.

véritablement juridique qui puisse lui permettre d'acquérir un peu plus de consistance pratique et, sinon rationnelle, du moins raisonnable. La difficulté, à partir de la jurisprudence allemande, Maria Kordeva a eu le courage de l'affronter. Elle mérite donc notre gratitude.

Olivier Jouanjan, professeur à l'Université Pantéon-Assas (Paris 2)

Avant-propos

Le présent ouvrage reprend la thèse de doctorat, rédigée sous le régime de la cotutelle et dirigée par MM. les Professeurs Olivier Jouanjan (Université Panthéon-Assas, Paris 2) et Christoph Schönberger (Universität Konstanz, RFA). La soutenance a eu lieu le 6 décembre 2014 à l'Université de Strasbourg devant un jury composé de MM. les Professeurs Jacky Hummel, Matthias Jestaedt, Olivier Jouanjan, Éric Maulin, Christoph Schönberger et Karl-Peter Sommermann.

La séparation des pouvoirs est sans doute l'une des notions les plus en vogue dans le vocabulaire des juristes, mais prend également de la place dans des travaux de science politique ou d'histoire, ou même dans le langage ordinaire, non-spécialisé. Elle est devenue une notion sous-entendue, qui frappe tellement par l'évidence de son existence qu'il n'est point nécessaire de vouloir l'expliquer. Tout le monde *sait* ce qu'est la séparation des pouvoirs. La paternité française de la notion, attribuée à Montesquieu, ainsi que la conception *française* de la séparation des pouvoirs règnent en maître dans les travaux de la doctrine et dans la jurisprudence constitutionnelle françaises. Les étudiants de première année *savent* la définir. Il suffit de se référer aux deux modèles de régime politique qui l'appliquent : le régime parlementaire et sa séparation souple des pouvoirs et le régime présidentiel impliquant une séparation stricte ou rigide des pouvoirs. Mais l'on oublie que classer les régimes politiques en fonction de la manière dont s'organise l'exercice du pouvoir d'État n'est pas entreprendre de définir une notion dans sa teneur juridique.

Lorsque, après la réalisation d'un mémoire sur les doctrines classiques de la notion d'exécution en France et en Allemagne, qui portait essentiellement sur le XIXe et le début du XXe siècle, le Professeur Olivier Jouanjan a formulé la proposition de prolonger cette réflexion dans le cadre d'une thèse sur un sujet de droit allemand, nous nous réjouissions de pouvoir continuer à travailler sur l'Allemagne qui, malgré sa proximité géographique, reste toujours peu ou prou dans l'obscurité du champ de vision général français, bien que l'on puisse avoir le plaisir de lire les travaux excellents, mais rares, d'universitaires français germanophones. Le sujet, *Le principe de séparation des pouvoirs en droit allemand*, venu naturellement, n'était guère exploité en France malgré son importance qualitative et quantitative dans la doctrine et la jurisprudence allemandes. Jeune doctorante, nous ne nous rendions pas compte de l'ampleur de la tâche ni du nombre écrasant de présupposés, de préjugés, auquel nous devrions nous confronter constamment lors de la rédaction de ce travail et que nous voyons encore aujourd'hui. Nous avons fait table rase de toutes ces images confectionnées et prêtes à utiliser pour découvrir la richesse que proposait le principe *allemand* de séparation des pouvoirs.

Il ne s'agit ici ni d'un travail de droit comparé, ni d'une recommandation d'importer en France la réflexion et les solutions allemandes. Les ordres juridiques allemand et français sont deux mondes différents et l'on ne peut s'attendre à une entreprise d'import-export de leurs notions juridiques, ancrées dans leur histoire, propres à leur paysage doctrinal. Il s'agit d'une thèse rédigée par une juriste de formation française qui ne peut en aucun cas jouer le rôle de la « gentille dame de la réception »[13], située à la frontière de deux ordres juridiques, qui donnerait des réponses allemandes à son interlocuteur français. Il est davantage question de présenter les aspects allemands d'une théorie de la séparation des pouvoirs à laquelle œuvrent, outre-Rhin, le juge constitutionnel et la doctrine, afin de pouvoir apporter une réflexion nouvelle sur la situation française, dépouillée des présupposés et préjugés qui maintiennent la notion dans une cage en verre.

Nous ne saurions exprimer notre gratitude à l'égard de celui qui, il y a si longtemps, a éveillé un intérêt vif et continu en nous pour ces questions allemandes. Au-delà de ce que peuvent dire les mots, nous remercions le Professeur Olivier Jouanjan pour son soutien moral et scientifique, pour l'élégance et l'acuité de ses remarques, pour les conversations et échanges précieux, pour avoir été un directeur de thèse infaillible.

Ce travail n'aurait sans aucun doute pas été le même, si le Professeur Christoph Schönberger n'avait pas accepté, malgré les difficultés administratives qui accompagnent immanquablement la conclusion d'une convention de cotutelle, de s'associer au directeur *français* pour apporter à la thèse son côté *allemand. Mit helfendem Rat hat er die Bearbeitung des Themas begleitet und die unentbehrliche deutsche Dimension gegeben.* Pour sa rassurante présence et ses remarques, toujours pertinentes, nous lui témoignons de toute notre gratitude.

Afin de ne pas occuper de manière prétentieuse l'espace consacré à l'avant-propos, nous nous contentons de remercier de manière générale, par le prisme institutionnel, l'Université de Strabourg, l'Université de Constance, l'Université allemande de Sciences administratives de Spire, l'Université Albert-Ludwig de Fribourg-en-Brisgau, le Collège doctoral franco-allemand en droit public comparé et européen, où nous avons toujours trouvé une infinie bienveillance et, à maintes reprises, des réponses à des questions scientifiques, mais également, de manière plus prosaïque, lors de nos séjours de recherche, à des interrogations d'ordre administratif et même logistique.

Nos remerciements vont au Professeur Philippe Cossalter qui a proposé et soutenu la publication de cette thèse *allemande* rédigée en langue française dans une maison d'édition qui porte si bien son nom. Le Centre juridique franco-allemand de l'Université de la Sarre a toujours été un facteur décisif, un lien traditionnel entre la France et l'Allemagne. Nous ne pouvons être plus heureuse de n'avoir pas cédé à la

---

13 Nous empruntons cette figure de style au Professeur Olivier Jouanjan qui a si bien diagnostiqué la difficulté qui accompagne tout travail portant sur un ordre juridique étranger.

tentation, malgré l'attractivité d'autres propositions, de publier cette thèse plus tôt pour voir, enfin, sa parution dans la continuité du dialogue franco-allemand du Centre.

Maria Kordeva

Sommaire :

Liste des principales abréviations :

AöR : Archiv des öffentlichen Rechts

BVerfG : Bundesverfassungsgericht (Cour constitutionnelle fédérale)

BVerfGE : Entscheidungen des Bundesverfassungsgerichts (Recueil des décisions de la Cour constitutionnelle fédérale)

BVerfGG : Gesetz über das Bundesverfassungsgericht (loi sur la Cour constitutionnelle fédérale)

CC : Conseil constitutionnel

CJUE : Cour de justice de l'Union européenne

DÖV : Die öffentliche Verwaltung

JuS : Juristische Schulung

JZ : Juristenzeitung

JöR : Jahrbuch des öffentlichen Rechts

LF : Loi fondamentale de Bonn du 23 mai 1949

NJW : Neue Juristische Wochenschrift

RDP : Revue du droit public et de la science politique en France et à l'étranger

VerwArchiv : Verwaltungsarchiv

VVDStRL : Veröffentlichungen der Vereinigung der Deutschen Staatsrechtslehrer

ZaöRV : Zeitschrift für ausländisches öffentliches Recht und Völkerrecht

Seules sont importantes les divisions qui pénètrent au cœur de l'État et ne s'en tiennent pas à l'extérieur. Mais aucune division ne saurait présenter le caractère d'une logique rigoureuse, parce qu'il s'agit d'embrasser la vie et non pas une matière morte.[1]

Introduction générale

La séparation des pouvoirs est sans aucun doute l'une des pièces maîtresses du récit mythologique du droit constitutionnel. En tant qu'« objet de la théorie juridique, elle apparaît pleine d'attrait, mais aussitôt également comme un problème quasi-impossible à résoudre »[2]. Tenter de cerner les contours d'un mythe et d'en tirer les conséquences pratiques n'est pas tâche aisée pour celui qui décide de s'y atteler[3]. Le travail devient plus épineux encore lorsqu'il faut déclasser le mythe au rang d'une norme qui s'inscrit dans un cadre constitutionnel concret. Il est alors nécessaire d'évacuer tous les présupposés et de se libérer de l'idée selon laquelle il y aurait *un* principe de la séparation des pouvoirs, dont la vérité universelle jetterait sa lueur du haut de son piédestal sur les régimes constitutionnels contemporains, qui prônent son application et idolâtrent le concept absolu n'ayant peut-être jamais existé sous la forme que l'on a souhaité lui donner. Faire l'archéologie philosophique et politique générale du principe de la séparation des pouvoirs n'est pas l'objet de cette étude. Au début, ne seront esquissé que quelques étapes ayant laissé une trace indélébile sur la physionomie du principe *allemand* afin de se pencher ensuite sur sa signification et son application concrète.

Aristote, dans ses *Politiques*, expose l'idée de l'existence de plusieurs « constitutions » agissant de concert dans la cité. Il s'agit d'un type de gouvernement idéal partagé entre les éléments de régimes monarchiques, démocratiques ou aristocratiques. C'est le concept de constitution mixte qui apparaît dans ces grands essais de philosophie politique. Certes, la constitution mixte est liée au principe de séparation des pouvoirs, dans la mesure où elle porte l'idée de l'existence de trois entités distinctes accomplissant chacune une mission

---

[1] Georg Jellinek, *L'État moderne et son droit*, tr.fr. Georges Fardis (1911), vol. 2, réimpression LDGJ Diffuseur, 2005, p. 313.

[2] Matthias Cornils, « §20 Gewaltenteilung », *in* Otto Depenheuer/Chrisoph Grabenwarter (dir.), *Verfassungstheorie*, Mohr Siebeck, 2010, p. 657 : « (…) als Gegenstand rechtstheoretischer Betrachtung erscheint voller Reiz, aber zugleich auch als kaum lösbare Aufgabe ».

[3] Selon Armel Le Divellec, « L'articulation des pouvoirs dans les démocraties parlementaires européennes : fusion et mitigation », *Pouvoirs*, n°143, 2012, p. 123 : « La "séparation des pouvoirs" constitue le plus formidable "casse-tête" intellectuel posé aux analystes de la chose constitutionnelle. Aucun thème n'est plus central que celui-ci dans l'étude du droit et des constitutions politiques. Aucun, pourtant, n'offre davantage d'incertitudes sur le plan des concepts, des théories et des discours. (…) [T]out concourt à obscurcir chaque propos sur la "séparation des pouvoirs" ».

qui lui est propre. Cependant, il n'est pas facile de mettre un signe d'égalité entre les deux notions[1].

Après les *Deux traités sur le gouvernement civil* de John Locke[2], l'œuvre, qui reste indissolublement associée à la séparation des pouvoirs dans sa configuration moderne aux colorations libérales, est celle de Montesquieu[3]. L'ouvrage fut connu très tôt en Allemagne : la première traduction date de 1753, cinq années seulement après la parution en langue française[4]. Mais *L'Esprit des lois* est surtout exploré pour les informations précieuses qu'il contient concernant les conditions culturelles et historiques qui caractérisent l'attitude des peuples ainsi que leur législation ou les développements sur l'ancienne liberté germanique[5]. À cette époque, le fameux livre

---

[1] Aristote, *Les politiques*, tr.fr. Pierre Pellegrin, 2e édition, GF Flammarion, 1993, p. 413 (VI, 1, 1316-b) et suiv.: « Combien il y a de variétés, et lesquelles, de la partie délibérative et souveraine de la constituion, ainsi que de la partie concernant l'organisation des magistratures et de la partie judiciaire ; laquelle de ces variétés est adaptée à quelle constitution (...). De plus il faut examiner les assemblages de toutes les variétés de parties dont nous avons parlé, car leurs combinaisons se recoupent, de sorte qu'il exite des aristocraties oligarchiques et des gouvernements constitutionnels passablement démocratiques ». Pour un panorama historique de la « constitution mixte », en langue allemande : Alois Riklin, *Machtteilung. Geschichte der Mischverfassung*, Wissenschaftliche Buchgesellschft, Darmstadt, 2006, p. 364 et suiv. ; Wilfried Nippel, *Mischverfassungstheorie und Verfassungsrealität in Antike und früher Neuzeit*, Klett-Cotta, Stuttgart, 1980, p. 159 et suiv., pour une étude de la réception de la théorie de la « constitution mixte », ou, encore, en langue anglaise : Kurt von Fritz, *The Theory of the Mixed Constitution in Antiquity*, Columbia University Press, New York, 1958.

[2] John Locke, *Two Treatises of Government* (1690), nouvelle édition, 1824, livre 2, chapter XII *Of the legislative, executive, and federative power of the commonwealth*, p. 216-217: « The legislative power is that, which has a right to direct how the force of the commonwealth shall be employed for preserving the community and the members of it (...) legislative and executive power come often to be separated (...) There is another power in every commonwealth (...) and may be called federative ».

[3] *De l'Esprit des lois* paraît en 1748. Charles Eisenmann, « L'"Esprit des lois" et la séparation des pouvoirs », *Mélanges en l'honneur de Raymond Carré de Malberg*, Sirey, Paris, 1933, p. 165, p. 179, p. 188, essaie de démontrer que la lecture attentive permet de comprendre qu'il n'y a, chez Montesquieu, « ni séparation fonctionnelle ni séparation matérielle des autorités étatiques (...) l'idée de séparer les autorités étatiques est complètemet absente de l'*Esprit des lois* (...) », mais une coordination des différents « pouvoirs » qui permet la modération de la puissance en vue de protéger la liberté (« [...] par là-même serait assuré le gouvernement modéré, l'exercice tempéré du pouvoir politique »).

[4] Hans Fenske, « Gewaltenteilung », *in* Otto Brunner/Werner Conze/Reinhart Koselleck (dir.), *Historische Grundbegriffe. Historisches Lexikon zur politisch-sozialen Sprache in Deutschland*, vol. 2, E. Klett Verlag, Stuttgart, 1975, p. 935 : « *Montesquieus* "Geist der Gesetze" wurde in Deutschland schnell bekannt und übersetzt, erstmals 1753, zwei weitere Übersetzungen folgten bis zum Ausbruch der Revolution (...) ». Il faut signaler que Montesquieu s'est inspiré d'un auteur anglais, Lord Bolingbroke et de certains de ses essais qui traitaient de la division des pouvoirs : voir « Dissertation upon Parties » et « The Idea of a Patriot King », *in* David Armitage (éd.), *Bolingbroke, Political Writings*, Cambrige University Press, 1997. Voir encore Max Imboden, *Montesquieu und die Lehre der Gewaltenteilung. Vortrag gehalten vor der Berliner Juristischen Gesellschaft am 27. Mai 1959*, Walter de Gruyter, Berlin, 1959.

[5] L'œuvre de Montesquieu n'est pas vraiment reçue en Allemagne, mais elle n'est pas davantage exploitée par les hommes français de 1789. Le principe annoncé à l'article 16 de la Déclaration des droits de l'homme et du citoyen du 26 août 1789 est, selon Michel Troper, *La théorie du droit*, PUF, coll. Léviathan, 2001, p. 102 « purement négatif, qui interdit seulement de confier tous les pouvoirs à une même autorité, mais qui ne prescrit pas un mode de répartition ou un autre ». L'inspiration jaillit d'ailleurs : pour

XI et son sixième chapitre n'occupent qu'une place secondaire dans les discussions allemandes. Si les développements de Montesquieu font l'objet de quelques débats, ses analyses sur la constitution de l'Angleterre, qui comportent les réflexions sur la séparation des pouvoirs, provoquent surtout la réaction d'une certaine hostilité allemande ou bien une saine indifférence quant à la qualité des idées exposées. Il y avait tout de même quelques exceptions : Johann Heinrich von Justi explique que c'est sur « l'organisation rationnelle et l'équilibre des branches du pouvoir suprême dans la loi fondamentale de l'État » que reposent « la prospérité de l'État et la liberté de ses citoyens »[1]. En choisissant le terme de « branches » (*Zweige*), il évite l'écueil consistant en la confrontation du principe de séparation avec la nature indivisible de la souveraineté.

Quelques années plus tard, c'est Immanuel Kant qui franchit le pas en décrivant les vertus d'une constitution basée sur la séparation des forces qui la meuvent. Dans l'esquisse *Vers la paix perpétuelle*, le philosophe de Königsberg plaide en faveur de la constitution républicaine qui est, pour lui, la seule garantie de la liberté. Le « républicanisme » est le principe politique de la séparation du pouvoir exécutif (le gouvernement) et du pouvoir législatif. Le modèle républicain se trouve par conséquent aux antipodes du régime despotique dont la caractéristique principale est l'identité des pouvoirs législatif et exécutif : « l'État met à exécution de son propre chef les lois qu'il a lui-même faites, par suite c'est la volonté publique maniée par le chef de l'État comme si c'était sa volonté privée »[2]. Le principe se trouve réaffirmé et précisé dans la *Doctrine du droit* : « [t]out État contient en soi trois pouvoirs, c'est-à-dire la volonté générale unie en une triple personne (*trias politica*) : [L]e pouvoir souverain (souveraineté) qui réside dans le législateur, le pouvoir exécutif – dans le gouvernement (conformément à la loi) et le pouvoir judiciaire (qui attribue à chacun le sien suivant la loi) – dans le juge ». Les trois formes de l'action de la triple personne représentent ainsi « les trois propositions

---

Jean-Jacques Rousseau, *Du Contrat social* (1762), Gallimard, 1964, livre II, chapitre II, p. 190-191, la souveraineté est « indivisible » et « inaliénable », elle ne peut être divisée « dans son principe ». En revanche, les « politiques », comparés aux « charlatans », « la divisent dans son objet » : « en puissance législative et en puissance exécutive ». Cette division artificielle qui cause la perte même du souverain tend à en faire « un être fantastique et formé de pièces rapportés ».

[1] Johann Heinrich Gottlob von Justi, « Anhandlung von der Anordnung und dem Gleichgewichte der Hautpzweige der obersten Gewalt, worauf die Glückseligkeit und Freiheit des Staats hauptsächlich ankommt », *in* du même, *Neue Wahrheiten zum Vortheile der Naturkunde und des gesellschaftlichen Lebens der Menschen*, Leipzig, 1758, p. 706 : « Die Glückseligkeit des Staats, und die Freiheit der Bürger, berhuet hauptsächlich auf der vernünftigen Anordnung und dem Gleichgewichte der Hauptzweige der obersten Gewalt in der Grundverfassung des Staats ».

[2] Immanuel Kant, *Vers la paix perpétuelle. Que signifie s'orienter dans la pensée ? Qu'est-ce que les Lumières*, tr.fr. Jean-François Poirier et Françoise Proust, 1991, GF Flammarion, p. 86-87 (*Zum ewigen Frieden. Ein philosophischer Entwurf*, Königsberg, 1795). En suivant ce raisonnement, Kant qualifie le véritable régime démocratique de despotique.

d'un raisonnement juridique pratique »[1]. Les fondements de la conception kantienne du principe de séparation des pouvoirs furent ainsi posés pour être repris, quelques décennies plus tard, par les auteurs libéraux du *Vormärz* allemand[2]. Hélas, la séparation des pouvoirs devient la cible de toutes les attaques, celles des conservateurs, pour qui il est inconcevable de séparer ou diviser le pouvoir monarchique ; celles des libéraux également qui placent au centre de leurs préoccupations politiques la garantie des droits des citoyens qui ne nécessite pas l'introduction du principe sur le sol allemand. Mais le rejet n'est que la conséquence de l'antagonisme insurmontable des deux légitimités qui doivent se faire face, celle du monarque et celle de la nation, de la société civile. L'absence de base de légitimité commune au gouvernement monarchique et aux assemblées parlementaires ne permet pas de réfléchir sur la fonction véritable du principe – la meilleure organisation de l'exercice du pouvoir étatique. Cependant, les apories causées par le rejet sont bien présentes : s'il n'y a pas de séparation, il faut inventer un moyen de classification des différentes formes que prend l'activité étatique.

S'en suit une période sombre. À partir de 1919 et l'affirmation tardive du principe démocratique en Allemagne, la séparation des pouvoirs commence une nouvelle vie assurée par la Constitution de Weimar. Certes, l'existence du système imaginé en 1919 est bien courte. Mais le régime weimarien sert d'outil de réflexion au constituant de 1949 et permet d'éviter certains pièges constitutionnels dont Weimar fut la victime.

Les querelles doctrinales qui se jouent autour de la notion de séparation des pouvoirs tout au long du XIXe siècle et à l'aube du XXe siècle allemands sont symptômatiques des « ambivalences ou paradoxes »[3] de cet inextricable problème juridique. L'enquête doctrinale, qui suit à la trace les malentendus terminologiques et conceptuels, les oppositions idéologiques prenant en otage le principe de séparation des pouvoirs, ne doit pas induire en erreur. Elle ne doit pas être entendue comme un *récit* historique *statique*, mais comme une grille de lecture des

---

[1] *Metaphysische Anfangsgründe der Rechtslehre*, Königsberg, 1797, p. 165 : « Ein jeder Staat enthält drei Gewalten in sich, d.i. den allgemein vereingten Willen in dreifacher Person (*trias politica*) : die Herrschergewalt (Souveränität), in der gesetzegebers, die vollziehende Gewalt, in der des Regierers (zu Folge dem Gesetz) und die rechtsprechende Gewalt, (als Zuerkennung des Seinen eines jeden nach dem Gesetz) in der Person des Richters (*potestas legislatoria*, *rectoria* et *judiciaria*) gleich den drei Sätzen in einem practischen Vernunftschluß (…) ». Dans la traduction française (partiellement utilisée et modifiée ici) de la *Doctrine du droit* (*Métaphysique des mœurs*, 1ère partie, Librairie philosophique Vrin, 1971 p. 195), Alexandre Philonenko préfère rendre l'expression « dreifacher Person » par « trois personnes ». Cependant, « dreifacher Person » ne signifie pas « drei Personen ». Or, cette dernière variante signifierait qu'il y a trois personnes distinctes l'une de l'autre au sein du même État. La « triple personne », elle, garde son caractère unitaire en même temps qu'elle se divise en trois éléments distincts chargés chacun d'une fonction précise.

[2] P. ex. : la théorie de la division des pouvoirs de Carl von Rotteck, libéral d'obédience kantienne.

[3] Matthias Cornils, « §20 Gewaltenteilung », *in* Otto Depenheuer/Chrisoph Grabenwarter (dir.), *Verfassungstheorie*, Mohr Siebeck, 2010, p. 657.

liens, dissimulés ou apparents[1], qu'entretient la théorie *actuelle* de la séparation des pouvoirs avec ce fond doctrinal.

En France, on constate un intérêt mitigé et quelques articles et contributions épars consacrés à la séparation des pouvoirs[2], ainsi qu'une masse jurisprudentielle laconique. Contrairement au juge constitutionnel allemand, on ne remarque pas, en lisant les décisions du Conseil constitutionnel, de tentative de construire les débuts d'une une *théorie générale* de la séparation des pouvoirs. Il n'y a que des éléments, souvent superficiels, qui essaient de préciser, mais toujours de manière insuffisante et sans jamais la définir, la teneur du principe contenu à l'article 16 de la Déclaration des droits de l'homme et du citoyen de 1789 : « Toute société dans laquelle la garantie des droits n'est pas assurée, ni la séparation des pouvoirs déterminée, n'a point de Constitution ». Les précisions apportées par le Conseil constitutionnel donnent parfois l'impression que la justification et l'explication du principe de séparation des pouvoirs *français* résident dans sa seule existence et qu'il suffit d'y faire référence pour constater une « dérogation au principe » [3]. Contrairement à la situation française, en Allemagne, ce « dogme » constitutionnel vit son heure de gloire doctrinale et jurisprudentielle[4], alors que la doctrine

---

[1] P.ex. la notion de réserve de loi ou la théorie de la décision substantielle, éléments de la séparation des pouvoirs conçue par la Loi fondamentale de Bonn du 23 mai 1949 puisent leurs origines dans le XIXe siècle. V. première partie, titre 1er, chapitre 1er et titre second, chapitre 2.

[2] La thèse de Michel Troper consacrée à *La séparation des pouvoirs et l'histoire constitutionnelle française* (LGDJ, Paris, 1973) commence à dater, même si elle a bénéficié d'une réédition (*La séparation des pouvoirs et l'histoire constitutionnelle française*, coll. Anthologie du droit, LGDJ, 2014). Plus récent, un numéro de la revue *Pouvoirs* porte sur la séparation des pouvoirs (n°143, 2012). On peut également se référer à la contribution de Mauro Barberis, « La séparation des pouvoirs », *in* Michel Troper/Dominique Chagnollaud (dir.), *Traité international de droit constitutionnel*, t. 1 (*Théorie de la Constitution*), Dalloz, 2012, p. 705-732, qui continent un panorama de la théorie politique de la séparation des pouvoirs et sa réception dans les systèmes constitutionnels anglais, américain, allemand et français. Le deuxième tome du même *Traité*, toujours sous la direction de Michel Troper et Dominique Chagnollaud, est consacré à la distribution des pouvoirs (Dalloz, 2012). L'ouvrage de Julien Boudon, *Le frein et la balance. Études de droit constitutionnel américain*, coll. Droit et Science politique, Éditions Mare et Martin, 2010, centré sur le droit américain, présente des aspets intéressants et une « nouvelle » lecture du système « rigide » états-unien. Toutefois, ce matériau doctrinal est loin d'épuiser la réflexion actuelle sur le principe de la séparation des pouvoirs. Plus éloignés dans le temps : Antoine Saint-Girons, *L'Essai sur la séparation des pouvoirs dans l'ordre politique, administratif et judiciaire*, Larose, Paris, 1881 et l'article de Léon Duguit, « La séparation des pouvoirs et l'Asssemblée nationale de 1789 », *Revue d'économie politique*, t. 7, février, avril et juin 1893, p. 99-132, 336-372, 567-515.

[3]: C.const., décision 86-224 DC du 23 janvier 1987, Rec., p. 8, créant une réserve de compétence au profit du juge administratif « conformément à la conception française de la séparation des pouvoirs », C.const., décision n°2008-562 DC du 21 février 2008, Rec., p. 89 liant « le principe de la séparation des pouvoirs » et « l'indépendance de l'autorité judiciaire » ; C. const., décision n°89-268 DC du 8 juillet 1989, Rec., p. 48, une des décisions les plus déconcertantes où l'on lit, dans un considérant expéditif, qu' « il est de l'essence même d'une mesure d'amnisite d'enlever pour l'avenir tout caractère délictueux à certains faits pénalement répréhensibles (…) que la dérogation ainsi apportée au principe de la séparation des pouvoirs trouve son fondement dans les dispositions de l'article 34 de la Constitution » (cons. n°8).

[4] À côté de la jurisprudence très riche, qui sera étudiée ici, la séparation des pouvoirs reçoit un réel intérêt doctrinal outre-Rhin : il faut ainsi mentionner, parmi tant d'autres, l'ouvrage-recueil d'articles édité

française est encore sous l'emprise de la théorie de la séparation des pouvoirs employée comme moyen de classification des régimes politiques et s'attache, malgré les incohérences, à conserver les adjectifs « souple » et « rigide », alors même que la condition d'un « bon gouvernement, qui garatnit tous les droits en donnant toutes les libertés » consiste en ce que « les deux pouvoirs agissent de concert, sont en constante harmonie, et ne vivent pas isolés l'un de l'autre »[1]. Ou l'on déclare simplement, sans autre forme de procès, que la séparation des pouvoirs est une « superstition juridique », « un sanctuaire vide »[2]. Au même moment, sans être à la recherche frénétique d'un prétendu contenu, d'une substance, la doctrine publiciste et le juge constitutionnel allemands élaborent une véritable *théorie* de la séparation des pouvoirs.

Cette étude ne peut guère prétendre à un exposé et à une *explication* exhaustifs du principe et de ses concrétisations dans la pratique constitutionnelle allemande. Mais elle pourrait, on l'espère, éveiller une certaine curiosité dans le champ publiciste français en contribuant à la systématisation du principe de

---

par Heinz Rausch : *Zur heutigen Problematik der Gewaltentrnnung*, Wege der Forschung, Darmstadt, 1969 ; les thèses de Norbert Achterberg, *Probleme der Funktionenlehre*, C.H. Beck'sche Verlagsbuchhandlung, 1970 et de Gerhard Zimmer, *Funktion, Kompetenz, Legitimation : Gewaltenteilung in der Ordnung des Grundgesetzes. Staatsfunktionen als gegliederte Wirk- und Verantwortungsbereiche*, Duncker & Humblot, 1979. Ces dernières années, Christoph Möllers en a fait son objet d'étude de prédilection : outre son ouvrage *Gewaltengliederung– Legitimation und Dogmatik im nationalen und übernationalen Rechtsvergleich*, Jus publicum 141, XXII, Mohr Siebeck, Tübingen, 2005, on a, toujours de Möllers, *Die drei Gewalten. Legitimation der Gewaltengliederung in Verfassungsstaat, Europäischer Integration und Internationalisierung*, Velbrück Wissenschaft, 2008, ainsi que *The Three Branches. A Comparative Model of Separation of Powers*, Oxford University Press, 2013. La contribution de Matthias Cornils, « §20 Gewaltenteilung », *in* Otto Depenheuer/Chrisoph Grabenwarter (dir.), *Verfassungstheorie*, Mohr Siebeck, 2010, p. 657-702 ouvre également des pistes de réflexion très riches.

[1] Antoine de Saint-Girons, *Essai sur la séparation des pouvoirs dans le droit public français*, Paris, Larose, 1881, p.297, qui introduit la distinction entre « séparation absolue » et « fusion des pouvoirs » en qualifiant de « bon gouvernment le régime anglais. Pour cet auteur, c'est « aux États-Unis que la séparation des pouvoirs a été appliquée », car « les pouvoirs vivent isolés l'un de l'autre » (p. 298). Aujourd'hui, la doctrine française majoritaire identifie le régime états-unien à un système de séparation « rigide » des pouvoirs. La source commune des analyses des publicistes français est l'ouvrage d'Adhémar Esmein, *Éléments de droit constitutionnel*, 1e éd., Larose, Paris, 1896. Pour Esmein, *Éléments de droit constitutionnel*, 6e éd., Sirey, 1914, p. 465, la Constitution de 1787 est une de « celles qui appliquent le plus rigoureusement le principe de la séparation des pouvoirs », ou encore « aussi strictement que possible ». Sur ce point, on se reportera à l'essai de Julien Boudon, « Le mauvais usage des spectres. La séparation "rigide" des pouvoirs », *Revue française de droit constitutionnel*, 2009, p. 247-267, qui fait l'inventaire des manuels français de droit constitutionnel pour constater que partout le principe de la séparation « souple » et « rigide » a pénétré ces ouvrages, qui, pour certains, ressentent un « malaise » lorsqu'ils emploient cette division, mais qui ne manifestent pas pour autant la volonté de sortir de l'aporie ; ou encore aux développements d'Élisabeth Zoller, *Droit constitutionnel*, 2e édition, 1999, p. 296 : « (...) contrairement aux lieux communs de la doctrine constitutionnelle française, il convient de parler non pas d'une séparation rigide, mais d'une collaboration des pouvoirs entre eux ».

[2] Carlos-Miguel Pimentel, « Le sanctuaire vide : la séparation des pouvoirs comme superstition juridique ? », *Pouvoirs*, n°102, 2002, p. 119 : « (...) il s'agit de voir si la séparation des pouvoirs (...) n'est pas tout simplement une notion vide de tout contenu ».

séparation des pouvoirs conçu par la Constitution du 4 octobre 1958. Car, sur ce point, le juriste allemand se trouve déjà bien avancé sur le « chemin périlleux du droit public »[1]. Comme si, après le rejet peu ou prou injustifié de la séparation des pouvoirs, la doctrine allemande cherchait à se racheter, ou bien comme si, enfin, les juristes avaient compris sinon la signification, du moins une des significations de la séparation des pouvoirs en tant que norme produisant des effets juridiques concrets, détachée des théories politiques et philosophiques dominant son histoire.

Avec la jurisprudence très riche de la Cour constitutionnelle fédérale d'Allemagne, le principe accède au droit positif et révèle son caractère fonctionnel[2]. Le principe de séparation des pouvoirs, en tant que principe directeur du système constitutionnel, peut ainsi être défini comme une *forme de distribution des fonctions et d'organisation de l'exercice du pouvoir d'État* qui vise à garantir la protection de la liberté individuelle.

Dans la Loi fondamentale du 23 mai 1949, l'assise textuelle actuelle du *Gewaltenteilungsgrundsatz* (principe de séparation ou division des pouvoirs) se trouve dans l'article 20, alinéa 2. On n'y lit point de mention expresse, seulement l'idée d'une répartition du pouvoir étatique selon le triptyque classique : pouvoirs législatif, exécutif et judiciaire. Les failles weimariennes sont utilisées par le constituant de 1949 afin d'élaborer un véritable *système de freins et de contrepoids* permettant l'équilibre entre les pouvoirs et réalisant, en même temps, un jeu dynamique complexe des moyens constitutionnels, de véritables armes d'attaque ou de défense, mis à disposition des organes investis des trois pouvoirs constitutionnels. L'article 20, alinéa 2 LF représente une base normative, qui, complétée par d'autres dispositions constitutionnelles, sert au juge constitutionnel afin qu'il sanctionne les violations portées au principe constitutionnel de séparation des pouvoirs.

Il convient à présent d'esquisser les problèmes soulevés par le sens du principe de séparation des pouvoirs (§1) pour pouvoir exposer les limites du sujet et le plan adopté (§2).

---

[1] « Auf der gefahrenvollen Straße des öffentlichen Rechts »: l'auteur de la phrase est Carl Schmitt. Il l'adressa à son ami Rudolf Smend. En 1938, ce dernier fut le dédicataire du *Léviathan* schmittien (*Der Leviathan in der Staatslehre des Thomas Hobbes : Sinn und Fehlschlag eines politischen Symbols* (1938), 5e éd., Klett-Cotta, 2015) : « À mon compagnon le plus fidèle sur le chemin périlleux du droit public» (*Meinem besten Weggenossen auf der gefahrenvollen Straße des öffentlichen Rechts*) (voir les remarques de Reinhard Mehring, *"Auf der gefahrenvollen Straße des öffentlichen Rechts". Briefwechsel Carl Schmitt – Rudolf Smend [1921-1961]*, 2e édition, Duncker & Humblot, 2012, p. 8).

[2] Pour une vue générale sur la notion fonctionnelle : Guillaume Tusseau, « Critique d'une métanotion fonctionnelle. La notion (trop) fonctionnelle de "notion fonctionnelle" », *Revue française de droit administratif*, 2009, p. 641 et suiv. : « *Lato sensu*, une notion dite "fonctionnelle" est une notion qui remplit, dans un contexte donné, une fonction. (…) *Stricto sensu*, l'expression est destinée à caractériser un type particulier de notion, dont la spécificité serait d'être, par opposition à d'autres types de caractéristiques, "fonctionnelle" ». Dans ce sens, la notion fonctionnelle se construit par opposition aux notions organiques.

§1. Problématique.

Si le principe de séparation des pouvoirs est défini en tant qu'un système de freins et de contrepoids permettant de réaliser un exercice modéré du pouvoir d'État afin de garantir de manière optimale la protection la liberté de l'individu, le sens de la norme constitutionnelle concrète doit être explicitée. La finalité du principe, la modération de la puissance publique, est le leitmotiv qui constitue le fil rouge reliant les doctrines et configurations constitutionnelles du début du XIXe siècle à la structure actuelle de la Loi fondamentale ainsi qu'aux solutions concrètes livrées par le juge constitutionnel allemand.

La teneur, les modalités d'articulation, d'organisation du pouvoir d'État n'est en revanche pas marquée par la même stabilité. En premier lieu, il faut voir si la séparation des pouvoirs signifie la séparation du pouvoir unitaire de l'État (A). La polysémie du mot « pouvoir » permet de penser à la fois la séparation fonctionnelle et organique tout en employant la même expression (B). Après le stade de division des fonctions attribuées aux différents organes, on constate que le principe ne s'épuise pas dans le mouvement de séparation ou de division, mais cache un système complexe de freins et de contrepoids (C). Enfin, la règle de l'attribution non-exclusive des compétences dans le domaine d'un pouvoir peut se révéler problématique au regard de la théorie du noyau de compétences exclusif, développée par le juge constitutionnel allemand (D).

A. La séparation « des » pouvoirs n'est pas la séparation « du » pouvoir indivisible de l'État.

Le syntagme « séparation des pouvoirs », « *Gewaltenteilung* » ou « *Teilung der Gewalten* »[1], fait référence à une séparation ou une division en plusieurs éléments. Ainsi, dans sa version française, la « séparation » consiste en l'action de séparer une chose d'une autre et suppose l'idée d'un espace qui se forme entre les deux entités séparées. L'idée d'éloignement est ici bien présente, tandis que l'expression allemande réussit de manière déguisée à traduire le culte de l'unité du pouvoir de l'État tout en admettant une division de celui-ci en plusieurs éléments. Mais la « *Teilung* » n'est pas exactement la « séparation ». La division, la « *Teilung* », est limitée à l'intérieur même de l'ensemble unitaire qui ne se trouve pas disloqué. Elle ne signifie pas que les éléments divisés n'ont pas de point de rencontre. Au contraire, ils sont dans un rapport de proximité, car ils n'ont pas encore atteint le stade de la séparation, du détachement. L'histoire de la notion de la séparation des pouvoirs en langue allemande fut aussi l'histoire de la recherche permanente de l'expression la mieux adaptée à la réalité constitutionnelle. Friedrich Julius Stahl,

---

[1] Christoph Möllers décide d'utiliser le terme encore plus nuancé de « Gewaltengliederung » qui signifie « organisation des pouvoirs » (*Gewaltengliederung – Legitimation und Dogmatik im nationalen und übernationalen Rechtsvergleich* Mohr Siebeck, Tübingen, 2005).

conservateur monarchiste, très actif à l'époque du *Vormärz*, s'aventure ainsi sur le terrain de la « division unitaire », la « *Einteilung* », terme intraduisible en langue française, dont la construction est permise grâce à la richesse de la langue allemande. Sous l'empire du principe monarchique, derrière les « querelles de mots », se cache la question de savoir si le rapport antagonique des deux légitimités concurrentes – celle du monarque et celle de la représentation – peut provoquer une véritable scission du pouvoir. Johann Caspar Bluntschli parle d'« isolation », de « discrimination » des pouvoirs (*Sonderung der Gewalten*), alors que certains, comme Carl Schmitt, préfèrent le terme de distinction (*Unterscheidung*) permettant de renforcer davantage le sentiment que l'on est face à un seul pouvoir indivisible à l'intérieur duquel il est possible de distinguer les différentes formes que revêt son action[1].

B. La polysémie du mot « pouvoir ».

L'origine étymologique du terme « *Gewalt* » est probablement « anglo-saxonne » (« geweald, -wald »), est recouvre, dans le langage courant, de multiples significations : « pouvoir, force, puissance, efficacité, empire, règle, domination, ministère, gouvernement, juridiction, gouvernement, protection, *potestas*, *facultas*... »[2].

Le principe de séparation des pouvoirs comporte le triptyque fonction-organe-compétence, qui ne se déploie que lorsque l'on accède à son contenu. Les « pouvoirs » ne doivent pas être entendus comme trois parties distinctes les unes des autres. « Les pouvoirs ne peuvent être ni aliénés, ni délégués », car si l'on pouvait « déléguer les pouvoirs en détail, il s'en suivrait que la souveraineté pourrait être déléguée, puisque ces pouvoirs ne sont autre chose que les diverses parties essentielles et constitutives de la souveraineté. »[3]

La polysémie du mot révèle tout son sens dans l'expression devenue un lieu terminologique banal désignant plusieurs éléments : les pouvoirs peuvent être les fonctions de la puissance publique, les organes chargés de ces fonctions et, enfin, les compétences attribuées à ces organes afin d'accomplir leurs fonctions[4]. Le

---

[1] Sur le rôle idéologique du principe de séparation des pouvoirs et l'opposition entre libéraux et conservateurs : v. première partie, titre 1er, chapitre 1er.

[2] Pour la signification du mot dans le langage courant, on renvoie à l'entrée « Gewalt » dans le *Deutsches Wörterbuch von Jacob und Wilhelm Grimm*, t. 4, vol. 6, Verlag von S. Hirzel, Leipzig, 1878.

[3] Maximilen de Robespierre, *Archives parlementaires de 1787 à 1860*, t. 29, p. 326, dont le plaidoyer pour l'indivisibilité des pouvoirs et la délégation des fonctions rappelle les théories du XIXe siècle allemand marqué par l'attachement au principe monarchique et au caractère indivisible de la souveraineté ; *La Constitution française. Projet présenté à l'Assemblée Nationale par les Comités de Constitution et de Révision* (annoté par Robespierre), Paris, 1791, p. 12 : « le pouvoir doit être bien distingué des fonctions, la nation délègue en effet les différentes fonctions publiques, mais le pouvoir ne peut être aliéné ou délégué ».

[4] Raymond Carré de Malberg, *Contribution à la théorie générale de l'État*, vol. 1 (1920), réimpression, Dalloz, 2004, p. 258, note n°1, met en garde : « Cette distinction si simple entre le pouvoir, ses fonctions,

terme de « pouvoir » permet par conséquent de penser les différents aspects de la séparation (organique, fonctionnelle et la séparation des compétences). Au regard de l'utilité pratique de l'expression, on décide de maintenir son emploi. Toutefois, il convient de souligner que l'identité terminologique ne signifie aucunement qu'il existe « une » séparation des pouvoirs, héritée de la doctrine libérale. Au contraire, l'usage de la même expression ne saurait pas cacher les phases, les métamorphoses du principe. Ici, « séparation des pouvoirs » désigne les modalités de distribution des pouvoirs et l'organisation de leur exercice.

C. Le principe ne s'épuise pas dans le mouvement de division, mais implique un système de freins et de contrepoids.

On trouve, déjà, dans le *Fédéraliste*, sorti de la plume de Jay, Hamilton et Madison[1] une véritable *explication* du fonctionnement du principe qui semble être présente dans le raisonnement du juge constitutionnel allemand. Il s'agit de dépasser la conception superficielle afin de regarder derrière l'image que les mots « séparation des pouvoirs » envoient. C'est le seul moyen qui permette de créer un principe fonctionnel. Tant la doctrine actuelle que la jurisprudence de la Cour constitutionnelle fédérale œuvrent, depuis les années 1950, dans ce sens.

Au lieu de se contenter des présupposés et d'approximations faussement conceptuelles, le juge constitutionnel tente de déployer toute la signification *pratique* du principe déduit de l'article 20, alinéa 2 LF. Ainsi, il ne s'agit plus seulement de chercher une coordination entre les organes et les missions qui leur sont confiées, mais de créer un rapport *dynamique* qui tend à résorber la tension entre les différents « pouvoirs ». Ce rapport dynamique est rendu possible par le système de freins et de contrepoids, qui innerve le corps de la Loi fondamentale et qui, tel qu'il est interprété par le juge, complète la construction du principe.

Le système de freins et de contrepoids consiste en l'existence de mécanismes de protection et de contrôle prévus par la Constitution. Ces « outils » ont deux finalités : subjective et objective. D'un point de vue subjectif, les armes constitutionnelles garantissent aux trois pouvoirs une sécurité relative contre la

---

ses organes, se trouve malheureusement obscurcie par le langage usité en matière de pouvoir, langage qui est tout à fait vicieux. Dans la terminologie vulgaire, et jusque dans les traités de droit public, on emploie indistinctement le mot "pouvoir" pour désigner tour à tour, soit le pouvoir lui-même, soit ses fonctions, soit ses organes ». Il faut ici ajouter les compétences, car séparer les organes signifie également séparer leurs coméptences respectives. V. également Constance Grewe/Hélène Ruiz-Fabri, *Droits constitutionnels européens*, PUF, 1995, p. 360 : « (…) la séparation des pouvoirs, ou ce qu'il est convenu d'appeler tel avec un certain abus de langage (on pourrait préférer le terme de distribution des pouvoirs qui est plus exact mais il n'est pas inutile de conserver le vocabulaire communément employé), va apparaître aux yeux des contemplateurs comme un moyen adéquat pour atteindre l'idéal politique défini par la réflexion philosophique de l'époque : garantir la liberté concrète des sujets ».

[1] Alexander Hamilton/John Jay/James Madison, *Le Fédéraliste*, tr.fr. Anne Amiel, Classiques Garnier, 2012.

violation de leur domaine d'action. Ensuite, d'un point de vue objectif, l'application des mécanismes de protection et de contrôle tendent à maintenir l'équilibre institutionnel créé par la Loi fondamentale. La mise en œuvre de ces mécanismes signifie que, dans des cas précis, un organe aura soit la faculté de statuer sur une question, soit la faculté d'empêcher la mise en œuvre de la décision prise par un autre organe, ou encore il pourra effectuer un contrôle sur l'action d'un autre sans pourtant s'y substituer. La faculté d'empêcher n'équivaut par conséquent pas à une intrusion, à un empiètement dans le domaine de compétences d'un autre « pouvoir ». Il ne s'agit que de l'illustration d'un des éléments composant le principe de la séparation des pouvoirs : le contrôle mutuel tendant à la modération de l'exercice du pouvoir.

Malgré le système protégeant le domaine d'action de chacun des trois pouvoirs législatif, exécutif et judiciaire, l'affirmation selon laquelle il existerait un ordre d'attribution exclusive des trois fonctions est fallacieuse. Ici, la règle « un organe – une fonction » ne trouve pas d'application.

D. Le principe de la séparation des pouvoirs ne signifie pas l'attribution exclusive d'un pouvoir à un organe déterminé.

La définition générale du *Gewaltenteilungsgrundsatz* ne doit point être entendue comme l'attribution exclusive des trois fonctions à trois organes ou groupes d'organes[1]. En effet, la définition selon laquelle la séparation constitutionnelle n'est pas absolue, mais suppose l'interpénétration, la collaboration et le contrôle réciproque en vue de modérer la puissance publique et de garantir la liberté de l'individu, se trouve précisée et complétée par le juge constitutionnel. Ainsi, il n'y a pas d'exclusivité dans l'exercice d'une fonction, mais une distribution la plus juste possible conformément à la composition, à l'organisation, aux compétences d'un organe en cause.

En l'absence de dispositions précises, et en cas de doute face au problème concret, la Cour procède à une *mise en balance* des éléments qui permettent à un organe de prendre, dans des conditions optimales, la décision publique la plus adéquate. Cette mise en balance n'exclut cependant pas qu'il y ait une sphère d'action, dont dispose chaque pouvoir, qui doit rester inaccessible, fermé pour les deux autres. Ce n'est que dans l'hypothèse d'une atteinte au « noyau de compétences exclusif » d'un pouvoir que le principe de la séparation des pouvoirs est violé et la transgression – sanctionnée. L'application du principe de justice fonctionnelle présente toute de même quelques aspérités. Il est en effet des situations, où il n'y a pas de mise en balance possible et d'attribution de la décision

---

[1] Dans le même sens, Charles Eisenmann, « L'"Esprit des lois" et la séparation des pouvoirs », *in Mélanges en l'honneur de Raymond Carré de Malberg*, Sirey, Paris, 1933, p. 171 : « Ainsi, aucune des trois autorités n'est à la fois attributive de l'intégralité d'une fonction, maîtresse de cette fonction et spécialisée dans cette seule fonction (...) ».

à l'organe le mieux placé, car l'acte, que doit prendre la puissance publique, implique l'intervention du législateur démocratique, le parlement. Ce dernier est obligé à pleinement épuiser sa compétence et ne pas décharger sa responsabilité de manière massive en autorisant le pouvoir exécutif à se substituer à son intervention.

La théorie de la décision substantielle est le moyen pour la Cour de constater l'obligation d'agir du pouvoir législatif. Le principe de justice fonctionnelle trouve ici ses limites. Comparée aux solutions livrées par le Conseil constitutionnel français en la matière, la jurisprudence de la Cour constitutionnelle fédérale est infiniment plus riche et mérite un regard attentif. Les parallèles tracés entre la qualité argumentative du Conseil constitutionnel et de la Cour peuvent ouvrir de nouvelles voies de réflexion au public français.

§ 2. Délimitation du sujet et plan.

L'objet de l'étude est la *construction* doctrinale et jurisprudentielle du principe de la séparation *horizontale* des pouvoirs *constitutionnels* et sa *concrétisation* dans la pratique constitutionnelle allemande (A). Le plan sera articulé en fonction des deux grands axes qui permettent de cerner la signification du principe, ainsi que son application aux cas concrets (B).

A. L'objet de l'étude : la signification et l'interprétation du principe de séparation horizontale des pouvoirs constitutionnels.

Le principe de séparation verticale des pouvoirs, c'est-à-dire le principe fédéral, qui exige une répartition verticale des pouvoirs entre la Fédération, le *Bund*, et les États fédérés, les *Länder*, ne sera abordé que sous le point de vue de la séparation horizontale des organes fédéraux investis des pouvoirs législatif, exécutif et judiciaire. Si le principe fédéral présente un intérêt indéniable, il n'est guère possible de se focaliser sur les rapports entre *Bund* et *Länder*. Avec le principe fédéral, on sortirait du cadre normatif de l'article 20, alinéa 2, deuxième phrase LF, qui constitue déjà à lui seul un matériau de réflexion quantitativement et qualitativement important. Cependant, la séparation verticale ne sera pas totalement absente : par le biais de l'organe original qu'est le Conseil fédéral, le *Bundesrat*, elle apparaît dans les rapports horizontaux en garantissant le principe fédéral au niveau du *Bund*. Le Conseil fédéral présente certaines spécificités : bien que participant à la législation fédérale, il s'agit d'un organe de composition exécutive, qui, dès lors, peut troubler, au premier abord, le paysage de la séparation horizontale des pouvoirs. Mais, après réflexion, il devient clair que le *Bundesrat* ne porte pas atteinte à la séparation horizontale. Au contraire, dans certaines hypothèses, il permet de maintenir l'équilibre institutionnel.

Les « autorités de régulation indépendantes »[1] et autres formes nouvelles d'exercice du pouvoir ne seront pas l'objet de la recherche. Elles complètent la mosaïque composée des pouvoirs « classiques », mais ne répondent pas au critère principal retenu afin de délimiter le sujet : la légitimation démocratique fonctionnelle et institutionnelle qui signifie que « la constitution elle-même (...) a constitué les pouvoirs législatif, exécutif et judiciaire en tant que fonctions et organes distincts et spécifiques à travers lesquels le peuple exerce le pouvoir d'État qui émane de lui ». Il s'agit d'une légitimation exclusivement centrée sur l'organe et la fonction. Les pouvoirs, qui figurent dans l'article 20, alinéa LF, sont « démocratiquement habilités » à exercer le pouvoir d'État. Les autres formes d'exercice du pouvoir, qui ne tombent pas dans le champ d'application de cette définition, ne correspondent pas au sujet traité ici[2].

B. Plan.

Les deux grands axes de réflexion sont la signification, puis la concrétisation de la norme de l'article 20, alinéa 2 LF. Ce n'est qu'en essayant de percer le secret de la signification de la norme et sa réaction lors de la confrontation aux cas concrets que l'on peut commencer à comprendre son sens.

Ainsi, on recherchera la signification et la construction du principe à partir des données historiques, doctrinales et jurisprudentielles pertinentes pour sa compréhension afin d'en tirer le sens donné par l'interprétation actuelle du juge constitutionnel, ainsi que le rang que le principe occupe dans l'édifice constitutionnel. Viendra ensuite la concrétisation par laquelle on tentera d'extraire une série de solutions ou de méthodes livrées par la jurisprudence ou par la doctrine susceptibles de contribuer à la *systématisation* du principe normatif de la séparation des pouvoirs, mais également à sa *stabilisation* dans l'ordre constitutionnel de la Loi fondamentale allemande.

Le plan sera par conséquent composé de deux parties :

***Première partie* : La construction doctrinale et jurisprudentielle du principe de séparation des pouvoirs.**

***Seconde partie* : La concrétisation du principe de séparation des pouvoirs dans la pratique constitutionnelle allemande.**

---

[1] Sur les modèles français et allemand des « autorités de régulation indépendantes » : Gérard Marcou/Johannes Masing (dir.), *Le modèle des autorités de régulation indépendante en France et en Allemagne*, Société de législation comparée, 2011.

[2] Sur les différentes formes de légitimation démocratique : Ernst-Wolfgang Böckenförde, « Principes de la démocratie, forme politique et forme de gouvernement », *in* du même, *Le droit, l'État et la Constitution démocratique. Essais de théorie juridique, politique et constitutionnelle*, tr.fr. Olivier Jouanjan, Bruylant/LGDJ, 2000, p. 278-293, spécialement p. 280-283, où Böckenförde opère la distinction entre les différentes légitimités : institutionnelle et fonctionnelle, organisationnelle-personnelle, et objective-matérielle.

PREMIERE PARTIE
LA CONSTRUCTION DOCTRINALE ET JURISPRUDENTIELLE DU PRINCIPE DE SEPARATION DES POUVOIRS

Le seul point de vue actuel ne permet pas de saisir la signification du principe de la séparation des pouvoirs. Au lieu de s'attacher à une présentation contemporaine en évacuant complètement les éléments historiques doctrinaux, qui ont contribué à sa construction progressive, il faut analyser les raisons de l'échec du principe au XIXe siècle allemand. Car la séparation des pouvoirs a perdu face au principe monarchique, toujours présent et ne permettant pas de mettre en place un système équilibré dans lequel tous les organes disposeraient de véritables moyens de contrôle et de pression, ainsi que de protection de leur domaine d'action. Le rejet frénétique des conservateurs et le rejet modéré des libéraux ont scellé son sort. Malgré la création de mécanismes d'équilibrage relatif dans la Constitution weimarienne 1919, on constate que, s'il n'y aucune sanction des atteintes portées au principe, il est vain de vouloir son application uniquement en se fiant à la « bonne foi » des pouvoirs.

La Loi fondamentale et la Cour constitutionnelle fédérale permettent, depuis 1949, d'avoir un principe, dont le non-respect peut être sanctionné, et qui fait l'objet d'une interprétation jurisprudentielle qui lui permet de déployer tous ses effets pratiques. Qualifié de « principe organisationnel porteur de la Loi fondamentale », son « cœur » ne peut faire l'objet d'une révision constitutionnelle. Malgré la tentative de livrer une définition générale plus ou moins précise, le juge rencontre de sérieuses difficultés lorsqu'il s'agit d'interpréter les éléments constitutifs du principe et de poser des limites à l'action d'un pouvoir. La Cour développe ainsi, en complétant les dispositions de la Loi fondamentale, une véritable théorie de la séparation des pouvoirs.

Afin de tenter de pénétrer la signification du principe de la séparation des pouvoirs, cette partie sera divisée en deux titres :

Titre premier : Les origines doctrinales du principe de séparation des pouvoirs.

Titre second : L'interprétation du principe de séparation des pouvoirs dans la jurisprudence de la Cour cour constitutionnelle fédérale depuis 1949.

TITRE PREMIER
LES ORIGINES DOCTRINALES DU PRINCIPE DE SEPARATION DES POUVOIRS

Les mouvements révolutionnaires états-unien et français constituent le point de départ du principe constitutionnel de la séparation des pouvoirs. La Constitution fédérale de 1787[1], puis l'œuvre de la Constituante[2], consacrent la séparation des pouvoirs, tandis qu'en Allemagne, quelques années plus tard, on affirmera solennellement le principe monarchique[3]. La séparation des pouvoirs, assimilée aux conséquences néfastes de la Révolution française, devient l'objet de toutes les craintes et tous les fantasmes. Le mouvement révolutionnaire, qui a cours aux États-Unis après la proclamation de l'indépendance des treize colonies britanniques, a un infime écho dans la société allemande : « c'était beaucoup plus que l'obscurité, c'était l'ignorance à peu près complète qui entourait le

---

[1] Le système constitutionnel américain dessiné dans le Fédéraliste est un système de freins et de contrepoids savamment équilibré : « (…) il est évident que chaque département doit avoir une volonté qui lui soit propre, et, en consquénce, qu'il soit constitué de façon à ce que les membres de chacun aient le moins de part possible dans la nomination des membres des autres » (James Madison, lettre n°51, *in* Alexander Hamilton/John Jay/James Madison, *Le Fédéraliste*, tr. fr. Anne Amiel, Classiques Garnier, 2012, p.403). Plus tard, dans la jurisprudence de la Cour suprême, on lit qu'il ne semble pas « nécessaire d'argumenter afin de démontrer que quelques soient les mots que nous choisissons, nous n'appliquons pas et ne pouvons pas appliquer la distinction entre l'action législative et l'action exécutive avec une précision mathématique et diviser les branches du gouvernement dans des compartiments étanches, même si cela était souhaitable, ce que la Constitution n'exige pas » (*Springer vs. Philippines Islands*, 277 U.S. 189, 211 [14 mai 1928]).

[2] Article 16 de la Déclaration des droits de l'homme et du citoyen du 26 août 1789 : « Toute Société dans laquelle la garantie des Droits n'est pas assurée, ni la séparation des Pouvoirs déterminée, n'a point de Constitution ». Le principe annoncé est « purement négatif, qui interdit seulement de confier tous les pouvoirs à une même autorité, mais qui ne prescrit pas un mode de répartition ou un autre » (Michel Troper, *La théorie du droit*, PUF, coll. *Léviathan*, 2001, p. 102). La configuration constitutionnelle du 3 septembre 1791, qui transforme le pouvoir exécutif en autorité complètement soumise au pouvoir législatif, et la séparation des pouvoirs en une « théorie rigide, inflexible » n'est pas « celle de Montesquieu mais (…) de ses interprétateurs trop zélés, des doctrinaires rigoureux de la Constitution, selon Boris Mirkine-Guetzévitch, « De la séparation des pouvoirs », *in La pensée politique et constitutionnelle de Montesquieu. Bicententaire de l'Esprit des lois (1748-1948)*, Recueil Sirey, 1952, p. 161-162. Le pouvoir exécutif est presque expulsé des débats parlementaires. Ramené à l'action machinale d'exécution de la loi, il n'intéresse guère les parlementaires de la Constituante. Sur ce point : Michel Verpeaux, *La naissance du pouvoir réglementaire 1789-1799*, PUF, coll. *Les grandes thèses du droit français*, 1991, p. 25 : « La brièveté des débats, si elle constitue un signe, atteste l'absence d'un véritable intérêt : l'exécution des lois n'est pas le problème majeur des révolutionnaires de 1789. Pour des raisons à la fois philosophiques et politiques, tenant à une conception absolutiste de la loi et à la volonté de diminuer le pouvoir royal, ils ont sacralisé la loi et ont considéré que la question de son exécution ne se posait pas ».

[3] Sur la construction constitutionnelle américaine, on se reportera de manière générale à la trilogie de Bruce Ackerman : *We the People*, vol 1 (*Foundations*) (tr.fr. : *Au nom du peuple : les fondements de la démocratie américaine*, Calmann-Lévy, 1998), 1993, vol. 2 (*Transformations*), 2000, vol. 3 (*The Civil Rights Revolution*), 2014, Belknap Press, et à l'ouvrage d'Élisabeth Zoller, *Histoire du gouvernement présidentiel aux Étatas-Unis*, Dalloz, 2011.

constitutionnalisme américain en Allemagne dans les années '80 »[1]. L'Allemagne, malgré le vent libéral, qui souffle sur une grande partie des territoires monarchiques, n'éprouve pas le sentiment révolutionnaire avec la même intensité[2].

Il convient d'explorer les raisons de l'échec doctrinal du principe dans le cadre de la monarchie limitée allemande (chapitre 1), puis son retour dans les doctrines publicistes au début du XXe siècle et examiner les causes de sa « mort » à la fin de la République de Weimar (chapitre 2).

---

[1] Horst Dippel, « Les idées constitutionnelles américaines et françaises en Allemagne à la fin du XVIIIe siècle », *in* Roberto Martucci (dir.), *Constitution et révolution, aux Etats-Unis et en Europe (1776/1815)*, Macerata, 1995, p. 561.

[2] « Dans le domaine de la politique, les Allemands ont pensé ce que les autres peuples ont accompli », constate Marx en 1843/44 (cité par Horst Dippel, *Deutschland und die amerikanische Revolution. Sozialgeschichtliche Unterscheidung zum politschen Bewutsein im ausgehenden 18. Jahrhundert*, Dissert., Köln, 1970).

CHAPITRE I
Le principe monarchique et la séparation des pouvoirs au XIXe siècle allemand : du rejet catégorique à l'acceptation modérée

Le début du XIXe siècle fut marqué par les vives discussions autour de la notion de « constitution » en reflétant la profonde transformation de l'État monarchique dictée par le mouvement révolutionnaire français. Même si la Révolution de 1789 n'eut pas les mêmes effets spectaculaires outre-Rhin[1], ces événements suffirent à instaurer un climat de méfiance du pouvoir envers la société civile émergente. Les concessions accordées par le pouvoir ne modifient pas brusquement la physionomie de l'ordre établi et continuent de maintenir l'unité monarchique. Le constitutionnalisme de « type allemand » n'a pas, du moins au début, « un accent révolutionnaire » ou « démocratique »[2].

Le déclin du Saint-Empire romain germanique, accéléré par les guerres napoléoniennes, ainsi que l'impossibilité de former une structure étatique suffisamment solide pour résister aux tensions politiques internes n'empêchent pas l'Allemagne de présenter le visage d'« une nation culturellement et intellectuellement épanouie, mais politiquement éclatée et dépourvue d'une réelle capacité d'action, celui d'un grand pays aisé au cœur de l'Europe, mais sans accès au commerce mondial, et sous la coupe d'un ordre constitutionnel archaïque juridicisé jusqu'à l'absurde »[3].

L'apparition du constitutionnalisme dans les États de l'Allemagne du Sud ne change pas de manière radicale les modalités d'exercice du pouvoir. Le principe de séparation des pouvoirs, proclamé par l'article 16 de la Déclaration des droits de l'homme et du citoyen du 26 août 1789[4], est entendu par les publicistes allemands

---

[1] Michael Stolleis, *Histoire du droit public en Allemagne (1800-1914)*, trad. fr. Marie-Ange Maillet et Marie Ange Roy, coll. *Rivages du droit*, Dalloz, 2014, p. 18 : « La Révolution française influença et changea l'Allemagne de bien des manières, mais le pays ne connut pas de révolution propre. Il eut fallu pour cela qu'une masse critique soit atteinte, ce qui ne fut pas le cas ».

[2] Ernst-Wolfgang Böckenförde, « Verfassungsprobleme und Verfassungsbewegung des 19. Jahrhunderts », *in* Ernst-Wolfgang Böckenförde/Rainer Wahl (dir.), *Moderne deutsche Verfassungsgeschichte (1815-1914)*, 2e édition, 1981, Verlagsgruppe Athenäum, Königstein, p. 17 : « (…) hatte in Deutschland (…) keinen revolutionären und auch keinen entschieden demokratischen Akzent ». En 1788, Ernst Ferdinand Klein, représentant de l'*Aufklärung*, les *Lumières* allemandes, remarque, à juste titre, que celui, qui vit dans une monarchie soucieuse d'assurer la « liberté du citoyen » (*bürgerliche Freiheit*), ne manifestera aucun désir de devenir républicain : « Wer in einer Monarchie lebe, worin die bürgerliche Freiheit gehandhabt werde, werde kein Verlangen tragen, ein Republikaner zu werden. Sei die ausübende Gewalt durch keine Gesetze beschränkt, handle es sic hum eine Despotie. In der Monarchie aber, wenn sie auch uneingeschränkt ist, existieren Gesetze, welche der Gewalt Grenzen Verzeichnen ».

[3] Michael Stolleis, *Histoire du droit public en Allemagne (1800-1914)*, op.cit., p. 19.

[4] « Toute Société dans laquelle la garantie des Droits n'est pas assurée, ni la séparation des Pouvoirs déterminée, n'a point de Constitution. »

comme une menace pour l'unité du pouvoir d'État. Il est inconcevable de maintenir une structure étatique solide, si le pouvoir est séparé en plusieurs parties agissant de manière autonome.

Dès les premières années du XIXe siècle, on préfère affirmer le principe monarchique, certes d'inspiration française, mais qui, dans l'interprétation allemande, prend une autre teneur et signale la volonté de maintenir l'unité du pouvoir monarchique tout en faisant place à la participation des états (*Stände*) à l'exercice du pouvoir (Section 1). Malgré l'attachement au principe monarchique, dont témoigne la doctrine publiciste, on observe une modération, surtout dans le camp des juristes d'obédience libérale, qui mène progressivement à une réception limitée du principe de la séparation des pouvoirs par la doctrine publiciste (Section 2). L'échec de la Constitution de l'Église Saint-Paul scelle le sort du principe de la séparation des pouvoirs : l'époque est désormais celle de la politique réactionnaire (Section 3).

Section 1 : La volonté de maintenir l'unité du pouvoir monarchique pendant la période du *Vormärz*[1].

La Charte française du 4 juin 1814 proclame que « (...) bien que l'autorité tout entière résidât en France dans la personne du Roi, nos prédécesseurs n'avaient point hésité à en modifier l'exercice (...) »[2]. Le préambule de la Charte semble « remarquablement ignorer les événements de l'espace temporel 1789-1814 » : le roi revient « après une longue absence » afin d'octroyer, par sa libre volonté royale et en suivant les vœux de ses sujets, une constitution qui restaure le rôle premier du monarque en tant que détenteur de l'intégralité du pouvoir d'État, mais garantit en même temps la participation du peuple à son exercice[3].

---

[1] La période du *Vormärz* s'étend de 1815 et le Congrès de Vienne au mouvement révolutionnaire qui se propage dans les États allemands en 1848/1849.

[2] Stéphane Rials (éd.), *Textes constitutionnels français*, PUF, collection *Que sais-je ?*, 2009, p. 39.

[3] Georg Jellinek, *Allgemeine Staatslehre*, 3e édition, 1914, p. 469-470. Pour Jellinek, la Restauration française s'inspire des traditions de l'Ancien régime et de la monarchie britannique qui résiste à la vague révolutionnaire : « Unter dem Einflusse alter vom *ancien régime* überkommener Traditionen sowie der aus England, das von der Revolution unberührt geblieben war, herüberwirkenden toryistischen Anschauungen wird von Beugnot der Eingang zur Charte Louis XVIII improvisiert, in der mit bewunderswerter Ignorierung des ganzen Zeitraumes von 1789 bis 1814 der Gedanke durchgeführt wird, daß der König, "après une longue absence" dem Wunsche der Untertanen nachgebend, dem Volke eine Verfassung aus freier königlicher Machtvollkommenheit verleihe, wonach die ganze öffentliche Gewalt Frankreichs in der Person des Königs ihren Sitz habe, an ihrer Ausübung jedoch dem Volke einen Anteil gewähre ». La position de Jellinek doit cependant être nuancée, car la Charte de 1814 ne fait pas disparaître l'héritage de 1789. Elle tend plutôt à la restauration timide de la souveraineté monarchique et à l'aménagement de l'exercice du pouvoir d'État.

Les formulations de la Charte de 1814 sont d'abord un point d'inspiration important pour les constitutions des pays du Sud allemand avant que le « principe monarchique »[1] ne soit proclamé par l'article 57 de l'Acte final du Congrès de Vienne de 1820, dont l'objectif est de créer un système constitutionnel fédéral homogène et de sauvegarder l'unité du pouvoir d'État détenu par le monarque en limitant la participation des assemblées d'états à l'exercice du pouvoir (§ 1).

En apparence, le principe de séparation des pouvoirs est incompatible avec le schéma constitutionnel allemand. Il est perçu par la doctrine majoritaire comme un danger pour la stabilité de l'État et son éventuelle introduction est souvent dessinée comme l'application d'un principe de destruction qui n'a pas d'autre finalité que le morcellement définitif du pouvoir étatique. Cette image de principe nourrit le rapport antagonique avec le principe monarchique présenté comme la « contre-théorie » de la séparation des pouvoirs (§ 2).

§ 1. Le principe monarchique comme moyen de sauvegarder l'unité du pouvoir d'État.

Le principe monarchique n'est rien d'autre qu'une nouvelle manière d'affirmer la souveraineté monarchique[2] afin de la préserver de la création de véritables représentations populaires et de l'immuniser contre le principe démocratique. Il n'y a pas de place pour le principe de la séparation des pouvoirs là, où le monarque détient l'intégralité du pouvoir et gouverne de manière effective (A). L'interprétation restrictive de la notion de « constitution prévoyant des assemblées d'états » (*landständische Verfassung*) livrée par le chancelier Metternich et le conservateur Friedrich von Gentz ne permettent pas de penser un véritable partage dans l'exercice du pouvoir (B).

A. Le monarque détient l'intégralité du pouvoir d'État.

Le principe monarchique est le point commun entre le courant constitutionnel dans les pays de l'Allemagne du Sud et le modèle de la Charte française de 1814[3]. La Constitution de Bavière de 1818, puis les Constitutions de

---

[1] Selon Hans Boldt, *Deutsche Staatslehre im Vormärz*, Droste Verlag, Düsseldorf, 1975, p. 15, il est diffficile de dater avec exactitude le premier emploi de l'expression « principe monarchique » (*monarchisches Prinzip*). C'est Charles-Henri Dambray, chancelier de Louis XVIII, qui en fait usage en 1814, mais encore avant lui, Friedrich Schlegel l'utilise dans ses cours de philosophie de 1804-1806 en insistant sur l'impossibilté de consuire un gouvernement républicain satisfaisant et durable sur la base du principe monarchique (« In der reinen republikanischen Form [...] die durch kein monarchisches Prinzip beharrlich und dauerhaft gemacht wird [...] », cité par Boldt, *Deutsche Staatslehre im Vormärz*, p. 15).

[2] Hans Boldt, *Deutsche Staatslehre im Vormärz*, *op.cit.*, p. 17 : « Monarchisches Prinzip : Das war ein neues Wort für monarchische Souveränität (...) ».

[3] Otto Brunner, « Vom Gottesgnadentum zum monarchischen Prinzip », *in* du même, *Neue Wege der Verfassungs- und Sozialgeschichte*, 2e édition, Vandenhoeck & Ruprecht, Göttingen, 1968, p. 182 : « Das "monarchische Prinzip" bestimmte die französische "Charte" von 1814 und die süddeutschen Verfassungen dieser Zeit ». En langue française : Aurore Gaillet, *L'individu contre l'État. Essai sur l'évolution*

Bade de la même année, de Wurtemberg de 1819, de Hesse-Darmstadt de 1820 et, enfin, l'article 57 de l'Acte final de la conférence de Vienne de 1820 formulent le principe selon lequel le « pouvoir d'État tout entier doit rester réuni dans le chef de l'État et le souverain monarchique ne saurait être soumis par la Constitution *landständisch* à la participation des états que pour l'exercice de certains droits »[1]. Il y a pourtant une différence entre les constitutions de la première vague du constitutionnalisme sud-allemand et l'Acte final : si les premières s'inspirent du modèle de la Charte de 1814 en réservant au monarque une place de premier ordre, tout en essayant d'ouvrir la voie à l'existence d'assemblées élues représentant le peuple pris dans son ensemble, l'article 57 est entendu de manière restrictive et au détriment des assemblées, qui ne doivent être appelées que dans certains cas et qui ne disposent pas de véritables compétences face au monarque. Il ne s'agit pas d'organes accomplissant une mission de représentation populaire. L'objectif de l'article 57 fut d'éradiquer toute concurrence de légitimités, et donc prétention à l'exercice du pouvoir, entre monarque et assemblées.

Dans les premières décennies du XIXe siècle, il n'est pas question de laisser s'infiltrer dans les pays allemands les idées dangereuses de la Révolution française. Le principe de souveraineté nationale, le principe représentatif ou le principe de séparation des pouvoirs hantent les esprits des hommes politiques allemands, car ils sont identifiés à l'impossibilité d'avoir un gouvernement stable et efficace, et ont comme conséquence la destruction de l'État tout entier. Le principe monarchique, qui permet de sauvegarder le pouvoir d'État, sert de remède théorique contre la nouvelle conception de la société et de l'État qui se propage en Allemagne et en Europe.

En vertu de la « formule vide »[2] du principe monarchique, le roi règne, mais il n'est plus illimité dans l'exercice du pouvoir. L'étau constitutionnel se resserre autour des princes allemands, qui acceptent d'être limités par un texte

---

des recours de droit public dans l'Allemagne du XIXe siècle, Dalloz, coll. Nouvelle bibliothèque des thèses, 2012, p. 49 : « La Charte constitutionnelle octroyée par le roi Louis XVIII le 4 juin 1814 est un modèle pour les premières constitutions allemandes ». La thèse, selon laquelle le courant constitutionnel allemand est influencé par la Charte de 1814, n'obtient pas une approbation unanime. Voir, par exemple, Heinrich Meisner, *Die Lehre vom monarchischen Prinzip in der französischen und deutschen Verfassungsgeschichte*, dissertation (Friedrich-Wilhelms-Universität), Berlin, 1913, p. 4 et suiv.

1 Article 57 de l'Acte final : « Da der deutsche Bund, mit Ausnahme der freien Städte, aus souverainen Fürsten besteht, so muß dem hierdurch gegebenen Grundbegriffe zufolge die gesamte Staatsgewalt in dem Oberhaupte des Staates vereinigt bleiben, und der Souverain kann durch eine landständische Verfassung nur in der Ausübung bestimmter Rechte an die Mitwirkung der Stände gebunden werden » (Ernst-Rudolf Huber, *Dokumente zur deutschen Verfassungsgeschichte*, vol. 1, Kohlhammer, Stuttgart, 1961, p. 88).

2 « Formule vide », dont « le caractère idéologique est évident », selon Hans Boldt, *Deutsche Staatslehre im Vormärz*, Droste, Düsseldorf, 1975, p.33, car permettant de justifier ou défendre toute position juridique: « (...) eine inhaltslose Regel, aufgrund deren sich jede rechtliche Position beanspruchen und verteidigen läßt (...). Der ideologischer Charakter solcher Leerformel ist offensichtlich ».

constitutionnel octroyé ou résultant d'un pacte. Suivant la lecture libérale de l'acte constituant, dans les deux cas de figure, le monarque ne peut plus arbitrairement décider du sort de la constitution, que celle-ci soit le résultat de l'acte unilatéral qu'est l'octroi ou bien qu'elle prenne la forme d'un acte bilatéral, le pacte[1], car « même si elle est octroyée », la constitution « est garantie par le monarque et son engagement à la maintenir, en tant que *promesse*, n'est pas moins grand que si cet engagement résultait d'un pacte »[2]. « La structure logique du pouvoir constituant du monarque est *dialogique* », car, dans l'esprit des libéraux, l'acte constituant fait naître « un engagement » du monarque à l'égard de ses sujets[3].

Le régime de la monarchie « *konstitutionell* »[4] allemande doit limiter le monarque qui, cependant, ne peut guère être affaibli. Le principe directeur de ce « type » monarchique allemand est le principe monarchique[5]. En vertu de ce dernier, le prince détient l'intégralité du pouvoir d'État malgré la limitation que lui impose l'acte constituant auquel il a lui-même consenti[6]. La constitutionnalisation

---

[1] Sur la question de la forme que prend le pacte : Ernst-Wolfgang Böckenförde, « Der deutsche Typ der konstitutionellen Monarchie im 19. Jahrhundert », *in* Ernst-Wolfgang Böckenförde/Rainer Wahl (dir.), *Moderne deutsche Verfassungsgeschichte (1815-1914)*, Verlagsgruppe Athenäum, Königstein, 2e édition, 1981, p. 150 : « Damit wurde die Frage : gewährte oder vereinbarte Verfassung, von untergeordneter Bedeutung ».

[2] Olivier Jouanjan, « Le contrôle incident des normes et les contradictions de l'État monarchique en Allemagne », *in* Olivier Jouanjan (dir.), *Figures de l'État de droit : le* Rechtsstaat *dans l'histoire intellectuelle et constitutionnelle de l'Allemagne*, PUS, 2001, p. 269.

[3] Olivier Jouanjan, « Le contrôle incident des normes et les contradictions de l'État monarchique en Allemagne », *in* Olivier Jouanjan (dir.), *Figures de l'État de droit : le* Rechtsstaat *dans l'histoire intellectuelle et constitutionnelle de l'Allemagne*, *op.cit.*, p. 269. Cette structure dialogique diffère de « la structure monologique » que suppose le pouvoir constituant du peuple. Au moment où il se donne une constitution, le peuple ne s'engage envers personne d'autre si ce n'est envers lui-même, et peut donc librement défaire son oeuvre constituante.

[4] Sur la difficulté de traduire l'adjectif « *konstitutionell* », v. la note d'Olivier Jouanjan dans Ernst-Wolfgang Böckenförde, « Naissance et développement de la notion d'État de droit », *in* du même, *Le droit, l'État et la Constitution démocratique*, Bruylant/LGDJ, 2000, p. 128 : « L'adjectif concentre sur lui toutes les ambiguïtés du "constitutionnalisme" allemand du XIXe siècle. Parfois de tonalité libérale, surout avant 1848, désignant un "progrès" dans la modernisation constitutionnelle de l'Allemagne, il devient plutôt l'expression, à partir de 1850, de l'immobilisme constitutionnel auquel Bismarck contraindra les États puis l'Empire, empêchant toute parlementarisation de la monarchie "konstitutionell", monarchie seulement (auto ?) limitée, qui en reste pratiquement au schéma de la Charte française de 1814. Pour Conrad Bornhak, la monarchie constitutionnelle « repose sur les fondements de la monarchie absolue dont elle est l'héritère directe ». Il s'agit d'une « forme étatique propre à l'Allemagne » (Conrad Bornhak, *Allgemeine Staatslehre*, 2e édition, Berlin, 1909, p. 38 et suiv.).

[5] Ernst-Wolfgang Böckenförde, « Der deutsche Typ der konstitutionellen Monarchie im 19. Jahrhundert », *in* Ernst-Wolfgang Böckenförde/Rainer Wahl (dir.), *Moderne deutsche Verfassungsgeschichte (1815-1914)*, *op.cit.*, p. 148 : « Das erste und immer wieder als Krieterium ins Feld geführte Kennzeichen der deutschen konstitutionellen Monarchie war das sogenannte monarchische Prinzip. (...) daß Träger der Staatsgewalt (sei) der König allein ».

[6] Stéphane Rials, « Essai sur le concept de monarchie limitée (autour de la charte de 1814) », *in* du même, *Révolution et contre-révolution au XIXe siècle*, Diffusion Université Culture/Albatros, Paris, 1987 : « La puissance royale qui avait octroyé la Charte du fait d'une puissance antérieure ne pouvait se trouver

auto-limitative du pouvoir du roi est la première étape décisive du processus d'effondrement du modèle monarchique ancien. Afin de tenter de résister à ce mouvement tentaculaire, qui envahit l'Europe, la monarchie allemande montre sa totale défiance avant tout envers le principe de la souveraineté populaire, mais en prenant pour cible le principe de séparation ou division des pouvoirs. Le nouveau rôle des assemblées d'états tend à mettre fin à l'ancienne conception d'une société d'ordres particuliers et à les transformer en véritables chambres représentatives du peuple pris dans son ensemble. Ce changement annonce l'apparition d'un nouveau sujet institutionnel, basé sur le principe représentatif, capable de s'opposer à la volonté monarchique et susceptible de constituer un organe politique participant non plus par sa simple fonction consultative au gouvernement de l'État, mais disposant de compétences effectives. Ces assemblées d'états de nouveau type incarnent, dans l'imaginaire des conservateurs, la menace immanente pour l'ordre politique et social établi. Elles sont le moyen le plus simple d'introduire le principe de séparation des pouvoirs sur le sol allemand.

Après le Congrès de Vienne, la « constitution représentative », celle, qui prévoit la participation des assemblées d'états (élues ou non) aux affaires de l'État, se transforme en une « notion idéologique » (*Kampfbegriff*)[1]. « La question centrale de tous les débats sur la "constitution" au XIXe siècle fut celle de la place des représentations populaires. »[2]

B. L'interprétation restrictive des constitutions « **landständisch** *» et l'identification de la séparation des pouvoirs au principe de souveraineté populaire.*

Le parallèle avec la Charte de Louis XVIII n'est plus possible après 1820. En France, l'affirmation de l'unité du pouvoir d'État n'exclut pas le rôle croissant des chambres, qui ne sont pas dotées de simples compétences consultatives, mais peuvent effectivement empêcher le cours normal de la procédure législative. Ce n'est pas le cas du système constitutionnel allemand, qui n'admet pas la

---

constituée par elle. Elle se trouvait simplement *réglementée dans son exercice* selon l'adage *patere legem quam fecisti* » ; Ernst-Wolfgang Böckenförde, « Der deutsche Typ der konstitutionellen Monarchie im 19. Jahrhundert », *in* Ernst-Wolfgang Böckenförde/Rainer Wahl (dir.), *Moderne deutsche Verfassungsgeschichte (1815-1914), op.cit.*, p. 148 : « Die Verfassung stellt sich dar als eine – allerdings verbindliche – Selbstbeschränkung der monarchischen Gewalt, sie ist Begrenzung, nicht Grundlage der monarchischen Herrschaft ».

1 Christoph Schönberger, *Das Parlament im Anstaltsstaat : zur Theorie parlamentarischer Repräsentation in der Staatsrechtslehre des Kaiserreichs (1871-1918)*, Vittorio Klostermann, Frankfurt am Main, 1997, p. 9 : « Verfassungen, die (überwiegend) gewählten Landständen in irgendeiner Weise Einfluß auf die Staatsgeschäfte einräumten, hießen "Repräsentativverfassungen". Der Begriff war von Anfang an ein Kampfbegriff ».

2 Michael Stolleis, *Histoire du droit public en Allemagne (1800-1914)*, *op.cit.*, p. 119, avec références bibliographiques supplémentaires.

« marginalisation »[1] du monarque au profit des assemblées d'états. L'appui textuel de l'existence des assemblées: l'article 13 de l'Acte de la Confédération germanique du 8 juin 1815 dispose que « dans tous les États confédérés, il y aura une constitution prévoyant des assemblées d'états » (*landständische Verfassung*)[2]. L'Acte de la Confédération n'impose pas un délai maximal pour la transposition de cette exigence au niveau des États confédérés[3] et ne précise pas davantage la signification de la notion d'« assemblées d'états »[4]. Quelques années plus tard, sous l'influence du chancelier autrichien Metternich, l'article 57 de l'Acte final de 1820 crée une « réserve constitutionnelle générale » au profit du monarque[5]. En l'absence de texte précis et en cas de doute sur les compétences respectives du monarque et des assemblées, il convient d'adopter une interprétation favorable au roi. L'article 57 minimise ainsi l'avancée marquée par l'article 13 de l'Acte de la Confédération germanique.

Au refus de doter les assemblées de véritables compétences constitutionnelles s'ajoute l'incertitude quant à leur teneur institutionnelle. En effet, deux interprétations sont possibles. Les assemblées d'états sont les héritières des anciennes assemblées réunissant les ordres (*Stände*) au sein du Saint-Empire romain germanique. Il s'agit ainsi d'une représentation par ordres. L'ultra conservateur Friedrich von Gentz, collaborateur de Metternich, croit livrer « la véritable interprétation de l'article 13 »[6] et de l'expression « *landständische Verfassung* » dans le mémorandum préparatoire au Congrès de Karlsbad. Elle implique un droit de participation à la législation de l'État en général ou, s'agissant des branches particulières de celle-ci, « un droit de conseil, d'approbation, de contre-proposition

---

[1] Aurore Gaillet, *L'individu contre l'État : essai sur l'évolution des recours de droit public dans l'Allemagne du XIXe siècle*, *op.cit.*, p. 51.

[2] « In allen Bundesstaaten wird eine landständische Verfassung stattfinden. »

[3] L'Autriche et la Prusse sont les exemples flagrants du non-respect de l'article 13 de l'Acte de la Confédération germanique, puis de l'article 54 de l'Acte final du Congrès de Vienne. Ernst-Rudolf Huber *Deutsche Verfassungsgeschichte seit 1789*, vol. 1 : *Reform und Restauration 1789 bis 1830*, Kohlhammer Verlag, Stuttgart, 1961, p. 646-647 : « (…) kein Wunder, da Österreich und Preußen an der Spitze derer standen, die sich ihrer Verfassungspflicht entzogen ».

[4] L'article 54 de l'Acte final de 1820 pose l'obligation pour gouvernements des États confédérés d'adopter une constitution prévoyant l'existene d'assemblées d'états. Cette disposition reste cependant sans effet jusqu'en 1829.

[5] Ernst-Rudolf Huber, *Deutsche Verfassungsgeschichte seit 1789*, vol. 1 : *Reform und Restauration 1789 bis 1830*, *op.cit.*, p.653 : « Er (Metternich) schuf mit dem Art. 57 vielmehr einen verfassungspolitischen *General-Vorbehalt*, der auch in landständischen Verfassungen dem Staatsoberhauptden Besitz der "gesamten Staatsgewalt" sicherte » (souligné dans le texte).

[6] Friedrich von Gentz (1764-1832), « Ueber den Unterscheid zwischen den landständischen und Repräsentativ-Verfassungen », *in* Johann Ludwig Klüber/Theodor Welcker (éd.), *Wichtige Urkunden für den Rechtszustand der deutschen Nation*, Mannheim, 1884, p. 220 et suiv.

ou de toute autre forme de participation conforme à la constitution exercée par les membres ou députés des ordres existants »[1].

Ces deux lectures diamétralement opposées reflètent les différences profondes entre deux modèles concurrents: le modèle ancien, celui de la souveraineté monarchique et de l'unité du pouvoir d'État, dans lequel le peuple, composé de sujets répartis en différents ordres particuliers, n'a pas d'existence juridique autre que celle que lui reconnaît le monarque, et le modèle nouveau, portant le souffle démocratique de la Révolution française, qui fait des représentations populaires une force à part entière apte à s'opposer au monarque.

L'apparition des représentations populaires, en Angleterre, ensuite en France, est perçue par les auteurs conservateurs comme Gentz comme la conséquence des mouvements de la société civile qui causent la destruction de l'État. Dans les États, où ces mouvements néfastes ne voient pas le jour, la seule possibilité de créer des représentations populaires est la volonté arbitraire du prince[2]. Pour les conservateurs, l'assemblée d'états-représentation populaire a un autre défaut impardonnable : elle suppose l'application du « soi-disant principe de division des pouvoirs » (*Theilung der Gewalten*)[3]. Ce dernier est la pièce maîtresse de « la théorie du système représentatif ». Le constat de Gentz ne laisse aucun doute : le principe de division des pouvoirs mène, « partout et toujours, à l'anéantissement total de toute puissance, et par conséquent à un état de complète anarchie »[4]. Dans

---

1 Friedrich von Gentz, « Ueber den Unterscheid zwischen den landständischen und Repräsentativ-Verfassungen », *in* Johann Ludwig Klüber/Theodor Welcker (éd.), *Wichtige Urkunden für den Rechtszustand der deutschen Nation*, *op.cit.*, p. 221 : « Landständische Verfassungen sind die, in welchen Mitglieder oder Abgeordnete durch sich selbst bestehender Körperschaften ein Recht der Theilnahme an der Staatsgesetzgebung überhaupt, oder einzelnen Zweigen derselben, die Mitberathung, Zustimmung, Gegenvorstellung, oder in irgend einer andern verfassungsmäßig bestimmten Form ausüben ». Cette interprétation restrictive de la « lanständische Verfassung » obtient l'approbation des auteurs conservateurs comme Karl Luwig von Haller ou Friedrich Ancillon.

2 Friedrich von Gentz, « Ueber den Unterscheid zwischen den landständischen und Repräsentativ-Verfassungen », *in* Johann Ludwig Klüber/Theodor Welcker (éd.), *Wichtige Urkunden für den Rechtszustand der deutschen Nation*, *op.cit.*, p. 222, 224: « Auf dem ersten Wege entstanden die Repräsentativ-Verffasungen von England und Frankreich. Der Staat war durch eine lange Reihe bürgerlicher Kriege oder rechtszerstörender Usurpationen vollständig aufgelöst. (...) Da, wo Repräsentativ-Verfassungen nicht das Werk gebieterischer Umstände sind, können sie nur aus der Willkühr entspringen ».

3 Le mot « *Theilung* » singifie à la fois division et partage. Comme dans les propos de Gentz la coloration négative portée à ce vocable ne peut guère être ignorée, il convient, en français, d'opter pour « division ». V. §2 de cette section.

4 Friedrich von Gentz, « Ueber den Unterscheid zwischen den landständischen und Repräsentativ-Verfassungen », *in* Johann Ludwig Klüber/Theodor Welcker (éd.), *Wichtige Urkunden für den Rechtszustand der deutschen Nation*, Mannheim, 1884, p. 225 : « In der Theorie des Repräsentativ-Systems steht der angebliche Grundsatz der Theilung der Gewalten oben an ; ein Grundsatz, der sich selbst überlassen, immer und überall zur gänzlichen Vernichtung aller Macht, mithin zur reinen Anarchie führen muß (...) »

les discours des conservateurs du *Vormärz*, le principe de séparation des pouvoirs, identifié à la souveraineté populaire, ne peut que faire l'objet d'un rejet catégorique.

L'« interprétation traditionnelle du rôle et des droits constitutionnels des assemblées représentatives » oppose les juristes libéraux aux auteurs conservateurs[1]. Dans la discorde, un point est commun à ces deux camps politiques : le principe de séparation des pouvoirs doit être rejeté car il est le cheval de Troie de la souveraineté nationale et du gouvernement représentatif, et finit immanquablement par détruire l'appareil étatique.

§ 2. Le principe monarchique comme « contre-théorie »[2] du principe de séparation des pouvoirs ?

En vertu de l'article 57 de l'Acte final, base normative du principe monarchique, le monarque, « en tant que chef de l'État, réunit en lui le pouvoir d'État dans son ensemble ». Les publicistes conservateurs et libéraux sont d'accord sur le principe du caractère unitaire du pouvoir. Même si les modalités d'exercice de ce pouvoir unitaire peuvent donner lieu à des controverses doctrinales et à différentes interprétations de la part du camp conservateur ou de celui des libéraux, les deux s'accordent sur l'exclusion du principe de séparation ou de division des pouvoirs du système constitutionnel allemand. La volonté de démontrer l'incompatibilité entre unité du pouvoir d'État et principe de séparation est plus nette chez les auteurs conservateurs monarchistes que chez les juristes de tendance libérale (A). Toutefois, il convient de modérer cette position, car le principe de séparation n'entraîne pas nécessairement, contrairement à ce que croit la majorité de la doctrine publiciste du *Vormärz*, la dislocation du pouvoir d'État (B).

A. L'incompatibilité entre l'unité du pouvoir d'État et le principe de séparation des pouvoirs.

La modération du pouvoir n'est pas la conséquence d'une séparation ou d'une division de celui-ci. Pour les publicistes allemands, la modération est le résultat non pas d'une division du pouvoir, mais de la place que prennent les assemblées d'états dans l'architecture constitutionnelle du *Vormärz*. L'idée d'« une division du pouvoir d'État » est « incompatible avec le droit public des États unis au sein de la Confédération germanique »[3]. L'accord de conservateurs et libéraux[1]

[1] Jacky Hummel, *Le constitutionnalisme allemand (1815-1918) : le modèle allemand de la monarchie limitée*, PUF, coll. Léviathan, 2002, p. 79.

[2] Ernst-Rudolf Huber, *Deutsche Verfassungsgeschichte seit 1789*, vol. 1: *Reform und Restauration 1789 bis 1830*, Kohlhammer Verlag, Stuttgart, 1961, p. 653 : « Das monarchische Prinzip war die Gegenlehre gegen das Gewaltenteilungsprinzip ».

[3] La conclusion sur l'incompatibilité entre le principe de division du pouvoir d'État et le droit public des États de la Confédération germanique se trouve dans les « Soixante articles » de la Résolution secrète de Vienne du 12 juin 1834 (cité par Olivier Jouanjan, « Le contrôle incident des normes et les contradictions de l'État monarchique en Allemagne [1815-1860] », *in* du même (dir), *Figures de l'État de*

n'est que « négatif » : « le système "*konstitutionell*" allemand ne repose pas sur le dogme de la séparation des pouvoirs » [2]. Le point de divergence majeur des deux camps doctrinaux, déjà mentionné ci-dessus, se trouve dans le rôle des assemblées d'états.

Selon le libéral modéré Johann Christoph von Aretin (1773-1824)[3], « la division unitaire (*Eintheilung*) des pouvoirs n'est pas, en soi, d'une aussi grande importance, elle ne le devient que si de la répartition on déduit la nécessité d'une séparation (*Trennung*) ». Les notions de division unitaire et de séparation sont, dans le vocabulaire de Aretin, deux réalités distinctes.

> *Le pouvoir ne peut pas être divisé, car le pouvoir suppose la volonté liée à la puissance. Aucun des deux éléments ne peut manquer quand un pouvoir doit exister. (…) Il n'existe par là qu'un seul pouvoir étatique qui ne peut être divisé, qui ne peut être contrebalancé par un autre pouvoir, mais qui peut être limité, à l'instar de l'océan qui ne peut être contrebalancé par un autre océan, mais qui peut être limité par la terre ferme*[4].

Le terme choisi met en exergue toute la difficulté qui consiste dans le mouvement de division qui doit cependant rester unitaire : « *Eintheilung* ». Il ne s'agit guère d'une simple « *Theilung* » (division ou partage), mais d'une répartition dans l'unité[5]. Le terme de « *Eintheilung* » est souvent utilisé par les publicistes

---

droit. Le Rechtsstaat *dans l'histoire intellectuelle et constitutionnelle de l'Allemagne*, Presses universitaires de Strasbourg, 2001, p. 272).

[1] Sur les différentes aspects du libéralisme allemand du *Vormärz*: Michael Stolleis, *Histoire du droit public en Allemagne (1800-1914)*, Dalloz, 2014, p. 188-231. Ou encore : Jacky Hummel, *Le constitutionnalisme allemand (1815-1918) : le modèle allemand de la monarchie limitée*, PUF, coll. *Léviathan*, 2002, p. 140 et suiv., et du même, « Convergences et discordances des discours libéraux allemand et français », *Revue française d'Histoire des idées politiques*, n°24, 2006, p. 233-253.

[2] Olivier Jouanjan, « Le contrôle incident des normes et les contradictions de l'État monarchique en Allemagne (1815-1860) », *art. précit.*, p. 272.

[3] Sur Aretin, voir Michael Stolleis, *Histoire du droit public en Allemagne (1800-1914)*, Dalloz, 2014, p.193 et 200.

[4] Johann Christoph Freiherr von Aretin, *Staatsrecht der konstitutionellen Monarchie. Ein Handbuch für Geschäftsmänner, studierende Jünglinge, und gebildete Bürger*, 2e édition, Volckmar, Leipzig, 1838, p. 86 : « Gewalt kann nicht getrennt werden, denn Gewalt heißt Wille, verbunden mit Macht. Keins von diesen beiden Elementen darf fehlen, wenn eine Gewalt existieren soll. (…) Daher giebt es nur eine Staats gewalt, die nicht getheilt, nicht durch eine andere Gewalt im Gleichgewicht erhalten, wohl aber beschränkt werden kann, so wie der Ocean nicht von einem andern Ocean im Gleichgewicht erhalten, sondern vom Ufer beschränkt wird ».

[5] Parmi les auteurs qui emploient « *Eintheilung* » dans un contexte différent de celui de la division du pouvoir : Karl Pölitz, *Die Staatswissenschaften im Lichte unsrer Zeit*, Leipzig, 1823, p. 193 et 196 : « Eintheilung des Staatsgebietes », afin de désigner la constutution composite des citoyens (*Verschiedenheit der Staatsbürger, und deren Eintheilung*) et afin d'expliquer la division territoriale en provinces, régions, etc., tout en soulignant l'aspect territorial unitaire (*Eintheilung des Staatsgebietes*).

allemands. Il porte en soi à la fois l'idée d'unité (*Ein*) et de division (*Theilung*). Avec « *Eintheilung* », il devient possible de penser la division sans toucher au caractère unitaire du pouvoir. La division n'exige pas forcément la séparation des pouvoirs. La question centrale est de savoir si, au sein même de l'État, il existe plusieurs pouvoirs. Si la réponse était négative, dans ce cas « la théorie de la répartition des pouvoirs perdrait tout intérêt pratique » [1]. L'argumentaire de Aretin en faveur de l'unité du pouvoir d'État comporte deux étapes. Premièrement, il définit « le pouvoir d'État » comme « le pouvoir qui garantit le règne de la loi » et qui est préalablement transféré par le peuple au monarque. Deuxièmement, il explique que le peuple n'a sauvegardé aucun pourvoir afin de l'exercer lui-même, car le transfert concerne l'intégralité du pouvoir exercé désormais par le monarque. Il ne peut y avoir qu'un seul pouvoir d'État, car si on acceptait l'existence de plusieurs pouvoirs, il faudrait qu'ils soient tous sur le même pied d'égalité, ou bien qu'un seul soit érigé en pouvoir supérieur aux autres. La première proposition signifierait un état de tension et source de conflits entre les différents pouvoirs, qui pourrait « ébranler » (*erschüttern*) l'État tout entier jusqu'au moment de « la victoire de l'un d'entre eux », tandis que la seconde ne pourrait se traduire que par le constat de l'unité du pouvoir[2]. Le principe de division des pouvoirs n'a donc pas d'intérêt pratique. Il n'est qu'un artifice qui nie l'unité en prétendant qu'il existerait trois pouvoirs distincts : la législation, la justice et l'exécution. Johann Christoph von Aretin nomme d'ailleurs la suite du paragraphe consacré à l'unité du pouvoir d'État

---

[1] Johann Christoph Freiherr von Aretin (1773-1824), *Staatsrecht der konstitutionellen Monarchie. Ein Handbuch für Geschäftsmänner, studierende Jünglinge, und gebildete Bürger*, vol. 1, 1e édition, Altenburg, 1824, p.172 : « Die Eintheilung der Gewalten ist nicht an sich selbst von so großer Wichtigkeit, sir erlangte dieselbe erst dadurch, daß man aus jener Eintheilung eine Nothwendigkeit der Trennung folgerte (...) Zeigt es sich, daß diese Frage verneint werden muß, so verliert die Theorie der Gewalteneintheilung von selbst alles praktische Interesse».

[2] Johann Christoph Freiherr von Aretin, *Staatsrecht der konstitutionellen Monarchie. Ein Handbuch für Geschäftsmänner, studierende Jünglinge, und gebildete Bürger*, op.cit., p. 173 : « Es kann nur eine Staatsgewalt geben, denn sobald es zwei oder mehrer solche Gewalten gäbe, so müßten dieselben entweder einander gleich, oder eine davon müßte die stärkere sein. Im letzten Falle wäre diese die eigentliche und bald auch die einzige Staatsgewalt, im ersten Falle aber würde durch das Nebeneinandersein gleicher Gewalten, deren jede, um fest zu stehen, auch wieder ihre besondern Garantien haben müßte, nothwendig ein Kampf entstehen, der den Staat erschüttern und so lange fortwähren würde, bis eine der bestehenden Gewalten den Sieg über die andern erhalten hätte ». Ici, Aretin fait appel à un auteur inattendu: Sieyès. D'après Aretin, Sieyès refuse toute idée d'unité ou de division : « unité toute seule est la despotisme, division toute seule (« Trennung der Gewalt » chez Aretin) est anarchie », car il ne faut pas donner « plusieurs têtes à un même corps, mais diviser, à l'intérieur du même corps, les différentes fonctions en les laissant cependant agir dans une seule direction ». En effet, Aretin semble ignorer que la description faite par Siyès rejoint la sienne : il n'est pas question de détruire l'unité du pouvoir, mais de penser la division des différentes missions en évitant leur concentration dans les mains d'un seul. « Les pouvoirs publics doivent être divisés, limités, organisés, en un mot constitués pour remplir leur destination. Si un Corps pouvait se constituer lui-même ou toucher à sa constitution, bientôt il changerait de nature, il se rendrait propre à tout envahir, et à dévorer ses créateurs », ou encore : « les grands pouvoirs constitués doivent aussi être séparés ; mais on ne sent pas assez le besoin de rendre l'exercice de leurs différentes fonctions incompatibles dans la même personne », écrit Sieyès (« Bases de l'ordre social ou série raisonnée de quelques idées fondamentales de l'état social et politique », §§12 et 13).

(*Einheit der Staatsgewalt*) : « Examen détaillé des soi-disant pouvoirs d'État » (*Beleuchtung der einzelnen sogennanten Staatsgewalten*)[1].

Dans le même sens, Karl Pölitz (1772-1838), un libéral qui n'est « partisan ni de la souveraineté du peuple, ni du partage des pouvoirs »[2], explique que le pouvoir unitaire comporte des sub-divisions ou différentes parties formant un tout qui ne saurait être divisé. La « raison » (*Vernunft*) ne peut point concevoir l'existence de plusieurs pouvoirs : le pouvoir d'État ne peut être qu'un seul pouvoir caractérisé par son unité[3]. Ce « pouvoir suprême de l'État » comporte cependant deux parties (*Theilen*) distinctes : le pouvoir législatif et le pouvoir exécutif, le pouvoir juridictionnel « appartenant à l'administration de l'État ». Pour Pölitz, « il n'y a aucune *trias politica*, contrairement à ce qu'affirme un grand nombre de Britanniques, Français ou Allemands (...) »[4]. La « division » (*Theilung*) du pouvoir « ne signifie cependant jamais une séparation (*Trennung*) des parties qui composent celui-ci »[5]. Le principe de division ne constitue par conséquent aucune menace pour l'unité du pouvoir.

Selon cette grille de lecture, la séparation des pouvoirs est synonyme de « dislocation *du* pouvoir »[6]. Ainsi, selon le conservateur monarchiste Friedrich Julius Stahl (1802-1861)[7], le pouvoir d'État est, « d'après sa nature », « indivisible »[8].

---

1 Johann Christoph Freiherr von Aretin, *Staatsrecht der konstitutionellen Monarchie. Ein Handbuch für Geschäftsmänner, studierende Jünglinge, und gebildete Bürger*, *op. cit.*, p. 174.

2 Michael Stolleis, *Histoire du droit public en Allemagne (1800-1914)*, Dalloz, 2014, p. 203 et suiv.

3 Karl Pölitz, *Die Staatswissenschaften im Lichte unsrer Zeit*, Leipzig, 1823, p. 178: « Sie (die höchste Gewalt im Staate) kann, nach der Idee der Vernunft, nur Eine sein (...) ».

4 Karl Pölitz, *Die Staatswissenschaften im Lichte unsrer Zeit*, Leipzig, 1823, p. 179, note (*): « Die richterliche Gewalt gehört, nach ihrer Eigenthümlichkeit und Selbstständigkeit, zur Verwaltung im Staate (...). Es gibt keine *trias politica*, wiewohl sie von vielen Britten, Franzosen und Teutschen, selbst von Kant behauptet worden ist ».

5 Karl Pölitz, *Die Staatswissenschaften im Lichte unsrer Zeit*, Leipzig, 1823, p. 178-179: « Allein die höchste Gewalt wird im Begriffe unterschieden nach ihren beiden wesentlichen Theilen als gesetzgebende und vollziehende Gewalt. Daraus folgt, daß die Vernunft zwar im Staate eine Theilung der höchsten Gewalt, nie aber eine Trennung dieser Theile gutheißen kann ».

6 Olivier Jouanjan, « Le contrôle incident des normes et les contradictions de l'État monarchique en Allemagne (1815-1860) », *art. précit.*, p. 273 (souligné dans le texte).

7 Stahl est un grand défenseur du principe monarchique: Friedrich Julius Stahl, *Das monarchische Prinzip. Eine staatsrechtlich-politische Abhandlung*, Heidelberg, 1845. « Pour les libéraux et démocrates, pour les révolutionnaires de 1848, il sera (…) celui qui, de sa hache, cherche à abattre l'arbre de la liberté » (Olivier Jouanjan, *Une histoire de la pensée juridique en Allemagne* [1800-1914], PUF, coll. Léviathan, 2005, p. 64). Sur la position que prend Stahl contre le principe parlementaire, incompatible avec la monarchie, v. Jacky Hummel, *Le constitutionnalisme allemand (1815-1918) : le modèle allemand de la monarchie limitée*, PUF, coll. *Léviathan*, 2002, p.163 et suiv. Voir également Erich Kaufmann, « Friedrich Julius Stahl als Rechtsphilosph des monarchischen Prinzips », *in* du même, *Gesammelte Schriften*, t. 3 : *Rechtsidee und Recht*, Verlag Otto Schwarz, Göttingen, 1960, p. 1-45.

8 Friedrich Julius Stahl, *Die Philosophie des Rechts*, vol. 2, 2e édition, Mohr, Heidelberg, 1846, p. 163.

Comme Aretin, il emploie le même substitut terminologique, susceptible de traduire l'idée unitaire du pouvoir : « *Einteilung der Staatsgewalt* », « répartition, organisation unitaire, sub-division de la puissance de l'État, l'accent étant mis sur l'unité »[1]. Mais Stahl saisit la difficulté du concept de l'unité du pouvoir d'État exclusif de toute division. Il convient alors d'imaginer une notion, qui répond à la fois à l'exigence de l'unité, et qui ne permet pas l'introduction, trop dangereuse, du principe de séparation des pouvoirs. Il faut réussir à rendre possible une répartition dans le cadre unitaire imposé par le principe monarchique :

> *Le pouvoir d'État est, d'après sa nature, un et indivisible, tout comme la personnalité ou la volonté. Il ne peut pas être divisé (zertheilt) en plusieurs pouvoirs ou parties, mais doit former un tout indivisble, une seule personne (il peut ainsi s'agir d'un prince ou d'une assemblée, ou bien des deux pris en tant qu'un ensemble indivisible). Dans cette unité, le pouvoir d'État signifie la souveraineté (...). Cependant, l'exercice de la souveraineté est conditionné et suppose l'existence de divers organes soumis au souverain dont ils sont plus ou moins indépendants (...). C'est précisément le pouvoir d'État qui modifie ou adopte une loi (législation), ou bien qui gouverne en vertu de la loi et conformément à la loi (gouvernement), ou encore qui s'immisce dans la sphère privée de l'individu afin de mettre fin à la violation de la loi (justice). Sur cela est fondée la répartition unitaire de la puissance de l'État (*Eintheilung der Staatsgewalt*)*[2].

Les « soi-disant » pouvoirs, ils n'existent pas vraiment, ou, en tout cas, ils ne pourraient pas exister dans l'imaginaire d'auteurs d'obédiences politiques aussi différentes que Gentz ou Aretin. Ces derniers regardent le principe de division des pouvoirs à travers le prisme du principe monarchique. Pour les conservateurs, admettre l'existence de plusieurs pouvoirs équivaudrait à une reconnaissance des assemblées représentatives en tant qu'organes détenant et exerçant, à côté du monarque, une partie du pouvoir d'État. C'est cette reconnaissance qui leur est impossible : elle signifie la fin du régime de la monarchie limitée. Admettre le

---

[1] Olivier Jouanjan, « Le contrôle incident des normes et les contradictions de l'État monarchique en Allemagne (1815-1860) », *art. précit.*, p. 273.

[2] Friedrich Julius Stahl, *Die Philosophie des Rechts*, p. 163-164: « Die Staatsgewalt ist ihrem Wesen nach untheilbar Eine, wie jede Persönlichkeit, jeder Wille. Sie kann nicht zertheilt werden in mehrere Gewalten und an mehrere Subjekte, sondern sie muß Ein Subjekt, Eine Persönlichkeit sein (Fürst oder organisiert Versammlung, oder beide zusammen als Ein Subjekt). In dieser Einheit ist sie die Souveränität (...). Aber ihrer Ausübung nach unterliegt sue verschiedenen Bedingungen und hat verschiedene Organe unter dem Souverän, mehr oder weniger selbständig gegen ihn. (...) Nämlich die Staatsgewalt ändert oder erläßt das Gesetz – Gesetzgebung, oder sie herrscht nach dem Gesetze und (...) innerhalb des Gesetzes – Regierung, oder sie greift in den Rechtskreis des Individuums zur Wiederherstellung des verletzten Gesetzes – Gericht. Hierauf gründet sich die Eintheilung der Staatsgewalt ».

partage du pouvoir causerait la perte de la toute-puissance du monarque, car ce dernier ne disposerait plus de pouvoirs seulement limité par l'acte constitutionnel auquel il a lui-même consenti. Son pouvoir ne serait par conséquent plus limité, mais partagé avec les assemblées représentatives. Pour les libéraux, le partage du pouvoir est la finalité de la reconnaissance du caractère représentatif global des assemblées. Pas de séparation, mais un partage du pouvoir tout en sauvegardant son unité.

B. Le rejet du principe de séparation des pouvoirs : un malentendu conceptuel ?

L'impossibilité de dépasser l'idée de l'identification du principe de séparation des pouvoirs à la souveraineté populaire est la raison du refus catégorique du principe. Pour les monarchistes, la volonté de créer une représentation de type moderne est nécessairement appuyée par une revendication des assemblées de posséder une parcelle du pouvoir d'État. Les théoriciens libéraux, eux, ne voient pas l'utilité d'introduire le principe de division afin de garantir la modération du pouvoir. Les assemblées d'états peuvent modérer le pouvoir du prince. L'absence théorique de division ne peut cependant pas cacher l'existence réelle d'une multitude de fonctions étatiques. La difficulté consiste alors à concilier l'unité du pouvoir et l'existence de ces différentes fonctions. Les critiques massives sont adressées au principe de séparation des pouvoirs, car il est inconcevable qu'il existe, dans la monarchie limitée, des pouvoirs agissant de manière complètement autonome, voire contre la volonté du monarque. Penser les différentes fonctions sans porter atteinte à l'unité du pouvoir devient le pari de la doctrine publiciste allemande.

Ainsi, Romeo Maurenbrecher (1803-1843)[1], dans son ouvrage *Grundsätze des heutigen deutschen Staatsrechts* (*Principes du droit public actuel*), qui fait par ailleurs l'objet de vives critiques à cause de sa conception patrimoniale de l'État[2], insiste sur le caractère unitaire du pouvoir[3], mais avec davantage de modération. Il ne nie pas

---

[1] Michael Stolleis, *Histoire du droit public en Allemagne (1800-1914)*, Dalloz, 2014, p. 90 et suiv.

[2] V. la recension de Wilhelm Eduard Albrecht, publiée dans les *Gottingische gelehrte Anzeigen*, 1837, p.1489 et suiv., dont les idées principales, notamment celle de l'État comme personne juridique, sont reprises quelques années plus tard par son élève Carl Friedrich Gerber. Maurenbrecher, *Die deutschen regierenden Fürsten und die Souveränität*, Frankfurt am Main, 1839, répondit aux critiques d'Albrecht en qualifiant la théorie de l'État comme personne juridique de « fiction constitutionnelle insensée » (*unsinnige staatsrechtliche Fiktion*). Sur l'influence de cet écrit de Albrecht dans la doctrine post-révolutionnaire, et surtout sur l'oeuvre de Carl Friedrich von Gerber, *infra*, cette partie, chapitre 3, section 1, §2.

[3] Romeo Maurenbrecher, *Grundsätze des heutigen deutschen Staatsrechts*, 2e édition, Frankfurt am Main, 1843, p. 53, dans l'extrait intitulé « De la division des droits de souveraineté » (*Von der Theilung der Hoheitsrechte*) : « Unter Theilung der Hoheitsrechte (Gewalten) versteht der neueste publicistische Sprachgebrauch eine Trennung der einzelnen in der Souverainität erhaltenen Gewalten, nicht bloss der Idee, sonder der Wirklichkeit nach, also dass für jede Gewalt ein besonderes Subjekt möglich oder wirklich sein soll. Besonders hat man diese Trennung auf die gesetzgebende und vollziehende Gewalt

l'existence d'une *trias politica*, même s'il en modifie légèrement le contenu traditionnel : à côté des pouvoirs législatif et exécutif, on trouve le pouvoir « d'inspection ». Maurenbrecher distingue « trois fonctions » (*drei Functionen*) auxquelles correspondent trois pouvoirs (*Hoheitsrechte, Gewlten*). Ces trois fonctions représentent les directions que prend l'action de l'État afin d'accomplir les missions qui lui sont assignées[1].

La répartition, qui réussit à maintenir l'unité du pouvoir, n'est pas le résultat d'une division de la substance du pouvoir lui-même. Elle n'est que la conséquence logique de la diversité des missions exercées au sein de l'État. La législation, le gouvernement ou la justice sont en effet les missions d'un « seul et même pouvoir ». La répartition existe, mais elle n'a pas comme finalité de nier le caractère unitaire du pouvoir. Selon Stahl, les différentes fonctions ou missions de l'État ne peuvent aucunement être qualifiées de « pouvoirs propres » (*eigne Gewalten*)[2].

Même si l'exercice de l'intégralité des fonctions n'est pas assuré de manière exclusive par le monarque, il n'est point question d'une séparation, mais d'une sub-division de l'unité de la puissance. Ainsi, grâce à son habileté sémantique, Stahl croit préserver le caractère unitaire du pouvoir et son unique détenteur, le monarque, tout en rendant possible une participation des assemblées à l'exercice du pouvoir. En réalité, c'est toujours contre le principe de la souveraineté populaire et son « importation » sur le sol allemand que luttent les monarchistes allemands. L'adversaire immédiat et redoutable du principe monarchique, et, par conséquent, de l'unité du pouvoir d'État, n'est pas le principe de séparation des pouvoirs. Cet ennemi, qui peut ronger la monarchie, c'est le principe de la souveraineté populaire, dont l'affirmation ouvre la voie au régime parlementaire. L'identification du principe de séparation des pouvoirs à la souveraineté populaire est la conséquence d'une lecture confuse de ces deux principes. Ce que Gentz, Aretin ou Stahl refusent ou ne réussissent pas à comprendre, c'est que le principe de la séparation des pouvoirs ne signifie pas la fin da la stabilité monarchique. Certes, principe monarchique et souveraineté populaire sont antagoniques, mais le refus de la

---

angewendet, so dass gleichsam zwei sich gegenseitig ausschliessende Souveraine in jedem Staat entstehn sollen, der eine für diese, der andre für jene Gewalt. Allein eine solche Theilung ist gegen die Natur der Sache, denn 1) es ist die Staatsgewalt, als höchste Gewalt, etwas untheilbares; 2) es lässt sich keine einzige Gewalt unabhängig von der andern denken (...) ».

[1] Romeo Maurenbrecher, *Grundsätze des heutigen deutschen Staatsrechts*, 2e édition, Frankfurt am Main, 1843, p. 50 : « Am natürlichsten theilt man die einzelnen wesentlichen Hoheitsrechte nach den verschiednen Richtungen ein, in welchen die Staatsgewalt thätig sich zeigen muss, damit der Staatszweck erreicht werde. Man findet aber auf diesem Wege drei Functionen, in welche alle übrigen zurückgehn. Diese, oder vielmehr die ihnen entsprechenden drei Hoheitsrechte (Gewalten) (die *trias politica*) sind : 1) die gesetzgebende Gewalt (*potestas legislatoria*, pouvoir législatif) (...) ; 2) die vollziehende Gewalt (*potestas rectoria*, pouvoir exécutif) (...) ; die oberaufsehende Gewalt (*jus surpremae inspectionis*) (...) ».

[2] Friedrich Julius Stahl, *Die Philosophie des Rechts*, *op.cit.*, p. 164 : « Doch sind dies immer nur Verrichtungen einer und derselben Staatsgewalt, die im Souverän ihren Sitz hat, und es ist unangemessen, sie als eigne Gewalten zu behandeln ».

séparation des pouvoirs ne peut être la conséquence directe de cette opposition entre deux modèles de gouvernement. L'affirmation de l'un ou de l'autre de ces principes ne renseigne guère sur « les modalités de répartition des fonctions ou sur les moyens de limiter les compétences de la puissance publique ». Le « lien » entre « souveraineté populaire et séparation des pouvoirs » existant dans le débat publiciste allemand fut un « malentendu »[1].

Il s'agit d'un puissant malentendu, qui enflamme tant les auteurs conservateurs que les publicistes de tendance libérale, qui s'accordent pour dire que le principe de séparation des pouvoirs constitue une menace directe pour le pouvoir unitaire de l'État.

La lutte idéologique qui oppose l'unité à la division du pouvoir d'État, ne serait-elle, finalement, une affaire de malentendus conceptuels ? Le principe de séparation (*Trennung*) ou de division (*Teilung*)[2] des pouvoirs est instrumentalisé avec un succès relatif à des fins différentes. Pas de séparation des pouvoirs chez les conservateurs car elle permet d'associer le peuple à l'exercice effectif du pouvoir. Chez les libéraux, on observe également une réticence sérieuse à l'idée d'admettre l'application du principe de séparation des pouvoirs dans les monarchies allemandes, car le caractère représentatif global des assemblées permet un équilibre entre le monarque et le peuple en modérant l'exercice de la puissance publique. Le terme « division unitaire » (*Einteilung*) sert à masquer le malentendu conceptuel qui règne dans les deux camps conservateur et libéral. La division des pouvoirs n'est en effet rien d'autre qu'un système d'équilibre, de freins et de contrepoids, à l'intérieur duquel se meuvent les différents acteurs exerçant le pouvoir d'État.

---

1 Stefan Korioth, « "Monarchisches Prinzip" und Gewaltenteilung – unvereinbar ? Zur Wirkungsgeschichte der Gewaltenteilungslehre Montesquieus im deutschen Frühkonstitutionalismus », *Der Staat*, n°1, 1998, p. 44-45 : « Da aber das monarchische Prinzip – bei aller Unklarheit im übrigen – jedenfalls die Volkssouveränitätslehre verwarf, wonach sie alle Staatsgewalt vom Volk ausgeht, schien mit der Vorherrschaft des monarchischen Prinzips vornherein kein Raum für die Gewaltenteilungslehre zu bestehen. (...) sie übersahen aber die unterschiedliche ideengeschichtliche Herkunft beider Prinzipien. (...) der Gegensatz von Monarchen- und Volkssouveränität zwar unterschiedliche Legitimationen und Zurechnungspunkte staatlicher Herrschaft bezeichnet, aber noch nichts darüber aussagt, wie staatliche Funktionen verteilt und einzelne Machtbefugnisse verschränkt sind. (…) Die zwingende Verbindung von Volkssouveränität und Gewaltenteilung in der deutschen Diskussion war ein Mißverständnis ».

2 La distinction entre séparation et division (ou distinction) des pouvoirs n'est pas nouvelle. On peut déjà lire chez Friedrich Ancillon, *Über Souveränität und Staatsverfassungen. Ein Versuch zur Berechtigung einiger politischer Grundbegriffe*, 2e édition, Duncker & Humblot, Berlin, 1816, p. 38 : « Car, tout d'abord, les pouvoirs ne sont pas séparés et opposés les uns aux autres, mais divisés et différenciés ; ne sont pas mêlés mais liés entre eux » (« Dann erst werden die politische Gewalten nicht getrennt und entgegengesetzt, sondern getheilt und verschieden, nicht vermischt, sondern verbunden sein »).

Section 2 : L'interprétation modérée du principe de division des pouvoirs dans la doctrine publiciste libérale autour de 1848.

Dans les années 1830[1], puis en 1849, année-symbole portant le poids de la révolution mort-née, il convient de rechercher toujours l'équilibre difficile entre représentation populaire et monarque. Il n'y a pas vraiment de concurrence entre monarchie et république, mais à partir de juillet 1830, le système gouvernemental « est remis en cause »[2]. Le *leitmotiv* des deux dernières décennies ne change pas – la séparation des pouvoirs est rejetée au nom de l'unité du pouvoir –, mais le rejet a une tonalité plus légère dans les écrits de Rotteck ou Welcker (§2). Afin de mieux saisir le sens du rejet modéré par libéraux, il convient, avant tout, d'aborder la question de leur positionnement général (§1).

§ 1. Le positionnement général de la doctrine libérale.

La doctrine libérale adopte une opinion mitigée sur le principe de la séparation des pouvoirs. Tout en rejetant la lecture traditionnelle et concervatrice de l'article 57 de l'Acte final de 1820. (A), les publicistes de tendance libérale rejettent également, certes avec une certaine modération, le principe de la séparation des pouvoirs (B).

A. Le rejet de la lecture traditionnelle de l'article 57 de l'Acte final de 1820.

La monarchie limitée est un véritable État de droit, résultant de la transformation du régime despotique obtenue par « la division du pouvoir entre le roi et le peuple »[3]. Il s'agit par conséquent d'une division qui vise à la modération de l'exercice du pouvoir, mais qui n'est pas encore arrivée au stade d'une distinction vraiment élaborée des pouvoirs. Il n'est encore question que d'une division par

---

[1] La Révolution de Juillet fut, pour l'Allemagne, le facteur qui précipita les États allemands dans les conflits institutionnels et qui ouvrit la voie à la « révolution allemande » de 1848/1849. Sur ces points, Thomas Nipperdey, *Deutsche Geschichte (1800-1866). Bürgerwelt und starker Staat*, t.1, C.H. Beck, p. 366: « Es ist die französische Julirevolution von 1830 gewesen, die die Dinge in Deutschland in Bewegung gebracht hat. (...) Im partikularisierten Deutschland hat die Revolution zunächst in einer Reihe von Einzelstaaten Bewegungen und Veränderungen ausgelöst (...) ».

[2] Thomas Nipperdey, *Deutsche Geschichte (1800-1866). Bürgerwelt und starker Staat*, *op.cit.*, p.366 : ces mouvements révolutionnaires « montrent par conséquent comment, à partir de 1830, le système gouvernemental est remis en cause » (*Sie zeigen im Grunde, wie das herrschende System serit 1830 in Frage gestellt wurde*).

[3] Carl Welcker, « Monarchie », *in* Carl von Rotteck/Carl Welcker (dir.), *Staats-Lexikon*, t. 10, 1e édition, Altona, 1840, p. 674: « (...) das neue constitutionelle System hat keinem anderen Sinn als den, mittelst der Theilung der Gewalt, und zwar zwischen König und Volk, die Despotien in wahre Rechtsstaaten umzuschaffen ».

opposition des deux organes de l'État, le monarque et les assemblées représentatives[1]. L'exercice divisé des différents pouvoirs ne signifie pas ici une dislocation de l'unité de la puissance de l'État, car, pour Rotteck, la « souveraineté au sens large » peut être partagée entre plusieurs titulaires. Il explique que, dans une monarchie limitée, tant le monarque que le peuple peuvent souverainement exercer les compétences qui leurs sont attribuées en vertu de la Constitution[2]. Ce type de division des pouvoirs est parfaitement compatible avec le principe de la souveraineté. C'est la raison du rejet catégorique de la lecture « intenable » de l'article 57 de l'Acte final de 1820. Rotteck insiste sur l'erreur commise par les interprètes fidèles à la vision réactionnaire de Metternich et Gentz. L'article 57 ne veut point dire que tous les pouvoirs sont unis dans la personne du prince. Dans la monarchie allemande, il ne peut y avoir qu'un monarque limité par des « actes formels et écrits ». Cette limitation formelle est rendue possible grâce à « la division des pouvoirs » et par les droits garantis du peuple, des sujets ou des citoyens.

Sans fondamentalement remettre en cause le principe monarchique[3], le libéral Rotteck, « adepte du droit rationnel au sens de Rousseau et de Kant »[4], donne une nouvelle interprétation de l'article 57 de l'Acte final de 1820. Le « constitutionnalisme de Rotteck porte en lui une politique constitutionnelle dans laquelle l'interprétation est une lutte (...) pour imposer une lecture libérale des textes constitutionnels des États allemands avant 1848 »[5]. Contrairement à Stahl[6], il réfute la présomption de compétence (*presumptio pro rege*) dont bénéficie le monarque en l'absence de précisions textuelles. Si une telle présomption existe, elle doit jouer en faveur du peuple qui n'a fait que transférer une partie des droits du

---

[1] Il faut également rappeler la position que prend Welcker concernant l'interprétation réactionnaire et conservatrice de la notion « *landständische Verfassung* » adoptée par Friedrich von Gentz (voir ce chapitre, section 1, §1).

[2] Carl von Rotteck, « Monarchie », *in* Carl von Rotteck/Carl Welcker (dir.), *Staats-Lexikon*, t. 10, 1e édition, Altona, 1840, p. 674 : « (...) staatsrechtlich aber jeder Inhaber auch nur eines Theiles der Staatsgewalt, in so fern er bei ihrer Ausübung selbstständig oder unabshängig ist, der Eigenschaft der Souveränität oder Selbstherrlichkeit im weiten Sinne theilhaftig wird ».

[3] Selon Hans Boldt, *Deutsche Staatslehre im Vormärz*, *op.cit.*, p. 93, l'idée répandue notamment par Treitschke qui veut que Rotteck défende la république comme étant la meilleure et juste forme de gouvernement en l'opposant à la monarchie est erronée. En effet, Rotteck emploie le terme de « république » en opposition au gouvernement despotique ou anarchique.

[4] Michael Stolleis, *Histoire du droit public en Allemagne (1800-1914)*, op.cit., p. 198.

[5] Olivier Jouanjan, *Une histoire de la pensée juridique en Allemagne (1800-1918). Idéalisme et conceptualisme chez les juristes allemands du XIXe siècle*, op.cit., p. 199.

[6] Friedrich Julius Stahl, *Philosophie des Rechts*, t. 2, *op.cit.*, p. 384 et suiv. Plus tard, Georg Jellinek, *Allgemeine Staatslehre*, 3e édition, 1914, p. 677, écrira que l'idée selon laquelle le monarque détient l'intégralité du pouvoir est devenue une pure « fiction » qui ne répondait plus « à la réalité » du droit positif (« [...] bietet aber die Lehre vom Monarchen, der alle Rechte der Staatsgewalt in sich vereinigt, keine reale Erkenntnis mehr, sonder ist zu einer Fiktion geworden, die nicht mehr mit der Wirklichkeit des rechtlichen Tatbestandes übereinstimmt »).

pouvoir au gouvernement. Tout droit, n'ayant pas fait « l'objet d'un transfert », ou qui « n'appartient pas exclusivement au gouvernement », est « réservé au peuple »[1].

B. L'opinion modérée des libéraux sur le principe de séparation des pouvoirs.

Pour le « libéral-conservateur » Friedrich Schmitthenner (1796-1850), en ce qui concerne le principe de la séparation des pouvoirs, il n'est pas question de présenter les « différentes parties d'une partition », contrairement à toute logique, comme « différentes sortes d'une division ».

> *Il n'existe peut-être aucune autre théorie du droit public et de la science politique, dans laquelle règne une aussi importante divergence d'opinions, et qui sème une si profonde confusion, que celle de la division unitaire du pouvoir d'État en général ou de ses différents éléments en particulier.*[2]

Il n'est pas possible de rester indifférent face aux « insuffisances scientifiques de cette théorie si importante »[3]. La *trias politica* chez les publicistes allemands prend la forme d'une distinction des différents éléments du « pouvoir d'État pris dans sa totalité » (*gesammte Staatsgewalt*). Ainsi, il y a le pouvoir législatif, le pouvoir exécutif et le pouvoir qui contrôle à la fois la conformité du législatif par rapport aux missions que doit accomplir l'État et la conformité de l'action exécutive à la loi. Cette division est signalée, comme chez Aretin ou Stahl, par le terme de « *Eintheilung* ». Il s'agit de « la répartition » ou de la « division unitaire », qui reflète « les trois éléments distincts composant tout agir rationnel d'une personne »[4].

---

[1] Carl von Rotteck, *Lehrbuch des Vernunftrechts und der Staatswissenschaften*, t. 2 : *Allgemeine Staatslehre*, 2e édition, Stuttgart, 1840, p. 254 : « Alle Rechte der Staatsgewalt, welche nicht ausdrücklich (…) an die Regierung, übertragen wurden, oder nicht ausschließend derselben angehören, sind als vorbehalten für das Volk oder dessen Ausschuß (…) ». Sur ce point, voir les développements substantiels de Jacky Hummel, *Le constitutionnalisme allemand (1815-1918) : le modèle allemand de la monarchie limité*, PUF, coll. Léviathan, 2002, p. 132-133.

[2] Friedrich Schmitthenner, *Grundlinien des allgemeinen oder idealen Staatsrechts*, Giessen, 1845, p.291 : « Vielleicht gibt es keine Lehre des Staatsrechts und der Politik in welcher eine größere Abweichung der Ansichten und eine buntere Verwirrung herrscht, als in derjenigen von der Eintheilung der Staatsgewalt überhaupt und ihrer Momente (Contenta) ».

[3] Friedrich Schmitthenner, *Grundlinien des allgemeinen oder idealen Staatsrechts*, *op.cit.*, p. 291: « Es ist leicht in unsern gewöhnlichen Lehrbüchern nachzuweisen, wie hier gegen die bestimmtesten Gesetze der Logik verstoßen wird, indem die Theile einer Partition (...), als Arten einer Division behandelt (...) werden. (...)Wer den Gang der modernen Staatsentwicklung kennt (...), wird gewiß die wissenschaftliche Unvollkommenheit einer so wichtigen Lehre nicht für gleichgiltig halten ».

[4] Friedrich Schmitthenner, *Grundlinien des allgemeinen oder idealen Staatsrechts*, *op.cit.*, p. 293: « Bei deutschen Publicisten ist in der neuern Zeit eine andere Auffassung der sogennantes Trias politica ziemlich allgemein geworden. Sie unterscheiden nämlich in der gesammten Staatsgewalt : 1) die gesetzgebende Gewalt (...) ; 2) die ausübende oder exekutive (...) ; 3) die aufsehende, welche das Gesetz und die Ausführung überwacht, damit jenes dem Zwecke des Staates, diese dem Gesetze angemessen

Certes, Schmitthenner accorde une importance particulière à la division du pouvoir d'État, mais il n'arrive pas à s'affranchir du prétendu danger que porte le terme « séparation » (*Trennung*). Comme si, en remplaçant le terme de « séparation » par l'expression, d'apparence plus neutre, « division unitaire », on protégeait avec un bouclier théorique l'unité du pouvoir contre toute éventualité de dislocation. L'unité du pouvoir d'État, réparti en différents éléments, ou « pouvoirs », est dans un certain sens comparable à la partition musicale, qui contient plusieurs mouvements distincts, parfois même contradictoires, mais qui, pris dans leur ensemble, dévoilent la beauté de l'unité de l'opus. Le terme de « pouvoir » ne doit pas ici induire en erreur : l'existence de plusieurs pouvoirs au sein du même État n'implique pas l'absence de toute unité. La multiplicité des pouvoirs signifie les différents éléments du pouvoir unitaire, mais également, « et à juste titre », le moment où « le pouvoir politique unitaire » se trouve « brisé »[1].

On trouve une position plus nuancée chez Sylvester Jordan (1792-1861), figure importante du libéralisme du *Vormärz* et acteur de premier rang dans le Parlement de Francfort[2]. Il procède à une division du pouvoir d'État en fonction des éléments formels et matériels. Les éléments formels sont les fonctions et les éléments matériels représentent les objets mêmes du pouvoir. Malgré cette division, le caractère unitaire du pouvoir reste sa caractéristique première. Les trois fonctions constituent ainsi une « unité interne parfaite » (*eine vollkommene innere Einheit*), car ce sont « les trois formes d'expression de l'agir d'un seul et même pouvoir d'État » qui se « complètent de manière réciproque »[3]. Pour Jordan, la forme d'État la plus adaptée aux États allemands est la « monarchie représentative héréditaire »[4] au sein

---

sei (...). Bei dieser Eintheilung schweben offenbar die drei Momente vor, die sich in jedem bernünftigen Handeln einer Person unterscheiden lassen ».

[1] Friedrich Schmitthenner, *Grundlinien des allgemeinen oder idealen Staatsrechts*, *op.cit.*, p. 295 : « Was endlich der Bezeichnungen : Gewalten, hohe Rechte, Hoheitsrechte oder Hoheiten, Regalien und Regierungsrechte für die Momente der Staatsgewalt anbelangt ; so sind dieselben, wenn weiterer Verwirrung vorgebeugt werden soll, nach ihrer ganz verschiedenen geschichtlichen und etymologischen Bedeutung auch in scharfer Unterscheidung zu nehmen. Der Ausdruck Gewalten (*Potestas*, *pouvoirs*), als der allgemeinere, mag füglich auch für die Momente, zu denen die gesammte politische Gewalt sich in dem Staate bricht und unterscheidet, gebraucht werden ».

[2] Michael Stolleis, *Histoire du droit public en Allemagne (1800-1914)*, *op.cit.*, p. 207-209 : « (…) son libéralisme s'apparente fortement au libéralisme "historico-organique" de Karl-Theodor Welcker ou de Friedrich Dahlmann ».

[3] Sylvester Jordan, *Lehrbuch des allgemeinen und deutschen Staatsrechts*, Cassel, 1831, p. 52-53 : « Da man bei der Staatsgewalt die Form und die Gegenstände (Materie) ihrer Thätigkeit unterscheiden kann, so lassen sich hiernach die Rechte der Staatsgewat in formale (Functionen) und materiale abtheilen. (…) Sie (diese drei Functionen) bilden aber gleichwohl in ihrer Verbindung eine vollkommene innere Einheit, insofern sie, als die Thätigkeiten einer und derselben Staatsgewalt, sch gegenseitig ergänzen ».

[4] *Lehrbuch des allgemeinen und deutschen Staatsrechts*, Cassel, 1831, p. 49 : «Für die deutschen Staaten insbesondere ist nach dem angegebenen Maassstabe die repräsentative Erbmonarchie diejenige Staatsform, welche sowohl dem Kulturstande als den geschichtlichen Verhältnissen der Deutschen am Meisten entspricht ».

de laquelle existe une division matérielle entre le pouvoir législatif, le pouvoir exécutif, qui représente le « point central de l'unité », enfin le pouvoir judiciaire[1].

Robert von Mohl (1799-1875), qui appartient « à l'aile rationaliste pragmatique du libéralisme »[2], écrit que « la forme de gouvernement », « inventée par les théoriciens », qui suppose la division du pouvoir d'État « en trois parties égales », n'a pas pu se maintenir en vie à cause du « manque de justesse logique et l'absence de sagesse politique » [3]. La théorie du « pouvoir divisé en trois parties indépendantes et égales dissout l'organisme de l'État, l'unité dans la pluralité » et conduit « pratiquement à l'anarchie et à la destruction »[4]. Mohl s'intéresse aux différentes notions-clefs du constitutionnalisme allemand comme par exemple « constitution », « loi », « règlement » et leurs sphères d'action respectives. Il n'élabore pourtant pas « une théorie des fonctions ». Il « rejette la théorie de la séparation des pouvoirs », car elle constitue « une menace pour le pouvoir unitaire »[5].

Afin de penser l'équilibre entre l'organe gouvernemental et le peuple, Carl von Rotteck met en exergue le besoin de concevoir un système institutionnel équilibré résultant d'une division des pouvoirs législatif et exécutif, alors que, pour Welcker, ce qui importe, ce sont les garanties apportées à la liberté et aux droits des citoyens.

---

1 *Lehrbuch des allgemeinen und deutschen Staatsrechts*, *op.cit.*, p. 53 : « Die regierende Gewalt ist (…) die lenkende, bildende und belebende Kraft und darum auch der Centralpunkt der Einheit » ; p. 58 : « Daher zerfällt die materielle Staatsregierung in drei Hauptzweige, in die Gesetzgebung (Ausübung der gesetzgebenden Gewalt), Rechtspflege (Ausübung der richterlichen Gewalt) und Regierung (Ausübung der regierenden Gewalt).

2 Michael Stolleis, *Histoire du droit public en Allemagne (1800-1914)*, Dalloz, 2014, p. 213-219.

3 Robert von Mohl, *Das Staatsrecht des Königreiches Württemberg*, 1e édition, Tübingen, 1829, p. 18-19: « Dieser Regierungsform liegt zu Grunde, daß sich die Staatsgewalt in drei getrennte, einander gleich stehende Theile, Gewalten, trennen lasse (...). Von Theoretikern ersonnen (...) hat sich im Leben nicht halten können aus Mangel an logischer Richtigkeit des Gedankens und an politischer Klugheit (...) ».

4 La position de Mohl sur le principe de la division des pouvoirs reste la même après 1848 : Robert von Mohl, *Die Geschichte und Literatur der Staatswissenschaften*, vol. 1, Erlangen, 1855, p. 273-274, où il refuse par ailleurs de reconnaître Montesquieu comme le premier à avoir véritablement théorisé la répartition tripartite des pouvoirs : « Ebenso ist nicht richtig, wenn Montesquieu gewöhnlich als der Urheber der Lehre von der Dreitheilung der Gewalten angesehen wird » ; « Die Zersplitterung der Staatsgewalt in drei von einander getrennte und unabhängige Gewalten löst den Organismus des Staates, die Einheit in der Vielheit, auf, und führt practisch zu Anarchie und Zerrüttung » ; du même *Encyklopädie der Staatswissenschaften*, Laupp, Tübingen, 1859, p. 112 : « Die Unrichtigkeit dieses Gedankens ist zwar jetzt fast allgemein in der Wissenschaft anerkannt ».

5 Ernst-Wolfgang Böckenförde, *Gesetz und gesetzgebende Gewalt. Von den Anfängen der deutschen Staatsrechtslehre bis zur Höhe des staatsrechtlichen Positivismus*, 1e édition, Duncker & Humblot, Berlin, 1958, p.181 : « Dabei interessieren Mohl vornehmlich die Begriffe von Verfassung, Gesetz, Verordnung und ihre Abgrenzung ; eine Funktionenlehre als solche entwickelt er nicht (...) » ; p. 187 : « Die Gewaltengliederung lehnt Mohl ab. Auch er gehört zu denen, die in iht eine Bedrohung der einheitlichen Staatsgewalt sehen (...) ».

§ 2. Le principe de division des pouvoirs chez Welcker et Rotteck.

Carl von Rotteck (1775-1840) et Carl von Welcker (1790-1869), professeurs révoqués en 1832 de leurs chaires à l'Université de Fribourg, car accusés d'activité démagogique, se rallient à l'« entreprise grandiose », initiée par l'économiste en exil Friedrich List : la création d'une encyclopédie politique allemande accessible au plus grand nombre de lecteurs et vecteur des idées libérales malgré le durcissement politique résultant des décrets liberticides édictés à la suite de la Conférence de Karlsbad de 1819. La première édition du *Staats-Lexikon. Encyklopädie der sämmtmichen Staatswissenschaften für alle Stände* commence à paraître dès 1834 chez l'éditeur Theodor Lesser à Altona. L'ouvrage est un « catalyseur politique » qui sert de « référence » dans les débats de l'Assemblée nationale de Francfort en 1848/1849[1].

Le principe de division des pouvoirs n'est pas honoré par une entrée autonome dans le *Staats-Lexikon.* L'analyse rotteckienne du principe de division des pouvoirs ne constitue pas une nouveauté du *Staats-Lexikon.* L'idée d'une division est présente, dès 1830, dans le deuxième tome de son *Lehrbuch des Vernunftsrechts*[2] ; ses écrits pour l'*Encyclopédie politique* de l'Allemagne libérale ne font qu'illustrer les développements en faveur du principe de division des pouvoirs (A). Welcker, même s'il ne rejette pas de manière catégorique le principe, s'attache davantage à la garantie des droits et de la liberté qu'à une structure institutionnelle configurée suivant le principe de séparation des pouvoirs (B).

A. Le principe de division dans la pensée de Rotteck : l'exclusion de la justice de la sphère du pouvoir d'État.

Dans l'atmosphère hostile au principe de la division des pouvoirs, la « position favorable »[3] de Carl von Rotteck fait figure d'exception. En 1840, dans la deuxième édition de son *Lehrbuch des Vernunftsrechts und der Staatswissenschaft*, on trouve un plaidoyer en faveur de la « *Gewaltentheilung* » mettant l'accent sur le malentendu dont le principe de division des pouvoirs est victime :

> *Le rejet de la division des pouvoirs par les publicistes de plus en plus nombreux repose, le plus souvent, sur des malentendus, ou bien sur une confusion entre les notions de division (c'est-à-dire distinction) et de séparation (c'est-à-dire la personnification séparée). Notre théorie, qui*

---

[1] Ingrid Rademacher, « La première éncyclopédie allemande : le *Staats-Lexikon* de Rotteck et Welcker (1834-1848), *in Revue Française d'Histoire des Idées politiques*, n°24, 2006, p. 255-297 et notamment p.256.

[2] Carl von Rotteck, *Lehrbuch des Vernunftrechts und der Staatswissenschaften*, t. 2 : *Allgemeine Staatslehre*, 1e édition, Stuttgart, 1830.

[3] Ernst-Wolfgang Böckenförde, *Gesetz und gesetzgebende Gewalt*, 1e éd., *op.cit.*, p. 104 : « Zur "Gewaltenteilung" als verfassungsorganisatorischen Prinzip hat Rotteck ein positives Verhältnis ».

> *distingue les pouvoirs de manière abstraite (selon l'objet et la forme de leur action), et qui étudie leur nature et leurs rapports réciproques, puis établit, en fonction de ce rapport, un degré de participation à l'exercice de chaque pouvoir au profit des titulaires multiples du pouvoir d'État, ne fait pas l'objet d'un rejet doctrinal. Le degré de participation n'a pas comme conséquence de déterminer les pouvoirs d'un point de vue objectif ou de définir leurs sphères d'action, mais de placer les personnalités exerçant le pouvoir dans un système de freins et de contrepoids*[1].

La position favorable du libéral rationnel Rotteck trouve ici une expression sans équivoque. Il est clair que le professeur fribourgeois saisit la signification du principe de la division des pouvoirs en élaborant une véritable théorie de l'équilibre des pouvoirs. Sa théorie présente une originalité : il ne reconnaît l'existence que de deux pouvoirs, législatif et exécutif, car qualifier la justice de pouvoir et l'inclure dans le schéma classique de la répartition tripartite est une « absurdité » (*Unding*). La justice se situe en dehors de l'État, elle fait face au pouvoir politique. La place du juge résulte de l'opération d' «élimination » (*Ausscheidung*), car elle ne peut raisonnablement faire partie ni « d'après sa nature », ni d'après « ses caractéristiques intrinsèques » du pouvoir d'État. Il convient alors d'attribuer la mission de prononcer un jugement à « la logique de la raison humaine » qui doit décider, « en l'absence de toute violence et de manière autonome, ce qui est le droit, et dont le jugement devient ensuite une loi pour le pouvoir d'État »[2]. L'activité du juge doit être comprise comme une activité « libre de tout pouvoir » (*gewaltfrei*). La procédure

---

[1] Carl von Rotteck, *Lehrbuch des Vernunftrechts und der Staatswissenschaften*, t. 2 : *Allgemeine Staatslehre*, 1e édition, Stuttgart, 1830, p. 204 (p. 218 dans la deuxième édition de 1840) : « Die unter den neuesten Publizisten vielstimmig ertönende Verwerfung der Gewaltentheilung (...) beruht meist auf Mißverständnissen, und zumal auf Verwechslung des Begriffs der Theilung (d.h. Unterscheidung) mit jenem der Trennung (d.h. der gesonderten Personifikation). Unsere Lehre, welche die abstrakten Gewalten blos im Begriff (nach Gegestand und Form des Wirkens) unterscheidet, und ihre daraus hervorgehende Natur und Wechselverhältnis untersucht, sodann aber ein auf eben dieses Verhältnis gebautes Maß der Theilnahme an jeder einzelnen Gewalt für die mehreren Inhaber der allgemeinen Staatsgewalt festsetzt, folglich nicht die objectiven Gewalten oder Gewaltsphären, sondern blos die mit Macht zu bekleidenden Persönlichkeiten einander entgegen oder ins Gleichgewicht stellt, trifft jene Verwefung nicht ».

[2] Carl von Rotteck, *Lehrbuch des Vernunftrechts und der Staatswissenschaften*, t. 2 : *Allgemeine Staatslehre*, 1e édition, Stuttgart, 1830, p. 206 : « Allerdings müssen daher die Gerichte in ihrer Funktion des Rechtsprechen, d.h. muß das Rechts selbst unabhängig sein, sowohl von der gesetzgebenden Gewalt (...) als von der administrativen. Aber nicht durch eine Theilung der Staatsgewalt word solche Unabhängigkeit bewirkt, sondern bloß durch Ausscheidung dessen, was nach seiner Natur und Wesenheit der Staatsgewalt gar nicht angehört, und durch Uebertragung desselben an möglichst zuverlässige Organe – keineswegs der Staatsgewalt, sondern der rechtlichen Menschenvernunft – welche da, gewaltlos doch selbständig, zu entscheiden haben, was Recht sein, und deren Ausspruch sodann Gesetz wird für die Staatsgewalt ». Dans le même sens, Carl von Rotteck, « Constitution », *in* Carl von Rotteck/Carl Welcker (dir.), *Staats-Lexikon oder Encyklopädie der Staatswissenschaften*, vol. 3, 1e édition, Altona, 1836, p. 776-777 : « (...) also die richterliche sogennante Gewalt, welche blos in der logischen Funktion des Urtheilens oder Erkenntnis besteht, aus der Rehe der eigentlichen Gewalten auszuschließen ist »

juridictionnelle ne doit pas être définie par « les traits caractéristiques du pouvoir »[1], car le « juge ne commande pas, sa mission s'épuise en la reconnaissance »[2] de son seul et unique principe – le droit – et en se basant non pas sur sa « volonté propre », mais « en exerçant la fonction logique de jugement »[3]. Il n'y a par conséquent que deux éléments du pouvoir d'État : d'une part, celui qui traduit « l'expression de la volonté générale » et, d'autre part, celui qui est chargé de sa « mise en œuvre »[4]. Parmi les auteurs libéraux, Rotteck n'est pas seul à ne reconnaître que deux pouvoirs : « Ces soi-disant pouvoirs d'État sont deux, législatif et exécutif ». « Car le judiciaire ne devrait pas être présenté comme un troisième pouvoir, égal aux deux premiers ; il n'est en effet que celui qui applique les lois déjà existantes (...) et est ainsi soumis aux deux autres. »[5] Chez Rotteck, les raisons de l'exclusion de la justice de la sphère du pouvoir d'État traduisent sa conception de l'opposition de la société civile au gouvernement monarchique. Le juge, qui « dit le droit », ne « sert pas et il ne l'exerce [le pouvoir] pas », car « droit et pouvoir sont des concepts antonymes »[6]. Par conséquent, la source, dont le juge,

[1] Regina Ogorek, *Aufklärung über Justiz*, t.2 : *Richterkönig als Subsumtionsautomat. Zur Justiztheorie in 19. Jahrhundert*, 2e édtition, Vittorio Klostermann, Frankfurt am Main, 2008, p. 312 : « (...) die richterliche Tätigkeit nicht als Ausdruck von Staatsgewalt gedacht sollte, mußte auch dafür gesorgt werden, daß ihre Ausübung als gewaltfrei verstanden werden konnte, daß also die Merkmale der Gewalt (...) aus der Beschreibung des Rechtsanwendungsverfahrens verschwanden ».

[2] Carl von Rotteck, *Lehrbuch des Vernunftrechts und der Staatswissenschaften*, t. 2 : *Allgemeine Staatslehre*, 1e édition, Stuttgart, 1830, p. 305 : « Der Richter befiehlt nicht, sondern er erkennt ».

[3] Carl von Rotteck, « Justiz », *in* Carl von Rotteck/Carl Welcker (dir.), *Staats-Lexikon oder Encyklopädie der Staatswissenschaften*, vol. 8, 1e édition, Altona, 1839, p. 743 : « (...) die Justiz (d.h. hier das Gericht) als ihr Princip lediglich und allein das (...) Recht erkennt und bei ihren Ansprüchen durchaus keinen eigenen Willen äußert, sondern bloß die logische Function des Urtheils ausübt (...) ».

[4] Carl von Rotteck, « Constitution », *in* Carl von Rotteck/Carl Welcker (dir.), *Staats-Lexikon oder Encyklopädie der Staatswissenschaften*, vol. 3, 1e édition, Altona, 1836, p. 776 : « (...) unter Gewalt blos ein Recht der Willens-Aeußerung, oder der Willens-Durchführung versteht (...) ».

[5] Friedrich Christoph Dahlmann, *Die Politik, auf den Grund und das Mass der gegebenen Zustände zurückgeführt*, t. 1, 2e édition, Leipzig, 1847 (1835 pour la 1e édition), p. 82 : « Dieser sogenannten Staatsgewalten sind zwei, die ausübende und die gesetzgebende Gewalte. Denn die richterliche darf sich ihnen nicht gleichstellen wollen, da sie als Anwenderin bereits vorhandener Gesetze (...) jenen beiden Staatsgewalten untergeordnet ist ». Cependant, il faut nuancer cette comparaison : pour Dahlmann, le pouvoir de rendre la justice est une sous-catégorie du pouvoir exécutif, car il est chargé d'appliquer la loi, tandis que pour Rotteck ce pouvoir est en dehors du domaine de l'État.

[6] Olivier Jouanjan, « Le contrôle incident des normes et les contradictions de l'État monarchique en Allemagne », *in* du même (dir.), *Figures de l'État de droit. Le Rechtsstaat dans l'histoire intellectuelle et constitutionnelle de l'Allemagne*, PUS, 2001, p. 284. « État de droit » signifie ainsi dans la conception rotteckienne du pouvoir que « le système tout entier doit être bâti sur l'équilibre entre ces deux contraires ».

« indépendant du pouvoir d'État », puise ses décisions est « le droit » et non pas « la puissance »[1].

Après avoir évacué de son analyse la solution traditionnelle de la division tripartite, Rotteck s'attèle à démontrer la nécessité de la division entre les deux pouvoirs législatif et exécutif en les attribuant à différents organes qu'il qualifie d' « artificiels » (*künstiliche*) ou de « naturels » (*natürliche*). Il commence par exposer les deux modèles possibles de division des pouvoirs. Dans le premier cas de figure, les deux pouvoirs sont confiés à deux sujets distincts (monarque, assemblée), tandis que dans le second, le partage n'est pas exclusif et plusieurs sujets peuvent intervenir dans les domaines législatif ou exécutif. Le premier modèle ne peut aucunement fonctionner, car reposant sur un dualisme qui condamne le monarque et l'assemblée de se limiter à leurs sphères d'action respectives. L'absence de toute coopération ou participation à l'exercice du pouvoir savamment équilibré entre les différents organes destinent ces derniers à une lutte de supériorité qui ne peut donner aucun vainqueur, car la victoire de n'importe lequel des deux équivaudrait à la mise en œuvre d'un régime despotique où règne, en fonction de l'issue du conflit institutionnel, l'un ou l'autre pouvoir. Ce premier modèle cause finalement la perte du caractère unitaire du pouvoir d'État[2].

Face à l'impossibilité de dépasser la rigidité de la structure dualiste, dont témoigne ce premier modèle, Rotteck prône le second modèle qui est celui de la coopération des organes exerçant les pouvoirs législatif et exécutif[3]. Pas de distribution exclusive des compétences, il faut créer des mécanismes équilibrés qui

---

[1] Carl von Rotteck, *Lehrbuch des Vernunftrechts und der Staatswissenschaften*, t. 3 : *Materielle Politik*, 1e édition, Stuttgart, 1834, p. 178 : « (...) von der Staatsgewalt unabhängige, und zur Entscheidungsquelle bloß an das Recht, also durchaus nicht an die Macht angewiesenen Autorität ».

[2] Carl von Rotteck, *Lehrbuch des Vernunftrechts und der Staatswissenschaften*, t. 2 : *Allgemeine Staatslehre*, 1e édition, Stuttgart, 1830, p. 210 : (...) dieses ganze Theilungsprinzip (...) ist mangelhaft und verderblich. (...) Wo immer so getheilt ist, und die Theilung geltend gemacht werden kann durch physische Kraft, so wird entweder die Einheit des Staatslebens verloren gehen durch die vielleicht verschidenen Richtungen der gesonderten Gewalten (...). In dem hieraus hervorgehenden Streit der beiden Gewaltn wird, mag eine oder die andere siegen, Despotie das endliche Ergebnis sein ; ja es wird, wo kein Streit besteht, wo demnach die gesetzgebende Gewalt entweder unter dem unwiderstehlichen Einfluß der vollstreckenden handelt, oder entgegen die vollstreckende sich wahrhaft unterworfen hat, die Despotie schon der ursprüngliche Charakter der Verfassung sein ».

[3] Carl von Rotteck, « Constitution », *in* Carl von Rotteck/Carl Welcker (dir.), *Staats-Lexikon oder Encyklopädie der Staatswissenschaften*, vol. 3, 1e édition, Altona, 1836, p. 776-777 : « (...) beide Persönlichkeiten zur gemeinschaftlichen Theilnahme an beiden Gewalten oder Gewaltsphären, nur hier und dort in verschiedenem Verhältnis oder Maß zu berufen. Dieses Verhältnis oder Maß nämlich soll durch die natürlichen Eigenschaften der beiden Persönlichkeiten bestimmt (...) ». La volonté de permettre aux titulaires du pouvoir d'accomplir leur mission en suivant leurs caractéristiques « naturelles » (*natürlichen*) n'est pas sans rappeler le principe de la justice fonctionnelle qui apparaît dans la jurisprudence constitutionnelle allemande en 1984 avec la décision « Atomwaffenstationierung » (BVerfGE 68, 1) (v. le second titre de cette partie). La position de Rotteck est reprise par Welcker (qui est désigné comme co-auteur de l'entrée « Constitution ») dans la troisème édition du *Staatslexikon* (Carl Welcker, « Constitution », *in* Carl von Rotteck/Carl Welcker [dir.], *Staatslexikon oder Encyklopädie der Staatswissenschaften*, vol. 4, 3e édition, Brockhaus, 1860, p.100 et suiv.).

permettent à chacun des titulaires exerçant le pouvoir d'accomplir leur mission conformément à leurs caractéristiques propres[1]. La devise du système constitutionnel rotteckien est « l'accomplissement plein et entier de la volonté générale »[2] par l'organe naturel (*natürliches*), la représentation populaire, et l'organe artificiel (*künstliches*), le gouvernement[3]. La « représentation » est le titulaire du pouvoir réservé, alors que le gouvernement est celui du pouvoir transféré par le peuple. Mais il ne s'agit nullement de transférer l'intégralité du pouvoir exécutif au gouvernement et de réserver le pouvoir législatif à la représentation. Bien au contraire, le peuple entend « réserver une partie de chaque pouvoir et transfère une autre partie à plusieurs sujets », ou bien se réserve des parties du pouvoir en procédant à une « subdivision par classes ». Dans ce jeu équilibré, le monarque ne peut se transformer en titulaire exclusif du pouvoir d'État. Chez Rotteck, la « division s'opère à la fois par transfert et par réserve »[4].

---

1 En ce sens, Sylvester Jordan, *Lehrbuch des allgemeinen und deutschen Staatsrechts*, Cassel, 1831, p. 54 : « De l'indépendance et des différences substantielles résulte la nécessité d'opérer une distinction subjective de leur véritable exercice (des fonctions) afin qu'on évite tout mélange ou confusion d'une part, et organiser les fonctions de telle manière que leur exercice corresponde le plus possible à leurs caractéristiques propres » (« Aus der Selbstständigkeit und wesentlichen Verschiedenheit derselben folgt aber die Nothwendigkeit, ihre wirkliche Ausübung subjectiv zu sondern, damit ihrer Vermischung und Verwechselung vorgebeugt, und innerlich so zu organisieren, dass eine jede derselben auf eine ihrer eigenthümlichen Natur am Meisten entsprechende Weise ausgeübt werden »).

2 L'analyse de Rotteck n'est pas nouvelle. Dès 1820, Karl Salomo Zachariä, *Vierzig Bücher vom Staate*, t.1, 1e édition, Stuttgart und Tübingen, 1820, p. 192 et 200, développe l'idée de l'exercice de la puissance conformément à la volonté de la majorité : « In einem Staate muss die Herrschermacht gemäss dem Willen der Mehrheit ausgeübt worden »). Zachariä qualifie de « contraire au droit » (*widerrechtliche*), la Constitution qui ne résulterait que de l'emploi de moyens artificiels, et établie contre la volonté de la majorité (« Eine widerrechtliche Verfassung, (…) ist nur die zu nennen, welche durch künstliche Mittel, z.B. durch ein aus Fremdlingen bestehendes Heer, gegen den Willen der Mehrheit aufrecht erhalten wird »). Un des principes de la monarchie allemande est, selon Zachariä, la séparation des trois pouvoirs principaux (*Grundgewalten*) : ils sont séparés (*gesondert*) en pouvoir législatif, pouvoir exécutif et pouvoir judiciaire et sont dans les mains de différentes administrations sans que cela porte préjudice à leur action commune (« Die drei Grundgewalten des Staats, – die gesetzgebende, die vollziehende und die richterliche Gewalt, – sind in der konstitutionellen Monarchie voneinander gesondert, d.h. in den Händen verschiedener Behörden, jedoch unbeschadet ihres Zusammenwirekns »).

3 Carl von Rotteck, *Lehrbuch des Vernunftrechts und der Staatswissenschaften*, t. 2 : *Allgemeine Staatslehre*, 1e édition, Stuttgart, 1830, p. 213 : (…) jede Erstrebung der Staatszwecks nichts anderes als Vollzug des allgemeinen Willens (…) ist. Aber da dieses oberste Gesetz noch so unendlich vieles unbestimmt läßt, was bei der wirklichen Erstrebung bestimmt werden muß ; so ist das Dasein eines Organes nöthig, welches jedesmal solche Bestimmung ausspreche ; und dieses Organ ist entweder ein künstliches (die eingesezte Regierung), dessen Aussprüche als Gesammtwille gelten, oder ein natürliches, (die Landesgemeinde ode rein freiwilliger Ausschuß derselben) dessen Aussprüche (…) der Gesammtwille sind ». Voir les développements de Jacky Hummel, *Le constitutionnalisme allemand (1815-1918) : le modèle allemand de la monarchie limitée*, *op.cit.*, p. 133.

4 Carl von Rotteck, *Lehrbuch des Vernunftrechts und der Staatswissenschaften*, t. 2 : *Allgemeine Staatslehre*, 1e édition, Stuttgart, 1830, p. 211 : « Also bleibt nur noch die Art der Theilung übrig, daß einen Theil von jeder der beiden Gewalten das Volk übertrage und den anvorbehalte. Jenen kann es vielleicht an mehrere Persönnlichkeiten übertragen; und auch diesen kann es vielleicht nach einigen Klassenabtheilungen sich vorbehalten. Doch bleibt die Hauptidee: Theilung durch Uebertragung und Vorbehalt ».

Appelons le titulaire du pouvoir transféré gouvernement et le titulaire du pouvoir réservé – représentation : ainsi, nous avons à l'intérieur de l'État au moins deux sujets, dont l'action réciproque, si elle est intelligemment réglée, peut garantir la liberté et le droit. Il n'est nullement question d'une opposition entre les pouvoirs, qui sont, d'une part, des personnifications idéelles, et, sont, d'autre part, nécessairement unis en vertu de l'idée même de l'État dans un seul pouvoir suprême. Il convient au contraire d'opposer les personnifications réelles, qui participent à l'exercice de ces pouvoirs, c'est-à-dire qu'il ne s'agit pas d'un équilibre des droits et d'attributions de chaque pouvoir qui leur sont confiés de manière abstraite, mais de la mise en balance des droits et prérogatives des personnes concrètes détenant le pouvoir et agissant au sein même de l'État. Il est par conséquent question d'une division subjective et non pas objective[1].

La subtilité de Rotteck réside dans la distinction opérée entre le pouvoir en tant qu'objet idéel et le pouvoir en tant qu'entité concrète détenue par des personnes réelles (la personnification réelle) l'exerçant au sein de l'État. À la division objective stérile, qui ne peut conduire qu'à un rejet superficiel du principe de division car immédiatement liée à la fin de l'unité du pouvoir d'État, il faut préférer la division subjective[2], seule apte à rendre compte de la réalité du fonctionnement de la machine étatique et garantissant la liberté et le droit. Dans l'hypothèse où le monarque considère que la représentation populaire s'éloigne ou risque de s'éloigner de sa mission première, l'accomplissement de la volonté générale, il convient de prononcer la dissolution et de faire appel au peuple. L'élection est pour Rotteck la faculté dont dispose le peuple afin de mettre fin à un

---

[1] Carl von Rotteck, *Lehrbuch des Vernunftrechts und der Staatswissenschaften*, t. 2 : *Allgemeine Staatslehre*, *op.cit.*, p. 213 : « Nennen wir die Inhaberin der übertragenen Gewalt Regierung und die Inhaberin der vorbehaltenen Gewalt Repräsentation : so haben wir nunmehr zwei Persönnlichkeiten im Staate, deren Wechselwirkung, wofern sie klug geregelt ist, Freiheit und Recht verbürgen kann. Keineswegs die Entgegensetzung der Gewalten, welche einerseits nur ideale Persönlichkeiten sind, und anderseits durch die Idee des Staates nothwendig zu einer und derselben nämlich überhaupt der obersten Staatsgewalt sich vereinen ; sondern die Entgegensetzung der lebendigen Persönlichkeit, die an solchen Gewalten Theil nehmen, ist die Hauptidee, d.h. also keineswegs die Abwägung der jeder einzelnen Gewalt als solcher, idealisch zuzuschreibenden Rechte oder Attributionen, sondern die Abwägung der den beim Staatsleben in wahrer Wechselwirkung stehenden und mit Gewalt zu bekleidenden Personen beizumessenden Rechte oder Kräfte, demnach die subjektive Theilung, nicht aber die objektive ».

[2] La distinction subjective est aussi chez Sylverster Jordan, *Lehrbuch des allgemeinen und deutschen Staatsrechts*, Cassel, 1831, p. 54, qui insiste sur la « distinction subjective du véritable exercice » (*ihre wirkliche Ausübung subjektiv zu sondern*) des fonctions composant le pouvoir unitaire détenu par le monarque. Il ne partage donc pas l'avis de Rotteck sur le rôle de la volonté générale comme source et finalité du pouvoir d'État, le monarque est pour Jordan celui qui détient l'intégralité du pouvoir.

blocage provoqué par le mauvais usage du pouvoir ou le désaccord profond entre les sujets qui l'exercent[1].

À côté de l'interprétation rotteckienne du principe de division des pouvoirs marquée par quelques originalités (élimination du pouvoir judiciaire du modèle classique, rôle particulier de la volonté générale dans le système constitutionnel, notion de division subjective et mécanismes de coopération des pouvoirs législatif et exécutif), la position de Welcker diffère sur certains points tout en acceptant le principe de division.

***B. La position modérée de Welcker dans la première édition du* Staats-Lexikon.**

C'est précisément Carl Welcker qui écrit, pour le septième volume du *Staats-Lexikon*, paru en 1839, l'entrée consacrée à l' « équilibre des pouvoirs » (*Gleichgewicht der Gewalten*). C'est le seul article, dont le contenu se rapproche, au vu de son intitulé, du principe de division des pouvoirs qui n'est pas honoré d'une contribution autonome. On lit chez Welcker d'importants développements relatifs au principe de division des pouvoirs dans les entrées portant sur la « monarchie » (*Monarchie*), ainsi que la « justice de cabinet » (*Cabinetsjustiz*)[2]. Dans le quinzième tome, qui date de 1843, paru donc trois ans après la mort de Rotteck, sous « division et séparation des pouvoirs », (*Theilung und Trennung der Gewalten*), le lecteur ne trouve qu'un renvoi lacunaire à l'entrée relative à la « justice de cabinet » rédigée par les soins de Welcker[3]. Rotteck devait-il écrire l'article concernant la division et la séparation des pouvoirs ? Ses collaborateurs, notamment Welcker, y ont-ils renoncé après sa mort ? En tout cas, l'absence de cette entrée, alors qu'un renvoi explicite figure déjà dans l'article sur la « monarchie », surprend.

---

1 *Lehrbuch des Vernunftsrechts und der Staatswissenschaften*, t. 2 : *Allgemeine Staatslehre*, *op.cit.*, p. 247 : « Doch kann eine wirkliche landständische Versammlung, eine wirklich bestehende Kammer von gewählten Deputieren, wenn sie nach des Königs Meinung vom Pfad des wahren Gesammtwillens sich entfernt hat, oder zu entfernen droht, durch einen königlichen Befehl aufgelöset weden, wonach sodann in kurzer Frist eine neue Wahl statt finden und die Einberufung der neu gewählten Deputieren statt finden muß ». Pour Jacky Hummel, *Le constitutionnalisme allemand (1815-1918) : le modèle allemand de la monarchie limitée*, *op.cit.*, p.134, l' « appel au peuple », prôné par Rotteck, s'inspire de la pensée de Benjamin Constant, et ne signifie aucunement l'émergence d'un gouvernement parlementaire en Allemagne : « L'intention de ces auteurs n'est pas de court-circuiter la relation entre le gouvernement et le parlement et d'établir par là une pratique politique par laquelle les ministres seraient pris dans la majorité parlementaire (…). Le centre de gravité du mécanisme de l'appel au peuple se trouve bien plus dans le corps électoral que dans le parlement ».

2 La « justice de cabinet est l'influence exercée par le gouvernement, ou les fonctionnaires qui en dépendent, sur les décisions des juges prises dans les affaires civiles ou criminelles » (Carl Welcker, « Cabinets-Justiz », *in* Carl von Rotteck/Carl Welcker [dir.], *Staats-Lexikon oder Encyklopädie der Staatswissenschaften*, vol.3, 1e édition, Altona, 1836, p. 164-165).

3 *Staats-Lexikon oder Encyklopädie der Staatswissenschaften*, vol. 15, 1e édition, Altona, 1843, p. 408 : « Theilung und Trennung der Gewalten, s. Cabinetsjustiz ».

Pour Welcker l'« équilibre des pouvoirs » est le garant de la « véritable liberté juridique, de la liberté, de la dignité et du droit des citoyens indépendants » qui ne sont pas soumis à l'« autorité et à la puissance » absolues et illimitées. Il faut qu'il y ait « un équilibre politico-organique interne, une majorité, une division et un contrepoids ou un équilibre des pouvoirs, (…) ou, une forme de gouvernement mixte, une constitution libre, ou, enfin, un système organisé de modération et d'accord mutuels ». À la différence de Rotteck, Welcker n'adopte pas une stratégie offensive contre ceux qui ne n'admettent pas l'existence de la division des pouvoirs dans la monarchie limitée allemande. Il oriente son raisonnement en fonction des exemples français et surtout anglais, mais s'abstient, au moins dans cette entrée consacrée à l'équilibre des pouvoirs, de porter un jugement sur le système de la monarchie ou bien de critiquer ouvertement les auteurs qui rejettent le principe de division des pouvoirs[1]. Pour lui, si les droits et libertés des citoyens sont garantis, l'acceptation ou le rejet de la division des pouvoirs n'est qu'une formalité.

Dans l'article consacré à la « justice de cabinet » (qui est une justice retenue), daté de 1836, Welcker affirme le principe de la limitation formelle du monarque et les garanties accordées aux citoyens. Contrairement à Rotteck, il ne revendique pas l'existence de droits « réservés » au peuple, ni la division du pouvoir d'État. Sa position est modérée : la question qu'il convient de se poser n'est pas tellement qui détient et exerce la puissance, mais comment les libertés des citoyens sont-elles garanties face au pouvoir d'État ? À partir du moment où la garantie est suffisante et le pouvoir monarchique ne peut disposer de manière arbitraire des droits et libertés, il n'est guère nécessaire de défendre la mise en œuvre d'un principe de séparation ou division des pouvoirs. C'est bien pour cette raison que toutes ces disputes doctrinales ne sont que des mots pour Welcker. Il ne croit pas que l'opération, qui consiste en la division des pouvoirs, soit le moyen le plus sûr de garantir les droits et libertés. Mais l'affirmation, selon laquelle le monarque est une fois pour toutes lié par la Constitution, qui garantit un niveau de protection suffisant des libertés, frôle les confins de la chimère politique. La limitation du pouvoir monarchique n'est pas encore arrivée au rang de principe constitutionnel intangible. L'histoire qui se joue dans le royaume de Hanovre montre à Welcker qu'il faut sans doute quelque chose de plus qu'une simple limitation de la puissance du prince.

En 1837, lorsqu'éclate le scandale de la constitution de Hanovre, annulée par une lettre patente du roi Ernst August, il est clair que la limitation du pouvoir monarchique est encore loin d'être ancrée dans le système constitutionnel de la

---

[1] Carl Welcker, « Gleichgewicht der Gewalten », *in* Carl von Rotteck/Carl Welcker (dir.), *Staats-Lexikon oder Encyklopädie der Staatswissenschaften*, vol. 7, 1e édition, Altona, 1839, p. 61-62 : « Da, wo wahre rechtliche Freiheit, Freiheit und Würde und Recht selbstständiger Bürger, (…) da darf nicht irgend eine einzige Auctorität und Gewalt (…) absolut und alleinherrschen. (…) es muß ein inneres politisches organisches Gleichgewicht, es muß eine Mehrheit, eine Theilung und ein Gegengewicht oder ein Gleichgewicht der Gewalten (…) oder eine freie Verfassung, oder endlich ein organisirtes System gegenseitiger Mäßigung und gegenseitiger Vereinbarung bestehen ».

monarchie allemande. La limitation du pouvoir monarchique est une question politique de premier ordre, car sans elle il devient impossible de penser la stabilité de la garantie des droits et libertés des citoyens. Avec l'annulation de la Constitution de Hanovre, la structure constitutionnelle balancée et modérée est remise en cause. Ernst August déclare nul et non avenu le texte du 26 septembre 1833 résultant des négociations entre le gouvernement de son prédécesseur, Guillaume IV, et les états[1] : « Nous ne pouvons pas regarder la loi fondamentale d'État du 26 septembre 1833 comme une loi à laquelle nous sommes lié, car elle fut adoptée de manière complètement irrégulière »[2]. Ce coup d'État provoque de vives protestations dans les milieux universitaires libéraux[3]. Les « Sept de Göttingen »[4], professeurs politiquement engagés, révoqués, car ayant osé exprimer publiquement leur opposition à la décision unilatérale du roi, deviennent les symboles de l'intelligentsia libérale allemande, victime d'un pouvoir rigide aux tendances autoritaires. Welcker, Rotteck, les « Sept de Göttingen », pour ne citer que les exemples les plus connus, représentent alors ce nouveau modèle d'universitaire politisé – le « professeur politique » – qui n'est pas seulement cantonné à son activité académique, mais entend occuper le devant de la scène politique en émettant des critiques cinglantes adressées au pouvoir, en se faisant le « médiateur entre l'État et la culture, l'esprit et la puissance », mais également « le porte-parole de la société bourgeoise allemande »[5] tout en assumant le risque de la révocation[6]. Après la révolution de mars 1848, ces professeurs politisés forment le

---

1 En tant que prince héritier, Ernst August de Hanovre avait déjà exprimé son opposition au projet constitutionnel de 1833. Sur ce point: Ernst Rudolf Huber, *Dokumente zur deutschen Verfassungsgeschichte*, vol.1: *Deutsche Verfassungsdokumente 1803-1850*, Kohlhammer, Stuttgart, 1961, p. 243: « Nach den Unruhen von 1830 kam es zu Verfassungsverhandlungen zwischen der Regierung und den Ständen ; ihr Ergebnis war die Verfassung vom 26. September 1833 ».

2 « Patent über die Aufhebung der Verfassung », *in* Ernst Rudolf Huber, *Dokumente zur deutschen Verfassungsgeschichte*, vol. 1 : *Deutsche Verfassungsdokumente 1803-1850*, Kohlhammer, Stuttgart, 1961, p. 250 : « Das Staas-Grundgesetz vom 26. September 1833 können Wir als ein Uns verbindendes Gesetz nicht betrachten, da es auf eine völlig ungültige Weise errichtet worden ist ».

3 Sur le conflit constitutionnel de 1837: Willy Real, *Der hannoversche Verfassungskonflikt von 1837/1839*, Vandenhoeck & Ruprecht, Göttingen, 1972, p. 7-8.

4 Les « *Göttinger Sieben* » sont Friedrich Christoph Dahlmann, l'instigateur de ce « soulèvement » universitaire, professeur à l'Université de Göttingen, les frères Wilhelm et Jacob Grimm, Wilhelm Eduard Albrecht, Georg Gottfired Gervinus, Wilhelm Eduard Weber et Heinrich Georg August Ewald.

5 Horst Ehmke, *Karl von Rotteck, der « politische Professor »*, C.F. Müller, Karlsruhe, 1964, p. 12 : « Das Wort bezeichnet die Rolle, die deutschen Gelehrten in einer bestimmten historischen Situation als Mittler zwischen Staat und Kultur, Geist und Macht und auch Sprecher des deutschen Bürgertums zeitweilig zuwuchs ». En langue française, Luc Heuschling/Jacky Hummel, « Le libéralisme du Vormärz : la figure du "professeur politique" », *Revue française d'histoire des idées politiques*, n°24, 2006, p. 227-231, spécialement p. 228.

6 Horst Ehmke, *Karl von Rotteck, der « politische Professor »*, *op.cit.*, p. 11 : « (...) so scheint sich das Wort vom "politschen Professor" als Etikett für einen Professor, der praktisch politisch tätig war und diese Tätigkeit mit dem Verlust seines Lehrmates bezahlen mußte (...) ».

centre politique du Parlement de Francfort qui devient le symbole de l'échec traumatisant de la tentative de libéraliser la monarchie allemande et de « conquérir (…) la liberté et l'unité »[1].

La Constituion de l'Église de Saint-Paul ne rompt pas avec le principe monarchique, mais constitutionnalise un système d'équilibre des pouvoirs tout en rejetant le régime parlementaire.

Section 3 : Le principe de séparation des pouvoirs dans la Constitution de l'Église Saint-Paul du 28 mars 1849 et les conséquences de l'échec du mouvement libéral.

La « révolution allemande » est un mouvement qui gagne du terrain grâce aux « révolutions imbriquées les unes dans les autres et étroitement liées à l'évolution du Parlement de Francfort »[2], la première assemblée dans l'histoire de l'Allemagne élue au suffrage universel. Ces révolutions locales, bien qu'ayant « leur histoire propre »[3], se transforment en une grande vague révolutionnaire généralisée. Elles sont appuyées par les universités et leurs « professeurs politiques » parmi lesquels le corps des juristes fut particulièrement important[4]. « Toutes les tensions et tous les espoirs de la vie politique et sociale des Allemands se cristallisent dans l'éclatement et l'échec de la grande révolution allemande de 1848/1849. »[5] La Constitution libérale du 28 mars 1849, jamais appliquée, ne consomme cependant pas la rupture avec le principe monarchique. Elle introduit des éléments aménageant l'exercice du pouvoir et dote le Parlement de véritables compétences constitutionnelles (§1). Mais la Constitution libérale ne fut qu'une chimère libérale dans un paysage qui promettait le retour de la monarchie forte et le refus de toute parlementarisation du régime (§2).

---

[1] Luc Heuschling/Jacky Hummel, « Le libéralisme du Vormärz : la figure du "professeur politique" », *Revue française d'histoire des idées politiques*, art. précit., p. 228.

[2] Michael Stolleis, *Histoire du droit public en Allemagne (1800-1918)*, Dalloz, 2014, p. 354.

[3] Thomas Nipperdey, *Deutsche Geschichte (1800-1866). Bürgerwelt und starker Staat*, t.1, C.H. Beck, p.366 : « sie haben ihre eigene Geschichte, aber sie hängen doch zusammen ».

[4] Luc Heuschling/Jacky Hummel, « Le libéralisme du Vormärz : la figure du "professeur politique"», *Revue française d'histoire des idées politiques*, n°24, 2006, p. 228.

[5] Thomas Nipperdey, *Deutsche Geschichte (1800-1866). Bürgerwelt und starker Staat*, t.1, C.H. Beck, p.595 : « Alle Spannungen und alle Hoffnungen des politischen und sozialen Lebens der Deutschen bündeln sich in dem Aus- und Aufbruch der großen deutschen Revolution von 1848/1849 ».

§ 1. Le principe de séparation des pouvoirs dans la Constitution de l'Église Saint-Paul du 28 mars 1849.

Le principe de séparation des pouvoirs prend la forme d'un système équilibré entre les pouvoirs législatif et exécutif (A) et trouve une application directe dans les rapports entre les autorités administrative et judiciaire (B).

A. Le système de freins et de contrepoids dans les rapports entre l'Empereur et le Parlement : construction monarchique aux allures démocratiques.

La Constitution de l'Empire allemand adoptée le 28 mars 1849 est le résultat du travail du Comité constitutionnel, composé de trente membres parmi lesquels on trouve Georg Beseler, Friedrich Christoph Dahlmann, Georg Waitz, Carl Welcker ou Robert von Mohl, « le juriste sans conteste le plus influent du Parlement de Francfort »[1], qui se réunit du 24 mai 1848 au 26 janvier 1849[2]. Pour les représentants libéraux modérés, il n'est pas question d'introduire dans la Constitution révolutionnaire le principe républicain ou bien le régime parlementaire. Ce sont les radicaux de gauche (*die Linke*) qui souhaitent la rupture avec l'ancien ordre jugé réactionnaire et qui militent pour la création d'une République. Malgré leur opposition à la monarchie, ils étaient conscients de la difficulté que constitue le renversement de ce régime dans les différents États allemands. Dans l'imaginaire des acteurs des événements de 1849, la république ne représente pas vraiment la négation d'un gouvernement monarchique. Elle reflète davantage les aspirations à une constitution libérale, à une « monarchie populaire » (*Monarchie von Volkes Gnaden*) ou à une « république monarchique » (*monarchische Republik*)[3]. Le sens de l'intervention du libéral Heinrich von Gagern, premier président du Parlement de Francfort, dans les débats du parlement chargé d'assurer la phase préparatoire de l'élection de la première assemblée nationale (*Vorparlament*)[4] est claire : « (…) nous tenons à la monarchie, et bien que nous formions une assemblée qui veut la liberté et aspire à la souveraineté nationale et à

---

[1] Olivier Jouanjan, *Le principe d'égalité devant la loi en droit allemand*, Économica, 1992, p. 53.

[2] Sur l'importance des représentants du monde académique et la qualité intellectuelle des débats, et, plus généralement, sur la genèse de la Constitution de 1849, consulter l'ouvrage de référence de Jörg-Detlef Kühne, *Die Reichsverfassung der Paulskirche : Vorbild und Verwirklichung im späteren deutschen Rechtsleben*, 2e édition, Luchterhand, 1998, p. 51 et suiv., en particulier p. 54-56.

[3] Thomas Nipperdey, *Deutsche Geschichte (1800-1866). Bürgerwelt und starker Staat*, t.1, C.H. Beck, p.655.

[4] Le parlement préparatoire se réunit du 31 mars au 3 avril 1848 à l'Église Saint-Paul. Il a comme mission la préparation de la création du Parlement de Francfort. Ses membres sont convoqués par le Comité des sept (*Siebenerausschuß*), dont la composition est décidée par l'assemblée de Heidelberg du 5 mars 1848. Sur ces éléments historiques: Ernst Rudolf Huber, *Deutsche Verfassungsgeschichte seit 1789*, t. 2 : *Der Kampf um Einheit und Freiheit (1830 bis 1850)*, Kohlhammer, Stuttgart, 1960, p. 595-603 ; et du même, *Dokumente zur deutschen Verfassungsgeschichte*, vol.1, Kohlhammer, Stuttgart, 1961, p. 269 et suiv.

l'accomplissement de la volonté du peuple, elle reste fidèle au principe de la monarchie et honore le besoin de continuer à mettre en œuvre l'unité »[1]. Cette phrase résume à elle seule le paradigme libéral tissé de contradictions, c'est « le cœur même de l'idée libérale ». La souveraineté nationale et la liberté n'excluent pas l'application du principe monarchique, condition indispensable à l'unité du pouvoir. Pour les libéraux, il convient donc de créer « une coordination entre le principe monarchique et celui de la séparation des pouvoirs » en associant enfin le parlement à l'exercice effectif du pouvoir. La liberté politique n'est réalisable que dans un système de division des pouvoirs[2].

Aux termes de la Constitution, le chef de l'État impérial (*Reichsoberhaupt*) est l'empereur (*Kaiser*) élu par le Parlement de Francfort. Cette élection démocratique met définitivement fin à la monarchie qui tire sa légitimité du droit divin. Mais elle est le début d'une nouvelle contradiction du système monarchique allemand. Certes, l'Empereur, « inviolable » et « irresponsable » (*unverletzlich* et *unverantwortlich*), est le résultat d'une élection démocratique, mais le mode de succession au trône ne change pas : il repose toujours sur le principe héréditaire. Il s'agit par conséquent d'un « empire héréditaire » (*Erbkaisertum*). Les contradictions transparaissent tant dans le choix en faveur d'un empire héréditaire, dont le premier représentant est démocratiquement élu, que dans la manière d'organiser les rapports entre différents organes de l'État. Dans la Constitution libérale du 28 mars 1849 le *Kaiser* et le Parlement se font face en même temps qu'ils sont obligés de coopérer afin de garantir un exercice modéré du pouvoir. Les déux éléments, en apparence inconciliables, monarchique et démocratique, se retrouvent dans un rapport étroit de collaboration et de contrôle. Ils forment ainsi un véritable système de freins et de contrepoids.

L'empereur, et le parlement, le « *Bundestag* », exercent ensemble le pouvoir législatif « conformément aux limitations constitutionnelles ». En contrepartie, l'empereur a le droit de dissoudre l'assemblé, détient également le droit d'initiative législative et promulgue les lois[3]. La Constitution crée des mécanismes de freins et de contrepoids mis à disposition du gouvernement et du parlement, mais omet de

---

[1] Cité par Ernst Rudolf Huber, *Deutsche Verfassungsgeschichte seit 1789*, t. 2 *Der Kampf um Einheit und Freiheit (1830 bis 1850)*, *op.cit.*, p. 600 : « (...) da wir an der Monarchie festhalten, daß wir zwar eine Versammlung bilden, die die Freiheit will und um des Volkes und der Volkssouveränität willen erstrebt, aber dem Prinzip der Monarchie im Staate treu bleibt und zugleich der Notwendigkeit der Durchführung huldigt ».

[2] Ernst Rudolf Huber, *Deutsche Verfassungsgeschichte seit 1789*, t. 2 : *Der Kampf um Einheit und Freiheit (1830 bis 1850)*, *op.cit.*, p. 601 : « Denn eben dies war der Kern der liberalen Idee, daß politische Freiheit nur in der Gewaltenteilung, das heißt in der Koordination des monarchischen und des demokratischen Prinzips, möglich sei ».

[3] Titre III, article 3, §79 ([...] er hat das Recht, das Volkshaus zu lösen) ; § 80 (Der Kaiser hat das Recht des Gesetzesvorschlages. Er übt die gesetzgebende Gewalt in Gemeinschaft mit dem Reichstage unter den verfassungsmäßigen Beschränkungen aus) (Ernst Rudolf Huber, *Dokumente zur deutschen Verfassungsgeschichte*, vol.1, Stuttgart, 1961, p. 311).

définir de manière positive le régime politique adopté. Une seule certitude : le parlement est dans l'impossibilité de voter une question de confiance ou une motion de censure, et donc de renverser le gouvernement. L'absence de ces procédures typiques du modèle parlementaire classique signifie « la négation » de ce régime[1]. Cette solution n'est pourtant pas le fruit d'un accord unanime. Lors des débats sur le texte constitutionnel, les groupes parlementaires de gauche revendiquent la responsabilisation des ministres, donc de l'appareil gouvernemental, devant le Parlement. En effet, pour eux, en vertu du principe de la souveraineté nationale, le pouvoir exécutif ne peut être que le produit de l'élection des représentants de la nation. Il s'agit, dans « le programme des partis de gauche » d'une « responsabilité politique » et de l'adoption du « gouvernement parlementaire »[2].

Les parlementaires de gauche insistent sur la nécessité d'un bouleversement total de l'ancien ordre et pour la transformation profonde de la monarchie. Le camp des libéraux ne suit pas l'idée d'un gouvernement parlementaire. Les libéraux sont convaincus qu'il convient de procéder à une réformation du modèle traditionnel et non pas à une transformation, dont la finalité serait d'ébranler les fondations de la monarchie allemande. À la responsabilité politique les libéraux modérés opposent la responsabilité pénale des ministres[3]. Le contrôle de l'exécutif ne passe pas nécessairement par l'existence d'une responsabilité politique devant le Parlement. La division des pouvoirs législatif et exécutif et les mécanismes de coopération permettent de créer un système de balance des « pouvoirs démocratique et monarchique ». Le « principe constitutionnel », sur lequel repose la Constitution de l'église Saint-Paul, est celui du « contrôle réciproque»[4] des pouvoirs

---

[1] Ernst Rudolf Huber, *Deutsche Verfassungsgeschichte seit 1789*, t. 2 : *Der Kampf um Einheit und Freiheit (1830 bis 1850)*, *op.cit.*, p.829 : « Auch über das Verhältnis der Reichsminister zum Reichstag fanden sich keine eingeheden Bestimmungen. Daß die Reichsverfassung nichts über ein Vertrauens- oder Mißvertrauensvotum des Parlaments gegenüber der Reichsregierung oder einem einzelnen Reichsminister enthielt, war jedoch als *Verneinung des parlamentarischen Systems* aufzufassen » (souligné dans le texte). Sur le refus d'introduire le « gouvernement parlementaire », et la position de Robert von Mohl, pour qui le parlementarisme constitue la « vérité » du constitutionnalisme, Jacky Hummel, *Le constitutionnalisme allemand (1815-1918) : le modèle allemand de la monarchie limitée*, PUF, coll. *Léviathan*, 2002, p. 188 et suiv., et p. 205.

[2] Jacky Hummel, *Le constitutionnalisme allemand (1815-1918) : le modèle allemand de la monarchie limitée*, op.cit., p. 206-207.

[3] C'est de la mise en œuvre de la responsabilité pénale des ministres, de la procédure *d'impeachment*, qu'est né, au XVIIIe siècle, le régime parlementaire anglais.

[4] Ernst Rudolf Huber, *Deutsche Verfassungsgeschichte seit 1789*, t. 2 : *Der Kampf um Einheit und Freiheit (1830 bis 1850)*, *op.cit.*, p.826 : « Nach dem Grundsatz der Gewaltenteilung waren der Kaiser und die Reichsregierung für die Exekutive, der Reichstag für die Legislative zuständig. Doch sollte ein System von Querenverbindungen eine gegenseitige Abhängigkeit zwischen den obersten Reichsorganen hervorrufen. (…) Aus diesen Rechten zur gegenseitigen Einwirkung sollte sich ein System der Balance zwischen der monarchischen un der demokratischen Gewalt entwickeln. Nicht die starre Gewaltentrennung, sondern die wechselseitige Gewaltenkontrolle war das staatsrechtliche Grundprinzip auf das die Reichsverfassung sich gründete ».

législatif et exécutif. Le rejet du « gouvernement parlementaire » au profit de la seule division des pouvoirs ne fait qu'occulter la question importante relative aux « relations entre le parlement et le gouvernement »[1] et permet de ne pas opter pour un gouvernement exclusivement démocratique ou, au contraire, exclusivement monarchique. Le régime « flou » est la conséquence directe d'un compromis politique ainsi que de l'impossibilité d'enterrer l'héritage monarchique.

Si les pouvoirs législatif et exécutif ne sont pas séparés, mais « obligés » de coopérer et partagés entre l'empereur et le parlement, en ce qui concerne la justice, le principe de séparation des pouvoirs trouve une application particulière.

B. Le principe de séparation des pouvoirs appliqué aux autorités administrative et judiciaire.

La Constitution impériale contient, pour la première fois, un catalogue des « droits fondamentaux » (*Grundrechte*)[2]. La justice d'État[3] est celle qui garantit le respect des droits fondamentaux[4] par la puissance publique. Dans ce schéma constitutionnel, le pouvoir de rendre la justice occupe donc une place particulière. Il est le seul à être organisé en vertu du principe de séparation des pouvoirs et non pas en vertu d'un simple partage[5]. L'article X du Titre VI de la Constitution consacré aux droits fondamentaux est clair sur ce point : le pouvoir judiciaire n'est pas l'objet d'une division (*Teilung*), mais se trouve séparé (*getrennt*) de l'administration vis-à-vis de laquelle il est dans une situation d'indépendance (*voneinander unabhängig*)[6]. En cas de conflit de compétence entre les autorités judiciaire et administrative, la Constitution prévoit une procédure spéciale : la

---

[1] Jacky Hummel, *Le constitutionnalisme allemand (1815-1918) : le modèle allemand de la monarchie limitée*, *op.cit.*, p. 207.

[2] Titre VI « Les droits fondamentaux du peuple allemand » (Ernst Rudolf Huber, *Dokumente zur deutschen Verfassungsgeschichte*, vol. 1, Kohlhammer, Stuttgart, 1961, p. 317-323).

[3] Titre VI, article X, § 174: « Toute justice émane de l'État » (*Alle Gerichtsbarkeit geht vom Staate aus*). Il est intéressant de soulever la symbolique de cette formule. « Toute justice » émane de l'État. L'État allemand, en 1949, est le lieu de conciliation des principes démocratique et monarchique. Il ne s'agit pas d'un pouvoir judiciaire qui émane du peuple.

[4] L'expression « droits fondamentaux » est d'origine allemande et date de cette époque. Sur l'histoire de la notion, en langue française : Aurore Gaillet, *L'individu contre l'État. Essai sur l'évolution des recours de droit public dans l'Allemagne du XIXe siècle*, Dalloz, 2012, p. 188-190 ; Olivier Jouanjan, « Une origine des droits fondamentaux en Allemagne : le moment 1848 », *RDP*, n°3, 2012, p. 766 et suiv., qui définit le terme « droits fondamentaux » comme un « événement linguistique » résultant de la fermentation historique ayant précédé la « pensée '48 ».

[5] Jörg-Detlef Kühne, *Die Reichsverfassung der Paulskirche : Vorbild und Verwirklichung im späteren deutschen Rechtsleben*, 2e édition, Luchterhand, 1998, p. 377 : « Wenn es in der Paulskirche einen zweiten großen Gedanken der verfassungsrechtlich faßbaren Rechtsstaatsforderung gibt, dann ist es neben der scharfen Sicherung personaler Freiheit in den §§138 FRV der Gedanke der Gewaltentrennung. (…) daß die Forderung nach Gewaltentrennung ursprünglich die Eingangsbestimmung dieses Artikels war».

[6] Titre VI, article X, § 181 : « La justice et l'administration doivent être séparées et indépendantes l'une de l'autre » (*Rechtspflege une Verwaltung sollen getrennt und voneinander unabhängig sein*).

décision est confiée à un « tribunal défini par la loi »[1]. Les articles constitutionnels qui disposent que les autorités judiciaire et administrative doivent être séparées ne sont pas une « finalité en soi ». La séparation est la conséquence de « l'exigence déduite du principe de l'État de droit selon lequel la puissance publique est lié par le droit et doit en assurer l'application »[2]. La séparation de l'administration et de la justice est un point crucial dans la Constitution révolutionnaire qui intègre dans son corpus les droits fondamentaux du peuple allemand. Ces derniers peuvent toujours se trouver menacés par l'action de la puissance publique, et l'administration est vue comme le danger le plus important. En séparant le juge de l'administration, le constituant de 1849 entend garantir une protection maximale des droits fondamentaux contre l'arbitraire de l'administration.

Trop libérale au goût des gouvernements monarchiques des États allemands, opérant un partage des pouvoirs entre l'empereur et le parlement trop démocratique au regard des élites politiques conservatrices, cette Constitution n'est jamais entrée en vigueur. Après la déclaration du roi prussien Friedrich Wilhelm IV par laquelle il refuse d'accepter la couronne impériale, les tentatives de réanimation du texte constitutionnel sont vaines.

§2. Les conséquences de l'échec du mouvement libéral.

Après le refus prussien de cautionner la Constitution de la *Paulskirche*, les choses s'accélèrent. Une période d'instabilité commence pendant laquelle on tente de maintenir les acquis de la première assemblée nationale. Cette entreprise est mise en échec par les mouvements et soulèvements locaux qui naissent sur le territoire de l'Allemagne désunie. L'impossible « coordination et convergence des révolutions dans une Allemagne polycentrique »[3] est la cause de l'échec des idées libérales et du mouvement révolutionnaire allemand. Il s'agit de réussir à faire le compromis entre deux exigences diamétralement opposées : le désir d'unité allemande et la volonté de protéger les particularismes au niveau des différentes entités formant l'Empire projeté par le Parlement de Francfort et la Constitution de l'église Saint-Paul.

---

[1] Titre VI, article X, § 181 : « La décision sur les conflits de compétence qui opposent les autorités judiciaires et administratives est confiée à un tribunal défini par la loi » (*Ueber Competenzconflicte zwischen Verwaltungs- und Gerichtsbehörden entscheidet ein durch das Gesetz zu bestimmender Gerichtshof*). Cette procédure n'est pas sans rappeler le Tribunal des conflits français chargé de résoudre les conflits de compétences entre autorités judiciaire et administrative qu'on trouve dans l'article 89 de la Constitution de la IIe République de 1848 : « Les conflits d'attributions entre l'autorité administrative et l'autorité judiciaire seront réglés par un tribunal spécial (...) ». Il s'agit là de la traduction de la conception française du principe de la séparation des pouvoirs, celle issue de la loi des 16-24 août 1790 (dualité des juridictions).

[2] Jörg-Detlef Kühne, *Die Reichsverfassung der Paulskirche : Vorbild und Verwirklichung im späteren deutschen Rechtsleben*, 2e édition, Luchterhand, 1998, p. 377-378 : « Diese Vorschriften sind kein Selbstzweck. Sie dienen als rechtsstaatliche Forderungen vielmehr der Bändigung staatlicher Macht zugunsten des Rechts und seiner Durchsetzung ».

[3] Thomas Nipperdey, *Réflexions sur l'histoire allemande*, trad. fr. Claude Orsoni, Gallimard, 1992, p.109.

Évidemment, ces deux exigences ne peuvent être conciliées, ou, du moins, la première assemblée nationale démocratiquement élue est trop impuissante pour pouvoir réaliser le projet d'une union nationale dans le cadre des particularismes régionaux. La seule voie qui s'ouvre est celle de la reconnaissance de la faillite des idées libérales. Cependant, ce constat doit être assorti de quelques réserves : même si le roi de Prusse refuse la couronne libérale, il entreprend de réviser la Constitution afin d'y introduire certains éléments « démocratiques » (A). Le conflit constitutionnel prussien qui s'étale sur plusieurs années est caractéristique d'une politique réactionnaire menée par le gouvernement monarchique (B).

A. La Constitution révisée de la Prusse : une petite victoire pour les libéraux ?

La Constitution de la Prusse du 31 janvier 1850 est l'illustration d'un modèle « autoritaire et conservateur » aux paramètres monarchique et démocratique. « Le monarque », « roi par la grâce divine », et les « assemblées » sont tous les deux les « représentants de l'unité politique »[1]. Le monarque, bien que de « grâce divine », ne dispose pas d'une réserve générale de compétence. La Constitution contient en effet une liste exhaustive de ses prérogatives. Les assemblées se voient enfin attribuer un droit d'initiative législative[2], c'est-à-dire un rôle actif dans le processus d'élaboration de la loi. La sanction royale, qui parachève le processus, constitue la contre-partie de cette importante concession faite aux chambres. Ainsi présenté, le système constitutionnel prussien tend à garantir un équilibre entre l'élément monarchique et l'élément démocratique. Mais les apparences sont trompeuses : la sanction royale ne peut point être surmontée par les assemblées et prend par conséquent les dimensions d'un veto absolu. L'importante, au premier abord, concession que constitue le droit d'initiative législative des assemblées est complètement vidée de sens. L'équilibre entre monarque et représentation n'est que de façade. Les assemblées peuvent proposer, certes, mais c'est le monarque qui dispose de la décision ultime.

B. Le conflit budgétaire prussien : le rejet de la parlementarisation du régime.

L'équilibre purement théorique ne tarde pas à déclencher un conflit réel. Dès 1859 émergent les prémisses de ce qui se transforme, en 1862, en un véritable conflit constitutionnel. Le conflit budgétaire prussien[3] est un prétexte pour les

---

[1] Jacky Hummel, *Le constitutionnalisme allemand (1815-1918) : le modèle allemand de la monarchie limitée*, op.cit., p. 225.

[2] Article 64 de la Constitution du 31 janvier 1850.

[3] Pour une analyse générale du conflit budgétaire prussien: Rainer Wahl, « Der preußische Konflikt und das konstitutionelle System des Kaiserreichs », », *in* Ernst-Wolfgang Böckenförde/Rainer Wahl (dir.), *Moderne deutsche Verfassungsgeschichte (1815-1914)*, 2e édition, *op.cit.*, p. 208-231.

chambres d'affirmer leur existence constitutionnelle en refusant de voter le budget nécessaire à la réforme militaire entreprise par le gouvernement du prince-régent Guillaume. En cas de refus par les chambres de voter l'acte budgétaire, la Constitution ne prévoit pas de solution. Cette imprécision textuelle permet au chancelier Otto von Bismarck[1] de donner une réponse au profit du monarque et au détriment des chambres. L'homme politique conservateur, en s'appuyant sur la théorie des « lacunes constitutionnelles »[2], déclare que, d'un point de vue constitutionnel, rien ne l'oblige à attendre l'adoption par les chambres du budget. « Dans le conflit actuel, dit Bismarck, il s'agit des limites entre le pouvoir de l'État et celui de la représentation du pays. »[3] La traditionnelle interprétation conservatrice des compétences du monarque refait surface : ce dernier aurait des compétences de nature générale qui lui permettent d'agir et d'engager des dépenses nécessaires à la conduite des réformes entreprises même dans l'hypothèse d'un refus des chambres de donner leur accord. Dans le cas d'une situation conflictuelle entre les « trois pouvoirs législatifs », le monarque et les deux chambres, ce sont ces dernières qui doivent céder, car « le principe monarchique résout la difficulté en faveur de la Couronne »[4]. En effet, le refus, dont la conséquence est une menace de blocage des ressources financières de l'État, et, par là, une paralysie générale de l'appareil étatique, n'est que la parade trouvée par les chambres afin de s'imposer face au gouvernement monarchique[5]. Une tentative désespérée de parlamentariser le

---

1 Bismarck est nommé président du Conseil des ministres par Guillaume le 22 septembre 1862. Par son coup de force politique contre les chambres, il sauve le monarque prussien de l'abdication qui se présentait, avant l'arivée de Bismarck au pouvoir, comme une éventualité plus que réelle.

2 La théorie des « lacunes constitutionnelles » n'apparaît pas pour la première fois lors du conflit budgétaire prussien. « Diffusée dans le cercle de L. von Gerlach », elle est ensuite reprise par Bismarck « dans un article du *Kreuzzeitung* (*Journal de la Croix*) en janvier 1850 » où il se réfère à la Constitution octroyée de décembre 1848 (Jacky Hummel, *Le constitutionnalisme allemand (1815-1918) : le modèle allemand de la monarchie limitée*, *op.cit.*, p. 248).

3 Son discours continue : « La Couronne a encore d'autres droits que ceux qui lui sont conférés par la Constitution. Ce qui n'est pas attribué par la Constitution aux autres pouvoirs législatifs, reste un droit de la Couronne. L'accord des trois pouvoirs législatifs pour l'établissement du budget étant exigé par la Constitution, si l'un de ces pouvoirs refuse son consentement, alors il y a *tabula rasa*, et il résulte de là un droit de nécessité pour le gouvernement de continuer à administrer sans budget » (R. Wilhelmi [éd.], *Les Discours de M. le prince Bismarck [1862-186]*, Nouvelle édition, 1885, p. 30 et suiv.).

4 Jacky Hummel, *Le constitutionnalisme allemand (1815-1918) : le modèle allemand de la monarchie limitée*, *op.cit.*, p. 248 : « En effet, le principe monarchique sous-entend que la participation du peuple à la législation est encadrée et déterminée de son propre fait par le monarque. On peut ainsi déduire du principe monarchique que la conséquence juridique selon laquelle tous les droits reconnus traditionnellement au roi continuent à exister tant qu'ils ne sont pas délibérément limités par des concessions volontaires du monarque ». On voit dans cette interprétation monarchiste de la Constitution prussienne, la renaissance d'un monarque fort, concentrant toute la puissance dans ces mains. C'est une conception totalement opposée au modèle du libéral Rotteck qui souhaitait limiter les comptences monarchiques par une délégation expresse du peuple (voir *supra*, cette partie, chapitre 2, section 2).

5 Ernst-Wolfgang Böckenförde, « Der deutsche Typ der konstitutionellen Monarchie im 19. Jahrhundert », *in* Ernst-Wolfgang Böckenförde/Rainer Wahl (dir.), *Moderne deutsche Verfassungsgeschichte (1815-1914)*, p. 155 : « Ce droit budgétaire était, bien plus que la participation de la

régime en détournant les moyens constitutionnels mis à leur disposition. La question politique posée par le conflit est donc de savoir si « le Parlement, en employant le budget comme arme d'attaque, arriverait à remporter la victoire décisive sur le principe monarchique »[1]. La solution amiable du conflit[2] n'est pas une victoire décisive pour l'institution parlementaire sur le gouvernement monarchique. La seule consolation est l'interprétation libérale du droit budgétaire qui en ressort[3]. Mais ce conflit « signifiait l'incapacité définitive (...) des milieux libéraux à imposer le régime parlementaire, c'est-à-dire (...) l'incapacité de la bourgeoisie allemande à contrôler véritablement ou suffisamment, à travers sa représentation, *l'État* allemand qui reste donc essentiellement, au sens des entités politiques particulières, l'État *du monarque* »[4]. Malgré la vague constitutionnelle, c'est-à-dire le mouvement visant à limiter la puissance monarchique par l'adoption d'une constitution, les restes de l'interprétation restrictive et conservatrice des droits, dont disposent les représentations populaires, sont toujours présents. Dans le système dualiste des États allemands, le principe monarchique est promis à un bel avenir qui n'est pas remis en cause par l'évolution constitutionnelle dans la seconde moitié du XIXe siècle.

---

représentation populaire à la législation, la seule possibilité d'opposition au le principe monarchique dans le cadre constitutionnel de la monarchie limitée » (« Dieses Budgetrecht war, mehr noch als die Mitwirkung der Volksvertretung bei der Gesetzgebung, der eigentliche Gegenpol zum monarchischen Prinzip in der konstitutionellen Verfassung »).

1 Ernst Rudolf Huber, *Deutsche Verfassungsgeschichte*, t. 3, Kohlhammer, Stuttgart, 1963, p. 282 : « (...) ob dem Parlament mit der Benutzung des Budgetrechts als Angriffswaffe der entscheidende Sieg über das monarchische Prinzip gelingen werde ».

2 La chambre des députés donne son approbation rétroactive, par le vote d'une loi d'indemnité, pour la totalité des dépenses engagées dans les entreprises militaires entre 1862 et 1866.

3 Ernst-Wolfgang Böckenförde, « Der Verfassungstyp der deutschen konstitutionellen Monarchie », *in* Ernst-Wolfgang Böckenförde/Rainer Wahl (dir.), *Moderne deutsche Verfassungsgeschichte (1815-1914)*, 2e édition, *op.cit.*, p. 157 : « (...) die liberal-konstitutionelle Interpretation des Budgetrechts war für die Zukunft unangreifbar ».

4 Olivier Jouanjan, *Une histoire de la pensée juridique en Allemagne (1800-1918). Idéalisme et conceptualisme chez les juristes allemands du XIXe siècle*, op.cit., p. 272-273 (souligné dans le texte).

CONCLUSION DU CHAPITRE

L'année 1849 représente la césure dans l'histoire constitutionnelle allemande du XIXe siècle. 1849 est aussi le moment où les juristes publicistes commencent à perdre leur intérêt relatif du principe de séparation des pouvoirs. Le principe, souvent associé à celui de la souveraineté populaire, considéré comme dangereux par la majorité de la doctrine du *Vormärz*, est le synonyme de la dislocation de l'État, d'un état chaotique dans lequel sombre l'appareil gouvernemental après l'introduction de ce principe incompris. La séparation ou division des pouvoirs fut donc l'objet d'un rejet frénétique dans la littérature conservatrice de tendance monarchiste. Le rejet fut moins catégorique, mais tout aussi présent, à l'exception notable de Carl von Rotteck, qui manifesta une position favorable, dans la doctrine publiciste libérale. Les auteurs d'obédience libérale défendèrent une modération du pouvoir monarchique par le biais des mécanismes constitutionnels permettant la participation des assemblées d'états à l'exercice du pouvoir en vue de garantir les droits et libertés des citoyens. Si, dans les années précédant le traumatisme de l'échec de des idées de l'idéalisme politique, la séparation ou la division des pouvoirs constituait un point polémique dans les discours des conservateurs et libéraux, dans la seconde moitié du siècle, elle est rapidement évacuée des réflexions des « nouveaux » juristes de droit public.

L'échec de 1849 a des conséquences tant sur le plan politique que sur l'état mental de l'intelligentsia allemande. Le mouvement libéral idéaliste subit le traumatisme de la faillite révolutionnaire. L'unité nationale et le régime politique partiellement démocratisé semblent s'éloigner et céder leur place au renouveau de la monarchie sur laquelle souffle le vent réactionnaire de la « *Realpolitik* », l'opposé même des idées libérales et idéalistes des « démagogues » du *Vormärz*[1]. La « *Realpolitik* » « ne plane pas dans un avenir nébuleux, mais agit au moment présent, sa mission n'est pas de réaliser des idéaux, mais d'œuvrer pour la réalisation des objectifs concrets »[2]. Il n'est plus question d'un État de droit garantissant la protection des droits et libertés de ces citoyens. Ce contenu libéral idéaliste disparaît au profit d'une conception formelle, celle d'un État autoritaire dont « le

---

1 On doit l'expression à August Ludwig von Rochau, *Grundzüge der Realpolitik*, 1e partie, Stuttgart, 1853. La première partie de l'ouvrage paraît de manière anonyme. La deuxième partie, portant le nom de l'auteur, est publié en 1869. Sur Rochau, qui fut lui-même un de ces « démagogues », « idéalistes » et « rêveurs », et sa conception désenchatée de la politique après le traumatisme de 1849, voir Michael Stolleis, *Histoire du droit public en Allemagne (1800-1914)*, *op. cit.*, p. 365 et suiv.

2 August Ludwig von Rochau, *Grundzüge der Realpolitik*, 2e partie, Heidelberg, 1869, p. VI : « Die Realpolitik bewegt sich nicht in einer nebelhaften Zukunft, sondern in dem Geschichtskreise der Gegenwart, sie findet ihre Aufgabe nicht in der Verwirklichung von Idealen, sondern in der Erreichung konkreter Zwecke, und sie weiß sich, unter allem Vorbehalt, mit halben Resultaten, zu begnügen, wenn die ganzen nun einmal bis auf Weiteres nicht zu haben sind ».

centre vital » est la « puissance »[1]. La doctrine post-révolutionnaire est celle « du droit objectif du monarque qui précède les droits subjectifs ». Il n'y a plus de droits fondamentaux que le particulier peut opposer à la puissance publique. Les droits du peuple allemand redeviennent « des droits concédés », une promesse faite par le monarque qui n'existe que grâce à sa bonne volonté.

Il n'est plus question d'établir un ordre politique libéral et démocratisé. Il s'agit surtout de revenir à la garantie du principe monarchique, même si le prix à payer est celui de l'abandon des engagements révolutionnaires. La figure du « professeur politique » de tendance libérale, principal moteur du *Vormärz*, est progressivement remplacée par celle du professeur participant de manière active à la vie politique, mais qui ne manifeste aucune aspiration révolutionnaire car conciliant avec l'ordre établi. Il faut désormais penser le retour à la monarchie allemande limitée dans sa « version » conservatrice, celle qui chérit son monarque plus que les assemblées représentatives.

L'échec du courant constitutionnel libéral n'est pas total. La monarchie dualiste, qui conditionne les rapports antagoniques entre le gouvernement monarchique et la société civile, dont la place est en dehors et face à l'État, se transforme progressivement en une véritable monarchie limitée de type allemand. Deux moments constituants sont particulièrement importants pour cet ancrage du modèle de la monarchie limitée dans le paysage politique allemand : la Constitution prussienne du 31 janvier 1851, qui n'est que la révision (*Reviedierung*) de la Constitution octroyée du 5 décembre 1848, et la Constitution de la Confédération de l'Allemagne du Nord du 16 avril 1867, qui préfigurent la Constitution impériale du 16 avril 1871, celle de l'État allemand enfin unifié.

---

[1] Michael Stolleis, *Histoire du droit public en Allemagne (1800-1914)*, *op. cit.*, p. 365 : « En tant qu'"État de droit", il fallait certes lui donner une certaine forme compatible avec les droits du citoyen, mais son centre vital n'était ni la volonté politique unifiée des citoyens, ni l'ordre juridique, mais la puissance ».

CHAPITRE 2
Le principe de séparation des pouvoirs dans les doctrines de l'Empire et de la République de Weimar

C'est la Constitution prussienne, qui porte les défauts de la parcimonie textuelle ouvrant la possibilité de ressusciter le vieux démon de l'interprétation conservatrice du principe monarchique, qui donne le ton de l'acte constitutionnel fondant l'État fédéral portant le nom impropre de Confédération de l'Allemagne du Nord (*Norddeutscher Bund*) du 16 avril 1867[1]. L'existence de cet État fédéral, créé à la suite de la victoire prussienne sur les troupes autrichiennes à Sadowa le 3 juillet 1866, est courte. Il se transforme, après une autre victoire militaire prussienne, celle de Sedan du 1er septembre 1870, plus glorieuse encore, car mettant fin au Second Empire français, en un *Reich* allemand qui permet enfin la réalisation du rêve d'unité nationale[2].

Si la Charte française de 1814 fut un modèle pour la première vague constitutionnelle déferlant sur le Sud allemand, la France de la défaite ne présente aucunement une source d'inspiration politique ou constitutionnelle pour l'imposant édifice impérial allemand qui naît le 18 janvier 1871. D'un côté, la monarchie limitée dans laquelle le pouvoir exécutif fort soumet complètement les assemblées représentatives, de l'autre – la France, où la IIIe République voit l'équilibre institutionnel fragile, résultant des trois lois constitutionnelles de 1875, entre le parlement et le président et son gouvernement s'écrouler sous le poids des pratiques politiques. Le corps républicain français devient la proie à une instabilité

---

[1] Olivier Jouanjan, *Une histoire de la pensée juridique en Allemagne (1800-1918). Idéalisme et conceptualisme chez les juristes allemands du XIXe siècle*, op.cit., p. 255, note n°2 : « Malgré l'habitude prise de traduire en français Norddeutscher Bund par Confédération de l'Allemagne du Nord, ce Bund (mot équivoque en Allemand) devait être caractérisé non pas, à l'instar du Deutscher Bund de 1815, comme une confédération (Staatenbund), mais comme une Fédération (Bundesstaat) ». Cette Confédération, dessinée par le chancelier prussien Otto von Bismarck, n'inclut pas les États allemands du Sud, ni l'Autriche. C'est donc la solution de la « petite Allemagne », sans l'Autriche, qui est adoptée en 1867.

[2] Il faut signaler la nature schizophrène de la Fédération de type allemand. Deux principes inconciliables cohabitent dans la Confédération, puis dans le *Reich* : le principe monarchique est confronté au niveau fédéral au principe républicain. Sur les problèmes structurels de la Confédération et sur la « controverse de la nature juridique du *Reich* » : Éric Maulin, *La théorie de l'État de Carré de Malberg*, PUF, coll.Léviathan, 2003, p. 35 et suiv : « Au problème étatique ou non de la Fédération ou de ses composantes, s'ajoutait en effet celui de la persistance du caractère monarchique des États fédérés dans un cadre fédéral constitutionnellement républicain. Formellement, en effet, les monarques de chaque État étaient placés *au-dessus* des constitutions respectives des États (monarchie limitée), tandis que l'empereur allemand (*Deutscher Kaiser* et non pas *Kaiser von Deutschland*), simple président du *Reich*, et non pas monarque, était placé *au-dessous* de la Constitution fédérale » (souligné dans le texte).

politique chronique où les organes exécutifs sont à la merci d'un parlement omnipotent[1].

À l'image des modèles constitutionnels, les doctrines publicistes allemande et française sont, elles aussi, deux représentations complètement différentes du droit public. Après l'échec de 1848/1849, la science du droit public est « renvoyée à elle-même ». En abandonnant progressivement la théorie organiciste de l'État, les publicistes allemands débutent une entreprise scientifique ambitieuse : fonder le droit public sur de nouvelles bases exclusivement juridiques, purgées de toute considération historique, politique, sociologique, philosophique ou morale[2]. Il s'agit de configurer une science du droit public en suivant le modèle pandectiste, celui donné par « le droit privé allemand commun d'origine romaine » de Georg Friedrich Puchta, l'élève du fondateur de l'École historique du droit Friedrich Carl von Savigny, et de Bernhard Windscheid[3]. Le positivisme juridique qu'inaugure l'« école Gerber/Laband »[4] est l'amalgame d'une « croyance idéaliste dans le

---

1Christoph Schönberger, « Vom repräsentativen Parlamentarismus zur plebiszitären Präsidialdemokratie : Carré de Malberg (1861-1935) und die Souveränität der französischen Nation », *Der Staat*, 1995, p.359-390, spécialement p. 363.

2 La « méthode juridique » employée dans la science du droit public est clairement exposée par Paul Laband dans la préface de la deuxième édition du premier tome *Staatsrecht des Deutschen Reiches* : « La mission scientifique de la dogmatique d'un droit positif déterminé repose sur la construction de notions juridiques, sur le mouvement qui vise à ramener les différents principes juridiques à des concepts généraux, mais aussi sur la déduction des conséquences qui découlent de ces concepts (...). Afin d'accomplir cette mission, il n'y aucun autre moyen possible que la logique (...) toutes les considérations historiques, politiques et philosophiques, quelle que soi leur valeur en soi, sont sans intérêt pour la dogmatique d'un droit concret et ne servent trop souvent qu'à dissimuler l'absence de tout travail systématique » (« Die wissenschaftliche Aufgabe der Dogmatik eines bestimmten positiven Rechts liegt aber in der Construction der Rechtsinstitute, in der Zurückführung der einzelnen Rechtssätze auf allgemeinere Begriffe und andererseits in der Herleitung der aus diesen Begriffen sich ergebenden Folgerungen [...] Zur Lösung dieser Aufgabe giebt es kein anderes Mittel als die Logik [...] alle historischen, politischen und philosophischen Betrachtungen – so werthvoll sie an für sich sein mögen – sind für die Dogmatik eines konkreten Rechtsstoffes ohne Belang und dienen nur zu häufig dazu, den Mangel an konstruktiver Arbeit zu verhüllen ») (préface reprise dans Paul Laband, *Das Staatsrechts des Deutschen Reiches*, t. 1, 3e édition, Leipzig, 1895, p. X).

3 Bernhard Windscheid, *Lehrbuch des Pandektenrechts*, 2e édition, t. 1, 1867, p. 1 : « Unter Pandektenrecht wird verstanden das gemeine deutsche Privatrecht römischen Ursprungs », cité ici par Olivier Jouanjan, « École historique du droit, pandectisme et codification en Allemagne (XIXe siècle) », *in* Denis Alland/Stéphane Rials, *Dictionnaire de la culture juridique*, PUF, 2003, p. 575.

4 Peter von Oertzen, *Die soziale Funktion des staatsrechtlichen Positivismus. Eine wissenssoziologische studie über die Entstehung des formalistischen Positivismus in der deutschen Staatsrechtswissenschaft*, Suhrkamp, Frankurt am Main, 1974, p. 2 et suiv. : « (...) die Schule des staatsrechtlichen Positivismus ». Une « école » sous le signe de la continuité, car il n'y a pas de différence de méthode qui pourrait distancier Laband de Gerber. Sur cette identité méthodologique : Olivier Jouanjan, *Une histoire de la pensée juridique en Allemagne (1800-1918). Idéalisme et conceptualisme chez les juristes allemands du XIXe siècle*, op.cit., p. 195, note n°5 : « Sans doute existe-t-il une différence entre Gerber et Laband en tant que ce dernier travaille sur un donné positif clairement délimité (le droit constitutionnel positif de l'Empire) quand le premier spécule sur les principes pour ainsi dire transcendantaux et uniformes de "la" monarchie allemande abstraite de ses diverses manifestations positives. Néanmoins, il s'agit d'une différence d'objet et non, déjà, de méthode ».

concept, et tournant "réaliste" caractéristique de l'époque »[1]. Il faut oublier les rêves idéalistes afin de construire une science autonome et dépolitisée, en accord avec les temps réactionnaires. La « systématisation purificatrice » et l'« autonomie par rapport au droit privé », tels sont les mots d'ordre du « pandectisme du droit public »[2]. La « révolution scientifique » qui porte le positivisme juridique est « amorcée par l'œuvre de Gerber »[3]. La pensée gerbérienne forme « la transition des théories organicistes vers le positivisme juridique et constructif »[4] qui trouve son expression éclatante chez Paul Laband. Après 1870, une « sécheresse » (*Dürre*) envahit le droit public allemand. « Les théories de l'État » souffrent d'une méfiance, d'un « discrédit » généralisé[5], car suspectes d'être plus politiques que juridiques. Il faut désormais se focaliser entièrement sur les concepts juridiques afin de forger la véritable science du droit public : le « juridique ne peut être connu qu'à partir du juridique »[6]. La « forme juridique s'affranchit de sa matière empirico-sociologique, devient autonome et aspire à un caractère nomologique propre »[7].

La grande entreprise allemande de fondation d'un véritable droit public est observée par les juristes français à travers les lunettes d'une nation vaincue par un

---

[1] Michael Stolleis, *Histoire du droit public en Allemagne (1800-1914)*, *op.cit.*, p. 366-367 : « Si l'on parvenait à développer parallèlement au padectisme une "généalogie des concepts" exempte de toute politique à l'intérieur de laquelle toute chose puisse trouver sa place exacte, sa logique et sa vérité immanente au sein d'un système, alors la science du droit public serait enfin établie et deviendrait l'égale de sa soeur aînée, la science du droit civil ».

[2] Olivier Jouanjan, « La volonté dans la science juridique allemande du XIXe siècle : itinéraires d'un concept, entre droit romain et droit politique », *Droits*, n°28, 1999, p. 60 et 63.

[3] Olivier Jouanjan, « Carl Friedrich von Gerber et la constitution d'une science du droit public allemand », *in* Olivier Beaud/Patrick Wachsmann (dir.), *La science juridique française et la science juridique allemande de 1870 à 1918*, Annales de la Faculté de droit de Strasbourg, nouvelle série, n°1, 1997, p. 11.

[4]Christoph Schönberger, *Das Parlament im Anstaltsstaat : zur Theorie parlamentarischer Repräsentation in der Staatsrechtslehre des Kaiserreichs (1871-1918)*, op.cit., p. 21 : « Gerber steht am Übergang von den Organismuslehren (...) zum juristisch-konstruktiven Positivismus des Labandschen Staatsrechts ».

[5] Ludwig Gumplowicz, *Geschichte der Staatstheorien*, Innsbruck, 1905, p. 521 : « (…) die Staatstheorien waren seit 1870 gründlich in Mißkredit gekommen (…) und entstand plötzlich eine große Dürre auf diesem Gebieten », p. 523 où Glumpowicz parle de « l'état de stagnation dans lequel est plongée la science de l'État depuis 1870 » (« die Stagnation, die auf dem Gebiete der Staatswisseenschaft in Deutschland seit 1870 eingetreten war ») et du « manque perceptible de professeurs de droit public » (« fühlbaren Mangel an Dozenten des Staatsrechts »). Une des raisons de ce discrédit de la science de l'État est la politique autoritaire d'Otto von Bismarck qui ne voulait pas voir dans les facultés de droits allemandes des professeurs enseignant une matière si politique et susceptible de formuler des critiques massives à l'encontre du pouvoir.

[6] Ernst-Wolfgang Böckenförde, *Gesetz und gesetzgebende Gewalt*, 1e édition, *op.cit.*, p. 211-212 « (...) das Rechtliche kann nur aus dem Rechtlichen erkannt werden ».

[7] Ernst-Wolfgang Böckenförde, *Gesetz und gesetzgebende Gewalt*, 1e édition, *op.cit.*, p. 213 : « (...) juristische Form löst sich von ihrer empirisch-soziologischen Materie, verselbständigt sich und beansprucht eine nomologische Eigengesetzlichkeit ».

ennemi physiquement et intellectuellement puissant[1]. On vit alors les heures de la « crise allemande du droit public français »[2]. Loin de pouvoir s'opposer à la force conceptuelle du positivisme juridique impérial, les publicistes républicains peuvent soit réceptionner timidement les idées allemandes et relever leur caractère inadapté au droit public français[3], soit déclarer la guerre théorique implacable à ce « monde de "fictions" »[4] qui n'a d'autre raison que de légitimer la toute-puissance impériale[1],

1 Les motifs de la volonté de rejet de la science publiciste impériale ne sont pas seulement d'ordre doctrinal. La biographie des juristes français joue un rôle crucial. Carré de Malberg, par exemeple, est une victime directe de la défaite de 1870 : né « dans une famille alsacienne réfugiée dans "la France de l'intérieur" après 1870, parce qu'elle avait choisi d'opter pour la nationalité française », Carré de Malberg ne revient à Strasbourg qu'en 1919 en tant que successeur de la chaire de Paul Laband dans l'Université de nouveau devenue française. Sur le fond biographique du professeur strasbourgeois. Voir Éric Maulin, « Raymond Carré de Malberg (1861-1935) », *in* Olivier Cayla/Jean-Louis Halpérin (dir.), *Dictionnaire des grandes œuvres juridiques*, Dalloz, 2008, p. 82 ; Christoph Schönberger, « Vom repräsentativen Parlamentarismus zur plebiszitären Präsidialdemokratie : Carré de Malberg (1861-1935) und die Souveränität der französischen Nation », *Der Staat*, 1995, p. 360 et suiv. ; Olivier Beaud, « Carré de Malberg, juriste alsacien. La biographie comme élément d'explication d'une doctrine constitutionnelle », *in* Olivier Beaud/Patrick Wachsmann (dir.), *La science juridique française et la science juridique allemande de 1870 à 1914,* Annales de la Faculté de droit de Strasbourg, nouvelle série n°1, Presses universitaires de Strasbourg, 1997, p. 221-251.

2 Olivier Jouanjan, « Duguit et les Allemands », *in* Fabrice Melleray (dir.), *Autour de Duguit – Colloque commémoratif du 150e anniversaire de la naissance du doyen Léon Duguit. Bordeaux*, 29-30 mai 2009, Bruylant, Bruxelles, 2009, p. 201 ; du même, « Die Krise der französischen Verfassungsrechtswissenschaft um 1900 », *Zeitschrift für Rechtsgeschichte* (Germanische Abteilung), 2009, p. 98-126. Sur cette crise « allemande » qui se propage dans tous les domaines intellectuels, voir la thèse de Claude Digeon, *La crise allemande de la pensée française (1870-1914)*, 1e édition, PUF, 1959 ; Maurice Deslandres, « La crise de la science politique », *RDP*, 1900, p. 5-49, empreint d'un pessimisme facilement perceptible lorsqu'il conclut « qu'il y a une crise de la science politique et que le droit constitutionnel est comme une branche, sinon morte, du moins atrophiée sur le tronc puissant des sciences politiques aux autres ramures si luxuriantes » (p. 9). Deslandres dresse le portrait d'une Allemagne « presque despotique » : « Là une grande nation moderne vit encore sous un régime presque despotique ; l'Empereur traite comme quantités négligeables et le *Bundesrath*, qui représente la souveraineté des États confédérés, et le *Reichstag*, qui incarne la souveraineté de la Nation allemande en son unité ; l'Empereur confisque le pouvoir législatif en monopolisant en fait à son profit l'initiative des lois et en exerçant un veto réel, sinon légal, vis-à-vis des assemblées ; l'Empereur se soustrait à tout contrôle budgétaire ou gouvernemental » (p.17).

3 Pour une position de rejet/réception modéré(e), Raymond Carré de Malberg, *Contribution à la théorie générale de l'État,* deux volumes, Sirey, 1920 et 1922 ; ou encore sa démonstration de l'inadaptabilité de la théorie de la formation du droit par degrés d'Adolf Merkl (voir ce chapitre, section 2, § 1) dans la *Confrontation de la théorie de la formation du droit par degrés avec les idées et les institutions consacrées par le droit positif français relativement à sa formation*, Sirey, 1933. Sur la position de Carré de Malberg et ses liens avec la science labandienne : Christoph Schönberger, « Penser l'État dans l'Empire de la République : critique et réception de la conception juridique de l'État de Laband chez Carré de Malberg », *in* Olivier Beaud/Patrick Wachsmann (dir.), *La science juridique française et la science juridique allemande de 1870 à 1918*, Annales de la Faculté de droit de Strasbourg, nouvelle série, n°1, Presses universitaires de Strasbourg, 1997, p. 255-265.

4 Olivier Jouanjan, « Duguit et les Allemands », *in* Fabrice Melleray (dir.), *Autour de Duguit – Colloque commémoratif du 150e anniversaire de la naissance du doyen Léon Duguit. Bordeaux, 29-30 mai 2009*, Bruylant, Bruxelles, 2009, p. 220. Léon Duguit est celui qui formule les critiques les plus cinglantes à l'encontre des théories publicistes allemandes.

soit prendre la décision de les exclure de leur champ de recherche ou bien de les contourner de manière élégante[2].

Sur la vaste arène du droit public, le principe de séparation des pouvoirs n'est qu'un acteur de second rang. D'autres notions épineuses, comme celle de souveraineté ou celle d'État, concentrent les efforts de réflexion des juristes. « Le développement historique de la théorie de la séparation des pouvoirs n'a, pour le droit public allemand, qu'un intérêt essentiellement théorique. »[3] Dans la pratique, il n'est nul besoin de séparer ou diviser les pouvoirs. Cependant les différentes expressions de l'activité de l'État sont classées et distinguées les unes des autres afin de donner une image complète du fonctionnement de l'appareil étatique. Le principe de séparation des pouvoirs, qui avance déguisé sous la cape terminologique de la théorie des fonctions, sert alors à tracer la ligne des compétences respectives du monarque et de la représentation populaire. Sous l'empire du positivisme conceptuel, l'intérêt porté au principe de séparation des pouvoirs est surtout dû à la nécessité de proposer une manière de classer les différentes fonctions de l'activité de l'État (Section 1). Sous Weimar, la source unitaire de tout pouvoir d'État, le peuple, permet d'adopter une nouvelle approche du principe de séparation des pouvoirs, qui n'est plus celle du rejet au nom du maintien de la construction de la monarchie dualiste allemande, mais constitue une articulation complexe dans un système présentant les traits d'une démocratie plébiscitaire (Section 2).

---

[1] Léon Duguit, *Les transformations du droit public*, Armand Colin, Paris, 1913, p. 37 : « (…) elle [la doctrine de la souveraineté de l'État] est inspirée à beaucoup de jursites allemands par l'unique désir de donner au moins en apparence une base juridique à la toute-puissance impériale ». La cible directe de Duguit est Paul Laband.

[2] Telle est la solution d'Adhémar Esmein, *Éléments de droit constitutionnel français et comparé*, 3e édition, Paris, 1903, p. VI : « Il y a dans le monde, comme dit encore Montesquieu, de grandes monarchies qui n'ont point la liberté politique pour objet direct de leurs constitutions (...). La Constitution de l'Empire d'Allemagne et celles de la plupart des États particuliers qui le composent appartiennent à cette (...) classe. Par suite et tout naturellement, c'est en vue des constitutions de ce type que les écrivains allemands ont construit leurs théories constitutionnelles. Voilà pourquoi, moi, qui doit tant par ailleurs à la science allemande, je ne l'ai point mise ici à contribution ». Maurice Hauriou, *Précis élémentaire de droit constitutionnel*, 2e édition, Sirey, Paris, 1930, p. 2, dont la méthode est basée sur l'observation, est tout le contraire de la méthode positiviste gerbéro-labandienne, « car le phénomène de l'organisation constitutionnelle des États comme celui de la Société privée est en grande partie naturel et spontané », ne cite pas vraiment les théoriciens du droit public allemand. Il évite de la sorte une critique ou une réception de leurs doctrines.

[3] Ludwig von Rönne, *Das Staatsrecht der preußischen Monarchie*, t. 1, 3e édition, Leipzig, 1881, p. 345, note n°4.

Section 1 : Le principe de séparation des pouvoirs dans les doctrines publicistes de l'Empire.

La théorie organiciste de l'État délaisse le terme de séparation des pouvoirs et introduit massivement dans la doctrine publiciste la théorie des fonctions (§1). Mais l'idée de l'État-organisme souffre d'un défaut : elle est la transposition fidèle de la théorie de l'organisme des sciences naturelles. Le positivisme logiciste de l'école « Gerber/Laband » permet de mettre de côté la dimension organiciste, considérée comme non-juridique, et adopte la théorie de la personnalité juridique de l'État caractérisée par son unité. Le principe de la séparation des pouvoirs est jugé « scientifiquement dépassé » par Gerber et condamné par Laband comme incompatible avec l'idée d'unité du pouvoir de l'État (§2). Il faut attendre le tournant du siècle afin que Georg Jellinek propose une théorie des fonctions d'un point de vue matériel et formel qui n'est qu'un mode de division du travail étatique (§3).

§ 1. Les métamorphoses terminologiques du principe de séparation des pouvoirs dans la théorie organiciste de l'État.

Si, pendant le *Vormärz*, le principe de séparation ou de division des pouvoirs fut défendu par certains auteurs libéraux[1] afin de voir la représentation populaire partager l'exercice du pouvoir monarchique, dans les décennies suivantes pendant lesquelles se cristallise le modèle de la monarchie limitée allemande, il ne s'agit plus de lutter contre un monarque réunissant dans ses mains l'intégralité du pouvoir entendu comme sa propriété. Le principe de la séparation des pouvoirs se métamorphose terminologiquement pour s'inscrire dans le tableau de l'État-organisme.

La théorie organiciste de l'État se sert d'un réquisit terminologique tendant à remplacer les termes de séparation ou division des pouvoirs en introduisant la distinction des fonctions de l'activité étatique (C). Dans la théorie de l'État-organisme (A) le pouvoir est qualifié par son indivisibilité (B) : toute « division » de celui-ci est entendue comme une « maladie » détruisant l'organisme vivant de l'État.

A. La conception de l'État-organisme : vestiges libéraux dans la doctrine publiciste post-révolutionnaire.

« La conception de l'organisme (...) appliquée à l'État, a dominé le débat théorique, politique et constitutionnel à l'époque du *Vormärz*. »[2] Dans la pensée de

---

[1] V. cette partie, chapitre 2, section 2.

[2] Ernst-Wolfgang Böckenförde, « L'État comme organisme. Théorie de l'État et politique constitutionnelle aux débuts du constitutionnalisme », *in* du même, *Le droit, l'État et la constittion*

Friedrich Schelling, au début du XIXe siècle, déjà, la notion d'organisme est centrale[1]. Mais il y a une différence de taille par rapport à la théorie organiciste du *Vormärz*. L'organisme, cet « ensemble vivant, enraciné dans l'absolu, à la fois spirituel, religieux et culturel, pris dans sa cohésion et son unité », précède l'État, il ne fait que se manifester dans l'État[2]. Ce n'est par conséquent pas l'État qu'il faut regarder comme un organisme. Il n'est que la « *révélation* » de l'organisme préexistant[3]. La doctrine constitutionnelle du *Vormärz* modifie ce raisonnement en introduisant la métaphore de l'État-organisme. L'idée organiciste tend à mettre fin à l'antagonisme entre l'État et le peuple[4]. L'organisme étatique est entendu comme une globalité qui inclut le peuple en son sein : « le rapport du peuple à l'État se renverse, puisque la figure du *Volk* est incluse dans l'organisme qu'est le *Staat*, seul détenteur de la souveraineté »[5]. L'incorporation du peuple à l'organisme étatique permet de mettre fin à l'opposition des représentations populaires perçues comme des entités distinctes et placées en dehors de l'État. L'État est cet organisme qui embrasse le tout en agissant par la mobilisation des membres qui le composent[6].

---

démocratique. Essais de théorie juridique, politique et constitutionnelle, réunis et présentés par Olivier Jouanjan avec la collaboration de Willy Zimmer et Olivier Beaud, Bruylant/LGDJ, 2000, p. 119.

[1] Michael Stolleis, *Histoire du droit public en Allemagne (1800-1914)*, *op.cit.*, p. 151 et suiv., particulièrement p. 153-154.

[2] Ernst-Wolfgang Böckenförde, « L'État comme organisme. Théorie de l'État et politique constitutionnelle aux débuts du constitutionnalisme », *in* du même, *Le droit, l'État et la constittion démocratique. Essais de théorie juridique, politique et constitutionnelle*, *op.cit.*, p. 123. Sur les origines philosophiques de l'État-organisme, voir l'essai critique d'Albert van Krieken, *Ueber die sogenannte organische Staatstheorie*, Duncker & Humblot, Leipzig, 1873, spécialement p. 60 et suiv. sur la pensée organiciste de Fichte et de Schelling et p. 68 sur la construction de l'organisme dans la forme de l'État dans l'oeuvre de Schelling.

[3] Olivier Jouanjan, Une histoire de la pensée juridique en Allemagne (1800-1918). Idéalisme et conceptualisme chez les juristes allemands du XIXe siècle, op.cit., p. 172 : « L'État colle à la peau du peuple, plutôt : il en est la peau et le visage, l'enveloppe visible, la révélation » (en italique dans le texte).

[4] L'idée de l'État comme incoporation, manifestation organique du peuple est présente chez Friedrich Carl von Savigny, *System des heutigen Römischen Rechts*, t. 1, Berlin, 1840, p. 22 : « Le peuple, auquel nous devrions donner des contours flous en tant qu'ensemble naturel, n'apparaît jamais nulle part de cette manière abstraite. (...) l'unité invisible est révélée par une apparition visible et organique. L'État est la figure corporelle de la communauté populaire spirituelle, et avec lui sont immédiatement définies les strictes limites de l'unité » (« Das Volk, dem wir als einem unsichtabren Naturganzen unbestimmte zuschreiben müßten, besteht jedoch nirgend und in keiner Zeit auf diese abstracte Weise. (...) die unsichtbare Einheit in sichtbarer und organischer Erscheinung zu offenbaren. Diese leibliche Gestalt der geistigen Volksgemeinschaft ist der Staat, und mit ihm sind zugleich scharf bestimmte Gränzen der Einheit gegeben »). Voir sur ce point, Ernst-Wolfgang Böckenförde, « L'État comme organisme. Théorie de l'État et politique constitutionnelle aux débuts du constitutionnalisme », *in* du même, *Le droit, l'État et la constittion démocratique. Essais de théorie juridique, politique et constitutionnelle*, *op.cit.*, p. 124 et Olivier Jouanjan, *Une histoire de la pensée juridique en Allemagne (1800-1918). Idéalisme et conceptualisme chez les juristes allemands du XIXe siècle*, *op.cit.*, 171-172.

[5] Yan Thomas, *Mommsen et l'* « Isolierung » *du droit (Rome, l'Allemagne et l'État)*, Éd. De Boccard, Paris, 1984, p. 29 et suiv.

[6] Contre la théorie organiciste de l'État : Max von Seydel, *Grundzüge einer allgemeinen Staatslehre*, Würzburg, 1873, p. 11, qui écrit que « cette expression métaphorique » est le signe d'un « raisonnement

Johann Caspar Bluntschli (1808-1881), « la figure la plus remarquable parmi les membres savants » de la première chambre du Parlement badois[1], publie son *Allgemeines Staatsrecht* (*Droit public général*)[2] en 1852. Dans « l'atmosphère dépressive, qui régnait chez les libéraux après 1849, c'était un livre optimiste »[3]. L'ouvrage s'inscrit dans la lignée doctrinale de l'organicisme historique comme l'indique son titre : *Droit public général, historiquement fondé* (*geschichtlich begründet*). L'analyse ne marque pas une nette rupture avec les idées libérales du *Vormärz*, mais opère une réflexion modérée sur l'évolution historico-organique de l'État[4]. Un livre optimiste, aux couleurs libérales, mais sagement modéré afin d'être en harmonie avec les tendances réactionnaires de l'époque. La conception de l'État en tant qu'organisme vivant a un avantage indéniable : elle permet de penser le monarque comme une partie, un organe du corps étatique et d'extirper ainsi le pouvoir à sa totale maîtrise. Cette possibilité de s'affranchir de la souveraineté du prince et de l'interprétation conservatrice du principe monarchique, qui veut que l'intégralité du pouvoir revienne au monarque, constitue le fond libéral de la théorie organiciste de l'État après 1849. Il n'est cependant pas question d'entrer immédiatement en conflit direct avec le gouvernement monarchique en soutenant la thèse du monarque-organe. Il suffit d'exposer la théorie de l'État-organisme et d'en tirer les conclusions. Le monarque, comme les assemblées représentatives, « deviennent les

---

opaque » privé de toute « réflexion juridique » et de toute « valeur philosophique » (« Es ist daher ein Gedanke ohne jeglichen rechtswissenschaftlichen und jeden philosophischen Wert, dass der Staat ein Organismus sei. Diese bildliche Ausdruckweise beruht auf einem unklaren Denken [...] »).

1 Robert von Mohl, *Lebenserinnerungen (1799-1875)*, vol. 2, Stuttgart/Leipzig, 1902, p. 153: « Weitaus die auffallendste Erscheinung unter den gelehrten Mitgliedern war zu meiner Zeit aber ohne Zweifel Bluntschli (...) ». Bluntschli et Mohl furent tous les deux membres de la première chambre du Parlement du Bade. D'ailleurs, en 1861, c'est Bluntschli qui succède à Robert von Mohl à l'Université de Heidelberg.

2 Johann Caspar Bluntschli, *Allgemeines Staatsrecht, geschichtlich begründet*, 1e édition, München, 1852. Au moment de la parution de l'ouvrage, Bluntschli est professeur ordinaire de droit privé et de droit public allemands à l'Université de Munich. Il occupe ce poste de 1848 jusqu'à 1861, lorsqu'il accepte l'« appel » (*Ruf*) de l'Université de Heidelberg. Sur la pensée organiciste de Bluntschli, voir Ernst-Wolfgang Böckenförde, *Gesetz und gesetzgebende Gewalt*, 1e édition, *op.cit.*, p. 195-196.

3 Michael Stolleis, *Histoire du droit public en Allemagne (1800-1914)*, *op.cit.*, p. 600. Les mots de Hermann Schulze en disent long sur le climat politique après 1849 : « Dans un temps d'un profond épuisement politique, où l'espoir de voir un développement politique positif de notre peuple et la conviction de voir la nature éthique de l'État passer à un stade supérieur sont complètement anéantis, l'ouvrage de l'intellectuellement vif Bluntschli nous a vraiment rafraîchis » (la préface de Loening, *in* Johann Caspar Bluntschli, *Lehre vom modernen Staate* [*Théorie de l'État moderne*], 1e partie : *Allgemeine Staatslehre* [*Théorie générale de l'État*], 6e édition, Stuttgart, 1886, p. VIII : « In einer Zeit tiefer politischer Abgespanntheit, wo bei so manchem der Glaube an eine staatliche Fortentwicklung unseres Volkes, die Ueberzeugung von einer höheren sittlichen Natur des Staates völlig zu Grunde gegangen ist, hat uns das Werk des geistvollen Bluntschli wahrhaft erfrischt »).

4 Michael Stolleis, *Histoire du droit public allemand (1800-1914)*, *op.cit.*, p. 601 : « (...) il transmettait sous une forme modérée la tradition du Vormärz dépouillée de ses éléments révolutionnaires ».

deux organes de l'État » en 1865[1]. Mais en 1852, il n'est pas encore (politiquement) possible de trancher la question de savoir si les représentations ont la qualité d'organes étatiques.

> *Un examen approfondi du phénomène étatique nous permet de reconnaître en lui un être organique (*organisches Wesen*), et, en effet, cette conception de la nature organique de l'État comporte des avantages considérables pour le traitement pratique des questions relatives à l'État.*[2]
>
> *L'État est une réunion d'hommes, prenant la forme d'un gouvernement et de gouvernés, sur un territoire déterminé, liés grâce à une personne éthico-organique*[3].

La théorie organiciste n'exclut aucunement celle de la personnalité juridique de l'État[4]. Les deux se lient dans un rapport étroit : l'organisme « État » doit sa longévité à sa personnalité juridique. L'État-organisme, « doté d'esprit et de corps, possède sa propre volonté »[5]. Il s'agit d'une « volonté générale habilitée à disposer de la force nécessaire à l'accomplissement des buts de l'État »[6]. L'organisme étatique est une « image du corps humain », capable de vouloir, et ses fonctions sont la représentation fidèle des fonctions vitales du corps[7].

---

[1] C'est Carl Friedrich von Gerber qui élève les assemblées au rang d'organes de l'État dans ses *Grundzüge des deutschen Staatsrechts* (*Principes du droit public allemand*) qui paraissent en 1865. Sur Gerber, *infra*, cette *section*, §2.

[2] Johann Caspar Bluntschli, *Allgemeines Staatsrecht, geschichtlich begründet*, 1e édition, München, 1852, p.22 : « Eine gründliche Prüfung der staatlichen Erscheinungen läßt uns ferner in demselben ein organisches Wesen erkennen, und in der That ist mit dieser Einsicht in die organische Natur des Staates sehr viel gewonnen auch für die praktische Behandlung der staatlichen Fragen ».

[3] Johann Caspar Bluntschli, *Allgemeines Staatsrecht, geschichtlich begründet*, 1e édition, München, 1852, p. 24: « Der Staat ist eine Gesammtheit von Menschen, in der Form von Regierung und Regierten auf einem bestimmten Gebiete verbunden zi einer sittlich-organischen Persönlichkeit ». Dans le même sens, Lorenz von Stein, *Verwaltungslehre*, 1e partie, 2e édition, Stuttgart, 1869, p. 5, qui évacue l'élément « éthique »: « L'État n'est ni une institution, ni une exigence juridique, encore moins une formation éthique ou un concept logique (…). L'État est la forme matérielle suprême de la personnalité » (« Der Staat ist weder eine Anstalt, noch eine Rechtsforderung, noch eine ethische Gestaltung, noch ein logischer Begriff […]. Der Staat ist eine – die höchste materielle – Form der Persönlichkeit »).

[4] Sur la théorie de la personnalité juridique de l'État, voir *infra*, cette section, §§ 2 et 3.

[5] Johann Caspar Bluntschli, *Allgemeines Staatsrecht*, t.1, 3e édition, München, 1863, p. 39 : « (...) schreibt dem Staate eine Persönlichkeit zu, die mit Geist und Körper begabt ihren eigenen Willen hat (...) ».

[6] Hermann Schulze, Einleitung in das deutsche Staatsrecht mit besonderer Berücksichtigung der Krisis des Jahres 1866 und Gründung des Norddeutschen Bundes, nouvelle édition, Leipzig, 1867, p. 161 : « Der Staat (...) bedarf eines Gesammtwillens, welcher befugt ist, über die Gesammtkraft zur Erreichung der Staatszwecke zu verfügen ».

[7] Johann Caspar Bluntschli, *Allgemeines Staatsrecht, geschichtlich begründet*, 1e édition, München, 1852, p. 26 : « Der Staatskörper ist das Abbild des menschlichen Körpers ». Cette analogie est qualifiée par

B. L'unité du pouvoir dans la théorie organiciste de l'État.

« L'État est l'incarnation et la personnification de la puissance populaire ». Cette puissance entendue dans « sa dignité la plus haute et son pouvoir le plus grand » est « la souveraineté »[1]. Les qualités du pouvoir d'État, et donc du pouvoir d'État, sont « l'indépendance de toute autorité supérieure », « la dignité étatique suprême », la « plénitude », le trait de « puissance suprême dans l'État », enfin « l'unité ». Le pouvoir de l'État-corps organique est caractérisé par son « unité » qui est une « exigence de son bien-être »[2]. « Unité et indivisibilité sont les caractéristiques essentielles du pouvoir d'État », selon Hermann Schulze[3].

> *Les effets de la division (*Spaltung*) de la souveraineté sont la paralysie ou la dissolution de l'État, elle est donc incompatible avec la santé de l'État.*[4]

Le passage relatif à l'unité du pouvoir étatique est l'illustration parfaite de l'utilisation de la terminologie organique : le « corps » ne supporterait pas un morcellement, un démembrement, car sa « santé » s'en trouverait immédiatement menacée. La santé de l'État dépend donc de l'unité de son pouvoir (de sa souveraineté). En suivant cette logique organique, le principe de la séparation des pouvoirs ne peut être entendu que comme une maladie envahissant l'organisme étatique.

L'État-« organisme unitaire »[1], et donc « le pouvoir d'État », est « souverain et indivisible tant dans son ensemble que dans ses expressions concrètes ». La

---

Robert von Mohl de « folle comparaison » (Robert von Mohl, *Lebenserinnerungen [1799-1875]*, vol. 2, Stuttgart/Leipzig, 1902, p. 153 : « einfach verrückten Vergleichung des Staates mit dem menschlichen Körpers »). Sur le parallèle entre les fonctions étatiques et les fonctions du corps humain, voir *infra*, ce paragraphe, B.

[1] Johann Caspar Bluntschli, *Lehre vom modernen Staate*, 1e partie : *Allgemeine Staatslehre*, 6e édtiion, Stuttgart, 1886, p. 563 : « Der Staat ist die Verkörperung und Personification der Volksmacht. Indem man sich diese Volksmacht in ihrer höchsten Würde und ihrer grössten Gewalt denkt, spricht man von Souveränität ». Dans le titre de la partie on voit que « Souveränität est entre parenthèses et suit immédiatement le terme de « Staatsgewalt », pouvoir d'État. Pour Bluntschli « souveraineté » est une expression française qui ne trouve pas d'équivalent parfait en langue allemande (p. 563-564).

[2] Johann Caspar Bluntschli, *Lehre vom modernen Staate*, 1e partie : *Allgemeine Staatslehre*, 6e édtiion, Stuttgart, 1886, p. 565-566 : « (...) Unabhängigkeit der Staatsgewalt von jeder übergeordneten Staatsautorität, (...) Höchste staatliche Würde (...) Fülle der Staatsmacht (...) ist die souveräne Macht ihrer Natur nach die oberste im Staate. Es kann somit keine andere staatliche Gewalt in dem Staatsorganismus ihr übergeordnet sein ».

[3] Hermann Schulze, *Einleitung in das deutsche Staatsrecht*, 1e édition, Leipzig, 1865, p. 174 : « Einheit und Untheilbarkeit ist eine wesentliche Eigenschaft der Staatsgewalt ».

[4] Johann Caspar Bluntschli, *Lehre vom modernen Staate*, 1e partie : *Allgemeine Staatslehre*, 6e édtiion, Stuttgart, 1886, p. 566 : « Da der Staat ein organischer Körper ist, so ist Einheit der Souveränität ein Erfordernis seiner Wohlfahrt. Die Spaltung der Souveränität führt in ihrer Konsequenz zur Lähmung oder Auflösung des Staates und ist daher mit der Gesundheit des Staates nicht verträglich ».

« division » du pouvoir n'est pas compatible avec la nature organique de l'État[2]. Pour Joseph von Held (1815-1890), juriste libéral, partisan de la monarchie constitutionnelle encadrée par les garanties de l'État de droit[3], les formes particulières dans lesquelles s'exerce l'activité législative (participation de la représentation populaire) sont à l'origine d'une grave confusion. De « la division unitaire (*Eintheilung*) des formes d'expression (*Aeusserungen*) de l'activité étatique », certains déduisent, à tort, la division du pouvoir lui-même. C'est ainsi que la « théorie de la division du pouvoir d'État » est devenue tristement célèbre[4]. Admettre la division du pouvoir, cela signifierait qu'il existe plusieurs entités souveraines agissant dans un seul et même cadre les unes à côté des autres. Or, l'unité de l'organisme ne tolère pas « la division de la souveraineté » qui mène à un « non-État » (*Nichtstaat*). Les détenteurs de parties de la souveraineté divisée sont condamnés à s'engager dans une lutte qui ne finit qu'avec la victoire d'un seul[5]. Le « principe organique, le seul véritable idéal d'État » [6] se transformerait alors en son opposé, une construction mécanique, un « corps (...) mort, entièrement mû par des forces extérieures (...) », qui n'est destiné qu'à « servir un être qui lui est étranger »[7].

---

[1] Hermann Schulze, *Einleitung in das deutsche Staatsrecht mit besonderer Berücksichtigung der Krisis des Jahres 1866 und Gründung des Norddeutschen Bundes*, nouvelle édition, Leipzig, 1867, p. 161 : « (...) als einheitlicher Organismus (...) ».

[2] Joseph von Held, *System des Verfassungsrechts der monarchischen Staaten Deutschlands mit besonderer Rücksicht auf den Constitutionalismus*, 1e partie, Würzburg, 1856, p. 61 : « Wie der Staat, so ist auch die Staatsgewalt souverän und untheilbar im Ganzen wie in ihren einzelnen Ausflüssen (…) ». Pour Held, c'est l'histoire même de son pays qui démontre l'incompatibilité de la division du pouvoir d'État avec la nature de l'État » (p. 61 : « Aber auch die Geschichte unseres eigenen Vaterlands beweist die Unvereinbarkeit der Theilung der Staatsgewalt mit dem Wesen des Staats »).

[3] Michael Stolleis, *Histoire du droit public en Allemagne (1800-1914)*, op.cit., p. 440.

[4] Joseph von Held, *System des Verfassungsrechts der monarchischen Staaten, op.cit.*, p. 310 : « Gerade aber hierdurch hat die Lehre von der formellen Eintheilung der Staatsgewalt eine traurige Berühmtheit erlang, indem aus der Eintheilung der Aeusserungsformen des Untheilbaren eine wirkliche Theilung des letzteren gefolgert wurde (…) ».

[5] Joseph von Held, *System des Verfassungsrechts der monarchischen Staaten, op.cit.*, p. 312 : « Dasjenige Staatsgrundgesetz, welches wirklich die Theilung der Souveränetät ausspricht, würde sich selbst, weil den Staat, negiren ; es wurde den Staat geradezu aufheben, weil es die Souveränetät vernichtet hätte (…).Die mehrern Subjekte der mehreren sog. Souveränetäten müssten nothwendig auf Leben und Tod miteinander kämpfen, bis die Einheit und Untheilbarkeit der Souveränetät im Princip wie in der Form, wiederhergestellt, und entweder nur Eines von ihnen oder ein Dritter diesen Sieg des Staats über den Nichtstaat errungen hätte ». « Le conflit entre les pouvoirs, écrit Hermann Schulze, finit habituellement par la victoire de l'exécutif » (*Einleitung in das deutsche Staatsrecht*, 1e édition, Leipzig, 1865, p. 182 : « [...] ein Conflict der Gewalten eintrat, welcher gewöhnlich mit dem Siege der Exekutive endigte »).

[6] Joseph Held, « Organisation » *in* Carl von Rotteck/ Carl Welcker (dir.), *Staats-Lexikon, Encyklopädie der sämmtlichen Staatswissenschaften für alle Stände*, 3e édition, Brockhaus, Leipzig, 1864 , p. 41 : « (...) das organische Princip Staats ist (...) ».

[7] Joseph Held, « Organisation » *in* Carl von Rotteck/ Carl Welcker (dir.), *Staats-Lexikon, Encyklopädie der sämmtlichen Staatswissenschaften für alle Stände*, 3e édition, Brockhaus, Leipzig, 1864, p. 41 : « sein (des Organismus) eigentlicher Gegensatz (...) ist der Mechanismus (...) ein für sich allein todter, ganz und gar nur von äußen bewegter (...) künstlich zusammengesetzter Körper, der nur einen fremden Dasein dient (...) ».

La lutte entre les différents soi-disant pouvoirs cause la désintégration de l'organisme, de la matière vivante. Il n'y a que dans l' « unité vivante et autonome » du corps que l'organisme s'épanouit pleinement. La « désorganisation (...) commence par conséquent là où l'unité n'existe plus »[1].

Contrairement aux auteurs, qui excluent l'emploi du terme « pouvoirs » (*Gewalten*), car introduisant l'idée de la division de l'unité et de l'existence de plusieurs pouvoirs dans l'État, Lorenz von Stein, loin de bannir l'expression, l'adopte et en explique l'utilité. En effet, chaque « mission et fonction de l'État est (…) une manifestation de l'ensemble unitaire», elle « porte en soi l'essence et la force de la totalité du pouvoir d'État ». Alors, les différents « pouvoirs d'État » ne signifient rien d'autre que « la fonction de l'organe étatique particulier agissant dans l'intérêt et au nom de l'ensemble unitaire »[2]. Mais sa position semble isolée dans la doctrine organiciste. Pour la majorité des publicistes, admettre l'existence de plusieurs « pouvoirs » équivaut à la mort de l'État. Aucune division n'est tolérable pour l'organisme vivant, car il ne constitue pas un simple appareil mécanique porté par des forces qui lui sont étrangères.

La seule classification possible portant le souffle vital de l'organisme est celle des fonctions susceptible de traduire « l'organisation viable et énergique » de l'État. Cette vision organique s'oppose à « une division mécanique des pouvoirs »[3].

C. La distinction organique des fonctions : rejet de la séparation mécanique du pouvoir.

Le principe de séparation des pouvoirs s'insère dans la construction de l'État-organisme sous la forme d'une distinction des fonctions. L'État est certes caractérisé par son unité, mais l'activité étatique n'est pas uniforme. C'est justement

---

[1] Joseph Held, « Organisation » *in* Carl von Rotteck/ Carl Welcker (dir.), *Staats-Lexikon, Encyklopädie der sämmtlichen Staatswissenschaften für alle Stände*, 3e édition, Brockhaus, Leipzig, 1864, p. 41 : « In dem Ausdruck "Organismus" liegt der Begriff eines aus verschiedenen Elementen zusammengesetzten und zwar so zu einer lebendigen und selbständigen Einheit verbundenen Körpers (...). Die Desorganisation (...) beginnt folglich da, wo die (...) Einheit aufhört (...) ».

[2] Lorenz von Stein, *Verwaltungslehre*, 1e partie, 2e édition, Stuttgart, 1869, p. 15-16 : « (…) jede einzelne Aufgabe und Funktion des Staates wieder ein Ausdruck des Ganzes ist (…) daher das Wesen und die Kraft der gesammten Staatsgewalt in sich trägt. (…) Die "einzelne Staatsgewalt" bedeutet alsdann die Funktion des einzelnen Staatsorganes für das Ganze und im Ramen des Ganzen (…) Die Worte Staatsgewalt und Staatsgewalten sind daher als Bezeichnungen sehr gut zu benutzen ». Il peut y avoir par conséquent autant de « pouvoirs » qu'il existe des fonctions. Ces pouvoirs d'État ne sont pas basés sur « une conception organique ou scientifique » (« keiner organischen, wissenschaftlichen Auffassung »). Ce sont des « catégories vides » (« leeren Kategorien »), car ils ne représentant que « les manifestations extérieures » des organes étatiques, mais ne renseignent pas sur « la nature » de ceux-ci (« sie sich nie auf das Wesen der Sache, sondern nur auf die Erscheinung beziehen »).

[3] Hermann Schulze, *Einleitung in das deutsche Staatsrecht*, 1e édition, Leipzig, 1865, p. 184 : « Dies ist eine lebensfähige, kräftige Organisation, welche von der mechanischer Theilung der Gewalten (...) zu unterschieden ist ».

l'absence d'uniformité qui préside à la « nécessité scientifique »[1] d'opérer une classification des fonctions de l'État, distinctes les unes des autres. Ainsi, le principe de séparation des pouvoirs est expulsé (du moins d'un point de vue terminologique) du débat doctrinal organiciste au profit de la théorie des fonctions de l'État.

Le caractère unitaire de l'organisme rend logiquement impossible l'introduction d'un principe de séparation des pouvoirs. Il existe un « principe de la distinction des fonctions » (*Princip der Sonderung der Gewalten*). Chez Bluntschli, le terme de division unitaire (*Eintheilung*) fait place à la notion de « *Sonderung* » qui signifie une distinction, une « discrimination » des pouvoirs. « *Sonderung* » n'est pas « *Unterscheidung* », qui veut également dire « distinction ». « *Sonderung* » montre l'action de distinguer les différents objets en les isolant les uns des autres, en les discriminant. Hermann Schulze opte pour l'expression plus modérée de « distinction et répartition organique » (*Unterscheidung und organischen Gliederung*)[2] sur laquelle repose le fondement de toute liberté politique et individuelle. Les pouvoirs législatif, exécutif ou judiciaire ne sont rien d'autre que des fonctions de l'organisme de l'État. La nature de ces trois fonctions, de ces différents « emplois » est différente[3].

> *Dans la différenciation des fonctions de l'État et leur distribution aux différents organes de ce dernier, nous reconnaissons le degré élevé de l'organisation étatique (...). Dans les corps organiques, créés par Dieu, on peut également distinguer les différentes fonctions des membres qui les composent. L'œil voit, l'oreille entend, la bouche parle, la main saisit et agit. De la même manière est constitué le corps de l'État dans lequel chaque organe a des fonctions déterminées auxquelles correspondent sa formation et son organisation.*[4]

L'expression « séparation des pouvoirs » (*Trennung der Gewalten*) ne peut que conduire à l'application erronée d'un principe juste, « dont la teneur est marquée

---

1 Hermann Schulze, *Einleitung in das deutsche Staatsrecht*, 1e édition, Leipzig, 1865, p. 174 : (...) ist es (...) ein wissenschaftliches Bedürfnis, verschiedene Funktionen der Staatsthätigkeit zu unterscheiden ».

2 Hermann Schulze, *Einleitung in das deutsche Staatsrecht*, 1e édition, Leipzig, 1865, p. 182-183 : « Zwar nicht in der Trennung oder Theilung der Gewalten, wohl aber in ihrer Unterscheidung und organischen Gliederung liegt das Fundament aller politischen und bürgerlichen Freiheit ».

3 Johann Caspar Bluntschli, « Staatsgewalten », *in* Johann Caspar Bluntchli/Karl Brater (dir.), *Deutsches Staats-Wörterbuch*, t. 9, 1865, p. 727 : « (...) erst die moderne Zeit hati eine grundsätzliche Sonderung der Aemter je nach der Natur ihrer Thätigkeiten eingeführt ».

4 Johann Caspar Bluntschli, *Allgemeine Staatslehre*, t. 2, 3e édition, 1863, p. 449-450 : « In der Ausscheidung der verschiedenen Functionen des Staates und in der Zuweisung derselben an verschiedene Organe desselben erkennen wir eine höhere Stufe der staatlichen Ausbildung (...) ».

par une profonde sagesse politique »[1]. La distinction des fonctions n'équivaut pas à une séparation des pouvoirs, car, si les pouvoirs étaient complètement séparés, cela signifierait « la dissolution de l'unité étatique, une négation de la volonté unitaire de l'État »[2]. Pour les libéraux de l'époque post-révolutionnaire, la « sagesse politique » du principe réside sans doute dans la possibilité de penser la participation des représentations populaires à la fonction législative, et, par là, la limitation du pouvoir monarchique. L' « organisation la plus aboutie des différentes fonctions du pouvoir d'État se trouve dans la monarchie constitutionnelle »[3], où « le peuple participe, par le biais de sa représentation, à la législation », « le pouvoir gouvernemental est exercé par le souverain, avec la participation constitutionnelle (...) de fonctionnaires qui donne leur validité aux actes du monarque », enfin, « le pouvoir de juger est exercé par un corps autonome, composé de membres, qui, bien que nommés par le souverain et dont le pouvoir découle de ce dernier, sont complètement indépendants lorsqu'ils rendent leurs jugements »[4]. La participation de ces différents organes au pouvoir ne signifie en aucun cas sa division. Le pouvoir unitaire « reste concentré dans le souverain », « détenteur de l'intégralité du pouvoir d'État ». La participation de différents organes conformément aux dispositions constitutionnelles n'a comme effet que la limitation dans l'exercice du pouvoir par le souverain, et par suite, la garantie des droits et libertés des sujets, mais n'équivaut pas à un partage du pouvoir entre le monarque et la représentation[5]. Une contradiction est apparente dans le raisonnement de Schulze : si l'État est un organisme unitaire, et si, comme l'écrit Joseph von Held, la souveraineté est identique au pouvoir d'État lui-même, le monarque ne peut pas

---

1 Hermann Schulze, *Einleitung in das deutsche Staatsrecht*, 1e édition, Leipzig, 1865, p. 182 : « (...) liegt in der Lehre von der Theilung der Gewalten ein Kern riefer Staatsweisheit verborgen ».

2 Hermann Schulze, *Einleitung in das deutsche Staatsrecht*, 1e édition, Leipzig, 1865, p. 182 : « Jede Theilung oder Trennung der Gewalten wäre eine Auflösung der Staatseinheit, eine Vernichtung des einheitlichen Staatswillens », avec une référence à Georg Waitz.

3 Hermann Schulze, *Einleitung in das deutsche Staatsrecht*, 1e édition, Leipzig, 1865, p. 183 : « (...) die vollkommenste Organisation der verschiedenen Funktionen der Staatsgewalt findet sich in der konstitutionellen Monarchie ».

4 Hermann Schulze, *Einleitung in das deutsche Staatsrecht*, 1e édition, Leipzig, 1865, p. 183-184 : « (...) nimmt das Volk Theil durch seine Volsvertretung an der Gesetzgebung (...) ; die Regierungsgewalt wird von dem Souverän ausgeübt, unter der verfassungsmässigen Theilname eines (...) Beamtenthums, ohne welches er keinen Staatsakt gültig vollziehen kann (...), die Richtergewalt durch einen selbständigen Richterstand, welcher zwar vom Souverän angestellt wird und von ihm seine Gewalt ableitet, im Rechtsprechen aber völlig unabhängig ist ». La posititon de Schulze concernant la participation de la représentation populaire reflète son penchant libéral, mais l'assimilation du souverain au pouvoir gouvernemental, et donc, au monarque, témoigne d'un certain conservatisme politique (ou volonté de ne pas placer le monarque au même niveau que les représentations populaires ?).

5 Hermann Schulze, *Einleitung in das deutsche Staatsrecht*, 1e édition, Leipzig, 1865, p. 184 : « (...) diese verfassungsmässige Theilnahme verschiedener Organe ist keine Theilung der einheitlichen Staatsgewalt, welche im Souverän concetrirt bleibt. Dieser ist der Inhaber der vollen Staatsgewalt, aber in der Ausübung beschränkt durch Verfassung und Gesetz und nothwendig gebunden an mehr oder minder selbständige Organe ».

être le souverain. Il ne peut être qu'une partie de l'organisme étatique. Les deux perspectives sont incompatibles : la volonté d'associer la représentation populaire à l'exercice du pouvoir législatif (perspective libérale) en maintenant le statut du monarque souverain (perspective conservatrice).

Bluntschli met en exergue deux raisons de la nécessité de distinguer les fonctions. La première, héritée des idées de Montesquieu[1], est relative à l'objectif d'agir contre le pouvoir absolu et de protéger la liberté de l'individu. Les différentes fonctions doivent être isolées les unes des autres et attribuées à des organes agissant de manière indépendante. La concentration, dans les mains d'un seul, de l'exercice des fonctions étatiques, sonne l'heure de l'absolutisme. Le fil conducteur de la théorie de Bluntschli est l'équilibre dans l'exercice des fonctions et la répartition entre différents organes[2], qui permettent d'éviter le piège de l'exercice arbitraire du pouvoir. La deuxième raison de la distinction des fonctions est qualifiée de « moderne ». Elle découle de la « nature organique de l'État ». Ce n'est que, comme la transposition du modèle organique des sciences naturelles à l'État, la transposition fidèle des fonctions vitales du corps à la théorie des fonctions étatiques. Puisque dans les « corps naturels », on observe une multitude de fonctions attribuées à différents organes, nécessaires à la survie de l'organisme, alors dans « les corps artificiels », comme l'État, il convient d'adopter la même démarche consistant en la distinction des « fonctions publiques »[3]. Dans le tableau ainsi présenté, la réunion de tout pouvoir dans les mains d'un seul organe paraît une impossibilité théorique[4].

La « séparation des pouvoirs » (*Scheidung*) est donc impensable dans l'hypothèse de l'organisme unitaire de l'État. Mais Bluntschli prend le cas de figure le plus extrême : celui de la « séparation absolue »[5] pour démontrer l'incompatibilité

---

[1] Mais, pour Bluntschli, la distinction des fonctions prend, dans *L'Esprit des lois*, la forme erronée de « séparation des pouvoirs » (*Trennung der Gewalten*). Or, la séparation est à l'origine de l'apparition de « plusieurs pouvoirs souverains » qui ne peuvent jamais co-exister dans le même État.

[2] Johann Caspar Bluntschli, « Staatsgewalten », *in* Johann Caspar Bluntchli/Karl Brater (dir.), *Deutsches Staats-Wörterbuch*, t. 9, 1865, p. 728 : « Die verschiedenen Gewalten erfordern verschiedene Organe. Kein Organ darf zugleich verschiedene Gewalten ausüben ».

[3] Johann Caspar Bluntschli, « Staatsgewalten », *in* Johann Caspar Bluntchli/Karl Brater (dir.), *Deutsches Staats-Wörterbuch*, t. 9, 1865, p. 728 : « Die moderne Sonderung hat aber noch eine zweite Ursache. Sie entspricht nämlich der organischen Natur des Staates besser als die Verbindung. Wie in den natürlichen Körper des Menschen für die verschiedenen Funktionen auch eigentliche Organe eigens eingerichtet sind, ebenso werben in dem künstlichen Körper des Staates die verschiedenen öffentlichen Funktionen desselben dann am besten geeignet sein, wenn jedes Amt für die besondere Thätigkeit ausgebildet ist und denselben Aemtern ganz verschiedenartige Funktionen zugewiesen werden ».

[4] Impossibilité théorique, car, dans la réalité, un État qui concentre la toute puissance dans les mains d'un seul, est parfaitement possible. Mais alors cet État ne serait pas un organisme agissant par le moyen de différentes fonctions. Il suivrait la logique de la conception patrimoniale de la souveraineté et représenterait la « chose » du monarque, sur laquelle il exerce un pouvoir incontrôlable et illimité.

[5] La séparation absolue des pouvoirs signifierait que les assemblées sont compétentent uniquement dans le domaine législatif, et le monarque et son gouvernement – exclusivement dans les

entre ce principe et l'organisme étatique. La « séparation absolue » serait à l'origine de deux erreurs. Tout d'abord, certes, les fonctions sont distinctes, mais elles ne sont pas complètement détachées les unes des autres. Il existe toujours un lien entre les organes qui sont chargés de leur exercice. Comme dans le corps naturel, les « nerfs et les muscles » sont liés afin de « préserver l'unité de l'ensemble et la connexion de tous les membres composant l'organisme vivant »[1]. Par ailleurs, la séparation des pouvoirs est la plus « destructrice » en ce qui concerne les pouvoirs législatif et exécutif, alors que son application n'est pas vraiment dangereuse dans les domaines de l'administration et la justice. La *summa diviso* de Bluntschli est la distinction entre les organes qui ont pour mission le maintien durable de l'État et du droit (fonction législative au sens large), et ceux qui font part de l'activité administrative de l'État, chargés de décider et mettre à exécution les affaires concrètes. L'administration englobe ainsi les organes gouvernementaux, le pouvoir de police, ainsi que les tribunaux[2].

Les fonctions sont différemment présentées chez Schulze, qui propose comme « critère de la division unitaire de l'activité étatique » son « contenu ». C'est la seule manière véritablement « scientifique » permettant de distinguer les fonctions étatiques. Il arrive, contrairement à Bluntschli, à trois fonctions : la législation (*Gesetzgebung*), le gouvernement (*Regierung*) et la justice (*Gericht*, littéralement traduit : tribunal). On remarque dans cette « ancienne division tripartite »[3] une confusion entre les aspects organique et fonctionnel, une confusion

---

affaires administratives. Il n'y aurait aucun point de rencontre entre ces deux masses organiques : les assemblées d'une part, et le gouvernement monarchique d'autre part. L'exemple d'une séparation absolue se trouve aussi chez Max von Seydel, *Grundzüge einer allgemeinen Staatslehre*, Würzburg, 1873, p. 25 : « Si on voulait coorectement appliquer le principe de la division des pouvoirs, alors on devrait attribuer l'adoption des actes juridiques exclusivement aux "corps législatifs", l'intégralité des affaires administratives – au "chef de l'État" de sorte que le "chef de l'État" soit seul chargé de l'exécution des lois, et en déduire que les "corps législatifs" ne devraient jamais se voir confier l'exécution des lois » (« Wollte man nun den Grundsatz der Theilung der Gewalten folgerichtig durchführen, so musste man die gesammte Rechtsordnung den "gesetzgebenden Factoren", die gesammte Verwaltung dem "Staatsorberhaupte" allein zuweisen, sonach [...], dass das Staatsoberhaupt nur zur Vollziehung der Gesetze selbständig thätig werden könne, und andrerseits aussprechen, dass die "gesetzgebenden Factoren" mit der Vollziehung der Gesetze niemals betraut sein sollen »).

1 Johann Caspar Bluntschli, « Staatsgewalten », *in* Johann Caspar Bluntchli/Karl Brater (dir.), *Deutsches Staats-Wörterbuch*, t. 9, 1865, p. 729 : « Aber in dem ganzen Gedanken der absoluten Scheidung der Gewalten lag ein Fehler. Weil der Staat ein einheitlicher Organismus ist, so müssen die Organe desselben, wie sie für besondere Verrichtungen besonders ausgebildet sind, auch wieder mit dem ganzen Körper und naher unter einander verbunden bleiben, ganz wie in dem natürlichen Körper die Nerven und Muskeln den Zusammenhang aller Glieder und die Einheit des Ganzes bewahren ».

2 Johann Caspar Bluntschli, « Staatsgewalten », *in* Johann Caspar Bluntchli/Karl Brater (dir.), *Deutsches Staats-Wörterbuch*, t. 9, 1865, *op.cit.*, p. 729-730.

3 Hermann Schulze, *Einleitung in das deutsche Staatsrecht*, 1e édition, Leipzig, 1865, p. 179 : « Die (...) Dreitheilung der Funktionen der Staatsgewalt (...) ist uralt ». Il s'agit en effet de la trias politica érigée par « Aristote en un thème caractéristique de la théorie de l'État » (« [...] wurde durch Aristoteles zu einem Eigenthume der Staatslehre erhoben »).

donc entre les formes que prend l'activité étatique et le contenu de celle-ci qui est variable[1].

L'autre erreur consiste en l'idée de la prétendue égalité entre les différents pouvoirs. Le parallèle entre l'État et l'organisme, le corps naturel, est cette fois utilisé afin d'argumenter en faveur d'une hiérarchie organique des fonctions. La « tête » n'a guère la même importance que le reste du corps, et le « cœur », malgré son autonomie, n'est pas supérieur au « cerveau »[2]. Ainsi, l'importance de la fonction législative ne peut pas être assimilée à celle de la fonction administrative. La première conditionne l'existence de la seconde. Les fonctions de l'organisme étatique sont ainsi hiérarchisées. La fonction législative est, « d'après sa puissance et étendue, la fonction suprême du pouvoir d'État »[3].

La théorie organiciste de l'État est loin de faire l'unanimité au sein des publicistes de la seconde moitié du XIXe siècle. Accusée de ne pas être suffisamment juridique, d'emprunter une voie tracée par les sciences naturelles[4] sans tentative d'apporter une touche de scientificité au droit public, elle est dégradée à une simple considération politique ou sociologique de l'État. La véritable approche juridique et scientifique est celle qui passe par la théorie de la personnalité juridique de l'État, par la « *quaestio diabolica* » du « conflit des interprétations du constitutionnalisme allemand »[5]. D'inspiration libérale, cette théorie obtient, après une période d'hésitation, une réception favorable dans

---

[1] Hermann Schulze, *Einleitung in das deutsche Staatsrecht*, 1e édition, *op.cit.*, p. 175 : « Die einzig wissenschaftliche (...) Eintheilung der Wirksamkeit der Staatsgewalt erhalten wir nur dann, wenn wir den innern Gehalt ihrer Thätigkeit zum Eintheilungsgrunde nehmen. Danach unterscheiden wir drei innerlich verschiedene Funktionen der Staatsgewalt : 1. (...) Gesetzgebung, 2. (...) Regierung, 3. (...) Gericht ». Schulze souligne par ailleurs la représentation faussée que porte l'emploi du terme « exécutif » (Exekutive), qui n'épuise nullement la nature de l'activité gouvernementale » (« Fälschlich wird sie als Exekutiv bezeichnet. [...] damit erschöpft sich ihr Wesen keineswegs »). Il existe, à côté de l'application des lois, une sphère d'activité libre, à l'intérieur de laquelle se meut la fonction gouvernementale. Dans la monarchie constitutionnelle, la fonction gouvernementale doit respecter le cadre posé par « la constitution et les lois » (« [...] in der konstitutionellen Monarchie darf die Regierung die Grenzen der Verfassung und der Gesetze nicht überschreiten »).

[2] Johann Caspar Bluntschli, « Staatsgewalten », *in* Johann Caspar Bluntchli/Karl Brater (dir.), *Deutsches Staats-Wörterbuch*, t. 9, 1865, *op.cit.*, p. 729.

[3] Hermann Schulze, *Einleitung in das deutsche Staatsrecht*, 1e édition, Leipzig, 1865, p. 176 : « Die Gesetzgebung ist nach Macht und Wirkung die oberste Funktion der Staatsgewalt, denn sie bestimmt die anderen Funktionen (...) ».

[4] Voir, par exemple, Conrad Bornhak, *Allgemeine Staatslehre*, 2e édition, Berlin, 1909, p. 14 : « Il est en revanche douteux si on doit qualifier l'État d'organisme. Tandis que le concept de personnalité est juridique et peut par conséquent sans problème être employé dans les débats de droit public, le concept d'organisme fait partie des sciences naturelles » (« Ob man den Staat als Organismus bezeichnen kann, ist dagegen zweifelhaft. Während der Begriff der Persönlichkeit ein rechtlicher ist und deshalb ohne weiteres für die staatsrechtliche Erörterung verwertet werden darf, gehört der Begriff des Organismus der Naturwissenschaft an »).

[5] Olivier Jouanjan, *Une histoire de la pensée juridique en Allemagne (1800-1918). Idéalisme et conceptualisme chez les juristes allemands du XIXe siècle*, op.cit., p. 235.

l'œuvre de Carl Friedrich von Gerber et Paul Laband, les positivistes les plus illustres de la seconde moitié du XIXe siècle. Le principe de séparation des pouvoirs fait l'objet de leur rejet unanime. Derrière le refus d'admettre l'application du principe à la monarchie limitée allemande se cache la volonté de ne pas laisser les assemblées représentatives s'accaparer d'une partie du pouvoir d'État et l'exercer de manière effective, en concurrençant le monarque. Le rejet théorique de la séparation dissimule ainsi l'ambition gerbérienne et labandienne de maintenir le roi dans une position confortable de domination, où le pouvoir n'est que limité, point partagé.

§ 2. La place du principe de séparation des pouvoirs dans la doctrine du positivisme conservateur de l'école « Gerber/Laband ».

Suivant la logique de Carl Friedrich Gerber (1823-1891) et de Paul Laband (1838-1918), il est impossible d'opérer un partage, encore moins une séparation du pouvoir d'État. Afin de comprendre les motifs de ce rejet du principe de séparation des pouvoirs, il convient de se pencher sur le modèle étatique dans lequel s'inscrit la conception du pouvoir d'État de l' « école Gerber/Laband ». La construction juridique de l'objet « État » concentre toutes les tensions d'une doctrine de droit public, qui se veut positiviste, purgée de toute considération politique, historique, sociologique ou philosophique, mais qui ne fait que dissimuler son engagement politique conservateur. La difficile réception de la théorie de la personnalité juridique de l'État (A) permet de se détacher des conceptions patrimoniales de la souveraineté, mais comporte le défaut majeur d'être d'inspiration libérale. Les organes de cette personnalité juridique sont le monarque et les assemblées représentatives, mais il ne s'agit guère, selon Gerber, de deux organes placés sur un pied d'égalité. Tandis que le premier détient, toujours, en application du principe monarchique, l'intégralité du pouvoir étatique, les compétences des secondes ne sont qu'une limitation constitutionnelle sans qu'elles puissent partager l'exercice du pouvoir. Dans cette construction, il n'est évidemment nulle question du principe de la séparation des pouvoirs que Gerber qualifie de scientifiquement « dépassé » (B). Paul Laband, en déployant la méthode logiciste de Gerber au nouvel objet que constitue le droit de l'Empire allemand, rejette, lui aussi, toute éventualité de séparer ou diviser le pouvoir unitaire de l'État (C).

A. La difficile réception de la théorie de l'État-personne juridique par Carl Friedrich von Gerber.

Dans la pensée des juristes de tendance conservatrice et monarchiste du *Vormärz*[1], et plus tard, dans l'imaginaire des auteurs représentant la conception néo-

[1] Karl Ludwig von Haller, *Restauration der Staatswissenschaft*, t.1, 2e édition, 1820, p. 510-511 : « Les princes (...) ne règnent pas en vertu de droits qui leur ont été transférés, mais en vertu de droits propres ([...] jure proprio). Aucun pouvoir ne leur a été transféré par le peuple, (...) Les princes ne sont pas les administrateurs d'un être commun, (...) ne sont pas les premiers serviteurs de l'État, car en dehors de leur

patrimoniale de l'État[1], la souveraineté, et par conséquent le pouvoir, est un attribut, la propriété du monarque[2]. Ce dernier précède l'État, sa puissance est originaire et ne peut être qu'autolimité[3]. Il s'agit d'une conception patrimoniale de la souveraineté qui fait de l'État la « chose » du prince. Dans cette construction du pouvoir monarchique, il est évident que les assemblées qui représentent la société civile auprès de l'État, n'ont pas de place en tant qu'entités institutionnelles dotées de compétences propres.

---

existence, l'État n'est rien (...) » (« Die Fürsten [...] herrschen nicht aus anvertrauten sondern aus eigenen Rechten ([...] jure proprio). Es ist ihnen keine Gewalt übertragen worden, [...]. Die Fürsten sind nicht Administratoren eines gemeinen Wesens, [...] nicht die ersten Diener des Staates, denn außer ihnen ist der Staat nichts [...] ») ; Romeo Maurenbrecher, *Grundzüge des heutigen deutschen Staatsrechts*, 2e édition (inchangée), Frankfurt am Main, 1843, p. 246 : « La souveraineté n'est pas simplement une notion juridique, mais représente un objet que l'on peut posséder, conquérir ou perdre. Depuis les temps anciens, le droit public allemand en particulier la conçoit, et ceci par analogie avec la propriété, comme le droit privé de son titulaire (...) » (« Die Souverainität ist aber nicht blos ein juristischer Begriff, sondern sie ist etwas Gegenständliches, das man besitzen, erwerben und verlieren kann. Insbesondere fasst das deutsche Staatsrecht sie von Alters her als das Privatrech ihres Inhabers auf, und zwar nach Analogie des Eigenthums [...] »), p. 246, note a) : « L'idée d'une (...) délégation du pouvoir suprême par la volonté populaire et encore d'une souveraineté populaire toujours existante contredit l'histoire allemande tout entière » (« Die Idee von [...] Uebertragung der höchsten Gewalt durch den Volkswillen oder wohl gar von noch fortbestehender Volkssouverainität widerstreitet daher der ganzen deutschen Geschichte »).

[1] Pour Max von Seydel, *Grundzüge einer allgemeinen Staatslehre*, *op.cit.*, p. 2, l'État est « la création de la volonté humaine » (« ein Erzeugnis menschlichen Wollens ») ; p. 4 : il n'est pas « le sujet de cette volonté, mais son objet » (« er ist nicht der Wille, sondern dessen Gegenstand »), car « la volonté du monarque est au-dessus de l'État » (« der Herrscherwille ist über dem Staate »). Le peuple et le territoire ne sont appelés «État » que lorsqu'ils sont l'objet du gouvernement du gouvernant (Herrscher). Le vocabulaire est semblable à celui de Haller : « État et gouvernant sont dans le même rapport que la propriété et le propriétaire » (« Staat und Herrscher sind so sehr zweierlei, wie Eigenthum und Eigenthümer »). Mais Seydel (p. 19) apporte une limite à « la volonté de domination ». Elle ne peut avoir « la maîtrise que sur l'aspect extérieur de la vie des individus. Si cette limite était franchie, alors le souverain entre en contradiction directe avec la nature même de la domination » (« der herrschende Wille [...] regelt nur das äusserliche Leben, die Thätigkeit der Individuen. Jeder Versuch des Herrschers, über diese Schranke hinauszugehen, bringt ihn in Widerstreit mit der Natur seiner Herrschaft selbst »). Dans le même sens, Conrad Bornhak, *Allgemeine Staatslehre*, 2e édition, Berlin, 1909, p. 13 : « (...) il n'existe pas de personnalité juridique de l'État, distincte du détenteur du pouvoir de domination, mais celui, qui possède le pouvoir étatique en tant que droit propre, est lui-même l'État » (« [...] besteht keine besondere vom Inhaber der Herrschaft verschiedene Persönlichkeit des Staates, sondern derjenige, der die staatliche Gewalt aus eigenem Rechte inne hat, ist eben selbst der Staat »).

[2] Olivier Jouanjan, *Une histoire de la pensée juridique en Allemagne (1800-1918). Idéalisme et conceptualisme chez les juristes allemands du XIXe siècle*, op.cit., p. 258, note n°5, avec une référence à Seydel : « La Staatsgewalt n'est pas "Gewalt des Staates", mais Gewalt am Staate (…). Cette thèse est liée à la réfutation de la personnalité de l'État : il n'est nul besoin de construire l'État comme le support de sa puissance ; il n'est que l'objet d'une puissance qu'exerce le "dominant", le "gouvernant" » (Herrscher) » (souligné dans le texte).

[3] C'est tout le problème de la limitation du monarque par la constitution octroyée ou celle résultant d'un pacte. Selon la conception monarchiste, ni la constitution octroyée, ni le pacte constitutionnel ne peuvent traduire une volonté monarchique de s'autolimiter. Le monarque reste toujours libre de disposer du texte constitutionnel, ou même de simplement l'annuler, comme le montre l'exemple du conflit constitutionnel du Hanovre de 1837. Voir *supra*, cette partie, chapitre 2, section 2.

C'est Wilhelm Eduard Albrecht (1800-1876) qui rompt de manière radicale avec ce modèle patrimonial de l'État. En 1837, dans une recension des *Grundzüge des heutigen deutschen Staatsrechts* (*Principes du droit public allemand actuel*) du conservateur Romeo Maurenbrecher[1], il expose sa critique de la conception patrimoniale de l'État. La prise de position sur cette question juridique n'est que le reflet de ses convictions politiques. Albrecht[2] est l'un des « Sept de Göttingen », un des « professeurs politiques » libéraux du *Vormärz*, des « démagogues » révoqués par les gouvernements monarchiques. C'est cette coloration libérale de la théorie de la personnalité juridique de l'État qui est la cause de sa difficile réception par Carl Friedrich von Gerber.

Extirper l'État de l'emprise totale du monarque permet tout d'abord d'affirmer la souveraineté de l'État qui devient ainsi le sujet de droits propres. Le monarque, comme tout individu, est marqué par une dichotomie : dans la sphère publique, il n'est pas le particulier agissant dans son propre intérêt, car se mouvoir dans le domaine public signifie la « négation de la personnalité juridique propre de l'individu ». Il faut par conséquent octroyer cette qualité à « quelqu'un » d'autre, et ce « quelqu'un », dans l'esprit d'Albrecht, ne peut être que l'État. La conséquence de ce raisonnement est l'affirmation du caractère souverain de l'État. Ensuite, la voie est ouverte à une nouvelle réflexion sur les rapports entre le monarque et les assemblées représentatives en élevant celles-ci au rang d'élément décisif dans l'exercice du pouvoir. Si l'État est un sujet disposant de droits propres, alors le monarque et les assemblées ne sont que les parties de cette personne juridique globale. L'idée d'Albrecht est claire : en rompant avec les doctrines patrimoniales de l'État, il est possible de placer les assemblées à côté du monarque.

> *Nous pensons aujourd'hui (...) que l'État ne doit pas être regardé comme une association d'hommes, qui n'existe que pour la réalisation des buts et intérêts individuels, qu'il s'agisse de la majorité ou de tous, ou bien d'un seul, le gouvernant (*des Herrschers*), mais comme un ensemble unifié, une structure qui se pose au-dessus des individus, destinée à accomplir des buts qui ne peuvent pas être la simple somme des intérêts individuels du gouvernant et des sujets, mais qui forment la base de l'intérêt général (...). Ainsi, la vie de l'individu (gouvernant ou sujet) se scinde en deux : d'une part, il agit pour le bien commun, au nom et au service de l'État, disposant, en tant que chef ou membre de ce dernier, de droits et tributaire de devoirs ; d'autre part, il agit en tant*

---

[1] V. cette partie, chapitre 2, section 2.

[2] Sur Albrecht, voir Michael Stolleis, Histoire du droit public en Allemagne (1800-1914), op.cit. p. 91-92 et 118. Sur la controverse entre Maurenbrecher et Albrecht, Walter Pauly, *Der Methodenwandel im deutschen Spätkonstitutionalismus: ein Beitrag zu Entwicklung und Gestalt der Wissenschaft vom öffentlichen Recht im 19. Jahrhundert*, Mohr Siebeck, Tübingen, 1993, p. 77 et suiv.

> *que particulier, afin de faire prévaloir ses propres droits ou afin d'exécuter les obligations qui lui incombent envers quelqu'un d'autre. Dans la mesure où, dans le premier cas de figure, nous arrivons à la négation de la personnalité juridique propre de l'individu (…), nous sommes nécessairement amené à octroyer la qualité de personne juridique, qui règne dans ce domaine, agit, dispose de droits, à l'État lui-même. Ce dernier doit par conséquent être pensé comme une personne juridique.*[1]

Cette recension aurait pu être oubliée immédiatement après sa publication[2]. Mais grâce à Carl Friedrich von Gerber, élève d'Albrecht à l'Université de Leipzig[3], cet écrit accède à une gloire inattendue.

En 1852, année de la parution de son opus, *Ueber öffentliche Rechte*[4], qui marque « enfin » une « tentative d'explication strictement juridique des droits publics »[5], Gerber ne peut comprendre « le concept d'État (…) autrement (…) que comme un organisme »[6]. Certes, il faut « poser l'État sur une base autonome et objective, et le libérer de la relation artificielle, imprégnée de la conception patrimoniale de l'État, qui le lie à la personne du gouvernant ». L'idée est bonne, mais la direction qu'elle prend est « mauvaise », écrit Gerber[7]. La direction est

---

[1] Wilhelm Eduard Albrecht, *Göttingische Gelehrte Anzeigen*, 1837, p. 1491-1492 : « Wir denken uns heutzutage (…) den Staat nicht al seine Verbindung von Menschen, die lediglich und unmittelbar für individuelle Zwecke und Interessen derselben, sei es Aller oder Vieler, oder auch eines Einzelnen, namentlich etwa des Herrschers, berechnet ist, sondern als ein Gemeinwesen, als eine Anstalt, die über den Einzelnen stehend, zunächst Zwecken gewidmet ist, die keineswegs bloß die Summe individueller Interessen des Herrschers und der Unterthanen, sondern ein höheres, allgemeines Gesammtinteresse bilden (…). Somit zelegt sich das Leben des Einzelnen (Herrschers und Unterthanen) in zwei Partien, die eine, in der er um jenes Allgemeinen willen, im Namen und Dienste des Staats, als Haupt oder Glied desselben, berechtigt oder verpflichtet ist, die andere, in der er, als selbständiges Individuum, um seiner selbst willen Rechte, oder um eines Anderen willen Verpflichtungen hat. Indem wir somit in Bezeichnung auf das erste Gebiet dem Individuum alle selbständige juristische Persönlichkeit (…) absprechen, werden wir nothwendig dahin geführt, die Persönlichkeit, die in diesem Gebiete herrscht, handelt, Rechte hat, dem Staate selbst zuzuschreiben, diesen daher als juristische Person zu denken (…) ».

[2] Michael Stolleis, *Histoire du droit public en Allemagne (1800-1914)*, op.cit., p. 91-92.

[3] Olivier Jouanjan, *Une histoire de la pensée juridique en Allemagne (1800-1918). Idéalisme et conceptualisme chez les juristes allemands du XIXe siècle*, *op.cit.*, p.188.

[4] Carl Friedrich von Gerber, *Ueber öffentliche Rechte*, Laup & Siebeck, Tübingen, 1852.

[5] Georg Jellinek, *System der subjectivten öffentlichen Rechte*, 1e édition, 1892, p. 4 : « (...) wird endlich (...) der Versuch einer streng juristischen Erfassung der öffentlichen Rechte unternommen ».

[6] Olivier Jouanjan, *Une histoire de la pensée juridique en Allemagne (1800-1918). Idéalisme et conceptualisme chez les juristes allemands du XIXe siècle*, op.cit., 236.

[7] Carl Friedrich von Gerber, *Ueber öffentliche Rechte*, 1852, p. 18 : « Den angeführten Meinungen liegt das richtige Streben zu Grunde, den Staat auf eine objektive, selbständige Basis zu stellen, und ihn aus der unnatürlichen Verbindung mit der Person des Landesherrn in der Form des Privatrechts zu lösen. Aber die Richtung, in der dieses Ziel verfolgt wird, ist eine verkehrte ».

mauvaise, car affirmer que l'État est une personne juridique, c'est tout simplement transposer un concept du droit privé au domaine du droit public. La personnalité juridique est la « répétition de la personne naturelle ». On revient au point de départ sans marquer une avancée dans la théorie publiciste de l'État[1]. Gerber est conscient que « le concept d'"organisme éthique" contient celui de personnalité », mais « cette dernière (…) "n'est pas la notion juridique, c'est-à-dire la capacité d'une volonté dans sa tendance à la soumission d'un objet, mais seulement la conscience éthique de soi, l'unité spirituelle" »[2].

Le rejet de la personnalité juridique de l'État et l'emploi du concept d'organisme démontrent la volonté de préserver la place prééminente du monarque[3]. La théorie de la personnalité juridique de l'État est, du moins en 1852, incompatible avec l'interprétation gerbérienne du principe monarchique. Si on admettait cette personnalité « *corporative* », alors il ne resterait pour le monarque que la place d'un organe constitué disposant de « droits seulement dérivés, *statutaires* »[4]. Dans cette hypothèse, les assemblées représentatives pourraient enfin accéder de manière effective au pouvoir qui se trouverait ainsi partagé entre les deux organes de la personnalité juridique de l'État. Le fondement commun de l'existence de ces deux organes, la Constitution, exclurait toute supériorité du monarque. Naturellement, un tel cas de figure, beaucoup trop libéral au goût du conservateur

---

1 Carl Friedrich von Gerber, *Ueber öffentliche Rechte*, 1852, p. 18 : « Aber die juristische Person ist nu reine Wiederholung der natürlichen Persönlichkeit, so jedoch, daß sie nicht einman vollständig die Kraft der letzteren in sich aufnehmen kann und soll, indem si nur den Zweck hat, für einzelne juristische Bedürfnisse des Verkhrslebens eine Aushülle zu gewähren. Setzt man nun an die Stelle der beseitigten privaten Persönlichkeit des Regenten die juristische Persönlichkeit, so kommt man unvermerkt auf den Punkt zurück, den man vermeiden wollte, nämlich auf das privatliche Subjektsverhältnis, und zwängr die unendliche Mannigfaltigkeit des staatsrechtlichen Stoffs von neuem in den engsten und ungeeignetsten Rahmen ein ».

2 Olivier Jouanjan, *Une histoire de la pensée juridique en Allemagne (1800-1918). Idéalisme et conceptualisme chez les juristes allemands du XIXe siècle*, op.cit. 236-237, note n°1 : « Gerber reprend à son compte l'idée de Friedrich Julius Stahl d'une "personnalité politique" de l'État » (souligné dans le texte) ; Carl Friedrich von Gerber, *Ueber öffentliche Rechte*, 1852, p. 19-20 : « Nun soll freilich nicht in Abrede gestellt werden, daß im Begriffe des sittlichen Organismus die Idee der Persönlichkeit nothwendig enthalten, daß die Gemeinschaft der Menschen im Staate "eine Personificirung dieser Gemeinschaft ist". Aber dieser Begriff der Persönlichkeit ist nicht der juristische, Fähigkeit eines Willens in seiner Richtung auf Unterwerfung eines Objekts, sondern der ethische des Selbstbewußtseins, der geistigen Einheit. Nur in dieser Hinsicht spricht Stahl, und zwar mit vollem Rechte, von einer politischen Persönlichkeit des Staates ».

3 Carl Friedrich von Gerber, *Ueber öffentliche Rechte*, 1852, p. 19-20 : « Jener Zweck, die Unterwerfung des Staates unter den Privatwillen eines Einzelnen zu vermeiden, wird schon auf das Vollständigste durch die Annahme des Organismus erreicht. (…) Bei dieser Auffassung, welche jetzt immer mehr anerkannt wird, ist der Staat kein äußerlich der monarchischen Gewalt unterworfenes Objekt, er ist aber auch kein Subjekt neben dem Monarchen, sondern der Monarch ist eben eines (und zwar das hervortretendste) der vielen Glieder, die innerhalb des Organismus selbst ihre lebensvolle Stelle finden ».

4 Olivier Jouanjan, *Une histoire de la pensée juridique en Allemagne (1800-1918). Idéalisme et conceptualisme chez les juristes allemands du XIXe siècle*, op.cit., p. 238-239.

politiquement engagé[1], est intenable au regard du principe monarchique. Les assemblées représentatives ne peuvent point partager le pouvoir exercé par le seul monarque. Les « *Stände* » ne disposent que des compétences négatives qui sont le reflet « des droits de ceux qu'ils représentent, les citoyens »[2]. Des droits négatifs, non-opposables à la puissance publique[3]. L'interprétation de Gerber est exclusive de toute compétence positive des assemblées représentatives.

Il faut attendre 1865 et la parution des *Gründzüge eines Systems des deutschen Staatsrechts* (*Principes d'un système du droit public allemand*)[4] pour que l'organicisme ne devienne chez Gerber qu'« une considération "naturelle" ou "politique" de l'État ». Il « n'a plus besoin d'un organicisme juridique » et le classe dans la catégorie des considérations extra-juridiques[5] en « ouvr[ant] la voie à la distinction entre théorie juridique et théorie sociologique de l'État, celle que portera (...) à sa plus haute expression Georg Jellinek »[6]. La condition indispensable à la formation de la volonté étatique en tant que volonté de domination est la personnalité juridique de

---

[1] Walter Pauly, « Carl Friedrich von Gerber », in Michael Stolleis (dir.), *Juristen. Ein biographisches Lexikon. Von der Antike bis zum 20. Jahrhundert*, nouvelle édition, Beck'sche Reihen, München, 2001, p. 238.

[2] Olivier Jouanjan, *Une histoire de la pensée juridique en Allemagne (1800-1918). Idéalisme et conceptualisme chez les juristes allemands du XIXe siècle*, op.cit., p. 240.

[3] Les « droits publics » de Gerber, ce ne sont pas les sujets, mais les droits subjectifs dont dispose la puissance publique. Si les « *Unterthanen* », les sujets-objets du pouvoir, peuvent se prévaloir de certains droits, il ne s'agit que de droits concédés par cette même puissance, des droits-réflexes. La conception du pouvoir en tant que puissance de domination ne permet pas à Gerber, ni à Laband, de penser l'existence de droits publics subjectifs, car il n'existe pas de relation juridique qui lie l'État aux sujets. Le rapport de domination est unilatéral. C'est Georg Jellinek, *System der subjektiven öffentlichen Rechte*, Mohr, Freiburg im Breisgau, 1892, qui réussit à dépasser le cadre de l'unilatéralité afin de penser les droits publics subjectifs, opposables à l'État.

[4] Carl Friedrich von Gerber, *Grundzüge eines Systems des deutschen Staatsrechts*, 1e édition, Tauchnitz, Leipzig, 1865.

[5] Carl Friedrich von Gerber, *Grundzüge des deutschen Staatsrechts*, 1e édition, Tauchnitz, Leipzig, 1865, p.1-2 : « Die natürliche Betrachtung des im Staate geeinten Volks erzeugt den Eindruck eines Organismus, d.h. eine Gliedrung, welche jedem Theile seine eigenthümliche Stellung zur Mitwirkung für den Gesammtzweck anweist. Die juristische Betrachtung des Staats aber ergreift zunächst die Thatsache, dass das Volk in ihm zum rechtlichen Gesammtbewusstsein und zur Willensfähigkeit erhoben wird, m.a.W. dass das Volk in ihm zur rechtlichen Persönlichkeit gelangt ».

[6] Olivier Jouanjan, « La volonté dans la science juridique allemande du XIXe siècle : itinéraires d'un concept, entre droit romain et droit politique », *Droits*, n°28, 1999, p. 47-69, p. 66 pour la citation. Sur la double perspective de Gerber, voir également Christoph Schönberger, *Das Parlament im Anstaltsstaat : zur Theorie parlamentarischer Repräsentation in der Staatsrechtslehre des Kaiserreichs*, *op.cit.*, p. 22 : « Gerbers "Grundzüge" weisen ein Nebeneinander von Organismuslehren und begrifflicher Konstruktion auf, das seine Stelleung im Übergang zum staatsrechtlichen Positivismus kennzeichnet. Er unterscheidet die "natürliche" Betrachtung des Staates al seines "Organismus" von der "juristischen" Betrachtung des Staates als "rechtlicher Persönlichkeit". Diese "organische" und die "juristische" Herangehensweise stellen "zwei Betrachtungen desselben Gegenstandes von verschiedenen Standpunkten aus" dar, wobei die juristisch-konstruktive eindeutig dominiert. Gerber nimmt insoweit in gewisser Weise die Zwei-Seiten-Lehre Georg Jellineks vorweg ». Mettant en garde contre une conclusion facile consistant en l'affirmation d'une ligne ininterromue partant d'Albrecht, passant par Gerber et s'achevant avec l'œuvre de Georg Jellinek : Jens Kersten, *Georg Jellinek und die klassische Staatslehre*, Mohr Siebeck, 2000, p. 38-39.

l'État. Pour Léon Duguit, c'est bien Gerber qui est « coupable » de la propagation de la théorie de la personnalité juridique de l'État qu'il faut rejeter, car l'État est un « simple fait », elle n'est pas une personne dotée de droits qui lui sont propres[1].

Deux organes cohabitent dans cette personne juridique : Gerber élève les assemblées au rang d'organes de l'État[2], à côte du monarque[3]. « Pour la première fois, la représentation populaire est mise en rapport avec le sujet juridique "État".»[4] Mais celle-ci n'est pas pour autant dotée de compétences positives, elle n'est pas apte à gouverner. Son rôle s'épuise en la possibilité de participer à la formation de la volonté de l'État monarchique. Malgré la réception de la personnalité juridique de l'État dans l'œuvre de Gerber, « il faut (…) reconnaître » que la représentation du pouvoir monarchique « rend complètement superficielle et sans conséquences dogmatiques fortes et nettement discernables l'attribution de la souveraineté à l'État, dès lors que l'État et sa puissance sont tout entiers dans la main du monarque »[5]. Cette construction interdit toute infiltration du principe de la séparation des pouvoirs dans le système constitutionnel allemand. La théorie de la personnalité juridique de l'État devient dans l'œuvre de Gerber le simulacre conceptuel qui vise à dissimuler la toute puissance du monarque.

---

[1] Léon Duguit, *Traité de droit constitutionnel*, t. 2, 3e édition, E. De Boccard, Paris, 1928, p. 81, p. 86: « Je dis que l'État n'est pas une personne, que l'État n'est pas une personne souveraine, que le concept de souveraineté est un concept sans valeur et sans réalité (…). Toutes les doctrines allemandes modernes, à la suite de Gerber, enseignent que la puissance publique, la souveraineté, est un droit subjectif, dont l'État personne juridique est le titulaire ». Pour la réception de la théorie de la personnalité morale de l'État, Léon Michoud, *La théorie de la personnalité morale et son application au droit français*, 1e partie, 1e édition, LGDJ, Paris, 1906, p. 16 et suiv., spécialement p. 24-25 : « (…) la notion de personnalité publique de l'État peut seule lui conserver son unité. (…) Il ne faut donc pas, comme on le fait trop souvent en France, réserver le mot de personnalité morale ou juridique au droit privé » ; Raymond Carré de Malberg, *Contribution à la théorie générale de l'État*, vol.1 (1920), réimpression Dalloz, 2005, p. 40 et suiv., et p. 243 et suiv.

[2] Christoph Schönberger, *Das Parlament im Anstaltsstaat Anstaltsstaat : zur Theorie parlamentarischer Repräsentation in der Staatsrechtslehre des Kaiserreichs*, op.cit., p. 21.

[3] Contre la présentation du monarque comme organe de l'État, Conrad Bornhak, *Allgemeine Staatslehre*, 2e édition, Berlin, 1909, p. 13 : « La tentative de désigner le lien entre le peuple et le détenteur du pouvoir de domination comme formant l'État et de présenter ce détenteur comme organe suprême de l'État, subit un échec, car un rapport de droit ne peut être en même temps un sujet de droit » (« Der Versuch, die Verbindung von Volk und Inhaber der Herrschaft als Staat und den Inhaber der Herrschaft als höchstens Organ des Staates zu bezeichnen, scheitert an der Tatsache, daß ein Rechtsverhältnis nicht Rechtsubjekt sein kann »).

[4] Christoph Schönberger, *Das Parlament im Anstaltsstaat : zur Theorie parlamentarischer Repräsentation in der Staatsrechtslehre des Kaiserreichs*, op. cit., p. 21 : « Erstmals wird damit die Volksvertretung auf das Rechtssubjekt "Staat" bezogen ».

[5] Olivier Jouanjan, *Une histoire de la pensée juridique en Allemagne (1800-1918). Idéalisme et conceptualisme chez les juristes allemands du XIXe siècle*, *op.cit.*, p. 252.

B. Le principe de division des pouvoirs scientifiquement « dépassé » dans le cadre juridique de la puissance de domination de l'État.

À l'image du courant pandectiste, et en s'inspirant de Georg Friedrich Puchta, Gerber forge la nouvelle conception du droit public en tant que « doctrine de la volonté de l'État ». « Le pouvoir d'État est la puissance de volonté de l'organisme éthique pensé comme une personne. »[1] Il ne s'agit pas de la volonté d'une personne privée[2] qui est « (...) individuelle, celle du sujet libre dans la direction qu'il peut donner à sa volonté. »[3] Ce qui distingue la volonté privée de la volonté étatique, c'est le cadre particulier, dans lequel elle s'exerce. Cette forme spécifique est la domination (*Herrschen*)[4]. La volonté étatique signifie une volonté de domination, « une capacité juridique d'agir dans l'intérêt du but de l'État avec effet obligatoire pour le peuple entier »[5]. « Le pouvoir d'État est la puissance de volonté d'un organisme moralement personnifié », elle « n'est pas une accumulation artificielle et mécanique de plusieurs volontés individuelles, mais la force morale commune du peuple ». La « domination » (*Herrschen*) signifie que le peuple est « soumis dans sa totalité » à la puissance de volonté de l'État[6]. Le pouvoir d'État est « souverain » et sur sa signification en tant que force spirituelle du peuple repose son « indivisibilité » (*Untheilbarkeit*).

Dans l'analyse de Gerber, le principe de séparation des pouvoirs ne trouve, en apparence et selon sa propre affirmation, aucune application. Il ne voit pas le moindre intérêt de consacrer de nouveaux développements afin de réfuter le « soi-disant principe de la division des pouvoirs », « dépassé depuis longtemps au moins

---

[1] Carl Friedrich von Gerber, *Grundzüge des deutschen Staatsrechts*, 1e édition, 1865, p. 19-20 : « Die Staatsgewalt ist die Willensmacht eines persönclich gedachten sittlichen Organismus ».

[2] Carl Friedrich von Gerber, *Grundzüge des deutschen Staatsrechts*, 1e édition, 1865, p. 21, note n°3 : « La puissance de volonté de l'État n'est pas absolue et inconditionnelle comme la volonté privée, mais tire la direction de son action et ses limites du fondement éthique de son existence » (« Die Willenskraft des Staats ist nicht wie die privatrechtliche absolut und voraussetzungslos, sondern enthält ihre Richtung und Grenze durch den ethischen Grund ihres Daseins »).

[3] Olivier Jouanjan, *Une histoire de la pensée juridique allemande (1800-1918). Idéalisme et conceptualisme chez les juristes allemands du XIXe siècle*, *op.cit.*, p. 246.

[4] Carl Friedrich von Gerber, *Grundzüge des deutschen Staatsrechts*, 1e édition, 1865, p. 21, note n°3 : «(...) la manière particulière d'exercice de la volonté étatique, la domination, qui correspond (...) à une assujétisation au sens de la soumission » (« [...] die besondere Art der staatlichen Willenswirkung, das Herrschen, welchem eine Unterwerfung im Sinne eines Gehorsams [...] entspricht »).

[5] Carl Friedrich von Gerber, *Grundzüge des deutschen Staatsrechts*, 3e édition, Tauchnitz, Leipzig, 1880, p. 4, n°2, cité par Olivier Jouanjan, « La volonté dans la science juridique allemande du XIXe siècle : itinéraires d'un concept, entre droit romain et droit politique », *Droits*, n°28, 1999, p. 6.

[6] Dans le même sens, Georg Jellinek, *Gesetz und Verordnung*, *op.cit.*, p. 196 : « La nature juridique du pouvoir d'État réside dans sa définition en tant que puissance de domination » (« Die rechtliche Natur der Staatsgewalt besteht in ihrer Eigenschaft als herrschende Macht »), l'État trouve le fondement de cette domination « en soi-même » (« findet den Grund seiner Rechte und Pflichten in sich selbst »).

d'un point de vue scientifique »[1]. Le conservateur Gerber partage l'opinion du libéral Mohl : « L'inexactitude (*Unrichtigkeit*) de cette idée est désormais reconnue presque à l'unanimité dans le domaine scientifique »[2]. Mettre le principe de division des pouvoirs hors son champ de réflexion théorique en le qualifiant de scientifiquement « dépassé » ne veut pas dire que Gerber a réussi à prouver son inutilité pratique. Ce rejet ne sert qu'à masquer sa conception conservatrice du pouvoir monarchique. Ce qu'il refuse, au fond, c'est bien le partage du pouvoir entre le monarque et les assemblées représentatives. C'est ce principe-là qui est « scientifiquement » dépassé et qui ne peut aucunement trouver application dans la monarchie allemande dualiste, car, « en vertu du droit confédéral comme en vertu des droits constitutionnels des États », le principe monarchique de l'article 57 de l'Acte finale du Congrès de Vienne, toujours en vigueur, au moment où Gerber rédige les *Grundzüge*, exclut toute « division des pouvoirs » et toute « co-domination (*Mitherrschaft*) du Parlement ». La monarchie limitée n'est pas un « système politique » dans lequel le monarque est rabaissé à une figure parlementaire »[3].

Mais Gerber n'ignore pas que le pouvoir monarchique indivisible prend différentes formes afin d'accomplir les buts qui lui sont assignés. Pas de séparation des pouvoirs, mais une théorie des fonctions à l'image de celle développée par la doctrine organiciste (libérale) de l'État. Seulement quelques pages après avoir condamné le principe de division, Gerber entreprend à énumérer et décrire les différentes formes de l'activité étatique signifiée par le « mot global » (*Gesammtworte*) « gouvernement » (*Regierung*).

> *Le pouvoir d'État exerce sa domination en prenant les formes différentes auxquelles correspond la définition de son activité. Toutes les manières particulières de cette activité sont contenues dans le mot global « gouvernement ». Eu égard aux missions, dont le monarque est en charge, cette activité ne peut pas toujours être la même. La vie du peuple*

---

[1] Carl Friedrich von Gerber, *Grundzüge des deutschen Staatsrechts*, 1e édition, 1865, p. 22 : « Es bedarf hier keiner erneuten Widerlegung des wenigstens wissenschaftlich längst überwundenen s.g. Princips der Theilung der Gewalten ». Plus modéré, Ludwig von Rönne, *Das Staatsrecht der Preussischen Monarchie*, t. 1, 1e partie, 2e édition, Brockhaus, Leipzig 1864, p. 118-119, note n°3 : « (...) le monarque réunit en soi l'intégralité du pouvoir d'État. (...) [L]a théorie de la division des pouvoirs n'est transposée dans les constitutions en vigueur ni dans les États constitutionnels allemands, encore moins dans celle de la Prusse » ([...] vereinigt der König alle Rechte der Staatsgewalt in sich. [...] [E]s ist die Lehre von der Theilung der Gewalten keineswegs in die positiven Verfassungen Deutscher konstitutioneller Staaten, un dam wenigsten in die Preuß. Verfassung, übergegangen »).

[2] Robert von Mohl, *Encyklopädie der Staatswissenschaften*, Laupp, Tübingen, 1859, p. 112 : « Die Unrichtigkeit dieses Gedankes ist (...) fast allgemein in der Wissenschaft anerkannt (...) ».

[3] Carl Friedrich von Gerber, *Grundzüge des deutschen Staatsrechts*, 1e édition, 1865, p. 72 et note n°1 : « nach dem deutschen Bundesrechte (...) » ; « Also keine Theilung der Gewalten, und keine Mitherrschaft des Parlaments ! (...) nicht ein politisches System (...) bei dem der Monarch zu einer parlamentarischen Figur herabsinkt ».

> *présente des intérêts dont la satisfaction peut intervenir de manière exclusive ou appropriée uniquement par des décisions abstraites, par des règles générales, stables et durables. Lorsque le pouvoir d'État agit dans le cadre du règlement des intérêts nécessitant ce type de décisions, elle prend la forme législative et l'on l'appelle, dans cette forme particulière que revêt son activité, pouvoir législatif (...). Il suffit, afin de répondre à l'intérêt strictement juridique, de diviser l'activité non-législative en deux catégories, à savoir l'activité judiciaire et administrative.*[1]

Ce sont bien les missions monarchiques qui contiennent les différentes formes de l'activité étatique. L'emploi de l'expression « pouvoir législatif » (*gesetzgebende Gewalt*) surprend, mais sa présence est certainement due à une commodité terminologique. Il ne faut pas l'entendre comme « indice » de l'existence de plusieurs pouvoirs. Le pouvoir législatif n'est que la dénomination de l'activité législative, la mission monarchique qui consiste en l'édiction de « règles générales, stables et durables ». Ce « pouvoir » est le lieu de rencontre du monarque et des assemblées, qui, même élevées au rang d'organes, ne disposent que des compétences négatives et « on ne domine pas en disant "non" »[2]. Les assemblées n'exercent pas le pouvoir, elles ne peuvent qu'empêcher, dans certains domaines constitutionnellement définis, le cours normal de son exercice par le monarque.

La pensée de Gerber fait montre d'une tentative de conciliation entre l'élément libéral (les assemblées représentatives – organes de l'État) et ses convictions conservatrices (la place suprême du monarque détenant la totalité du pouvoir). L'exercice du pouvoir d'État comme puissance de volonté prenant la forme de la domination est attribué au monarque qui seul incarne et représente la volonté étatique[3]. Les résultats sont semblables à ceux enregistrés chez les auteurs

---

[1] Carl Friedrich von Gerber, *Grundzüge des deutschen Staatsrechts*, 1e édition, 1865, p. 25-26 : « Die Staatsgewalt herrscht, indem sie eine den verschiedenen Ansprüchen ihrer Bestimmung entsprechende Thätigkeit äussert. Alle einzelnen Arten dieser Thätigkeit umfasst man in dem Gesammtworte "Regierung". Gegenüber den monarchischen Aufgaben des Staatslebens kann sie aber nicht immer die gleiche sein. Das Volksleben bietet zunächst Interessen dar, deren Regulirung ausschliesslich oder doch zweckmässig nur durch abstracte Ordnungen, durch feste und dauernde allgemeine Normen geschehen kann ; indem man die Staatsgewalt diese Art der Regulirung unternimmt, wirkt sie gesetzgebend, und man nennt sie in deser besonderen Form ihrer Wirksamkeit die gesetzgebende Gewalt (...). Für die rein juristische Interesse nun genügt es, die nicht gesetzgeberische Thätigkeit der Staatsgewalt in zwei Klassen zu scheiden, nämlich in die richterliche und die verwaltende Thätigkeit ».

[2] Olivier Jouanjan, « La volonté dans la science juridique allemande du XIXe siècle : itinéraires d'un concept, entre droit romain et droit politique », *Droits*, n°28, 1999, p.65 : « (...) la volonté du monarque s'identifie à la volonté de l'État. Les assemblées, les *Stände*, n'expriment pas la volonté de l'État : puisqu'elles se limitent à approuver la loi, elles n'ont de pouvoir que négatif ; or, un tel pouvoir négatif n'est que limitation de la volonté de l'État et ne peut pas avoir pour contenu l'objet propre de la puissance publique, *Herrschen* : on ne domine pas en disant "non" ».

[3] Carl Friedrich von Gerber, *Grundzüge des deutschen Staatsrechts*, 1e édition, 1865, p. 72 : « Le monarque est l'organe suprême de la volonté de l'État. Sa volonté vaut en tant que volonté générale, en

conservateurs du *Vormärz* : le monarque exprime la volonté de l'État, il exerce l'intégralité du pouvoir qui n'est aucunement partagé par l'autre organe étatique, les assemblées, mais seulement limité par celles-ci. Pas de division ou de partage des pouvoirs chez Gerber, mais un exposé des différentes formes que prend l'activité de l'État.

Carl Friedrich von Gerber entreprend la systématisation scientifique du droit public en mobilisant des concepts présidant à un tronc commun aux divers États allemands. L'œuvre de Paul Laband, même si elle est l'héritière fidèle de cette entreprise gerbérienne, se transforme en l'exploration d'un droit déterminé, celui de l'Empire. La conception labandienne du pouvoir n'est pas fondamentalement différente de celle de Gerber. Il adopte les mêmes lignes directrices en perfectionnant le modèle conservateur du pouvoir de domination, qui est, en tant que forme juridique de l'expression de la volonté de l'État, le concept central du droit public. Laband, à l'instar de Gerber, rejette catégoriquement le principe de la séparation des pouvoirs en le jugeant incompatible avec la conception monarchique du pouvoir.

C. La négation du principe de séparation des pouvoirs chez Paul Laband comme moyen conceptuel de justifier la puissance monarchique.

L'hégémonie de la science du droit public labandienne est une des caractéristiques de la doctrine de l'Empire. Même si Paul Laband, l'« exécuteur testamentaire de Gerber »[1], exerce une « domination intellectuelle (...) s'étendant sur plusieurs années »[2], son œuvre fait l'objet de vives critiques. Parmi les opposants de la science labandienne, il convient de rappeler « le nom le plus souvent cité comme étant l'antipode d'un Laband à peine plus jeune que lui », le libéral Albert Hänel[3] et celui d'Otto von Gierke[1], représentant de l'aile « germaniste » de l'Ecole

---

tant que volonté de l'État » (« Der Monarch ist das oberste Willensorgan des Staats. Sein Wille soll als allgemeiner Wille, als Wille des Staats gelten »).

[1] E. Landsberg, *Geschichte der deutschen Rechtswissenschaft*, t. 3, 2e partie, München/Berlin, 1910, p. 833, ici cité par Olivier Jouanjan, « Carl Friedrich von Gerber et la constitution d'une science du droit public allemand », *op.cit.*, p. 11.

[2] Sur l'influence de Laband et l'état de la science publiciste, Manfred Friedrich, « Paul Laband und die Staatsrechtswissenschaft seiner Zeit », *AöR*, vol. 111, 1986, p. 197-218, p. 198 pour la citation : « (...) jahrzehntelanger geistiger Vorherrschaft (...) ». Sur l'injuste « reproche » de domination totale adressé à l'« école Gerber/Laband » : Olivier Jouanjan, *Une histoire de la pensée juridique en Allemagne. Idéalisme et conceptualisme chez les juristes allemands du XIXe siècle*, *op.cit.*, p. 195.

[3] Albert Hänel (1833-1918) qui est aussi activement politique (membre de la Chambre des députés prussienne, puis du *Reichstag*), ne suit aucunement l'approche scientifique de Laband. Il s'attache au contraire à démontrer l'importance des éléments historiques, politiques ou philosophiques pour la construction conceptuelle du droit public. Il est un des rares adeptes du régime parlementaire, et donc de la dépendance politique du gouvernement vis-à-vis du parlement basé sur la souveraineté populaire. Pour Hänel, le parlement doit constituer le coeur décisionnel politique de l'État. Sur Hänel, voir Michael Stolleis, *Histoire du droit public en Allemagne (1800-1914)*, *op.cit.*, p. 483 et suiv.

historique du droit, ennemi du courant pandectiste, l'origine intellectuelle de l'« école Gerber/Laband ».

Le tableau du droit impérial dressé par Laband laisse entrevoir une structure étatique, dont le contenu est marqué par le conservatisme de son auteur, et la forme – parée de la théorie libérale de la personnalité juridique de l'État. La pensée labandienne est certes neutralisante mais jamais neutre. L'« État-puissance » (*Machtsstaat*) doté d'une volonté unique ne tolère aucune division du pouvoir. Il n'y a donc pas de « place pour l'introduction d'une doctrine de la séparation des pouvoirs »[2] chez Laband. Seule est acceptable une distinction des fonctions, des différentes expressions du pouvoir, qui permettent à l'État, et à son organe suprême, le monarque, d'exercer la puissance de domination sur les sujets-objets. Les arguments avancés par Laband afin de justifier le rejet de la séparation des pouvoirs sont en effet une manière déguisée de protéger le pouvoir monarchique. Comme le remarque à juste titre Otto Mayer, « le créateur et le classique » de la méthode moderne du droit administratif allemand[3], et collègue de Laband à l'Université de Strasbourg, ce que « la doctrine allemande rejette de manière si énergique n'est pas le véritable principe de séparation des pouvoirs, mais l'épouvantail que l'on en a fait »[4]. Ce n'est pas avec le concept d'État que le principe

---

[1] Otto von Gierke (1841-1921), théoricien du droit corporatif, auteur de *Das deutsche Genossenschaftsrecht* (quatre volumes paraaissent entre 1868 et 1913), accuse la science positiviste d'un extrême conceptualisme excluant toute perspective sociologique. Sur Gierke, Michael Stolleis, *Histoire du droit public allemand (1800-1914)*, *op.cit.*, p. 489 et suiv., et Willy Zimmer « Une conception organiciste de l'État : Otto Bähr et Otto von Gierke », *in* Olivier Jouanjan (dir.), *Figures de l'État de droit : le* Rechtsstaat *dans l'histoire intellectuelle et constitutionnelle de l'Allemagne*, PUS, 2001, p. 219-234. Sur l' « autre Ecole historique », celle des Germanistes, on se reportera à Olivier Jouanjan, *Une histoire de la pensée juridique en Allemagne (1800-1918). Idéalisme et conceptualisme chez les juristes allemands du XIX*e *siècle*,, *op. cit.*, p. 78 et suiv.

[2] Olivier Jouanjan, *Une histoire de la pensée juridique en Allemagne (1800-1918). Idéalisme et conceptualisme chez les juristes allemands du XIX*e *siècle*, *op.cit.*, p. 251.

[3] Ernst Forsthoff, *Lehrbuch des Verwaltungsrechts*, t 1, 9e édition, 1966, p. 49, cité par Olivier Jouanjan, « La *Belle époque* du droit administratif. Sur la formation de la science moderne du droit administratif en Europe (1880-1920) », *in Ius Publicum Europäum*, vol. 3, 2009, p. 4 (version dactylographiée).

[4] Otto Mayer, *Deutsches Verwaltungsrecht*, vol.1, Duncker & Humblot, Leipzig, 1895, p. 69, note n°2 : «(...) was die deutsche Wissenschaft so einmütig verwirft, ist gar nicht die wirkliche Trennung der Gewalten, sondern der Popanz, den man daraus gemacht hat », en se référant à Laband. Dans la troisème édition du *Verwaltungsrecht*, qui date de 1924, le paragraphe consacré à la distinction entre les pouvoirs législatif et exécutif disparaît. Mayer le remplace par des développements consacrés au « règne de la loi » (*Herrschaft des Gesetzes*). Cette disparition est sans doute dictée par le changement de circonstances consitutionnelles qui intervient en 1919. Le rejet doctrinal si énergique qui visait à défendre le principe monarchique des assauts de la théorie libérale de la séparation des pouvoirs associée dans l'esprit des publicistes allemands au principe néfaste de la souveraineté nationale n'avait plus sa raison d'être dans un régime dans lequel « tout pouvoir d'État émane du peuple » (article 1er de la Constitution de Weimar du 11 août 1919). Pour Mayer, le principe de séparation des pouvoirs empêche l'exercice arbitraire du pouvoir et permet de former différents « morceaux » du pouvoir d'État, des « forces d'action (...) disposant de propriétés juridiques particulières » (« Diese Gewalten [...] sind nicht Summen von Befugnissen, sondern Stücke der Staatsgewalt, Wirkungskräfte [...] jede ausgestaltet gegenüber den andern mit besonderen rechtlichen Eigenschaften »).

de séparation des pouvoirs est incompatible, mais bien avec la représentation labandienne de l'État monarchique.

Dans ses cours dispensés à l'Université impériale de Strasbourg, comme dans son opus monumental, *Das Staatsrecht des Deutschen Reiches* (*Droit public de l'Empire allemand*)[1], Laband conclut à l'incompatibilité du principe de séparation des pouvoirs avec le droit constitutionnel du jeune Empire allemand, mais reconnaît que la diversité de l'activité de l'État suppose une classification. Classer ou distinguer les formes de l'activité publique ne signifie pas une séparation ou division des pouvoirs. La doctrine, développée par Locke et surtout par Montesquieu, qui l'extrait à partir des données de la structure constitutionnelle anglaise, « est incompatible avec le concept même d'État », elle est « intenable d'un point de vue logique », car l'État représente une « personne et une unité » dotée d' « une volonté unique ». Unité de la volonté est exclusive d'une division des pouvoirs.

> *Cette théorie est devenue le fondement de la doctrine constitutionnelle et a ainsi acquis une grande importance pratique. Elle n'est cependant pas compatible avec le concept d'État, car intenable d'un point de vue logique, pratiquement irréalisable et politiquement pernicieuse. Elle nie la véritable nature de la monarchie constitutionnelle. Elle est incompatible avec le concept d'État, car l'État est une personne et une unité. Toute personne est dotée d'une volonté unitaire ; elle ne peut être dissoute dans différents sujets indépendants les uns des autres, sans courir à sa propre perte.*[2]

---

[1] *Das Staatsrecht des Deutschen Reiches*, trois volumes entre 1876 et 1882. L'ouvrage est rendu accessible au lecteur français : la traduction de Camille Gandilhon, *Le droit public de l'Empire allemand* paraît en six volumes entre 1900 et 1904, préfacé par Ferdinand Larnaude.

[2] Bernd Schlüter (éd.), *Paul Laband, Staatsrechtliche Vorlesungen*, Duncker & Humblot, Berlin, 2004, p.120 : « Diese Theorie ist die Grundlage der constitutionellen Doctrin geworden und hat dadurch eine große practische Bedeutung erlangt. Sie ist aber mit dem Begriff des Staates nicht zu vereinigen, logisch unhaltbar, practisch unausführbar und politisch verderblich. Ihr liegt eine Verkennung des wahren Wesens der constitutionellen Monarchie zu Grunde. Mit dem Begriff des Staates ist sie unvereinbar, weil der Staat eine Persönlichkeit ist und eine *Einheit*. Jede Person muß einen einheitlichen Willen haben ; sie kann nicht aufgelöst werden in verschiedene von einander selbständige Subjecte, ohne zu Grunde zu gehen » (souligné dans le texte). Le passage presque identique se trouve également dans Paul Laband, *Das Staatsrecht des deutschen Reiches*, t. 2, 1e édition, Tübingen, 1877, p. 7, note n°1 : « Une critique de cette doctrine, qui détruit l'unité de l'État et qui n'est ni tenable d'un point de vue logique, ni réalisable d'un point de vue pratique, ne va pas être entreprise ici. Car, dans la littérature allemande politique et constitutionnelle règne depuis longtemps un accord quasi total sur le rejet de cette théorie » (« Eine Kritik dieser Lehre, welche die Einheit des Staates zestört und welche weder logisch nocht praktisch durchführbar ist, kann hier nicht unterbleiben, da in der deutsche, politischen und staatsrechtlichen Literatur über die Verwerflichkeit dieser Theorie seit langer Zeit fast vollkommenes Einverständniß besteht »), avec une référence à Robert von Mohl et sa *Geschichte und Literatur der Staatswissenschaft*, t.1, p. 280-282.

> *(...) aussi, le pouvoir d'État est toujours le même, qu'il agisse en tant que législatif, exécutif ou qu'il rende la justice ; ce ne sont là que des formes différentes sous lesquelles s'exprime le pouvoir d'État. Il n'est nullement question de pouvoirs séparés les uns des autres. La théorie de la séparation des pouvoirs cause la perte de la souveraineté ; le souverain devient uniquement l'organe du pouvoir exécutif.*[1]

Il y a dans ces phrases une contradiction insurmontable. L'État constitutionnel, la monarchie limitée allemande, ne supporte pas la séparation des pouvoirs[2], car la personne juridique dotée de volonté unitaire est toujours la même malgré les formes diverses que peut revêtir son expression. C'est donc la personne de l'État qui dispose de la totalité du pouvoir. Si on suivait ce raisonnement jusqu'au bout, on ne pourrait pas conclure, comme le fait Laband, à l'identité entre le souverain et l'organe du pouvoir exécutif. Il aurait pu s'arrêter à la première raison de l'incompatibilité de la séparation des pouvoirs avec la personnalité juridique de l'État : le caractère unitaire de cette dernière et l'impossibilité de morceler sa volonté exclut toute séparation ou division. C'est l'argument utilisé par Georg Meyer lorsqu'il rejette la théorie de la division des pouvoirs car celle-ci « détruit l'unité de l'État en transformant les expressions particulières de la puissance publique en pouvoirs autonomes et indépendants les uns des autres »[3]. La

---

[1] Bernd Schlüter (éd.), *Paul Laband, Staatsrechtliche Vorlesungen*, Duncker & Humblot, Berlin, 2004, p.120 : « (...) ist auch die Staatsgewalt immer diesselbe, mag sie gesetzgebend, vollziehend, richtend handel ; es sind dies nur verschiedene Formen, in denen sich die Staatsgewalt äußert, aber nicht von einander getrennte Gewalten. *Bei der Theorie von der Trennung der Gewalten geht den Begriff der Souverainität verloren ; der Souverain ist nur das Organ der executiven Gewalt* » (souligné dans le texte).

[2] Pour Max von Seydel, *Grundzüge einer allgemeinen Staatslehre*, Würzburg, 1873, p. 25, au contraire, l'État constitutionnel « doit son existence à la théorie de la séparation des pouvoirs » (« seine Entstehung der Theorie von der Trennung der Gewalten verdankt »). Mais il y a chez cet auteur aussi, représentant de la conception néo-patrimoniale de l'État, une confusion entre le principe de séparation des pouvoirs et la participation des assemblées à l'exercice du pouvoir législatif : « Cette théorie pose l'exigence selon laquelle le gouvernant (*Herrscher*) doit être lié, dans l'exercice du pouvoir législatif, par la participation d'une représentation populaire (le soi-disant corps législatif) » (« Diese Theorie stellte die Forderung auf, dass der Herrscher in Ausübung der Gesetzgebung an die Mitwirkung einer Vertretung des Volkes [sog. Gesetzgebende Factoren] gebunden sein solle »). Selon Seydel, c'est bien « l'introduction de la séparation » entre les sphères d'action respectives du monarque et des assemblées « rend possible la distinction entre loi et règlement dans le cadre mono-gouvernemental » (« mit Durchührung dieser Trennung konnte in der Einherrschaft der Unterschied des Gesetzes und der Verordnung überhaupt auftreten »).

[3] Georg Meyer, *Lehrbuch des deutschen Staatsrechts*, 1e édition, Duncker & Humblot, Leipzig, 1878, p.14 : « (…) vernichtet die Einheit des Staates, indem sie die einzelnen Ausflüsse der Staatsgewalt zu selbständigen und unabhängigen Gewalten erhebt ». Mais Meyer opère, comme Laband, une distinction des fonctions. Il distingue ainsi la législation, de l'administration : la loi est volonté (*Gesetz ist Wille*), l'administration, force factuelle (*That*). Meyer emprunte ici la définition de Lorenz von Stein, *Die Verwaltungslehre*, 1e partie, Stuttgart, 1869, p. 10 et 48.

doctrine allemande, continue Meyer, « a donc parfaitement raison lorsqu'elle rejette » la théorie de la division[1].

Alors, pourquoi ajouter que séparer les pouvoirs équivaudrait à la « perte de la souveraineté » et, par conséquent, au déclassement du « souverain » au niveau de simple organe du pouvoir exécutif ? La raison de cet ajout innerve toute l'œuvre de Laband : dans l'imaginaire de cet auteur conservateur, le monarque ne peut pas être un simple organe exécutif. Si le pouvoir était divisé, cela voudrait dire que les assemblées se verraient attribuer le pouvoir législatif ou du moins une partie essentielle de celui-ci[2]. Dans cette configuration, le monarque serait enfermé dans la sphère d'action limitée du pouvoir exécutif. Malgré les apparences, l'État n'est que théoriquement détaché du monarque. En pratique, ce dernier est l'organe suprême qui n'est pas cantonné à un seul domaine d'action. Bien au contraire, même qualifié d'organe, il continue à détenir et effectivement exercer l'intégralité du pouvoir. Cet exercice ne fait pas l'objet d'un partage avec les assemblées, il n'est que limité par leurs compétences constitutionnellement attribuées. La puissance de domination, le cadre formel de la volonté étatique, est réservée au seul monarque.

L'indentification du monarque au souverain et le refus catégorique du principe de la séparation des pouvoirs[3] a des conséquences pratiques directes.

---

[1] Georg Meyer, *Lehrbuch des deutschen Staatsrechts*, 1e édition, Duncker & Humblot, Leipzig, 1878, p.14 : « (…) vernichtet die Einheit des Staates, indem sie die einzelnen Ausflüsse der Staatsgewalt zu selbständigen und unabhängigen Gewalten erhebt. (…) [V]on der (…) Staatswissenschaft ist sie mit Recht völlig verworfen werden ». Dans la septième édition du *Lehrbuch*, préparée et retravaillée par Gerhard Anschütz, ce passage condamnant le principe de la division des pouvoirs disparaît. Voir Georg Meyer/Gerhard Anschütz, *Lehrbuch des deutschen Staatsrechts*, 7e édition, 1919, réimpression, Duncker & Humblot, 2005, p. 31, note e) et sur la conception positive d'Anschütz, *infra*, ce chapitre, section 2, §2.

[2] Telle est la conclusion d'Albert Hänel, *Studien zum Deutschen Staatsrechte*, vol. 2 (*Die organisatorische Entwicklung der deutschen Reichsverfassung/ Das Gesetz im formellen und materiellen Sinne*), Haessel, Leipzig, 1888, p. 146 et suiv. : « L'intégralité du "pouvoir législatif, toute loi" repose, conformément aux dispositions des constitutions des monarchies limitées allemandes, sur l'action commune du chef de l'État et de la représentation populaire » (« Alle "Gesetzgebung, jedes Gesetz" beruht nach Massgabe der konstitutionellen Verfassungen Deutschlands auf dem Zusammenwirken des Staatsoberhauptes und der Volksvertretung »). Les représentations populaires ne sont uniquement un organe d'assistance ou de compétence négative, mais sont des « organes constitutionnels » (*konstitutionelle Organe*) qui sont « placés à côté » (*nebengeordnete*) du monarque et « par conséquent organes suprêmes de l'État » (*darum oberste Organe des Staates*). Plus modéré, Otto Mayer, *Deutsches Verwaltungsrecht*, vol. 1, 1e édition, Duncker & Humblot, Leipzig, 1895, p. 70 : « (...) l'acte enfin qualifié de loi n'est pas uniquement le produit de la volonté du seul prince, mais également d'une autre volonté sans laquelle la loi ne peut pas exister. Cela suffit amplement pour la compréhension exacte de la notion de la séparation des pouvoirs » (« [...] ist das, was als Gesetz schließlich herauskommt, nicht das Erzeugnis des Willens des Fürsten allein, sondern zugleich eines anderen Willens, ohne den es nicht entstehen konnte. Das genügt aber vollkommen für den richtig verstandenen Begriff der Trennung der Gewalten »).

[3] « Si les nouveaux théoriciens du droit public réussissent leur entreprise, écrit Gierke, ils iront bientôt jusqu'à contester le caractère même d' "État" de l'État allemand, ou des États particuliers, uniquement parce que leur concept d'État exclut une division du pouvoir entre plusieurs sujets associés ! » (Otto von Gierke, « Die Grundbegriffe des Staatsrechts und die neuesten Staatsrechtstheorien I », *Zeitschrift für die gesamte Staatswissenschaft*, vol. 30, 1874, p. 153-198, p. 158 pour la citation : « Bringen

Malgré le refus d'admettre un partage du pouvoir entre le parlement et le monarque, Laband ne nie pas le « principe suprême (...) de la monarchie constitutionnelle » veut « que le souverain ne puisse édicter aucune nouvelle règle de droit sans l'approbation de la représentation », car « l'exercice du pouvoir législatif est conditionné par la participation » des assemblées[1]. Mais, martèle Laband, la « participation du peuple au pouvoir d'État unitaire et indivisible est autre chose que la décomposition (*Spaltung*) du pouvoir en plusieurs parties indépendantes les unes des autres ». En définissant la loi au sens matériel comme l'acte contenant une règle de droit et en l'opposant à la loi formelle[2], qui exige l'approbation des assemblées conformément aux dispositions constitutionnelles sans qu'elle comporte une règle de droit, Laband réussit à utiliser le confit budgétaire prussien afin de justifier le rôle secondaire des assemblées. Par une interprétation aussi élégante que politiquement utile, il conclut que l'autorisation budgétaire, comportant des règles de droit, adoptée par une loi formelle, « produit un effet permanent ». Afin qu'elle soit abrogée, il convient d'avoir le commun accord des chambres et de la Couronne. Le gouvernement monarchique était dans son droit d'engager les dépenses nécessaires à la réforme militaire prussienne.

Le désir de diminuer le rôle des assemblées représentatives, nourri par l'engagement politique conservateur de Laband, est également perceptible dans la définition de la sanction monarchique. La sanction du monarque n'est pas une simple formalité, mais un acte législatif sans lequel le processus d'élaboration de la loi ne peut être parfait. Dans la monarchie limitée allemande, « le monarque, en tant qu'unique « porteur (*Träger*) du pouvoir d'État indivisé (*ungetheilten*) et indivisible (*untheilbaren*), est apte à édicter une loi d'État, c'est-à-dire de donner l'ordre d'agir conformément à la loi »[3]. Sans la sanction, point de loi. Les

---

doch die neuesten Staatsrechtstheoretiker es fertig, bald dem deutschen Reich, bald dem deutschen Einzelstaat die besondere Existenz als "Staat" abzusprechen, lediglich weil ihr vorgefasster Staatsbegriff die Möglichkeit einer Theilung der Staatsgewalt unter mehrere Verbandssubjekte ausschliesst ! »).

[1] Paul Laband, *Das Budgetrecht nach den Bestimmungen der Preussischen Verfassungs-Urkunde unter Berücksichtigung der Verfassung der Norddeutschen Bundes*, Berlin, 1871, p. 5 : « (...) ist der oberste Grundsatz (...) der konstitutionellen Monarchie, daß der Souverain keine neuen Rechtsätze ohne Zustimmung der Landesvertretung anordnen kann. (...) Die "Ausübung der gesetzgebenden Gewalt" ist an die Mitwirkung des Landtages gebunden ».

[2] Il est impossible d'exposer tous les problèmes que soulève la distinction de la loi au sens matériel et au sens matériel. Sur cette question, on se reportera, de manière générale, à l'étude d'Ernst-Wolfgang Böckenförde, *Gesetz und gesetzgebende Gewalt*, 1e édition, Duncker & Humblot, 1958 ; en langue française : Olivier Jouanjan, *Une histoire de la pensée juridique en Allemagne (1800-1918). Idéalisme et conceptualisme chez les juristes allemands du XIXe siècle*, *op.cit.*, p. 265-273. Si Laband est le plus saillant représentant de cette doctrine, il n'est pas le premier à l'avoir exposée. Voir, par exemple, E. A. Chr. von Stockmar, « Studien über das preussische Staatsrecht », *Zeitschrift für Deutsches Statsrecht und Deutsche Verfassungsgeschichte* (*Aegidi Zeitschrift*) numéro unique, 1867, p. 179 et suiv.

[3] Paul Laband, *Das Staatsrecht des deutschen Reiches*, t. 2, 1e édition, Tübingen, 1877, p. 6 : « Der Monarch als der alleinige Träger der ungetheilten und untheilbaren Staatsgewalt ist allein im Stande ein Staatsgesetz zu erlassen, d.h. den staatlichen Befehl seiner Befolgung zu ertheilen ».

assemblées n'ont pas d'accès à l'exercice de la domination, au pouvoir de commandement. Leur participation est limitée à la détermination du contenu de l'acte législatif[1], c'est-à-dire « à la fixation du contenu de la volonté publique, mais ne lui confèrent pas la puissance de la domination. »[2] Au « sens constitutionnel, seule la sanction constitue un acte de législation », car la « question du sujet du pouvoir législatif est identique à celle relative au porteur (*Träger*) du pouvoir d'État »[3]. La sanction monarchique n'est pas une faculté d'empêcher le cours de la procédure législative mais se transforme chez Laband en une véritable faculté de statuer. La détermination du contenu législatif par les chambres ne constitue qu'une limitation du pouvoir monarchique imposée par le texte constitutionnel.

Le principe de séparation des pouvoirs poursuit un des objectifs les plus « nobles » : il tend à empêcher l'abus de pouvoir et protéger la liberté de l'individu. Hélas, dans l'imagination labandienne, ce principe n'est pas apte à atteindre son objectif. Il a un défaut majeur : son esprit mécanique n'arrive pas vraiment à organiser le pouvoir en évitant l'arbitraire de la puissance. La répartition purement artificielle du pouvoir de l'État d'après des critères formels ne peut pas répondre à l'objectif poursuivi. L'accusation de Laband selon laquelle la séparation des pouvoirs est un procédé mécanique incompatible avec le caractère unitaire de l'État est aussi celle formulée par les auteurs de la théorie organiciste de l'État.

§3. La théorie des fonctions dans l'œuvre de Georg Jellinek ou la vaine tentative de saisir « la vie réelle de l'État ».

Georg Jellinek (1851-1911)[4] est à l'origine du profond changement de la physionomie du positivisme de l' « école Gerber/Laband ». Le rapport qu'il

---

[1] Paul Laband, *Das Staatsrecht des deutschen Reiches*, t. 2, 1e édition, Tübingen, 1877, p. 8 : « Presque toutes les présentations du droit public allemand, même lorsqu'elles rejettent la théorie de la séparation des pouvoirs et situent leur point de départ dans le soi-disant principe monarchique, exigent pour la validité de la loi la "volonté concorande" entre le roi et l'assemblée, sans reconnaître que l'adoption d'une loi par l'assemblée est une déclaration de volonté d'une toute autre teneur que l'adoption de la loi par le roi » (« Fast alle Darstellungen des Deutschen Staatsrecht, auch wenn sie die Lehre von der Theilung der Gewalten verwerfen und von dem sogen. Monarchischen Prinzip ausgehen, erfordern zum Zustandekommen eines Gesetzes den "übereinstimmenden Willen" des Landesherrn und des Landtages, ohne zu erkennen, daß die Genehmigung eines Gesetzes durch den Landtag eine Willenserklärung von ganz anderem Inhalte ist als die Genehmigung eines Gesetzes durch den Landesherrn »).

[2] Olivier Jouanjan, Une histoire de la pensée juridique en Allemagne (1800-1918). Idéalisme et conceptualisme chez les juristes allemands du XIXe siècle, op.cit., p. 251.

[3] Paul Laband, *Das Staatsrecht des deutschen Reiches*, t. 2, 1e édition, Tübingen, 1877, p. 6-7 : « (...) die Sanction allein ist Gesetzgebung im staatsrechtlichen Sinne des Wortes. (...) die Frage nach dem Subject der gesetzgebenden Gewalt ist identisch mit der Frage nach dem Träger der Staatsgewalt ».

[4] Des éléments biographiques en langue française : Olivier Jouanjan, *Une histoire de la pensée juridique en Allemagne (1800-1918). Idéalisme et conceptualisme chez les juristes allemands du XIXe siècle*, PUF, coll. Léviathan, 2005, p. 283 et suiv ; du même, « Georg Jellinek ou le juriste philosophe » (préface), *in* Georg Jellinek, *L'État moderne et son droit*, t. 1, LGDJ Diffuseur, 2005, p. 5 et suiv.; en langue allemande : Jens Kersten, *Georg Jellinek und die klassische Staatslehre*, Mohr Siebeck, Tübingen, 2000, p.17 et suiv. ; Stanley L.

entretient avec le positivisme de droit public est ambigu[1]. Jellinek n'est ni l' « ami ni l'ennemi polémique » de l' « école Gerber/Laband », mais bien son « critique »[2]. Il n'entend pas évacuer du droit public les éléments sociaux, historiques ou politiques. Cependant, il ne les intègre pas dans sa théorie juridique de l'État. Dans les concepts juridiques, il est possible de voir deux stades d'élaboration : il faut d'abord partir d'éléments sociologiques qui servent de base pour les types empiriques pour ensuite les reformuler en tant que catégories du droit[3]. Sa démarche est la suite logique du raisonnement de Gerber selon lequel l'objet « État » peut être perçu de deux perspectives différentes[4]. La séparation rudimentaire, « non réfléchie »[5] de l'observation juridique et de l'observation naturelle de l'État, devient, grâce au « lien interne » que construit Jellinek, la *Zwei-Seiten-Lehre* de l'État. Ces deux points de vue, social et juridique, forment le socle de la théorie générale de l'État. La méthode positiviste n'est donc pas rejetée, elle est cantonnée à l'étude juridique de l'État, tandis que la perspective extra-juridique est celle qui permet d'élaborer la théorie sociale de l'État.[6].

Il ne s'agit plus de partir à la recherche de concepts définis par leur substance, des concepts qui existent donc en soi. Il faut réfléchir en termes de « concepts fonctionnels », qui sont les « véritables concepts opératoires de la

---

Paulson/Martin Schlute (dir.), *Georg Jellinek : Beiträge zu Leben und Werk*, Mohr Siebeck, Tübingen, 2000. Georg Jellinek connaît une consécration universitaire tardive : il devient à l'âge de trente-neuf ans un « vrai » professeur de droit en obtenant enfin, après de longues années d'attente, une nomination à la chaire de droit public, de droit international public et de science politique de l'Université de Heidelberg.

1 Jens Kersten, *Georg Jellinek und die klassische Staatslehre*, *op.cit.*, p. 32 : « (...) das Verhältnis Jellineks zum staatsrechtlichen Positivismus zwiegespalten war (...) ».

2 Jens Kersten, *Georg Jellinek und die klassische Staatslehre*, *op.cit.*, p. 33 : « (...) definierte sich Jellinek selbst nicht als polemischer Freund oder Feind, sondern als Kritiker des staatsrechtlichen Positivismus ».

3 Olivier Jouanjan, *Une histoire de la pensée juridique en Allemagne (1800-1918). Idéalisme et conceptualisme chez les juristes allemands du XIXe siècle*, op.cit., p. 311. Pour le français Maurice Hauriou, Précis élémentaire de droit constitutionnel, 2e édition, Sirey, Paris, 1930, p. 2-3, l'observation empirique est tout aussi importante car elle permet de dégager des principes juridiques.

4 Dans la continuité du raisonnement gerbérien, Jellinek, *Allgemeine Staatslehre*, 3e édition, 1914, p. 63, affirme que « (...) deux points de vue scientifiques sont possibles qui permettent d'observer l'État, l'un social, l'autre juridique » (« [...] zwei mögliche wissenschaftliche Standpunkte gibt, von denen aus der Staat betrachtet werden kann, der soziale un der rechtliche »). Ainsi, la théorie de l'État jellinékienne, la *Zwei-Seiten Lehre*, prend une dimension sociale (factuelle) et juridique en donnant suite à l'analyse de Gerber entamée en 1852 dans les *Öffentliche Rechte* et confirmée en 1865 dans les *Grundzüge.*

5 Olivier Jouanjan, *Une histoire de la pensée juridique en Allemagne (1800-1918). Idéalisme et conceptualisme chez les juristes allemands du XIXe siècle*, *op.cit.*, p. 309.

6 Sur la théorie de la double face de l'État, voir Olivier Jouanjan, *Une histoire de la pensée juridique en Allemagne (1800-1918)*, *op. cit.*, p. 309 et suiv. et Jens Kersten, *Georg Jellinek und die klassische Staatslehre*, Mohr Siebeck, Tübingen, 2000, p. 145 et suiv. Sur la perspective naturelle et juridique de Gerber, *supra*, cette section, §2.

science juridique », et abandonner « les concepts substantiels »[1]. La question qu'il convient de se poser, écrit Jellinek, est « comment, d'un point de vue juridique, dois-je penser l'État », car le « monde des juristes » n'est pas un « monde des choses en soi », mais de ce que « les choses représentent pour nous ». C'est cette question qui constitue «d'interrogation juridique scientifique »[2]. Il s'agit de voir comment Jellinek pense les fonctions (B) du pouvoir d'État indivisible (A).

A. L'indivisibilité du pouvoir politique de l'État.

Avec Jellinek, il ne s'agit plus de construire l'État autour du seul concept de domination en condamnant les sujets à être les « choses » sur lesquelles s'exerce la puissance. Même s'il n'abandonne pas complètement la domination, Jellinek réussit à détecter et surmonter l'incohérence majeure dans le programme Gerber/Laband. La construction de l'État comme personne juridique constitue « le fondement et la pierre angulaire du droit public »[3]. Mais cette construction suppose en effet l'existence d'une relation, d'un rapport liant deux sujets de droit. Le concept même de personne n'est possible que dans un rapport relationnel, entre l'État et les citoyens qui doivent être entendus comme de véritables sujets disposant de droits subjectifs opposables à l'État-personne[4].

Dans ce rapport relationnel, la souveraineté étatique est un « superlatif dont l'intégrité ne se laisse pas entamer, et qui ne souffre à côté de lui que des grandeurs analogues de la même espèce ». Il est impossible de concevoir une « souveraineté partagée, fragmentaire, diminuée, limitée, relative ». L'État-personne juridique se caractérise par son unité : « de là résulte aussitôt, comme conséquence nécessaire, la doctrine de l'unité et de l'indivisibilité du pouvoir étatique »[5].

---

1 Olivier Jouanjan, *Une histoire de la pensée juridique en Allemagne (1800-1918). Idéalisme et conceptualisme chez les juristes allemands du XIXe siècle*, *op.cit.*, p. 307. Jellinek introduit « une dimension téléologique » qui est la conséquence logique de la typification des faits individuels.

2 Georg Jellinek, *System der subjektiven öffentlichen Rechte*, 1e édition, Freiburg im Breisgau, 1892, p. 13 et p. 16 : « Wie habe ich mir den Staat rechtlich zu denken ? » ; « (...) die Welt des Juristen ist (...) eine Welt der Dinge für uns, nicht der Dinge an sich. (…) die Weise wissenschaftlicher juristischen Fragestellung ».

3 *Gesetz und Verordnung*, *op.cit.*, p.195 : « Die Erfassung des Staates als Person ist der Grund- und Eckstein des Staatsrechtes ».

4 Georg Jellinek, *System der subjektiven öffentlichen Rechte*, 1e édition, 1892, p. 9 : « Tout droit est une relation entre sujets de droit. Un titulaire de droits isolé est une représentation insensée. L'État aussi ne peut disposer de droits que si en face de lui on trouve des personnes. La domination factuelle ne devient juridique que si les deux parties : le gouvernant et les gouvernés se reconnaissent comme titulaires de droits et obligations mutuels » (« Alles Recht ist Beziehung von Rechtssubjekten. Ein isolirt gedachter Rechtsträger ist eine unvollziehbare Vorstellung. Auch der Staat kann nur Rechte haben, wenn ihm Persönlichkeiten gegenüberstehen. Ein faktisches Herrschaftsverhältniss wird zum rechtlichen nur dann, wenn beide Glieder : Herrschender und Beherrschter als Träger gegenseitiger Rechte und Pflichten sich anerkennen »).

5La puissance souveraine n'est pas illimitée. Elle est sujette à ce que Jellinek appelle, dès *Gesetz und Verordnung*, *op.cit.*, p. 197-198, l'autolimitation (*Selbstbeschränkung*), qui repose sur la faculté

L'indivisibilité de la souveraineté appelle l'indivisibilité du pouvoir de l'État. Alors, comment penser le principe de la séparation des pouvoirs ? Pour Jellinek, il n'y a qu'une solution : il ne peut y avoir de séparation ou de division du « pouvoir politique, considéré comme contenu de la souveraineté ». Il est possible en revanche d'élaborer une théorie des fonctions matérielles ou formelles de l'État. L'unité ne se « laisse fractionner » au point qu'on puisse « faire un partage pur et simple des fonctions entre les organes correspondants »[1].

La classification traditionnelle, qui sépare la législation, l'exécution (gouvernement et administration) et la juridiction, est la plus « durable ». La complexité de la structure étatique suppose des classifications variées en prenant en compte la nature des phénomènes qu'elle présente.

B. La distinction des fonctions matérielles et formelles comme mode de division du travail étatique.

> *Pas seulement la connaissance de la nature de l'État et ses organes, mais également le regard dans la nature intime de l'activité étatique fait partie des supposés indispensables à toute étude féconde de l'État.*[2]
>
> *Une formation aussi complexe que l'État peut être considérée sous les points de vue les plus divers et par suite donner lieu aux divisions les*

---

d'autodétermination de l'État : « Die ausschliessliche Rechtsmacht über die staatliche Competenz ist die erste Consequentz der Souveränetätsbegriffes. (...) Indem der Staat die Fähigkeit der Selbstbestimmung besitzt, hat er auch die der Selbstbeschränkung ». La théorie de l'autolimitation, qui est « la condition de possibilité de la pensabilité d'un ordre juridique », subit une mutation et atteint l'âge de la « maturité » dans la *Théorie générale de l'État.* Selon Olivier Jouanjan, la « première » théorie de l'autolimitation, « destinée à décrire la constitutionnalisation de la puissance monarchique », n'est pas celle exposée en 1900. Dans la « relation de l'État à l'individu, si l'on ne pose pas l'idée d'autolimitation, c'est-à-dire si l'on ne fait pas l'hypothèse que la règle de droit vaut pour l'État comme pour l'individu qui lui est soumis, il y a plus qu'un déséquilibre ou une inégalité », car l' « un des deux membres de la relation, l'État ne peut être pensé comme sujet de droit, personne (…) comme relation juridique » (Olivier Jouanjan, *Une histoire de la pensée juridique en Allemagne [1800-1918]. Idéalisme et conceptualisme chez les juristes allemands du XIXe siècle*, *op.cit.*, p. 321-326, spécialement p. 321-323). L'autolimitation est donc une « autoliaison » de l'État à son droit dictée par la qualité de personne juridique.

[1] Georg Jellinek, *L'État moderne et son droit*, t. 2, *op.cit.*, p. 315 : « Mais jamais l'unité du pouvoir ne se laisse fractionner dans ses manifestations au point qu'on puisse faire un partage pur et simple des fonctions entre les organes correspondants. Ce sont plutôt des considérations d'utilité qui, partout, ont décidé quelle espèce de fonctions seraient assignées à tel ou tel organe » ; p. 317 : « La naïve assimilation de l'activité de l'organe et de la fonction politique, telle que l'a pratiquée la doctrine politique depuis Aristote jusqu'à nos jours, ne saurait résoudre d'une manière satisfaisante les importants problèmes théoriques et pratiques de la théorie des fonctions ».

[2] Georg Jellinek, *Gesetz und Verordnung*, *op. cit.*, p. 213 : « Nicht nur die Erkenntnis des Wesens des Staates und seiner Organe, auch die Einsicht in die innere Natur der Staatsthätigkeit gehört zu den unerlässlichen Voraussetzungen fruchtbarer staatsrechtlicher Untersuchung ».

plus différentes suivant la nature des phénomènes qu'il présente. Il en est de même de ses fonctions.[1]

Le principe de séparation des pouvoirs n'est pas assimilé à la théorie de la distinction des fonctions, car il s'agit, selon Jellinek, de deux modes différents de division du pouvoir de l'État. En effet, la première « véritable division » est celle qui apparaît « sous le voile de la doctrine de séparation des pouvoirs »[2]. La division du travail constitue « la base de l'organisation étatique ». Les organes, qui disposent de compétences objectivement attribuées, ne sont que la manifestation extérieure des fonctions matériellement distinctes[3]. Le principe fondamental de la théorie de la distinction des fonctions reste le caractère unitaire du pouvoir de l'État. Ainsi, l' « unité du pouvoir politique ne se laisse fractionner dans ses manifestations au point qu'on puisse faire un partage pur et simple des fonctions entre les organes correspondants ». Le principe de séparation ne peut jamais être épuisé dans une division machinale des fonctions et organes. Car, même si un système constitutionnel admet la division, le « partage pur et simple » n'est pas réalisable en pratique. Le théoricien, qui souhaite traduire cette idée « surannée » dans la vie réelle de l'État, ne fait qu'occulter les aspérités de la matière vivante[4]. « L'État constitutionnel n'est pas le produit de la nécessité esthétique de la répartition architectonique de l'organisation étatique, mais résulte de la modification des strates de la société intervenue ces derniers temps. »[5]

---

1 Georg Jellinek, *L'État moderne et son droit*, t.2, *op.cit.*, p. 312 ; *Allgemeine Staatslehre*, 2e édition, 1905, p. 591 : « Ein so kompliziertes Gebilde wie der Staat kann unter den verschiedensten Gesichtspunkten betrachtet und daher gemäß allen Erscheinungen, die er darbietet, den verschiedensten Einteilungen unterworfen werden. Si auch seine Funktionen ».

2 Georg Jellinek, *L'État moderne et son droit*, t. 2, *op.cit.*, p. 314 ; *Allgemeine Staatslehre*, 2e édition, 1905, p. 592 : « Die erste echte Einteilung ist die im Gewande der Lehre von der Gewaltenteilung zum Bewusstsein gekommene ».

3Georg Jellinek, *Gesetz und Verordnung*, *op.cit.*, p. 222-223 : « (...) die innerlich geschiedenen Staatsfunktionen auch äusserlich als Aufgaben besonderer in ihrem Wirkungskreise getrennter Organe darzustellen. Es war im Grunde nur das ins Ethische und Politische erhobene Princip der Arbeitstheilung, welches die constitutionelle Lhere von der Theilung der Gewalten zur alleinigen Basis der staatlichen Organisation erheben wollte. Der praktische Erfolg dieser Theorie zeigt sich in dem Baue der modernen Staates darin, dass die Staatsorgane unter dem Souverän sich gliedern in Organe der Gesetzgebung, der Justiz und der Verwaltung. Und es ist nicht zu läugnen, dass diese Scheidung die Güte der staatlichen Leistungen in erheblichstem Masse gefördert hat » ; une analyse semblable dans *L'État moderne et son droit*, t.2, *op.cit.*, p. 315 : « (…) il est naturel que les diverses fonctions aient tendance à s'établir dans des organes divers. À la séparation des fonctions correspond la division du travail des organes. Dans cette mesure, il est parfaitement licite de conclure de la diversité des organes à la diversité des fonctions ».

4 Georg Jellinek, *L'État moderne et son droit*, t.2, *op. cit.*, p. 315 : « Par suite, comme nous l'avons déjà dit, même les pays qui reconnaissent le principe de séparation des pouvoirs ne présentent jamais une séparation complète, absolue de ces pouvoirs, tout en ayant pleinement conscience qu'ils s'écartent ainsi du type pris pour modèle ».

5 *Gesetz und Verordnung*, *op.cit.*, p. 224 : « Der constitutionelle Staat ist nicht etwa dem aestetischen Bedürfnisse architektonischer Gliederung der staatlichen Irganisation entsprungen, sondern aus der im

Ainsi, il convient de classer les fonctions en deux grandes catégories : les fonctions matérielles (objectives) et les fonctions formelles (subjectives). Le critère distinctif des fonctions au sens matériel est la notion de but de l'État[1]. Leur contenu dépend par conséquent du but qu'elles sont censées accomplir[2]. Car, pour Jellinek, « le monde des hommes est un monde des buts »[3]. Il existe trois types de buts étatiques[4]: la conservation de l'existence même de l'État (le but de la puissance), le maintien et le développement du droit (le but juridique) et la culture (le but culturel). Parmi ces trois types de buts, uniquement le but juridique, celui qui

---

Laufe der neuern Zeit von Grund aus veränderten Schichtung der Gesellschaft hervorgegangen. Die Gedanken der Theilnahme der Beherrschten an der Herrschaft und die Sicherung der Rechte der Beherrschten gegen den Herrscher sind die Grundideen des constitutionellen Systems. Die Theilnahme an der Herrschaft erweist sich nun zwar in der Mitwirkung an der Rechtssetzung, aber der Staat herrscht nicht nur in der Rechtssetzung, sondern in allen seinen Funktionen ».

[1] Parmi les auteurs qui adoptent le critère du but pour construire une théorie des fonctions : Otto Mayer, *Deutsches Verwaltungsrecht*, t. 1, 1e édition, Leipzig, 1895, p. 3-4 ; Georg Meyer, *Lehrbuch des deutschen Staatsrechts*, 6e édition, p. 641.

[2] La détermination du caractère de l'activité étatique par les buts qu'elle accomplit se trouve, déjà, dans *Gesetz und Verordnung*, *op.cit.*, p. 213 : « Der Charakter der Staatsthätigkeit (...) ist gegeben durch ihre Zwecke ».

[3] *Gesetz und Verordnung*, *op.cit.*, p. 213 : « Die Welt des Menschen ist eine Welt der Zwecke ». Il paraît problématique de passer de ce « monde des hommes » qui est « un monde des buts » à la classification juridique des fonctions étatiques. Contre cette classification en fonction des buts : Otto Mayer, *Deutsches Verwaltungsrecht*, 1e édition, Duncker & Humblot, Leipzig, 1895, p. 69 : « La doctrine a cru pouvoir livrer la définition des propriétés juridiques propres [des pouvoirs] en désignant le but auquel est en principe appelée chacune de ces différentes forces conformément l'arsenal dont elle dispose en vue de l'accoplissement du but assigné. La pratique en droit positif actuel a aussitôt démontré que ces pouvoirs, une fois formés, agissent en fonction de leur nature juridique des façons les plus diverses sans qu'il y ait une stricte délimitation par rapport au but initialement assigné (...) » (« Die Bestimmung dieser besonderen Eigenschaften hat die Theorie einfach geben zu können geglaubt durch die Bezeichnung des Zweckes, dem jede dieser Kräfte vorzugsweise zu dienen berufen ist und für welchen sie demnach ausgerüstet sein muß. Die Verwirklichung im geltenden Rechte hat alsbald dazu geführt, daß diese Gewalten, einmal gestaltet, jede nach ihrer rechtlichen Natur in mancherlei Weise neben einander thätig werden, ohne strenge Beschränkung auf den bezeichneten Zweck [...]»). Dans le même sens, Maurice Hauriou, *Précis élémentaire de droit constitutionnel*, 2e édition, Sirey, Paris, 1930, p. 51-52, écrit qu'il « ne faut surtout pas confondre séparation des pouvoirs et séparation des fonctions », car « les différentes fonctions de l'État réclament la participation de différents pouvoirs ». Les « fonctions (…) sont les tâches à remplir par les organes avec leurs pouvoirs » (le mot « pouvoir » devrait probablement être entendu au sens de « compétences »).

[4] Les « buts de l'État » dans la théorie juridique de l'État élaborée par Jellinek sont pour un auteur weimarien anti-positiviste, Hermann Heller, *La crise de la théorie de l'État*, tr. fr. Olivier Jouanjan, Dalloz, coll. *Tiré-à-part*, 2012 (publié initialement sous le titre « Die Krisis der Staatslehre », *Archiv für Sozialwissenschaft und Sozialpolitik*, n°55, 1926, p. 289-316), p. 20, le signe de l'introduction de « la métaphysique, pourtant éliminée de son programme ». Pour Heller, Jellinek « n'a pas su mener jusqu'au bout sa propre méthode » et les « deux parties » de sa théorie de l'État « n'ont entre elles aucune cohésion interne » et manifestent « une insuffisance d'unité que les très sèches abstractions de la partie sociologique ne suffisent pas à racheter ».

vise au maintien et au développement du droit, est « spécifique à l'État »[1]. Ce sont les fonctions matérielles de la législation et de la justice qui permettent sa réalisation. Quant aux deux autres buts (la puissance et la culture), selon Jellinek, ils s'apparentent à l'activité de l'être humain et ne portent pas les caractéristiques intrinsèques de l'État. La fonction matérielle chargée de leur réalisation est l'administration. Ainsi, « la totalité de l'activité (*gesammte Thätigkeit*) de l'État est matériellement divisée en législation, justice et administration »[2]. Les fonctions matérielles ont un point commun : dans chacune d'entre elles, on retrouve une sphère d'activité libre (ou pouvoir discrétionnaire). Cette activité libre est élevée par le maître de Heidelberg au rang de condition indispensable à l'existence-même des fonctions matérielles. Sa « quantité » dépend de la fonction : la législation bénéficie de la marge de manœuvre la plus large, l'administration dispose d'une liberté d'agir moins importante[3]. Malgré la diversité des fonctions matérielles, il n'est point question d'un pouvoir étatique fractionné.

Dans l'*Allgemeine Staatslehre* (*Théorie générale de l'État*), Jellinek entreprend d'élaborer une distinction à la fois d'un point de vue formel et matériel, « c'est-à-dire entre les grandes directions que prend l'activité étatique et l'activité des différents groupes d'organes »[4]. Il garde la classification matérielle selon le but poursuivi en la modifiant par l'introduction de critères formels.

---

1 *Gesetz und Verordnung, op.cit.*, p. 214 : « Erhaltung der eigenen Existenz, des Rechtes, der Cultur haben sich uns als Zwecke des Staates dargestellt. Er ist nämlich der specifische Zweck des Staates, den er mit keiner anderen Persönlichkeit theilt ».

2 *Gesetz und Verodnung, op.cit.*, p. 222 : « (...) zerfällt denn die gesammte Thätigkeit des Staates ihrer materiellen Sinne nach in Rechtssetzung, Rechtsprechung und Verwaltung ». Pour Jellinek : « De toutes ces fonctions, c'est l'administration qui forme le centre », « un État sans administration serait une pure anarchie (...). C'est à elle qu'incombe le soin de préparer les lois, c'est elle qui soutient l'activité du juge, qui assure l'exécution de la fonction judiciaire ». Jellinek souligne tout de même l'importance que prend progressivement la fonction législative qui, « à un certain degré de développement de l'État », met l'administration dans un rapport de dépendance (*L'État moderne et son droit*, t. 2, *op.cit.*, p. 320-322) ; dans le même sens, *Gesetz und Verordnung, op.cit.*, p.220. Pour Richard Thoma, « Der Funktionen der Staatsgewalt », *in* Gerhard Anschütz/Richard Thoma (dir.), *Handbuch des deutschen Staatsrechts*, t.2, Mohr Siebeck, Tübingen, 1932, p. 110 : « La fonction vitale de l'État est l'administration » (« Die lebensnotwendige Funktion des Staates ist die Verwaltung »), mais il ne s'agit que d'une considération sociologique (« ist dies eine soziologische Betrachtung »). D'un point de vue « strictement juridique », « la fonction fondamentale de l'État est la législation » (« rein juristisch gesehen ist die Gesetzgebung die fundamentale Funktion des Staates »).

3 La présence d'une sphère de libre activité dans chaque fonction matérielle n'est pas sans rappeler la théorie de la formation du droit par degrés de Merkl et Kelsen, qui repose sur le « double visage » des normes juridiques comportant à la fois la production et l'appliction du droit. Sur cette théorie : ce chapitre, section 2, §1.

4 Georg Jellinek, *Allgemeine Staatslehre*, 2e édition, 1905, p. 594 : « (...) d.h. zwischen den großen Richtungen der Staatstätigkeit und den Tätigkeiten bestimmter Organgruppen » ; dans la traduction de Georges Fardis, le terme de « Staatstätigkeit » est rendu par « activité politique » (*L'État moderne et son droit*, t. 2, p. 317).

D'un point de vue matériel, les fonctions constituent un lien entre « l'activité de l'État et les buts de l'État ». À partir de ce lien, il est possible de dégager trois fonctions matérielles: « la législation, la juridiction, l'administration »[1]. De ces trois fonctions, c'est l'administration qui est au centre du système car garantissant la survie même de l'État. La législation, pendant de longues périodes, est un phénomène inconnu, mais l'administration, elle, « est de tous les instants »[2]. L'existence même de l'État serait corrompue, si l'administration disparaissait[3]. Ses organes donnent une image complète de « l'ensemble des fonctions matérielles ». L'administration dispose ainsi d'un pouvoir de réglementation et d'un pouvoir de décision qui lui permettent de participer à la fois à la législation et à la juridiction. C'est justement la place qu'occupe l'administration, jouant à la fois un rôle capital dans le cours de la procédure législative, mais aussi dans la phase de l'exécution de la loi, et représentant un facteur de premier ordre dans l'activité des tribunaux, qui démontre l'impossibilité d'opérer une division absolue des fonctions étatiques. Jellinek conclut lui-même : « C'est un vain effort que de vouloir déterminer pour chaque cas concret où commence et où s'arrête une fonction matérielle »[4].

La distinction matérielle des fonctions à partir du critère téléologique ne convainc pas vraiment, car on s'aperçoit rapidement qu'une même fonction peut accomplir deux buts différents ou bien, inversement, un seul but peut être atteint par le concours de deux, voire de trois fonctions matérielles. Comme le remarquent Raymond Carré de Malberg et Léon Duguit, qui dépassent ici leurs divergences doctrinales afin d'adresser une critique à la distinction matérielle des fonctions, « la

---

[1] Georg Jellinek, *L'État moderne et son droit*, t.2, *op.cit.*, p. 318 : « La législation pose des règles juridiques abstraites réglant une série de cas ou même un fait isolé. La juridiction fixe pour le cas particulier le droit incertain ou contesté ou encore les conditions juridiques det les intérêts. L'administration remplit des tâches concrètes en obéissant à l'impulsion donnée par les règles juridiques qui résultent de ces règles, et cela par des moyens dans lesquels une recherche approfondie nous découvre un système très compliqué ». La classification des fonctions « normales » de l'État dévoile la *summa divisio* des différents actes étatiques : les los et les actes administratifs.

[2] Georg Jellinek, *L'État moderne et son droit*, t. 2, *op.cit.*, p. 321.

[3] Georg Jellinek, *L'État moderne et son droit*, t.2, *op.cit.*, p. 321 : « L'État ne pourra exister une minute sans elle. (...) L'administration est, en même temps, la fonction la plus importante. C'est à elle qu'incombe le soin de préparer les lois ; c'est elle qui soutient l'activité du juge, qui assure l'exécution de la sentance judiciaire. Historiquement aussi, l'administration apparaît comme la fonction fondamentale ; la fonction législative, à son origine, tantôt s'y ajoute, tantôt sen détache ; d'autre part, l'activité judiciaire elle-même, réduite à peu de chose au début, tient, avec le développement croissant de l'État, une place de plus en plus grande ».

[4] *Gesetz und Verordnung*, *op.cit.*, p. 223 : « Die Unmöglichkeit absoluter formaler Scheidung der staatlichen Funktionen ergiebt sich aber namentlich, wenn man die Stellung der Verwaltung zu den beiden andern in Betracht zieht. (...) Alles die Akte der Gesetzgebung oder den Richterspruch Vorbereitende, alles ihnen Nachfolgende fällt ihr anheim. Rechtssetzung und Rechtsprechung bedingen hinwieder vielfach die Thätigkeit der Verwaltung, sie selbst bedarf abstrakter Regeln, welche ihren Gang normiren, sowie der Fähigkeit zwischen widerstreitenden Ansprüchen zu entscheiden. Es ist vergebliche Mühe, in jedem conkreten Falle bestimmen zu wollen, wo die eine materielle Funktion beginnt, die andere aufhört ».

science du droit n'est point une science des buts », elle a « pour objectif » de définir « les institutions ou les actes juridiques (...) par leur structure, leurs éléments constitutifs, leur contenu et surtout leurs effets de droit ». Le critère du but poursuivi ne peut qu'« apporter le trouble et la contradiction dans la distinction des fonctions », car incohérent. Un « acte juridique » peut contribuer à la réalisation de deux buts[1]. Il ne s'agit pas d'une classification juridique des fonctions de l'État, car déterminer celles-ci « en raison des diverses activités que celui-ci doit réaliser, c'est déterminer les fonctions de l'État du point de vue économique »[2].

Quant aux fonctions formelles, elles sont la description de l'activité des organes de l'État, contrairement aux fonctions matérielles, définies, indépendamment de l'organe qui en est chargé, par leur contenu. Ainsi, même si, dans un monde théorique idéal, le champ des fonctions formelles devait coïncider avec celui des fonctions matérielles, il n'y aurait pas d'inconvénient à ce que, dans la réalité, les fonctions matérielles se trouvent partagées entre plusieurs organes, dont l'existence découle de « la seule nature de l'État, unité, groupe organisé »[3]. Pour la vie de l'État, seules les fonctions formelles sont décisives. Il n'est pas question de diviser ces fonctions de manière superficielle, car « seules sont importantes, les divisions qui pénètrent au cœur de l'activité de l'État et ne s'en tiennent pas à l'extérieur »[4]. Quelle que soit la division, formelle ou matérielle, elle ne saura jamais rendre compte du véritable fonctionnement de la machine étatique, car celui-ci n'est pas soumis aux règles d'une « logique rigoureuse ». Vouloir arrêter une division rigide et absolue des fonctions ne correspond pas à la réalité de l'État, c'est une « chose impossible »[5].Tout ce qui est vivant, tout ce qui touche à la pratique, « manque souvent de logique ». Seule une « scolastique surannée peut chercher partout la logique ; elle ne saurait, d'ailleurs, la trouver »[6]. Finalement, après avoir

---

1 Raymond Carré de Malberg, *Contribution à la théorie générale de l'État*, t. 1 (1920), réimpression, Dalloz, 2004, p. 264.

2 Léon Duguit, *Traité de droit constitutionnel*, t. 2 (*Théorie générale de l'État*), 2e édition, Éd. de Boccard, Paris, 1923, p. 135. Dans le langage de Duguit, l'activité de l'État correspond aux différents buts poursuivis par ce dernier.

3 Georg Jellinek, *L'État moderne et son droit*, t.2, *op.cit.*, p. 225.

4 Georg Jellinek, *L'État moderne et son droit*, t.2, *op. cit.*, p. 313.

5 *Gesetz und Verordnung*, *op.cit.*, p. 223 : « (...) das Beginnen einer durchgängigen scharfen Trennung der Staatsfunktionen in den sie versorgenden Organen eine Unmöglichkeit ist. Die in sich einheitliche Staatsthätigkeit lässt sich zwar nach logischen und sachlichen Gesichtspunkten zergliedern, aber eine streng formale, in der Gliederung des staatlichen Organismus mit unfehlbarer Sicherheit zum Ausdruck kommende Scheidung des seiner Natur nach innerlich Zusammenhängenden lässt sich nicht erreichen. Das verhängnisvolle Fehler, den Staatswissenschaft und praktische Politik begehen können, ist das Unternehmen, mit abstrakten Kategorien das wirkliche Leben des Staates beherrschen zu wollen. Alles Leben spottet der von Aussen an dasselbe herangebrachten Schablonen ; von Innen sich entwickelnd geht es seinen eigenen, nur durch seine Gesetze beherrschten Gang ».

6 Georg Jellinek, *L'État moderne et son droit*, t.2, *op.cit.*, p. 313. On peut ici faire le lien avec la terminologie organiciste. Pour des auteurs comme Bluntschli, von Held ou Schulze, il ne s'agit pas de

proposé deux manières de distinguer les fonctions, Jellinek leur reproche de n'être pas aptes à rendre compte de la vie réelle de l'État. Le fonctionnement complexe de l'appareil étatique est le résultat des jeux et des combinaisons les plus variées de ces soi-disant fonctions, qui se trouvent dans un état d'interpénétration permanente, qui traversent sans aucune difficulté les limites imaginaires dans lesquelles la théorie souhaite les enfermer. L'objectif, que remplit une classification, qu'elle s'attache au but ou à la description formelle, n'est pas d'établir une définition immuable des éléments constitutifs de chacune des fonctions. Il s'agit avant tout d'aboutir à une optimisation du travail dont sont chargés les différents organes de l'État.

La distinction matérielle (objective) et formelle (subjective)[1] ne peuvent jamais complètement coïncider, car, même si la théorie postule une distinction statique en ne prenant pas en compte les considérations d'utilité politique, la réalité est tout autre[2]. L'approche est pragmatique : pas de séparation des pouvoirs, mais distinction relative des fonctions avec éléments du système des freins et contrepoids (*checks and balances*). Il est étonnant que chez Jellinek disparaisse l'objectif premier du principe de séparation des pouvoirs : la protection de la liberté de l'individu.

Jellinek, décédé prématurément en 1911, ne voit pas la fin de l'Empire bismarcko-wilhelmien. Sa *Théorie générale de l'État* représente un des derniers monuments d'un régime révolu qui illumine les premières années de Weimar et constitue un point de départ important pour les juristes de la nouvelle génération « républicaine ».

Au début du XXe siècle, l'Empire souffre de son impossibilité de s'adapter aux exigences d'une nouvelle époque. La Grande guerre achève ce mastodonte, dont le corps est solide, composé de différents États plus ou moins puissants, mais qui, posé sur ses pieds constitutionnels fragiles, n'arrive plus à marcher.

---

procéder à une séparation absolue qui aboutirait à la mort de l'État-organisme et le transformerait en un objet mécanique, donc inanimé.

[1] *Gesetz und Verordnung*, *op.cit.*, p. 225 : « So hat denn der objektive Gegensatz von Rechtssetzung, Rechtsprechung und Verwaltung zwar den subjektiven von Gesetzgeber, Richter und Verwalter im Organismus der modernen Staaten hervorgetrieben, aber eine mechanische Vertheilung der drei Funktionen unter die drei Klassen von Organen ist weder möglich, noch wie eine genaue Kenntniss der Entwickelungsgeschichte des constitutionellen Staates lehrt, jemals beabsichtigt worden », avec une référence au publiciste libéral du *Vormärz* Friedrich Schmitthenner (voir, sur Schmitthenner et sa position dans la doctrine libérale du *Vormärz* : ce titre, chapitre 2, section 1).

[2] Georg Jellinek, *L'État moderne et son droit*, t. 2, *op.cit.*, p. 325 : « Cependant les fonctions matérielles et les fonctions formelles ne peuvent jamais tout à fait coïncider subjectivement, parce que, si la théorie admet des lignes de séparation bien nettes, il n'en est pas de même de la vie. Ce ne sont pas les considérations d'art, les considérations de beauté, ce sont les considérations d'utilité politique, qui déterminent l'ordre réel de l'État, et qui amènent toutes sortes d'infractions aux règles même le plus expressément reconnues ».

Section 2 : Le principe de séparation des pouvoirs sous la République de Weimar.

Le « congé » avec le XIXe siècle est long, mais devient une nécessité après la fin de la Grande guerre qui marque le début historique du XXe siècle. La « Révolution populaire de novembre 1918 fut (...) dirigée contre la constitution impériale antérieure »[1].

1919 est l'année de changement du décor constitutionnel. Le régime est passé de la monarchie à l'Empire pour se retrouver enfin confronté à un ordre républicain institué par la Constitution du 11 août 1919[2]. L'esprit allemand ne réussit pas à s'adapter aux transformations profondes et rapides du système constitutionnel. L'art. 1er proclamant que le « pouvoir d'État émane du peuple »[3] signifie la fin du principe monarchique. Il est possible de parler, en Allemagne aussi, d'une parlementarisation du régime politique, car la responsabilité du chancelier et de ses ministres devant le parlement devient du droit positif[4]. Désormais, le gouvernement doit jouir de la confiance du *Bundestag* et dans l'hypothèse où ce dernier décide de la retirer d'un membre ou du gouvernement tout entier, l'article 54 de la Constitution prévoit une sanction immédiate : la démission[5]. L'élément troublant est la place qu'occupe le président du *Reich*, bénéficiant de la légitimité démocratique directe, car élu au suffrage universel direct, et disposant de la possibilité d'exercer, dans des circonstances exceptionnelles, des

---

1 Olivier Beaud, « Carl Schmitt ou le juriste engagé » (préface), *in* Carl Schmitt, *Théorie de la Constitution* (1928), trad. fr. Lyliane Deroche, PUF, coll. Quadrige, 2008, p. 98 : « Dans les soubresauts d'une guerre finissante, elle fut déclenchée par les soldats et les ouvriers et déboucha sur la constitution d'un gouvernement provisoire mêlant libéraux, socialistes et socialistes révolutionnaires ».

2 Michael Stolleis, « Dans le ventre du Léviathan. La science du droit constitutionnel sous le national-socialisme », *Astérion*, n°4, 2006, p. 99-100 : « La science du droit constitutionnel (*Staatsrechtslehre*) allemande a accompli dans la première moitié du XXe siècle la transition d'une monarchie constitutionnelle vers une république démocratique (...) ». Sur la réception de la nouvelle Constitituion par la doctrine française : Carlos Miguel Herrera (dir.), *La Constitution de Weimar et la pensée juridique française. Réceptions, métamorphoses, actualités*, Éditions Kimé, 2011.

3 « Die Staatsgewalt geht vom Volke aus (...)».

4 Le 30 septembre 1918, l'Empereur Guillaume II fait une dernière tentative de sauver l'édifice impérial qui est en train de s'écrouler : il adresse une note au comte de Herling en déclarant instituer le régime parlementaire en Allemagne. Mais il est déjà trop tard. Sur l'échec de la parlementarisation du *Reich* : Christoph Gusy, *Die Weimarer Reichsverfassung*, Mohr Siebeck, Tübingen, 1997, p. 5 et suiv.

5 L'article 54 introduit le principe de confiance qui lie le chancelier et les ministres du *Reich* au Parlement : ils « doivent, pour l'accomplissement de leurs fonctions, jouir de la confiance du Reichstag » (« bedürfen zu ihrer Anmtsführung des Vertrauens des Reichstags »). Cette disposition constitutionnelle prévoit également une sanction dans l'hypothèse où « la confiance est retirée par un vote exprès », le ministre visé ou le gouvernement tout entier « est obligé de démissionner » (« Jeder von ihnen muß zurücktreten, wenn ihm der Reichstag durch ausdrücklichen Beschluß sein Vertrauen entzieht »).

pouvoirs étendus prévus par l'article 48 du texte constitutionnel[1]. Si le passage de la monarchie à la république ne présente pas de difficultés majeures, le « parlementarisme démocratique » a du mal à s'adapter à la situation allemande à cause de la « domination centenaire des États particuliers autoritaires »[2]. La complexité de la structure de cette « Constitution sans décision »[3] ne facilite pas la transition vers un véritable régime parlementaire. Le *Reich* républicain est un « État constitutionnel (*Verfassungsstaat*) au sens étroit et propre du terme » : le texte constitutionnel distingue « le pouvoir législatif, le pouvoir exécutif, lié par la loi et soumis à la critique du parlement (...) et le pouvoir de rendre la justice indépendant du pouvoir exécutif », et « répartit ces pouvoirs entre différents organes dans le cadre d'un régime républicain, démocratique et parlementaire »[4]. Mais les mécanismes théoriques prévus afin de garantir la stabilité politique et institutionnelle échouent à l'épreuve de la confrontation avec la réalité politique et la recherche incessante des acteurs institutionnels de dominer la scène politique.

La société allemande entre dans une période d'insécurité qui bat son plein à la fin des années 1920. Le mouvement de « brutalisation »[5] des masses populaires

---

[1] Sur les pouvoirs du président prévus par l'article 48 de la Constitution weimarienne, voir, *infra*, Deuxième partie, second titre, chapitre 1er. La « constitution d'urgence » de la Loi fondamentale de 1949, qui contient une série de dispositions dont l'application est déclenchée dans des situations exceptionnelles et qui modifient le principe constitutionnel de la séparation des pouvoirs, est une réaction à la « dictature » du pouvoir exécutif rendue possible par l'article 48 et ayant contribué à la fin rapide du régime weimarien.

[2] Hugo Preuss, qualifié souvent de « père de la Constitution de 1919 », « Zur Verabschiedung der neuen Reichsverfassung » (1919), *in* Detlef Lehnert/Christoph Müller (éd.), *Gesammelte Schriften*, vol. 4 (*Politik und Verfassung der Weimarer Republik*), Mohr Siebeck, Tübingen, 2008, p. 86 : « Der Übergang von der Monarchie zur Republik hat sich in Reich und Einzelstaaten dem äußeren Anschein nach erstaunlich leicht vollzogen, wenig leicht wird sich der demokratische Parlamentarismus (…). Diesem Geiste ist unser Volk durch die jahrhundertelange Herrschaft der obrigkeitlichen Kleinstaaterei mehr entfremdet als irgend ein anderes Volks unseres Kulturkreises ».

[3] Otto Kirchheimer, « Weimar und was dann ? Analyse einer Verfassung » (1930), *in* du même, *Politik und Verfassung*, Suhrkamp, Frankfurt am Main, 1964, p. 52 : « (…) Verfassung ohne Entscheidung ».

[4] Rudolf Smend, *Die Verfassung des Deutschen Reichs vom 11. August 1919*, Sieben Stäbe- Verlags- u. Druckereigesellschaft, Berlin, 1929, p. XIV : « (...) ist das Rech ein Verfassungsstaat im engeren, eigentlichen Sinne. D.h. die Verfassung unterscheidet eine gesetzgebende Gewalt, eine an die Gesetze gebundene und der Kritik des Parlaments unterworfene vollziehende Gewalt (...) und eine von dieser unabhängige richterliche Gewalt – und sie verteilt diese Gewalten auf verschiedene Organe im Sinne der republikanisch-demokratisch-parlamentarischen Staatsform ». Smend, *Verfassung und Verfassungsrecht*, rejette le principe de séparation des pouvoirs compris comme un double mouvement de séparation puis de système de freins et de contrepoids, car « l'exigence de construire l'État comme un système artificiel de forces se contrebalançant mutuellement fut la première et naïve expression d'une pensée qui ne voulait pas tellement organiser l'État en tant que le jeu de forces se mouvant librement, mais cherchait plutôt et avant tout à comprendre ces mécanismes » (« Die Forderung, den Staat aufzubauen als ein künstliches System sich gegenseitig in freischwebendem Gleichgewicht haltender Kräfte, war die erste und naive Form eines Denkens, das den Staat als ein in sich freischwebendes Kräftespiel nicht so sehr einzurichten, als zunächst und vor allem zu verstehen suchte »).

[5] George Mosse, *De la Grande Guerre au totalitarisme. La brutalisation des sociétés européennes*, trad. fr. Edith Magyar, Hachette *Littératures*, 1999, spécialement p. 181 et suiv. sur « la brutalisation du champ politique allemand ». Ce phénomène de brutalisation, lié à la banalisation de la guerre et donc à une

est irréversible au moment où une crise politique et économique envahit la machine weimarienne et l'empêche de fonctionner. Le « séisme économique d'octobre 1929 » rend « sa pleine actualité à l'acte d'accusation dressé contre le "système Weimar" », car à « l'explosion du chômage s'ajoute le blocage des institutions politiques »[1]. La mort brutale de la monarchie limitée et la dégradation de la situation économique plongent la société allemande dans un état velléitaire dont le danger latent ne se révèle complètement que dans les années 1930. « Fille de la défaite, la République a signé le traité de Versailles » ; le régime démocratique est vu comme le résultat « d'une sombre conspiration, celle des communistes et autres révolutionnaires ligués pour poignarder l'armée allemande dans le dos »[2]. C'est le climat dans lequel évoluent les juristes : ceux, formés à l' « ancien » droit public, celui de l'État bureaucratique et autoritaire qu'était l'Empire, et ceux, issus de la nouvelle génération pour lesquels la monarchie n'est qu'un chapitre de l'histoire dont la fin est écrite par les vainqueurs de 1918. Tous seront témoins ou acteurs de la folie méthodique du national-socialisme dans laquelle sombre la République de Weimar.

La crise, qui ronge « Weimar », n'est pas seulement politique, économique et sociale. Dans le domaine de la science du droit public, la « querelle des méthodes » (*Richtung- und Methodenstreit*)[3] fait des ravages après la publication, en 1925, de la *Théorie générale de l'État* de Hans Kelsen, le chantre d'une méthode positiviste normativiste qui rompt, selon ses propres affirmations, avec la tradition labandienne. L'opposition doctrinale « ne portait pas seulement sur des problèmes de méthode, mais (...) approfondissait aussi la question des oppositions entre

---

indifférence à l'égard de la mort de masse et à une déshumanisation de l'ennemi, peut être observé dans les autres États, parties au conflit de 1914-1918, mais dans les pays « victorieux » comme l'Angleterre ou la France, on a pu « maîtriser ce durcissement ». « L'Allemagne, écrit Mosse, n'eut pas cette chance et la violence envahit toute la scène politique ».

[1] Marcel Gauchet, *L'avènement de la démocratie III : A l'épreuve des totalitarismes (1914-1974)*, Gallimard, 2010, p. 458 ; George Mosse, *De la Grande Guerre au totalitarisme. La brutalisation des sociétés européennes*, *op.cit.* p.199, p. 201. Déjà, pendant la Première guerre mondiale, la dégradation de la situation économique représente le terrain propice à l'exacerbation de l'antisémitisme latent et à la radicalisation politique de l'Allemagne : « La montée du racisme était surtout une réaction aux crises sociales, économiques et politiques ».

[2] Johann Chapoutot, *Fascisme, nazisme et régimes autoritaires en Europe (1918-1945)*, PUF, coll. Quadrige, 2013, p. 101.

[3] Sur cette querelle doctrinale qui dure de 1925 à 1933: Manfred Friedrich, « Der Methoden- und Richtungsstreit. Zur Grundlagendiskussion der Weimarer Staatsrechtlehre », *in AöR*, vol. 111, 1977, p. 161-209 ; Michael Stolleis, *Geschichte des öffentlichen Rechts in Deutschland*, t.3 : *Staats- und Verwaltungswissenschaft in Republik und Diktatur (1914-1945)*, C.H. Beck, München, 1999, p. 153 et suiv. ; Christoph Gusy, *Die Weimarer Reichsverfassung*, Mohr Siebeck, Tübingen, 1997, p. 421 et suiv. Voir, également, en langue française, Olivier Beaud, « Carl Schmitt ou le juriste engagé », *in* Carl Schmitt, *Théorie de la Constitution* (1928), trad. fr. Lilyane Deroche, PUF, coll. *Quadrige*, 2008, p. 21 et suiv. Les protagonistes de ce schisme doctrinal sont, par exemple, Hans Kelsen, le représentant le plus important du positivisme normativiste, Carl Schmitt, Hermann Heller, Rudolf Smend, placés du côté des anti-positivistes, et Gerhard Anschütz et Richard Thoma qui prennent plutôt une position médiane entre le rejet total et l'acceptation aveugle.

libéralisme et collectivisme, conceptions de l'État autoritaire et démocratique, orientations "de gauche" et "de droite" »[1].

Pour Kelsen, la « doctrine de l'État de Laband est en réalité une idéologie du principe monarchique qu'il a étudié d'une façon complètement inadmissible et en opposition du droit positif ». C'est à Gerber que la théorie pure du droit doit être identifiée, elle « s'inscrit (...) dans le prolongement d'une tradition qui, en Allemagne, commença avec Gerber ». L'accusation de « labandisme » est aux yeux du maître viennois « dépourvue de sens », car Laband n'a jamais réussi, malgré la prétention affichée, à séparer le droit positif de la politique »[2]. Adolf Merkl est le théoricien de la formation du droit par degrés, qui devient à son tour un des éléments du raisonnement kelsénien, et un des piliers de sa dynamique juridique dans laquelle le principe de séparation des pouvoirs prend la forme d'une chaîne normative ininterrompue dans laquelle chaque maillon présente deux visages, celui de la création et celui de l'application du droit (§1). Chez Gerhard Anschütz et Richard Thoma, deux positivistes « modérés », le principe de séparation des pouvoirs est compris comme un principe d'organisation politique fondamental (§2). C'est en tant que composante de l'État de droit libéral et bourgeois que Carl Schmitt expose le principe de la distinction des pouvoirs dont la mort est annoncée par la fin de la République de Weimar (§3).

§1. Le principe de séparation des pouvoirs dans la théorie de la formation du droit par degrés.

D'origine autrichienne, Merkl et Kelsen doivent être considérés comme faisant partie de l'évolution de la doctrine publiciste dans l'espace germanophone. S'agissant de la théorie de l'État et de ses fonctions, leur réflexion marque une

---

[1] Michael Stolleis, « Droit naturel et théorie générale de l'État dans l'Allemagne du XIXe siècle », *Le Débat*, n°74, 1993, p. 72.

[2] Hans Kelsen, lettre adressée à son traducteur italien, Renato Treves, datée du 3 août 1933, dont la version française, due au destinataire, est publiée dans la revue *Droit et société*, n°7 (numéro spécial « Kelsen et le kantisme »), 1987, p. 326 et suiv. Il s'agit probablement de la dernière lettre « allemande » de Kelsen. On y trouve mentionné son renvoi de l'Université de Cologne. Sur son rejet du modèle labandien : Christoph Schönberger, « De l'État comme substance à l'État comme fonction », *in* Olivier Jouanjan (coord.), *Hans Kelsen. Forme du droit et politique de l'autonomie*, PUF, coll. Débats philosophiques, 2010, p. 53 et suiv. : « (...) le positivisme de Kelsen – un positivisme théorique, de théorie du droit – n'est pratiquement lié en rien, sur le fond, à la tradition positivste de Laband, qui est un positiviste de la volonté de l'État ». Pour Hermann Heller, *La crise de la théorie de l'État* (1926), Dalloz, coll. *Tiré-à-part*, 2012, p. 29 : « La théorie pure du droit est l'héritage trop tardif du positivisme juridique logiciste, l'accomplissement parfaitement conséquent du programme anti-sociologique et anti-axiologique du labandisme » ; p. 34 : « (...) Kelsen ne fait que mener à bien le programme du positivisme logiciste des Laband, Stammler et autres Binder, tous influencés par le néo-kantisme ». Cependant, il convient de s'interroger sur le bien-fondé de ce rejet de la méthode labandienne et de la position favorable que prend Kelsen envers Gerber, car entre Laband et Gerber, il n'y a pas vraiment de différence de méthode, mais une différence d'objet (voir, *supra*, ce chapitre, section 1, §2).

rupture avec les traditions doctrinales de l'État monarchique[1]. Merkl, le théoricien des deux visages de la norme juridique, pose les « prolégomènes de la formation du droit par degrés » (A). Kelsen intègre les idées de son « élève »[2] dans la conception dynamique de sa théorie pure du droit, ce qui lui permet repenser le principe traditionnel de la séparation des pouvoirs[3] (B).

A. Les deux visages de la norme juridique dans la théorie de la formation du droit par degrés d'Adolf Merkl.

Pour Adolf Merkl et Hans Kelsen, le droit est compris uniquement comme système de normes juridiques qui sont l'expression d'un devoir-être (*Sollen*) opposé à la loi de nature, au factuel, qui est un être (*Sein*). Merkl, « prenant pour point de départ les principes essentiels de la doctrine normativiste formulée par Kelsen [avait été le premier à] construire une conception rigoureuse de l'ordre juridique »[4]. L'ordre juridique est défini comme un système de normes générales et individuelles, abstraites et concrètes, liées entre elles selon « le principe d'autocréation du droit »[5]. Le point de départ dans le système de Merkl est le principe de formation du droit par degrés en vertu duquel chaque norme est engendrée par une norme de degré

---

1 Norbert Achterberg, *Probleme der Funktionenlehre*, C.H. Beck'sche Verlagsbuchhandlung, München, 1970, p. 33.

2 Sur les rapports entre le « maître » Kelsen et l' « élève » Merkl : Martin Borowski, « Die Lehre vom Stufenbau des Rechts nach Adolf Julius Merkl », *in* Stanley L. Paulson/Michael Stolleis (dir.), *Hans Kelsen : Staatsrechtslehrer und Rechtstheoretiker des 20. Jahrhunders*, Mohr Siebeck, Tübingen, 2005, p. 156 et suiv. Il faut dire que Kelsen s'appuie largement sur les analyses de Merkl, qui innervent la théorie pure du droit, mais cite avec extrême parcimoine Merkl. Dès la deuxième édition des *Hauptprobleme der Staatsrechtslehre*, qui paraît en 1923, Kelsen qualifie la théorie de la formation du droit par degrés de « partie essentielle » (*wesentliche Bestandteil*) du système de la *Théorie pure du droit* (p. XVI) sans se réferer explicitement à son « élève ». Dans l'essai consacré à la séparation des pouvoirs, Adolf Merkl fait l'objet d'une seule référence de note de bas de page, alors que Kelsen construit tout son raisonnement sur les hypothèses avancées par Merkl quelques années plus tôt (voir *infra*, ce paragraphe, B). Il est difficile de conclure à une vanité intellectuelle qui aurait empêché Kelsen de se référer constamment à l'œuvre de Merkl. Comme le remarque Martin Borowski, dans la *laudatio* prononcée par Kelsen à l'occasion du 70e anniversaire de Merkl, le maître est plus qu'élogieux et désigne son disciple comme étant le « co-fondateur » (*Mitbegründer*) de la théorie pure du droit.

3 Voir l'introduction de Stanley L. Paulson *in* Hans Kelsen, *Théorie générale du droit et de l'État suivi de la doctrine du droit naturel et le positivisme juridique*, Bruylant/LGDJ, 1997, p. 6 et suiv. Sur l'importance de la formation du droit par degré pour la *Théorie générale de l'État* kelsénienne, on consultera Stanley L. Paulson, « Zur Stufenbaulehre Merkls in ihrer Bedeutung für die allgemeine Rechtslehre », *in* Robert Walter (dir.), *Adolf J. Merkl. Werk und Wirksamkeit*, Manz, Wien, 1990, p. 93 et suiv.

4 Franz Weyr, « La doctrine de M. Adolph Merkl », *Revue internationale de théorie du Droit*, n°28, 1926, p. 215 et 219, ici cité par Denys de Béchillon, *Qu'est-ce qu'une règle de droit*, Éditions Odile Jacob, 1997, p. 56.

5 Hans Kelsen, *Théorie générale du droit et de l'État suivi de la doctrine du droit naturel et le positivisme juridique*, Bruylant/LGDJ, 1997, p. 186-187. Dans l'esprit kelsenien, la création du droit est toujours l'application de celui-ci, car ces « deux concepts ne sont absolument pas opposés ; contrairement à ce que présume la théorie traditionnelle ».

supérieur. La conséquence logique de ce processus de création normative ininterrompue est qu'à chaque étape « les actes qui établissent les normes doivent être considérées comme étant à la fois des actes d'exécution et de création du droit ». Dans cette théorie, où les normes sont dans uns structure graduée qui permet de penser un rapport de conformité hiérarchique[1] des différents « étages », la théorie de la distinction des fonctions fait l'objet d'une transformation. « En effet, dans une pure théorie juridique de l'État, les fonctions de l'État ne peuvent être considérées que comme fonction de formation du droit. »[2] Il n'est plus possible d'identifier les fonctions étatiques par leur contenu supposé. La législation n'est pas uniquement production du droit, comme l'exécution ne peut plus être qualifiée de simple application de la loi. Chez Merkl, chaque norme, à chaque degré de la structure pyramidale de l'ordre juridique comporte la production ou activité créatrice du droit d'une part, et l'application ou l'exécution de la norme supérieure, d'autre part. La théorie de Merkl permet de regarder ce qui se passe au-delà d'une classification superficielle des fonctions de l'État. La *Stufenbaulehre* rompt avec le schéma banal, qui veut que les normes soient divisées en normes de création (les lois) et normes d'exécution (actes émanant du pouvoir exécutif). Toute norme, même les actes administratifs possèdent un « caractère créateur de droit » (*Rechtsetzungscharakter*)[3]. Les normes diffèrent les unes des autres uniquement par la « dose » de création ou d'exécution qu'elles comportent. Cette double qualité production/application Merkl qualifie de « double visage du droit » (*doppelter Rechtsantlitz*) des normes juridiques ou encore « *Janusköpfigkeit* », à l'image du dieu Janus, représenté dans la mythologie romaine par une tête à deux visages[4].

---

[1] Ici s'impose une précision de l'emploi du terme « hiérarchie ». Il ne s'agit ni pour Merkl, ni pour Kelsen de construire des rapports hiérarchiques au sens d'une subordination, soumission de celui qui exécute la norme envers celui qui la produit : Hans Kelsen, « Aperçu d'une théorie générale de l'État », *RDP*, 1926, p. 534-535 : « En réalité, la subordination n'existe qu'entre celui qui applique la règle et la règle qu'il doit appliquer, et non entre lui et celui qui l'a établie. C'est à la règle qu'on doit se conformer, se soumettre, et non à l'individu qui, – soumis à son tour à d'autres règles –, l'a édictée. Il n'y a de subordination et de supériorité, de hiérarchie, dans le système de l'État, qu'en ce sens ». Sur ce point, François Ost/Michel van de Kerchove, *De la pyramide au réseau ? Pour une théorie dialectique du droit*, Publications des Facultés universitaires Saint-Louis, Bruxelles, 2002, p. 44 et suiv.

[2] Roger Bonnard, « La théorie de la formation du droit par degrés dans l'oeuvre d'Adolf Merkl », *RDP*, 1928, p. 679.

[3] Adolf Merkl, « Prolegomena einer Theorie des rechtlichen Stufenbaues », *Gesellschaft, Staat und Recht, Festschrift für Hans Kelsen*, 1931, p. 252-294, réimpression dans Hans Klecatsky/René Marcic/Herbert Schambeck (éd.), *Die Wiener Rechtstheoretische Schule. Ausgewählte Schriften von Hans Kelsen, Adolf Julius Merkl und Alfred Verdross*, vol. 2, Europa Verlag, Wien, 1968, p. 1326 : « Es wird sich noch erweisen, daß der Rechtssetzung im Bereiche der Vollziehung nur eine unübersteigliche formale Schranke gezogen ist, so daß freilich die Rechtssetzung niemals die gesamte Vollziehung durchdringen kann ».

[4] Adolf Merkl, *Die Lehre von der Rechtskraft, entwickelt aus dem Rechtsbegriff*, Leipzig/Berlin, 1923, p.216 et du même, « Das doppelte Rechtsantlitz », *Juristische Blätter*, 1918, p. 425-427, 444-447, 463, 465, réimpression dans Hans Klecatsky/René Marcic/Herbert Schambeck (éd.), *Die Wiener Rechtstheoretische Schule. Ausgewählte Schriften von Hans Kelsen, Adolf Julius Merkl und Alfred Verdross*, vol. 1, *op.cit.*, p. 1097. C'est cet écrit qui est décisif pour la théorie de la formation du droit par degrés.

> *Le droit, dont on a dit qu'il comporte nécessairement deux degrés – un degré de production absolue et un degré d'application absolue (…), nous montre au moins deux visages (doppeltes Antlitz).*[1]

Merkl imagine une chaîne de production et d'application du droit dont le début est représenté par une norme créatrice du droit et la fin – une norme de pure application[2]. Entre les deux se placent les normes qui contiennent à fois une part de création et une part d'application, c'est-à-dire les normes qui représentent une concrétisation ou individualisation, qui transposent la « norme idéale à un contenu réel »[3]. Cette nouvelle hiérarchie des normes suppose une nouvelle classification des fonctions. Ainsi, les fonctions se divisent en fonction constituante, qui porte application de la norme originaire (*Ursprungsnorm*), fonction législative mettant en œuvre les normes constitutionnelles et, enfin, les fonctions administrative et juridictionnelle, qui sont l'exécution immédiate de la loi. Pour Merkl la division est bipartite, car en isolant la fonction constituante, on arrive à deux volets qui lui sont subordonnés, la législation et l'exécution. Cette dernière englobe l'administration et

---

1 Adolf Merkl, « Das doppelte Rechtsantlitz », *Juristische Blätter*, 1918, p. 425-427, 444-447, 463, 465, réimpression dans Hans Klecatsky/René Marcic/Herbert Schambeck (éd.), *Die Wiener Rechtstheoretische Schule. Ausgewählte Schriften von Hans Kelsen, Adolf Julius Merkl und Alfred Verdross*, vol. 1, Europa Verlag, Wien, 1968, p. 1091-1113, p. 1097 pour la citation (« Das Recht, von dem gezeigt wurden daß es notwendig zwei Stufen aufweist – eine Stufe absoluter Rechtserzeugung und eine Stufe absoluter Rechtsanwendung (…), zeigt uns mindestens ein doppeltes Antlitz »). Hans Kelsen, *Théorie générale du droit et de l'État, suivi de la doctrine du droit naturel et le positivisme juridique*, Bruylant/LGDJ, 1997, p. 186-187, pour qui « les deux concepts ne sont absolument pas opposés, contrairement à ce que présume la théorie traditionnelle » émet donc la même hypothèse. Il n'est « pas tout à fait correct de classer les actes juridiques en actes de création du droit et en actes d'application du droit ; en effet, hormis deux cas extrêmes (…), tout acte est simultanément un acte de création et d'application du droit ». Critique : François Ost/Michel van de Kerchove, *Jalons pour une théorie critique du droit*, Publications des Facultés universitaires Saint-Louis, Bruxelles, 1987, p. 183 et suiv.

2 Très critique et contre la théorie de la formation du droit par degrés de l'« École viennoise », l'anti-positiviste Rudolf Smend, *Verfassung und Verfassungsrecht*, Duncker & Humblot, München/Leipzig, 1928, p.106, dont la doctrine de l'intégration est l'opposé de la méthode de Merkl et Kelsen : « La signification et le lien entre les "étages de la production du droit" suit le sens selon lequel ces étages représentent des parties d'une réalité donnée et évolutive. Mais les parties d'une telle réalité doivent être comprises comme entretenant un lien uniquement d'un point de vue dialectique, et non pas comme les maillons d'une chaîne linéaire. Enfin, le dépouillement de l'État de tous ses caractères spécifiques, de tout élément politique exclut un éventuel regard sur la nature spécifique des composantes de l'État » (« Der Sinn und der Zusammenhang der Stufen der Rechtserzeugung" ist gegeben mit dem Sinn, den diese Stufen als Teile einer aufgegebenen und durchgeführten Lebenswirklichkeit haben. Teile solche Wirklichkeit sind aber im Verhältnis zueinander nur als dialektische Momente verständlich, nicht als Glieder einer linearen Kette. Und vollends die radikale Denaturierung des Staats von aller Eigennatur, allem politischen Charakter schließt natürlich auch jede Einseicht in den spezifischen Charakter seiner einzelnen Momente aus [...] »).

3 Adolf Merkl, « Das doppelte Rechtsantlitz », *in* Hans Klecatsky/René Marcic/Herbert Schambeck (éd.), *Die Wiener Rechtstheoretische Schule. Ausgewählte Schriften von Hans Kelsen, Adolf Julius Merkl und Alfred Verdross*, vol. 1 *op.cit.*, p. 1109 : « Das Gesetz bedarf noch einer Konkretisierung oder Individualisierung durch den Rechtsanwender, der die ideale Norm an den realen Sachverhalt heranbringt ».

la justice, car les deux comportent un degré élevé d'application normative. L'administration et la justice, deux « fonctions-sœurs » (*Schwesterfunktionen*) entretiennent ainsi un rapport de « mère-fille » (*Tochterfunktionen*) avec la fonction législative[1]. La dose de création du droit est l'élément qui permet d'opérer la distinction entre les différentes normes juridiques et constitue par conséquent le critère distinctif des fonctions étatiques. L'application n'est pas le simple geste machinal d'appliquer la norme au cas d'espèce. C'est le processus de concrétisation qui crée une nouvelle norme.

La concrétisation « qu'exige le cas posé s'exécute en tant qu'application du droit à une situation de fait »[2]. La dose de production normative est fonction de l'étage de la pyramide où l'on se situe. Aux étages supérieurs, la latitude discrétionnaire dans l'application normative est plus conséquente qu'en bas de la structure. Ainsi, plus on avance dans la chaîne normative, plus la latitude discrétionnaire dans l'application diminue, jusqu'à ce que l'on arrive au dernier maillon, celui qui n'est caractérisé que par une pure application du droit et qui ne comporte aucune part de création normative[3]. Merkl reconnaît, comme Alfred Verdroß ou Kelsen, que les organes chargés de la production et application normatives sont dotés d'une volonté propre qui rend possiblel'acte de concrétisation. Il n'y a point d'organe[4] privé de tout pouvoir discrétionnaire[1]. Dans

---

[1] Adolf Merkl, *Die Lehre von der Rechtskraft entwickelt aus dem Rechtsbegriff*, Leipzig/Wien, 1923, p. 20-21 : (...) einerseits die "Gesetzgebung" im Sinne eines Vollzuges der Verfassung ; anderseits die "Vollziehung" im Sinne eines Vollzuges der Gesetzgebung. (...) Die beiden Teilbereiche des kurz als Vollziheung bezeichneten Funktionskomplexes, die beiden Tochterfunktionen im Verhältnis zur Gesetzgebung, Schwesterfunktionen im gegenseitigen Verhältnis sind die Gerichtsbarkeit und die Verwaltung ». Dans le même sens, Hans Kelsen, *Théorie générale du droit et de l'État*, Bruylant/ LGDJ, Bruxelles/Paris, 1997, p. 305 : « Il ne suffit pas de dire que les organes du pouvoir exécutif "exécutent" les normes pour distinguer le pouvoir judiciaire du pouvoir dit "exécutif". A cet égard, la fonction des deux pouvoirs est identique ».

[2] Sur les différences entre l'application et la concrétisation de la norme juridique, voir Olivier Jouanjan/Friedrich Müller, *Avant dire droit*, Presses universitaires de Laval, 2007, p. 62 et suiv.

[3] Adolf Merkl, « Prolegomena einer Theorie des rechtlichen Stufenbaues », Hans Klecatsky/René Marcic/Herbert Schambeck (éd.), *Die Wiener Rechtstheoretische Schule. Ausgewählte Schriften von Hans Kelsen, Adolf Julius Merkl und Alfred Verdross*, vol. 2, Europa Verlag, Vienne, 1968, p. 1328 : « Nur die Grenzerscheinungen des Rechtsverfahrens müssen einerseits rein generell, andererseits rein individuell sein : die Verfassung ist notwendig generell, indem sie in nuce die Pflichten aller Rechtsunterworfenen, die aber erst durch Rechtsakt zu bezeichnen sind, in sich schließt, der Zwangsakt hingegen notwendig individuell, da die Tatsache des Zwanges nur an bestimmten, den dem einen Menschen gegen einen anderen Menschen gerichteten Handlungen in Erscheinung treten kann. Alle zwischen diesen beiden Endpunkten liegenden Akte des Rechtsverfahrens können aber sowohl generell als auch individuell und auch beides zugleich sein und es ist nur eine Frage der Zweckmäßigkeit, ob die Rechtsverfahrensordnung den einzelnen Stadien des Rechtsverfahrens generellen oder individuellen Charakter verleiht und in welchem Maße sie im einzelnen Rechtsatz generelle und individuelle Normierung dosiert ».

[4] Otto Pfersmann, « Carré de Malberg et la "hiérarchie des normes" », *in* Olivier Beaud/Patrick Wachsmann (dir.), *La science juridique allemande et la science juridique française (1870-1914), Annales de la Faculté de droit de Strasbourg*, nouvelle série n°1, PUS, 1997, p. 304 : « On appellera "organe" un ensemble d'habilitation d'édiction (au moins de participation à l'édiction) d'une forme normative. Une telle habilitation doit permettre la désignation du ou des titulaires qui pourront et/ou devront l'exercer.

ce schéma, le pouvoir discrétionnaire joue un rôle important car un acte, qui détermine la création d'un autre acte, ne peut que fournir des éléments de procédure et laisser place à l'appréciation discrétionnaire de l'agent chargé de sa concrétisation[2]. L'acte de concrétisation englobe ainsi une déterminante objective et une part de libre appréciation qui constitue sa déterminante subjective autonome[3]. Hans Kelsen s'appuie sur les idées de son élève Merkl afin de parachever sa conception positiviste de l'ordre juridique composé de normes placées dans un rapport de conformité graduelle[4].

B. Le principe de séparation des pouvoirs dans la dynamique juridique de Hans Kelsen.

Pour Hans Kelsen[5], l'État est un ordre juridique. Cette identité entre l'État et son droit permet « l'anéantissement radical et absolu d'une des plus efficaces

---

L'organe ne peut donc être opposé à la norme, il est une structure normative d'habilitation ». Il convient de distinguer cette structure d'habilitation de son titulaire.

1 Adolf Merkl, « Das doppelte Rechtsantlitz », *in* Hans Klecatsky/René Marcic/Herbert Schambeck (éd.), *Die Wiener Rechtstheoretische Schule. Ausgewählte Schriften von Hans Kelsen, Adolf Julius Merkl und Alfred Verdross*, vol. 1, *op.cit.*, p. 1109-1110, avec une référence à un autre membre du cercle viennois qui gravite autour de Kelsen, Alfred Verdroß : « Es war vor allem Alfred Verdroß, der in der Ausführung des schon von Kelsen vetretenen Gedankens, daß keine Staatsfunktion – und sei das Organ auch gebunden – ohne eine Spur von freiem Ermessen denkabr sei, dem freien Ermessen, das heißt dem Willen des Staatsorganes ganz beträchtliche Gebiete in der Rechtsanwendung geöffnet hat ».

2 Roger Bonnard, « La théorie de la formation du droit par degrés dans l'oeuvre d'Adolf Merkl », *RDP*, 1928, p. 686.

3 Adolf Merkl, *Allgemeines Verwaltungsrecht*, Julius Springer, Wien/Berlin, 1927, p. 142.

4 Hans Kelsen, *Hauptprobleme der Staatsrechtslehre*, 2e édition, Tübingen, 1923, p. XV et suiv. ; Allgemeine Staatslehre, Berlin, 1925, p. 233 et suiv. ; *Théorie pure du droit*, 2e édition (1969), trad. fr. Charles Eisenmann, réimpression, Bruylant/LGDJ, Bruxelles/Paris, 1999, p. 310. Contre l'identité entre État et ordre juridique, voir, par exemple, Rudolf Smend, *Verfassung und Verfassungsrecht*, Duncker & Humblot, München/Leipzig, 1928, p. : « (...) l'État et le droit sont entendus comme deux sphères de l'esprit indissolublement liées » (« [...] Staat und Recht versteht als zwei [...] untrennbar verbundene [...] Provinzen des geistigen Lebens »).

5 Parmi les innombrables ouvrages consacrés à Hans Kelsen, on se reportera de manière générale aux travaux de Stanley L. Paulson et d'Otto Pfersmann, à la thèse de Carlos Miguel Herrera, *Théorie juridique et politique chez Hans Kelsen*, Editions Kimé, 1998, et du même, *La philosophie du droit de Hans Kelsen*, Les Presses de l'Université de Laval, 2004 ; voir encore Olivier Jouanjan « Présentation. Formalisme juridique, dynamique du droit et théorie de la démocratie : la problématique de Hans Kelsen », *in* du même (coord.), *Hans Kelsen, Forme du droit et politique de l'autonomie*, PUF, coll. *Débats philosophiques*, 2010, p. 11-47. Sur l'influence doctrinale de Kelsen aujourd'hui : Christoph Schönberger, « Kelsen-Renaissance ? Ein Versuch über die Bedingungen ihrer Möglichkeit im deutschen öffentlichen Recht der Gegenwart », *in* Matthias Jestaedt (dir.), *Hans Kelsen und die deutsche Staatsrechtslehre ? Stationen eines wechselvollen Verhältnisses*, Mohr Siebeck, Tübingen, 2013, p. 207-223. En Allemagne, Mathias Jestaedt a entrepris la réanimation de l'œuvre de Kelsen (cinq volumes ont été ainsi publiés chez Mohr Siebeck depuis 2007, à côté des deux nouvelles éditions de la *Reine Rechtslehre* [toujours chez Mohr Siebeck, 2008 et 2014]). Voir Matthias Jestaedt, « Der Staatsrechtslehrer Hans Kelsen – Provokateur aus Leidenschaft. Vier Schlaglichter auf ein Jahrhunder wechselvoller Beziehung », *in* du même *Hans Kelsen und die deutsche Staatsrechtslehre ? Stationen eines wechselvollen Verhältnisses*, Mohr Siebeck, Tübingen, 2013, p. 1-10.

idéologies de légitimité »[1]. Après la destruction théorique des doctrines traditionnelles nourries de mysticisme et de métaphysique[2], il est possible de repenser les notions juridiques fondamentales dans une perspective véritablement scientifique. La théorie pure du droit « entend définitivement purifier la théorie du droit et de l'État de tous ces produits de contrebande psycho-sociologiques et politico-axiologiques que celle-ci traîne encore illégitimement avec elle »[3]. La souveraineté n'est plus une « puissance d'action illimitée et prétendument irrésistible », mais devient la « prétention à la validité du droit, pris en tant que système normatif »[4]. L'ordre juridique (l'État) n'est plus « substance ». Avec la conception dynamique du droit, « la seule voie possible pour penser la systématicité du droit puisqu'une vision (purement et exclusivement) statique est incapable de rendre compte et d'expliquer la différenciation dans l'ordonnancement juridique » [5], l'État devient une « fonction »[6]. Conformément à cette conception nouvelle de

---

[1] Hans Kelsen, *Théorie pure du droit*, 2e édition, trad. fr. Charles Eisenmann, rééd. Bruylant/LGDJ, Bruxelles/Paris, 1999, p. 310. C'est cette force idéologique écrasante du dualisme de l'État et du droit qui explique « la résistance passionnée que la doctrine traditionnelle du droit oppose à la thèse de l'identité».

[2] Hans Kelsen, *Théorie pure du droit*, 2e édition, trad. fr. Charles Eisenmann, rééd. Bruylant/LGDJ, Bruxelles/Paris, 1999, p. 281 : le nouveau fondement de la science juridique est « une connaissance de l'État exempte de toute idéologie et qui écarte par conséquent toute métaphysique et toute mystique ».

[3] Hermann Heller, *La crise de la théorie de l'État* (1926), tr. Fr. Olivier Jouanjan, Dalloz, coll. *Tiré-à-part*, 2012, p. 29 et suiv. La critique de Heller est sans appel : Kelsen construit sa « conception du monde juridique (...) à l'aide de pure logique et des coquilles vides des pures formes juridiques ». La *Théorie pure du droit* est un ouvrage au « titre positif », mais qui a « un contenu négatif », p. 49-50 : « (...) la théorie kelsénienne de l'État est sans État, son positivisme est sans positivité » ; « (...) l'État n'est pas un système idéel de normes, mais un groupement de domination et pour toutes ces raisons, la théorie pure du droit doit capituler et recourir au syncrétisme méthodologique, pour autant qu'elle ne veut pas être un positivisme sans positivité, une théorie de l'État sans l'État ni une science du droit sans droit ».

[4] Alexander Somek, « Dynamique juridique : une brève explication », *in* Olivier Jouanjan (coord.), *Hans Kelsen. Forme du droit et politique de l'autonomie*, PUF, coll. *Débats philosophiques*, 2010, p. 75.

[5] La conception dynamique de l'ordre juridique « est au coeur même de la théorie ». La « seule voie » qui puisse dépasser la perspective portant sur le seul contenu de la norme. Elle permet d'expliquer l'existence, « dans un système juridique, des normes qui, bien que n'étant pas conformes au contenu des normes supérieures, soient malgré tout valides (et donc obligatoires, applicables, opposables) » (Olivier Jouanjan, « Présentation. Formalisme juridique, dynamique du droit et théorie de la démocratie : la problématique de Hans Kelsen », *in* du même [coord.], *Hans Kelsen. Forme du droit et politique de l'autonomie*, *op.cit.*, p. 24).

[6] Christoph Schönberger, « De l'État comme substance à l'État comme fonction », *in* Olivier Jouanjan (coord.), *Hans Kelsen. Forme du droit et politique de l'autonomie*, *op.cit.*, p. 56 : « L'État n'est pas une substance qui précéderait le droit, mais une fonction dont la société se sert pour mettre en oeuvre le droit », avec une référence à l'ouvrage d'Ernst Cassirer, *Substanzbegriff und Funktionsbegriff. Unversuchungen über die Grundfragen der Erkenntniskritik*, Berlin, 1910 (traduit en français en 1977 sous le titre *Substance et fonction. Élements pour une théorie du concept*, Éditions de Minuit, coll. Le sens commun), que Kelsen « ne connaissait pas encore » ; Matthias Jesaedt, « La science comme vision du monde : science du droit et conception de la démocratie chez Hans Kelsen », *in* Olivier Jouanjan (coord.), *Hans Kelsen. Forme du droit et politique de l'autonomie*, *op.cit*, p. 186-187 : « Les catégories fondamentales de la pensée juridique traditionnelle, qui sont à la fois réifiées et considérées comme existant par elles-mêmes préalablement au droit, telles que État et personne, volonté et validité, souffrent selon Kelsen de leur immuabilité, de leur substantialité ainsi que du fait qu'on les voit comme des données préexistantes. (...) Par conséquent, l'État

l'ordre juridique et de l'État, le pouvoir d'État doit être compris uniquement comme une validité de l'ordre juridique[1] en tant qu'un « ordre du devoir-être » (*Sollordnung*). La « division de la validité » est par conséquent inconcevable, elle est une « absurdité » (*Ungedanke*)[2]. L'indivisibilité est la condition même de l'existence et de la validité de la structure normative qu'est l'État. Le principe de la séparation des pouvoirs prend alors une dimension qui ne se rapproche que peu des idées traditionnelles de la division en trois « pouvoirs » ou « fonctions » distincts.

L'essai de Kelsen sur les trois pouvoirs ou fonctions de l'État, qui paraît en 1924[3], offre « une vue d'ensemble de sa théorie du droit ». La structure de cet écrit est loin d'être parfaitement ordonnée : Kelsen commence par « le thème annoncé » et, vers « la fin, carrément hors sujet, sont exposées certaines questions fondamentales du droit international public »[4]. La seule note de page est une référence à la théorie de la formation du droit par degré élaborée par Adolf Merkl. Le projet consiste en la formulation d'une nouvelle théorie de la séparation des pouvoirs en éliminant les conceptions doctrinales traditionnelles qu'il considère comme incompatibles avec le principe de la validité unitaire de l'ordre juridique[5].

---

et la personne n'existent pas juridiquement – contrairement à la vision traditionnelle, substantialiste et réificatrice, prisonnière d'une ontologue juridique – en tant que substances indépendantes, comme des "choses en soi", mais seulement en tant que relation ou – mieux dans la relation, c'est-à-dire dans la dépendance des propositions de droit concrètes juridiquement constitutives de cette relation ».

[1] Hans Kelsen, *Théorie générale du droit et de l'État*, *op.cit.*, p. 304 : « Le pouvoir de l'État (ou puissance publique) auquel le peuple est soumis n'est pas autre chose que la validité et l'efficacité de l'ordre juridique (...) ».

[2] Hans Kelsen, « Die Lehre von den drei Gewalten oder Funktionen des Staates », *in* Hans Klecatsky/René Marcic/Herbert Schambeck (éd.), *Die Wiener Rechtstheoretische Schule. Ausgewählte Schriften von Hans Kelsen, Adolf Julius Merkl und Alfred Verdross*, vol. 2, *op.cit.*, p. 1626 : « Unter der Gewalt des Staates kann aber, sobald man diesen als eine Sollordnung auffaßt, nur die Geltung diese Ordnung (…) verstanden werden. Da der eigentliche Sinn dessen, was man üblicherweise als Staatsgewalt bezeichnet, Geltung einer Rechtsordnung und damit implicite Einheit dieser Geltung, der Gedanke einer Teilung dieser Geltung aber ein Ungedanke ist, so kann denn auch als eine Konsequenz aus dem Begriffe der Staatsgewalt deren Einheit und Unteilbarkeit gelehrt werden ».

[3] Hans Kelsen, « Die Lehre von den drei Gewalten oder Funktionen des Staates », *Archiv für Rechts- und Wirtschaftsphilosophie*, vol. 17, 1923-1924, p. 374-408, réimpression dans Hans Klecatsky/René Marcic/Herbert Schambeck (éd.), *Die Wiener Rechtstheoretische Schule. Ausgewählte Schriften von Hans Kelsen, Adolf Julius Merkl und Alfred Verdross*, vol. 2, *op.cit.*, p. 1625-1660.

[4] Alexander Somek, « Dynamique juridique : une brève explication », *in* Olivier Jouanjan (coord.), *Hans Kelsen. Forme du droit et politique de l'autonomie*, PUF, coll. *Débats philosophiques*, 2010, p. 71.

[5] L'idée kantienne selon laquelle les trois pouvoirs sont exercés par trois personnes morales distinctes est rejetée car incompatible avec le caractère unitaire de la validité de l'ordre étatique du devoir-être »[5]. Hans Kelsen, « Die Lehre von den drei Gewalten oder Funktionen des Staates », *Archiv für Rechts- und Wirtschaftsphilosophie*, vol. 17, 1923-1924, p. 374-408, réimpression dans Hans Klecatsky/René Marcic/Herbert Schambeck (éd.), *Die Wiener Rechtstheoretische Schule. Ausgewählte Schriften von Hans Kelsen, Adolf Julius Merkl und Alfred Verdross*, vol. 2, *op.cit.*, p. 1625-1626 : « (…) bei der Theorie von der drei Gewalen des Staates, die bei Kant bekanntlich zu drei voneinander verschiedenen moralischen Personen werden, was mit der Einheit der Geltung der staatlichen Sollordnung nur schwer zu vereinbaren ist ».

« Envisagée sous l'angle juridique, la doctrine des trois pouvoirs de l'État concerne les étapes de la création et de l'application de l'ordre juridique étatique. »[1]

Kelsen commence par une remarque préliminaire dans laquelle on trouve sa définition de l'État en tant qu'« ordre juridique (…) idéel du comportement humain », caractérisé par la contrainte[2].

La conception traditionnelle selon laquelle le pouvoir d'« État unitaire et indivisible » se trouve réparti entre les trois pouvoirs (ou fonctions, pour Kelsen le terme employé n'a que peu d'importance[3]) législatif, exécutif et judiciaire n'explique guère comment de cette « trinité se forme l'unité »[4]. « Du point de vue d'une théorie pure du droit (...), il y a seulement une répartition des fonctions, et encore, elle est toute relative. »[5]

---

[1] Hans Kelsen, *Théorie du droit et de l'État*, Bruylant/LGDJ, Bruxelles/Paris, 1997, p. 307.

[2] Hans Kelsen, « Die Lehre von den drei Gewalten oder Funktionen des Staates », *Archiv für Rechts- und Wirtschaftsphilosophie*, vol. 17, 1923-1924, p. 374-408, réimpression dans Hans Klecatsky/René Marcic/Herbert Schambeck (éd.), *Die Wiener Rechtstheoretische Schule. Ausgewählte Schriften von Hans Kelsen, Adolf Julius Merkl und Alfred Verdross*, vol. 2, *op.cit.*, p. 1625 : « Die folgenden Ausführungen gehen von der Voraussetzung aus, daß der Staat eine ideelle Ordnung menschlichen Verhaltens, daß er eine Zwangsordnung und sohin die Rechtsordnung ist. Demzufolge muß der Staat als ein System von Normen angesehen werden, und kann nicht – wie man gewöhnlich pflegt – als eine natürliche, kasualgesetzlich bestimmte Realität gelten ». La définition kantienne de l'État, entendu comme une « association d'hommes sous l'empire de règles de droit », est ainsi reprise et modifiée par Kelsen. Comme le souligne Rudolf Smend, « Verfassung und Verfassungsrecht », *in* du même, *Staatsrechtliche Abhandlungen und andere Aufsätze*, 3e édition, Duncker & Humblot, Berlin, 1994, p. 131 : « Der Staat ist keine "soziale Realität", das ist die grundlegende negative These der Kelsenschen Staatstheorie ».

[3] Hans Kelsen, *Théorie générale du droit et de l'État*, *op.cit.*, p. 304 : « Quand (...) on évoque les trois pouvoirs de l'État, le pouvoir désigne une fonction de l'État, on établit alors une distinction entre les trois fonctions de l'État ». Selon Otto Pfersmann, « Carré de Malberg et la "hiérarchie des normes" », *in* Olivier Beaud/Patrick Wachsmann (dir.), *La science juridique allemande et la science juridique française (1870-1914), Annales de la Faculté de droit de Strasbourg*, nouvelle série n°1, PUS, 1997, p. 305-306, la « raison pour laquelle Kelsen utilise cette expression est purement critique. En effet, une théorie traditionnelle affirme l'existence de certains "pouvoirs" qu'il s'agirait de séparer. C'est une théorie politique et non une théorie explicative de la structure des systèmes juridiques qui par définition ne connaît pas de "pouvoirs". (...) La "fonction" n'est rien d'autre que l'abréviation d'un ensemble de procédures ayant pour résultat une forme normative par là-même déterminée ».

[4] Hans Kelsen, « Die Lehre von den drei Gewalten oder Funktionen des Staates », *in* Hans Klecatsky/René Marcic/Herbert Schambeck (éd.), *Die Wiener Rechtstheoretische Schule. Ausgewählte Schriften von Hans Kelsen, Adolf Julius Merkl und Alfred Verdross*, vol. 2, *op.cit.*, 1968, p. 1627 : « Wie eigentlich diese Dreiheit eine Einheit bilde, bleibt im unkaren » ; du même, *Théorie du droit et de l'État*, Bruylant/LGDJ, Bruxelles/Paris, 1997, p. 319 : «Le concept de "séparation des pouvoirs" renvoie à un principe d'organisaion politique. Il suppose que les trois prétendus pouvoirs puissent être définis comme trois fonctions de l'État distinctes et coordonnées, et qu'il soit possible de tracer des lignes de démarcation entre elles. Toutefois les faits ne confirment pas cette supposition. (...) les fonctions fondamentales de l'État ne sont pas au nombre de trois, mais de deux : la création et l'application (exécution) du droit (...). De plis, il n'est guère possible de tracer des lignes de démarcation entre ces fonctions, puisque la distinction entre la création et l'application du droit (...) ne revêt qu'un caractère relatif, la plupart des actes de l'État étant à la fois des actes de création et d'application du droit ».

[5] Carlos Miguel Herrera, *La philosophie du droit de Hans Kelsen. Une introduction*, *op.cit.*, p. 56.

Si le modèle traditionnel de séparation ne peut reconstituer une image fidèle du fonctionnement de l'ordre juridique, il a au moins le mérite, écrit Kelsen, « en opposant la fonction législative d'un côté, aux fonctions administratives et judiciaires, de mettre l'accent sur les traits caractéristiques qui permettent de distinguer ces deux groupes de fonctions ». La fonction législative représente une activité abstraite et générale, tandis que l'administration et la justice sont des activités concrètes. La démarche, qui consiste à procéder à la formation de deux blocs composés par la fonction législative et par les fonctions administrative ou exécutive et judiciaire, est claire. Il s'agit de séparer l'abstrait du concret, la production normative de l'application. Mais Kelsen ne réussit pas à définir de manière positive la fonction intermédiaire, la fonction exécutive ou administrative[1].

Ce qui ne peut être classé comme activité législative ou activité judiciaire, doit être défini comme étant la fonction administrative. Cette dernière n'est ni production pure, ni application pure du droit. Certes, il reprend les motifs de la théorie de la formation du droit par degrés et du principe du double visage du droit, mais il introduit dans cette nouvelle construction imprégnée par l'esprit du positivisme normativiste, l'ancienne approche, qui cherche à définir les trois fonctions d'un point de vue matériel en exposant les actes législatifs comme des actes abstraits et généraux, et les actes du pouvoir judiciaire comme des actes concrets. Bien sûr, dans ce cas de figure, l'administration ne peut être perçue, à cause de sa nature extrêmement éclectique, que comme la fonction qui regroupe des caractéristiques à la fois abstraites et concrètes, car ses actes ne sont pas uniquement signalés par la production ou l'application normative. Kelsen critique cette manière de séparer la fonction législative des deux autres fonctions, car elle repose sur l'erreur qui consiste à croire qu'il n'y a que les actes législatifs qui sont abstraits et généraux. « L'opposition entre législation et justice, respectivement entre production et application du droit, ne doit pas être entendue comme absolue,

---

1 Hans Kelsen, « Die Lehre von den drei Gewalten oder Funktionen des Staates », *in* Hans Klecatsky/René Marcic/Herbert Schambeck (éd.), *Die Wiener Rechtstheoretische Schule. Ausgewählte Schriften von Hans Kelsen, Adolf Julius Merkl und Alfred Verdross*, vol. 2, *op.cit.*, p. 1628 : « Demgegenüber bedeutet die vielfach schon an ältere Versuche wieder anknüpfende Dreiteilung der modernen Staatstheorie einen entscheidenden Fortschritt. Und zwar darum, weil in ihr dem Gegensatz von Gesetzgebung einerseits, Rechtsprechung und Verwaltung anderseits, der für das vorliegende Problem tatsächlich entscheidende Unterschied zwischen Generellem und Individuellem, Abstraktem und Konkretem in den Vordergrund tritt. (…) Das Wesen der Gesetzgebung wird ganz allgemein dahin charakterisiert, daß der Staat in diesen seinen Funktionen generelle, anstrakte Regeln aufstelle, während er in Rechtsprechung und Verwaltung eine individualisierte Tätigkeit entfalte, konkrete Aufgaben unmittelbar löse. Dabei wird der Begriff der Gesetzgebung mit dem der Rechtserzeugung, Rechtsschöpfung, Rechtssetzung identifiziert. So daß die individualisierte Tätigkeit des Staates, sofern sie überhaupt als Rechtsakt begriffen wird, nur als Rechtsanwendung, oder Rechtsschutz bestimmt und so von vornherein in einen Wesensgegensatz zur Rechtsschöpfung oder Rechtsetzung gestellt wird. Indes bezieht sich diese letztere Bestimmung – wie schon die Terminologie zeigt – eigentlich nur auf die sogenannte Rechtsprechung oder richterliche Gewalt. (…) Die als Verwaltung oder vollziehende Gewalt bezeichnete Funktion wird (…) als jene Staatstätigkeit definiert, die übrig bleibt, wenn Gesetzgebung, das ist Rechtsetzung und Rechtsprechung, wegfällt ».

il faut, au contraire, la voir comme une opposition relative »[1]. L'acte de production du droit ne doit par conséquent pas être assimilé uniquement à la loi. Et la loi n'est pas le produit exclusif d'un organe déterminé[2]. Car « ces degrés », composant la pyramide normative, « sont, institutionnellement, sans visage »[3]. C'est d'ailleurs ces normes « sans visage » institutionnel qui paraissent problématiques aux yeux du français Carré de Malberg, mais qui, de manière étonnante, font écho aux idées de l'anti-germaniste Léon Duguit, selon lequel, « déterminer les diverses fonctions juridiques de l'État d'après l'organe qui accomplit telle ou telle fonction » serait une « erreur (…) très répandue »[4].

La théorie de la formation du droit par degrés ne rencontre pas vraiment de succès en France. Même si elle « établit une homogénéité complète dans le droit », elle ne présente aucun intérêt pour le droit positif de la IIIe République, comme le remarque Roger Bonnard[5]. Cette manière de présenter les actes juridiques sans opérer une indentification organique (institutionnelle) se heurte à la critique de Raymond Carré de Malberg qui « fut l'un des premiers exégètes (...) de la

---

[1] Hans Kelsen, « Die Lehre von den drei Gewalten oder Funktionen des Staates », *in* Hans Klecatsky/René Marcic/Herbert Schambeck (éd.), *Die Wiener Rechtstheoretische Schule. Ausgewählte Schriften von Hans Kelsen, Adolf Julius Merkl und Alfred Verdross*, vol. 2, *op.cit.*, p. 1629-1630 : « Dann aber darf man den Gegensatz von Gesetzgebung und Rechtsprechung, bzw. Von Rechtsetzung und Rechtsanwendung nicht für absolut halten, sonder muß man ihn relativ erkennen ».

[2] Hans Kelsen, *Théorie du droit et de l'État*, Bruylant/LGDJ, Bruxelles/Paris, 1997, p. 321 : « Même lorsque la constitution soutient expressément le principe de la séparation des pouvoirs, la fonction législative – expression recouvrant une seule fonction – est répartie entre plusieurs organes, dont l'un seul porte le nom d'"organe législatif" ».

[3] Alexander Somek, « Dynamique juridique : une brève explication », *in* Olivier Jouanjan (coord.), *Hans Kelsen. Forme du droit et politique de l'autonomie*, PUF, coll. *Débats philosophiques*, 2010, p. 78 : « Ainsi, ce qui, de la loi, fait la loi, c'est sa relation au jugement et non pas la qualité de l'organe par lequel elle est adoptée » ; Roger Bonnard, « La théorie de la formation du droit par degrés dans l'œuvre d'Adolf Merkl», *RDP*, 1928, p. 681 : « (...) il n'y a pas entre les organes pouvoir d'instruction et devoir d'obéissance. Les organes sont juxtaposés et non subordonnées ».

[4] Léon Duguit, *Traité de droit constitutionnel*, t. 2, 3e édition, E. de Boccard, Paris, 1928, p. 155 : « Procéder ainsi c'est, suivant une terminologie commode et de plus en plus répandue, se placer au point de vue formel. Sans doute, (…) il y a parfois intérêt à tenir compte de l'organe qui accomplit tel ou tel acte, notamment pour la recevabilité des recours dont un acte est susceptible et aussi pour la responsabilité qu'il peut entraîner. Mais alors, on ne détermine pas les diverses fonctions juridiques de l'État ; on décrit le fonctionnement de ces divers organes. Pour distinguer du point de vue juridique les diverses fonctions de l'État, il faut se placer exclusivement au point de vue matériel, c'est-à-dire considérer les actes accomplis dans leur nature interne, abstraction complète faite de l'organe, de l'agent qui est intervenu ». Le caractère décisif qui permet de distinguer les fonctions est dont la nature de l'acte juridique. Trois catégories existent : l'acte-règle qui correspond à la fonction législative, l'acte-condition identifiant la fonction administrative et enfin l'acte subjectif répondant à un problème de droit en décidant si une violation du droit subjectif ou du droit objectif pourrait être décidée et qui permet de détecter la fonction juridictionnelle (p. 153). Pour Maurice Hauriou, *Précis de droit administratif et de droit public*, 10e édition, Sirey, Paris, 1921, p. 7, il n'y a pas d'identification de l'acte à l'organe, car plusieurs pouvoirs participent à l'élaboration d'un même acte.

[5] Roger Bonnard, « La théorie de la formation du droit par degrés dans l'oeuvre d'Adolf Merkl », *RDP*, 1928, p. 668-696.

Stufentheorie »[1]. Dans son ouvrage, *La confrontation de la théorie du droit par degrés avec les idées et les institutions consacrées par le droit positif français relativement à sa formation*[2], le Strasbourgeois « crédite » Kelsen et Merkl « d'avoir dénoncé trois erreurs »: « la séparation des pouvoirs conçus indépendants l'un de l'autre, l'assimilation du droit à la seule loi et le dualisme législatif/exécutif, l'un créant le droit et l'autre ne faisant que l'exécuter »[3]. Mais l'appréciation favorable s'arrête là. Pour Carré de Malberg, la théorie normative des fonctions qui exclut une hiérarchie organique est incompatible avec le droit positif et la culture juridiques français dans lesquels la loi, comme produit du parlement « souverain » est l'acte exprimant la volonté générale de la nation[4]. La hiérarchie des organes, au sommet de laquelle se situe l'organe qui « détient la réalité effective de la souveraineté », ne peut que rejeter la hiérarchie relative des normes juridiques. C'est la raison pour laquelle l'absence de différence essentielle entre « l'organe législatif et l'organe constituant » dans l'élaboration des lois constitutionnelles de 1875 « a eu pour résultat le nivellement de la Constitution et de la législation » malgré la différence dans degré de généralité de ces deux actes[5].

---

1 Denys de Béchillon, *Qu'est-ce que la règle de droit ?*, Éditions Odile Jacob, 1997, p. 57, qui fait référence au « débat de haute volée », certes un peu tardif, ayant opposé Paul Amselek (« Réflexions critiques autour de la conception kelsénienne de l'ordre juridique ») et Michel Troper (« La pyramide est toujours debout ! Réponse à Paul Amselek ») dans la *RDP*, 1978, respectivement p. 5 et p.1523.

2 Raymond Carré de Malberg, *Confrontation de la théorie de la formation du droit par degrés avec les idées et les institutions consacrées par le droit positif français relativement à sa formation*, 1933, réimpression, Dalloz, 2007 (ici, on utilise l'édition de 1933).

3 Otto Pfersmann, « Carré de Malberg et la "hiérarchie des normes"», *in* Olivier Beaud/ Patrick Wachsmann (dir.), La science juridique française et la science juridique allemande de 1870 à 1918, Annales de la Faculté de droit de Strasbourg, *op.cit.*, p. 310.

4 Raymond Carré de Malberg, *Confrontation de la théorie de la formation du droit par degrés avec les idées et les institutions consacrées par le droit positif français relativement à sa formation*, *op. cit.*, p. 35 : « Dans le système de normes établi depuis 1789 en l'État français, la distinction des règles, comme celle des actes, n'est point fondée sur la diversité des fonctions envisagées dans leur manière propre, mais elle est déterminée par la qualité de puissance des organes ». Pour une lecture critique des positions malbergiennes, Otto Pfersmann, « Carré de Malberg et la "hiérarchie des normes" », art. précit., p. 316, qui relève une certaine contradiction dans la réflexion du publiciste français : « (...) la hiérarchie des organes ne peut, dans les termes mêmes de la théorie développée par Carré de Malberg, être opposée à une hiérarchie des normes. Quelle que soit la compétence du Parlement, elle ne sera jamais qu'une compétence et non quelque chose de stricto sensu initial et inconditionné ». Par ailleurs, l'article 6 de la Déclaration des droits de l'homme et du citoyen de 1789 ne fait pas partie, en 1875, du droit positif français. Elle n'est que profondément enracinée « dans les systèmes de croyances politiques », ce qui « n'en fait pas pour autant une règle juridique » (p. 322).

5 Comme le souligne Otto Pfersmann, « Carré de Malberg et la "hiérarchie des normes"», *art. précit.*, p.319, l'affirmation de Carré de Malberg est inexacte, car il ne prend pas en compte le dédoublement de l'organe appelé « parlement » : « il existe bien (...) une véritable différence de procédure : un vote des deux membres s'ajoute à celui des Assemblées siégeant séparément ». C'est cette différence de procédure qui justifie la distinction entre loi constitutionnelle et loi ordinaire. *Contra* : Éric Maulin, « Le principe du contrôle de la constitutionnalité des lois dans la pensée de R. Carré de Malberg », *Revue française de droit constitutionnel*, 1995, p. 85.

Contrairement à la philosophie française du légicentrisme, pour Kelsen, la loi n'est qu'« un cas particulier », « une forme particulière » de production normative[1]. Dans la conception dynamique de l'ordre juridique le mot d'ordre pourrait être la « relativisation relationnelle des formes juridiques »[2]. Chaque norme règle la production de la norme inférieure en imposant des procédures particulières. Ainsi, la pyramide kelsénienne n'est aucunement un édifice juridique figé, mais une structure dynamique en constant mouvement. Les deux moments-clef : la production du droit (*legis latio*) et l'application du droit (*legis executio*) sont les garants de l'unité de l'ordre juridique. Ils sont « l'épine dorsale de la théorie des fonctions »[3]. Au sommet se trouve la loi constitutionnelle, basée sur la norme fondamentale (*Grundnorm*), qui ne relève que d'une sphère hypothétique. Les dispositions constitutionnelles sont caractérisées par leur fort degré de généralité et contiennent les règles procédurales de la production législative. À la base de la pyramide, on trouve les actes individuels ou concrets qui ne sont qu'application du droit. Cette structure pyramidale, où chaque étage est lié à l'autre par un rapport de régularité et de conformité, est largement inspirée par l'œuvre d'Adolf Merkl. Il faut partir du sommet, de l'acte le plus abstrait et général afin d'arriver à l'acte qui n'est que concrétisation et rien d'autre : les voici les deux « maillons » placés aux extrémités de la chaîne normative ininterrompue de Merkl. Le voici le « double

---

[1] Hans Kelsen, « Die Lehre von den drei Gewalten oder Funktionen des Staates », *in* Hans Klecatsky/René Marcic/Herbert Schambeck (éd.), *Die Wiener Rechtstheoretische Schule. Ausgewählte Schriften von Hans Kelsen, Adolf Julius Merkl und Alfred Verdross*, vol. 2, *op.cit.*, p. 1630 : « (…) Gesetz im technischen Sinne des Wortes nur einen besonderen Fall, eine besondere Form des Rechts darstellt » ; du même, *Théorie générale du droit et de l'État*, Bruylant/LGDJ, Bruxelles/Paris, 1997, p. 305 : « Le pouvoir législatif, ou législation, ne désigne pas l'intégralité de la fonction de création du droit mais un aspect particulier de cette fonction, la création des normes générales. (...) Ajoutons que la "législation" ne désigne pas la création de l'ensemble des normes générales mais seulement la création des normes générales par un organe spécifique ». *Contra* : Raymond Carré de Malberg, *Confrontation de la théorie de la formation du droit par degrés avec les idées et les institutions consacrées par le droit positif français relativement à sa formation*, 1933, *op.cit.*, p. 161 : « Les règles édictées par le Parlement à titre de loi bénéficient de la souveraineté dont cet organe détient la réalité effective ; celles émanant d'autres autorités ne possèdent pas les forces qui sont propres aux actes du souverain. Dans tout cela, l'inégalité de valeur des normes est faite de l'inégalité de puissance des organes ». L'absence de différenciation des normes elles-mêmes fait place à une hiérarchisation et distinction des organes qui déterminent l'étage auquel se situe un acte juridique.

[2] Alexander Somek, « Dynamique juridique : une brève explication », *in* Olivier Jouanjan (coord.), *Hans Kelsen. Forme du droit et politique de l'autonomie*, PUF, coll. Débats philosophiques, 2010, p. 78-79 : « Dans la mesure où il [Kelsen] se débarrasse de la doctrine habituelle qui s'intéresse aux institutions, il perd nécessairement le point de départ traditionnel de la séparation. Tous les actes se trouvent définis de façon relationnelle, à travers leurs relations à d'autres actes ».

[3] Hans Kelsen, « Die Lehre von den drei Gewalten oder Funktionen des Staates », in Hans Klecatsky/René Marcic/Herbert Schambeck (éd.), *Die Wiener Rechtstheoretische Schule. Ausgewählte Schriften von Hans Kelsen, Adolf Julius Merkl und Alfred Verdross*, vol. 2, *op.cit.*, p. 1629 : « Dabei wird der theoretische Leitgedanke wieder verlassen, der allein das Rückgrat der Funktionentheorie bilden kann und auch seit jeher immer wieder aufgetaucht, wenn auch immer wieder zurückgedrängt worden ist : der Unterschied zwischen legis latio und legis executio ».

visage du droit » qui constitue «le fondement même de la théorie de la formation du droit par degrés[1].

Adolf Merkl et Hans Kelsen posent un nouveau regard sur le principe de la séparation des pouvoirs. Ils quittent la zone confortable de la conception traditionnelle qui veut qu'il y ait trois fonctions étatiques dont l'exercice est confié à trois organes distincts produisant des actes au contenu défini une fois pour toutes. Cette manière de concevoir la théorie des trois pouvoirs ou fonctions de l'État ne fait que mettre en lumière des « moments de repos relatifs», certes « politiquement importants », mais purement statiques[2], du processus de production du droit. Dans les écrits des deux positivistes normativistes, le principe de la séparation des pouvoirs prend la forme d'une structure à plusieurs niveaux occupés par des normes juridiques qui ne sont pas séparées en normes de production et normes d'application du droit. Plutôt que de parler d'une séparation des pouvoirs, il convient davantage de réfléchir sur les degrés de production et d'application que contient chaque norme et analyser les strates normatives. Ce n'est qu'à partir de cette réflexion que l'on peut tenter de comprendre le fonctionnement de l'État, et donc de l'ordre juridique. L'objectif traditionnellement assigné à la théorie de la séparation des pouvoirs, la protection de la liberté de l'individu par la modération de la puissance étatique, disparaît de la théorie normativiste des fonctions. Dans les rapports de conformité des normes juridiques composées à la fois de production et d'application du droit, il n'y a pas de place pour « un lien théorique entre la liberté politique (...) et la séparation des pouvoirs »[3] : « le principe de la séparation des pouvoirs n'est pas essentiellement démocratique »[1].

---

[1] La seule note de bas de page que comporte l'essai de Kelsen fait justement mention à la théorie de la formation du droit par degrés élaborée par Adolf Merkl (Hans Kelsen, « Die Lehre von den drei Gewalten oder Funktionen des Staates », *in* Hans Klecatsky/René Marcic/Herbert Schambeck [éd.], *Die Wiener Rechtstheoretische Schule. Ausgewählte Schriften von Hans Kelsen, Adolf Julius Merkl und Alfred Verdross*, vol. 2, *op.cit.*, p. 1631, note n°1). Kelsen y cite un écrit de 1917, *Das Recht im Lichte seiner Anwendung*, ainsi que *Die Lehre von der Rechtskraft* parue en 1923.

[2] Hans Kelsen, « Die Lehre von den drei Gewalten oder Funktionen des Staates », *in* Hans Klecatsky/René Marcic/Herbert Schambeck (éd.), *Die Wiener Rechtstheoretische Schule. Ausgewählte Schriften von Hans Kelsen, Adolf Julius Merkl und Alfred Verdross*, vol. 2, *op.cit.*, p. 1650 : « Was die traditionelle Theorie als die drei Gewalten oder Funktionen des Staates hervorhebt, da sind (…) politische bedeutsame relative Ruhepunkte des Rechtserzeugungsprozesses ».

[3] Carlos Miguel Herrera, *La philosophie du droit de Hans Kelsen. Une introduction*, *op. cit.*, p. 56 : « La "séparation" n'est pas non plus une garantie empêchant les abus du pouvoir contre les droits des individus. En effet, l'organe législatif pourra toujours dicter des normes générales dont le contenu intervient dans la sphère individuelle et restreint les droits, que le juge devra toujours appliquer comme un automate, selon ce schéma contestable ». Cependant, il faut douter de la présentation du juge comme automate, car le juge, comme n'importe quel autre organe de l'État, ne fait pas qu'appliquer les actes normatifs, il crée, lui aussi, de nouvelles normes. *Contra* la dissociation du principe de la séparation des pouvoirs et la garantie des droits : Hermann Heller, *Staatslehre*, 3e édition, Sijthoff, Leiden, 1963, p. 273, pour qui l'organisation du pouvoir basée sur la division conditionne l'existence et l'effectivité des droits et libertés des citoyens : « Par l'organisation de l'État basée sur la division des pouvoirs, dans laquelle la législation est le pouvoir suprême du peuple, l'exécutif appartient au chef de l'État et le pouvoir

Le cadre démocratique weimarien, dans lequel se réalise le principe de la séparation des pouvoirs, devient un élément important dans le raisonnement de deux juristes, Gerhard Anschütz et Richard Thoma, appartenant au courant positiviste, mais qui cherchent à s'en détacher afin d'adopter une approche intégrant les éléments politiques exclus de la méthode normativiste kelsénienne.

§2. Le principe de séparation des pouvoirs dans la doctrine du positivisme modéré de Gerhard Anschütz et Richard Thoma.

Liés par leur entreprise commune, le *Handbuch des deutschen Staatsrechts* (*Dictionnaire du droit public allemand*)[2], Gerhard Anschütz (1867-1948) et Richard Thoma (1874-1957) prônent une méthode positiviste modérée[3] en formulant une critique à la fois à l'encontre de l'« école Gerber/Laband » et au normativisme kelsénien. Pour Anschütz, le principe de la séparation des pouvoirs n'est pas un concept universel valable pour tout système étatique, dont le rejet ou la réception peuvent résulter d'une opération machinale. Au contraire, il faut prendre en compte tous les éléments d'un droit constitutionnel déterminé, de la situation d'un État concret afin de se prononcer sur l'éventuelle adaptation de ce principe étranger (A). La réflexion de Thoma lie le principe de séparation au caractère unitaire du pouvoir d'État posé par la Constitution de Weimar. En effet, il ne s'agit plus, sous la République, de réfléchir sur les forces antagoniques, monarchique et démocratique, mais de voir dans quelle mesure le peuple, « dont émane tout pouvoir », l'exerce de manière effective (B).

---

juridictionnel est indépendant des deux premiers, le pouvoir d'État doit être protégé d'un exercice arbitraire et être apte, d'un point de vue organisationnel, à prendre en compte la liberté et l'égalité des citoyens » (« Durch die gewaltenteilende Grundordnung, in welcher die Gesetzgebung als die höchste Gewalt vom Volk, die Exekutive vom Staatsoberhaupt organisiert wird und die richterliche Gewalt eine von beiden unabhängige Organisation darstellt, soll die Staatsgewalt gegen missbräuliche Ausübung gesichert und organisatorisch genötigt werden, auf die Freiheit und Gleichheit der Bürger Rücksicht zu nehmen »).

[1] Hans Kelsen, *Théorie générale du droit et de l'État*, Bruylant/LGDJ, Bruxelles/Paris, 1997, p. 331. Le principe démocratique signifie, selon Kelsen, que l'organe législatif remplit des fonctions législatives et exerce un contrôle sur les organes administratifs et judiciaires.

[2] Gerhard Anschütz/Richard Thoma (dir.), *Handbuch des deutschen Staatsrechts*, t.1 (1930) et t. 2 (1932), Mohr Siebeck, Tübingen.

[3] Sans qu'il y ait de véritable « programme » de ce positivisme modéré. Il n'y a que le texte, assez court, qui ouvre le premier volume du *Handbuch des deutschen Staatsrechts* : Richard Thoma, « Einleitung », p. 1-13, spécialement p. 6-7, où on peut lire que la « théorie pure du droit » mène, par peur d'abus, à une élimination de tous les problèmes réels et profonds du domaine de la science du droit » (« führt, aus Angst vor Mißbrauch, zur Eliminierung aller tieferen und lebendsnahen Probleme der Rechtswissenschaft »), « la diversité des normes positives ne se laisse que rarement élever sans aucune contradiction au rang de principes généraux supérieurs » (« die Mannigfaltigkeit der positiven Normen läßt sich nur selten widerspruchslos auf höhere Allgemeinbegriffe zurückführen »). Sur la « méthode » de Thoma : Olivier Jouanjan, « Un positiviste dans la crise : Richard Thoma », *in* Jean-François Kervégan (dir.), *Crise et pensée de la crise en droit. Weimar, sa république et ses juristes*, ENS Éditions, 2002, p. 23 et suiv.

A. L'adaptation du principe « étranger » de la séparation des pouvoirs à la situation constitutionnelle allemande.

Gerhard Anschütz[1] se distingue du normativiste Hans Kelsen et des anti-positivistes, formant un groupe hétéroclite, Rudolf Smend, Hermann Heller ou Carl Schmitt, par sa méthode légaliste « basée sur une compréhension historique et génétique des normes »[2]. Si, dans un premier temps, il ne prend guère ses distances avec la méthode positiviste logiciste de Laband[3], le « deuxième Anschütz » se démarque clairement de cette science positiviste exclusive de tout élément qualifié d'extra-juridique. En effet, la méthode scientifique employée par Laband n'arrive pas à présenter « une image complète et entière de l'État », car il ne faut guère se contenter d'une observation superficielle « des institutions étatiques, mais adopter une démarche davantage dynamique (...) permettant de comprendre les forces historico-politiques qui les animent »[4]. Plus qu'à une systématisation conceptuelle ou un renouvellement de la théorie constitutionnelle, il s'attèle à une explication du droit positif allemand. Malgré la critique qu'il adresse à la méthode positiviste de prédécesseurs, Anschütz n'arrive pas à complètement dépasser la doctrine de l'État de Gerber/Laband. Le pouvoir d'État est caractérisé par la puissance de volonté

---

1 Walter Pauly, « Zu Leben und Werk von Gerhard Anschütz », in Gerhard Anschütz, Aus meinem Leben. Erinnerungen, p. I et suiv. Son commentaire, *Die Verfassung des Deutschen Reichs vom 11. August 1919. Ein Kommentar für Wissenschaft und Praxis*, 1e édition, Berlin, 1921, est une de ses grandes réussites : entre 1921 et 1933, l'ouvrage ne connaît pas moins de quatorze éditions.

2 Walter Pauly, *in* Arthur J. Jacobson/Bernhard Schlink (dir.), *Weimar : a jurisprudence of crisis*, University of California Press, 2000, p. 128-129.

3 Le « jeune Anschütz » ne manifeste aucune réticence quant à l'emploi de la stricte méthode du postivisme formel. Bien au contraire, comme le constate Ernst-Wolfgang Böckenförde, *Gesetz und gesetzgebende Gewalt*, 1e édition *op.cit.*, p. 254, au début de sa carrière, Anschütz « se situe dans le sillage de Laband et Jellinek » (« stand Anschütz in der Nachfolge Labands und Jellineks »). L'exemple de cet engagement postiviste est la thèse d'habilitation d'Anschütz : *Kritische Studien zur Lehre von Rechtssatz und materiellen Gesetz*, Halle, 1891. Son écrit, *Die gegenwärtigen Theorien über den Begriff der gesetzgebenden Gewalt und den Umfang des königlichen Verordnungsrechts nach preussischem Staatsrecht*, 1e édition, Tübingen, 1899, qualifié de « polémique » (*Streitschrift*) par Otto Mayer (recension *in AöR*, vol. 17, 1902, p. 464), marque la rupture avec la manière labandienne de manier les concepts juridiques. Rupture déjà annoncée par un article de 1893 (« Das Recht des Verwaltungszwanges in Preußen. Vornehmlich in seiner geschichtlichen Entwicklung dargestellt », *Verwaltungsarchiv*, n°1, 1893, p. 389 et suiv.).

4 Gerhard Anschütz, « Paul Laband. Ein Gedenkblatt », *Deutsche Juristen-Zeitung*, 1918, p. 268-269 : « (...) ob sich mit einer so rein juristisch-konstruktiven Betrachtungsweise, wie Laband sie anwendet, ein volles und ganzes Bild des betrachteten Staatswesens (...) gewinnen läßt. (...) es bedarf einer mehr dynamischen Anschauungsweise (...) sondern bestrebt ist, die hinter ihnen stehenden, in ihnen wirkenden historisch-politischen Kräfte aufzuweisen » ; du même, « Das Recht des Verwaltungszwanges in Preußen, vornehmlich in seiner geschichtlichen Entwicklung dargestellt », *Verwaltungsarchiv*, n°1, 1893, p. 389, où il écrit que le pouvoir de commandement et la contrainte de l'État ne peuvent être que « historiquement expliqués et non pas logiquement exposés », car seule la méthode historique est susceptible de mener au point où il est question des particularités d'un droit positif donné » (« sich nicht logisch erschließen, sondern nur historisch erklären [...] nur historische Methode kann zum Ziel führen, wo es sich um eine individuelle Eigenart des postiven Rechts handelt »).

(*Willensmacht*)[1], car l'« unité de la personnalité de l'État correspond à l'unité de la volonté étatique »[2].

C'est grâce à la prise en compte du fond historique propre aux États allemands, que « la philosophie d'État étrangère », celle de la séparation des pouvoirs, porteuse d' « exigences abstraites », fut vaincue par le « sain réalisme politique »[3]. Anschütz ne rejette aucunement le principe de la séparation des pouvoirs, mais insiste sur sa nécessaire adaptation à la situation allemande. Le principe n'est pas présenté ni expliqué en tant que simple division mécanique. La répartition tripartite est à la fois un principe d'organisation pratique et politique et une distinction théorique[4]. L' « opération logique de la répartition n'efface pas l'unité de l'ensemble, bien au contraire, elle le renforce ». Ainsi, celui, qui qualifie la répartition des différentes fonctions à différents organes d'« intolérable », « celui-là doit croire que l'organisme vivant et la machine ne sont pas des entités unitaires, car composés d'un grand nombre d'organes ou de rouages »[5]. L'unité « signifie indivisibilité, ce qui ne veut pas dire impossibilité de répartition : l'unité du pouvoir d'État n'exclut pas que l'on procède à une classification des diverses directions et formes par lesquelles ce dernier agit »[6]. Parmi les différentes classifications, aucune ne peut « prétendre à la justesse absolue ». Il existe cependant une manière de répartir les fonctions de l'État qui l'emporte sur toutes les autres pas seulement grâce à « sa clarté et sa qualité scientifique », mais également grâce à sa « valeur politique ». La « répartition tripartite du pouvoir d'État en les fonctions

---

1 Friedrich Carl von Gerber, *Grundzüge des deutschen Staatsrechts*, op. cit., p. 3 et suiv. et Georg Meyer/Gerhard Anschütz, *Lehrbuch des deutschen Staatsrechts*, 7e édition, 1919, réimpression, Duncker & Humblot, Berlin, 2005, p. 17 et suiv.

2 Gerhard Anschütz, « Verwaltungsrecht », *in* Rudolf Stammler et *alii*, *Systematische Rechtswissenschaft*, Teubner, Berlin/Leipzig, 1906, p. 336-337: « (...) der Einheit der Staatspersönlichkeit entspricht notwendig die Einheit ihres Willens ».

3 Gerhard Anschütz, « Das Recht des Verwaltungszwanges in Preußen, vornehmlich in seiner geschichtlichen Entwicklung dargestellt », *Verwaltungsarchiv*, n°1, 1893, p. 390: « (...) bei uns ein gesunder politischer Realismus über die abstrakten Forderungen einer fremdländischen Staatsphilosophie den Sieg bewahrt hat ».

4 Gerhard Anschütz, « Verwaltungsrecht », *in* Rudolf Stammler et *alii*, *Systematische Rechtswissenschaft*, Teubner, Berlin/Leipzig, 1906, p. 337-338 : « (...) hat (...) den Sinn einer theoretischen Distinktion (...). (...) ein praktisch-politisches Organisationsprinzip (...) ». S'en suit une représentation lacunaire de la Constitution prussienne de 1850 et de celle du Reich de 1871.

5 Gerhard Anschütz, « Verwaltungsrecht », *in* Rudolf Stammler et *alii*, *Systematische Rechtswissenschaft*, Teubner, Berlin/Leipzig, 1906, p. 338 : « (...) die logische Operation des Einteilens hebt die Einheit des Ganzen nicht auf, bestätigt sie vielmehr. Und wer die Verteilung der Verschiedenen Funktionen an verschiedene Organe für unverträglich halten wollte mit der Idee der staatlichen Einheit, der müßte ungereimter Weise auch behaupten, daß Lebewesen und Maschine keine Einheiten seien, weil jenes viele Organe, diese viele Räder hat ».

6 Gerhard Anschütz, « Verwaltungsrecht », *in* Rudolf Stammler et *alii*, *Systematische Rechtswissenschaft*, Teubner, Berlin/Leipzig, 1906, p. 336-337 : « Einheit bedeutet Unteilbarkeit, aber nicht Uneinteilbarkeit ; das heißt : die Einheit der Staatsgewalt schließt es nicht aus, daß man die mannigfachen Richtungen und Formen, in denen diese Gewalt tätig wird, gruppenweise ordnet ».

fondamentales que sont la législation, la justice et l'administration a profondément influencé l'organisation réelle (*wirkliche Gestaltung*) des directions que prend l'activité de l'État »[1]. L'emploi du terme « pouvoir » (*Gewalt*) est impropre pour désigner la classification des fonctions étatiques, car il est question d'un « seul et même pouvoir d'État observé de trois côtés différents ». Il n'y a nullement « trois États dans l'État », qui seraient dotés d'une « volonté et d'un être autonomes »[2], car « répartition organisationnelle des fonctions étatiques n'équivaut pas à un éclatement de l'État »[3]. Par conséquent, la séparation des pouvoirs « joue le rôle d'un principe fondamental qui porte la construction toute entière de l'ordre institutionnel »[4]. Sur ce point, Anschütz ne fait que reprendre le raisonnement de l'administrativiste Otto Mayer[5], auquel il se réfère expressément. Car, pour le positiviste modéré Anschütz, Otto Mayer est celui qui « a élevé une voix solitaire, mais pleine de conviction contre le rejet général et obstiné (*hartnäckig*) du principe de la séparation des pouvoirs qui domine la doctrine publiciste allemande depuis

---

1 Gerhard Anschütz, « Verwaltungsrecht », *in* Rudolf Stammler et *alii*, *Systematische Rechtswissenschaft*, Teubner, Berlin/Leipzig, 1906, p. 337 : « Die verschiedensten Einteilungen sind möglichn Anspruch auf Alleinrichtigkeit hat keine von ihnen. Doch hat eine von ihnen wegen ihrer Übersichtlichkeit und wegen ihres nicht nur wissenschaftlichen, sonder politischen Wertes seit langem eine besondere Beliebtheit in der Theorie und, was mehr ist, einen tiefgehenden Einfluß auf die wirkliche Gestaltung der Staatseinrichtungen zu verzeichnen : das ist die Dreiteilung der Staatsgewalt in die Grundfunktionen Gesetzgebung, Justiz, Verwaltung ».

2 Gerhard Anschütz, « Verwaltungsrecht », *in* Rudolf Stammler et alii, *Systematische Rechtswissenschaft, Teubner*, Berlin/Leipzig, 1906, p. 337 : « Die Bezeichnung der drei Grundfunktionen als "Gewalten" (pouvoirs, puissances, powers) entstammt der dogmatischen Grundfestigung der Teilungslehre durch Montesquieu (...). Diese "Gewalten" sind (...) nicht selbständige Willen und Wesen, drei Staaten im Staat (...). Es handelt sich (...) um eine und dieselbe Staatsgewalt, von drei Seiten aus gesehen ». Dans le même sens, Georg Meyer/Gerhard Anschütz, *Lehrbuch des deutschen Staatsrechts*, 7e édition, 1919, réimpression, Duncker & Humblot, Berlin, 2005, p. 31, note e) : « En tant que distinction théorique la doctrine de la séparation des pouvoirs répartit le pouvoir d'État et montre ses trois côtés différents ou trois parties (fonctions) » (« Als theoretische Unterscheidung will die Lehre die einheitliche Staatsgewalt einteilen, drei verschiedene Seiten oder Stücke [Funktionen] der Staatsgewalt aufzeigen »).

3 Gerhard Anschütz, Die gegenwärtigen Theorieen über den Begriff der gesetzgebenden Gewalt un den Umfang des königlichen Verordnungsrechts nach preussischem Staatsrecht, 2e édition, Mohr Siebeck, Tübingen/Leipzig, 1901, p. 10 , note°8 : « Organisatorische Verteilung der staatlichen Grundfunktionen ist nicht gleichbedeutend mit Zerreissung der Staatsgewalt ».

4 Gerhard Anschütz, Die gegenwärtigen Theorieen über den Begriff der gesetzgebenden Gewalt un den Umfang des königlichen Verordnungsrechts nach preussischem Staatsrecht, 2e édition, Mohr Siebeck, Tübingen/Leipzig, 1901, p. 10: « (...) die Rolle eines Alles tragenden konstruktiven Grundprinzips spielt : das Prinzip der Gewaltenteilung ».

5 Pour Otto Mayer, *Das deutsche Verwaltungsrecht*, t. 1, *op.cit.*, p. 67-68, « la distinction des pouvoirs législatif et exécutif est le moyen d'exercer le pouvoir » conformément aux principes de l'État de droit (« Zum Wesen des Rechsstaates gehört es, daß die öffentliche Gewalt behufs ihrer Geltendmachung in eine gewisse Ordnung gebracht sei. Das geschieht durch die Unterscheidung einer gesetzgebenden und einer vollziehenden Gewalt »). La distinction ainsi opérée est la transposition du « principe français de la séparation des pouvoirs tant décrié » (« Es ist die vielverkannte Trennung der Gewalten der wir nach französischem Vorbild übernommen und aller Verwahrungen ungeachtet bei uns in thätsächlicher Geltung steht »).

longtemps »[1]. Ce rejet théorique est d'autant plus injustifié que le principe de séparation des pouvoirs, « indépendamment de toutes les réticences exprimées, est en vigueur chez nous »[2]. Le traditionnel amalgame entre la séparation des pouvoirs et la souveraineté nationale, formulé dès le *Vormärz* tant du côté conservateur et monarchiste que d'une partie du côté libéral de la doctrine, ne correspond point à la réalité : le principe de séparation des pouvoirs, tel qu'il est mis en œuvre dans les États allemands, « ne comporte pas la moindre concession à l'idée de la soi-disant "souveraineté nationale" »[3].

Anschütz est un des rares à exposer clairement le principe de séparation des pouvoirs en tant que moyen de répartition du pouvoir unitaire et principe organisationnel porteur aux vertus à la fois pratiques et politiques. C'est Richard Thoma qui va réfléchir sur le lien qu'entretiennent le principe de la séparation des pouvoirs et le régime démocratique weimarien en s'interrogeant sur la réalité de l'affirmation selon laquelle le peuple constitue la source unitaire du pouvoir d'État.

B. Le principe de séparation des pouvoirs dans la démocratie weimarienne ou la question de l'exercice effectif de l'intégralité du pouvoir par le peuple.

Dans le *Handbuch des deutschen Staatsrechts*[4], aucune entrée n'est consacrée au principe de la séparation des pouvoirs. Le principe apparaît de manière

---

[1] Gerhard Anschütz, Die gegenwärtigen Theorieen über den Begriff der gesetzgebenden Gewalt un den Umfang des königlichen Verordnungsrechts nach preussischem Staatsrecht, 2e édition, Mohr Siebeck, Tübingen/Leipzig, 1901, p. 10, note n°8 : «Es ist ein grosses Verdienst Otto Mayer's (…) gegen die seit langer Zeit in der deutschen Staatsrechtswissenschaft allgemein und hartnäckig herrschende Ablehnung des Prinzips der Trennung der Gewalten eine einsame, aber in ebenso eindrignlichen wie überzeugenden Worten redende Stimme erhoben zu haben ».

[2] Et les arguments tirés du caractère unitaire de l'État ou du principe monarchique n'y changent rien, continue dans le même sens Anschütz, *Die gegenwärtigen Theorieen über den Begriff der gesetzgebenden Gewalt und den Umfang des königlichen Verordnungsrechts nach preussischem Staatsrecht*, 2e édition, *op.cit.*, p. 10, note n°8 : « Und ferner ist hiergegen (…) weder im Interesse der Einheit der Staatsgewalt noch im Namen des monarchischen Prinzips etwas zu erinnern ». Selon Anschütz, Georg Meyer/Gerhard Anschütz, *Lehrbuch des deutschen Staatsrechts*, 7e édition, 1919, réimpression, Duncker & Humblot, Berlin, 2005, p. 31, note e) : « Ces présomptions reposent sur une incompréhension de la théorie qu'elles visent à combattre et sur une méconnaissance de la réalité juridique » (« Diese Behauptungen beruhen auf einem Mißverständnis der von ihnen bekämpften Lehre und auf einer Verkennung der Rechtswirklichkeit ») ; « (...) il est faux que la séparation des pouvoir détruit le caractère unitaire de l'État » (« Es ist (...) nicht richtig, daß die Gewaltenteilung die Einheit des Staates vernichtet »).

[3] Gerhard Anschütz, Die gegenwärtigen Theorieen über den Begriff der gesetzgebenden Gewalt un den Umfang des königlichen Verordnungsrechts nach preussischem Staatsrecht, 2e édition, Mohr Siebeck, Tübingen/Leipzig, 1901, p. 10 , note n°8 : « (…) enthält nicht die mindeste Konzession an den Gedanken der sog. "Volkssouveränetät" » ; Otto Mayer, Das deutsche Verwaltungsrecht, t. 1, p. 69 ; Gerhard Anschütz/Georg Meyer, Lehrbuch des deutschen Staatsrechts, 7e édition, 1919, réimpression, Duncker & Humblot, Berlin, 2005, p. 31-32, note e).

[4] Gerhard Anschütz/Richard Thoma (dir.), *Handbuch des deutschen Staatsrechts*, t.1 (1930) et t. 2 (1932), Mohr Siebeck, Tübingen.

occasionnelle dans les développements généraux ou ceux relatifs à la notion de réserve de loi. On trouve, en revanche, un essai détaillé portant sur les fonctions du pouvoir d'État (*Funktionen der Staatsgewalt*)[1] dû à la plume de Richard Thoma[2]. S'il s'agit, dans le cas de Thoma, le successeur de Jellinek à l'Université de Heidelberg[3], d'un positiviste, alors il faut souligner son caractère atypique. Comme Gerhard Anschütz, Thoma n'est ni l'héritier de la méthode de Gerber/Laband, ni « le tenant » de la méthode kelsénienne. C'est un positiviste « modéré »[4].

Thoma assimile l'unité du pouvoir d'État à l'existence d'une norme hypothétique, mais à la différence du Kelsen, il expose un raisonnement moins « pur » en affirmant que cette unité n'est jamais complètement réalisée, c'est-à-dire que l'ordre juridique et la norme fondamentale qui en est le soutien nécessaire ne réussissent pas complètement à dépasser les situations de tension nées d'une opposition entre le gouvernement de l'État et des « concurrents » ou « récalcitrants » (*Renitenten*).

> *L'unité du pouvoir d'État, à laquelle aspire le gouvernement (*Regierung*), mais qui n'est en réalité jamais complètement réalisée à cause du grand nombre de légitimes et illégitimes concurrents ou à cause de ceux qui refusent de suivre les ordres étatiques, se retrouve, dans le monde idéal de l'ordre juridique (...), dans la norme originelle supposée, encore appelée norme fondamentale, à partir de laquelle le pouvoir constituant tire sa compétence pour normer (normieren) la fonction*

---

1 Richard Thoma, « Die Funktionen der Staatsgewalt », *in* Gerhard Anschütz/Richard Thoma (dir.), *Handbuch des deutschen Staatsrechts*, t.2, Mohr Siebeck, Tübingen, 1932, p. 108-159.

2 Sur le caractère atypique du postiviste Richard Thoma, voir Olivier Jouanjan, « Un postiviste dans la crise : Richard Thoma », *in* Jean François Kervégan (dir.), *Crise et pensée de la crise en droit. Weimar, sa république et ses juristes*, ENS Editions, 2002, p. 13-53 ; Peter C. Caldwell, *in* Arthur J. Jacobson/Bernhard Schlink (dir.), *Weimar : a jurisprudence of crisis*, University of California Press, 2000, p. 151-157 ; pour quelques éléments biographiques et intellectuels, voir l'introduction de Horst Dreier *in* du même (éd.), *Richard Thoma, Rechtsstaat – Demokratie – Grundrechte. Ausgewählte Abhandlungen aus fünf Jahrzehnten*, Mohr Siebeck, Tübingen, 2008, p. XIV et suiv. Voir encore, de manière générale, Hans-Dieter Rath, *Positivismus und Demoratie. Richard Thoma (1874-1957)*, Duncker & Humblot, Berlin, 1981.

3 Horst Dreier, « Einleitung », *in* du même (éd.), *Richard Thoma, Rechtsstaat – Demokratie – Grundrechte. Ausgewählte Abhandlungen aus fünf Jahrzehnten*, Mohr Siebeck, Tübingen, 2008, p. XXI.

4 Olivier Jouanjan, « Un postiviste dans la crise : Richard Thoma », *in* Jean François Kervégan (dir.), *Crise et pensée de la crise en droit. Weimar, sa république et ses juristes*, *op.cit.*, p. 25 : « Il se fait (...) le tenant d'un juste milieu méthodologique qu'il est impossible de complètement assumer » ; p. 31 : « (...) il s'agit de trouver un juste milieu entre le dualisme de Jellinek et le monisme radical de Kelsen ». Sur sa condamnation du « labandisme », p. 27 : « Là encore, dit Thoma, le danger réside en ce que le constructeur de concepts risque d'introduire, sous le couvert de la majesté des formes logiques, volontairement ou non, son jugement de valeur politique, ses "prémisses cryptopolitiques" ».

> *législative et, grâce au législateur indirectement ou directement, la fonction exécutive (dont la fonction de rendre la justice fait partie).*[1]

Il y a ici un lien avec la théorie de la norme fondamentale hypothétique de Kelsen. Thoma se presse d'affirmer que l'unité du pouvoir d'État basée sur la norme supposée n'est qu'une idée, elle n'a pas de réalité concrète, ce qui est prouvé par l'existence d'états conflictuels : le signe de l'existence de fissures dans l'édifice juridique prétendument unitaire. L'unité n'est donc, à l'image de l'hypothèse dont elle tire son fondement, qu'une idée. Il existe deux fonctions formant la prétendue unité de l'activité de l'État: la fonction législative et la fonction exécutive à laquelle appartiennent l'administration et la justice. Dans cette classification bipartite, l'administration constitue le cœur de l'activité de l'État. Mais il s'agit là uniquement d'une approche sociologique. D'un point de vue « strictement juridique », c'est la fonction législative qui est la fonction première[2].

La distinction des fonctions s'inscrit dans la logique du régime politique weimarien. Pour Thoma, il s'agit d'un ordre républicain et démocratique « indirect », « représentatif » et donc « parlementaire ». Ce système pose l'assemblée représentative, le Reichstag, au centre de la construction organisationnelle du pouvoir. Mais il n'est pas question d'une structure déséquilibrée, car la démocratie weimarienne « opère une division des pouvoirs » (*gewaltenteilende Demokratie*)[3] grâce

---

[1] Richard Thoma, « Die Funktionen der Staatsgewalt », *in* Gerhard Anschütz/Richard Thoma (dir.), *Handbuch des deutschen Staatsrechts*, t.2, Mohr Siebeck, Tübingen, 1932, p. 111 : « Die Rechtsordnung aber setzt aller legitimen Verwaltung und Rechtsprechung die Rechtsgrundlagen, Formen und Grenzen. Die Einheit der Staatsgewalt, welche von der Regierung erstrebt, aber in der Realität gegenüber der Vielheit legitimer und illegitimer Konkurrenten und Renitenten niemals voll erreicht wird, ist in der Idealität der Rechtsordnung (...) in Gestalt einer vorauszusetzenden "Ursprungsform" oder "Grundnorm", aus welcher der Verfassungsgeber die Kompetenz empfängt, die Gesetzgebund und – teils unmittelbar, teils mittelbar durch die Gesetzgebung – die Vollziehung (von der die Rechtsprechung ein Teil ist) zu normieren », avec des références à Walter Jellinek et Hans Kelsen.

[2] Richard Thoma, « Die Funktionen der Staatsgewalt », *in* Gerhard Anschütz/Richard Thoma (dir.), *Handbuch des deutschen Staatsrechts*, t.2, Mohr Siebeck, Tübingen, 1932, p. 110-111 : « La fonction vitale de l'État est l'administration. Le législateur pourrait se taire un instant, les portes des cours de justice pourraient rester fermées, et, pourtant, l'État pourrait déployer sa pleine existence dans la guerre ou dans la paix. (...) Il s'agit par suite d'une considération d'ordre sociologique. D'un point de vue strictement juridique, la fonction législative est la fonction fondamentale de l'État. Car elle donne forme à l'odre juridique, en partuclier au droit constitutionnel » (« Die lebensnotwendige Funktion des Staates ist die Verwaltung. Der Gesetzgeber könnte für eine Weile verstummen, die Pforten der Gerichtshöfe könnten verschlossen bleiben und dennoch vermöchte der Staat in Frieden oder Krieg kraftvollstes Leben zu entfalten. (...) Indes ist dies eine soziologische Betrachtung. Rein juristisch gesehen ist die Gesetzgebung die fundamentale Funktion des Staates. Denn sie gestaltet die Rechtsordnung, insbesondere auch das Verfassungsrecht »).

[3] Richard Thoma, « Das Reich als Demokratie », *in* Gerhard Anschütz/Richard Thoma (dir.), *Handbuch des deutschen Staatsrechts,* t. 1, Mohr Siebeck, 1930, p. 194 : « Die deutsch Republik ist (…) eine überwiegend mittelbare und zwar repräsentative und zwar "parlamentarish" regierte Demokratie. Indes ist sie zugleich eine (…) gewaltenteilende Demokratie, welche dem Nationalparlament ein ganzes System von Gegengewichten gegenüberstellt ». Sur la conception de la démocratie de Thoma comme « émancipation politique des couches inférieures de la population » et « État où sont absents les privilèges » : Christoph

aux « contrepoids » constitutionnellement prévus afin de contrer une éventuelle monopolisation du pouvoir par le parlement. Mais quelle est l'articulation entre cet ordre démocratique organisé d'après un système de freins et de contrepoids et la source unitaire du pouvoir d'État, le peuple ? L'article 1er, alinéa 1er de la Constitution de 1919 dispose que « le pouvoir d'État émane du peuple » en mettant ainsi fin au « règne » centenaire du principe monarchique. L'article 5 tempère cette phrase en disposant que le pouvoir est exercé, pour le domaine du *Reich*, par les organes fédéraux et dans les *Länder* – par les organes des États fédérés. Ne s'agit-il pas de l'introduction d'un « principe démocratique-plébiscitaire », « diamétralement opposé à l'ancien "principe monarchique" » ? Si la réponse à cette question était affirmative, alors la conséquence la plus importante concernerait sans doute la nature du référendum (*Volksentscheid*). La décision populaire réunirait « toutes les trois fonctions dans les mêmes mains », celles du peuple, qui deviendrait l'analogue démocratique du monarque des États constitutionnels, c'est-à-dire qu'il disposerait de l'intégralité du pouvoir non seulement « en principe », mais aussi en l'exerçant de manière effective.

Il est important de savoir si le principe démocratique permet à la « société active » d'exercer la plénitude du pouvoir, et donc les fonctions étatiques, ou bien elle se voit accorder uniquement la place de suppléant du législateur, une sorte de « doublure » (*Duplizierung*). Dans ce dernier cas de figure, les décisions prises par la « société active » ne peuvent aucunement franchir les limites de la compétence du Parlement[1]. La réponse de Thoma est négative. Selon lui, le peuple ne dispose pas de la plénitude du pouvoir[2]. « (...) [D]'après le droit constitutionnel en vigueur, la

---

Schönberger, « Elitenherrschaft für den sozialen Ausgleich : Richard Thomas "realistische" Demokratietheorie im Kontexte der Weimarer Diskussion », *in* Christoph Gusy (dir.), *Demokratisches Denken in der Weimarer Republik*, Nomos, Baden-Baden, 2000, p. 156-190, spécialement p. 163 et suiv.

[1] Richard Thoma, « Die Funktionen der Staatsgewalt », *in* Gerhard Anschütz/Richard Thoma (dir.), *Handbuch des deutschen Staatsrechts*, t.2, Mohr Siebeck, Tübingen, 1932, p. 113 : « Deshalb erhebt sich vorab die Frage, ob nicht im Volksentscheid ein, dem früheren "monarchischen Prinzip" (...) diametral entgegengesetztes "plebiszitärdemokratisches Prinzip" in dem Sinne zum Vorschein kommt, daß im Volksentscheid alle drei Funktionen in ener Hand vereinigt wären. Eine um so gewichtigere Frage, als im Falle ihrer Bejahung die im Volksentscheid beschließende Mehrheit der Aktivbürgerschaft die drei Funktionen nicht nur im "Prinzip" vereinigen würde (...), sondern auch in "Ausübung" (...).Es muß also zu allererst untersucht werden, ob im Volksentscheid die Aktivbürgerschaft als ein alle Gewalten in sich vereinigender "Souverän" hervortritt oder ob es sich nur um eine Duplizierung der Legastive handelt, deren Kompetenz diejenige des Parlaments grundsätzlich nicht überschreitet (...) ».

[2] Dans le même sens, Rudolf Smend, *Die Verfassung des Deutschen Reichs vom 11. August 1919,* Sieben Stäbe-Verlags- u. Druckereigesellschaft, Berlin, 1929, p. XIV-XV : « Deux éléments sont absents de la vie constitutionnelle du *Reich.* Tout d'abord, le peuple du *Reich* : sa participation directe à la formation de la volonté du Reich par le biais des initiatives populaires et du référendum (art. 73 et suiv.) apparaît plutôt comme un correctif à la procédure législative ordinaire » (« In der Reihe fehlen zwei Faktoren des Verfassungslebens im Reich. Einmal das Reichsvolk : seine unmittelbare Beteiligung an der Reichswillensbildung durch Volksbegehren und Volksentscheid [Art. 73 ff.] erscheint mehr nur als ein Korrektiv des gewöhnlichen Gesetzgebungsverfahrens »). Le deuxième « absent » est pour Smend le Conseil économique du Reich (*Reichswirtschaftsrat*).

société civile active, qui se prononce par référendum, ne réunit pas en elle tous les droits du pouvoir d'État. »[1]

Le texte constitutionnel de 1919 comporte des handicaps de naissance et se révèle plus tard privé de toute possibilité de réagir contre sa destruction massive entreprise dès le début des années 1930. Ce régime paraît d'un point de vue statique savamment équilibré, mais d'un point de vue dynamique, le système ne présente pas les mêmes qualités. Les mécanismes qui doivent présider à une balance institutionnelle en évitant toute influence disproportionnée d'un organe ne sont pas viables et le régime se transforme en un « monisme parlementaire réunissant tous les pouvoirs» (*gewaltenvereinigenden parlamentarischen Monismus*)[2].

Un monisme parlementaire qui n'a pas pour conséquence de garantir au *Bundestag* la domination du jeu politique. Au contraire, le parlement commence à se dessaisir progressivement de ses compétences en déléguant l'exécution des missions, qui lui incombent constitutionnellement, aux organes exécutifs. L'abus du pouvoir réglementaire est une des raisons qui pousse la République allemande dans le chaos politique total régnant à l'extrême fin des années 1920. L'heure de « la mort annoncée »[3] du « système » de Weimar sonne dans une indifférence doctrinale qui présage les années sombres qui suivront le 30 janvier 1933, date à laquelle le président du *Reich*, Paul von Hindenburg, nomme Adolf Hitler au poste de chancelier fédéral. Cette date, écrit Ernst Rudolf Huber, marque « le point final de l'histoire constitutionnelle de l'époque de Weimar »[4].

§ 3. Le principe de séparation des pouvoirs à la fin de Weimar : chronique de la mort annoncée d'un principe de l' « État de droit bourgeois et libéral ».

Distinguer les pouvoirs afin de garantir l'exercice modéré de la puissance et les droits et libertés est un des traits caractéristiques de l'État de droit bourgeois et

---

[1] Richard Thoma, « Die Funktionen der Staatsgewalt », *in* Gerhard Anschütz/Richard Thoma (dir.), *Handbuch des deutschen Staatsrechts*, t.2, *op.cit.*,, p. 115 : « (...) nach geltendem Verfassungsrecht die abstimmende Aktivbürgerschaft des Reiches nicht alle Rechte der Staatsgewalt in sich vereinigt ».

[2] Richard Thoma, « Die Funktionen der Staatsgewalt », *in* Gerhard Anschütz/Richard Thoma (dir.), *Handbuch des deutschen Staatsrechts*, t.2, *op.cit.*, p. 117 : « Als ruhendes System gesehen, d.h. statisch betrachtet, überrascht es in der Tat durch das scheinbare Übermaß von pluralistischen Funktionenverteilungen und Gewaltenhemmungen (...). (...) [D].h. dynamisch betrachtet, kennzeichnet sich das System durch die Entschiedenheit seines gewaltenvereinigenden parlamentarische Monismus ».

[3] Jean-François Kervégan, « Présentation », *in* du même (dir.), *Crise et pensée de la crise en droit. Weimar, sa république et ses juristes*, *op.cit.*, p. 4.

[4] Ernst Rudolf Huber, *Deutsche Verfassungsgeschichte*, t. 7 : *Ausbau, Schutz und Untergang der Weimarer Republik*, Kohlhammer, Stuttgart, 1984, p.1265-1266 « (…) der Endpunkt der Verfassungsgeschichte der Weimarer Zeit ». Cette « transmission du pouvoir à l'ennemi de la Constitution ne conduisit pas à un simple changement de la forme de gouvernement », mais a comme conséquence l'« anéantissement constitutionnel total» (« Die Machtübergabe an den Verfassungsfeind führte nicht zum bloßen Wechsel der Regierungsform. (…) [S]ondern zur totalen Verfassungsvernichtung »).

libéral, écrit Schmitt dans sa *Théorie de la Constitution* (A). Ce « dogme libéral », qui prône « l'équilibre des forces marqué du signe de la méfiance »[1], est de toute évidence incompatible avec le nouvel ordre national-socialiste (B).

*A. Le principe de distinction des pouvoirs dans la Théorie de la Constitution (*Verfassungslehre*) de Carl Schmitt.*

Carl Schmitt est « un des brillants représentants de la nouvelle génération de juristes allemands » ; sa « notoriété est cependant loin d'atteindre celle des maîtres de l'époque »[2]. La *Verfassungslehre* (*Théorie de la Constitution*) lui permet enfin de jouir, à quarante ans, « de l'attention et de la reconnaissance » tant désirées[3]. L'opus, qui paraît en 1928, ne laisse pas de doute sur l'engagement théorique de Schmitt : « la préface (…) sonne comme un manifeste contre le positivisme juridique et en faveur d'une nouvelle théorie du droit public »[4].

La « composante libérale » de la « constitution moderne de libertés bourgeoises »[5] comporte deux principes : les droits fondamentaux et la séparation des pouvoirs. Les droits fondamentaux sont des « droits absolus » que « l'individu humain libre (…) possède envers l'État »[6]. Leur signification juridique consiste en le

---

1 Günther Küchenhoff, *JR*, 1934, p. 20 : « bedarf es im Aufbau unserer Staats- und Volksgemeinschaft nicht mehr der ängstlichen Ausbalancierung der Kräfte (…), cité par Horst Dreier, « Die deutsche Staatsrechtslehre in der Zeit des Nationalsozialismus », *VVDStRL*, n°60, De Gruyter, 2001, p. 26.

2 Olivier Beaud, « Carl Schmitt ou le juriste engagé » (préface), *in* Carl Schmitt, *Théorie de la Constitution* (1928), trad. fr. Lilyane Deroche, PUF, coll. Quadrige, 2008, p. 93. Les « maîtres de l'époque » sont « Anschütz Thoma, ou encore Triepel et Kauffmann ». Voir encore : du même, *Les derniers jours de Weimar. Carl Schmitt face à l'avènement du nazisme*, Descartes & Cie, Paris, 1997 ; Jacky Hummel, *Carl Schmitt. L'irréductible réalité du politique*, Éditions Michalon, coll. Le bien commun, 2005.

3 Reinhard Mehring, *Carl Schmitt. Aufstieg und Fall. Eine Biographie*, C.H. Beck, München, 2009, spécialement p. 264 et suiv. : Schmitt lui-même « n'est jamais satisfait de sa résonance » auprès de ses collègues publicistes (« Mit seiner publizistischer Resonanz ist Schmitt eigentlich nie zufrieden ») ; « Mit der Verfassungslehre findet Schmitt (…) die breite Beachtung und fachliche Anerkennung, die er sucht ».

4 Olivier Beaud, « Carl Schmitt ou le juriste engagé » (préface), *in* Carl Schmitt, *Théorie de la Constitution* (1928), trad. fr. Lilyane Deroche, PUF, coll. Quadrige, 2008, p. 58.

5 Carl Schmitt, *Théorie de la Constitution* (1928), trad. fr. Lilyane Deroche, PUF, coll. Quadrige, 2008, p.321.

6 Carl Schmitt, *Théorie de la Constitution* (1928), trad. fr. Lilyane Deroche, PUF, coll. Quadrige, 2008, p.302 : « Les droits fondamentaux au sens propre du terme sont des droits de l'individu humain libre, et en fait des droits qu'il possède envers l'État ». Schmitt cite Richard Thoma, *Festgabe für das preussische Oberverwaltungsgericht*, 1925, p. 187, qui définit les droits fondamentaux en tant que « stations dans le procès éternellement fluctuant *the man versus the state* ». Plus loin, il développe son raisonnement (p. 302-303): « Ce sont des droits individuels, c'est-à-dire des droits de l'individu humain isolé. Les droits fondamentaux au sens propre ne sont donc que les droits de liberté individuelle, et pas des exigences sociales. (…) Tous les véritables droits fondamentaux sont des droits absolus, c'est-à-dire qu'ils ne sont pas garantis "dans les conditions prévues par les lois", leur contenu ne résulte pas de la loi, mais c'est l'empiètement légal qui apparaît comme une exception, et même comme une exception en principe mesurable et limitée par une réglementation générale. C'est l'un des traits du principe de répartition

principe de répartition de l'État de droit bourgeois entre « une sphère de liberté individuelle illimitée » dont dispose l'individu d'une part, et une « capacité d'empiètement de l'État limitée, mesurable et contrôlable ». Si les droits fondamentaux énumérés dans la Constitution forment le socle de la répartition entre sphère de liberté illimitée et domaine de l'ingérence constitutionnellement autorisée de l'État, le principe de la séparation des pouvoirs représente pour Schmitt « le principe d'organisation »[1] qui permet de « mesurer et de contrôler tous les pouvoirs étatiques »[2].

Schmitt n'emploie pas l'expression de « séparation des pouvoirs » (*Trennung der Gewalten*) pour désigner l'organisation des trois pouvoirs. Il manifeste une prédilection pour la notion de « distinction » (*Unterscheidung*)[3] en faisant remarquer la « grande diversité de vocabulaire et des perspectives pour le principe général d'organisation de la distinction des pouvoirs »[4]. La « distinction » (*Unterscheidung*) signifie l'action de distinguer les différentes parties composant le pouvoir unitaire de l'État[5] sans qu'il y ait une séparation entre elles. Ce principe d'organisation de la distinction des trois pouvoirs commande toute « constitution libérale bourgeoise »[6].

La distinction des pouvoirs s'épuise dans deux mouvements différents, deux « points de vue », qui permettent d'avoir une organisation des trois pouvoirs équilibrée et efficace. Tout d'abord, il convient de procéder à la séparation (*Trennung*) organique et des compétences constitutionnellement attribuées aux différents organes de l'État. Ce n'est qu'après avoir accompli ce mouvement négatif

---

fondamental de l'État de droit bourgeois que la liberté individuelle soit présupposée et que la restriction imposée par l'État apparaisse comme une exception ».

1 Carl Schmitt, *Théorie de la Constitution* (1928), trad. fr. Lyliane Deroche, PUF, coll. Quadrige, 2008, p.321 et suiv. Il y consacre un chapitre entier précédé de celui traitant des droits fondamentaux.

2 Carl Schmitt, *Théorie de la Constitution* (1928), *op.cit.*, p.321. Contre la division de ces deux principes, Hermann Heller, *Staatslehre*, 3e édition, Sijthoff, Leyde, 1963, p.273 : « Il s'agit de la méconnaissance fondamentale et dangeureuse de l'État de droit constitutionel lorsque, depuis peu, on entend la division des pouvoirs et les droits fondamentaux en tant que deux entités indépendantes l'une de l'autre » (« Es ist eine grundsätzliche und gefährliche Verkennung des konstitutionellen Rechtsstaates, wenn neuerdings Gewaltenteilung und Grundrechte als zwei voneinander unabhängige Einrichtungen aufgefasst werden »).

3 Carl Schmitt, *Théorie de la Constitution* (1928), *op.cit.*, p.324 : « L'expression la plus générale et la plus large devrait être le terme de "distinction des pouvoirs" que nous proposons ici ».

4 Carl Schmitt, *Théorie de la Constitution* (1928), *op.cit.*, p.324.

5 Carl Schmitt, *Théorie de la Constitution* (1928), *op.cit.*, p.321, note du traducteur et p. 324. Schmitt n'évacue pas complètement le terme de « séparation » (*Trennung*), mais il l'emploie dans l'hypothèse d'une séparation entre deux pouvoirs. La division (*Teilung*) trouve sa place dans le cas d'une division à l'intérieur même d'un seul pouvoir. « "Séparation" (*Trennung*) désigne un isolement complet qui ne peut être que le point de départ de la suite de l'organisation et qui par la suite – c'est-à-dire dans la suite de la reglémentation – autorise quand même de nouveaux contacts. Correctement, le terme de "division" (*Teilung*) désigne une distinction au sein de l'un des pouvoirs, par exemple la répartition du pouvoir législatif entre deux chambres, en gros un Sénat et une Chambtre des députés (…). »

6 Carl Schmitt, *Théorie de la Constitution* (1928), *op.cit.*, p.324.

de séparation des organes et des compétences qu'il est possible d'envisager l'aspect positif du principe : les rapports entre les organes déjà séparés qui disposent de compétences propres, mais qui ne se trouvent pas dans une situation d'isolation totale. Le « lien » et l'« influence mutuelle » entre les organes représente le second point de vue sur l'objet appelé « séparation des pouvoirs ». Il s'agit d'un « balancement des droits » des « pouvoirs distincts ». Une séparation absolue n'est réalisée dans aucune constitution concrète, car il s'agit plutôt que d'un principe d'application rigoureuse, d'un « schéma théorique » aux contours lâches « dont l'élaboration éclaire le principe d'organisation ».

L'exemple de régime politique, qui applique les règles posées par ce schéma théorique aux contours lâches, est le régime parlementaire où les différents organes, en même tems qu'ils sont séparés, se trouvent dans des rapports étroits grâce aux mécanismes de freins et de contrepoids mis à leur disposition. Le parlementarisme porte un danger car l'engagement de la responsabilité politique du gouvernement peut amener le parlement à jouer le rôle d'une instance suprême soumettant tout autre organe à son commandement. Si cette totale dépendance se réalisait, et le gouvernement devenait l'agent d'exécution de la volonté parlementaire tributaire de la bonne volonté de l'assemblée, alors on ne parlerait pas d'un vrai « parlementarisme » appliquant le principe de la distinction des pouvoirs, car disparaîtrait l'équilibre entre les deux organes rendu possible par des « constructions de balances », qui, souligne Schmitt, sont « particulièrement importantes pour la Constitution de Weimar »[1]. Le modèle extrême, dans lequel le parlement s'accapare de vastes champs de compétences qui débordent le domaine de la législation afin de contrôler le gouvernement, tend à transformer le parlementarisme en un « absolutisme parlementaire » dans lequel le postulat de la distinction des pouvoirs serait « supprimé ». L'« exigence démocratique » consiste en une « dépendance du gouvernement envers la volonté de la représentation populaire, le gouvernement étant une pure délégation (*Ausschuss*) de la représentation populaire, donc du parlement qui lui-même est une pure délégation du peuple »[2] :

> *Le système parlementaire n'est en effet pas une conséquence ou une application du principe démocratique d'identité, mais fait partie d'une constitution moderne libérale bourgeoise dont il est le véritable système de gouvernement (*Regierungssystem*). Il repose sur l'emploi et le mélange d'éléments politiques différents, voire contraires. Il utilise des structures monarchiques pour renforcer le pouvoir exécutif, c'est-à-dire le gouvernement, et pour équilibrer ainsi le parlement ; il utilise l'idée aristocratique d'un corps représentatif, et aussi dans plusieurs pays celle*

[1] Carl Schmitt, *Théorie de la Constitution* (1928), *op.cit.*, p.333.

[2] Carl Schmitt, *Théorie de la Constitution* (1928), *op.cit.*, p.451-452.

> *du système bicaméral ; il utilise des idées démocratiques sur le pouvoir de décision du peuple (...). C'est un système qui emploie et mélange différentes formes gouvernementales et législatives au service d'un équilibre instable*[1].

Ici se cache un des rejets du système parlementaire et du principe de la distinction des pouvoirs qui le sous-tend. Le régime parlementaire n'est pas un régime d'identité, mais une démocratie biaisée qui doit sa fragile existence à un syncrétisme politique mêlant différentes formes de gouvernement. Les mécanismes de freins et de contrepoids, dont disposent les organes des pouvoirs législatif et exécutif, doivent servir à garantir la modération de la puissance et, par là, la protection des droits et libertés des individus. Les traits caractéristiques du régime parlementaire, tel qu'il est décrit par Schmitt, ne répondent évidemment pas à la nouvelle structure qui est en train de remplacer le corps malade de Weimar. C'est contre la République parlementaire prétendument démocratique que le national-socialisme « s'est dressé de toute sa force »[2] en écrasant sa composante libérale à laquelle appartiennent le principe de la distinction des pouvoirs et les droits fondamentaux.

L'anti-libéral, anti-démocrate et anti-positiviste qu'est Schmitt ne peut qu'acclamer l'avènement du nouvel ordre national-socialiste qui est tout l'opposé de l'État de droit bourgeois et libéral, qu'il faut « neutraliser » et qui est la cible de ses âpres critiques[3]. Il se positionne dans le camp des juristes œuvrant en vue de légitimer l'État nazi. Après la nomination d'Hitler comme chancelier fédéral par le président Hindenburg le 31 janvier 1933, les digues constitutionnelles de Weimar cèdent massivement les unes après les autres[4]. La loi d'habilitation votée par le

---

[1] Carl Schmitt, *Théorie de la Constitution* (1928), *op.cit.*, p.452.

[2] René Capitant, « L'État national-socialiste : aristocratie raciste et démocratie plébiscitaire » (1935), *in* du même, *Face au nazisme*, textes réunis par Olivier Beaud, Presses universitaires de Strasbourg, 2004, p. 65 : « (...) et, après l'avoir renversée, il en a balayé les débris avec dégoût (...) ».

[3] Olivier Beaud, *Les derniers jours de Weimar. Carl Schmitt face à l'avènement du nazisme*, Descartes & Cie, Paris, 1997, p. 50 et suiv.

[4] Car la République que l'on prétend « sans défense » avait les moyens constitutionnels suffisants de (tenter de) se protéger contre les assauts de ses « adversaires ». La faillite du « système Weimar » est davantage le résultat de la combinaison de mauvais calculs politiques et de la force de ses adversaires qu'un prétendu handicap de nasissance. Christoph Gusy, *Weimar – die wehrlose Republik ? Verfassungsschutzrecht und Verfassungsschutz in der Weimarer Republik*, Mohr Siebeck, Tübingen, 1991, p. 370 : « La république de Weimar n'a pas sombré parce que sa protection était trop faible, mais parce que ses adversaires étaient trop forts. (...) Mais il convient de s'interroger dans quelle mesure le droit est-il capable de protéger un ordre politique contre (...) sa propre destruction ? » (« Die Republik von Weimar ist nicht deshalb zugrunde gegangen, weil ihr Schutz zu schwach war ; sondern deshalb, weil ihre Gegner zu stark waren. (...) Und wieweit ist Recht überhaupt in der Lage, eine politische Ordnung gegen ihre eigene (...) Zerstörung zu sichern ? ». Dans ce sens, Olivier Jouanjan, « Un positiviste dans la crise », *in* Jean-François Kervégan (dir.), *Crise et pensée de la crise en droit. Weimar, sa république et ses juristes*, *op.cit.*, p. 47, note n°4, qui ajoute que « les adversaires de Weimar furent trop forts parce que la puissance d'attraction de Weimar était, dans le contexte de l'époque, trop faible ».

Bundestag le 23 mars 1933, qui octroie les pleins pouvoirs législatifs au nouveau chancelier pour une période initiale de quatre ans[1], scelle définitivement le sort de Weimar[2]. La consultation populaire organisée le 19 août 1934 rendant possible la fusion des fonctions de président du *Reich* et de chancelier fédéral[3] n'est qu'une banale formalité censée donner l'apparence d'une « véritable démocratie »[4] au régime totalitaire déjà mis en place.

B. L'incompatibilité du principe libéral et bourgeois de séparation des pouvoirs avec le nouvel ordre national-socialiste.

Dans la *Deutsche Juristen-Zeitung* du 1er août 1934, paraissent deux articles dont la lecture révèle le rejet frénétique du principe de la séparation des pouvoirs par la « nouvelle » doctrine. Le premier, sorti de la plume de Schmitt, porte le titre parlant « Der Führer schützt das Recht » (Le *Führer* protège le droit), le deuxième, signé par le « disciple le plus proche, le plus indépendant et le plus important » de Schmitt, Ernst Rudolf Huber[5], est consacré à l'unité du pouvoir d'État (*Die Einheit der*

---

1 Cette durée de quatre ans ne fut évidemment jamais repectée.

2 En 1932, déjà, la République de Weimar est victime d'un abomniable « meurtre » qui présage les événements de 1933. L'assassinat d'un ouvrier communiste dans la nuit du 9 au 10 août 1932 à Potempa, en Silésie, par cinq membres SA, constitue le début de la fin pour Weimar. Cette affaire criminelle et judiciaire ouvre la voie au discours nazi qui devient de plus en plus agressif et cherche de moins en moins à cacher son idéologie raciale (*völkisch*) et la volonté de détruire l'État weimarien. Sur le « meurtre de Potempa », voir Johann Chapoutot, *Le meurtre de Weimar*, PUF, coll. *Perspectives critiques*, 2010, p. 87-88. C'est le prétexte utilisé par les théoriciens national-socialistes, comme Alfred Rosenberg, pour « sape(r) les fondements théoriques de l'État weimarien » qui n'est rien d'autre qu'une « "coulisse" dépourvue de tout fondement politique », un État auquel « manque le soutien du peuple allemand ». La condamnation à la peine de mort des meurtriers de Potempa, prononcée par le Tribunal exceptionnel de Beuthen est comuée en prison à perpétuité sous la pression du NSDP par le gouvernement de Franz von Papen le 30 août 1932. Le 18 mars 1933 les cinq condamnés sont graciés et libérés par le gouvernement Hitler. Par ailleurs, cette affaire montre que le « discours » national-socialiste est élaboré et mis au point bien avant la prise effective du pouvoir par le parti national-socialiste. Ulrich Scheuner, « Considérations sur le livre "Le Droit et l'État dans la Doctrine national-socialiste" de M. Roger Bonnard, professeur à la faculté de droit de Bordeaux », *RDP*, vol. 54, 1937 p. 39 et suiv., remarque que le national-socialisme « en Allemagne avait élaboré une doctrine complète bien avant son avènement au pouvoir, c'est-à-dire au cours de sa lutte pour le pouvoir » et que celui « qui veut étudier les institutions allemandes, doit d'abord s'inspirer du livre du Führer "Mein Kampf" ».

3 La possibilité de cette fusion est ouverte par la mort du président du *Reich*, Paul von Hindenburg, qui décède le 2 août 1934.

4 Car l'État national-socialiste « fait une très large place à l'élément plébiscitaire » en s'appuyant « sur le consentement des masses, il est une dictature populaire utilisant pour son prestige et pour sa force le vaste mouvement d'opinion qui lui a permis de s'édifier et qu'il s'efforce d'entretenir » (René Capitant, « L'État national-socialiste : aristocratie raciste et démocratie plébiscitaire » [1935], *in* du même, *Face au nazisme*, textes réunis par Olivier Beaud, Presses universitaires de Strasbourg, 2004, p. 66).

5 Reinhard Mehring, *Carl Schmitt. Aufstieg und Fall. Eine Biographie*, C.H. Beck, München, 2009, p.264 : « Er ist (…) der engester, selbständiger und bedeutendster Schüler ».

Staatsgewalt) et prend pour cible directe le principe « libéral » de la séparation des pouvoirs.

Dans le nouvel ordre national-socialiste la fusion totale entre la communauté du peuple et son Führer lève toutes les barrières posées par l'État de droit libéral et bourgeois. Ce dernier posait le principe d'une organisation du pouvoir dans le but de modérer l'exercice de la puissance publique en vue de garantir une protection suffisante de la liberté de l'individu, de sa sphère privée, libre de toute influence étatique (*staatsfrei*)[1]. Mais dans le cadre du régime hitlérien, il n'y a nul besoin de garantir une telle protection, car il n'existe aucun domaine de la vie susceptible d'échapper à l'emprise de l'État du *Führer*[2]. Pour celui, qui est en quête de justifications pour cette destruction de toute sorte de séparation, l'ordre national-socialiste est une démocratie parfaite rendue possible par l'état fusionnel dans lequel se trouvent le peuple et le guide suprême[3]. « La démocratie, la démocratie "véritable" devrait fonctionner à l'identité et à l'immédiateté. »[4]

Dans la situation apocalyptique, dans laquelle se trouve l'Allemagne, seul le *Führer*, écrit Schmitt, est la possibilité de salut ultime. Il est « le juge suprême » qui « protège le droit des pires abus »[5]. La justice ordinaire, simple élément de l'appareil étatique ne peut point répondre à une si haute vocation. Schmitt fait disparaître la garantie de la justice légale, neutre, indépendante et impartiale[6]. Cette justice-là est

---

1 Sur le terme de « staatsfrei », sphère libre à l'égard de l'État, v. déjà, Georg Jellinek, System der subjektiven öffentlichen Rechte, Mohr (Siebeck), Freiburg im Breisgau, p. 80.

2 Olivier Jouanjan, « Justifier l'injustifiable », *Astérion*, n°4, 2006 : « (...) le nazisme avait effectivement aboli "l'ancienne séparation entre la politique et la vie privée", utilisant, comme relais effroyablement efficaces de la puissance publique, des mécanismes subtils relevant à la fois de la psychologie individuelle et du contrôle social », avec une référence à l'ouvrage autobiografique de Sebastian Haffner, *Histoire d'un Allemand. Souvenirs 1914-1933*, trad. fr. B. Hébert, Actes Sud, coll. *Babel*, 2004.

3 Olivier Jouanjan, « Karl Larenz. Les errements de l'hégélianisme juridique », *in* Catherine Colliot-Thélène/Jean-François Kervégan (dir.), *De la société à la sociologie*, ENS Éditions, 2002, p. 200 : « Il n'y a pas de place, dans une théorie communautaire substantielle du droit et de l'État, pour une théorie de la représentation qui impliquerait une médiatisation formelle-procédurale (...) ».

4 Olivier Jouanjan, « État de droit, forme de gouvernement et représentation. À partir d'un passage de Kant », *in* du même (dir.), *Études de droit théorique et pratique*, Annales de la Faculté de droit de Strasbourg, nouvelle série n°2, Presses universitaires de Strasbourg, 1998, p. 298.

5 Carl Schmitt, « Der Führer schützt das Recht », *Deutsche Juristen-Zeitung*, 1934, p. 946 : « Der Führer schützt das Recht vor dem schlimmsten Mißbrauch, wenn er im Augenblick der Gefahr kraft seines Führertums als oberstes Gerichtsherr unmittelbar Recht schaft. Der wahre Führer ist immer auch Richter. Aus dem Führertum fließt das Richtertum ».

6 Les juges ne doivent pas être « au-dessus de l'État », mais les juges de l'État, servir l'intérêt de l'État. Le juge ne peut plus être « un *tiers* », car cette « place l'exclurait de la communaité » (Olivier Jouanjan, « Justifier l'injustifiable », *Astérion*, n°4, 2006, p. 138-139). C'est l' « interprétation sans limites » par les juges des « clauses générales » (Bernd Rhüters, *Die unbegrenzte Auslegung. Zum Wandel der Privatrechtsordnung im Nationalsozialismus*, 7e édition, Mohr Siebeck, Tübingen, 2012, p. 216 et suiv.), qui contribue à la fixation d'un corpus jurisprudentiel national-socialiste sans qu'il y ait un véritable

devenue « l'ennemi de l'État actuel ». Le Tribunal de l'Empire, qui voit dans l'indépendance de la justice « la protection des droits reconnus au citoyen par la loi contre d'éventuels actes d'un gouvernement enclin à user du pouvoir arbitraire », n'est que l'expression de la pensée « libérale et individualiste »[1] qui n'a plus sa place dans le nouvel État allemand placé sous le signe de l'ordre concret et de la fusion du peuple[2], de la communauté (*Gemeinschaft*)[3] avec son guide, le *Führer*. Dans ce régime fusionnel, « toute séparation et répartition du pouvoir »[4], ainsi que « le contrôle réciproque des pouvoirs législatif, exécutif et judiciaire », basé sur un rapport de « méfiance »[5] sont incompatibles avec « la politique totale » menée par le gouvernement national-socialiste. La séparation des pouvoirs, cet héritage de « l'État de droit bourgeois », dont « la signification réside dans l'attribution des trois fonctions étatiques » à des « organes distincts, indépendants les uns des autres » et dans « l'effacement de l'unité du pouvoir au profit de la répartition tripartite des pouvoirs »[6], doit disparaître. Les arguments, avancés par les théoriciens de l'« État

---

changement des textes interprétés. Des notions comme « bonne foi » ou « bonnes mœurs » deviennent, dans la main du juge, des armes du droit nazi.

1 Carl Schmitt, « Der Führer schützt das Recht », *Deutsche Juristen-Zeitung*, 1934, p. 948 : « Wenn das Reichsgericht im Juni 1932 (…) den Sinn der richterlichen Unabhängigkeit darin sah, "den Staatsbürger in seinen gesetzlich anerkannten Rechten gegen mögliche Willkür einer ihm abgeneigten Regierung zu schützen", so war das au seiner liberal-individualistischen Haltung gesprochen ». La justice indépendante et impartiale constitue, dans le cadre national-socialiste, une contradiction dans les termes. Mais, comme le remarque Johann Chapoutot, *Le meurtre de Weimar*, PUF, coll. *Perspectives critiques*, 2010, p. 97-98, ce changement est déjà annoncé par l'affaire de Potempa (voir *supra*), car en 1933, après la décision de gracier et libérer les cinq assassins SA, la « justice fondée sur les principes libéraux et humanistes de 1789 n'est plus », la « justice équitable a cessé d'être : elle a remisé sa balance et son bandeau et ne conserve, de ses attributs, qu'un glaive pour séparer les allogènes de la communauté nationale ».

2 Ulrich Scheuner, « Considérations sur le livre "Le Droit et l'État dans la Doctrine national-socialiste" de M. Roger Bonnard, professeur à la faculté de droit de Bordeaux », *RDP*, 1937, vol. 54, p. 41 : « Le peuple, selon la doctrine national-socialiste, n'est ni l'ensemble des citoyens, ni une unité politique, mais une unité ethnique reposant sur la communauté du sang. L'État n'est plus que la forme politique qui sert l'organisation du peuple ».

3 Olivier Jouanjan, « Qu'est-ce qu'un discours "juridique" nazi », *Le Débat*, n°178, 2014, p. 169, l'« idée séminale de toute théorie du droit nazi (…) tient dans la notion de Gemeinschaft, de "communauté" » opposée à la « société ». Dans le discours nazi, la communauté, « fondé sur un principe de fidélité inconditionnelle », signifie « la fusion » du chef et de sa "troupe" qui ne tolère aucune distance, aucune séparation ou médiation ; du même, *Justifier l'injustifiable. L'ordre du discours juridique nazi*, PUF, coll. Léviathan, 2017.

4 Ernst Rudolf Huber, « Die Einheit der Staatsgewalt », *Deutsche Juristen-Zeitung*, 1934, p. 950 : « Jede Trennung und Aufteilung der staatlichen Gewalt ist mit dem nationalsozialistischen Staatsgedanken unvereinbar ».

5 Carl Schmitt, « Der Führer schützt das Recht », *Deutsche Juristen-Zeitung*, 1934, p. 948 : « In einem Führerstaat aber, in dem Gesetzgebung, Regierung und Justiz sich nicht, wie in einem liberalen Rechtsstaat, gegenseitig mißtrauisch kontrollieren (…) ».

6 Ernst Rudolf Huber, « Die Einheit der Staatsgewalt », *Deutsche Juristen-Zeitung*, 1934, p. 950 : « Das gilt (…) für die Gewaltenteilung des bürgerlichen Rechtsstaats, deren Sinn es war, die drei Staatsfunktionen Gesetzgebung, Rechsprechung und Verwaltung an drei verschiedene, voneinander

de droit bourgeois », qui tendent à prouver que « la répartition des fonctions » ne détruit pas l'unité du pouvoir d'État, mais opère un « partage des compétences » conservant le caractère unitaire du pouvoir, n'est nullement convaincant aux yeux de Huber. Il s'agit, comme beaucoup d'autres théories libérales, d'une « simple idéologie ». La répartition des compétences n'exclut pas l'unité du pouvoir uniquement dans l'hypothèse où « les fonctions isolées peuvent être ramenées à un seul titulaire de volonté et d'action »[1]. Ce titulaire doit être celui qui détient et exerce effectivement l'intégralité pouvoir. « Volonté » et « action » doivent se retrouver dans la main d'un seul , ce qui signifie que celui qui peut vouloir, doit aussi pouvoir agir, c'est-à-dire pouvoir lui-même mettre en œuvre l'acte de volonté dont il est l'auteur. La concentration de la volonté et de l'agir exclut toute forme de représentation. Il est impossible d'avoir une organisation étatique qui opère une distance entre le sujet qui veut et le sujet qui agit pour accomplir la volonté du premier. Dans un régime démocratique, les organes chargés d'accomplir les différentes fonctions étatiques font office de corps intermédiaires, de représentants qui mettent en œuvre la volonté générale du peuple. « La volonté qui se forme dans le *Führer* n'est pas la volonté personnelle d'un individu, mais la volonté générale d'une communauté. Une telle volonté générale n'est pas une fiction, à la différence de la prétendue "volonté générale" de la démocratie, mais une réalité politique qui trouve son expression dans le *Führer.* »[2] Le « *Führer* n'est pas "représentant" du peuple allemand ». Il « en est l'incarnation » et aucune « distance, aucune "forme" ne peut le séparer de la *Volksgemeinschaft* : il *est* elle et elle *est* lui ». Les « classifications séparatrices habituelles de la pensée constitutionnelle bourgeoise

---

unabhängige Staatsorgane zu verteilen und die Einheit der Staatsgewalt durch eine Dreiheit der Gewalten zu zersetzen. Auch diese funktionelle und organisatorische Dreiteilung der Staatsgewalt mußte von der politischen Totalität des Nationalsozialismus beseitigt werden ».

[1] Ernst Rudolf Huber, « Die Einheit der Staatsgewalt », *Deutsche Juristen-Zeitung*, 1934, p. 950 : « Zwar ist von der Staatslehre des bürgerlichen Rechtsstaats immer wieder betont worden, daß die Dreiteilung der Staatsfunktionen die einheitliche (...) Staatsgewalt nicht aufhebe. (...) Aber diese Lehre blieb, wie vieles am Liberalismus, eine bloße Ideologie. Die Einheit der Staatsgewalt trotz geteilter Staatsfunktionen war nur in der Theorie, nicht in der Wirklichkeit vorhanden. Die Verteiligung von Zuständigkeiten an verschiedene Staatsorgane hebt nur dann die Einheit der Staatsgewalt nicht auf, wenn die einzelnen Kompetenzen letzlich auf einen einzigen Willens- und Handlungsträger zurückgehen ». Comme le remarque Ulrich Scheuner, « Considérations sur le livre "Le Droit et l'État dans la Doctrine national-socialiste" de M. Roger Bonnard, professeur à la faculté de droit de Bordeaux », *RDP*, 1937, vol. 54, p.41, s'il existe encore « une distinction entre les fonctions législatives, exécutives et judiciaires, c'est parce que ces fonctions se présentent comme une classification traditionelle de l'activité étatique et non parce que l'idée de pouvoirs politiques a survécu à la révolution de 1933 qui en a fait table rase ; René Capitant, « L'État national-socialiste : aristocratie raciste et démocratie plébiscitaire » (1935), *in* du même, *Face au nazisme*, textes réunis par Olivier Beaud, Presses universitaires de Strasbourg, 2004, p. 84 constate également que ce régime oppose « au principe de la séparation, le principe de la concentration des pouvoirs ».

[2] Ernst Rudolf Huber, *Verfassungsrecht des großdeutschen Reiches*, 2e édition, 1939, p. 196, cité ici par Olivier Jouanjan, « Qu'est-ce qu'un discours "juridique" nazi », *Le Débat*, n°178, 2014, p. 173.

(législatif, exécutif, judiciaire) » ne correspondent pas à la réalité du pouvoir nazi[1]. Comme le remarque un observateur français avisé, le « pouvoir de *Führung* est et doit être unitaire », ce qui « exclut (...) cette répartition organique des trois fonctions étatiques qu'on appelle séparation des pouvoirs »[2].

Vidé de son sens, le principe de séparation des pouvoirs n'a de toute évidence aucune utilité dans le régime hitlérien. Puisque toute forme de séparation disparaît, alors une distinction des fonctions, ou des pouvoirs, est inconcevable car susceptible de troubler l'état de fusion totale du chef suprême et de la communauté populaire. La finalité même du principe : la protection de la liberté de l'individu par la modération de la puissance publique, n'a plus de raison d'être. Il n'y a aucune sphère qui pourrait échapper à l'action publique, l'individu n'a pas besoin de se défendre contre l'État, d'être protégé d'un éventuel exercice arbitraire du pouvoir, car, grâce à la fiction de l'incarnation du peuple dans la personne du *Führer*, cet individu, qui n'est rien d'autre qu'un élément de la communauté, est le pouvoir. Et cette communauté qui est pouvoir dispose désormais d'un champ d'action illimité. La séparation des sphères privée et publique est tombée comme toute autre forme de séparation. Le pouvoir s'empare de la vie toute entière de la communauté, le droit devient l'« ordre de vie »[3]. Plutôt que de protéger la liberté de l'individu, la politique nazie « se propose de garantir la protection du "corps biologique de la nation" »[4].

---

1 Olivier Jouanjan, « Qu'est-ce qu'un discours "juridique" nazi », *Le Débat*, n°178, 2014, p. 172-173 ; du même, « Justifier l'injustifiable », *Astérion*, n°4, 2006, p. 147-148 et « Remarques sur les doctrines national-socialistes de l'État », *Politix*, n°32, 1995, p. 97-118, spécialement p. 105-106.

2 Roger Bonnard, *Le droit et l'État dans la doctrine national-socialiste*, 2e édition, LGDJ, Paris, 1939, p.117. L'ouvrage de Bonnard présente de manière plus que favorable le « nouveau » droit national-socialiste et il ne manque pas d'éloges de la part de juristes allemands. Voir, par exemple, la recension d'Ulrich Scheuner, « Considérations sur le livre "Le Droit et l'État dans la Doctrine national-socialiste" de M. Roger Bonnard, professeur à la faculté de droit de Bordeaux », *RDP*, vol. 54, 1937, p. 39 et suiv.

3 Olivier Jouanjan, « Qu'est-ce qu'un discours "juridique" nazi », *Le Débat*, n°178, 2014, p. 176 : « (...) la norme nazie ne joue pas seulement comme la règle extérieure de notre conduite et de la série de nos actes, mais (...) s'empare de l'intégralité de notre vie pour en configurer l'intégrité. Seulement, lestée par le racisme biologique du vitalisme nazi, la vie est ici rapportée, *ultima ratio*, à ses conditions biologiques, génotypiques d'expression ».

4 Giorgio Agamben, *Homo sacer I : Le pouvoir souverain et la vie nue*, trad. fr. Marilène Raiola, Seuil, 1997, p. 157-158, avec des références à Hans Reiter, un des médecins allemands pour qui les camps de concentration n'étaient qu'un vaste domaine de recherches et expériences scientifiques. Une fois toute la pensée séparatiste évacuée du champ politique nazi, la vie humaine ne devient qu'un objet du pouvoir. Le concept de biopolitique permet sinon de justifier, au moins de comprendre la conception globale du pouvoir propre à l'idéologie meurtrière de l'Empire hitlérien. « Les lois sur la discrimination des juifs ont monopolisé l'attention des historiens de la politique raciale du Troisième Reich ; pourtant, elles ne sont pleinement compréhensibles qu'une fois replacées dans le contexte général de la législation et de la praxis biopolitique du national-socialisme. (...) Ces événements décisifs de notre siècle ont leur fondement dans l'assomption inconditionnée d'une mission biopolitique, où la vie et la politique s'identifient » (p. 163).

CONCLUSION DU CHAPITRE

Ainsi s'achève l'épineuse « histoire » doctrinale allemande du principe de séparation des pouvoirs. Initialement confronté à un rejet frénétique, puis partiellement autorisé à entrer sur la scène du droit public pour enfin devenir la victime d'un paradoxe : accusé d'être une simple « idéologie » par les idéologues par excellence. Cette histoire montre qu'il n'est jamais question d'un concept détaché de toute réalité constitutionnelle, mais, au contraire, d'une notion qui s'inscrit dans un régime précis, qu'il soit monarchique, démocratique ou totalitaire.

Les péripéties de la séparation des pouvoirs, son incompatibilité avec la conception positiviste de l'État ou avec le normativisme kelsénien, sont la preuve de son extrême élasticité doctrinale. Même lorsqu'elle est rejetée, elle réussit à trouver un moyen de s'adapter à l'ordre concret. Ainsi, elle prend la forme de la théorie des fonctions ou celle du double visage des normes juridiques. La conclusion qui s'impose ici est qu'il n'existe pas de principe de séparation des pouvoirs transcendantal et absolu qui franchirait sans grande difficulté les différentes époques et régimes politiques et qui resterait pourtant le même. Au fond, le principe a une finalité précise : il doit être penser comme un moyen d'organiser l'exercice du pouvoir adapté aux données constitutionnelles concrètes. Il ne s'agit pas d'étaler une conception archéologique et anachronique du principe constitutionnel. Au contraire, la signification qu'acquiert le *Gewaltenteilungsgrundsatz* dans la jurisprudence de la Cour constitutionnelle fédérale, tisse des liens profonds avec les origines doctrinales du principe. La définition générale donnée par le juge constitutionnel ainsi que la finalité de la norme de l'article 20, alinéa 2 de la Loi fondamentale trouvent leur application plénière dans l'interprétation jurisprudentielle actuelle, dont les décisions continuent la construction de l'ossature du principe constitutionnel de séparation des pouvoirs. .

CONCLUSION DU TITRE

L'absence de vrai moment révolutionnaire bouleversant intégralement l'ordre établi est la marque du XIXe siècle allemand. L'écho limité des révolutions états-unienne ou française montre une société relativement stable qui évolue dans un cadre politique fragile. Les États monarchiques n'arrivent pas à prévenir le mouvement libéral, mais réussissent à en limiter la puissance. L'échec ne fut pas absolu, car à partir des années 1850, le modèle de la monarchie limitée s'installe définitivement sur la scène politique allemande. Les publicistes, initialement engagés dans les affaires politiques, deviennent peu à peu invisibles. Le même sort est réservé au principe de la séparation des pouvoirs, qualifié de « sceintifiquement dépassé ». Le « pandectiste du droit public », à la fois neutre et complaisant avec le pouvoir, rejette en bloc le principe, car il entre en contradiction avec la conception de l'État monarchique que les auteurs positivistes comme Gerber ou Laband élaborent afin de s'assurer que le pouvoir et la place du monarque sont préservés.

La fin de l'empire du positivisme sonne également la fin de l'ancien ordre. La République de Weimar, perçue comme portant le péché de l'échec militaire et politique de l'Allemagne, n'arrive pas à surmonter les barrières qui la séparent d'un régime parlementaire fonctionnel. Jusqu'en 1949, tout était fait pour que le principe de la séparation des pouvoirs reste inappliqué ou soit tout simplement violé sans qu'il y ait une sanction adéquate à cette atteinte.

La Loi fondamentale de 1949 change radicalement la donne constitutionnelle. Avec un régime parlementaire reposant sur le principe démocratique, l'ordre constitutionnel démocratique et libéral est, depuis quelques décennies, le milieu idéal où la séparation des pouvoirs peut faire montre de toutes ses capacités d'adaptation et pleinement se déployer en tant que principe d'organisation concrète et de modération du pouvoir d'État.

TITRE SECOND
L'INTERPRETATION DU PRINCIPE DE SEPARATION DES POUVOIRS DANS LA JURISPRUDENCE DE LA COUR CONSTITUTIONNELLE FEDERALE DEPUIS 1949

Le *Gewaltenteilungsgrundsatz* (principe de séparation ou division des pouvoirs) n'est pas expressément mentionné dans le texte de la Loi fondamentale de Bonn du 23 mai 1949. La jurisprudence constitutionnelle commence à employer, dès les premières années de son existence[1], cette expression afin de désigner le mode d'organisation du pouvoir étatique ancré dans la Constitution comme « un principe organisationnel porteur de la Loi fondamentale »[2]. L'article 20, alinéa 2 LF sert de base à cette affirmation. Il dispose que « tout pouvoir d'État » émane du peuple « qui l'exerce au moyen d'élections et de votations et par des organes investis des pouvoirs législatif, exécutif et judiciaire »[3]. La répartition tripartite des organes et des fonctions est classique.

Cependant, il est ici question d'un principe qui ne se résume pas à cette répartition tripartie, nécessitant une concrétisation, qui ne peut exister que par lui-même, qui trouve toute sa teneur normative dans l'interprétation que nous livre le juge constitutionnel allemand. Une lecture attentive des décisions de la Cour

---

1 La loi sur la Cour constitutionnelle fédérale, adoptée le 12 mars 1951, est entrée en vigueur le 17 avril 1951. La première décision datée du 9 septembre 1951 de la Cour concerne la deuxième loi relative au réaménagement territorial des Länder Bade, Wurtemberg-Bade et Bade-Hohenzollern du 4 mai 1951 (BVerfGE 1,1 « Neugliederungsgesetz »). La première décision mentionnant l'expression *Gewaltenteilung* (séparation des pouvoirs) date du 20 mars 1952. Voir BVerfGE 1, 184 « Normenkontrolle » du 20 mars 1952, p. 198 : « Enfin, l'obligation incombant au pouvoir judiciaire de reconnaître les actes du pouvoir législatif fut déduite du principe de la séparation des pouvoirs » (« Schließlich wurde aus dem Grundsatz der Gewaltenteilung die Pflicht der rechtsprechenden Gewalt hergeleitet, die Akte der gesetzgebenden Gewalt anzuerkennen »).

2 BVerfGE 2, 1 « SPR-Verbot » du 23 octobre 1952, p.13 : « Appartiennent aux principes fondamentaux de cet ordre juridique au moins : le respect des droits fondamentaux concrétisés par la Loi fondamentale, avant tout le droit de l'individu à la vie et au libre développement, la souveraineté du peuple, la séparation des pouvoirs, la responsabilité du gouvernement, la légalité des actes administratifs, l'indépendance des juges (...) » (« Zu den grundlegenden Prinzipien dieser Ordnung sind mindestens zu rechnen : die Achtung vor den im Grundgesetz konkretisierenden Menschenrechten, vor allem vor dem Recht der Persönlichkeit auf Leben und freie Entfaltung, die Volkssouveränität, die Gewaltenteilung, die Verantwortlichkeit der Regierung, die Gesetzmäßigkeit der Verwaltung, die Unabhängigkeit der Gerichte [...] »). Voir également BVerfGE 3, 225 « Gleichberechtigung » du 18 décembre 1953, p. 247 : « Freilich ist Gewaltenteilung ein tragendes Organisationsprinzip des Grundgesetzes ».

3 « Alle Staatsgewalt geht vom Volke aus. Sie wird vom Volke in Wahlen und Abstimmungen und durch besondere Organe der Gesetzgebung, der vollziehenden Gewalt und der Rechtsprechung ausgeübt ». S'agissant de la version en langue française, la traduction utilisée est celle établie par Christian Autexier/Michel Fromont/Constance Grewe/ Olivier Jouanjan, *Loi fondamentale pour la République fédérale d'Allemagne*, Deutscher Bundestag, Berlin, 2010. Pour le texte allemand, il convient de se reporter à l'ouvrage édité par Dieter Gosewinkel/Johannes Masing (éds.), *Die Verfassungen in Europa 1789-1949*, C.H. Beck, München, 2006, p.837 et suiv. pour le texte de la Loi fondamentale de 1949.

constitutionnelle fédérale nous aide à cerner la définition générale dégagée par les solutions jurisprudentielles. Il convient également de s'interroger sur la stabilité de cette interprétation évolutive qui se construit progressivement (chapitre 1). La définition générale du principe de séparation des pouvoirs n'épuise pas sa teneur normative. La théorie de la décision substantielle représente une facette importante du principe constitutionnel, déduit de l'article 20, alinéa 2 LF, permettant de tracer des contours entre les compétences du législateur bénéficiant de la légitimité démocratique directe et les organes investis du pouvoir exécutif (chapitre 2).

Ce principe « porteur » (*tragendes*) de la Constitution allemande est protégé par la clause d'éternité (*Ewigkeitsklausel*) de l'article 79, alinéa 3 LF et mis par conséquent à l'abri d'une éventuelle révision constitutionnelle. Afin de mieux comprendre les effets de cette interdiction de toucher au contenu de l'article 20 LF, il faut procéder à une analyse de l'étendue de l'article 79, alinéa 3 LF et la contradiction créée par le juge constitutionnel, qui définit le principe de séparation des pouvoirs, déduit du texte de l'article 20, alinéa 2 LF, comme « principe porteur » de l'ordre constitutionnel allemand, en ajoutant cependant que le principe ne trouve nulle part une parfaite réalisation[1]. Afin de mieux comprendre son contenu, il faut également analyser les rapports du principe de séparation des pouvoirs avec d'autres principes constitutionnels formant ensemble un système complet : le principe de l'État de droit, le principe démocratique ou le principe fédéral (chapitre 3).

---

[1] BVerfGE 3, 225 « Gleichberechtigung » du 18 décembre 1953, p. 247: « Dieses Prinzip ist jedoch niergends rein verwirklicht ».

CHAPITRE 1
La définition générale du principe de séparation des pouvoirs par le juge constitutionnel allemand

L'année 2012 fut sans doute une des années les plus agitées dans l'histoire de la Cour constitutionnelle fédérale. Portant le signe indélébile de la crise financière mondiale, qui mit en cause jusqu'à l'existence même de la monnaie unique européenne et l'équilibre fragile des institutions politiques et financières, l'année 2012 fut un tournant majeur dans les rapports qu'entretiennent les cercles du pouvoir politique avec les juges de Karlsruhe. Les décisions relatives au pacte de stabilité financière et au plan de sauvetage de l'euro marquent une nouvelle étape dans la jurisprudence constitutionnelle portant sur l'équilibre entre le *Bundestag* et le gouvernement fédéral[1]. Soixante ans après sa création, la Cour de Karlsruhe est devenue un acteur incontournable de la scène politique allemande. Ses méthodes d'interprétation et les résultats de ses décisions sont parfois sujets à de vives critiques de la part de la doctrine et ne donnent pas toujours pleine satisfaction quant au raisonnement suivi[2].

---

[1] Le pacte de stabilité financière visant à garantir la stabilité financière de l'Union européenne et de la zone euro en particulier et le plan de sauvetage de l'euro font l'objet d'un litige entre organes fédéraux (*Organstreit*), formé par la fraction parlementaire *Alliance 90/Les Verts* en vertu de l'article 93, alinéa 1 LF : « La Cour constitutionnelle fédérale statue : 1. Sur l'interprétation de la présente Loi fondamentale, à l'occasion de litiges sur l'étendue des droits et obligations d'un organe fédéral suprême ou d'autres parties investies de droits propres, soit par la présente Loi fondamentale, soit le règlement intérieur d'un organe fédéral suprême (…) » (sur le litige interorganes, v. *infra*, Seconde partie, titre 1er, chapitre 3, section 2). La fraction parlementaire reproche au gouvernement fédéral de n'avoir pas respecté le droit d'information du Bundestag dans la procédure de l'élaboration du Pacte ou du plan de sauvetage de l'euro. La défense du gouvernement fédéral est construite sur le raisonnement suivant lequel ni le Pacte de stabilité financière ni le plan de sauvetage de l'euro ne constituent des projets de l'Union européenne, mais représentent des projets intergouvernementaux de la seule zone euro, ce qui exclut l'application de l'article 23, alinéa 2 LF qui dispose que « le *Bundestag* et les *Länder* par l'intermédiaire du *Bundesrat* concourent aux affaires de l'Union européenne » et que « le gouvernement fédéral doit informer le *Bundestag* et le *Bundesrat* de manière complète aussi tôt que possible ». La Cour, dans sa décision relative au Pacte de stabilité financière et au plan de sauvetage de l'euro du 19 juin 2012 (BVerfG131, 152 « Unterrichtungspflicht »), conclut à l'application de l'article 23, alinéa 2 LF à la procédure d'élaboration du pacte et du plan de sauvetage de l'euro, tout en soulignant le besoin de préserver l'existence d'un domaine de responsabilité exécutive propre au gouvernement fédéral (*Kernbereich exekutiver Eigenverantwortung*) auquel le Parlement n'a pas accès. Le 12 septembre 2012 la Cour finit par déclarer la création d'un mécanisme de stabilité européenne compatible avec la Loi fondamentale sous certaines conditions : la participation effective, et donc le pouvoir décisionnel, des représentants du peuple allemand à ces manœuvres tendant à assurer la santé financière de la Zone euro doit être garantie (BVerfGE 132, 195 « Europäischer Stabilitätsmechanismus »).

[2] Voir l'ouvrage critique de Mathias Jestaedt/Oliver Lepsius/Christoph Möllers/Christoph Schönberger, *Das entgrenzte Gericht. Eine kritische Bilanz nach sechzig Jahren Bundesverfassungsgericht*, Suhrkamp, Berlin, 2011. Certains membres de la *CDU* (*Christlich-demokratische Union Deutschlands*, l'Union chrétienne-démocrate d'Allemagne) et du Gouvernement fédéral, comme par exemple le ministre fédéral des Finances, Wolfgang Schäuble, ont fait part de leur sentiment d'incompréhension face aux décisions de la Cour relatives au pacte fiscal européen et au plan de sauvetage de l'euro. Les juges constitutionnels sont

Le principe de séparation des pouvoirs est présent dans la jurisprudence de la Cour constitutionnelle fédérale depuis ses débuts. Dans les premières décisions du juge constitutionnel allemand on trouve, certes, la mention de ce principe fondateur, mais cette mention est rarement suivie d'un exposé complet contenant les détails qui caractérisent la notion. La définition se construit progressivement, parfois de manière contradictoire, chaque décision ajoutant de nouveaux éléments susceptibles de nous donner l'image de ce principe aux contours flous dessinée par la Cour de Karlsruhe.

Les éléments donnés par la Cour sont d'une importance capitale pour la compréhension du fonctionnement du régime constitutionnel allemand défini comme une « *gewaltenteilende Demokratie* » (régime démocratique portant en soi l'exigence d'une séparation des pouvoirs)[1]. Ce principe « porteur » (*tragendes*) n'est « cependant nulle part parfaitement réalisé »[2], sa concrétisation ne signifie pas une division étanche, absolue des trois pouvoirs, mais « un contrôle, un frein et une modération réciproques des pouvoirs »[3]. Il est défini comme un moyen de sauvegarde de la liberté individuelle et un mécanisme permettant la modération du pouvoir d'État (section 1). Ce mécanisme d'équilibre, de contrôle et de modération tend à éviter la concentration de la pleine puissance étatique au sein d'un seul organe qui s'accaparerait des missions constitutionnellement garanties à d'autres organes fédéraux[4]. Pour compléter l'image du principe de séparation des pouvoirs, la Cour constitutionnelle élabore la théorie du noyau de compétences exclusif (*Kernbereich*) que possède chacun des trois pouvoirs, qui doit rester intact afin que le principe de séparation des pouvoirs soit respecté, et « découvre » le principe de justice fonctionnelle (*Funktionsgerechtigkeit*) qui complète le texte constitutionnel en garantissant la manière la plus « juste » possible de prise de décision ou, pour le dire

---

accusés, à tort, selon Andreas Voßkuhle, président de la Cour depuis le 16 mars 2010, de ne pas disposer de la légitimité exigée pour la prise de décisions ayant un effet immédiat et potentiellement grave sur la politique que la RFA mène au niveau de l'Union européenne (Entretien avec le président de la Cour Andres Voßkuhle publié dans le journal *Die Zeit*, n°21 du 16 mai 2012).

1 BVerfGE 68, 1 « Atomwaffenstationierung » du 18 décembre 1984, p. 87 : « La démocratie conçue par la Loi fondamentale implique l'existence d'un *État de droit*, ce qui signifie, s'agissant des rapports qu'entretiennent les organes de l'État, une démocratie exigeant une *séparation des pouvoirs* » (« Die Demokratie, die das Grundgesetz verfaßt hat, ist eine *rechtsstaatliche* Demokratie, und das bedeutet im Verhältnis der Staatsorgane zueinander vor allem eine *gewaltenteilende* Demokratie ») (en italique dans l'original).

2 BVerfGE 3, 225 « Gleichberechtigung » du 18 décembre 1953, p. 247 : « Dieses Prinzip ist jedoch niergends rein verwirklicht ».

3 BVerfGE 34, 52 « Hessisches Richtergesetz » du 10 octobre 1972, p. 59 : « Nicht absolute Trennung, sondern gegenseitige Kontrolle, Hemmung und Mäßigung der Gewalten ist dem Verfassungsaufbau zu entnehmen ».

4 Voir BVerfGE 3, 225 « Gleichberechtigung » du 18 décembre 1953 (p. 247), BVerfGE 9, 268 « Bremer Personalvertretung » du 27 avril 1959 (p. 279), ou encore BVerfGE 34, 52 « Hessisches Richtergesetz » du 10 octobre 1972 (spécialement p.59).

autrement, supposant que toute décision étatique soit prise par les organes, dont la structure et les compétences correspondent le mieux au domaine dans lequel doit intervenir cette décision (section 2).

Section 1. Le principe de séparation des pouvoirs : principe organisationnel et fonctionnel porteur (*tragendes Organisations- und Funktionsprinzip*)[1] de la Loi fondamentale.

Le principe de la séparation des pouvoirs, malgré l'absence d'une formulation expresse, trouve sa base textuelle dans l'article 20, alinéa 2 de la Loi fondamentale du 23 mai 1949. Les objectifs que doit accomplir le *Gewaltenteilungsgrundsatz*[2] sont, selon l'interprétation du juge constitutionnel, la modération du pouvoir d'État et la sauvegarde de la liberté individuelle.

Le principe apparaît dans l'interprétation du juge constitutionnel comme une garantie contre la tentation de concentrer la puissance de l'État au sein d'un même organe ou d'un groupement d'organes, une garantie contre l'exercice arbitraire du pouvoir (§ 1). La protection de la liberté individuelle est garantie par le contrôle, le frein et la modération réciproques de la puissance publique (§ 2).

§ 1. Le principe de séparation des pouvoirs comme moyen de modérer le pouvoir d'État.

Le fond historique du principe de séparation des pouvoirs est perceptible dans la jurisprudence actuelle de la Cour constitutionnelle fédérale. Ce fond historique est important afin de comprendre le fonctionnement du principe dans le système constitutionnel actuel. Il ne s'agit guère d'un principe qui saurait traverser toutes les époques, d'un principe intemporel et complètement détaché des traditions juridiques. Ce principe ne relève pas du droit naturel, mais d'une construction historique. Certes, les théories de penseurs comme Locke[3] ou

---

[1] BVerfGE 3, 225 « Gleichberechtigung » du 18 décembre 1953, p. 247 : « Freilich ist der Gewaltenteilung ein tragendes Organisationsprinzip des Grundgesetzes » ; BVerfGE 34, 52 « Hessisches Richtergesetz » du 10 octobre 1972, p. 59 : « Die Teilung der Gewalten ist für das Grundgesetz ein tragendes Organisations- und Funktionsprinzip » ; BVerfGE 95, 1 « Südumfahrung Stendal » du 17 juillet 1996, p. 15 : « Die (...) Teilung der Gewalten ist für das Grundgesetz Organisations- und Funktionsprinzip ».

[2] Le terme de *Gewaltenteilungsgrundsatz* peut être rendu en langue française par « principe de partage » ou « principe de division » des pouvoirs. C'est le terme de prédilection de la Cour – elle emploie rarement l'expression *Gewaltengliederung* (littéralement « principe d'organisation des pouvoirs ») – qui, selon certains auteurs (par exemple, Christoph Möllers, « Dogmatik der grundgesetzlichen Gewaltengliederung », *AöR*, vol. 132, 2007, p.493-538) laisse entrevoir des difficultés linguistiques particulières trahissant une différence entre le principe de séparation des pouvoirs tel qu'il est conçu en France et le *Gewaltenteilungsgrundsatz*.

[3] John Locke, *The Two Treaties of Civil Governement*, Thomas Hollis ed., Londres, 1689, concernant la théorie de la séparation des pouvoirs de Locke : Livre II, Chapitre XI intitulé *Of The Legislative, Executive*

Montesquieu[1] sont un élément indispensable à la compréhension du principe moderne de la séparation des pouvoirs, ils permettent de saisir son histoire, mais ont, somme toute, peu de points communs avec l'image contemporaine du principe[2] (B). En partant de la construction historique du principe tout en démontrant la volonté de la dépasser et d'affirmer sa valeur de principe du droit constitutionnel positif, la Cour entame, dès ses premières décisions, la tentative de définir les caractères généraux de la séparation des pouvoirs, telle qu'elle fut conçue par la Loi fondamentale (A).

A. Caractères généraux du principe constitutionnel de la séparation des pouvoirs.

La définition classique, qui tend à présenter les pouvoirs selon un schème bien déterminé : le pouvoir législatif signifiant une activité de création de normes juridiques, le pouvoir exécutif – celle d'exécution des décisions prises par le pouvoir législatif, et le pouvoir judiciaire s'accomplissant dans un processus logique de concrétisation des normes, est discutable. Il faut s'en détacher et réfléchir sur la place qu'occupe le principe de la séparation des pouvoirs en tant que principe constitutionnel doté d'une véritable teneur normative[3].

L'article 20, alinéa 2 LF est souvent désigné comme la disposition centrale[4] relative au principe de séparation des pouvoirs, même si on n'y trouve qu'une

---

and Federative Power of the Common Wealth. Henry Bolingbroke fut, selon Carl Schmitt, *Théorie de la Constitution* (1928), PUF, collection *Quadrige*, 2008, p. 322, « le véritable fondateur de la doctrine de l'équilibre des pouvoirs ». Voir les essais « Dissertation upon Parties » et « The Idea of a Patriot King », *in* David Armitage (éd.), *Bolingbroke, Political Writings*, Cambrige University Press, 1997.

[1] Charles-Louis de Secondat, baron de la Brède et de Montesquieu, *De l'Esprit des Lois*, Œuvres complètes, vol. II, Éditions Gallimard, p. 1951. Sur la théorie de la séparation des pouvoirs : Livre XI, Sixième chapitre. Sur la pensée de Montesquieu, voir Céline Spector, *Montesquieu. Liberté, droit et histoire*, Michalon, coll. *Le bien commun*, 2010.

[2] Eberhard Schmidt-Aßmann, *Das allgemeine Verwaltungsrecht als Ordnungsidee*, 2e édition, Springer, Berlin/Heidelberg, 2004, p.180, soutient la thèse que la référence à la séparation des pouvoirs en tant que principe juridique ne fait qu'introduire un principe politique dans la dogmatique juridique.

[3] Konrad Hesse, *Grundzüge des Verfassungsrechts der Bundesrepublik Deutschland*, 20e édition, C.F. Müller Verlag, Heidelberg, 1999, p. 208-209. Pour Hesse, juge à la Première chambre de la Cour constitutionnelle fédérale de 1975 à 1987, le principe de séparation des pouvoirs est un principe constitutionnel (*Prinzip der Verfassung*) qui « gagne » sa forme par son introduction dans la constitution (« *gewinnt Gestalt in der Verfassung* ») et doit être analysé d'un point de vue constitutionnel. Cette analyse permet au principe d'obtenir sa forme (*Ausformung*) et ses contours précis, tels qu'ils sont représentés aujourd'hui. La teneur normative du principe est discutable selon Christoph Möllers, « Dogmatik der grundgesetzlichen Gewaltengliederung », *AöR*, vol. 132, 2007, p. 495 et suiv.

[4] Ce lien entre l'article 20, alinéa 2 LF et le principe de séparation, qui, de prime abord, semble si évident, est confirmé par la jurisprudence constitutionnelle. Christoph Möllers, *Gewaltengliederung – Legitimation und Dogmatik im nationalen und übernationalen Rechtsvergleich*, Mohr Siebeck, Tübingen, 2005, p. 398. Konrad Hesse, *Grundzüge des Verfassungsrechts der Bundesrepublik Deutschland, op. cit.*, p. 207, émet des réserves concernant l'association immédiate entre le texte de l'article 20, alinéa 2 et le principe de séparation des pouvoirs, car cette disposition ne contient aucune mention expresse de la séparation des

distinction fonctionnelle et organique[1] du pouvoir d'État, détenu par le peuple, sans que soit mentionné *expressis verbis* le principe de séparation. Le deuxième alinéa de l'article 20 LF ne peut donner qu'une « perception générale du contenu et de l'étendue du principe de la séparation des pouvoirs abstrait et pensé de manière globale »[2], mais n'informe pas sur l'attribution des compétences dont disposent les organes spéciaux chargés des trois fonctions distinctes[3]. Cette disposition contient un « principe directeur » qui lie les constitutions des seize *Länder* allemands[4]. À

---

pouvoirs et ne préconise, *a priori*, un système d'équilibre entre les pouvoirs. Il n'y a qu'une disposition qui introduit dans l'ordre juridique allemand trois fonctions distinctes exercées par des organes spéciaux (*besondere Organe*). Voir également Gerhard Zimmer, *Funktion – Kompetenz – Legitimation. Gewaltenteilung in der Ordnung des Grundgesetzes*, Schriften zum Öffentlichen Recht, vol. 365, Duncker & Humblot, Berlin, 1979, p. 198.

[1] Eberhard Schmidt-Aßmann, « Der Rechtsstaat » *in* Josef Isensee/Paul Kirchhof (dir.), *Handbuch des Staatsrechts*, vol. 2 *Verfassungsstaat*, 3e édition, C.F. Müller Verlag, Heidelberg, 2004, p. 565, consacre d'importants développements à la séparation des pouvoirs conçue par la Loi fondamentale qu'il entend comme un élément important du principe de l'État de droit. Sur le rapport État de droit / principe de séparation des pouvoirs voir ce titre, chapitre 3, section 1. En ce sens, la thèse de Christoph Möllers, *Gewaltengliederung – Legitimation und Dogmatik im nationalen und übernationalen Rechtsvergleich*, Mohr Siebeck, Tübingen, 2005, p.398 : « Art. 20 Abs. 2 S. 2 GG normiert nämlich schon seinem Wortlaut nach keine Gewalten-Trennung, sondern eine Gewaltenunterscheidung und eine Organzuordnung (…) ».

[2] Friedrich E. Schnapp, « Artikel 20 » *in* von Münch/Kunig (dir.), *Grundgesetz Kommentar*, vol. 2, Art. 20-69, 5e édition, C.H.Beck, München, 2001, p. 18 et 19: « Art. 20 normiert nur eine Aussicht dessen, was als Inhalt und Tragweite eines puristischen, umfassend gedachten Gewaltenteilungsprinzips angesehen werden kann (…) Dem Wortlaut nach ("besondere Organe") sagt Art. 20 II nur, daß die staatlichen Funktionen zu unterscheiden sind». Pour Schnapp l'article 20 a une portée limitée – les rapports entre les différents fonctions et organes sont réglés de manière plus détaillée par d'autres dispositions de la Loi fondamentale: « Vielmehr ist das Verhältnis der Staatsorgane und -funktionen zueinander an anderen Stellen des Grundgesetzes ausführlich geregelt, so daß für Art. 20 II nur ein geringer Verwendungsbereich verbleibt ».

[3] Roman Herzog, « Artikel 20 (Der Bund und die Länder) » *in* Maunz/Dürig, *Grundgesetz Kommentar*, vol.III, Art.17-27, C.H. Beck, München, 2006, p. 153 : « Unklar ist dabei aber schon, welcher Inhalt und vor allem welche Befugnisse und Kompetenzen sich mit jeder dieser drei Gewalten verbinden (…) »

[4] Le principe de séparation des trois pouvoirs est présent dans les constitutions des seize *Länder*, mais n'est explicitement mentionné que dans la Constitution du Land de Rhénanie-Palatinat du 18 mai 1947, dont l'article 77, 1er alinéa dispose que « la séparation constitutionnelle (*verfassungsmäßige Trennung*) des pouvoirs législatif, exécutif et judiciaire est inviolable (*unantastbar*) ».Voir également BVerfGE 9, 268 « Bremer Personalvertretung » du 27 avril 1959 (p. 279) : « La Loi fondamentale entend laisser une marge de manœuvre aux Länder quant à la mise en forme de leurs constitutions, elle ne souhaite pas imposer la conformité ou l'uniformité, mais seulement une certaine homogénéité par le biais des principes directeurs qui lient les ordres constitutionnels des *Länder* » (« Das Grundgesetz läßt den Ländern in der Gestaltung ihrer Verfassung im einzelnen Spielraum und will nicht Konformität oder Uniformität, sondern nur eine gewisse Homogenität durch Bindung an die leitenden Prinzipien herbeiführen »). Cette obligation pour les Länder de rester fidèles aux principes directeurs de la Loi fondamentale et d'atteindre un certain degré d'homogénéité résulte de l'article 28, alinéa 1er LF aux termes duquel « l'ordre constitutionnel des Länder doit être conforme aux principes d'un État de droit républicain, démocratique et social, au sens de la présente Loi fondamentale ». Sur l'exigence d'homogénéité de l'article 28 LF : consulter l'ouvrage de Christian Starck, *Verfassungen : Ensteheung, Auslegung, Wirkungen, und Sicherung*, Mohr Siebeck, Tübingen, 2009, p. 204 et suiv.

partir de ce texte et malgré l'absence de mention du principe de séparation des pouvoirs, la Cour constitutionnelle fédérale énonce son existence et le considère comme une des notions les plus importantes constituant les fondements de l'ordre constitutionnel libéral et démocratique (*freiheitliche demokratische Grundordnung*).

Le 18 décembre 1953, dans sa décision « Gleichberechtigung » concernant un litige relevant du droit de la famille, la Première chambre de la Cour nous livre un début de définition de la notion de séparation des pouvoirs (*Gewaltenteilung*) qui, certes, n'est pas complète – la protection de la liberté individuelle en est absente –, et s'est affinée au fil des décisions, mais donne le ton de la jurisprudence ultérieure :

> *Cependant, la séparation des pouvoirs est un principe organisationnel porteur (*tragendes Organisationsprinzip*) de la Loi fondamentale. Sa signification réside dans le partage du pouvoir politique, dans l'imbrication des trois pouvoirs et dans la modération de la puissance de l'État qui en résulte*[1].

La formulation de la décision de 1953 contient des éléments positifs, qui font partie du contenu de la séparation des pouvoirs telle qu'elle est interprétée par la Première chambre. Pour la Cour, il s'agit d'imbrication, donc de collaboration constante, d'une symbiose entre les différents organes chargés d'exercer le pouvoir de l'État qui se trouve partagé et modéré.

Deux décennies plus tard, la définition est complétée par un élément négatif– la séparation des pouvoirs de la Loi fondamentale n'est point une séparation absolue :

> *Une séparation absolue ne peut être déduite de la structure constitutionnelle de la Loi fondamentale, il s'agit au contraire d'un contrôle, de freins et de modération réciproques des pouvoirs*[2].

Le principe de séparation des pouvoirs est donc qualifié de principe organisationnel « porteur » (*tragendes*) : il fait partie des décisions fondamentales prises par le constituant en 1949[3]. Il n'existe pas, dans les développements de la

---

1 BVerfGE 3, 225 « Gleichberechtigung » du 18 décembre 1953, p. 247 : « Freilich ist der Gewaltenteilung ein tragendes Organisationsprinzip des Grundgesetzes. Seine Bedeutung liegt in der politischen Machtverteilung; dem Ineinandergreifen der drei Gewalten und der daraus resultierenden Mäßigung der Staatsherrschaft ». Christoph Möllers lie la séparation des pouvoirs à la possibilité d'exercice du pouvoir et à la limitation de celui-ci : voir Christoph Möllers, *Die drei Gewalten. Legitimation der Gewaltengliederung in Verfassungsstaat, Europäischer Integration und Internationalisierung*, Velbrück Wissenschaft, 2008, p. 43.

2 BVerfGE 34, 52 « Hessisches Richtergesetz » du 10 octobre 1972, p. 59: « Nicht eine absolute Trennung, sondern gegenseitige Kontrolle, Hemmung und Mäßigung der Gewalten ist dem Verfassungsaufbau des Grundgesetzes zu entnehmen ».

3 Les notions de base ou encore principes structurants (*Strukturprinzipien*), qui forment le socle du système juridique créé par la Loi fondamentale, sont : les principes républicain, démocratique et fédéral, le

décision du 18 décembre 1953, de lien immédiat entre le principe de séparation des pouvoirs et l'article 20, alinéa 2 LF. Les principes contenus dans l'article 20 LF, tout comme le principe de la dignité humaine et celui du respect des droits fondamentaux par les pouvoirs législatif, exécutif et judiciaire, présents à l'article 1er LF sont, selon la Cour, des normes supralégislatives[1] (*übergesetzliche*) et leur concrétisation dans le texte constitutionnel ne leur fait point perdre leur caractère spécifique. Le terme « *übergesetzlich* » employé ici par la Cour peut être traduit en langue française par « supralégislatif ». Si on suit le raisonnement du juge, la signification des normes contenues dans les articles 1 et 20 LF doit être entendue comme allant au-delà de la loi, produit du législateur ordinaire : dans les développements de la Cour, il faut comprendre par ces normes supralégislatives des normes ancrées dans l'esprit constitutionnel allemand[2] qui existent indépendamment de tout texte, législatif ou constitutionnel, mais qui, pour acquérir leur teneur normative complète, pour devenir opérantes, nécessitent un processus de concrétisation, doivent être positivées (*positiviert*) par leur introduction dans un texte, dont la validité est incontestable.

Ce qui peut paraître étrange, car l'histoire du principe de séparation des pouvoirs allemand démontre qu'il n'existe pas, à cause de la prédominance du principe monarchique et du développement particulier des États allemands[3], une tradition allemande de la séparation des pouvoirs. C'est la fin peu glorieuse de la République de Weimar, qui fut complètement désarmée face à l'usurpation du pouvoir par le national-socialisme, suivie par l'expérience catastrophique de l'État

---

principe de l'État de droit et le principe de l'État social. Le principe de séparation des pouvoirs n'est pas doté, selon certains auteurs, d'une existence autonome, mais se trouve inclus en tant que sous-principe de l'État de droit. Voir, par exemple, en langue française : Christian Autexier, *Introduction au droit public allemand*, 1ère édition, PUF, collection Droit fondamental, 1997, p. 105 et suiv., ou Klaus Stern, *Staatsrecht der Bundesrepublik Deutschland*, vol. 2, C.H. Beck, 1980. Sur la rédaction de l'article 20 LF : Peter Häberle (éd.), *Enstehungsgeschichte der Artikel des Grundgesetzes*, *JöR*, vol. 1, 2e édition, Mohr Siebeck, Tübingen, 2010, p. 194-202.

1 BVerfGE 3, 225 « Gleichberechtigung », décision précitée, p. 223 : « Même le fait que les auteurs de la Loi fondamentale inclurent dans les décisions fondamentales qu'ils prirent, des normes, souvent qualifiées de supralégislatives, qui se trouvèrent positivées dans le texte de la Loi fondamentale (par exemple, dans l'article 1er, mais également dans l'article 20 LF), ne leur fit pas perdre leur caractère spécifique » (« Auch dadurch, daß der Gesetzgeber des Grundgesetzes in seine Grundentscheidung Normen einbezogen und damit im Grundgesetz positiviert hat, die vielfach als übergesetzlich bezeichnet werden [etwa in Art. 1, aber auch in Art. 20 GG], haben sie ihren besonderen Charakter nicht verloren »).

2 Cette conviction se trouve exprimée par la décision d'inclure l'article 20 LF dans les normes bénéficiant de la protection de la clause d'éternité de l'article 79, alinéa 3 LF (*Ewigkeitsklausel*). Sur la prétendue contradiction entre principe monarchique et séparation des pouvoirs : Stefan Korioth, « "Monarchisches Prinzip" und Gewaltenteilung – unvereinbar ? », *Der Staat*, vol. 37, 1998, p. 27-55.

3 V. cette partie, titre 1.

totalitaire, qui forgent la conviction que le principe de séparation des pouvoirs *doit* devenir un élément-phare du nouvel ordre constitutionnel.

Cette introduction dans un texte normatif ne signifie en aucun cas la disparition de leur spécificité. Cette spécificité des principes contenus dans les articles 1er et 20 LF est la raison de leur protection totale par l'article 79, alinéa 3 LF. Il s'agit de principes qui sont, dans l'ordre juridique actuel, intouchables. Mais ce caractère spécifique ne clôt-il pas un cercle vicieux ? Car l'interdiction de révision transforme les principes des articles 1er et 20 LF en quelque sorte en principes constitutionnels *spéciaux*, hypothétiquement protégées pour « l'éternité »[1]. La question de savoir que seraient devenus ces principes, s'ils n'étaient pas protégés par l'article 79, alinéa 3 LF[2] ne peut obtenir une réponse adéquate. N'auraient-ils pas perdu leur caractère spécifique ?

Le principe de séparation des pouvoirs est un principe d'organisation qui permet d'atteindre la modération dans l'exercice de la puissance publique. Il constitue une arme à la disposition de l'individu qui peut la retourner contre chacun des trois pouvoirs lorsqu'il sent sa liberté mise en danger par des actions intrusives entreprises par l'État. Il n'est plus question de modérer la puissance illimité du monarque absolu– mission que les « anciennes » théories des XVIe et XVIIe siècles

---

[1] La protection « éternelle » est hypothétique, car personne n'est en mesure de garantir que la Loi fondamentale sera la Constitution allemande pour les décennies ou les siècles à venir. Aucun État n'est à l'abri de changements radicaux qui pourraient remettre en cause son ordre constitutionnel. L'article 79, alinéa 3LF ne saurait épargner à l'État allemand une révolution qui pourrait briser son ordre constitutionnel. Comme le remarque le député du SPD Carlo Schmid lors des discussions du Conseil parlementaire, le but visé n'est pas d'éliminer une fois pour toutes la menace révolutionnaire, mais de lui ôter le masque, l'apparence de la légalité (*Scheinlegalität*). Sur cette question voir Peter Häberle (éd.), *Enstehungsgeschichte der Artikel des Grundgesetzes*, *Jö*R, vol. 1, 2e édition, Mohr Siebeck, Tübingen, p. 585-587. Sur la « clause d'éternité », voir *infra*, ce titre, chapitre 3, section 2.

[2] L'incertitude planait sur l'utilité d'une « clause d'éternité » qui était absente de la Constitution de Weimar. L'histoire de la rédaction finale de l'article 79, alinéa 3 LF nous fait comprendre que l'interdiction de réviser des articles spécifiés n'est pas prévue lors des débats de la Convention constitutionnelle d'Herrenchiemsee (*Verfassungskonvent auf Herrenchiemsee*) qui a lieu du 10 au 23 août 1948 et qui est chargée de soumettre au Conseil parlementaire (*Parlamentarischer Rat*), dont les commissions commencent à se réunir à partir du 1er septembre 1948, un projet constitutionnel. L'article 108 du projet constitutionnel d'Herrenchiemsee (*Herrenchiemsee-Entwurf*) dispose en effet que sont irrecevables « les demandes de révision de la Loi fondamentale qui visent à l'anéantissement de l'ordre constitutionnel démocratique et libéral (*freiheitliche und demokratische Grundordnung*) ». Le député du SPD Rudolf Katz, qui devient en 1951 un des premiers juges à la Cour constitutionnelle fédérale, émet des réserves quant à la réelle utilité de l'article 108 du projet, car, selon lui, l'avènement d'un régime dictatorial ne pourrait guère être évité par l'introduction dans le texte constitutionnel d'une telle interdiction. Suite à ces discussions et après un certain temps de réflexion le nouvel article 108 est rédigé par la Commission générale de rédaction dans des termes qui se rapprochent de la formulation de l'actuel article 79, alinéa 3 LF : « Ne peuvent faire l'objet d'une révision constitutionnelle, telle que prévue par l'article 106, les principes contenus dans les articles 1 et 21 de cette Loi fondamentale » (il s'agit de l'article 20 dans la version finale). Le député du *SPD* Katz s'exprime de nouveau en déclarant que de « telles choses révolutionnaires » (*derartige revolutionäre Dinge*) seraient de toute façon hors la portée du législateur et leur mention dans le texte constitutionnel serait par conséquent inutile.

entendent assigner au principe –, il s'agit davantage d'élaborer, par le contrôle et la limitation réciproques, un système modéré[1]. Les pouvoirs sont *séparés* les uns des autres, mais ne sont pas pour autant *isolés*, il y a une imbrication (*Ineinandergreifen*): il existe de multiples points communs, des liens étroits qui agissent comme des barrières de sécurité, des mesures de précaution contre l'éternelle tentation de ceux, qui disposent d'une partie du pouvoir, de s'approprier la puissance toute entière. Le principe de la séparation des pouvoirs est également un principe fonctionnel qui tend à améliorer le fonctionnement de l'État : il sert par conséquent les intérêts particuliers des individus en leur garantissant une protection contre l'arbitraire (effet vertical), mais il sert aussi l'État lui-même en garantissant un mécanisme satisfaisant de fonctionnement, dont l'objectif est d'éviter la paralysie institutionnelle (effet horizontal).

B. Quelques contradictions artificielles dans la tentative de définition générale.

Dans la définition de la Cour, le principe de séparation est fondamental pour l'ordre juridique allemand, mais il ne s'agit aucunement d'une réelle division, car les pouvoirs se mélangent afin d'atteindre le but ultime : la modération de la puissance. De l'article 20 LF, qui organise l'exercice du pouvoir détenu par le peuple en le confiant à des organes spéciaux, distincts, chargées des trois fonctions législative, exécutive et judiciaire, la Cour conclut que le principe d'organisation du pouvoir de l'État, auquel cette disposition constitutionnelle fait référence, doit nécessairement être identifié comme celui de la séparation des pouvoirs. N'introduit-elle pas une contradiction dans son raisonnement en qualifiant le principe de séparation de « porteur » (*tragendes*), donc fondamental pour ensuite expliquer qu'il n'implique aucune séparation étanche[2] ? Au contraire, ce sont l'imbrication, le mélange, le contrôle et la limitation réciproques qui définissent son contenu. L'emploi de l'expression *Gewaltenteilungsgrundsatz* (principe de séparation des pouvoirs)[3] par la

---

[1] BVerfGE 5, 85 « KPD-Verbot du 17 août 1956 qui parle de « System der gegenseitigen Hemmung und des Gleichgewichts staatlicher Gewalten » (p. 377). Le contrôle et la limitation réciproques doivent apporter un certain équilibre au système. Cette partie de la définition de la Cour rappelle, sans qu'elle s'y réfère expressément, la théorie des *checks and balances* (freins et contrepoids) développé aux États-Unis lors de l'élabortion de la Constitution fédérale de 1787. Voir, par exemple, Karl-Peter Sommermann, « Artikel 20 » *in* Mangoldt/Klein/Starck, *Grundgesetz Kommentar*, vol. 2, Art. 20-82, 4e édition, Vahlen, 2000, p. 97 : « (...) in diesem Sinne bilden die funktionnel nicht immer nur einer Gewalt zugeordnenden Verfassungsorgane ein System von *checks and balances* ». Sur la théorie des *checks and balances* et la mauvaise interprétation du régime « présidentiel » des États-Unis que la doctrine française s'obstine à désigner comme un exemple de séparation rigide des pouvoirs : Julien Boudon, « Le mauvais usage des spectres. La séparation "rigide" des pouvoirs », *RFDC*, 2009, n° 78, p.255 et suiv.; et du même, *Le frein et la balance. Études de droit constitutionnel américain*, coll. Droit et Science politique, Éditions Mare et Martin, 2010.

[2] Sur cet élément négatif de la définition que la Cour introduit quelques années plus tard, voir *infra*, même section.

[3] Dans la majorité des décisions on trouve l'expression de *Gewaltenteilungsgrundsatz*, dont la traduction littérale serait principe de partage des pouvoirs, et plus rarement celles de *Gewaltentrennung* ou

Cour ne signifie-t-il pas une solution dictée par la facilité terminologique et l'omniprésence des doctrines anciennes, qui érigent la séparation des pouvoirs en idéal politique, dont la réalisation doit devenir la mission d'un État moderne en puissance, qui cherche à s'affranchir des chaînes de la monarchie ou agir contre les conséquences de la mise en œuvre d'un régime totalitaire et à transformer ses sujets en citoyens à part entière ?

La création en 1949 d'organes « spéciaux » exerçant des fonctions distinctes permet-elle de proclamer l'existence d'un principe de séparation des pouvoirs ? La Cour répond de manière affirmative à cette question en interprétant le texte constitutionnel dans ce sens : la norme contenue dans l'article 20, alinéa 2 LF se réfère au principe de séparation comme principe organisationnel et fonctionnel qui régit les rapports entre les différents pouvoirs. Pourtant, il convient de ne pas se limiter à cette formulation laconique afin de tenter de percer les apparences terminologiques afin de comprendre ce que représente le principe de séparation des pouvoirs dans la pensée du juge constitutionnel. Il faut dépasser les prétendues contradictions dans la définition générale de la Cour pour voir que l'application de la norme déduite de l'article 20, alinéa 2 LF conduit au bon fonctionnement de la machine étatique et que la modération du pouvoir permet un meilleur exercice des fonctions législatives, exécutives et judiciaires par les « organes spéciaux ».

À partir de cette première formulation, une chose doit retenir l'attention : du partage, de l'imbrication et du contrôle réciproque des pouvoirs résulte la modération de la puissance de l'État. La protection de la liberté individuelle n'est pas encore présente, mais le but légitime de la modération de la puissance ne peut être autre que la protection de la liberté individuelle. Il ne s'agit plus d'une protection des sujets vis-à-vis d'un monarque de droit divin doté d'un pouvoir illimité, mais d'une protection contre des organes conçus selon les règles démocratiques, car ils peuvent, dans certaines hypothèses, représenter une véritable menace en édictant des actes arbitraires ou en adoptant des pratiques liberticides[1].

Gewaltentrennungsgrundsatz (principe de division des pouvoirs). Par exemple : BVerfGE 34, 269 « Soraya » du 14 février 1973, p. 286 : « L'obligation traditionnelle pour le juge de respecter la loi, un élément fondamental du principe de division des pouvoirs et par conséquent du principe de l'État de droit » (« Die traditionnelle Bindung des Richters an dans Gesetz, ein tragender Bestandteil des Gewaltenteilungsgrundsatzes und damit der Rechtsstaatlichkeit [...] »).

[1] Christoph Möllers, *Die drei Gewalten. Legitimation der Gewaltengliederung in Verfassungsstaat, Europäischer Integration und Internationalisierung*, *op.cit.*, p. 43 et 44 : « (...) arbeiten die Verfassungspraktiker des späten 18. und des 19. Jahrhunderts bereits gegen komplizierte Freiheitsbedrohungen an: Bedrohungen nicht durch tyrannische Individuen, sondern durch als im Prinzip legitim anerkannte Organisationen, durch Parlamente (wie in den frühen USA), durch die Verwaltung (mit Blick auf die Enstehung von Agenturen im 20. Janhrhundert) oder durch die Gerichte (wie in Frankreich) ». Pour Möllers la possibilité d'attaquer chacun des trois pouvoirs en avançant comme argument une éventuelle atteinte à la séparation des pouvoirs pourrait signifier que cette dernière ne se prête guère à une systématisation, mais trahit son caractère instable : la séparation des pouvoirs représente une formule vide (« Leerformel ») servant à légitimer des intérêts de politique constitutionnelle (« zur Legitimation verfassungspolitischer Interessen »).

Le principe de séparation signifie « partage » du pouvoir et les termes employés laissent saisir la perception que la Cour constitutionnelle fédérale se forge de la différence entre un principe de séparation des pouvoirs purement abstrait, détaché de toute réalité comme de tout contexte, et du principe, qui « porte » la Loi fondamentale et qui exige la modération de la puissance[1] et le partage des pouvoirs. Il est parfaitement pensable de diviser le pouvoir politique en des éléments distincts, mais cette action de séparer ne doit pas se transformer en synonyme de modération ou de partage, car la modération et le partage ne s'accomplissent pas par le seul fait de la séparation qui ne garantit pas à elle seule l'exercice modéré du pouvoir d'État[2]. Encore faut-il que les membres des organes, qui exercent le pouvoir, n'appartiennent pas au même corps, car, dans l'hypothèse contraire, la séparation des pouvoirs serait en théorie possible, mais le partage effectif serait en pratique complètement absent ou inefficace : aucun contrôle, aucune modération de la puissance étatique ne pourraient dès lors être garantis[3], et l'individu serait à la merci d'une puissance qui ne connaît ni limites, ni contrepoids. La séparation organique et fonctionnelle ne représente par conséquent pas une garantie suffisante, encore faut-il qu'il y ait une séparation personnelle revêtant la forme d'une interdiction d'occuper simultanément plusieurs postes relevant de deux ou trois fonctions différentes[4]. L'interdiction du cumul des mandats et des fonctions garantit « la distinction pratique des différents organes »[1].

---

[1] Selon Christoph Möllers, *Gewaltengliederung – Legitimation und Dogmatik im nationalen und übernationalen Rechtsvergleich*, Mohr Siebeck, Tübingen, 2005, p. 399, l'idéal d'une société, « où le pouvoir est équilibré et où les différents mécanismes de dépendance entre les factions politiques ou les partis, les groupes d'intérêt ou groupes de sauvegarde de la liberté et le pouvoir étatique », n'est pas l'objet de l'article 20, alinéa 2, phrase 2 LF, car cette norme ne s'adresse qu'aux pouvoirs publics. Une modération générale de la puissance ne peut être qu'un résultat indirect. Il n'est donc pas possible de conclure, en se basant sur cet article, à l'existence de missions, buts ou fonctions spéciaux comme efficacité, contrôle, frein, modération, constitution ou équilibre du pouvoir d'État.

[2] La Cour développe ce raisonnement quelques années plus tard dans la décision relative à l'interdiction du Parti communiste allemand : BVerfGE 5, 85 « KPD-Verbot » du 17 août 1956, p. 199 : « Le principe de partage de la puissance étatique entre des porteurs distincts, qui exercent un contrôle réciproque et disposent de la possibilité de freiner leurs actions respectives, garantit l'absence de concentration excessive du pouvoir au sein de l'État en un seul et même endroit » (« Das Prinzip der Aufteilung der Staatsmacht auf verschiedene, sich gegenseitig kontrollierende und hemmende Träger dient der Vermeidung übermäßiger Machtkonzentration an einer Stelle im Staat »).

[3] C'est à cette conclusion qu'arrive Louis Althusser en analysant les erreurs d'interprétation de la théorie de Montesquieu concernant le gouvernement modéré : « Ainsi s'éclaire le fameux problème du gouvernement *modéré*. La véritable modération n'est ni la stricte séparation des *pouvoirs*, ni le souci et le respect juridiques de la légalité. À Venise, par exemple, on a bien trois pouvoirs et trois organes distincts : mais le *mal* est que ces trois organes *sont formés par des magistrats du même corps* ; ce *qui ne fait guère qu'une même puissance* » (en italique dans le texte original), *Montesquieu. La politique et l'histoire*, 6e édition, PUF, collection *Quadrige*, 1985, p.103.

[4] La Cour suit la même logique afin de sanctionner le cumul de mandats et de postes administratifs : BVerfGE 12, 73 « Inkompatibilität/Komunalbeamter » du 17 janvier 1961, p. 77 : « Art. 137, alinéa 1er LF vise à garantir la séparation organique contre la menace que pourrait constituer le cumul, par la même personne, d'un mandat de député et d'un poste administratif » (« Art. 137 Abs. 1 GG will die organisatorische Gewaltenteilung gegen Gefahren sichern, die durch eine Personalunion zwischen einem

La règle de l'incompatibilité des mandats et fonctions peut être, dans certaines hypothèses, vidée de tout sens notamment lorsque le gouvernement est issu de la majorité parlementaire[2]. Pouvoirs exécutif et législatif appartiennent alors à la même famille politique et le contrôle des parlementaires peut se révéler complètement factice, car il s'agirait plutôt d'un auto-contrôle qui serait, *a priori*, toujours partiel, vicié par l'identité entre la partie chargée d'effectuer le contrôle et la partie contrôlée. Dans ce dernier cas de figure, il se peut que nous soyons en présence d'une séparation fonctionnelle, organique et personnelle faisant semblant de remplir tous les critères du principe, qui n'est pourtant qu'un simulacre de séparation – l'obédience politique des membres du gouvernement et des députés trahit leurs intérêts communs et le contrôle ineffectif du parlement. L'analyse du juge ne s'arrête par conséquent pas au seuil d'une conclusion hâtive qui consisterait à déduire que la seule séparation (qui n'est d'ailleurs jamais une véritable séparation) suffit à garantir le bon fonctionnement du système et la protection de la liberté individuelle. Afin de pallier les effets néfastes de l'absence d'une réelle séparation personnelle, la Cour permet, dès ses premières décisions, aux groupes parlementaires de défendre les droits constitutionnellement garantis du *Bundestag*. Il

---

Exekutivamt und einem Abgeordnetenmandat entstehen können »). L'article 137, 1er alinéa, aux termes duquel « l'éligibilité des fonctionnaires, des employés du service public, des militaires de carrière, des militaires engagés à temps et des juges peut être limitée par la loi, dans la Fédération, les Länder et les communes », apparaît en l'occurrence comme une concrétisation du principe général de séparation de l'article 20, alinéa 2 LF.

1 Christoph Möllers, « Dogmatik der grundgesetzlichen Gewaltengliederung », *AöR*, vol. 132, 2007, p.500 : « Sie garantiert die praktische *Unterscheidbarkeit* verschiedener Organe » (en italique dans l'original). Voir encore BVerfGE 38, 326 « Inkompatibilität/Landtagsmandat » du 21 janvier 1975 (opinion dissidente du juge Walter Rudi Wand), p. 338 : L'article 137, alinéa 1er vise à « la mise en œuvre (*Verwirklichung*) et au maintien (*Aufrechterhaltung*) du principe constitutionnel de la division des pouvoirs législatif et exécutif » ; BVerfGE 42, 312 « Inkompatibilität/Kirchliches Amt » du 21 septembre 1976, p. 339 : la loi litigieuse « prend en considération le principe de séparation des pouvoirs (*dem Grundsatz der Gewaltenteilung Rechnung zu tragen*) (…) en évitant qu'un député également membre de l'exécutif exerce un contrôle sur soi-même (*sich selbst kontrolliert*) » ; ou encore BVerfGE 98, 145 « Inkompatibilität/Vorstandstätigkeit » du 5 juin 1998, p.160 : « La disposition vise en principe à garantir la séparation des pouvoirs organique contre les menaces qui peuvent résulter du cumul d'un emploi et d'un mandat parlementaire. Il s'agit d'éviter que par " le cumul des fonctions" les parlementaires puissent être contrôlés par eux-mêmes ».

2 Ce qui est, la plupart du temps, le cas du gouvernement fédéral allemand, du gouvernement britannique ou encore du gouvernement français. Pour cette raison, le rôle de l'opposition parlementaire est capital : la minorité parlementaire se transforme en moteur central de la mise en œuvre du contrôle des actions gouvernementales. Voir Reinhold Zippelius, « Problemfelder der Machtkontrolle » *in* Detlef Merten (éd.), *Gewaltentrennung im Rechtsstaat. Zum 300. Geburtstag von Charles de Montesquieu*, Duncker & Humblot, Berlin, 1989, p. 29: « Im Parteienstaat ist aber wenigstens auf ein Problem der Gewaltenteilung kurz einzugehen, nämlich auf den "Übergriff" der jeweils stärksten Parteien über Regierung und Parlamentsmehrheit. Dieser hat bekanntlich dazu geführt, daß die parlamentarische Kontrolle faktisch weitgehend auf die Opposition übergegangen ist ».

s'agit d'un moyen mis à disposition, dans la plupart des cas, des partis minoritaires, qui vise à protéger les droits de l'opposition au sein du Parlement[1].

La modération du pouvoir d'État ne constitue pas une fin en soi. La finalité ultime de ce principe constitutionnel est la garantie de la protection de la liberté individuelle : morceler le pouvoir d'Etat afin de mieux protéger l'individu tant dans sa sphère privée, celle qui est « libre d'Etat », que dans la sphère publique, où il agit en tant que citoyen exerçant certains droits politiques.

§ 2. La modération du pouvoir de l'État garantit la protection de la liberté de l'individu (*Freiheit des Einzelnen*).

La protection de la liberté individuelle comme fonction primordiale du principe de séparation des pouvoirs résulte de son évolution historique et intellectuelle depuis la rédaction de l'article 16 de la Déclaration des Droits de l'Homme et du Citoyen du 26 août 1789, qui, malgré le faible écho des idées révolutionnaires en Allemagne, n'est pas ignorée par les hommes politiques et les juristes outre-Rhin[2]. À la fin de la monarchie absolue, il s'agit de protéger, d'affranchir l'individu, de faire de lui un citoyen et de le doter de moyens de défense contre la puissance publique.

Désormais, l'État ne peut plus s'immiscer dans la sphère privée, des espaces exempts de la présence de la puissance publique se créent où la liberté d'agir ou de penser en n'étant déterminé que par soi-même est rendue possible[3]. Le principe de séparation des pouvoirs accomplit deux missions fondamentales : en tant que principe juridique, il constitue une protection fiable de la liberté de l'individu (A), en tant que principe démocratique, il rend possible l'exercice collectif de la liberté et la participation des citoyens à la formation des décisions politiques[4] (B).

---

[1] Il s'agit d'une jurisprudence constante qui interprète de manière extensive § 63 de la Loi sur la Cour constitutionnelle fédérale (*Bundesverfassungsgerichtsgesetz*) qui limite l'exercice du recours ayant comme objet la reconnaissance par la Cour d'une violation des droits et obligations constitutionnellement garantis d'un organe aux organes suprêmes de la Fédération et aux parties, qui les composent, dotées de droits propres. Voir, à titre d'exemple, BVerfGE 2, 143 « EVG-Vertrag » du 7 mars 1953.

[2] Pour Paul Kirchhof, l'objet de la séparation des pouvoirs, marquée par l'empreinte de la Déclaration de 1789, sont avant tout les rapports juridiques entre le citoyen et l'État, « Gewaltenbalance zwischen europäischen und mitgliedstaatlichen Organen » *in* Josef Isensee (éd.), *Gewaltenteilung heute : Symposium aus Anlaß der Vollendung des 65. Lebensjahres von Fritz Ossenbühl*, C.F. Müller Verlag, Heidelberg, 2000, p. 101.

[3] Consulter l'ouvrage de Reinhart Koselleck Kritik und Krise. Eine Studie zur Pathogenese der bürgerlichen Welt, Verlag Carl Alber, 1959, traduit en français par Hans Hildenbrand sous le titre Le règne de la critique. Contribution à la pathogénèse du monde bourgeois, Éditions de Minuit, 1979, qui retrace l'histoire de la séparation entre la société civile et l'État. Cette séparation se traduit également par la création, dans les Constitutions des États allemands dans l'époque du Vormärz, de domaines réservés à la loi qui exigeaient la participation des représentants de la société civile. Sur ce point, voir infra, ce titre, chapitre 2.

[4] Ici, il est possible de faire un lointain parallèle avec les idées de Benjamin Constant, « De la liberté des anciens comparée à celle des modernes. Discours prononcé à l'Athénée royal de Paris en

A. La protection de la liberté de l'individu comme finalité du principe de la séparation des pouvoirs.

La Loi fondamentale fait de l'individu le centre de l'ordre juridique allemand[1], qui ne se trouve pas isolé, mis sur un piédestal, mais s'inscrit dans une construction globale censée le protéger des abus du pouvoir étatique et de l'intrusion de la puissance publique dans sa sphère privée.

Dès 1959, de nouveaux détails complètent la définition initiale du principe de séparation des pouvoirs : la dimension négative de la définition, constamment rappelé par la Cour, cherche à mettre l'accent sur sa véritable signification qui ne « réside pas dans une séparation stricte » des fonctions de l'État[2], mais signifie, selon la jurisprudence constante de la Cour, que :

> *[l]es organes des pouvoirs législatif, exécutif et judiciaire effectuent un contrôle réciproque et se limitent afin que la puissance de l'État soit modéré et la liberté individuelle – protégée*[3].

1819 », *in* du même, *Écrits politiques*, Folio essais, 1997, p. 593-594 : « Celle-ci [la liberté des anciens] consistait à exercer collectivement, mais directement, plusieurs parties de la souveraineté tout entière, à délibérer, sur la place publique (…) » ; p. 608 : « L'indépendance individuelle est le premier des besoins modernes. En conséquence, il ne faut jamais en demander le sacrifice pour établir la liberté politique ».

1 Voir BVerfGE 4, 7 « Investitionshilfe » du 20 juillet 1954, p. 15 et 16 : « La conception de l'individu véhiculée par la Loi fondamentale n'est pas celle d'un individu isolé et souverain ; la Loi fondamentale résout la tension entre l'individu et la collectivité en choisissant au contraire de lier l'individu à la collectivité, dont il fait partie, sans cependant porter atteinte à ses qualités personnelles intrinsèques. Cette image de l'être humain résulte en particulier de l'aperçu général des articles 1, 2, 12, 14, 15, 19 et 20 LF » (« Das Menschenbild des Grundgesetzes ist nicht das eines isolierten souveränen Individuums; das Grundgesetz hat vielmehr die Spannung Individuum-Gemeinschaft im Sinne der Gemeinschaftsbezogenheit und Gemeinschaftsgebundenheit der Person entschieden, ohne dabei deren Eigenwert anzutasten. Das ergibt sich insbesondere aus einer Gesamtsicht der Art. 1, 2, 12, 14, 19 und 20 GG »). Voir également BVerfGE 30, 1 « Abhörurteil » du 15 décembre 1970 qui fait référence à cette conception de l'individu. Cette décision dite des *Écoutes téléphoniques*, qui suscite maintes discussions dans le milieu doctrinal, valide la révision constitutionnelle de l'article 10, alinéa 2 LF, dont la conséquence est l'impossibilité pour l'individu, dont les agissements sont surveillés car jugés dangereux pour la sécurité de l'État et menaçant l'ordre démocratique et libéral de la Loi fondamentale, de contester devant le juge une catégorie d'actes administratifs en le privant ainsi du droit de former un recours devant un juge, droit protégé par l'article 19, alinéa 4 LF. Critique: Peter Häberle, « Die Abhörentscheidung des Bundesverfassungsgerichts vom 7. Juli 1970 », *JZ*, 1971, p. 145 et suiv.

2 Une séparation stricte signifierait un non-sens, un blocage et l'impossibilité pour les organes d'établir une communication. Karl-Peter Sommermann, « Artikel 20 », *in* Mangoldt/Klein/Starck, *Grundgesetz Kommentar*, vol. 2, Art. 20-82, 4e édition, Vahlen, 2000 [6e édition, 2010], p. 96: « In keinem gewaltenteiligen System sind die Gewalten organisatorisch und streng getrennt ».

3 BVerfGE 9, 268 « Bremer Personalvertretung » du 27 avril 1959, p. 279: « Wie das Bundesverfassungsgericht schon wiederholt ausgeführt hat, liegt deren Sinn nicht darin, daß die Funktionen der Staatsgewalt scharf getrennt werden, sondern daß die Organe der Legislative, Exekutive und Justiz sich gegenseitig kontrollieren und begrenzen, damit die Staatsmacht gemäßigt und die Freiheit des Einzelnen geschützt wird ». Nous trouvons la même formulation dans d'autres décisions : voir, par exemple, BVerfGE 22, 106 « Steuerausschüsse » du 20 juin 1967, p. 111 : « (…) besteht der Sinn der

Les buts, visés par l'application du principe de séparation des pouvoirs, sont clairement énoncés : la modération de la puissance étatique et la protection de la liberté individuelle. Les finalités du principe sont la modération, obtenue par le partage du pouvoir, c'est-à-dire par la création d'un schéma d'organisation des compétences octroyées par le texte constitutionnel à des organes ou à des groupes d'organes distincts les uns des autres, et la protection de la liberté de l'individu. Le principe de séparation doit s'accomplir dans la modération du pouvoir et cette modération garantit par elle-même la protection de la liberté individuelle – avec la diminution du risque d'excès, de concentration du pouvoir dans les mains d'un ou de plusieurs individus, ou encore au sein d'un seul organe ou d'un groupement d'organes[1], qui ouvrirait la voie aux décisions arbitraires prises par l'État, le degré de protection de la sphère privée de l'individu et de sa liberté pourrait considérablement augmenter[2]. La protection de la liberté individuelle et la modération de la puissance publique deviennent ainsi un leitmotiv dans les décisions de la Cour relatives au principe de séparation des pouvoirs. Le juge constitutionnel insiste sur la signification de la séparation qui ne doit en aucun cas être comprise comme une division étanche des fonctions étatiques, mais consiste en un contrôle et une limitation réciproques des organes des pouvoirs législatif, exécutif et judiciaire qui permet « la modération de la puissance d'État et la protection de la liberté individuelle »[3].

B. La dimension démocratique du principe de séparation des pouvoirs : mécanisme de protection de l'exercice collectif de la liberté.

Si la dimension juridique de la séparation des pouvoirs « met en évidence la fonction protectrice de la liberté individuelle des mécanismes de division et de contrôle, alors sa dimension démocratique met l'accent sur la qualification politique

---

Gewaltenteilung darin, daß die Organe der Legislative, Exekutive un Justiz sich gegenseitig kontrollieren und begrenzen, damit die Staatsgewalt gemäßigt und die Freiheit des Einzelnen geschützt wird ».

[1] Roman Herzog, « Artikel 20 (Der Bund und die Länder)», *in* Maunz/Dürig, *Grundgesetz Kommentar*, vol. 3, Art. 17-27, C.H. Beck, München, 2006, p. 138 : « Gewaltenteilung i.e.S. bedeutet ausschließlich, daß die Fülle der staatlichen Gewalt weder bei einer einzigen Person, noch auch bei einem einzigen Staatsorgan liegen, sondern auf mehrere Staatsorgane (und damit schon aus Gründen der Logik auch auf mehrere Personen oder Personengruppen) verteilt sein soll ». Dans le même sens : Friedrich E. Schnapp, « Artikel 20 » *in* von Münch/Kunig, *Grundgesetz Kommentar*, vol. 2, Art. 20-69, 5e édition, C.H. Beck, München, 2001, p. 18 : « Der Gedanke der Gewaltenteilung beruht auf dem Bestreben, einerseits unerwüschte Machtkonzentration zu verhindern, die der Freiheit des Individuums abträglich ist, andererseits die Teilhable vieler an der Macht zu verwirklichen ».

[2] Roman Herzog, « Artikel 20 (Der Bund und die Länder) » *in* Maunz/Dürig, *Grundgesetz Kommentar*, vol.2, Art. 17-27, C.H. Beck, München, 2006, p 138 : « Daneben verbirgt sich im Gewaltenteilungsdenken gewiß aber auch die weitere Überlegung, daß Machtmißbrauch überhaupt um so unwahrscheinlicher ist, je kleiner der Machtanteil des einzelnen Machtträger ist ».

[3] BVerfGE 9, 268 « Bremer Personalvertretung » du 27 avril 1959, p. 279.

de certains organes »[1]. La séparation des pouvoirs est entendue comme une condition de la formation autonome de la volonté, qui peut être formée individuellement (dans ce cas la base normative de l'exerce de la liberté individuelle est l'article 2, alinéa 1er LF), ou collectivement comme partie inhérente au processus de légitimation démocratique[2]. L'exercice collectif de la liberté est rendu possible par les votations et élections auxquelles l'individu peut participer. Il légitime ainsi les organes spéciaux de l'article 20, alinéa 2 LF, chargés de l'exécution des trois fonctions. La libre formation de la volonté politique suppose l'existence d'un régime démocratique et libéral qui place l'individu et sa liberté d'agir au centre de son système. Si le principe de la séparation des pouvoirs était violé, la distinction des organes et des fonctions n'aurait aucun sens, et l'exercice collectif de la liberté se trouverait corrompu.

La sauvegarde de la liberté individuelle par la mise en œuvre du principe de séparation des pouvoirs ne signifie pas uniquement la protection de liberté d'agir (article 2 LF), mais la protection de l'exercice collectif de la liberté des citoyens qui participent au processus de formation de la volonté politique en optant, par exemple, pour un parti politique déterminé qui représente leurs idées et se trouve légitimé par leurs voix. Cette liberté peut s'avérer dangereuse pour le régime démocratique et libéral de la Loi fondamentale. Sa protection n'est par conséquent ni absolue, ni inconditionnelle. Le principe de séparation des pouvoirs est, d'après la jurisprudence de la Cour, l'élément essentiel de l'ordre démocratique et libéral instauré par la Loi fondamentale[3]. La protection de la liberté individuelle trouve ses limites lorsque cet ordre est mis en danger par un individu qui déploierait des moyens importants, en abusant de la liberté dont il dispose, afin d'anéantir le système démocratique et libéral de la Loi fondamentale. Cette restriction de l'exercice de la liberté individuelle s'inscrit dans la logique de l'idée de la démocratie

---

1 Eberhard Schmidt Schmidt-Aßmann, *Das allgemeine Verwaltungsrecht als Ordnungsidee*, 2e édition, Springer, Berlin/Heidelberg, 2004, p. 181.

2 Christoph Möllers, Gewaltengliederung – Legitimation und Dogmatik im nationalen und übernationalen Rechtsvergleich, Jus publicum 141, XXII, Mohr Siebeck, Tübingen, 2005, p. 399.

3 BVerfGE 2, 1 « SPR-Verbot » du 23 octobre 1952, p.12 : « Freiheitliche demokratische Ordnung ist eine Ordnung, die unter Ausschluss jeglicher Gewalt und Willkürherrschaft eine rechstaatliche Herrschaftsordnung auf der Grundlage der Selbstbestimmung des Volkes nach dem Willen der jeweiligen Mehrheit und der Freiheit und Gleichheit darstellt (…). Zu den grundlegenden Prinzipien dieser Ordnung ist mindestens zu rechnen : (…) die Volkssouveränität, die Gewaltenteilung ». La notion d'ordre constitutionnel démocratique et libéral, que nous rencontrons à de maintes reprises dans le texte même de la Loi fondamentale (articles 10, alinéa 2, 11, alinéa 2, 18, 21, 73, 87a, 91, alinéa 1er LF) et la jurisprudence, n'est définie que tardivement par un texte législatif. Le § 4 de la Loi sur la protection de la Constitution (*Bundesverfassungsschutzgesetz*) du 27 septembre 1950, dans sa version du 30 décembre 1990 énumère les composantes de l'ordre démocratique et libéral allemand. Il est intéressant de remarquer que ce texte n'emploie pas l'expression de séparation des pouvoirs, pourtant souvent mentionnée dans la jurisprudence constitutionnelle comme élément essentiel de l'ordre démocratique et libéral. Le § 4 (2) a) de Loi sur la protection de la Constitution, dans sa version de 1990, représente en revanche un calque du texte de l'article 20, alinéa 2 LF.

militante (*streitbare Demokratie*), notion qui émerge pendant le temps national-socialiste comme réaction à l'immobilisme ayant causé le naufrage de la République de Weimar[1]. L'ordre libéral et démocratique de la Loi fondamentale doit être protégé à tout prix – la mesure la plus radicale est sans doute la déchéance des droits fondamentaux dont l'abus aurait comme but de « combattre l'ordre constitutionnel libéral et démocratique »[2]. Concernant la formation de la volonté politique, dont le moteur principal consiste dans les partis politiques, lorsque l'activité d'un parti est considérée comme antidémocratique et contraire aux principes de l'ordre constitutionnel, le parti visé peut être interdit par la Cour constitutionnelle fédérale qui le déclare inconstitutionnel[3].

Si la séparation signifiait elle-même partage et modération de la puissance, alors la tentation serait grande de définir le principe uniquement comme principe de protection de la liberté individuelle qui est, certes, le but ultime et le plus important auquel aspire l'idée de séparation des pouvoirs, mais n'est pas, dans l'esprit du juge, l'unique finalité du principe constitutionnel positif[4].

Section 2. Le principe de séparation des pouvoirs comme principe de justice fonctionnelle (*Funktionsgerechtigkeit*).

Dans son interprétation jurisprudentielle, le principe de séparation des pouvoirs peut remplir d'autres fonctions qui s'avèrent d'une grande utilité en ce qui concerne certains cas concrets où la modération du pouvoir et la protection de la liberté de l'individu ne suffisent plus à justifier les solutions de la Cour. Il faut alors « découvrir » que le principe de séparation implique certes le contrôle et le partage des pouvoirs, mais qu'il est également entendu comme un principe rationnel, exigeant que les décisions, prises par l'État dans tous les domaines où celui-ci est

---

[1] Karl Loewenstein, « Militant Democracy and Fundamental Rights », *American Political Science Review*, 1937, n° 31, p. 417 et suiv. et p. 638 et suiv. Au moment de la rédaction de cet article Loewenstein travaille et vit aux États-Unis, après avoir fui le régime national-socialiste en Allemagne.

[2] Article 18 LF.

[3] BVerfGE 2, 1 « SRP-Verbot » du 23 octobre 1952 interdisant le Parti socialiste du Reich ; BVerfGE 5, 85 « KPD-Verbot » du 17 août 1956 interdisant le Parti communiste d'Allemagne ; BVerfGE 107, 339 « NPD-Verbotsverfahren » du 18 mars 2003 qui n'interdit pas le *NPD* (Parti national-démocrate), mais contient d'importants développements concernant l'ordre constitutionnel démocratique et libéral. Il convient d'ajouter la décision relative à la procédure d'interdiction du *NPD* du 17 janvier 2017 (BVerfG 2BvB 1/13, §§1-1010) ayant donné lieu à une décision particulière car elle ne prononce pas l'interdiction de ce parti, mais incite indirectement le législateur de prévoir un mécanisme de sanction concrète (financière) pour les partis dont les buts tendraient à combattre l'ordre constitutionnel libéral et démocratique. Suite à la révision constitutionnelle du 13 juillet 2017, ces partis sont « exclus des financements publics » (*sind von staatlicher Finanzierung ausgeschlossen*).

[4] Fritz Ossenbühl, « Aktuelle Probleme der Gewaltenteilung », *DöV*, 1980, p. 548. Voir également Peter Lerche, « Gewaltenteilung – deutsche Sicht », *Gewaltenteilung heute : Symposium aus Anlaß der Vollendung des 65. Lebensjahres von Fritz Ossenbühl*, C.F. Müller Verlag, Heidelberg, 2000, p. 75.

amené à agir, doivent être le résultat de l'action de l'organe le mieux conditionné, le mieux « disposé », pour intervenir dans une sphère particulière (§2). La théorie du noyau exclusif de compétences, « l'enfant »[1] du principe de justice fonctionnelle, est introduit par la Cour en vue de la délimitation des compétences de chacun des pouvoirs, mais les critères quant à la détermination de ce qui constitue le « cœur » de chacun des trois pouvoirs peuvent se révéler insuffisants, et peu satisfaisants (§ 1).

§ 1. La théorie du noyau essentiel de compétence (*Kernbereichtheorie*).

Le principe de la séparation des pouvoirs est un principe dynamique qui suppose la recherche incessante d'équilibre entre les pouvoirs. Cet équilibre se trouve corrompu dès lors qu'un pouvoir essaie d'avoir sur les autres « une prédominance » inconstitutionnelle (A). Le principe de justice fonctionnelle ne peut donner des résultats satisfaisants et suffisamment stables, s'il existe une incapacité de déterminer avec une relative précision les principales missions que doivent accomplir les trois fonctions – les missions qui constitueraient ainsi leur noyau de compétences exclusif (*Kernbereich*). Les critères imprécis constituent probablement la faille de cette théorie visant à empêcher que la collaboration entre les pouvoirs ne se transforme en une usurpation de compétences constitutionnelles (B).

A. L'interdiction de la prédominance inconstitutionnelle d'un pouvoir sur les deux autres.

Avant d'employer le terme de *Kernbereich* pour désigner le cœur des compétences de chacun des trois pouvoirs, la Cour élabore la théorie de l'équilibre des pouvoirs dont l'objectif est d'éviter la prédominance d'un de ces trois acteurs sur les autres :

> *La répartition des poids respectifs (*Verteilung der Gewichte*) de chacun des trois pouvoirs effectué par la Constitution doit être maintenu ; aucun pouvoir ne doit avoir sur les autres une prédominance (*Übergewicht*) qui ne serait pas prévue par la Constitution, et aucun pouvoir ne doit être privé (*beraubt*) des compétences nécessaires pour l'accomplissement de ses missions constitutionnelles*[2].

---

[1] Christoph Möllers, « Dogmatik der grundgesetzlichen Gewaltengliederung », *AöR*, 2007, p.499: « Als Kind der Lehre von der funktionsgerechten Organverteilung (...) ».

[2] BVerfGE 9, 268 « Bremer Personalvertretung » du 27 avril 1959, p. 279 et 280: « Die in der Verfassung vorgenommene Verteilung der Gewichte zwischen der drei Gewalten muß aufrechterhalten bleiben, keine Gewalt darf ein von der Verfassung nicht vorgesehenes Übergewicht über die andere Gewalt erhalten, und keine Gewalt darf der für die Erfüllung ihrer verfassunsmäßigen Aufgaben erforderlichen Zuständigkeiten beraubt werden ». Cette formulation est récurrente dans la jurisprudence

L'équilibre entre les trois pouvoirs créé par la Loi fondamentale doit être préservé et chacun doit être mis à l'abri d'une éventuelle intrusion d'un autre pouvoir– cette exigence s'inscrit de manière logique dans le raisonnement de la Cour concernant le principe de justice fonctionnelle. Le pouvoir législatif, exécutif ou judiciaire dispose d'un champ de compétences à l'intérieur duquel lui seul peut agir et ces compétences doivent être réparties conformément à la qualité des missions constitutionnelles et des organes qui en sont chargés. Le principe de la séparation des pouvoirs est marqué par sa complexité et suppose l'existence d'une adéquation organique et d'une répartition des compétences, dont les rouages ne se prêtent pas toujours à une explication limpide. Certes, l'interpénétration, le contrôle réciproque des pouvoirs constituent une pièce essentielle de l'image du principe dans son interprétation jurisprudentielle, mais ne peuvent servir de justification dès lors qu'il s'agit de constater une violation de la répartition des compétences attribuées par la Constitution. Les trois pouvoirs, malgré le degré plus ou moins élevé d'interpénétration, ne doivent aucunement disposer d'un accès intégral à leurs sphères de compétences respectives. Il est nécessaire que leur cœur, leur noyau exclusif, ce qui fait l'essence de leur fonction, soit garanti :

> *[L]e noyau essentiel de compétences des trois pouvoirs est inaltérable (*unveränderbar*), ce qui exclut qu'un des pouvoirs puisse se dessaisir des missions spécifiques qui lui sont attribuées par la Constitution*[1].

Pour la Cour, le principe de séparation des pouvoirs signifie la présence d'une sphère de compétences propre à chacun des trois pouvoirs. À l'intérieur de cette sphère exclusive, seul le pouvoir compétent peut prendre la décision d'agir ou de s'abstenir de toute action. Le caractère exclusif reflète un certain degré de discrétionnarité dans la prise de la décision. L'organe disposant de la compétence exclusive, qui élimine la participation de tout autre organe (il n'y a pas d'exclusivité partagée), est le maître du processus décisionnel et porte la responsabilité pleine et entière de la décision prise. Le rapport très étroit entre sphère exclusive et responsabilité propre à un des pouvoirs est mis en exergue par la Cour :

> *La responsabilité du gouvernement devant le Parlement et le peuple (…) implique nécessairement un domaine exclusif (*Kernbereich*) de responsabilité exécutive propre (exekutiver Eigenverantwortung)*[2].

---

de la Seconde chambre de la Cour : voir, par exemple, BVerfGE 22, 106 du « Steuerausschüsse » 20 juin 1967, p. 111, BVerfGE 34, 52 « Hessisches Richtergesetz » du 10 octobre 1972, p. 59 où apparaît, à côté de l'exigence du partage des poids respectifs des pouvoirs, la notion de *Kernbereich* ; BVerfGE 95, 1 du 17 juillet 1996 « Südumfahrung Stendal », p. 15.

[1] BVerfGE 34, 52 « Hessisches Richtergesetz » du 10 octobre 1972, p. 59 : « Der Kernbereich der verschiedenen Gewalten ist unveränderbar. Damit ist ausgeschlossen, daß eine der Gewalten die ihr von der Verfassung zugeschriebenen typischen Aufgaben preisgibt ».

[2] BVerfGE 67, 100 « Flick Untersuchungsausschuß » du 17 juillet 1984, p. 139. Cette expression de « domaine exclusif de responsabilité propre » n'est pas une invention de la Cour, mais se trouve, à notre

Le noyau inaltérable du pouvoir exécutif serait par conséquent étroitement lié à l'existence d'une responsabilité propre. Pourtant, cette solution ne peut être entièrement transposée dès lors qu'il s'agit d'arrêter le contenu de la sphère exclusive des pouvoirs législatif[1] ou judiciaire. La « responsabilité exécutive propre » intervient dans le cadre d'un problème relatif au domaine de compétences du pouvoir exécutif : est-il concevable qu'il agisse, dans certains cas, de manière autonome, complètement libre, ou bien doit-il être soumis à une décision, ou une autorisation préalable, du législateur ? La réponse de la Cour est claire : la responsabilité du gouvernement face au parlement et au peuple exige l'existence d'un tel domaine exclusif où seul le gouvernement est maître de ses décisions.

> *Le principe de la séparation des pouvoirs, qui fait partie des principes organisationnels porteurs de la Loi fondamentale, et dont la signification réside dans la répartition du pouvoir politique, dans l'interpénétration des trois pouvoirs et la modération du pouvoir étatique qui en résulte (...), implique une interprétation de la Loi fondamentale qui, précisément au vu de la forte position du gouvernement, d'autant plus à cause de l'absence de possibilité d'intervention du Parlement dans le domaine de l'exécutif où celui-ci dispose d'une initiative d'action immédiate et de la compétence d'appliquer la loi (*Bereich unmittelbarer Handlungsinitiative und Gesetzesanwendung*), doit rendre efficace le contrôle parlementaire*[2].

Le domaine essentiel du pouvoir exécutif serait marqué, selon la Cour, par une responsabilité qui lui est propre et les décisions intervenant dans cette sphère

---

connaissance, pour la première fois, dans l'article de Rupert Scholz, « Parlamentarischer Untersuchungsausschuß und Steuergehemnis », *AöR*, n°105, 1980, p. 598, référence employée dans les développements de la décision.

[1] En ce sens, Susanne Baer, « Vermutungen zu Kernbereichen der Regierung und Befugnissen des Parlaments », *Der Staat*, vol. 40, 2001, p. 526: « Mit der ersten These wird ein Kernbereich behauptet, den die Gewalten inne hätten, auch wenn er nur für die Regierung verfochten wird ». Voir également la thèse d'habilitation de Ernst-Wolfgang Böckenförde : *Die Organisationsgewalt im Bereich der Regierung*, Schriften zum Öffentlichen Recht, vol. 18, Duncker & Humblot, Berlin, 1964, p. 78 et suiv. Pour Böckenförde, dans le cadre de la démocratie parlementaire allemande, le législatif et l'exécutif sont deux fonctions, qui forment des ensembles autonomes de compétences (*selbstständige Zuständigkeitskomplexe*). Le pouvoir organisationnel (*Organisationsgewalt*) qui appartient à l'exécutif représente la condition, qui rend possible toute activité étatique (p. 39 et 129).

[2] BVerfGE 67, 100 « Flick Untersuchungsausschuß » du 17 juillet 1984, p. 130 : « Der Grundsatz der Gewaltenteilung, der zu den tragenden Organisationsprinzipien des Grundgesetzes gehört und dessen Bedeutung in der politischen Machtverteilung, dem Ineinandergreifen der drei Gewalten un der daraus resultierenden Mäßigung der Staatsgewalt liegt (...), gebietet gerade im Hinblick auf die starke Stellung der Regierung, zumal wegen mangelnder Eingriffsmöglichkeiten des Parlaments in den der Exekutive zukommenden Bereich unmittelbarer Handlungsinitiative und Gesetzesanwendung, eine Auslegung des Grundgesetzes dahin, daß parlamentarische Kontrolle wirksam sein kann ».

limitée, sphère où le pouvoir exécutif dispose de l'initiative d'action et de la compétence d'appliquer la loi, ne sont pas toujours soumises à une intervention du législatif. L'existence d'une sphère exclusive doit, par conséquent, être contrebalancée par un droit de contrôle du parlement, ce qui ne signifie pas une immixtion de celui-ci dans le domaine dans lequel le gouvernement dispose d'une initiative d'action immédiate et de la compétence d'appliquer la loi. Dans le système de la séparation des pouvoirs, construit par la Loi fondamentale et interprété par le juge constitutionnel, le contrôle parlementaire constitue le contrepoids inhérent à la sphère d'action exclusive du pouvoir exécutif. Il convient de s'interroger sur le deuxième point : la compétence d'appliquer la loi n'est-elle pas entièrement délimitée par le pouvoir législatif[1] ? Le résultat de ce raisonnement ne donne pas plus d'éléments en ce qui concerne les pouvoirs législatif et judiciaire. Pour le premier, la théorie de la réserve législative (*Gesetzesvorbehalt*), examinée plus loin[2], permet de dévoiler la constitution du noyau de compétences du pouvoir législatif en soulevant d'importants problèmes; pour le second, les solutions jurisprudentielles ne peuvent être qualifiées de complètes[3]. La place du pouvoir judiciaire dans cette triade classique est particulière, car l'interprétation et la collaboration étroite, qui peuvent être observées dans le cadre des rapports entre les pouvoirs législatif et exécutif, ne sont pas présentes dès lors qu'il s'agit du juge. Le degré de séparation de ce dernier d'avec les deux autres pouvoirs est-il plus élevé, le principe de séparation des pouvoirs est-il doté de plus grande « efficacité » ? La place particulière du troisième pouvoir vient sans doute de sa fonction primordiale – la protection de l'individu face au pouvoir d'État[4]. Est-il dès lors acceptable d'admettre la théorie du noyau de compétences exclusif comme une

---

[1] L'article 80, alinéa 1er ouvre la possibilité pour l'exécutif d'édicter des règlements après avoir obtenu l'autorisation préalable du législatif. Sur les interprétations de cet article et la conception restrictive du pouvoir normatif de l'exécutif, v. la deuxième partie, chapitre 1er, section 1, § 2.

[2] Ce titre, chapitre 2.

[3] Quel serait le noyau exclusif du pouvoir judiciaire ? La fonction de rendre la justice, fonction confiée de manière exclusive au juge (l'article 92 LF dispose de manière claire que « le pouvoir de rendre la justice est confié aux juges) ? L'obligation de garantir, pour tout justiciable, le recours à un juge légal ? Ce noyau peut-il être sujet à des limitations et jusqu'où ces limitations sont-elles tolérables ? La décision controversée de la Cour dans l'affaire dite des *Écoutes téléphoniques* est significative des difficultés que porte avec elle la théorie du noyau exclusif de compétences. Voir BVerfGE 30, 1 « Abhörurteil » du 7 juillet 1971, déjà mentionnée, qui prive un individu du recours à un juge protégé par l'article 19, alinéa 4 LF au motif qu'un organe constitué par les pouvoirs législatif et exécutif peut parfaitement accomplir cette fonction et donner les garanties d'un droit au recours contre un acte administratif.

[4] La place du pouvoir judiciaire dans le système de séparation des pouvoirs peut être compris à partir de la lecture d'ensemble des articles 20, alinéa 2, 92 et 97 LF. À partir de ces dispositions constitutionnelles, la conclusion s'impose que le pouvoir judiciaire n'entretient pas de rapports étroits de collaboration et d'interpénétration avec les deux autres pouvoirs. Sur ce point : Dieter Wilke, « Die rechtsprechende Gewalt », *in* Josef Isensee/Paul Kirchhof (dir.) *Handbuch des Staatsrechts der Bundesrepublik Deutschland*, vol. 5 *Rechtsquellen, Organisation, Finanzen*, 3e édition, C.F. Müller Verlag, Heidelberg, 2007, p. 644-645.

opération intellectuelle fiable mettant hors d'atteinte le principe de séparation des pouvoirs ?

B. L'absence de définition de l'« élément vital » du noyau de compétences exclusif.

La théorie du noyau de compétences exclusif est susceptible de poser plusieurs problèmes. Si une sphère des compétences exercées par un des pouvoirs devait rester inaccessible, « inaltérable », il convient de s'interroger sur les critères de sa composition. Comment savoir quelles parties de ce « domaine réservé » seraient hors la portée d'une éventuelle interpénétration des pouvoirs ? Serait-il concevable d'avoir des limites tracées une fois pour toutes qui ne devraient en aucun cas être franchies ? Dans ce dernier cas, si la réponse était affirmative, quelle serait l'utilité de cette rigidité, cette inaltérabilité du noyau exclusif de chacun des pouvoirs ? Il n'existe pas de réponse globale qui pourrait être apportée à toutes les interrogations que pose la jurisprudence de la Cour, mais il est possible de réfléchir sur les résultats de cette technique sujette à certaines critiques parfois justifiées[1].

Ni le texte de la Loi fondamentale, ni la Cour n'énumèrent de manière précise et exhaustive « les missions spécifiques » des pouvoirs législatif, exécutif ou judiciaire. Or, pour que la fiabilité de cette théorie soit prouvée, il faudrait que les noyaux de compétences exclusifs soient matériellement définis. L'absence de début de définition matérielle constitue le problème majeur[2]. Il faut rechercher des réponses dans chacune des décisions de la Cour et tenter de construire, dans la limite du possible, une image cohérente à partir des cas concrets[3].

La théorie du noyau exclusif n'est pas une technique propre au principe de la séparation des pouvoirs. Il s'agit d'un mécanisme de sauvegarde du cœur d'un droit fondamental, la matière à laquelle le législateur ordinaire n'a pas accès. La Loi fondamentale, dans son article 19, alinéa 2 fait référence à la « substance »

---

1 Dans son article « Die quantitative Gewaltenteilung. Für ein neues Verständnis der Trennung der Gewalten », *DöV*, n°12, 1969, p. 405-411, Walter Leisner émet des doutes quant à la fiabilité de la construction intellectuelle qui voudrait que chacun des pouvoirs possède une sphère de compétences inaccessible aux deux autres.

2 Hans-Detlef Horn, « Gewaltenteilige Demokratie, demokratische Gewaltenteilung. Überlegungen zu einer Organisationsmaxime des Verfassungsstaates », *AöR*, vol. 127, 2002, p. 439 : « Damit begegnet das eigentliche Problem im Umgang mit der herrschenden Doktrin : das ist die Notwendigkeit, diesen Kernbereich inhaltlich zu bestimmen ». Ou encore: « Was nämlich vorausgesetzt wird, ist ein bestimmter Inhalt der zugewiesenen Staatsfunktionen. Man muß einen materiellen Begriff davon haben, was z.B. Gesetzgebung ist, bevor man sagen kann daß die eine Gewalt bzw. das eine Organ jedenfalls im Kern der Träger *dieser* Funktion ist, folgeweise der Träger einer anderen Funktion insofern ausgeschlossen ist, und wie und warum dadurch eine wechselseitige Gewaltenbalancierung eintreten soll » (souligné dans le texte) (p. 440).

3 Cette construction, basée sur les cas concrets, qui nous permet de mieux saisir le contenu des chacun des trois pouvoirs, fait l'objet de la deuxième partie de notre travail consacré à la concrétisation du principe de la séparation des pouvoirs.

(*Wesensgehalt*) des droits fondamentaux qui est constitutionnellement protégée[1] – elle ne peut faire l'objet d'aucune modification, dans le cas contraire, le droit fondamental serait vidé de cette substance et ne remplirait plus sa fonction première qui est d'assurer à l'individu une garantie suffisante contre le pouvoir de l'État[2]. Cette limitation matérielle du législateur, qui protège la substance d'un droit fondamental, peut certes offrir des garanties plus étendues contre une éventuelle ingérence de la loi[3] tendant à limiter sa portée en posant des conditions supplémentaires (et peut-être excessives ou injustifiées) quant à son exercice, mais est-il acceptable de la transposer dans la sphère des rapports entre les trois pouvoirs afin de vouloir garantir que chacun des trois possède un domaine qui lui est propre et dans lequel il doit, à tout prix, rester maître sans se voir « dérober » les compétences qui lui sont attribuées par la Constitution pour l'accomplissement de ses missions constitutionnelles?

Le problème, que pose l'application de la théorie du noyau exclusif au principe de séparation des pouvoirs, consiste en l'absence de mention par la Loi fondamentale d'une « substance », d'un *Wesensgehalt*, qui signifierait l'essence même

---

[1] Article 19, alinéa 2 LF est très clair dans sa formulation: « In keinem Falle darf ein Grundrecht in seinem Wesensgehalt angetastet werden ». Sur la garantie de l'article 19, alinéa 2 LF, voir Peter Häberle, *Die Wesensgehaltgarantie des Art. 19 Abs. 2 Grundgesetz*, Freiburger Rechts- und wissenschaftliche Anhandlungen, Band 21, C. F. Müller Verlag, Karlsruhe, 1962 (spécialement p. 51 et suiv.).

[2] Konrad Hesse, *Grundzüge des Verfassungsrechts der Bundesrepublik Deutschland*, 20ème édition, C.F. Müller Verlag, Heidelberg, 1999, p. 149. Hesse explique de manière très pertinente cette limitation matérielle qui trace une frontière entre ce qui est permis au législateur et ce qui doit rester en dehors de sa portée. La substance du droit fondamental commence là où cesse d'exister la possibilité d'une restriction légale de celui-ci.

[3] Il n'y a que la loi qui apparaît comme un gage de protection suffisante contre une éventuelle ingérence arbitraire de l'État dans le cas d'une restriction d'un droit fondamental. La Déclaration des droits de l'homme et du citoyen de 1789 pose le principe selon lequel la liberté et les droits naturels ne connaissent d'autres bornes que celles de la loi (voir, par exemple, l'article 4). La Déclaration se réfère à la liberté, aux droits naturels, tandis que dans le cadre de la structure constitutionnelle allemande, il s'agit de droits fondamentaux (sur la distinction entre droits naturels, droits de l'homme et droits fondamentaux, voir Olivier Jouanjan, « Une origine des droits fondamentaux en Allemagne : le moment 1848 », *RDP*, n°3, 2012, p. 766 et suiv.). Le premier alinéa de l'article 19 LF énonce que seule une loi puisse apporter des restrictions à un des droits fondamentaux : « Lorsque, d'après la présente Loi fondamentale, un droit fondamental peut être restreint par une loi ou en vertu d'une loi, cette loi doit valoir de manière générale et non seulement pour un cas particulier. La loi doit en outre énoncer le droit fondamental avec l'indication de l'article concerné ». Cette disposition peut soulever quelques interrogations concernant les caractères que doit présenter la loi restreignant un droit fondamental. Préciser que la loi doit revêtir un caractère de généralité peut paraître superfétatoire : la loi n'est-elle pas, par définition même, générale ? Ou le constituant de 1949, en apportant cette précision, voulait-il s'assurer qu'en aucun cas une loi « particulière », visant une personne ou un groupe de personnes, n'aurait comme finalité de limiter l'exercice d'un droit fondamental et créer une situation discriminatoire qui ne serait pas basée sur des différences objectives justifiant la restriction. L'exigence de généralité de la loi relève d'un débat beaucoup plus vaste qui n'a jamais réussi à trouver des réponses satisfaisantes : la loi doit-elle être générale en toutes hypothèses (l'article 6 de la Déclaration des droits de l'homme et du citoyen de 1789 est explicite : « La loi est l'expression de la volonté générale [...] Elle doit être la même pour tous, soit qu'elle protège, soit qu'elle punisse [...] »), ou bien des tempéraments doivent être admis.

d'un pouvoir, et par conséquent un domaine hermétiquement fermé aux deux autres. Un noyau exclusif de compétences équivaudrait à une spécialisation exclusive des pouvoirs. Mais, si, dans le texte constitutionnel, il n'existe pas d'énumération exhaustive des missions qui incomberaient à un pouvoir en particulier et qui ne pourraient être accomplies par un des deux autres, la détermination de cette sphère de spécialisation exclusive devient difficile[1].

Cette technique jurisprudentielle qui tend à assurer une stabilité dans l'exercice des missions constitutionnellement garanties des trois pouvoirs peut-elle vraiment éradiquer une fois pour toutes la menace de pouvoirs déséquilibrés, car s'entremêlant jusqu'à un point où il devient impossible de les distinguer, et où les organes, qui sont chargées des fonctions législative, exécutive et judiciaire, ne représentent plus qu'une masse informe sans limites précises ? Comment déterminer l' « élément vital »[2] qui constituerait le noyau exclusif de chacun des ces pouvoirs ? Suivant les analyses de la Cour constitutionnelle, il ne s'agit point d'une séparation étanche, mais d'une répartition équilibrée et donc dynamique[3]. Au

---

[1] Hans-Detlef Horn, « Gewaltenteilige Demokratie, demokratische Gewaltenteilung. Überlegungen zu einer Organisationsmaxime des Verfassungsstaates », *AöR*, vol. 127, 2002, p. 440 : « Das Grundgesetz unterscheidet die Funktionen und trennt die Organe, läßt aber die elementare Funtionenzuordnung offen, weil es keine Definitionen der Staatsfunktionen bereithält ». Horn qualifie la théorie du noyau de compétences exclusif de « talon d'Achille » de la théorie de la séparation des pouvoirs. « Zur Erläterung sei daran erinnert, wo der ganze Achilles seine Ferse hat: in der Kernbereichlehre. Zwar sei eine überschneidungsfreie Zurodnung der Rechtsfunktionenzu den Staatsorganen in der Staatspraxis nicht auffindbar, doch stünde jedem Organ ein unantastbarer funktioneller Kernbereich zu » (p. 446).

[2] Fritz Fleiner, *Institutionen des deutschen Verwaltungsrechts*, 3e édition augmentée, Mohr Siebeck Verlag, Tübingen, 1913, p. 12. Dans un chapitre portant sur la *Division des pouvoirs* (*Trennung der Gewalten*) pose le problème relatif à la composition de la sphère de compétences de chacun des trois pouvoirs de l'État, mais la réponse apportée à cette interrogation ne satisfait guère, car, en abordant ce point dans la deuxième partie de notre travail, nous allons constater qu'il est difficilement pensable de voir le pouvoir législatif, exécutif ou judiciaire en tant que substance. Fleiner, de manière schématique, présente, en identifiant le pouvoir à l'organe qui l'exerce, les « éléments vitaux » (*Lebenselement*) des trois pouvoirs : « Mais une activité déterminée constitue pour chacun des pouvoirs un élément vital propre (*eigentliches Lebenselement*) : la fonction de rendre des décisions de justice pour les tribunaux, la fonction d'administrer pour les autorités administratives, et la production du droit pour les organes du législatif » (« Aber eine bestimmte Tätigkeit ist für jede von ihnen eigentliches Lebenselement: für die Gerichte das Rechtsprechen, für die Verwaltungsbehörden das Verwalten, für die Gesetzgebungsorgane das Rechtsetzen »).

[3] Ce qui rappelle les développements de Fleiner, *Institutionen des deutschen Verwaltungsrechts, op.cit.*, p.13 et suiv. : « En Allemagne aussi, la division des pouvoirs s'est installée de manière durable, mais seulement dans la mesure où l'appareil institutionnel, chargé de l'accomplissement d'une des fonctions, ne doit pas en même temps être le détenteur d'une autre fonction » (« Auch in Deutschland hat sich die Trennung der staatlichen Gewalten durchgesetzt, aber nur so weit, daß der Behördenapparat, der für die eine Funktion bestellt ist, nicht gleichzeitig der Hauptträger der andern Funktion sein darf ») . Interdiction du cumul des fonctions étatiques sans qu'il y ait une séparation étanche des pouvoirs qui signifierait isolement et provoquerait, rapidement, le blocage de l'appareil étatique. Cette réflexion de Fleiner n'est pas nouvelle : James Madison, dans la lettre n°48 du *Fédéraliste*, nous enseigne que pour que le principe de séparation des pouvoirs soit garanti, « les pouvoirs qui appartiennent en propre à chaque département ne doivent pas être directement et complètement administrés par aucun des autres départements », parce qu'il « est également évident qu'aucun d'entre eux ne doit posséder, directement ou indirectement, une

regard de cette théorie du *Kernbereich* garantissant une prétendue substance qui composerait chacun des pouvoirs (et donc indirectement le principe de la séparation des pouvoirs), sans la définir de manière stable afin de permettre une véritable systématisation, il convient de poser la question de savoir s'il n'existe d'autres possibilités qui pourraient donner le même résultat sans pour autant passer par la technique biaisée des noyaux exclusifs appartenant aux pouvoirs législatif, exécutif ou judiciaire.

Le juge constitutionnel semble créer ainsi un rapport de tension à l'intérieur du principe entre son côté ouvert (point de séparation étanche, collaboration, interpénétration) et son côté fermé (noyau de compétences inaccessible). Le principe de la séparation des pouvoirs ne pourrait-il être garanti en interdisant la concentration intégrale de compétences au sein d'un seul des pouvoirs et ne serait-il pas possible de dire que le seul transfert de compétences, dans le cadre d'un échange de compétences entre deux pouvoirs, ne porterait nullement atteinte à ce principe sans qu'un noyau exclusif existe pour chacun des trois pouvoirs ? La Cour constitutionnelle fédérale n'opte pas pour cette solution et préfère élaborer la théorie du *Kernbereich* qui paraît, à ses yeux, plus « stable » qu'une éventuelle théorie impliquant un jeu des compétences, qui ne priverait aucun des pouvoirs de la possibilité d'exercer une mission constitutionnelle, mais qui ne signifierait guère une spécialisation rigide[1]. La spécialisation exclusive d'un organe investi d'un des trois pouvoirs équivaut à la paralysie de son action et une inadaptabilité totale.

La théorie du noyau de compétences exclusif ne représente qu'une des étapes de la construction jurisprudentielle du principe de la séparation des pouvoirs. Un autre principe vient la compléter en précisant ainsi le schéma de l'équilibre des trois pouvoirs : le principe de la justice fonctionnelle.

---

influence prédominante sur les autres, dans l'administration de leurs pouvoirs respectifs » (Alexander Hamilton, John Jay et James Madison, *Le Fédéraliste*, trad. fr. Anne Amiel, Classiques Garnier, Paris, 2012, p. 387).

[1] C'est d'ailleurs la thèse développée par Madison dans la lettre n°48 du *Fédéraliste*, *op. cit.*, p. 387.

§ 2. Le principe de justice fonctionnelle (*Funktionsgerechtigkeit*[1]) dans la jurisprudence de la Cour constitutionnelle fédérale.

Le principe de la justice fonctionnelle est resté « caché » jusqu'à la décision de la Cour, relative à la disposition d'armes nucléaires sur le territoire allemand, du 18 décembre 1984 et, depuis, fait l'objet d'une jurisprudence constante (A). Le principe de la justice fonctionnelle complète le texte de la Loi fondamentale et permet au juge d'attribuer la compétence décisionnelle à un organe précis. Cette attribution doit être en adéquation avec la composition, les missions constitutionnelles et la structure de l'organe (B).

A. La décision « Atomwaffenstationierung » du 18 décembre 1984.

Le principe de justice fonctionnelle (*Funktionsgerechtigkeit*) signifie que « la répartition matérielle des fonctions étatiques doit correspondre à la structure des différents organes »[2]. Il fait son apparition jurisprudentielle dans la décision de la Seconde chambre de la Cour du 18 décembre 1984 portant sur le déploiement d'équipements militaires nucléaires sur le sol allemand dite « Atomwaffenstationierung »[3]. La Cour interprète de manière restrictive l'article 59, alinéa 2 LF[4] en concluant que l'autorisation accordée par le gouvernement fédéral

---

1 Ici, le choix est de traduire le terme de « *Funktionsgerechtigkeit* » par « justice fonctionnelle » (voir l'entrée « *Gerechtigkeit* » dans le *Langenscheidt Professional Deutsch-Französisch Wörterbuch*). La notion introduit une idée de cohérence, de logique entre une décision et l'organe dont elle émane. Il est possible de nous éloigner et de rendre « *Gerechtigkeit* » par « cohérence » comme le fait Olivier Jouanjan, *Le principe d'égalité devant la loi en droit allemand*, Economica, 1992, p. 242, note n°32, en traduisant « *Systemgerechtigkeit* » par « cohérence interne du système » : « Sur la traduction de *Systemgerechtigkeit* par "cohérence interne du système" (...). L'idée de *Gerechtigkeit* incluse dans *Systemgerechtigkeit*, renvoie moins, comme l'a bien vu M. Peine, à l'idée de "justice" que de "cohérence". En allemand, est "*gerecht*" non seulement ce qui es juste ou équitable, mais aussi ce qui est "conforme à" ou "convenable à", bref ce qui "passe" dans un contexte (*passend*) ». Ainsi, rendre *Funktionsgerechtigkeit* par « cohérence fonctionnelle » est également possible.

2 Thomas Würtenberger/Reinhold Zippelius, *Deutsches Staatsrecht*, 31e édition, C.H. Beck, München, 2005, p. 100 : « Außerdem wird eine sachgemäße Verteilung der Staatsfunktionen angestrebt, die der unterschiedlichen Struktur der Staatsorgane angepaßt ist ». Voir également Reinhold Zippelius, *Allgemeine Staatslehre*, 13e édition, C.H. Beck, 1999, qui définit ce principe comme « *organadäquate Funktionenteilung* » (littéralement : « division fonctionnelle organiquement adéquate »).

3 BVerfGE 68, 1 « Atomwaffenstationierung » du 18 décembre 1984.

4 L'article 59, alinéa 2 LF dispose que les traités internationaux « réglant les relations politiques de la Fédération, ou relatifs à des matières qui relèvent de la compétence législative fédérale, requièrent l'approbation ou le concours des organes respectivement compétents en matière de législation fédérale, sous la forme d'une loi fédérale ». La confusion vient de l'emploi de « traités internationaux ». En l'espère, il s'agissait d'un acte unilatéral du gouvernement fédéral qui autorisait la disposition d'équipements militaires sur le sol allemand. La thèse, avancée par le gouvernement et acceptée par la Cour est qu'il ne s'agit pas d'un traité et l'article 59, alinéa 2 LF ne trouve par conséquent aucune application. Cette interprétation restrictive de l'art. 59, alinéa 2 LF est critiquable dans la mesure où le gouvernement, pour contourner l'exigence d'approbation ou de concours du corps législatif, peut se contenter d'opter pour l'acte unilatéral.

(acte unilatéral et non pas un traité international) permettant la disposition d'armes nucléaires sur le sol allemand ne tombe pas dans le champ d'application de cette disposition constitutionnelle et ne doit par conséquent pas être soumise à l'exigence d'autorisation préalable du Parlement.

Cette décision, qui octroie une large marge de manœuvre au pouvoir exécutif dans le domaine des affaires étrangères, ne fait pas l'unanimité au sein de la Seconde chambre de la Cour. Elle est marquée par l'importante opinion dissidente du juge Ernst Gottfried Mahrenholz[1] qui ne conteste pas le principe de la justice fonctionnelle, mais démontre qu'en l'occurrence le résultat obtenu par la Cour aurait dû être tout autre : selon lui, le gouvernement fédéral n'était pas en mesure d'autoriser le stationnement d'armes et équipements militaires uniquement en se basant sur l'interprétation restrictive de l'article 59, 1er alinéa 2 LF, sans demander au préalable l'approbation du Parlement qui devait intervenir sous la forme d'une loi fédérale[2]. En effet, admettre que cet article n'est applicable que dans le cas de conclusion de traités internationaux, mais exclure d'étendre son application aux actes unilatéraux, dont l'importance considérable pourrait avoir un impact sur la vie politique de l'État, c'est abandonner à la merci du gouvernement la prise de décisions cruciales sans que le Parlement ait le droit de s'y opposer ou même d'en discuter le contenu. L'art. 59, al. 2 LF représente une « concrétisation du principe de séparation des pouvoirs »[3].

La décision est souvent désignée comme étant favorable au pouvoir exécutif (*exekutivfreundlich*)[4]. Le comportement du juge constitutionnel est sans doute dicté par le contexte politique complexe de la Guerre froide et la démonstration

---

[1] BVerfGE 68, 1 « Atomwaffenstationierung » du 18 décembre 1984, p. 112 et suiv.

[2] Sur ces questions et l'application du principe de la justice fonctionnelle au cas concret, voir *infra*, Deuxième partie, titre 1er, chapitre 2, section 1.

[3]BVerfGE 68, 1 « Atomwaffenstationierung », p.129 : « Art. 59 Abs. 2 ist selbst eine Positivierung des Gewaltenteilungsprinzips des Grundgesetzes ».

[4] Cette qualification subsiste jusqu'au début des années 1990. Selon certains auteurs, la décision « Out-of-area-Einsätze » du 12 juillet 1994 (BVerfGE 90, 286) met fin à cette *exekutivfreundliche* jurisprudence. Cette décision est accompagnée de l'opinion dissidente des juges Böckenförde et Kruis qui critiquent vivement la solution de la Cour. Pour eux il s'agit d'un différend politique entre l'opposition et la minorité parlementaire et la Cour ne doit pas servir d'arbitre pour régler ce type de conflits politiques. Il n'est pas sûr qu'il y ait, en 1994, un revirement de jurisprudence, car les paramètres des deux décisions ne sont pas identiques : en 1984 l'objet de la décision est l'autorisation de déployer des équipements militaires sur le sol allemand, alors qu'en 1994 il est question de l'engagement de forces armées allemandes à l'étranger. Les conséquences des deux actions ne sont point les mêmes. Heiko Sauer, « Das Verfassungsrecht der kollektiven Sicherheit – Materielle Grenzen und Organkompetenzverteilung beim Wandel von Bündnisvertragen und beim Auslandseinsatz der Bundeswehr » *in* Hartmut Rensen/Stefan Brink (éd.), *Linien der Rechtsprechung des Bundesverfassungsgerichts. Erörtert von den wissenschaftlichen Mitarbeitern*, De Gruyter, Berlin, 2009, p. 585-620.

constante de forces de la part des États-Unis et de l'URSS[1] qui atteignait son apogée à la fin des années 1970 et au début des années 1980.

Les développements relatifs au principe de séparation des pouvoirs montrent un aspect occulté jusqu'en 1984 en introduisant la dimension de justice fonctionnelle qui complète les dispositions de la Loi fondamentale :

> *L'article 59, alinéa 1er, première phrase LF doit être interprété à la lumière de l'article 20, alinéa 2 LF. Le principe de la distinction (*Unterscheidung*) organique et fonctionnelle et la division (*Trennung*) des pouvoirs contenus dans l'article 20, alinéa 2 LF garantissent surtout (*zumal*) le partage (*Verteilung*) du pouvoir et de la responsabilité politiques, ainsi que le contrôle des détenteurs du pouvoir ; ce principe vise également à ce que les décisions étatiques soient prises de la manière la plus juste possible (*möglichst richtig*), c'est-à-dire par les organes qui disposent des meilleures conditions en vertu de leur organisation, composition, leurs fonctions et règles procédurales (…)*[2].

La même formulation se retrouve quelques années plus tard dans la décision du 17 juillet 1996 « Südumfahrung Stendal »[3] :

> *La séparation des pouvoirs contenue dans l'article 20, alinéa 2, deuxième phrase, est un principe organisationnel et fonctionnel porteur pour la Loi fondamentale. Elle vise au contrôle réciproque des organes de l'État et à la modération de la puissance publique qui en résulte (…). À côté de cela, elle vise encore à ce que les décisions étatiques soient les plus justes possibles, c'est-à-dire prises par les organes qui sont*

---

1 La décision d'autoriser le stationnement d'armes et équipements militaires déclenche de nombreuses protestations de la part d'organisations pacifistes, de la part de citoyens, qui craignent que cette décision soit un signal d'inimité adressée à l'URSS qui pourrait provoquer un conflit armé dans lequel la RFA se trouverait entraînée.

2 BVerfGE 68, 1 « Atomwaffenstationierung » du 18 décembre 1984, p. 86 : « Art. 59 Abs.1 Satz 1 GG ist im Lichte des Art. 20 Abs. 2 GG auszulegen. Die dort als Grundsatz normierte organisatorische und funktionnelle Unterscheidung und Trennung der Gewalten dient zumal der Verteilung von politischer Macht und Verantwortung sowie der Kontrolle der Machtträger ; sie zielt darauf ab, daß staatliche Entscheidungen möglichst richtig, daß heißt von Organen getroffen werden, die dafür nach ihrer Organisation, Zusammensetzung, Funktion und Verfahrensweise über die besten Voraussetzungen verfügen (…) ».

3 Les faits ayant donné lieu à cette décision sont plus prosaïques : le gouvernement du *Land* de Hesse demande à la Cour d'établir l'inconstitutionnalité la loi du 29 octobre 1993 relative à la déviation ferroviaire « Sud » de la ligne Berlin-Oebisfelde. Le gouvernement du Land de Hesse soutient que la loi est contraire au principe de séparation des pouvoirs et à l'article 19, 4e alinéa, première phrase qui garantit le droit à un recours juridictionnel (BVerfGE 95, 1, p. 7).

les mieux conditionnés en vertu de leur organisation, leurs fonctions et règles procédurales (…).[1]

B. Le principe de justice constitutionnelle comme justification de l'attribution de compétences décisionnelles.

La Cour met en exergue un nouvel aspect du principe de séparation des pouvoirs qui n'était pas présent dans les décisions avant 1984 : l'organe chargé de prendre une décision doit être, selon sa structure et les missions qui lui sont attribuées, le plus apte à décider. La décision est le produit d'un processus juste : l'organe en question est désigné, est identifié comme compétent et porte l'entière responsabilité en ce qui concerne la décision qui doit être prise. Il s'agit dès lors d'une sorte d'équilibre interorganique où chacun des organes reconnaît sa sphère de compétences et ne pénètre pas dans la sphère de compétences des autres. Si un organe, dont la composition, les fonctions ou la procédure suivant laquelle il est chargé de prendre des décisions, ne correspond pas à la sphère de compétences délimitée à l'avance, alors, dans cette hypothèse, la décision prise ne pourrait en aucun cas être qualifiée comme étant la plus « juste » (*richtig*).

L'équilibre interorganique serait rompu, car la prise de décision par un organe « mal » conditionné signifierait une usurpation des compétences de l'organe plus « qualifié », plus « adéquat ». Désormais, le principe n'est pas uniquement compris comme un principe de séparation, mais aussi comme principe rationnel de justice fonctionnelle et d'adéquation des organes chargés de prendre des décisions étatiques[2]. Il ne faut toutefois guère regarder les deux aspects du principe, tel qu'il est interprété par la Cour, comme deux éléments isolés l'un de l'autre, car la séparation organique et fonctionnelle signifie par elle-même une attribution des compétences qui permet la prise de la décision la plus juste par l'organe le plus

---

[1] BVerfGE 95, 1 du 17 juillet 1996 « Südumfahrung Stendal », p. 15 : « Die in Art. 20 Abs. 2 Satz 2 GG normierte Teilung der Gewalten ist für das Grundgesetz ein tragendes Organisations- und Funktionsprinzip. Sie dient der gegenseitigen Kontrolle der Staatsorgane und damit der Mäßigung der Staatsherrschaft (…). Dabei zielt sie auch darauf ab, daß staatliche Entscheidungen möglichst richtig, das heißt von den Organen getroffen werden, die dafür nach ihrer Organisation, Zusammensetzung, Funktion und Verfahrensweise über die besten Voraussetzungen verfügen (…) ».

[2] Sur le principe de justice fonctionnelle voir Thomas von Danwitz, « Der Grundsatz funktionsgerechter Struktur », *Der Staat*, vol. 35, 1996, p. 329 et suiv. Le terme de « *Organadäquanz* » est employé pour la première fois par Hans Meyer, *Das parlamentarische Regierungssystem des Grundgesetzes*, *VVDStRL*, n°33, 1975, p. 102, concernant l'absence d'un domaine exclusivement réservé au gouvernent : «Es fehlt aber die eindeutige Kennzeichung eines generellen Regierungsvorbehaltes. Statt eine Art Kompetenz-Kompetenz des Parlaments anzunehmen oder den Gewaltenteilungsgrundsatz zu bemühen, scheint es mir richtiger, im Streitfall zunächst die im Grundgesetz verstreuten Regierungskompetenzen auszudeuten und ergänzend den (…) Gedanken der Organadäquanz der Aufgabe heranzuziehen ».

adéquat. La division des missions, du travail qu'accomplissent les différents organes aspire ainsi à l'efficacité de l'action publique[1].

Le respect réciproque de leurs compétences par les différents organes constitutionnels traduit un devoir d'auto-limitation et de loyauté qui garantit l'unité de l'ordre constitutionnel[2]. La condition de possibilité de cette unité est la connaissance, par les différents organes, de l'étendue de leurs compétences. Il faut que, dans le processus décisionnel, les compétences attribuées à chacun des organes soient optimisées, pleinement exploitées – seulement dans ce cas de figure l'équilibre est maintenu et la décision prise – la plus « juste » possible. L'emploi de l'adverbe « *möglichst* » (le plus possible) par la Cour signifie que la décision la plus juste n'existe probablement pas, mais que la décision peut être la plus juste dans la mesure du *possible*.

De manière paradoxale, admettre que l'exigence de l'organe le plus adéquat dans un domaine déterminé puisse conduire à une atteinte au principe même. Si la Cour jugeait un organe le mieux placé afin d'accomplir une mission, de prendre une décision, et que cette solution signifiait un empiètement dans la sphère de compétences d'un autre organe, qui disposerait initialement de la possibilité de prendre la décision en question, alors, dans ce cas de figure, le principe de justice fonctionnelle et organique légitimerait une atteinte au principe de séparation des pouvoirs. Une telle « transgression » pourrait certes être tolérée, au nom du bon fonctionnement de l'appareil étatique et de la volonté d'avoir des décisions prises de la manière la plus « juste », mais serait sanctionnée dès lors que le « noyau de compétences » (*Kernbereich*) d'un des organes serait touché. La question de déterminer avec certitude l'organe le plus adapté, disposant des compétences nécessaires pour l'élaboration de la décision la plus « juste » n'est guère facile. Il faut que l'organe concerné soit réellement compétent, il ne suffit pas de disposer d'un droit de participation, de concours ou d'information dont un organe pourrait faire valoir lors du processus décisionnel.

La différence entre la véritable compétence et le seul droit de participation, de concours ou d'information peut prêter à confusion : la faculté de décider et la faculté d'empêcher l'exécution de la décision prise par un autre n'ont pas de

---

[1] Christoph Möllers, *Die drei Gewalten*, *op. cit.*, p. 44 : « Wie von der Organisationstheorie vorgedacht, soll die Verfeinerung der Organisationsstruktur nicht oder nicht nur vor Machtmissbrauch schützen, sondern die Durchsetzungsfähigkeit der Organisation erhöhen ».

[2] Karl-Peter Sommermann, « Artikel 20 », *in* Mangoldt/Klein/Starck, *Grundgesetz Kommentar*, vol. 2, Art. 20-82, 4e édition, Vahlen, 2000, p. 103 : « In diesem Sicht obliegt allen Verfassungsorganen eine Pflicht zur Selbstbeschränkung und zu loyaler Rücksichtsnahme ». Selon Sommermann « l'exercice loyal » (*loyale Kompetenzausübung*) de leurs compétences par les différents organes doit prendre en considération la capacité fonctionnelle (*Funktionsfähigkeit*) du système. Ce devoir de comportement loyal qui incombe aux organes constitutionnels équivaut, sur le terrain de la séparation horizontale des pouvoirs, le devoir de comportement loyal des *Länder* vis-à-vis de la Fédération (*Bundestreue*) lié à la séparation verticale des pouvoirs.

contenus identiques. La première est libre, autodéterminée, tandis que la seconde, hétérodéterminée, ne dispose que de moyens pour arrêter la mise en œuvre d'une décision. Pour qu'un organe puisse être le plus adéquat, il faudrait qu'il soit en mesure de démontrer une réelle compétence, une réelle aptitude à prendre la décision[1], ce qui suppose que ses compétences et la fonction, dont il est chargé, soient délimités. Or, ni la Loi fondamentale, ni la jurisprudence de la Cour constitutionnelle ne peuvent fournir une définition complète des fonctions législative, exécutive ou judiciaire, ou livrer une énumération exhaustive des compétences correspondant à chacune des trois fonctions.

Immédiatement après avoir rappelé l'exigence de justice fonctionnelle et organique qu'elle déduit du *Gewaltenteilungsgrundsatz* (principe de séparation des pouvoirs), la Cour accentue sur l'imparfaite réalisation du principe : « Le principe de séparation des pouvoirs n'est nulle part parfaitement réalisé »[2]. Une séparation fonctionnelle et organique stricte n'est sans doute pas possible. Pourquoi le principe ne trouve-t-il nulle part sa parfaite réalisation ? Cette affirmation de la Cour signifie-t-elle que les fonctions et les organes chargés de leur exercice seront toujours imbriqués et aucune limite claire ne pourra être tracée ? L'impossibilité de réaliser parfaitement le principe de séparation des pouvoirs devient problématique à deux titres. Premièrement, si on réfléchit sur la place de l'article 20 dans l'édifice constitutionnel – il est l'un des deux articles à être protégé d'une éventuelle révision constitutionnelle. Le principe de séparation des pouvoirs que la Cour tire de ce texte n'est pas parfaitement réalisé et ne sera sans doute jamais parfaitement réalisé, mais il se trouve à la base de l'ordre constitutionnel allemand : protégé par l'article 79, alinéa 3 LF, il ne peut faire l'objet d'une modification, il ne peut être abrogé et disparaître de la Loi fondamentale. La suppression du principe normatif de l'article 20, alinéa 2 LF signifierait que le législateur de révision a outrepassé ses pouvoirs et qu'une atteinte a été portée au cœur de la Loi fondamentale. Deuxièmement, le principe de séparation n'est nulle part parfaitement réalisé, car il n'est pas possible

[1] Naturellement, l'atteinte portée au droit de participation, de coopération ou d'information d'un organe peut constituer une violation constitutionnelle, mais peut-elle être désignée comme une atteinte portée au principe de séparation des pouvoirs ? L'obligation du gouvernement fédéral d'obtenir, dans des cas précis (par exemple dans le domaine de la politique étrangère et militaire, voir BVerfGE 90, 268 « Out-of-area-Einsätze » du 12 juillet 1994, accompagnée de l'opinion dissidente des juges Böckenförde et Kruis, l'autorisation du parlement ne fait pas de ce dernier un co-auteur de l'action entreprise par l'exécutif. Dans cette hypothèse, le législateur participe au processus décisionnel, mais n'est pas autonome, ne dispose pas de la faculté de statuer, il est hétéronome, déterminé par les actes de l'exécutif et ne peut qu'empêcher la mise en œuvre d'une décision prise par l'exécutif. La différence entre faculté d'empêcher et faculté de statuer apparaît chez Montesquieu, *De l'Esprit des Lois*, Œuvres complètes, vol. II, Éditions Gallimard, p. 1951, Livre XI, Sixième chapitre, p. 401. Voir le commentaire de Charles Eisenmann, « L'"*Esprit des Lois*" et la séparation des pouvoirs », *Mélanges en l'honneur de Raymond Carré de Malberg*, Librairie du Recueil Sirey, Paris, 1933, p. 167 et suiv.

[2] BVerfGE 95, 1, p. 15 : « Das Prinzip der Gewaltenteilung ist nirgends rein verwirklicht ». Voir également BVerfGE 3, 225 du 18 décembre 1953 « Gleichberechtigung » : « Dieses Prinzip ist jedoch nirgends rein verwirklicht » ; BVerfGE 34, 52 « Hessisches Richtergesetz » du 10 octobre 1972, p. 59 : « Das Prinzip der Gewaltenteilung ist für den Bereich des Bundes jedoch nicht rein verwirklicht ».

de délimiter de manière précise les trois fonctions – même la théorie du « noyau de compétences exclusif » (*Kernbereichtheorie*) n'est guère susceptible de livrer une réponse satisfaisante à la question de savoir quel est le contenu des noyaux de compétences de chacun des trois pouvoirs.

CONCLUSION DU CHAPITRE

Il convient de souligner la difficile conciliation entre l'expression « principe de séparation » ou « division des pouvoirs » (*Gewaltenteilungsprinzip*), employée par le juge constitutionnel allemand, et la réalité de ce que ce principe désigne : l'équilibre des trois pouvoirs dont les finalités sont la modération du pouvoir d'État et la protection de la liberté individuelle. La construction jurisprudentielle de la définition générale du principe reflète les errements terminologiques de la Cour et ne réussit pas à contourner l'écueil que cache l'emploi de l'expression « séparation (ou division) des pouvoirs » qui n'apparaît pas de manière expresse dans le texte de la Loi fondamentale. Ce principe ne veut certainement pas dire séparer les pouvoirs pour s'assurer qu'une décision arbitraire n'est plus possible ou qu'un des pouvoirs ne peut s'accaparer des compétences constitutionnellement attribuées à un autre pouvoir. Il n'y a pas de séparation étanche, il s'agit, selon la Cour, d'une collaboration et d'une interpénétration réciproques qui sont tolérables jusqu'à un point précis : là, où le juge considère que le noyau de compétences exclusif d'un des pouvoirs est touché, une atteinte au principe doit être caractérisée. Mais cette théorie du noyau de compétences exclusif plonge le lecteur dans une nouvelle difficulté, car il est, pour l'instant, impossible de délimiter les noyaux respectifs des trois pouvoirs pour que l'ingérence d'un des pouvoirs, qui serait trop poussée, dans cette sphère qui doit rester hermétiquement fermée aux autres, soit qualifiée d'atteinte au principe de la séparation des pouvoirs. La technique, dont se sert la Cour, loin d'éclairer la définition de ce « principe organisationnel porteur » de la Loi fondamentale, semble approfondir le problème de manière abyssale. Derrière la terminologie ne se cache guère un « principe de séparation », mais plutôt un système de freins et de contrepoids qui rappelle le système des « *checks and balances* ». Le juge insiste sur l'expression « principe de séparation (ou division) des pouvoirs » comme si elle contenait une symbolique particulière qui sortirait du cadre du droit positif, comme si sa seule mention suffisait à justifier une décision, comme s'il y avait besoin de lire « séparation des pouvoirs » plutôt que de se référer à un système de freins et de contrepoids, à un ordre organisationnel concret, même si l'interprétation de la norme de l'article 20, alinéa 2 LF correspond parfaitement à un équilibre entre les pouvoirs obtenu par l'utilisation des instruments constitutionnels mis à leur disposition, utilisation qui leur interdit de se placer en position dominante, de priver un pouvoir de ses missions constitutionnelles. Le principe de séparation des pouvoirs n'est pas autre chose qu'un système d'actions et de réactions qui rend possible la marche de l'appareil de l'Etat. Cette « thérapie » terminologique n'est pas la réponse à toutes les interrogations qu'il convient de poser lorsqu'on est confronté aux mécanismes qui lient les trois pouvoirs, au jeu difficile auquel ils doivent se livrer afin de sauvegarder l'unité de l'ensemble constitutionnel. Bien au contraire, la facilité terminologique soulève la question de savoir de quoi le principe de séparation des pouvoirs est-il le nom dans la jurisprudence constitutionnelle ? S'agit-il d'une technique élaborée par le juge pour désigner chaque pouvoir comme accomplissant une fonction spécifique protégée face aux ingérences des deux autres ? Ou bien est-il constitutif d'une volonté du juge de coordonner les rapports entre les pouvoirs en se laissant une latitude confortable quant à la détermination du contenu des fonctions ? Dans ce dernier cas, le principe de la justice fonctionnelle semble complètement exécuter la tâche : l'interprétation est toujours ouverte, car il n'y a pas de critères fixes qui permettent de savoir avec une relative certitude quel organe est « le mieux placé » pour intervenir de manière décisionnelle dans un domaine particulier.

La définition jurisprudentielle est incomplète. Cependant, avec ces développements incomplets, le juge constitutionnel arrive à élabrorer un système de la séparation des pouvoirs fonctionnant de manière satisfaisante. Il est question d'une technique dotée d'un contenu normatif propre qui tend à maintenir l'équilibre fragile entre les différentes forces qui agissent au sein de l'appareil étatique. Dans la pratique, les différents éléments de définition que nous avons pu aborder dans ce chapitre peuvent constituer une source de difficultés majeures quant à l'application concrète du principe. Cette instabilité de l'interprétation de la norme contenue dans l'article 20, alinéa 2 LF donne lieu à une jurisprudence riche, parfois critiquée, parfois contradictoire, mais qui permet, au bout du compte, d'arriver à mieux cerner ce principe dit de la séparation des pouvoirs – garant de la liberté de l'individu. La définition générale du principe de la séparation des pouvoirs est approfondie par la théorie de la décision substantielle qui reflète les rapports complexes du pouvoir législatif et du pouvoir exécutif. Le critère substantiel d'une décision permet de tracer une ligne divisant les compétences de ces deux pouvoirs « politiques ».

CHAPITRE 2
La théorie de la décision substantielle (*Wesentlichkeitstheorie*) comme moyen de répartition des compétences entre les pouvoirs législatif et exécutif

Dans le XIXe siècle allemand commence l'évolution de l'État où règne le principe monarchique vers un modèle d'État nouveau, celui basé sur la légitimité démocratique. Le principe démocratique ne se substitue pas au principe monarchique de manière précipitée. Au contraire, ces deux principes de légitimité sont en concurrence incessante. Le monarque, d'une part, et les assemblées d'états (*Landstände*), d'autre part, forment un ensemble constitutionnel complexe. Les assemblées ne sont pas de véritables parlements, mais des structures institutionnelles chargées de défendre la société qu'elles représentent face au monarque. La loi correspond « au pouvoir de collaboration du parlement à l'établissement des règles de droit concernant les particuliers » et « la réserve de loi » constitue « le domaine dans lequel la coopération de la représentation populaire est juridiquement requise ». La « réserve de loi » est dans ce sens la traduction de « la formule traditionnelle d'"atteintes à la liberté et à la propriété" »[1]. La loi est tout d'abord entendue comme un istrument de protection de la liberté et de la propriété du citoyen, ou, plus tard, comme une garantie du consentement des assemblées à l'impôt[2]. Cette conception traditionnelle est à l'origine de la théorie de la théorie de la décision substantielle développée par la Cour constitutionnelle allemande dans les années 1970. En partant da la conception traditionnelle de réserve de loi relative à la liberté et à la propriété (Section 1), le juge constitutionnel construit, sur la base du critère substantiel, une notion plus large, celle de la « réserve du Parlement » (*Parlamentsvorbhalt*) qui garantit que toute décision substantielle est le résultat d'un acte du Parlement : le législateur démocratique n'est pas maître de sa compétence et ne peut décider de s'en dessaisir (Section 2).

---

[1] Jacky Hummel, « État de droit, libéralisme et constitutionnalisme durant le *Vormärz* », *in* Olivier Jouanjan (dir.), *Figures de l'État de droit. Le* Rechtsstaat *dans l'histoire intellectuelle et constitutionnelle de l'Allemagne*, Presses universitaires de Strasbourg, 2001, p. 145.

[2] Christian Seiler, *Der einheitliche Parlamentsvorbehalt*, Schriften zum Öffentlichen Recht, vol.825, Duncker & Humblot, Berlin, 2000, p. 47 et suiv.

Section 1 : L'origine conceptuelle de la théorie de la décision substantielle : la réserve de loi (*Gesetzesvorbehalt*) du *Vormärz*.

La notion de réserve de loi (*Gesetzesvorbehalt*)[1] apparaît avec les premières constitutions des monarchies « konstitutionell »[2] allemandes. Il ne s'agit pas, dans la première moitié du XIXe siècle de penser un moyen de garantir la suprématie d'une représentation nationale, ni de soumettre le pouvoir exécutif du monarque aux décisions prises par un législateur démocratique. Il n'existe ni de parlements dans le sens moderne de ce mot, ni de législateur démocratique.

La monarchie limitée allemande est un modèle de gouvernement modéré qui ne sombre pas dans les dérives françaises post-révolutionnaires et qui n'est pas non plus une structure figée insusceptible de s'adapter aux nouvelles exigences politiques et sociales, ainsi aux revendications de la société bourgeoise émergente. Il est davantage question d'assurer aux assemblées des états (*Landstände*) un droit de participation au pouvoir législatif tout en sauvegardant l'unité du pouvoir d'État[3]. Ce droit de participation ne concerne alors qu'une sphère précise, celle de la liberté et de la propriété. La possibilité de participer au pouvoir législatif, ouverte aux assemblées d'états, est la conséquence de la conciliation entre le principe monarchique, notion centrale dans le système constitutionnel allemand du *Vormärz* et le refus de voir apparaître une représentation démocratique (§ 1). La réserve de loi est conçue comme un mécanisme de protection de la société face à l'État. La réserve de loi censée assurer la participation des assemblées d'état au pouvoir législatif se transforme en un concept, dont la signification dépasse le seul domaine de la liberté et de la propriété pour s'affirmer, dans l'État de droit démocratique et libéral, comme la garantie de la place centrale du parlement (§ 2).

---

[1] Selon Dieter Umbach, « Das Wesentliche an der Wesentlichkeitstheorie », *in* Wolfgang Zeidler/Theodor Maunz/Gerd Roellecke (éd.), *Festschrift Hans Joachim Faller*, C.H. Beck'sche Verlagsbuchhandlung, München, 1984, p. 112, il convient de distinguer la réserve de la loi (*Vorbehalt des Gesetzes*) et la réserve législative (*Gesetzesvorbehalt*). Dans le premier cas, il s'agirait de cette notion, héritée de la monarchie limitée du XIXe siècle allemand, qui lie le principe de l'État de droit et l'élément démocratique, alors que dans le second cas, il serait question de règles de la Loi fondamentale (« *grundgesetzliche Regelungen* ») désignant l'instrument normatif en vertu duquel la limitation d'un droit fondamental est rendue possible. Dans l'état du droit positif actuel, il n'existe plus de concurrence de légitmités monarchique et démocratique qui justifieraient la distinction faite par Umbach. Aujourd'hui, les deux expressions sont employées par le juge constitutionnel. Fritz Ossenbühl, «Vorrang und Vorbehalt des Gesetzes », *in* Josef Isensee/Paul Kirchhof (dir.), *Handbuch des Staatsrechts...*, vol. 5, *op.cit.*, p. 191, après avoir souligné la différence entre les deux termes, les emploie comme synonymes. Dans le même sens : Ernst-Wolfgang Böckenförde, *Gesetz und gesetzgebende Gewalt*, Schriften zum Öffentlichen Recht, vol. 1, Duncker & Humblot, Berlin, 1e édition, 1958, p. 321-322, ou encore Gunter Kisker, « Neue Aspekte im Streit um den Vorbehalt des Gesetzes », *NJW*, 1977, p. 1313.

[2] Sur l'adjectif « *konstitutionell* », voir cette partie, titre 1er, chapitre 2, section 1.

[3] Sur ces points, Dietrich Jesch, *Gesetz und Verwaltung. Eine Problemstudie zum Wandel des Gesetzmäßigkeitsbegriffs*, Mohr Siebeck, Tübingen, 1961, p. 108 et suiv.

§ 1. La notion de réserve de la loi : l'exercice du pouvoir législatif comme point de rencontre entre le monarque et les assemblées d'états (*Landstände*).

Le principe monarchique est le principe qui « règne » dans les États allemands dans la première moitié du XIXe siècle. Le monarque réunit en lui la totalité du pouvoir d'État, une division de celui-ci est perçue par une grande partie de la doctrine comme représentant l'anarchie et le chaos[1]. Il n'y a pas, avant la Révolution de 1848, de véritable concurrence entre le principe de légitimité monarchique et le principe de légitimité démocratique. Le principe même de la représentation nationale fait l'objet de vives critiques (A). Les assemblées d'états ne sont pas, à côté du monarque, des titulaires du pouvoir législatif, car l'interprétation du principe monarchique interdit la multiplicité des titulaires du pouvoir d'État. En revanche, la participation à l'exercice de certains droits n'est pas entendue comme contraire au principe d'unité du pouvoir d'État. Le monarque ne peut légiférer de manière autonome, sans le consentement des assemblées, dès lors que sont touchées la liberté et la propriété des citoyens (B).

A. Les assemblées d'états ne détiennent pas le pouvoir législatif.

Le monarque est le seul souverain, et il ne doit partager son pouvoir avec aucun autre organe, car la menace de voir le pouvoir d'État se disloquer est réelle. Dans ce climat de méfiance vis-à-vis des principes de souveraineté nationale et de division du pouvoir, il faut réfléchir à la place que doit occuper la société de plus en plus soucieuse de protéger ses droits contre la puissance publique. Pas de souveraineté nationale, mais une protection des intérêts de la société face à l'État. La société ne fait plus partie de l'État, elle ne se dissout pas dans le corps étatique, mais constitue désormais une force à part entière qui s'oppose et qui se défend contre les éventuelles ingérences du pouvoir dans la sphère de la liberté individuelle ou de la propriété. Les assemblées d'états doivent avoir un droit de participer à l'exercice du pouvoir[2]. Le « monarque et les chambres », les « deux organes immédiats de l'Etat » sont, dans leur activité, toujours à la recherche d'un accord » qui est souvent « le résultat de compromis »[3].

---

[1] Sur les problèmes soulevés par la prétendue incompatibilité du principe monarchique et la séparation des pouvoirs : v. cette partie, titre 1er, chapitre 2.

[2] Hans Boldt, *Deutsche Staatslehre im Vormärz*, Droste, Düsseldorf, 1975, p. 91 et suiv.

[3] Georg Jellinek, *Gesetz und Verordnung*, *op.cit.*, p. 283 : « In der Idee beruht diese Staatsform auf der stetigen zusammenstimmenden Thätigkeit der beiden unmittelbaren Staatsorgane, des Monarchen und der Kammern. In der Wirklichkeit des politischen Lebens wird diese Zusammenstimmen in vielen Fällen allerdings das Resultat von Compromissen sein (...) ». Pour une présentation concise : Ulrich Karpen, « Verfassungsgeschichtliche Entwicklung es Gesetzesbegriffs in Deutschland », *in Gedächtnisschrift für Wolfgang Mertens*, 1987, p. 137-152, spécialement p.142.

Conformément à l'article 57 de l'Acte final de la conférence de Vienne de 1820, les assemblées d'états ne participent qu'à « l'exercice de certains droits » (*in der Ausübung bestimmter Rechte*)[1]. Les assemblées d'états n'exercent pas le pouvoir législatif, elles ne font que limiter le pouvoir exercé par le monarque. Cette limitation résulte de l'architecture des Constitutions instituant des monarchies « *konstitutionnell* ». Il n'est pas question de reproduire le schéma classique de la monarchie parlementaire, de type anglais, car les éléments qui la structurent ne peuvent guère rendre compte de la singularité du modèle allemand. Il s'agit davantage de garantir la participation des sujets à la prise de décisions étatiques qui les touchent de manière directe et sont susceptibles de porter atteinte à leurs droits.

L'acte, appelé loi, qui fait l'alliage entre le pouvoir du monarque et la participation des assemblées, n'est pas justifié par le principe démocratique. On n'attribue pas aux assemblées la prise de toute décision fondamentale en arguant de leur légitimité démocratique, car elle n'existe pas, elle est difficilement concevable dans un monde constitutionnel où le monarque réunit tout pouvoir, y compris le pouvoir constituant, même s'il accepte de s'autolimiter. Le pouvoir d'État n'est pas morcelé, il n'est pas réparti entre le monarque et les assemblées, car, comme le rappelle l'article 57 de l'Acte final, le « pouvoir d'État tout entier doit rester réuni dans le chef de l'État et le souverain ne saurait être soumis par la Constitution *landständisch* à la participation des états que pour l'exercice de certains droits »[2]. La participation des assemblées à l'exercice de « certains droits » n'est rendue possible que par la volonté du monarque-constituant. Il détient l'intégralité du pouvoir législatif dont seul l'exercice est partagé. Les assemblées ne peuvent point adopter une loi de manière autonome sans l'accord du monarque, elles ne font qu'exercer une compétence limitée dans le cadre du pouvoir législatif monarchique. Il s'agit par conséquent d'une concession de la part du monarque aux représentants de la société civile. Les assemblées n'ont pas la possibilité de substituer leur volonté à celle du monarque, elles ne peuvent qu'empêcher une réglementation qui empiète sur leur sphère protégée : celle de la liberté et de la propriété individuelles.

---

[1] « (...) und der Souverain kann durch eine landständische Verfassung nur in der Ausübung bestimmter Rechte an die Mitwirkung der Stände gebunden werden ».

[2] Olivier Jouanjan, « Le contrôle incident des normes et les contradictions de l'État monarchique en Allemagne », *in* du même (dir.), *Figures de l'État de droit. Le* Rechtsstaat *dans l'histoire intellectuelle et constitutionnelle de l'Allemagne*, *op. cit.*, p. 268, note n°23. Voir également, Ernst-Wolfgang Böckenförde, « Der Verfassungstyp der deutschen konstitutionnellen Monarchie », in Ernst-Wolfgang Böckenförde/Rainer Wahl, *Moderne deutsche Verfassungsgeschichte (1815-1914)*, 2e édition, Verlag Anton Hain Meisenheim, 1981, p. 148 : « Was bedeutet diese sigenannte monarchische Prinzip ? Verfassungsrechtlich besagte es, daß Träger der Staatsgewalt nicht die souveräne Nation, auch nicht König und Volk gemeinschaftlich seien, sondern der König allein ».

B. La réserve de loi comme moyen de participer à l'exercice du pouvoir législatif.

La réserve de loi, écrit Fritz Ossenbühl, concerne les matières et décisions qui sont exclues de « la compétence propre du pouvoir exécutif » et « sont réservées à la loi »[1]. La participation des assemblées ne touche, à l'origine, qu'à l'exercice des droits relatifs à la liberté et la propriété. La réserve de loi, qui traduit la « rivalité politique »[2] entre le monarque et les assemblées, se trouve identifiée à la notion même de loi. Ainsi, plusieurs constitutions des États du Sud allemand, par exemple la Constitution bavaroise du 26 mai 1818, qui est la première à formuler le « principe de la réserve de loi »[3], contiennent des articles qui rendent obligatoire la participation des assemblées à l'élaboration de toute loi qui concerne « la liberté de l'individu ou la propriété des citoyens », les deux « éléments qui forment la sphère privée de la société civile »[4] :

> *Aucune loi générale nouvelle, qui touche (*betrifft*) à la liberté de l'individu (*Freyheit der Person*) ou à la propriété des citoyens (*Eigenthum des Staats-Angehörigen*), ne peut être adoptée sans l'avis et l'approbation des états du royaume (*ohne den Beyrath und die Zustimmung der Stände des Königreichs*) ; l'avis et l'approbation des états du royaume sont également requis lorsqu'il s'agit de modifier, d'interpréter de manière authentique ou d'abroger une loi existante qui touche à la liberté de l'individu ou à la propriété des sujets*[5].

---

[1] Fritz Ossenbühl, « Der Vorbehalt des Gesetzes und seine Grenzen », *in* Volkmar Götz/Hans Hugo Klein/Christian Starck (dir.), *Die öffentliche Verwaltung zwischen Gesetzgebung und richterlicher Kontrolle*, C.H. Beck'sche Verlagbuchhandlung, München, 1985, p. 14 : « (…) werden jene Sachbereiche und Sachentscheidungen umrissen, die einer Regelung der Exekutive aus eigener Kompetenz verschlossen und einer Regelung "durch Gesetz" vorbehalten sind ».

[2] Fritz Ossenbühl, « Der Vorbehalt des Gesetzes und seine Grenzen », *in* Volkmar Götz/Hans Hugo Klein/Christian Starck (dir.), *Die öffentliche Verwaltung zwischen Gesetzgebung und richterlicher Kontrolle*, C.H. Beck'sche Verlagbuchhandlung, München, 1985, p. 15.

[3] Jacky Hummel, « État de droit, libéralisme et constitutionnalisme durant le *Vormärz* », *in* Olivier Jouanjan (dir.), *Figures de l'État de droit. Le* Rechtsstaat *dans l'histoire intellectuelle et constitutionnelle de l'Allemagne*, *op.cit.*, p. 145, note n°65.

[4] Fritz Ossenbühl, « Der Vorbehalt des Gesetzes und seine Grenzen », *in* Volkmar Götz/Hans Hugo Klein/Christian Starck (dir.), *Die öffentliche Verwaltung zwischen Gesetzgebung und richterlicher Kontrolle*, C.H. Beck'sche Verlagbuchhandlung, München, 1985, p. 15.

[5] Ernst-Rudolf Huber, *Dokumente zur deutschen Verfassungsgeschichte*, vol. 1, 3e édition, Verlag Kohlhammer, Stuttgart, 1978, p. 156 et suiv. Le § 2 du Deuxième titre de la Constitution bavaroise « Ohne den Beyrath und die Zustimmung der Stände des Königreichs kann kein allgemeines neues Gesetz, welches Freyheit der Person oder das Eigenthum des Staats-Angehörigen betrifft, erlassen, noch ein bestehendes abändert, authentisch erläutert oder aufgehoben werden ». La formulation de l'article 65 de la Constitution badoise est plus radicale car elle exige non seulement l'approbation des états, mais impose,

Le domaine de la législation n'est pas l'apanage d'un parlement démocratiquement élu disposant d'un « pouvoir démocratique », mais le point de rencontre du monarque exerçant la plénitude de son pouvoir et des assemblées représentant la société civile. Selon Jacky Hummel, « la théorie de la réserve de la loi (*Gesetzesvorbehalt*) participe d'un des traits caractéristiques du constitutionnalisme allemand du XIXe siècle selon lequel le domaine de la législation n'est en rien le domaine souverain d'un pouvoir législatif démocratique, mais le terrain de la rencontre et de la médiation entre l'État monarchique et la société civile »[1].

La réserve de loi permet la coexistence du principe monarchique ancré dans les structures « *konstitutionell* » des États allemands et la société civile qui ne veut plus être un avec l'État, qui se détache de ce dernier et revendique une sphère libre d'État. Le domaine de la liberté et de la propriété individuelles n'est pas exclusif de toute ingérence de la puissance publique. L'atteinte portée devient supportable et acceptable si celui, qui en est l'objet, donne son accord préalable: il n'est plus uniquement l'objet de la puissance monarchique illimitée, telle qu'elle existait dans le cadre de la monarchie, mais devient un sujet participant à l'élaboration de la décision qui lui est appliquée. Cette participation est désormais constitutionnalisée, et la réaffirmation du principe monarchique par la conférence de Vienne de 1820 n'y change rien. Le pouvoir constituant monarchique a accepté, dès 1818, la limitation de l'exercice du pouvoir législatif. Il n'y a pas de principe de séparation des pouvoirs, car le monarque « réunit » tout le pouvoir d'État. En revanche, une répartition des compétences est opérée par l'exigence de la participation des assemblées d'états à l'élaboration de la loi. Les compétences en la matière sont partagées : ni le monarque (sans franchir les limites qu'il s'est lui-même imposées en octroyant ou en négociant la constitution), ni les assemblées ne détiennent la faculté de statuer en dernier lieu. La compétence des assemblées est complémentaire de celle dont dispose le monarque « auquel revient en propre » le pouvoir législatif[2].

La réserve de la loi s'étend de manière progressive. Le consentement des assemblées est requis en matière d'impôts[3], les ingérences dans la liberté et la

---

pour l'adoption, la modification, l'interprétation ou l'abrogation de la loi touchant à la liberté ou à la propriété, la majorité absolue des deux chambres : « Zu allen anderen, dir Freyheit der Personen oder das Eigenthum der Staatsangehörigen betreffenden allgemeinen neunen Landesgesetzen, oder zur Abänderung oder authentischen Erklärung der bestehenden, ist die Zustimmung der absoluten Mehrheit einer jeden der beyden Kammern erforderlich ».

[1] Jacky Hummel, « État de droit, libéralisme et constitutionnalisme durant le *Vormärz* », *in* Olivier Jouanjan (dir.), *Figures de l'État de droit. Le* Rechtsstaat *dans l'histoire intellectuelle et constitutionnelle de l'Allemagne*, *op.cit.*, p. 147.

[2] Jacky Hummel, *Le constitutionnalisme allemand (1815-1918) : le modèle de la monarchie limitée*, PUF, collection Léviathan, 2002, p. 77.

[3] Christian Seiler, *Der einheitliche Parlamentsvorbehalt*, Schriften zum Öffentlichen Recht, vol.825, Duncker & Humblot, Berlin, 2000, p. 47 et suiv.

propriété ne peuvent être le résultat que d'une loi[1]. La loi comme garantie des droits fondamentaux et, plus généralement, comme garantie de la participation de la société civile à l'exercice du pouvoir, fait ressortir les deux éléments présents dans la notion de réserve de loi : celui tiré du principe de l'État de droit (*rechtsstaatlich*) et l'élément démocratique. Ces deux composantes reflètent le rapport de tension, qui existe à l'époque de la monarchie limitée allemande, entre la légitimité du pouvoir monarchique et la légitimité démocratique que revendiquent les assemblées. Dans l'État de droit, la loi est le seul instrument légitime permettant l'ingérence dans la sphère des droits fondamentaux des citoyens. L'élément démocratique n'est pas celui que l'on connaît aujourd'hui. Dire que les assemblées réunissent les représentants de la société civile et garantissent la protection de ses droits face à l'État ne signifie pas que ces assemblées doivent être comprises comme de véritables parlements au sens actuel de ce terme.

La réserve de loi est, au XIXe siècle, une réaction au pouvoir monarchique qui n'est pas démocratiquement légitimé. Aujourd'hui, l'article 20, alinéa 2 LF pose le principe selon lequel « tout pouvoir d'État » émane du peuple. Le pouvoir législatif comme le pouvoir exécutif sont assis sur la même base : le principe démocratique. Il n'est plus question de vouloir encadrer un pouvoir qui s'exerce en dehors de la légitimité démocratique et qui doit être limité de manière artificielle. Les paramètres de la réserve de loi ont changé avec l'avènement du principe démocratique. Il n'y a plus de concurrence de légitimités, mais concurrence de compétences exercées par des organes démocratiquement élus ou formés. Afin de marquer la différence, qui existe entre la formule traditionnelle de la réserve de loi, identifiée à l'ingérence à la liberté et à la propriété, la Cour souhaite rompre avec l'image ancienne de la réserve de loi héritée de la monarchie « *konstitutionell* ».

§ 2. Le passage de la réserve de loi-droit de participation à la réserve de loi-décision du législateur démocratique.

Sous l'empire de la Loi fondamentale, la légitimité démocratique du pouvoir législatif (A) permet au juge constitutionnel de dépasser l'ancienne conception de la réserve de loi afin que celle-ci corresponde à la configuration institutionnelle actuelle (B).

---

[1] Otto Mayer, *Deutsches Verwaltungsrecht*, vol. 1, 3e édition, Duncker & Humblot, München und Leipzig, 1924, p. 70 : « Dieser Vorbehalt wird in den Verfassungsurkunden auf verschiedene Weise wiedergegeben. Die klassische Form ist die Aufstellung sogenannter Grundrechte oder Freiheitsrechte, wonach den Bürgern persönliche Freiheit, Unverletzlichkeit des Eigentums und sonstiger Rechte gewährleistet werden mit ausdrücklichem oder stillschweigendem Vorbehalt der durch das Gesetz oder auf Grund eines Gesetzes auch in diese Dinge zu machende Eingriffe ». Pour Mayer, l'origine de la réserve de la loi dans les constitutions allemandes est la Déclaration des droits de l'homme et du citoyen de 1789 qui entend limiter le pouvoir exécutif : « (...) Was dadurch beschränkt wird, ist lediglich das Königtum, die vollziehende Gewalt ».

A. La légitimité démocratique du pouvoir législatif.

L'article 20, alinéa 2 LF dispose que « tout pouvoir d'État émane du peuple » avant de préciser que le peuple « l'exerce [le pouvoir d'État] au moyen d'élection et de votations et par des organes spéciaux investis des pouvoirs législatifs, exécutif et judiciaire ». Dans le système constitutionnel de la Loi fondamentale il n'existe qu'une seule légitimité : la légitimité démocratique. Les pouvoirs législatif, exécutif et judiciaire se trouvent ainsi placés sur un même niveau. Dans le cadre démocratique, la loi n'est plus un moyen de contrôle et de réaction au pouvoir monarchique. Elle est un instrument de gouvernement politique qui détermine l'action des organes investis du pouvoir exécutif et du pouvoir judiciaire ; elle met en œuvre les principes et valeurs de la démocratie et de l'État de droit[1]. L'article 20, alinéa 3 LF aux termes duquel « les pouvoirs exécutif et judiciaire par la loi et le droit »[2] octroie à la loi une place prédominante qui ne doit cependant pas servir de prétexte afin de transformer le Parlement, législateur démocratique, en organe puissant qui s'impose de manière disproportionnée aux organes exécutifs et judiciaire. L'article 20, alinéa 3 LF pose le principe de légalité qui, selon la jurisprudence constitutionnelle, comporte deux volets : la primauté de la loi (*Vorrang des Gesetzes*) : « l'ensemble du domaine de l'administration » est soumis à la loi[3], ce qui n'exclut pas une activité administrative libre[4] ; et la réserve législative (*Gesetzesvorbehalt*) selon laquelle l'existence d'une loi conditionne l'action de

---

[1] Fritz Ossenbühl, « Gesetz und Recht – Die Rechtsquellen », *in* Josef Isensee/Paul Kirchhof (dir.), *Handbuch des Staatsrechts der Bundesrepublik Deutschland*, vol. 5, 3e édition, 2007, p. 144: « Im Gesetz verwirklichen sich die wesentlichen Grundsätze und Werte der Demokratie und des Rechtsstaates ».

[2] « (...) die vollziehende Gewalt und die Rechtsprechung sind an Gesetz und Recht gebunden ». Sur la formule « la loi et le droit » et les difficultés d'application qu'elle peut poser : Eberhard Schmidt-Aßmann, « Gefährdungen der Rechts- und Gesetzesbindung der Exekutive », *in* Joachim Burmeister (dir.), *Verfassungsstaatlichkeit. Festschrift für Klaus Stern zum 65. Geburtstag*, C.H. Beck'sche Verlagsbuchhandlung, München, 1997, p. 746 : « Die Bindungsanspruch des Art. 20 Abs. 3 GG selbst ist alles andere als eine leicht handhabbare Formel. "Gesetz und Recht" sind weder ein zufällig gebrauchtes Synonym, noch soll hier leichtin einer Addition oder Summierung diverser Bindungsmaßstäbe das Wort geredet werden ». La formule « par la loi et le droit » signifie toutes les règles existantes, l'ordre juridique tout entier, dont nous attendons, dans le cas idéal, la représentation d'une unité, d'une homogénéité, mais qui, en réalité, est « un réseau complexe que nous pouvons difficilement embrasser » (*ein schwer überschaubares Geflecht*). Selon Friedrich Müller, *Discours de la méthode juridique*, trad. fr. Olivier Jouanjan, PUF, collection *Léviathan*, 1996, p. 127 : « L'article 20, al. 3 LF dispose que les juridictions sont liées par "la loi et le droit". Cette règle vise simplement, à côté du droit écrit, le droit coutumier ».

[3] Hartmut Maurer, *Droit administratif allemand*, trad. fr. Michel Fromont, 1994, LGDJ, Paris, p. 107.

[4] Pour Christoph Degenhart, *Staatsrecht I : Staatsorganisationsrecht*, 28e édition, 2012, C.F. Müller, Heidelberg, p.122, la primauté de la loi ne signifie rien d'autre que l'obligation pour l'administration de respecter le droit en vigueur qui suppose l'obligation d'appliquer la loi : « Vorrang des Gesetzes bedeutet zunächst nichts anderes als Bindung der Verwaltung an das geltende Recht : Die Verwaltung darf bei ihrem Handeln nicht gegen Rechtsnormen verstoßen ; dies besagt der klare Wortlaut des Art. 20 Abs. 3 GG ». Degenhart déduit de l'article 20, alinéa 3 LF l'obligation de l'exécutif d'appliquer la loi : « (…) folgt auch, dass die Exekutive geltende Gesetze anwenden muss ».

l'administration[1]. Si l'existence du principe de primauté de la loi ne fait guère de doute à la lecture de cette disposition constitutionnelle, le principe de la réserve de loi est susceptible de soulever un grand nombre d'interrogations[2].

La compétence normative appartient au législateur et, sous certaines conditions, au pouvoir exécutif. Il est difficile d'interpréter cette disposition constitutionnelle en déduisant, comme le fait la Cour, une réserve de loi générale cachée. Il est tout aussi difficile d'affirmer que la réserve de loi représente en effet une coutume constitutionnelle, ou bien de procéder à une interprétation extensive des réserves de loi particulières[3], celles concernant les droits fondamentaux, afin de conclure que la Loi fondamentale suppose l'existence d'une réserve de loi générale. La loi dispose d'un domaine d'action étendu, où elle est complètement libre d'intervenir en respectant les limites posées par la Constitution. Mais la réserve de loi ne signifie pas seulement la liberté du législateur, elle comporte un élément de contrainte, elle l'oblige à agir, même quand il est défaillant et qu'il a manqué au respect de sa propre compétence.

Dans le cadre démocratique, la réserve de loi a une fonction de délimitation des compétences du pouvoir exécutif : dans certains domaines, si le législateur n'est pas intervenu, le pouvoir exécutif ne dispose pas de la faculté d'agir. La réserve de loi identique à une action d'ingérence dans les domaines de la liberté et de la propriété n'est plus adaptée à la position du parlement, qui n'est plus seulement l'organe constitutionnel investi du pouvoir législatif, mais participe, à côté du gouvernement, à la conduite politique de l'Etat.

Le juge constitutionnel a voulu abandonner la formule de l'ingérence dans le domaine de la liberté et de la propriété en interprétant la réserve de loi de manière extensive : désormais, il ne s'agit plus d'avoir une conception défensive de la réserve législative générale, mais d'élargir l'étendue de son application.

B. La volonté de la Cour de dépasser la formule traditionnelle d'ingérence dans la liberté et la propriété.

Le principe de séparation des pouvoirs représente aujourd'hui la stabilité institutionnelle et rend efficace l'exercice du pouvoir tout en construisant un système de freins et de contrepoids dont l'objectif est la modération de la puissance publique et la protection de la liberté individuelle. Le *Bundestag* est le seul à

---

[1] Par exemple, BVerfGE 40, 237 « Justizverwaltungsakt » du 28 octobre 1975, p. 248 : « Der Grundsatz des Vorbehalts des (allgemeinen) Gesetzes wird im Grundgesetz nicht expressis verbis erwähnt. Seine Geltung ergibt sich jedoch aus Art. 20 Abs. 3 GG ».

[2] Hans-Heinrich Rupp, « Verwaltungsnorm und Verwaltungsverhältnis », *in* du même, Grundfragen der heutigen Verwaltungsrechtslehre, Mohr Siebeck, Tübingen, 1965, p. 113 et suiv.

[3] Gunter Kisker, « Neue Aspekte im Streit um den Vorbehalt des Gesetzes », *NJW*, 1977, p. 1313: « Streitig ist jedoch, woraus sie herzuleiten sind : Aus Art. 20 III GG (allein oder i. V. mit Art. 80 I GG), aus Verfassungsgewohnheitsrecht, aus den den Grundrechten beigefügten Einzelvorbehalten etc. ? ».

bénéficier de la légitimité démocratique directe. Il n'est plus seulement « le gardien des droits fondamentaux (*Hüter der Grundrechte*), mais un organe central de la formation de la volonté de l'État, appelé à mettre en œuvre les dispositions constitutionnelles et à participer à la conduite politique de l'État ». « Il peut ainsi toucher à toutes les questions susceptibles de se prêter soit à une réglementation abstraite et générale, soit à une loi particulière (*gesetzliche Einzelfallregelung*) dont l'adoption est exceptionnellement autorisée.»[1] La métamorphose de la représentation nationale n'est que la conséquence du changement de souverain : le peuple est souverain, et le législateur démocratique est son représentant immédiat. La réserve de loi ne peut plus avoir le rôle réducteur d'une arme défensive. La réserve de loi rend possible l'existence d'un domaine réservé en principe au législateur dans lequel il n'exerce pas uniquement un droit de participation, mais dispose de la faculté de décider de manière initiale et autonome.

Dès 1958, la Cour affranchit la réserve de loi de la formule dépassée :

> *Le contenu de cette réserve générale est traditionnellement défini par l'exigence d'une loi dans l'hypothèse où « des ingérences dans le domaine de la liberté et de la propriété » sont en cause. Il est douteux si cette formule de délimitation (qui se concrétise par les réserves législatives relatives aux droits fondamentaux) est suffisante encore aujourd'hui*[2].

Ou encore :

> *La formule traditionnelle, influencée par la conception démocratique et libérale de l'État du XIXe siècle, selon laquelle une loi est nécessaire uniquement dans le cas d' « ingérence dans le domaine de la liberté ou de la propriété » (...) ne correspond plus complètement à l'état du droit constitutionnel positif (...). Dans le cadre du système démocratique et parlementaire de la Loi fondamentale, il est évident que la décision, portant sur des questions fondamentales qui concernent directement les*

---

[1] Christian Seiler, *Der einheitliche Parlamentsvorbehalt*, *op.cit.*, p. 64 : « Nicht zuletzt infolge des geänderten Gesetzesbegriffs war die Volksvertretung nicht mehr nur Hüter der Grundrechte, sondern zur politischen Staatsleitung und zur Umsetzung der materiellen Vorgaben der Verfassung berufenes Zentralorgan staatlicher Willensbildung, das alle Fragen an sich ziehen *kann*, soweit diese einer abstrakt-generellen Regelung zugänglich sind oder soweit eine gesetzliche Einzellfallregelung ausnahmsweise zulässig ist ».

[2] BVerfGE 8, 155 « Lastenausgleich » du 6 mai 1958, p. 167 : « Der Inhalt dieses Allgemeinvorbehalts wird herkömmlich mit der Formel umschreiben, daß ein Gesetz dort erforderlich ist, wo "Eingriffe in Freiheit und Eigentum" in Frage stehen. Ob diese Abgrenzungsformel (die sich durch die Gesetzesvorbehalte der Grundrechtsbestimmungen konkretisieren läßt) heute noch ausreichend ist, kann zweifelhaft erscheinen ». En l'espèce, la Cour conlut que la réserve de loi doit être appliquée à l'administration prestataire de services qui dont les actes ne correspondent pas à des actes d'ingérence, et, pourtant, nécessitent un fondement législatif.

> *citoyens, doit revêtir la forme d'une loi, et se détacher du critère traditionnel d' « ingérence » couramment utilisé dans la pratique*[1].

Dans la pensée libérale du XIXe siècle, la réserve de loi fut entendue comme un moyen d'encadrer l'exercice de la puissance publique dans les rapports entre l'individu et l'État. Mais ce rapport fut un rapport général de puissance (*allgemeine Gewaltverhältnis*) et ne concerna que l'administration dans son action portant une ingérence dans la sphère de la liberté et de la propriété. Si la réserve de loi continuait à être comprise uniquement comme une garantie dans le domaine de la liberté et la propriété, alors le pouvoir exécutif aurait pu agir de manière autonome dans tous les cas de figure où une ingérence n'était pas en cause. La formule traditionnelle n'est par conséquent guère compatible avec la conception de la Loi fondamentale relative aux pouvoirs législatif et exécutif[2].

Ce dernier, en dehors de la réserve de loi, pourrait se trouver complètement libre d'exercer son pouvoir réglementaire de manière autonome. Or, même si, aujourd'hui, l'absence d'un pouvoir réglementaire autonome est de plus en plus problématique et contestée par une partie de la doctrine, ni l'opinion majoritaire, ni la jurisprudence constitutionnelle ne sont arrivées au stade d'acceptation inconditionnelle. Dans certaines matières où il n'existait pas de lois conditionnant l'action administrative, l'administration se trouvait prise dans un double piège : elle n'était pas autorisée à exercer son pouvoir réglementaire, mais ses actes avaient la fonction matérielle de règlements[3]. Ainsi, les rapports spéciaux de puissance

---

[1] BVerfGE 40, 237 « Justizverwaktungsakt » du 28 octobre 1975, p. 249 : « Die von der konstitutionellen, bürgerlich-liberalen Staatsauffassung des 19. Jahrhunderts geprägte Formel, ein Gesetz sei nur dort erforderlich, wo "Eingriffe in Freiheit und Eigentum" in Rede stehen, wird dem heutigen Verfassungsverständnis nicht mehr voll gerecht (...). Im Rahmen einer demokratisch-parlamentarischen Staatsverfassung, wie sie das Grundgesetz ist, liegt es näher anzunehmen, daß die Entscheidung aller grundsätzlicher Fragen, die den Bürger unmittelbar betreffen, durch Gesetz erfolgen muß, und zwar losgelöst von dem in der Praxis fließenden Abgrenzungsmerkal des "Eingriffs" ».

[2] Hartmut Maurer, *Droit administratif allemand*, trad. fr. Michel Fromont, 1994, LGDJ, Paris, p. 111 : « La limitation du domaine réservé à la loi à l'administration génératrice d'ingérences dans les activités des individus et de la société apparaît aujourd'hui une idée dépassée ».

[3] Ernst-Wolfgang Böckenförde, *Gesetz und gesetzgebende Gewalt*, 2e édition, 1981, p. 389-390 : « Außenrechtsregelungen, die keinen Eingriffscharakter haben, müssen nicht ***notwendig*** durch Gesetz erfolgen, weil sie dem Gesetzesvorbehalt nicht unterliegen, andererseits können sie von der Exekutive nicht originär als Rechtsverordnungen erlassen werden, weil dieser zu originärer, nicht an ein inchaltlich-regelndes Gesetz angelehnter Außenrechtsetzung die Kompetenz fehlt. Es bleibt die Innensteuerung des nach außen "gesetzesfreien" Verwaltungshandelns durch Verwaltungsordnungen. Diese haben nicht den formellen Rechtscharakter und die daraus abgeleitete Rechtswirkung von Rechtsverordnungen, erfüllen aber deren materielle Funktion ». Cette nouvelle réserve de loi étendue au domaine des rapports spéciaux de puissance a, selon Böckenförde, un effet incompatible avec le système dogmatique en vigueur : la reconnaissance d'une compétence normative du pouvoir exécutif, qui revêt la forme de dispositions administratives produisant des effets à l'extérieur de l'administration, en dehors du domaine réservé à la loi : « Was im geltenden dogmatischen System nicht sein darf, ist damit dennoch eingetreten : die Anerkennung einer selbstständigen außenwirksamen Normsetzungsbefugnis der Exekutive außerhalb des Vorbehaltsbereichs in der Form außenwirksamer (interner) Verwaltungsvorschriften ».

(*besondere Gewaltverhältnisse*)[1], ceux qui liaient d'une manière spéciale l'individu à l'administrion, furent perçus comme relevant du domaine d'action libre de la administration[2].

En 1972, la Cour constitutionnelle casse ce modèle restrictif de la réserve de loi et introduit l'exigence d'une intervention législative conditionnant l'action de l'administration dans les rapports spéciaux de puissance (*besondere Gewaltverhältnisse*). « Les dogmes traditionnels (...) n'étaient plus compatibles avec l'esprit de la Loi fondamentale. »[3] Depuis la décision de principe du 14 mars 1972[4], la réserve de loi a une portée générale. Il est important de remarquer que le juge constitutionnel n'entend pas libérer de manière radicale la réserve de loi de son lien avec les droits fondamentaux. Il ne fait qu'abandonner la présomption de compétence qui existe en faveur de l'administration agissant dans un rapport spécial de puissance:

> *La loi fondamentale est un système de valeurs (eine wertgebundene Ordnung) qui reconnaît que le but ultime de toute réglementation est la protection de la liberté et de la dignité humaine (…). L'article 1er, alinéa 3 LF déclare que les droits fondamentaux sont du droit positif qui lie le pouvoir législatif, le pouvoir exécutif et le pouvoir judiciaire. Cette soumission générale aux droits fondamentaux n'est pas respectée, si, dans le cas de l'application des peines, les droits fondamentaux peuvent être restreints de manière arbitraire ou discrétionnaire. (…) Les droits fondamentaux des détenus peuvent par conséquent être restreints uniquement par la loi ou sur la base d'une loi (*nur durch oder aufgrund eines Gesetzes*) (…)*[5].

---

1 Pour une présentation des rapports général et spéciaux de puissance : Dietrich Jesch, *Gesetz und Verwaltung. Eine Problemstudie zum Wandel des Gesetzmäßigkeitsbegriffs*, Mohr Siebeck, Tübingen, 1961, p. 175 et suiv ; p. 206. Cette étude est désormais dépassée par la jurisprudence de la Cour constitutionnelle.

2 Christoph Degenhart, *Staatsrecht I : Staatsorganisationsrecht*, 28e édition, C.F. Müller, Heidelberg, 2012, p.129 : « Besondere Gewaltverhältnisse (...) sind Rechtsverhältnisse, in denen der Bürger in engener Beziehung zur Verwaltung steht als im allgemeinen Staat-Bürger-Verhältnis (...) ».

3 Eberhard Schmidt-Aßmann, *Das allgemeine Verwaltungsrecht als Ordnungsidee*, 2e édition, Springer, 2004, p. 188 : « (...) ging es darum, tradierte Dogmen zu korrigieren, die mit den Vorstellungen des Grundgesetzes nicht mehr vereinbar waren ». Dans le même sens, Hartmut Maurer, *Droit administratif allemand*, trad. fr. Michel Fromont, LGDJ, 1994, p. 111 : « L'évolution vers la démocratie parlementaire, l'importance croissante prise par l'administration dispensatrice de prestations et la pénétration du droit constitutionnel dans tous les secteurs de l'activité étatique voulue par la Loi fondamentale exigent son extension [de la réserve de loi]».

4 BVerfGE 33, 1 du 14 mars 1972 « Gefangenenpostentscheidung ». La décision concerne le rapport spécial qui lie l'administration pénitentiaire et les prisonniers.

5 BVerfGE 33, 1 du 14 mars 1972 « Gefangenenpostentscheidung » : « Das Grundgesetz ist eine wertgebundene Ordnung, die den Schutz von Freiheit und Menschenwürde als den obersten Zweck allen Rechts erkennt (…). In Art. 1 Abs. 3 GG werden die Grundrechte für Gesetzgebung, vollziehende

Il n'est donc plus possible pour l'administration, dans le domaine des rapports spéciaux de puissance, de restreindre l'exercice des droits fondamentaux sans une intervention législative préalable. Cette solution n'est originale qu'en partie. Certes, elle reconnaît l'existence d'une réserve de loi dans un domaine nouveau, celui des rapports spéciaux de puissance. En revanche, elle ne crée pas une réserve de loi générale complétant les dispositions de la Loi fondamentale. Le juge introduit la réserve dans l'hypothèse d'une restriction de l'exercice d'un droit fondamental, en l'occurrence le secret de la correspondance protégé par l'article 10, alinéa 1er LF. Le juge ne « découvre » pas une nouvelle réserve de loi, il ne fait qu'appliquer l'exigence d'une restriction apportée « en vertu d'une loi » de l'article 10, alinéa 2 LF. Il n'y a pas de raison qu'un détenu ne puisse pas se prévaloir du secret de la correspondance. Sa « qualité » de prisonnier et son lien spécial avec l'administration pénitentiaire ne doivent pas servir d'écran et rendre ainsi possibles des restrictions à l'exercice de ses droits fondamentaux résultant de la seule administration.

Toujours en 1972, la Première chambre de la Cour confirme l'impulsion donnée par la « Gefangenenpostentscheidung » du 14 mars 1972, avec sa décision « Numerus clausus ». Cette fois, le juge emploie la notion de décision fondamentale qui lie le législateur :

> *Mais lorsque la réglementation porte atteinte au droit fondamental protégé par l'article 12, alinéa 1er LF (...), alors, dans ce cas, la réserve, existant dans une démocratie parlementaire qui respecte le principe de l'État de droit (*rechtsstaatlich-parlamentarischen Demokratie*), qui impose la loi ou l'action en vertu de la loi (*durch ein Gesetz oder auf Grund eines Gesetzes*) comme l'unique moyen susceptible de porter atteinte au domaine des droits fondamentaux, ne peut avoir de sens que si le législateur est seul responsable de la prise des décisions fondamentales (*grundlegenden Entscheidungen*) dans le domaine concerné*[1].

Gewalt und Rechtsprechung für unmittelbar verbindlich erklärt. Dieser umfassenden Bindung der staatlichen Gewalt widerspräche es, wenn im Strafvollzug die Grundrechte beliebig oder nach Ermessen eingeschränkt warden könnten. (…) Die Grundrechten von Strafgefangenen können also nur durch oder aufgrund eines Gesetzes eingeschränkt werden (…) » (p. 10-11). Sur cette décision de principe, voir, par exemple, Jürgen Staupe, *Parlamentsvorbehalt und Delegationsbefugnis*, Schriften zum Öffentlichen Recht, vol. 506, Duncker & Humblot, Berlin, 1986, p. 99 et suiv. Selon Staupe, la décision relative aux rapports entre l'administration pénitentiaire et les prisonniers préfigure la jurisprudence ultérieure sur les rapports entre l'administration éducative et les élèves.

[1] BVerfGE 33, 303 « Numerus clausus I » du 18 juillet 1972, p. 346. L'article 12, alinéa 1er LF dispose que « tous les Allemands ont le droit de choisir librement leur profession, leur emploi et leur établissement de formation. L'exercice de la profession peut être réglementé par la loi ou en vertu d'une loi ». La décision sanctionne le §17 de la loi relative à l'université de Hambourg du 25 avril 1969 au motif

La jurisprudence relative à l'administration éducative confirme la solution de la « Gefangenenpostentscheidung ». Il s'agit encore une fois d'un rapport spécial de puissance qui se voit imposer la réserve législative. L'année 1972 finit pour la réserve de loi avec un certain succès, le 6 décembre 1972, la décision « Förderstufe » confirme la ligne jurisprudentielle tracée quelques mois plus tôt par « Gefangenenpostentscheidung » et « Numerus clausus » :

> *Le principe de l'État de droit exige que les dispositions législatives, dont l'objet est la création de classes préparatoires obligatoires, contiennent les caractères substantiels de cette forme scolaire. Cette exigence n'est pas seulement le résultat du principe de la clarté normative, mais, avant tout, du principe de légalité des actes de l'administration qui dans le domaine des droits fondamentaux, oblige le législateur à délimiter lui-même et à ne pas laisser à la discrétionnarité des autorités administratives, les sphères ouvertes à une réglementation par l'Etat*[1].

Les rapports qui lient les élèves à l'administration ne peuvent plus être soustraits à l'application du principe de légalité (*Gesetzmäßigkeit*). L'importance de la matière détermine l'intensité de l'implication législative. Si les règles en question touchent l'exercice des droits fondamentaux, le législateur est obligé d'intervenir. Ici, les décisions fondamentales sont celles qui relèvent de l'exercice des droits fondamentaux. L'abandon de la conception restrictive de la réserve législative et la volonté de la Cour de démontrer une « nouvelle » réserve générale déduite de l'article 20, alinéa 3 LF ne correspondent pas vraiment au sens donné par ces décisions. La réserve législative soi-disant générale est systématiquement ramenée à un article de la Loi fondamentale qui dispose que la limitation de l'exercice de tel ou tel droit fondamental n'est possible que par la loi ou en vertu de la loi.

Ce n'est pas la conception de la réserve de loi qui est nouvelle, ce sont les matières où celle-ci est désormais appliquée : dans les rapports entre administration pénitentiaire et détenus, ou bien dans le domaine de la politique scolaire. Il s'agit de sphères importantes de la vie sociale dont la réglementation nécessite les garanties de la loi. Il n'est plus question de sphères où l'administration s'exerce librement en n'étant soumise qu'au respect du principe de la primauté de la loi.

---

que le législateur devait prendre des mesures plus précises concernant la limitation du nombre d'étudiants ayant accès aux études supérieures de médecine.

[1] BVerfGE 34, 165 « Förderstufe » du 6 décembre 1972, p. 192 : « Es ist ein Gebot der Rechtsstaatlichkeit, daß die gesetzlichen Vorschriften, die die Einführung der obligatorischen Förderstufe zum Gegenstand haben, auch die wesentlichen Merkmale dieser Schulform festlegen. Das verlangt nicht nur der rechtsstaatliche Grundsatz der Normklarheit, sondern vor allem das Prinzip der Gesetzmäßigkeit der Verwaltung, das den Gesetzgeber verpflichtet, im Bereich der Grundrechtsausübung die der staatlichen Gestaltung offenliegende Rechtssphäre selbst abzugrenzen und nicht dem Ermessen der Verwaltungsbehörde zu überlassen ».

> *Le principe de l'État de droit et le principe démocratique de la Loi fondamentale obligent le législateur à prendre lui-même les décisions substantielles dans le domaine de la politique scolaire et à ne pas les déléguer à l'administration (....) Cela vaut en particulier en ce qui concerne les sphères de l'exercice des droits fondamentaux susceptibles de faire l'objet d'une réglementation étatique. Ce qui doit être entendu comme « substantiel » au sens de cette jurisprudence est une question controversée dans le milieu doctrinal et n'a pas fait l'objet d'une clarification définitive de la part des cours supérieures*[1].

Le critère substantiel de la décision à prendre permet de « détecter » l'exigence d'une réserve de loi, mais le juge le reconnaît lui-même, il n'y a pas d'accord sur ce qui doit être qualifié de substantiel[2].

> *Le principe démocratique exige que les décisions relatives à la réglementation de sphères importantes de la vie sociale soient, au moins dans leurs lignes générales, prises par le législateur démocratiquement légitimé*[3].

Ce dernier n'est pas totalement libre dans la manière d'exercer sa compétence normative. Tout le travail du juge constitutionnel consiste à dépasser la formule traditionnelle afin de montrer que la réserve de loi remplit deux fonctions : d'une part, elle est protectrice des droits des citoyens, d'autre part, elle est protectrice de la compétence même du législateur démocratique. La loi n'est plus le reflet d'une participation de la représentation nationale à l'exercice du pouvoir législatif dans les cas d'ingérence dans le domaine de la liberté et de la propriété, elle est le résultat de l'activité du Parlement, organe démocratique titulaire du pouvoir législatif. La réserve législative dans la jurisprudence de la Cour constitutionnelle ne doit pas être comprise de manière restrictive. Elle ne signifie guère que seul le législateur a le droit d'intervenir dans certains domaines.

---

[1] BVerfGE 45, 400 « Oberstufenreform » du 22 juin 1977, p. 417-418 : « Das Rechtsstaatsprinzip und das Demokratieprinzip des Grundgesetzes verpflichten den Gesetzgeber, die wesentlichen Entscheidungen im Schulwesen selbst zu treffen und nicht der Schulverwaltung zu überlassen (....). Das gilt insbesondere für die der staatlichen Gestaltung offenliegende Rechtssphäre im Bereich der Grundrechtsausübung (...) Was im einzelnen im Sinne dieser Rechtsprechung als wesentlich angesehen werden muß, ist im Schrifttum umstritten und in der höchstrichterlichen Rechtsprechung noch nicht abschließend geklärt ». Dans le même sens, BVerfGE « Sexualkundenunterricht » du 21 décembre 1977, p.78.

[2] V. cette partie, section 2, § 1.

[3] BVerfGE 41, 251 « Speyer-Kolleg » du 27 janvier 1976, p. 260 : « Ebenso gebiete das demokratische Prinzip, daß die Ordnung wichtiger Lebensbereiche zumindest in ihren Grundzügen vom demokratisch legitimierten Gesetzgeber selbst verantwortet ».

La réserve législative n'exclut aucunement l'intervention du pouvoir exécutif chargé de mettre en œuvre les dispositions législatives. En revanche, il convient de s'interroger sur l'intensité de la loi : le législateur peut-il décider d'autoriser le pouvoir exécutif à intervenir dans des « sphères réservées », et, dans cette hypothèse, quel serait le degré de liberté du pouvoir exécutif ? Il faut trouver un nouveau fondement de la réserve de loi qui permet de moduler l'intensité des règles législatives adoptées par le Parlement et sert de moyen de contrôle au juge constitutionnel dans les cas où le Parlement décide d'abandonner de manière massive sa compétence au profit du pouvoir réglementaire. Ce moyen de contrôler l'intensité de la décision prise par le législateur, la Cour l'a trouvé en élaborant la théorie de la décision substantielle (*Wesentlichkeitstheorie*).

Section 2 : Toute décision substantielle est réservée au Parlement.

La réserve de loi traditionnelle, qui est liée à l'ingérence dans le domaine de la liberté et de la propriété, ne suffit pas, selon la Cour, à justifier la place centrale du Parlement. Selon Eberhard Schmidt-Aßmann, la réserve de loi peut revêtir deux formes différentes. Tout d'abord, la réserve de loi-ingérence, qui n'exclut pas l'exercice du pouvoir réglementaire en vertu de l'article 80 LF et octroie une place plus confortable à l'exercice du pouvoir d'exécution de la loi. Ensuite, la réserve institutionnelle qui exige l'adoption d'une loi formelle ne pouvant pas faire l'objet d'une autorisation législative[1].

La Loi fondamentale n'emploie pas le terme de réserve de loi générale, mais contient une série de dispositions relatives à l'exercice des droits fondamentaux qui impliquent l'adoption d'une loi. La Cour élabore, indépendamment de cette absence de mention expresse de la réserve de loi générale, une théorie qui veut que toute décision substantielle soit réservée au parlement. Bien sûr, il ne s'agit pas d'ériger l'organe, bénéficiant de la légitimité démocratique directe, en décideur ultime de toute question relevant une importance capitale d'un point de vue politique. Il s'agit plutôt de créer et de maintenir un équilibre entre la place centrale du parlement et le noyau de compétences exclusif réservé au pouvoir exécutif. La structure institutionnelle n'est plus celle de la monarchie « *konstitutionell* », car, désormais, tant le législatif que l'exécutif sont démocratiquement légitimés[2]. La

---

[1] Eberhard Schmidt-Aßmann, *Das allgemeine Verwaltungsrecht als Ordnungsidee*, 2e édition, Springer, 2004, p. 187: « Dabei sind zwei Entwicklungslinien zu beobachten : eine eingriffszentrierte und eine institutionell ansetzende Vorbehaltslehre ».

[2] Gunter Kisker, « Neue Aspekte im Streit um den Vorbehalt des Gesetzes », *NJW*, 1977, p. 1314: « (...) wie häufig betont wird (...) weil im parlamentarischen System auch die Exekutive zumindest mittelbar demokratisch legitimiert ist ». Avec l'avènement de la démocratie parlementaire, la lutte pour le

réserve législative sert à tracer les compétences entre les deux acteurs de gouvernement, le parlement et le gouvernement qui ne doivent pas se dissoudre dans un rapport informe[1]. Dans le cadre d'un système démocratique parlementaire, la réserve de loi remplit deux fonctions : premièrement, elle permet de tracer une ligne de compétences entre le parlement, d'une part, et le gouvernement et l'administration, d'autre part ; deuxièmement, elle constitue une limite qui encadre le législateur lui-même[2]. Il convient par conséquent de penser une réserve qui englobe la loi et les décisions, autres que la loi, que seul le parlement doit prendre (§ 1). Il n'est pourtant pas maître absolu de sa compétence : il ne peut point s'en dessaisir complètement en autorisant le pouvoir exécutif à agir par voie réglementaire dans le cadre de l'article 80, alinéa 1er LF. La théorie de la décision substantielle joue dans ce cas le rôle de limite aux autorisations législatives (§2).

§ 1. L'introduction du critère « substantiel » dans la jurisprudence de la Cour comme fondement de la réserve de loi.

La théorie de la décision substantielle permet au juge constitutionnel de construire un nouveau fondement de la réserve de loi en abandonnant « la formule historique d'ingérence » (*historische Eingriffsformel*)[3]. Selon la théorie de la décision substantielle, toute décision, qualifiée de substantielle, est réservée au législateur »[4]

---

pouvoir changea radicalement d'apsect : il n'est plus question d'être en quête de l'équilibre fragile entre le monarque et la représention. Aujourd'hui, « les partis, qui gouvernent, la majorité parlementaire et le gouvernement sont dans le même bateau », leur ennemi commun les unit dans la lutte pour le pouvoir et cet ennemi, ce sont « les partis d'opposition et leurs fractions parlementaires » (« Die politisch relevante Front verläuft nicht mehr zwischen der durch Wahl legitmierten Volksvertretung einerseits und der monarchischen Exekutive andererseits. Regierungsparteien, Parlamentsmehrheit und Regierung sitzen politisch in einem Boot. Ihr gemeinsamer Gegner ist die Oppositionspartei und deren Fraktion im Parlament »).

[1] La réserve de loi permet de cerner les compétences entre les pouvoirs législatif et exécutif, mais elle permet également la participation de l'opposition au processus décisionnel, le débat, la publicité de la décision prise qui n'est pas le résultat de procédés administratifs souvent perçus comme opaques par le citoyen (même si le processus parlementaire d'adoption de la loi n'est pas forcément synonyme de transparence décisionnelle, au moins, dans ce cas, l'illusion existe d'un accès aux différentes étapes de la décision).

[2] Dès 1977, Gunter Kisker, « Neue Aspekte im Streit um den Vorbehalt des Gesetzes », *NJW*, 1977, p.1313, remarque que « dans la nouvelle discussion relative à la réserve de loi, deux tendances contradictoires sont à observer : l'une vise à l'élargissement du domaine de la réserve de loi, l'autre – à son encadrement, ainsi qu'à la réduction des exigences tirées de l'article 80, alinéa 1, deuxième phrase LF » (« In der neueren Diskussion über den Vorbehalt des Gesetzes lassen sich zwei einander widersprechende Tendenzen registrieren : Die eine zielt auf Ausweitung des Herrschaftsbereiches des Gesetzesvorbehaltes, die andere eher auf dessen Einschränkung sowie auf Reduktion der Bestimmtheitsanforderungen des Art. 80 I 2 GG ab »).

[3] Michael Kloepfer, « Der Vorbehalt des Gesetzes im Wandel », *JZ*, 1984, p. 689 ; Wolfgang Hoffmann-Riem, « Gesetz und Gesetzesvorbehalt im Umbruch. Zur Qualitäts-Gewährleistung durch Normen », *AöR*, 2005, p.5-69, spécialement p. 50 et suiv.

[4] Michael Kloepfer, « Der Vorbehalt des Gesetzes im Wandel », *JZ*, 1984, p. 689: « Wesentliche Entscheidungen sind dem Gesetzgeber vorbehalten ».

(A). Cette définition générale ne résout pas le problème des décisions prises par le parlement non pas dans son rôle de législateur, mais dans son rôle d'organe de contrôle, d'organe participant à la prise de décisions politiques qui n'interviennent pas forcément dans la forme de la loi. Ici, la distinction s'impose entre la réserve de loi et la réserve parlementaire (B).

A. Les décisions substantielles doivent être prises par le législateur formel.

L'abandon de la conception traditionnelle et dépassée de la réserve de loi limitée au domaine de la liberté et de la propriété est accompagnée, dans la jurisprudence constitutionnelle allemande, par l'apparition, dans les années 1970, d'un nouveau critère qui permet de construire la nouvelle théorie de la réserve de loi selon laquelle le parlement, législateur démocratique, doit prendre lui-même toute décision substantielle, indépendamment du domaine (des droits fondamentaux, des rapports spéciaux de puissance, dans la sphère de l'administration prestataire de services etc.), ou bien, dans le cas où il décide d'autoriser le pouvoir exécutif à édicter des règlements en vertu de l'article 80, alinéa 1er LF, le parlement est tenu de préciser de manière suffisante l'étendue de l'autorisation législative[1]. Le critère substantiel ne suppose pas l'existence d'une liste exhaustive de matières réglées par la loi. Il est davantage question de tenter de déterminer, dans n'importe quelle matière accessible à une réglementation par la puissance publique, le degré d'intervention du législateur, c'est-à-dire le noyau « dur » de la matière, celui à l'intérieur duquel les décisions prises sont lourdes de conséquences pour la collectivité et pour le citoyen. Le critère substantiel responsabilise le législateur en lui indiquant qu'il doit pleinement épuiser sa compétence.

La prise de toute décision substantielle réservée au législateur n'est pas exclusive d'un domaine d'action propre au pouvoir exécutif. La difficulté vient de l'indétermination de ce domaine. En effet, la loi peut agir de deux manières différentes : le législateur peut avoir un domaine réservé qui exclut l'action exécutive autonome ; le législateur dispose également d'un droit de s'immiscer dans le domaine du pouvoir exécutif (*gesetzgeberische Zugriffsrecht*)[2]. La teneur de ce dernier

---

[1] Gunter Kisker, « Neue Aspekte im Streit um den Vorbehalt des Gesetzes », *NJW*, 1977, p. 1317: « (...) der Gesetzgeber müsse (stets, aber auch nur) die "wesentlichen" Sachfragen selbst entscheiden oder doch wenigstens deren Entscheidung durch die Exekutive mit Hilfe von hinreichend präzisen Ermächtigungen vorprogrammieren ».

[2] Comme l'explique Ernst-Wolfgang Böckenförde, *Gesetz und gesetzgebende Gewalt*, 2e édition, 1981, p.387-388: « Das Problem einer sachlich-inhaltlichen Bestimmung der Exekutivfunktion liegt freilich darin, daß die Exekutive im System einer gewaltengliedernden Kompetenzordnung ihrer Art nach eine durch Gesetz beschränkbare und bindbare Funktion ist und dadurch mitdefiniert wird. Der Nierderschlag davon ist, daß neben dem Vorbehaltsbereich des Gesetzes auch das Zugriffsrecht des Gesetzgebers besteht. Gesetzgebungsgewalt und Exekutivgewalt lassen sich daher nicht wie zwei sich nur berührende, inhaltlich aber voll getrennte Bereiche oder Kreise bestimmen und voneinander abgrenzen. Eigenbereich

est définie en fonction de l'intensité de la décision législative. Mais il est faux de dire que la décision substantielle réservée au législateur prive le pouvoir exécutif de toute possibilité d'agir ou qu'elle le réduit à un simple agent d'exécution. En prenant les décisions substantielles dans différentes sphères accessibles à la réglementation étatique, le législateur ne fait que rendre impossible la prise de décision initiale. La compétence d'exécution de la loi est toujours présente.

Dans la décision « Kalkar I » du 8 août 1978, la Seconde chambre de la Cour rappelle la jurisprudence constante relative à la réserve de loi tout en expliquant qu'elle ne doit point servir de moyen de monopolisation du pouvoir par le Parlement. S'il est l'organe central du système, il n'est pas un organe aux prérogatives illimitées :

> *La Loi fondamentale n'accorde pas au Parlement une primauté générale dans la prise de décisions fondamentales (*grundlegenden Entscheidungen*). Elle pose, par la répartition des compétences en vertu du principe de la séparation des pouvoirs, des limites aux prérogatives du Parlement (...). Aujourd'hui, selon une jurisprudence constante, le législateur est obligé de prendre, et ceci indépendamment de la notion d'« ingérence » (*Eingriff*), les décisions substantielles (*alle wesentliche Entscheidungen*) dans des domaines normatifs fondamentaux, en particulier dans le domaine de l'exercice des droits fondamentaux dans la mesure où celui-ci est accessible à une réglementation étatique (...)*[1].

La nouvelle conception, libérée de la formule de l'ingérence, ne doit en aucun cas ériger le Parlement en organe politique suprême qui usurperait toute compétence décisionnelle, y compris celle dont dispose le pouvoir exécutif :

> *Mais cela exclut la possibilité de déduire de la démocratie parlementaire une interprétation qui consisterait à mettre en échec l'ordre concret de la répartition des compétences en établissant la primauté du Parlement (*Vorrang des Parlaments*) et de ses décisions sur les autres pouvoirs*[2].

---

der Exekutive in dem hier interessierenden Sinn kann nicht jenen Funktionsbereich meinen, der dem Gesetzesvorbehalt gegenübersteht, d.h. von ihm nicht erfaßt wird, sondern nur jenen Teilbereich von Aufgaben und Befugnissen, der auch dem gesetzgeberischen Zugriffsrecht nicht mehr unterliegt ».

[1] BVerfGE 49, 89 « Kalkar I » du 8 août 1978, p. 124 et p. 126.

[2] BVerfGE 49, 89 « Kalkar I » du 8 août 1978, p. 126 : « Das aber schließt es aus, aus dem Grundsatz der parlamentarischen Demokratie einen Vorrang des Parlaments und seiner Eintschiedungen gegenüber den anderen Gewalten als einen alle konkreten Kompetenzzurodnungen überspielenden Auslegungsgrundsatz herzuleiten ».

La démarche contraire aboutirait à ne pas appliquer le principe de la séparation des pouvoirs tel qu'il fut conçu par la Loi fondamentale[1]. Le critère substantiel permet à la Cour de définir une conception de la réserve de loi différente de celle liée à la formule de l'ingérence[2]. Il est par conséquent possible de penser l'autonomie de la réserve de loi : elle peut intervenir sans tenir compte du caractère de l'administration qui agit (ingérence ou prestation de services)[3] et se définir en fonction du critère substantiel du domaine en cause tendant à s'étendre sur toutes les sphères relevant des droits fondamentaux, et donc à l'intégralité de l'administration prestataire de services. Elle est directement déduite du principe de l'État de droit et du principe démocratique conçus par la Loi fondamentale[4]. C'est cette double justification de la théorie de la décision substantielle qui lui donne toute son étendue. Prendre la décision substantielle dans un domaine déterminé signifie prendre uniquement la décision substantielle[5]. La réserve de loi substantielle doit par conséquent se limiter à ce qui est principal en préservant le législateur du danger de l'inflation législative. La réserve de loi ne signifie pas une banalisation de la loi.

La théorie de la décision substantielle, en même temps qu'elle valorise le Parlement, lui montre sa place d'organe constitué : il est certes l'organe central du système constitutionnel allemand, le seul à être directement légitimé par le souverain, mais il n'est pas maître de sa compétence, il n'est qu'un organe créé par la Constitution. Il ne peut par conséquent pas décider arbitrairement d'exercer ou de se dessaisir des compétences constitutionnellement attribuées. Le critère substantiel représente un garde-fou construit qui ne lui permet pas de se jeter dans l'abîme en autorisant, par exemple, l'exercice illimité du pouvoir réglementaire par un organe exécutif. Cependant, le seul critère substantiel ne signifie pas encore une interdiction adressée au législateur d'autoriser l'exercice du pouvoir réglementaire. Le principe de séparation des pouvoirs, dans son interprétation jurisprudentielle, interdit qu'un pouvoir prive un autre pouvoir des compétences qui lui sont

---

1 Thomas Würtenberger/Reinhold Zippelius, *Deutsches Staatsrecht*, 32e édition, C.H. Beck, 2008, p. 116 : « Ein zu weit getriebener Parlamentsvorbehalt würde zu einem Parlamentsvorrang führen, welcher der Grundentscheidung der Verfassung für eine gewaltenteilige Demokratie widerspräche und auch die demokratische Legitimation der anderen Staatsorgane (...) unterschätzte (...) ».

2 Jürgen Staupe, *Parlamentsvorbehalt und Delegationsbefugnis*, p. 104: « Dreh- und Angelpunkt der neuen Vorbehaltslehre ist das Merkmal der "Wesentlichkeit", das sich wie ein roter Faden durch Rechtsprechung und Literatur zieht. Dieser Begriff hat auch Pate gestanden, als es galt, den als neu empfundenen dogmatischen Erkenntnissen einen Namen zu verleihen ».

3 Ernst-Wolfgang Böckenförde, *Gesetz und gesetzgebende Gewalt*, 2e édition, 1981, p. 391: « Denn der Gesetzesvorbehalt der Wesentlichkeitstheorie ist unabhängig von Eingriff und Leistung (…) ».

4 Ernst-Wolfgang Böckenförde, *Gesetz und gesetzgebende Gewalt*, 2e édition, 1981, p. 392.

5 Ernst-Wolfgang Böckenförde, *Gesetz und gesetzgebende Gewalt*, 2e édition, 1981, p. 392: « (…) ersteckt sich der daraus folgende Gesetzesvorbehalt umfangmäßig nicht auf jedwede (außenwirksame) normative Regelung (…), sondern nur auf die "wesentlichen" ».

constitutionnellement attribuées pour l'accomplissement de ses missions. Dans ce sens, le législateur démocratique ne peut pas, même de manière volontaire, se priver des compétences nécessaires à l'accomplissement de ses missions.

Mais la théorie de la décision substantielle n'est pas, en soi, une nouvelle théorie[1]. L'abandon de la réserve de loi-ingérence dans le domaine de la liberté et la propriété ne signifie pas l'apparition de la construction jurisprudentielle parfaite d'une nouvelle réserve de loi. La théorie de la décision substantielle représente pour la Cour « une nouvelle description et définition de la réserve de loi »[2]. La Cour a certes déconstruit la formule héritée de la pensée libérale du XIXe siècle, mais peine à stabiliser la nouvelle définition de la réserve de loi, car le critère substantiel brouille les pistes et ne permet que les solutions jurisprudentielles au cas par cas.

Le principe démocratique ne signifie pas qu'il existe une « réserve substantielle » (*Wesentlichkeitsvorbehalt*) tout comme il n'est pas possible de déduire des dispositions de la Loi fondamentale une « réserve totale » (*Totalvorbehalt*)[3] au profit du parlement.

---

[1] Gunter Kisker, « Neue Aspekte im Streit um den Vorbehalt des Gesetzes », *NJW*, 1977, p. 1317: « Was das BVerfG hier präsentiert, ist keine neue Theorie (keine "Wesentlichkeitstheorie"), sondern nur eine Beibeseiteshieben der bisher präsentierten Theorien und der von diesen vorgeschlagenen Abgrenzungskriterien zugunsten einer unmittelbar an der demokratisch-rechtsstaatlichen Funktion des Gesetzesvorbehaltes orientierten Konzeption. (...) So führt das Abstellen auf das demokratisch-rechtsstaatliche "Wesentliche" letzlich zu einer fatalen Rechtsunsicherheit. Ein schwer erträglicher Zustand, wenn es um die Abgrenzung von Kompetenzen geht und das Mißachten der Grenze schwerwiegende Folgen (Unwirksamkeit) hat ».

[2] Ernst-Wolfgang Böckenförde, *Gesetz und gesetzgebende Gewalt*, Schriften zum Öffentlichen Recht, vol. 1, 2e édition, Duncker & Humblot, Berlin, 1981, p. 385: « Das BVerfG sieht in ihr nicht eine Ergänzung des alten Eingriffsvorbehalts, (...) sondern eine neue Umschreibung und Definition des Gesetzesvorbehalts, die an dessen Stelle tritt. ».

[3] Eberhard Schmidt-Aßmann, *Das allgemeine Verwaltungsrecht als Ordnungsidee*, 2e édition, Springer, 2004, p. 191: « Wie es keinen "Totalvorbehalt" gibt, so gibt es auch keinen totalen Wesentlichkeitsvorbehalt». Dans le même sens : Johannes Masing, « Der Rechtsstatus des Einzelnen im Verwaltungsrecht », *in* Wolfgang Hoffman-Riem/Eberhard Schmidt Assmann, Andreas Vosskuhle, *Grundlagen des Verwamtungsrechts*, vol. 1 (*Methoden, Massstäbe, Aufgaben, Organisation*), 1e édition, C.H.Beck, München, 2006, p. 433 : « La réserve de loi, telle qu'elle existe dans le cadre de la Loi fondamentale, n'est pas une réserve totale (...). Aujourd'hui, la réserve de loi ne concerne pas suelement les ingérences directes ou indirectes de la puissane publique, mais touche également à la résolution de conflits entre plusieurs droits fondamentaux dans d'autres domaines d'exercice, qui dépassent la formule de l'ingérance. De manière générale, la réserve de loi est également étendue, selon la théorie de la décision substantielle à d'autres mesures qui touchent de manière suffisamment directe l'exercice des droits fondamentaux » (« Der verfassungsrechtliche Gesetzesvorbehalt versteht sich nicht als Totalvorbehalt. [...] Der Vorbehalt des Gesetzes erfasst heute nicht nur mittelbare und unmittelbare Eingriffe, sondern auch die Regelung von Grundrechtskonflikten im Rahmen anderer Grundrechtswirkungen sowie nach der Wesentlichkeitstheorie überhaupt Massnahmen, die für die Grundrechtsausübung wesentlich sind »).

*B. Les différences entre la réserve de loi et le domaine réservé au Parlement (*Parlamentsvorbehalt*).*

La « domaine réservé au parlement» exige que seul le parlement prenne une décision déterminée, sans qu'il puisse déléguer une partie de ses compétences ou autoriser un autre organe à intervenir à sa place[1]. Cette « réserve » comporte un impératif : l'adoption d'une loi formelle[2]. À partir de la notion de réserve du Parlement, plusieurs types de compétences sont à distinguer : « les compétences parlementaires exclusives, les compétences parlementaires susceptibles de faire l'objet d'une délégation, les compétences originaires du pouvoir exécutif ». Le domaine réservé du Parlement est identifié aux compétences exclusives[3]. La question se pose de savoir quelle est la teneur des compétences parlementaires exclusives et des compétences exécutives originaires.

Si, comme l'écrit Böckenförde, on comparait la définition du « domaine réservé au parlement » aux exigences dressées par la théorie de la décision substantielle, on constaterait que l'emploi des deux notions donne des résultats semblables[4]. Ce constat signifierait que « l'étendue de la réserve de loi de la théorie de la décision substantielle est réduite à la réserve du Parlement »[5]. Pour le pouvoir exécutif, cette conclusion a une conséquence importante : « une production normative qui dépend de la loi, qui est chargée de spécifier et de concrétiser cette dernière, mais dont les règles ne peuvent pas être qualifiées de substantielles,

---

1 Fritz Ossenbühl, « Der Vorbehalt des Gesetzes und seine Grenzen », *in* Völkmar Götz/Hans-Hugo Klein/Christian Starck, *Die öffentliche Verwaltung zwischen Gesetzgebung und richterlicher Kontrolle*, C.H. Beck'sche Verlagbuchhandlung, München, 1985, p. 18 : « Mit dem Begriff "Parlamentsvorbehalt" sollen jene Entscheidungen und Regelungen erfaßt werden, die ausschließlich das Parlament selbst treffen kann und muß ; mit anderen Worten : die das Parlament nicht auf die Exekutive delegieren darf ».

2 Jürgen Staupe, *Parlamentsvorbehalt und Delegationsbefugnis*, Schriften zum Öffentlichen Recht, vol. 506, Duncker & Humblot, p. 29-30: « (…) wird der kompetenzrechtliche Gehalt des Parlamentsvorbehalts (…) im allgemeinen dahingehend verstanden, daß unter bestimmten (…) Voraussetzungen eine Regelung im Parlamentsgesetz erfolgen muß, die zudem eine gewisse (…) Bestimmtheit aufzuweisen hat. Der so verstandene Parlamentsvorbehalt impliziert ein doppeltes Postulat : Er verlangt – erstens – einen bestimmten Regelungsort (das Parlamentsgesetz) und fordert – zweitens – auf dieser Regelungsebene zugleich eine bestimmte Regelungsdichte ».

3 Fritz Ossenbühl, « Der Vorbehalt des Gesetzes und seine Grenzen », *in* Völkmar Götz/Hans-Hugo Klein/Christian Starck, *Die öffentliche Verwaltung zwischen Gesetzgebung und richterlicher Kontrolle*, C.H. Beck'sche Verlagbuchhandlung, München, 1985, p.18.

4 Ernst-Wolfgang Böckenförde, *Gesetz und gesetzgebende Gewalt*, 2e édition, p. 393 : « Vergleicht man die Umschreibung des Parlamentsvorbehalts mit den Anforderungen der Wesentlichkeitstheorie an den vom Gesetzgeber selbst zu regelnden Bereich, so zeigt sich, daß beide im wesentlichen auf das gleiche hinauslaufen ».

5 Ernst-Wolfgang Böckenförde, *Gesetz und gesetzgebende Gewalt*, 2e édition, p. 393-394 : « Das bedeutet, daß der Gesetzesvorbehalt der Wesentlichkeitstheorie, worauf immer er sich gegenständlich erstreckt, umfangmäßig im Grunde auf den Parlamentsvorbehalt zurückgenommen ist ».

appartient au domaine fonctionnel de l'exécutif »[1]. Cependant, il n'est pas question d'une compétence exclusivement attribuée au pouvoir exécutif, car le pouvoir législatif peut toujours faire usage de son droit d'action.[2].

La réserve du parlement est alors définie comme une interdiction matérielle de disposer de sa propre compétence, peu importe si l'organe agit en exerçant le pouvoir législatif, ou bien s'il agit en tant qu'organe de contrôle en adoptant des décisions qui revêtent une forme autre que celle de la loi. Le critère « substantiel » touche à deux hypothèses : dans la première hypothèse, le parlement doit pleinement épuiser sa compétence normative, et dans la seconde, il doit prendre la décision qui lui incombe sans avoir la possibilité de se remettre à un autre organe.

En abandonnant le critère de l'ingérence et en adoptant celui de la décision substantielle, la Cour place le parlement au niveau d'un organe politique qui participe au gouvernement de l'État. La réserve du parlement serait donc le moyen de garantir ses missions gouvernementales et la participation matérielle de la représentation nationale à la prise de décisions politiques importantes. Le critère substantiel aurait pu permettre au parlement d'occuper la place d'organe politique central au détriment du gouvernement. Même si la « réserve » appuyée sur la théorie de la décision substantielle donnait à la Cour la possibilité de franchir cette étape, elle ne le fit pas. En 1978, dans la décision « Kalkar I »[3], puis en 1984, dans la décision sur la disposition d'armes nucléaires sur le territoire allemand[4], la Seconde chambre semble marquer un retrait par rapport à la jurisprudence antérieure. Le juge constitutionnel aurait-il vu le danger qui consiste à entendre le parlement comme l'unique organe disposant de la légitimité suffisante permettant de prendre toute décision qualifiée de substantielle, et de créer de cette façon un déséquilibre malsain entre le Parlement et le gouvernement ? La théorie de la décision substantielle fondée sur le principe démocratique ne dispense pas le Parlement de

---

[1] Ernst-Wolfgang Böckenförde, *Gesetz und gesetzgebende Gewalt*, 2e édition, p. 394 : « Darin liegt, nach der anderen Seite, d.h. zur Exekutive hin gesehen, zugleich die Anerkennung, daß eine gesetzesabhängige, spezifizierende und konkretisierende Rechtsetzung, die keine dem Krierium der Wesentlichkeit unterfallenen Regelungen trifft, zum Funktionsbereich der Exekutive gehört ». Dans le même sens, Hans-Jürgen Papier, « Der Vorbehalt des Gesetzes und seine Grenzen », *in* Völkmar Götz/Hans-Hugo Klein/Christian Starck, *Die öffentliche Verwaltung zwischen Gesetzgebung und richterlicher Kontrolle*, C.H. Beck'sche Verlagbuchhandlung, München, 1985, p. 44 : « Auf der anderen Seite öffnet sich in den Bereichen, die an sich dem Vorbehaltsprinzip gegenständlich unterfallen, ein Feld originärer exekutivischer Handlungskompetenz, wenn für die grundrechtsrelevanten Rechtsverhältnisse oder Lebensbereiche nicht-wesentliche Regelungen oder Entscheidungen zu treffen sind ».

[2] Ernst-Wolfgang Böckenförde, *Gesetz und gesetzgebende Gewalt*, 2e édition, *op.cit.*, p. 394 : « Das heißt, der Gesetzgeber darf nach wie vor auf diese Regelungen zugreifen – kraft seines Zugriffsrechts –, aber er muß es nicht – aus dem Vorbehaltsprinzip heraus –, und wo er es nicht tut, ist die Exekutive aus sich handlungsbefugt ».

[3] BVerfGE 49, 89 « Kalkar I » du 8 août 1978.

[4] BVerfGE 68, 1 « Atomwaffenstationierung » du 14 décembre 1984.

l'obligation de respecter le maintien de l'équilibre des pouvoirs, tel qu'il fut conçu par la Loi fondamentale.

Le parlement doit intervenir dans des domaines qui dépassent le domaine des droits fondamentaux, mais on observe que, dans la jurisprudence de la Cour, les domaines qui supposent une décision substantielle coïncident avec les matières qui touchent à l'exercice des droits fondamentaux. Le critère substantiel ne doit pas franchir le seuil de la tolérence et justifier une intrusion dans les compétences constitutionnelles du pouvoir exécutif. La théorie de la décision substantielle doit être interprétée à la lumière d'autres principes directeurs, par exemple le principe de justice fonctionnelle. Le juge doit procéder à une mise en balance de ces théories qui dessinent toutes l'équilibre entre les pouvoirs. Le critère substantiel est confronté au principe de justice fonctionnelle dans la décision « Rechtschreibreform » de la Première chambre de 1998 :

> *La réserve de loi (...) exige que l'action étatique dans certains domaines fondamentaux soit légitimée par une loi formelle. Le législateur est obligé de prendre lui-même toutes les décisions substantielles et ne doit pas les laisser à d'autres organes. (...) Le fait qu'une question soit sujette à des controverses politiques ne signifie pas en soi qu'elle doit être entendue comme substantielle. Il faut également prendre en considération que le principe de la distinction organisationnelle et fonctionnelle et de la division des pouvoirs (*organisatorische und funktionelle Unterscheidung und Trennung der Gewalten*), contenu dans l'article 20, alinéa 2 LF, vise à ce que les décisions publiques soient les plus justes possibles (möglichst richtig), c'est-à-dire prises par les organes, qui, d'après leur organisation, leur composition, les fonctions et les procédures suivies, disposent des meilleures conditions pour la prise des décisions en question. Ce but ne doit pas être contourné (*unterlaufen*) par une monopolisation du pouvoir revêtant la forme d'une réserve du parlement globale (*in Form eines umfassenden Parlamentsvorbehalts*)[1].*

---

[1] BVerfGE 98, 218 « Rechtschreibreform » du 14 juillet 1998, p. 251 : « Dieser Grundsatz (der Vorbehalt des Gesetzes) verlangt, daß staatliches Handeln in bestimmten grundlegenden Bereichen durch förmliches Gesetz legitimiert wird. Der Gesetzgeber ist verpflichtet, alle wesentlichen Entscheidungen selbst zu treffen, und darf sie nicht anderen Normgebern überlassen. (...) Die Tatsache, daß eine Frage politisch umstritten ist, führt dagegen für sich genommen nicht dazu, daß diese als wesentlich verstaden werden müßte (...). Zu berücksichtigen ist im übrigen auch, daß die in Art. 20 Abs. 2 GG als Grundsatz normierte organisatorische und funktionelle Unterscheidung und Trennung der Gewalten auch darauf zielt, daß staatliche Entscheidungen möglichst richtig, das heißt von den Organen getroffen werden, die dafür nach ihrer Organisation, Zusammensetzung, Funktion und Verfahrensweise über die besten

On peut s'interroger si le critère « substantiel » ne représente pas une manière déguisée de limiter l'action parlementaire en indiquant qu'il s'agit certes de l'organe central du système constitutionnel, mais qui reste un organe constitué, qui n'est pas maître absolu des compétences qui lui sont constitutionnellement attribuées. Dans son rôle d'organe démocratique, il doit assurer une transparence et publicité du processus de prise de décisions sans aller au-delà de ses compétences. Il lui appartient de prendre les décisions substantielles, mais cette obligation est limitée à ses compétences, elle ne peut être constitutive d'une « réserve du parlement globale » qui empêche la mise en œuvre du principe constitutionnel de l'article 20, alinéa 2 LF.

Le juge constitutionnel, essaie d'interpréter de manière extensive les réserves concrètes contenues dans le texte constitutionnel pour les appliquer à des domaines jadis libres de l'action du législateur. Cette conquête du législateur formel est rendue possible grâce au critère substantiel et, donc, à l'obligation qui pèse sur le parlement de prendre lui-même les décisions fondamentales sans laisser une grande marge d'appréciation trop large au pouvoir exécutif. Il est intéressant de remarquer que le Conseil constitutionnel français adopte la même démarche : le législateur doit prendre toute décision qualifiée de principale, substantielle, sans laisser une liberté excessive au pouvoir exécutif chargée des règles secondaires, accessoires. Car le législateur n'est pas maître de sa propre compétence constitutionnelle, il est obligé de l'épuiser sans laisser une place excessive au pouvoir réglementaire[1].

L'état de la jurisprudence de la Cour fédérale se complique davantage avec l'introduction du critère substantiel en tant que moyen de contrôle préalable de la constitutionnalité d'une autorisation législative prise sur le fondement de l'article 80LF qui permet l'exercice du pouvoir réglementaire par le Gouvernement fédéral, un ministre fédéral ou les gouvernements des *Länder*. À partir du critère substantiel, le juge constitue une réserve au profit Parlement qui lui interdit de mettre en œuvre le mécanisme des autorisations législatives.

§ 2. Le problème des autorisations législatives de l'article 80, alinéa 1er LF.

La volonté d'encadrer le Parlement en exigeant qu'il épuise la plénitude de ses compétences sans procéder à une délégation massive aux organes exécutifs est la réaction des pratiques abusives ayant cours sous la République de Weimar, qui

---

Voraussetzungen verfügen. Dieses Ziel darf nicht durch einen Gewaltenmonismus in Form eines umfassenden Parlamentsvorbehalts unterlaufen werden ».

[1] Décision n°75-56 DC du 23 juillet 1975 *Juge unique*, Rec., p. 22, considérant n°6 : « *Considérant, enfin, que l'article 34 de la Constitution qui réserve à la loi le soin de fixer les règles concernant la procédure pénale, s'oppose à ce que le législateur, s'agissant d'une matière aussi fondamentale que celle des droits et libertés des citoyens, confie à une autre autorité l'exercice, dans les conditions ci-dessus rappelées, des attributions définies par les dispositions en cause* ».

ont atteint leur point acméique pendant le régime national-socialiste[1]. La pratique constitutionnelle du régime national-socialiste précipite la mort de « l'État de droit organisé selon le principe de la séparation des pouvoirs »[2]. Le parlement se dessaisit volontairement de ses compétences et le pouvoir réglementaire fut le seul instrument normatif efficace[3].

Les propos prophétiques de Jacobi décrivent la réalité national-socialiste: le principe constitutionnel de division de la législation et de l'administration (*Verfassungsprinzip der Trennung von Gesetzgebung und Verwaltung*), mis « en danger » sous la République de Weimar, devint, quelques années plus tard, une « formule vide » (*leere Formel*)[4]. La réduction de la puissance du pouvoir réglementaire opérée par le constituant de 1948/1949 en le soumettant complètement à la loi n'est que la traduction de la « phobie » typiquement allemande du pouvoir réglementaire qui surgit après 1945[5]. Dans le cadre constitutionnel démocratique basé sur le principe de l'Etat de droit, « la production normative incombe en principe au législateur » et « la production normative par le pouvoir exécutif constitue une exception » qui « nécessite une autorisation spéciale », dont les exigences sont fixées par l'article 80,

---

[1] Pas de pouvoir réglementaire autonome dans la Constitution weimarienne de 1919, mais pas de refus d'admettre des autorisations législatives générales. Selon Erwin Jacobi, « Die Rechtsverordnungen », *in* Gerhard Anschütz/Richard Thoma, *Handbuch des deutschen Staatsrechts*, vol. 2, Mohr Siebeck, Tübingen, 1932, p. 242, p.239 : « La compétence de l'administration d'édicter des règlements peut être justifiée, comme exception au tableau normal de la séparation des pouvoirs, par la Constitution elle-même » (*Die Zuständigkeit der Verwaltung zur Erlassung von Rechtsverordnungen kann schon in der Verfassung selbst – als Ausnahme vom normalen Bild der Gewaltenteilung – begründet sein*). Les résultats de l'interprétation extensive ne tardent pas à montrer leurs effets néfastes : dans la pratique, la loi formelle se transforme « presqu'en un phénomène exceptionnel » (*das förmliche Gesetz fast zur Ausnahmeerscheinung macht*). Sur l'émergence possible d'un pouvoir réglementaire autonome, voir *infra*, Deuxième partie, titre 1er, chapitre 1er.

[2] Michael Brenner, « Artikel 80 », *in* Hermann von Mangoldt/Friedrich Klein/Christian Starck, *Grundgesetz Kommentar*, vol. 3, 4e édition, Feanz Vahlen Verlag, 2000, p. 147, qui conclut que la prospérité du règlement continue sous le régime national-socialste, ce qui « débouche rapidement sur la fin de l'Etat de droit organisé selon le principe de la séparation des pouvoirs » (*rasch in das Ende des gewaltenteilten Rechtsstaates mündete*).

[3]Wilhelm Mößle, *Inhalt, Zweck und Ausmaß. Zur Verfassungsgeschichte der Verordnungsermächtigung*, Schriften zur Verfassungsgeschichte, vol. 41, Duncker & Humblot, Berlin, p. 31 : « Man sprach von Selbstentmachung des Parlaments und von der fehlenden Verantwortung für das Staatsganze ».

[4] Erwin Jacobi, « Die Rechtsverordnungen », *in* Gerhard Anschütz/Richard Thoma, *Handbuch des deutschen Staatsrechts*, vol. 2, Mohr Siebeck, Tübingen, 1932, p. 242, p. 239 : « (...) das Verfassungsprinzip der Trennung von Gesetzgebung und Verwaltung in die Gefahr bringt, leere Formel zu werden ».

[5] Sur cette méfiance vis-à-vis du pouvoir réglementaire : Fritz Ossenbühl, « Rechtsverordnung », *in* Josef Isensee/Paul Kirchhof (dir.), *Handbuch des Staatsrechts der Bundesrepublik Deutschland*, vol. 5, 3e édition, C.F. Müller, Heidelberg, 2007, p. 268 : « Diese durch historische Erfahrungen geprägte verfassungsrechtliche Ausgangslage hat im Nachkriegsdeutschland zu einem tiefsitzenden Mißtrauen gegenüber einem Verordnungsrecht der Exektuvie geführt ». Selon Ossenbühl, il ne s'agit pas d'une simple méfiance à l'égard du pouvoir réglementaire de l'exécutif, mais d'une « phobie du pouvoir réglementaire » (*Verordnungsphobie*) typiquement allemande.

alinéa 1er LF[1]. Cette disposition constitutionnelle est donc la « garantie de la compétence législative du parlement » (*Sicherung der parlamentarischen Gesetzgebung*)[2] (A). La théorie de la décision substantielle permet de délimiter au préalable un domaine réserve au parlement qui interdit l'exercice du pouvoir réglementaire, même en vertu d'une autorisation législative (B).

A. La première étape du contrôle des autorisations législatives de l'article 80, alinéa 1er LF.

L'article 80, alinéa 1er LF permet au législateur d'autoriser « le Gouvernement fédéral, un ministre fédéral ou les gouvernements des *Länder* » à édicter des règlements[3]. L'édiction de règlements[4] par les organes exécutifs est formellement encadrée, car la loi « doit déterminer le contenu, le but et l'étendue de l'autorisation accordée »[5]. Contrairement au cas français des ordonnances de l'article 38 C[6], le parlement, qui permet l'exercice du pouvoir réglementaire conformément à l'article

---

[1] BVerfGE 24, 184 « Zustimmungsgesetz » du 9 octobre 1968, p. 197 : « Nach der rechtsstaatlich-demokratischen Verfassungsordnung des Grundgesetzes ist die Rechtsetzung grundsätzlich Sache der Legislative. Die Rechtsetzung durch die Exekutive ist die Ausnahme ; sie bedarf einer besonderen Ermächtigung durch die Legislative. Art. 80 Abs. 1 GG legt fest, welchen Anforderungen solche Ermächtigungen genügen müssen ». Contre cette conception trop restrictive du pouvoir régelementaire qu'il juge injustifiée (*ist nicht zu rechtfertigen*) au regard de l'ordre fonctionnel (*Funktionenordnung*) de la Loi fondamentale, Eberhard Schmidt-Aßmann, « Rechtsverordnung im Verhältnis zu Gesetz und Verwaltungsvorschrift », *in* Paul Kirchhof/Moris Lehner /Arndt Raupach/Michael Rodi (dir.), *Staaten und Steuern. Festschrift für Klaus Vogel zum 70. Geburtstag*, C.F. Müller, Heidelberg, 2000, p. 479.

[2] Hans Schneider, *Gesetzgebung*, 3e édition, C.F. Müller, Heidelberg, 2002, p. 165-166.

[3] « Durch Gesetz können die Bundesregierung, ein Bundesminister oder die Landesregierungen ermächtigt werden, Rechtsverordnungen zu erlassen. »

[4] Le règlement se définit comme « un acte administratif de portée générale ». Il est « une loi au sens matériel » (*die sich materiell als Rechtsätze {Gesetze} darstellen*) et s'applique dans le cadre d' « un rapport général de puissance » (*allgemein Gewaltenverhältnis*). Voir l'éntrée de Erwin Jacobi, « Die Rechtsverordnungen », *in* Gerhard Anschütz/Richard Thoma, *Handbuch des deutschen Staatsrechts*, vol. 2, Mohr Siebeck, Tübingen, 1932, p.237 : « sind als "Rechtsverordnungen" jedenfalls nur die im allgemeinen Gewaltverhältnis ergehenden Anordnungen der Verwaltung zu bezeichnen, welche genereller (allgemeiner) Art sind, d.h. also Anordnungen, die sich materiell als Rechtsätze (Gesetze) im Sinne des deutschen Staatsrechts (...) darstellen ».

[5] « Dabei müssen Inhalt, Zweck und Ausmaß der erteilten Ermächtigung im Gesetze bestimmt werden. »

[6] En vertu de l'article 38 C, le gouvernement « peut, pour l'exécution de son programme, demander au Parlement l'autorisation de prendre par ordonnances, pendant un délai limité, des mesures qui sont normalement du domaine de la loi ». Sur la technique des ordonnances, consulter, par exemple, Guy Carcassonne, *La Constitution introduite et commentée*, 11e édition, Éditions du Seuil, 2013, p. 193 : « C'est pourquoi l'habilitation s'analyse non comme une délégation du pouvoir législatif (le Parlement conserve, avec le référendum, le monopole de faire des lois), mais comme une extension momentanée du pouvoir réglementaire ». Pour Francis Hamon/Michel Troper, *Droit constitutionnel*, 32e édition LGDJ, Paris, 2011, p. 791, il s'agit de l'« effet négatif » de l'article 38 C, qui « consiste en une restriction temporaire de la compétence normative du Parlement », car pendant « toute la durée de l'habilitation, les matières, qui ont fait l'objet de cette habilitation, sont assimilées à des matières réglementaires ».

80, alinéa 1er LF pour un objet préalablement défini en précisant l'étendue dans laquelle peut opérer le pouvoir exécutif, ne se dessaisit pas pendant la durée de l'autorisation de sa compétence, car il s'agit, dans le cadre de l'article 80, alinéa 1er LF, d'une « délégation conservative ». Le *Bundestag* peut, à tout moment, même si l'autorisation législative est encore en vigueur, décider de légiférer sur l'objet « délégué »[1].

Le mécanisme constitutionnel des autorisations législatives de l'article 80 LF encadre pour la première fois l'exercice du pouvoir réglementaire[2] en imposant au législateur de déterminer « le contenu, le but et l'étendue » de l'autorisation. Le Parlement ne peut par conséquent pas voter une autorisation « en blanc » en abandonnant ses compétences[3].

Malgré les limites posées par la triade de l'article 80, alinéa 1er LF, l'adoption d'une autorisation législative permettant au pouvoir réglementaire une liberté d'action excessive n'était pas exclue. En effet, il est difficile de déduire de l'article 80, alinéa 1er LF une interdiction matérielle adressée au législateur[4]. Déterminer le contenu de l'autorisation ne signifie pas déterminer un certain contenu. Le pouvoir réglementaire pouvait ainsi porter sur n'importe quelle matière et être autorisé à prendre des décisions, même qualifiées de fondamentales ou substantielles, par voie réglementaire.

Bien avant l'apparition jurisprudentielle de la théorie de la décision substantielle, en 1951, la Cour interprète l'article 80 LF comme une mesure de protection du législateur de lui-même sans cependant conclure à la possibilité d'une interdiction de délégation concernant les décisions fondamentales dans certains domaines. Selon le juge, cette disposition constitutionnelle doit être entendue comme reflétant l'existence d'une division des pouvoirs « plus rigoureuse » :

---

[1] Fritz Ossenbühl, « Rechtsverordnung », *in* Josef Isensee/Paul Kirchhof (dir.), *Handbuch des Staatsrechts der Bundesrepublik Deutschland*, vol. 5, 3e édition, 2007, C.F. Müller, Heidelberg, p. 270 : « Die "Delegation" respektive "Ermächtigung" führt jedoch nicht zu einem Kompetenzverlust des Gesetzgebers. Die Delegation wird vom Gesetzgeber "stets unter dem stillschweigenden Vorbehalt künftiger und jederzeit möglicher eigener Ausübung seiner Zuständigkeit" vorgenommen (konservierende Delegation) ».

[2] Wilhelm Mößle, *Inhalt, Zweck und Ausmaß. Zur Verfassungsgeschichte der Verordnungsermächtigung*, Schriften zur Verfassungsgeschichte, vol. 41, Duncker & Humblot, Berlin, p. 1 : « Art. 80 Abs. 1 GG – die nach Inhalt, Zweck und Ausmaß vom Gesetzgeber bestimmte Ermächtigung zum Erlaß von Rechtsverordnungen – ist ein Novum in der deutschen Verfassungsgeschichte ».

[3] Wolfram Cremer, « Art. 80 Abs. 1 S. 2 GG und Parlamentsvorbehalt – Dogmatische Unstimmigkeiten in der Rechtsprechung des Bundesverfassungsgerichts », *AöR*, 1997, p. 258 : « Nicht der Anteil der formell-gesetzlichen Regelung der jeweiligen Materien sei maßgebend, sondern lediglich, daß der Verordnungsgeber vom parlamentarischen Gesetzgeber keine schrankenlose Ermächtigung erhalte ».

[4] Wolfram Cremer, « Art. 80 Abs. 1 S. 2 GG und Parlamentsvorbehalt – Dogmatische Unstimmigkeiten in der Rechtsprechung des Bundesverfassungsgerichts », *AöR*, 1997, p. 256 : « Es gab also kein nach *inhaltlichen Kriterien* zu bestimmendes delegationsfestes Parlamentsrefugium » (souligné dans le texte).

> *En réaction à la pratique de l'époque de Weimar, l'article 80 LF exige, en tant que justification de tout règlement, une autorisation législative, dont le contenu, le but et l'étendue sont précisément délimités. La Loi fondamentale prend ici, comme à d'autres endroits, la décision d'une division des pouvoirs plus rigoureuse (*eine strengere Teilung der Gewalten*). Le Parlement ne doit pas se dessaisir de sa responsabilité en tant que corps législatif en délégant une partie de ses compétences législatives au gouvernement, sans que les limites des compétences déléguées soient déterminées de manière précise. D'autre part, le Gouvernement ne doit pas, en se s'appuyant sur une autorisation imprécise lui permettant d'édicter des règlements, agir à la place du Parlement*[1].

De manière progressive, le juge constitutionnel avance l'importance de la matière faisant l'objet d'une autorisation afin d'obliger le législateur à prendre des décisions considérées comme fondamentales sans pourtant transformer le critère substantiel en un moyen d'interdiction de la délégation opérée par l'autorisation. Le législateur ne peut laisser une marge discrétionnaire trop grande au pouvoir réglementaire, car :

> *(...) Cela ne correspond pas à l'esprit de l'article 80, alinéa 1 LF, deuxième phrase : cette règle introduite pour la première fois par la Loi fondamentale essaie de limiter le pouvoir de l'exécutif (*die Macht der Exekutive*) dans le domaine de la production normative et de renforcer (*stärken*) la responsabilité du législatif en ce qui concerne le contenu du règlement. Article 80 LF doit contraindre (*zwingen*) le législateur à adopter lui-même (*selbst*) les dispositions importantes dans les sphères de la vie sociale faisant l'objet d'une réglementation étatique (*die für die Ordnung eines Lebensbereichs entscheidenden Vorschriften*), et, dans la mesure où les modalités d'application (*Einzelregelungen*) relèvent de la compétence de l'exécutif, le*

[1] BVerfGE 1, 14 du 23 octobre 1951 « Südweststaat » : « In bewußter Abkehr von der Praxis der Weimarer Zeit fordert Art. 80 GG als Grundlage fur Rechtsverordnungen jeder Art eine gesetzliche Ermächtigung, die nach Inhalt, Zweck und Ausmaß genau umgrenzt ist. Das Grundgesetz entscheidet sich hier wie an anderer Stelle fur eine strengere Teilung der Gewalten. Das Parlament soll sich seiner Verantwortung als gesetzgebende Körperschaft nicht dadurch entschlagen können, daß es einen Teil der Gesetzgebungsmacht der Regierung überträgt, ohne genau die Grenzen dieser übertragenen Kompetenzen bedacht und bestimmt zu haben. Die Regierung andererseits soll nich, gestützt auf unbestimmte Ermächtigungen zum Erlaß von Verordnungen, an die Stelle des Parlaments treten » (p. 60).

*législateur doit déterminer lui-même la direction et l'étendue afin que le contenu des règlements soit prévisible (*voraussehbar*)*[1].

Dans cette interprétation de l'article 80 LF, l'élément démocratique cède au principe de l'État de droit. Les décisions importantes doivent être prises par le législateur non pas en raison de la légitimité démocratique du Parlement ou de son rôle central dans le système constitutionnel allemand, mais parce que le contenu du règlement doit être, à la lecture de l'autorisation législative, prévisible. Il ne faut pas que les organes exécutifs exercent de manière discrétionnaire leur pouvoir réglementaire. L'autorisation législative imprécise rend les effets des règlements complètement opaques, imprévisibles. L'absence de la possibilité de prévoir les effets du règlement est par conséquent contraire à l'article 80, alinéa 1er LF :

> *Une autorisation législative relative à la production normative doit comporter elle-même un minimum de règles matérielles, qui doivent et peuvent servir de « programme » et de « cadre » au pouvoir réglementaire. Elle doit également lui poser des limites. En l'espèce, tel n'est pas le cas. Le législateur a plutôt renoncé à prendre lui-même les décisions substantielles (*wesentliche Entscheidungen*) et a délégué celles-ci aux seuls Gouvernement fédéral et Bundesrat. L'autorisation législative accordée est tellement imprécise qu'elle ne permet pas de prévoir les manières dont le pouvoir réglementaire en fera usage. Elle est ainsi contraire à l'article 80, alinéa 1er LF, deuxième phrase*[2].

Cette exigence de prévisibilité marque le premier stade de la jurisprudence de la Cour. L'autorisation législative est suffisamment précise si le législateur a au préalable pris toutes les mesures qui permettent la prévisibilité du règlement. Le juge emploie le critère substantiel afin de pousser le Parlement à restreindre la

---

1 BVerfGE 7, 282 « lex Salamander » du 5 mars 1958, p. 301 : « Das entspricht nicht dem Sinn des Art. 80 Abs. 1 Satz 2 GG : Diese erstmalig im Grundgesetz eingeführte Regel versucht, die Macht der Exekutive im Bereich der Rechtsetzung zu begrenzen und die Verantwortung der Legislative für den Inhalt der Rechtsordnung zu stärken. Art. 80 GG soll den Gesetzgeber zwingen, die für die Ordnung eines Lebensbereichs entscheidenden Vorschriften selbst zu setzen und, soweit Einselregelungen der Exekutive überlassen bleiben, si nach Tendenz und Ausmaß soweit selbst zu bestimmen, daß der mögliche Inhalt der zu erlassenden Verordnungen voraussehbar ist ». Dans le même sens, et employant la même formulation, BVerfGE 20, 257 « Bundesrecht in Berlin » du 11 octobre 1966, p. 269-270.

2 BVerfGE 20, 257 « Bundesrecht in Berlin » du 11 octobre 1966, p. 270-271: « Eine gesetzliche Ermächtigung zur Rechtsetzung muß selbst ein Minimum von materieller Regelung enthalten, die dem Verordnunggeber als "Programm" und als "Rahmen" dienen soll und kann. Sie muß ihm auch Grenzen setzen. Daran fehlt es hier. Der Gesetzgeber hat vielmehr auf wesentliche Entscheidungen verzichtet und sie der Bundesregierung und dem Bundesrat allein überlassen. Die von ihm erteilte Ermächtigung ist so unbestimmt, daß nicht mehr vorausgesehen werden konnte, mit welcher Tendenz von ihr Gebrauch gemacht wird. Sie verstößt daher gegen Art. 80 Abs. 1 Satz 2 GG ».

marge de manœuvre laissée au pouvoir réglementaire. La théorie de la décision substantielle construite par la Cour pour étendre l'application de la réserve de loi à des sphères d'action administrative qui n'y étaient pas soumises, sert, dans le cadre de l'article 80, alinéa 1er LF, à préserver le Parlement de lui-même. Mais on n'est pas encore passé à la phase supérieure, celle de l'interdiction adressée au Parlement d'autoriser l'édiction de règlements dans certains domaines. Ici, le critère substantiel ne fait que rendre possible la prévisibilité des règlements, et annonce de manière timide l'application de la réserve du Parlement (*Parlamentsvorbehalt*) aux autorisations législatives de l'article 80, alinéa 1er LF.

*B. La réserve du Parlement comme interdiction de délégation (*Delegationsverbot*) adressée au législateur formel.*

La théorie de la décision substantielle pallie l'absence de critère matériel en limitant de manière considérable la possibilité ouverte au législateur d'autoriser le pouvoir exécutif à exercer son pouvoir réglementaire. Elle est censée accomplir la mission délicate qui vise à démontrer le caractère fondamental de la décision-objet de l'autorisation.

Dans la seconde phase de la jurisprudence relative à l'application du critère substantiel à l'article 80, alinéa 1er LF, la Cour constate l'existence non plus d'une réserve au profit du législateur, qui l'oblige à prendre les décisions fondamentales sans lui fermer les portes à l'étape suivante, celle de l'autorisation législative, mais déduit du critère substantiel une interdiction matérielle à autoriser l'exercice du pouvoir réglementaire. Si ce caractère fondamental, substantiel est présent, alors le législateur ne peut pas autoriser les organes exécutifs à édicter un règlement. Le législateur est enfermé dans le domaine réservé qui lui impose la prise de la décision fondamentale et ne laisse de place qu'à l'exécution de la loi, mais aucune possibilité d'édicter des règlements au sens de l'article 80, alinéa 1er LF. « La réserve du Parlement marque la limite » de l'autorisation législative[1]. Si, en revanche, le caractère substantiel n'est pas démontré, l'autorisation législative devient possible, et le juge procède à la vérification des conditions posées par l'article 80, alinéa 1er LF ci-dessus mentionnées. La Cour contrôle la précision suffisante de la détermination du contenu, du but et de l'étendue de l'autorisation.

La réserve du Parlement est entendue comme « interdiction de délégation » adressée au législateur formel (*Delegationsverbot*). Elle est définie par le caractère substantiel de la matière, et crée une étape préliminaire dans le contrôle de la conformité de l'autorisation législative aux dispositions de l'article 80 LF. Dans le domaine réservé au Parlement, celui-ci n'a pas le choix : la réserve fonde une

---

[1] Ernst-Wolfgang Böckenförde, *Gesetz und gesetzgebende Gewalt*, 2e édition, *op.cit.*, p. 393 : « (…) der Parlamentsvorbehalt markiert die Grenze, bis zu der diese Rechtsetzung im Wege der Ermächtigung an Organe der Exekutive delegiert werden kann. Diesen Parlamentsvorbehalt hat Art. 80 I GG dahin umschrieben, daß das ermächtigende Gesetz soviel selbst regeln muß, daß "Inhalt, Zweck und Ausmaß" der erteilten Ermächtigung dadurch bestimmt bzw. daraus bestimmt werden können ».

obligation de légiférer qui incombe au Parlement en permettant de cerner l'activité indispensable du législatif (*die notwendige Tätigkeit der Legislative*)[1]. La réserve de loi est par conséquent « hostile » à toute délégation (*delegationsfeindlich*)[2].

La formulation de l'article 80, alinéa 1er LF ne pose pas de véritable critère matériel de l'autorisation législative relative à l'édiction de règlements par les organes exécutifs. Si le législateur est suffisamment précis dans la détermination du contenu, du but et de l'étendue de l'autorisation, rien ne lui interdit de déléguer de manière plus ou moins poussée une partie de ses compétences au pouvoir réglementaire. Aucune interdiction matérielle ne lui est adressée. Il s'agit d'une lecture hâtive de cet article qui doit davantage être lu à la lumière d'autres dispositions constitutionnelles qui créent, au profit du législateur formel, une réserve à laquelle le pouvoir exécutif ne peut avoir accès, même pas le biais d'une autorisation législative. Cette réserve touche à l'exercice de certains droits fondamentaux : la restriction doit être opérée par la loi (*durch Gesetz*) et non sur la base ou en vertu d'une loi (*auf Grund eines Gesetzes*)[3]. L'expression « par la loi » correspond à une compétence exclusive du Parlement[4]. Elle signifie une

---

[1] Jürgen Staupe, *Parlamentsvorbehalt und Delegationsbefugnis*, Schriften zum Öffentlichen Recht, vol.506, Duncker & Humblot, 1986, p. 30-31: « Da der Parlamentsvorbehalt zwingend auf das Parlamentsgesetz verweist, begründet er eine Regelungspflicht des parlamentarischen Gesetzgebers. Dies bedeutet, daß der Gesetzgeber im Geltungsbereich des Parlamentsvorbehalts nicht nur regeln darf, sondern auch regeln muß. Der Parlamentsvorbehalt umschreibt die notwendige Tätigkeit der Legislative. Wenn der Gesetzgeber bestimmte Gegenstände selbst regeln muß, so bedeutet dies konsequenterweise, daß er sie nicht an den Verordnungsgeber delegieren darf. Mit der Regelungspflicht korrespondiert spiegelbildlich ein Delegationsverbot. (...) Soweit der Parlamentsvorbehalt reicht, steht die Wahl der Regelungsform (Regelungsebene) nicht im Belieben des Gesetzgebers; eine Regelung durch untergesetzliche Rechtsetzungsakte ist vielmehr untersagt ».

[2] Selon Walter Krebs, *Vorbehalt des Gesetzes und Grundrechte. Vergleich des traditionellen Eingriffsvorbehalts mit den Grundrechtsbestimmungen des Grundgesetzes*, Schriften zum Öffentlichen Recht, vol.276, Duncker & Humblot, Berlin, 1975, p. 109, la réserve de loi est transformée, au regard des matières, qui ne se prêtent pas au jeu de la délégation, en une réserve du Parlement : « Damit wird eine Formel erforderlich, die die delegationsfeindlichen Gegenstände umreißen kann. Hier kann der materielle Gesetzesbegriff tatsächlich eine wesentliche Funktion erfüllen: Es wird dergestalt zu einem "Parlamentsvorbehalt" ».

[3] Par exemple, article 4, alinéa 3 LF relatif à la liberté de croyance, de conscience et de profession de foi : « Nul ne doit être astreint contre sa conscience au service armé en temps de guerre. Les modalités sont réglées par une loi fédérale » ; article 14, alinéa 1er LF concernant le droit de propriété, les successionse et l'expropriation : « La propriété et le droit de succession sont garantis. Leur contenu et leurs limites sont fixés par les lois » ; article 16, alinéa 2 LF concernant la nationalité et l'extradition : « Aucun Allemand ne peut être extradé à l'étranger. Une réglementation dérogatoire peut être prise par la loi (...) » ; article 16a, alinéa 2 LF relatif au droit d'asile : « Les États non membres des Communautés européennes remplissant les conditions de la première phrase seront déterminés par une loi qui requiert l'approbation du Bundesrat (...) » ; les limitations prévues par les lois relatives au service militaire et au servide de substitution, ainsi que par les lois relatives à la défense conformément à l'article 17a LF.

[4] Jürgen Staupe, *Parlamentsvorbehalt und Delegationsbefugnis*, Schriften zum Öffentlichen Recht, vol.506, Duncker & Humblot, 1986, p. 31: « Der Parlamentsvorbehalt verlangt somit eine Regelung "durch Gesetz"; eine Regelung lediglich "aufgrund eines Gesetzes" erfüllt diese Anforderungen nicht ».

interdiction absolue de délégation aux autorités administratives et comporte une obligation d'adopter une loi formelle[1]. La formulation « en vertu de la loi » (*auf Grund eines Gesetzes*) laisse le choix au législateur : il est libre de déléguer sa compétence de restreindre l'exercice d'un droit fondamental[2].

En dehors de certains droits fondamentaux, dont l'exercice n'est limité que par la loi et non pas en vertu de la loi, la réserve du parlement s'étend de manière tentaculaire à divers domaines : le législateur formel doit intervenir afin de prendre les mesures nécessaires, par exemple, en matière de politique extérieure et militaire[3], en ce qui concerne l'autonomie communale[4], l'organisation, la constitution et les procédures suivies par les organes constitutionnels[5], etc.

En 1976, dans sa décision « Speyer-Kolleg », la Cour fait le lien direct entre l'expression « en vertu d'une loi » (*auf Grund eines Gesetzes*) et la possibilité d'autoriser le pouvoir exécutif à édicter des règlements :

> *L'exigence d'un fondement législatif (...) ne signifie pas forcément que le législateur soit obligé de prendre lui-même les décisions de manière détaillée. Article 12, alinéa 1er LF, deuxième phrase ouvre la possibilité d'une réglementation non seulement par la loi (*durch Gesetz*), mais*

---

[1] Jürgen Staupe, *Parlamentsvorbehalt und Delegationsbefugnis*, *op.cit.*, p. 194 : « Die Formulierung "durch Gesetz" läßt Grundrechtseinschränkungen ausschließlich durch förmliches Gesetz zu und verbietet Grundrechtskonkretisierungen sowohl durch untergesetzliche Rechtsetzung (Rechtsverordnungen und Satzungen) als auch durch Verwaltungsakte. (...) Ein so formulierter Grundrechtsvorbehalt ist streng delegations*feindlich* und beinhaltet ein absolutes Delegationsverbot » (souligné dans le texte).

[2] Jürgen Staupe, *Parlamentsvorbehalt und Delegationsbefugnis*, *op.cit.*, p. 195: « Ein solcher Grundrechtsvorbehalt ist absolut delegations*freundlich* und enthält keine Schranken einer Delegationsbefugnis des Gesetzgebers » (en italique dans le texte).

[3] Article 59, alinéa 2 LF : « Les traités réglant les relations politiques de la Fédération, ou relatifs à des matières qui relèvent de la compétence législative fédérale, requièrent l'approbation ou le concours des organes respectivement compétents en matière de législatition fédérale, sous la forme d'une loi fédérale ». En ce qui concerne l'engagement des forces militaires à l'étranger, une loi fut adoptée en mars 2005 qui exige la participation constitutive (*konstitutive Beteiligung*) du Parlement à la décision d'envoyer des soldats allemands à l'étranger. Le législateur reprend ainsi la solution du juge constitutionnel résultant des décsisions relatives à l'engagement de forces allemandes à l'étranger (voir Deuxième partie, titre premier, chapitre 2).

[4] Article 28, alinéa 1er dispose que « les groupements de communes ont également le droit d'auto-administration dans le cadre de leurs attributions légales et dans les conditions définies par la loi ».

[5] Le dernier alinéa de l'article 54 LF réglant les modalités de l'élection du Président fédéral : « Les modalités sont réglées par une loi fédérale » ; quant à la composition de la Cour constitutionnelle fédérale, la Loi fondamentale prévoit, dans son article 94, alinéa 2, qu' « une loi fédérale règle son organisation ainsi que sa procédure et détermine les cas dans lesquels ses décisions ont force de loi. (...) »; article 95 LF relatif aux Cours suprêmes de la Fédération exige qu' « une chambre commune aux cours suprêmes mentionnées à l'alinéa 1er » soit « instituée en vue de sauvegarder l'unité de la jurisprudence » dont les modalités de création soient « réglées par une loi fédérale ».

> *également en vertu d'une loi (*auf Grund eines Gesetzes*) par le biais de règlements*[1].

Ici, l'indication d'une interdiction d'exercice du pouvoir réglementaire est à rechercher dans le texte de la Loi fondamentale. L'expression « par la loi » concrétise l'existence d'un domaine réservé au législateur formel. En se référant au texte de l'article 12, alinéa 1er LF[2], le juge conclut que l'exercice du pouvoir réglementaire en la matière n'est point prohibé puisque la réglementation peut intervenir « en vertu de la loi », c'est-à-dire par règlement. Le juge passe ensuite à la seconde étape du raisonnement :

> *Mais, de manière générale, la Loi fondamentale, conformément à l'article 80, alinéa 1er LF, exige que le contenu, le but et l'étendue de l'autorisation législative soient précisément déterminés ; car le Parlement ne doit pas pouvoir se dessaisir de sa responsabilité en tant que corps législatif en délégant une partie de son pouvoir législatif au pouvoir exécutif, sans avoir délimité les compétences déléguées, ni avoir précisé la direction et le programme qui détermine l'action du pouvoir réglementaire, afin qu'on puisse, à la seule lecture de l'autorisation, identifier et prévoir les effets des règlements à l'égard des citoyens*[3].

En dehors des cas prévus par la Loi fondamentale, la question se pose de savoir si le législateur est complètement libre d'autoriser le pouvoir réglementaire à intervenir à sa place. La loi d'autorisation a-t-elle la possibilité de déléguer sa compétence ou bien doit-elle contenir les décisions fondamentales en lui délégant ce qui est secondaire, ce qui n'est pas qualifié de substantiel ? Si on admettait que

---

1 BVerfGE 41,251 « Speyer-Kolleg » du 27 janvier 1976, p. 265 : « Das Erfordernis einer gesetzlicher Grundlage (...) bedeutet nicht notwendig, daß das Gesetzgeber die erforderlichen Regelungen in allen Einzelheiten selbt treffen muß. Denn Art. 12 Abs. 1 Satz 2 GG läßt eine Regelung nicht nur durch Gesetz, sondern auch auf Grund eines Gesetzes im Wege von Rechtsverordnungen zu ».

2 Article 12 LF est relatif à la liberté de la profession et à l'interdiction du travail forcé. Son alinéa 1er dispose que « [t]ous les Allemands ont le droit de choisir librement leur profession, leur emploi et leur établissement de formation. L'exercice de la profession peut être réglementé par la loi ou en vertu d'une loi ».

3 BVerfGE 41,251 « Speyer-Kolleg » du 27 janvier 1976, p. 266 : « Für solche Rechtsverordnungen fordert das Grundgesetz aber in Art. 80 Abs. 1 GG allgemein, daß die gesetzliche Ermächtigung nach Inhalt, Zweck und Ausmaß näher bestimmt ist ; denn das Parlament soll sich seiner Verantwortung als gesetzgebende Körperschaft nicht dadurch entäußern können, daß es einen Teil der Gesetzgebungsmacht der Exektuvie überträgt, ohne die Grenzen dieser Kompetenzen bedacht und diese nach Tendenz und Programm so genau umrissen zu haben, daß schon aus der Ermächtigung erkennbar und vorsehbar ist, was dem Bürger gegenüber zulässig sein soll ». L'exigence de direction et de programme contenus dans l'autorisation législative apparaît de manière constante dans les décisions de la Cour : voir, par exemple, deux décisions de la Seconde chambre, déjà citées, BVerfGE 1, 14 « Südweststaat » du 23 octobre 1953, p. 60, ou BVerfGE 7, 282 « lex Salamander » du 5 mars 1958, p. 301, auxquelles se réfère expressément le juge dans la décision du 27 janvier 1976.

l'article 80, alinéa 1er LF ne constitue pas une limitation efficace et que le législateur a la possibilité, en déterminant de manière suffisamment précise le contenu, le but et l'étendue de l'autorisation, ériger le pouvoir réglementaire en législateur matériel intervenant dans une ou plusieurs matières, alors le critère substantiel employé par la Cour servirait de frein à la volonté du parlement de confier la prise de décisions fondamentales aux organes exécutifs. La théorie de la décision substantielle et la réserve du parlement signifieraient que, dès lors qu'une décision est qualifiée de substantielle par le juge constitutionnel, elle ne peut faire l'objet d'aucune autorisation législative.

Le critère substantiel avancé par la Cour dans le cadre de l'article 80, alinéa 1er LF responsabilise le législateur en lui imposant la prise de décisions fondamentales[1]. Si on admettait que les conditions de l'article 80, alinéa 1er LF sont suffisantes et portent une interdiction de délégation adressée au législateur, le critère substantiel, introduit par le juge, perdrait toute utilité. Tout dépend finalement de la manière dont le juge décide d'interpréter les termes de l'article 80, alinéa 1er LF. Déterminer le contenu, le but et l'étendue de l'autorisation législative devrait, en principe, garantir l'implication suffisante du législateur[2].

Mais interpréter de manière plus ou moins stricte les conditions posées par l'article 80, alinéa 1er LF ne résout aucunement le problème de la théorie de la décision substantielle. En effet, le critère substantiel scinde l'application de l'article 80, alinéa 1er LF en deux étapes. Afin de savoir si l'autorisation législative répond à la triade « contenu, but et étendue », le juge constitutionnel doit au préalable s'assurer qu'il ne s'agit pas d'une décision substantielle ne peuvant être confiée au pouvoir réglementaire. Le critère substantiel est donc employé en aval. Après avoir constaté qu'il n'est, en l'espèce, pas question d'une décision substantielle, la Cour passe à la deuxième étape de son raisonnement : elle contrôle la précision suffisante du contenu, du but et de l'étendue de l'autorisation législative. La réserve du Parlement qui interdit la délégation de la prise de décisions substantielles opère à la

---

[1] Jürgen Staupe, *Parlamentsvorbehalt und Delegationsbefugnis*, Schriften zum Öffentlichen Recht, vol.506, Duncker & Humblot, 1986, p. 133 : « Mit der Annahme eines Parlamentsvorbehalts wird der Gesetzgeber verpflichtet, die wesentlichen Entscheidungen selbst zu treffen und nicht der Verwaltung zu überlassen (Parlamentsvorbehalt) ».

[2] Dieter Wilke, « Zum Gesetzesvorbehalt im Schulverhältnis », *JZ*, 1982, p. 760 : « Da eine– auf Gesetzes- und Verordnungsrecht beruhende – komplette Regelung der schulischen Maßnahmen vorhanden war, hätte eine Prüfung anhand des Art. 80 Abs. 1 S. 2 GG genügt, so daß ein Eingehen auf Probleme des Gesetzesvorbehalt entbehrlich gewesen wäre » ; Jost Pietzcker, « Vorrang und Vorbehalt des Gesetzes », *JuS* 1979, p. 710 et suiv., qui se demande si une interprétation plus stricte de la condition relative au contenu, au but et à l'étendue de l'article 80, alinéa 1er LF n'aboutirait pas au même résultat que donne la réserve du Parlement.

[2] Wolfram Cremer, « Art. 80 Abs. 1 S. 2 GG und Parlamentsvorbehalt – Dogmatische Unstimmigkeiten in der Rechtsprechung des Bundesverfassungsgerichts », *AöR*, 1997, p. 252 : « Die mithin nachrangige Prüfung des Art. 80 Abs. 1 Satz 2 GG sei erst eröffnet, wenn mit Hilfe des Parlamentsvorbehalts ermittelt worden sei, daß der Gesetzgeber zur Übertragung von bestimmten Regelungsgegenständen auf die Exekutive verfassungsrechtlich legitimiert sei ».

première étape du contrôle du juge. Si ce dernier décide qu'on est en présence d'une décision substantielle, il ne sera plus possible d'aller plus loin et d'examiner la conformité de l'autorisation à l'article 80, alinéa 1er LF, car le législateur formel, en voulant déléguer ce qui est interdit de délégation, aura franchi les limites dessinées par la théorie de la décision substantielle. La responsabilité du parlement en tant que corps législatif l'oblige, d'une part, à épuiser la plénitude de ses compétences, et, l'engage, d'autre part, à veiller su sur la manière dont s'exerce le pouvoir réglementaire dans le cadre de l'autorisation législative accordée.

La Cour distingue ces deux étapes de manière claire dans la décision « Schulentlassung » du 20 octobre 1981[1] :

> *Si, par conséquent, il n'existe pas, d'un point de vue constitutionnel, de doute quant à la possibilité d'adopter par voie réglementaire les règles relatives aux conditions de passage dans une classe supérieure, il convient de se poser la question des exigences tirées du principe de l'État de droit concernant le contenu, le but et l'étendue auxquelles doit répondre une autorisation législative*[2].

Le critère de la décision substantielle signifie répondre à la question fondamentale de savoir qui, du législateur ou de l'administration, est compétent pour intervenir[3]. Puisqu'il s'agit du domaine de la politique scolaire, on est en présence d'une matière qui touche l'exercice des droits fondamentaux[4] et nécessite l'intervention du législateur. Cette intervention n'est pas de la même intensité dans ce domaine relevant des droits fondamentaux. En effet, l'intensité de la réglementation du législateur est définie par rapport à l'intensité avec laquelle sont touchés les droits fondamentaux. Ainsi, même dans une matière considérée comme importante pour l'exercice des droits fondamentaux, qu'est l'éducation, l'intensité de la loi n'est pas la même pour toutes les décisions, son degré dépend du cas d'espèce[5]

Les deux étapes du raisonnement du juge reflètent la différence introduite par le critère substantiel qui consiste en la question préalable de savoir « s'il est

---

1 BVerfGE 58, 257.

2 BVerfGE 58, 257 « Schulentlassung du 20 octobre 1981, p. 276 : « Ist es danach verfassungsrechtlich nicht zu beanstanden, daß die Festlegung der Versetzungsvoraussetzungen in den Ausbildungsgängen der Regelung im Verordnungsweise überlassen wird, so stellt sich die weitere Frage, welche rechtsstaatlichen Anforderungen an Inhalt und Ausmaß einer gesetzlichen Ermächtigung zu stellen sind ».

3 BVerfGE 58, 257 « Sc »hulentlassung du 20 octobre 1981, p. 271 : « Im Grunde geht es nicht so sehr um die Normierbarkeit an sich, sondern um die Frage der Kompetenz des Gesetzgebers oder der Verwaltung, des Parlaments oder des Kultusministers ».

4 À titre d'exemple, les articles 2 et 12 LF.

5 BVerfGE 58, 257 « Schulentlassung » du 20 octobre 1981, p. 274.

possible pour le législateur d'autoriser le pouvoir réglementaire à prendre la décision ? ». Avant l'apparition jurisprudentielle de ce critère, une seule question se posait et c'était celle de savoir « comment la compétence décisionnelle est-elle déléguée au pouvoir réglementaire ? ». Article 80, alinéa 1er LF ne donne pas d'information quant à la possibilité de délégation, il ne renseigne que sur les modalités dans lesquelles celle-ci doit intervenir. C'est le critère substantiel qui oblige à se poser la question du « si » avant de s'interroger sur le « comment ». Si la décision fait partie du domaine réservé au Parlement, le « comment » devient une impossibilité logique. L'étape préalable est nécessaire, car article 80, alinéa 1er LF n'a pas la teneur d'une norme supposant un domaine réservé au Parlement[1], il ne concerne que le « comment ». Les conditions posées par la réserve du Parlement et celles de l'article 80, alinéa 1er LF ne sont pas identiques[2]. Mais les résultats d'une interprétation stricte de cette disposition constitutionnelle sont les mêmes : en faisant abstraction de la notion de domaine réservé au Parlement, il est possible de limiter la portée de l'autorisation législative en imposant au législateur de prendre toute décision substantielle intervenant dans la matière faisant objet de la délégation.

§ 3. Appréciation critique.

L'utilisation par le juge constitutionnel de différentes expressions insuffisamment différenciées afin de tenter de délimiter les compétences des pouvoirs législatif et exécutif dans le domaine de la production normative semble manquer l'objectif posé. La conception de la réserve de loi « traditionnelle » est dépassée ; une réserve de loi générale est déduite de la Loi fondamentale ne coïncidant pas avec la notion de « réserve du Parlement », mais les résultats des deux techniques sont semblables : ce qui est substantiel doit être décidé par le législateur (A). Le critère substantiel n'est pas défini par le juge et ne permet pas de véritable systématisation jurisprudentielle. Par ailleurs, la théorie de la décision substantielle doit être interprétée à la lumière du principe de la justice fonctionnelle et de la théorie du noyau de compétences exclusif, ce qui peut soulever quelques difficultés. La décision substantielle est réservée au Parlement, mais elle

---

[1] Jürgen Staupe, *Parlamentsvorbehalt und Delegationsbefugnis*, Schriften zum Öffentlichen Recht, vol. 506, Duncker & Humblot, 1986, p. 144 : « Damit regelt Art. 80 Abs. 1 Satz 2 GG das "Wie" einer eventuellen Delegation von Rechtsetzungskompetenzen an den Verordnungsgeber. Über das "Ob" einer olchen Verordnungsdelegation trifft diese Verfassungsnorm keine Aussage. Art. 80 Abs. 1 Satz 2 GG bestimmt nicht selbst, wann eine Verordnungsdelegation verfassungsrechtlich zulässig ist, sondern setzt vielmehr deren verfassungsrechtliche Zulässigkeit voraus»; Wolfram Cremer, « Art. 80 Abs. 1 S. 2 GG und Parlamentsvorbehalt – Dogmatische Unstimmigkeiten in der Rechtsprechung des Bundesverfassungsgerichts », *AöR*, 1997, p. 252 : « Art. 80 Abs. 1 Satz 2 GG gebe demgegenüber keinen Aufschluß darüber, "ob" eine Verordnungsdelegation zulässig sei, sondern betreffe ausschließlich die Modalitäten, also das "Wie" einer Delegation ».

[2] Jürgen Staupe, *Parlamentsvorbehalt und Delegationsbefugnis*, Schriften zum Öffentlichen Recht, vol. 506, Duncker & Humblot, 1986, p. 147 : « daß eine Identität zwischen den Anforderungen des Parlamentsvorbehalts und denen des Art. 80 Abs. 1 Satz 2 GG nicht besteht ».

conditionnée par le noyau de compétences inaltérable des autres organes constitutionnels (B).

A. Difficultés terminologiques.

Grâce au principe démocratique, les trois pouvoirs bénéficient de la même légitimité, qu'elle soit directe ou indirecte. La réserve de loi n'est plus un mécanisme de défense. Le Parlement ne doit pas être confondu uniquement dans sa fonction de législateur démocratique. Il a un rôle politique de premier rang, à côté du Gouvernement fédéral. Si la réserve de loi traduit la fonction de protection des droits fondamentaux, et oblige le législateur à prendre les décisions fondamentales dans les domaines qui en relèvent, alors, la réserve du Parlement met en avant la légitimité démocratique directe de cet organe. La théorie de la décision substantielle est un paramètre central de ces deux notions qui, en apparence, sont distinctes l'une de l'autre. Le résultat de l'application du critère substantiel dans la jurisprudence constitutionnelle est clair : le Parlement est obligé de prendre toute décision substantielle qui touche de manière immédiate les citoyens (la réserve de loi) ou pouvant entraîner des conséquences politiques importantes (la réserve du Parlement). Pourtant, dans les deux hypothèses, il s'agit de la même chose : une distinction opérée entre ce qui est important, fondamental, principal et ce qui est secondaire. Ne convient-il pas d'abandonner la notion de réserve de loi et celle de réserve du Parlement en les remplaçant par le seul critère substantiel. Car le critère substantiel est le moyen qui rend possible la distinction entre principal et secondaire. Telle est par exemple la démarche suivie par le Conseil constitutionnel lorsqu'il définit l'incompétence législative négative : le législateur a omis d'agir ou de prendre les décisions fondamentales, et créé ainsi une marge de discrétionnarité trop large au profit du pouvoir exécutif chargé de mettre en œuvre la loi. Ajouter le critère substantiel, à côté de la réserve de loi et du domaine réservé au Parlement, n'apporte guère de clarté. Si la seconde notion est caractérisée par l'interdiction adressée au Parlement de laisser une grande liberté d'action au pouvoir exécutif ou d'autoriser l'édiction de règlements, la première, elle aussi, comporte un noyau incompressible, inaccessible au pouvoir exécutif. Dans les limites de ce noyau, le législateur doit prendre les décisions fondamentales, s'il laisse une latitude injustifiée aux organes exécutifs, il faillit à l'obligation qu'il a en tant que corps législatif. La définition de la réserve de loi est une mission délicate, car elle n'est pas tributaire de la logique, ni d'une formule théorique, mais dépend « de la tradition, du but recherché et de la configuration politique du moment et de la conscience juridique »[1].

---

[1] Sur ce point: Hermann Heller, « Der Begriff des Gesetzes in der Reichsverfassung », *VVDStRL*, n°4, Walter de Gruyter, 1928, p. 121 : Was zum Vorbehalt des Gesetzes gehört, welche Gegenstände die Gesetzgebung ergreift, das bestimmt nicht die Logik und nicht eine theoretische Formel, sondern Tradition, Zweckmäβigkeit, Machtlage und Rechtsbewuβtsein ».

B. Systématisation jurisprudentielle insuffisante.

La Cour abandonne la formule traditionnelle et élabore sa nouvelle conception en mettant exergue la composante démocratique de la réserve de loi. Cet abandon ne fut pas suffisant, la Cour commence à élaborer une théorie qui lui permet d'interpréter de manière extensive la compétence du législateur formel. L'introduction du critère substantiel permit la naissance d'un domaine réservé au Parlement qui lui interdit de déléguer la prise de la décision fondamentale ou bien de prendre des décisions trop vagues et n'encadrant pas suffisamment la marge d'appréciation de pouvoir exécutif. Le critère substantiel ne fait que transformer cette délimitation en une ligne incertaine dont la trace est dessinée par la jurisprudence au cas par cas. « Le domaine d'application le plus étendu de la théorie de la décision substantielle » est celui des droits fondamentaux[1]. En la matière, le juge considère en principe comme « substantiel » ce qui permet « la réalisation des droits fondamentaux » (*Verwirklichung der Grundrechte*)[2]. Le critère substantiel est utilisé au-delà des matières relevant des droits fondamentaux, car dans la décision « Kalkar I » de 1978, la Cour, tout en expliquant que « la Loi fondamentale n'accorde pas au Parlement une primauté générale dans la prise de décisions fondamentales (*grundlegenden Entscheidungen*) », qu'elle pose, au contraire, « par la répartition des compétences en vertu du principe de séparation des pouvoirs, des limites aux prérogatives du Parlement », conclut que « selon une jurisprudence constante, le législateur est obligé, indépendamment de la notion d'"ingérence", de prendre toutes les decisions substantielles (*alle wesentliche Entscheidungen*) dans les domaines normatifs fondamentaux, en particulier dans le domaine de l'exercice des droits fondamentaux dans la mesure où celui-ci est accessible à la réglementation étatique »[3]. Le Parlement n'est pas un organe supérieur aux autres, car une telle primauté est contraire au principe de la séparation des pouvoirs. Alors comment justifier la prise de toute décision substantielle par le Parlement dans les domaines normatifs fondamentaux ? Puis, encore aujourd'hui, on n'a pas de précision quant aux « domaines normatifs fondamentaux ».

Si la prise des décisions substantielles est limitée, en pratique, au domaine des droits fondamentaux, alors la prétendue réserve de loi générale identifiée par le

---

[1] Dieter Wilke, *JZ*, 1982, p. 759 : « Für das umfänglichste Anwendungsfeld der Wesentlichkeitstheorie, den vom BVerfG so genannten "grundrechtsrelevanten Bereich" (…) oder den "Bereich der Grundrechtsausübung (…), gibt das Gericht folgende Erläuterung: "wesentlich" bedeute in der Regel "wesentlich für die Verwirklichung der Grundrechte (…). Hoheitliche Entscheidungen, die für die Verwirklichung von Grundrechten wichtig sind, erfordern somit ein Gesetz ».

[2] BVerfGE 58, 257 « Schulentlassung » du 20 octobre 1981, et les références jurisprudentielles citées. Il s'agit d'une jurisprudence constante. Voir, sur ce point, Michael Brenner, « Artikel 80 », *in* Hermann von Manglodt/Friedrich Klein/Christian Starck, *Grundgesetz Kommentar*, vol. 3, 4e édition, Franz Vahlen Verlag, 2000, p. 159-160.

[3] BVerfGE 49, 89 « Kalkar I » du 8 août 1978, p. 124 et p. 126.

critère substantiel n'est rien d'autre qu'une interprétation plus poussée[1] des articles de la Loi fondamentale relatifs aux droits fondamentaux. Mais si le critère substantiel est valable pour n'importe quel domaine normatif, on retombe sur la question de savoir ce qui doit être entendu par « substantiel ». La réponse ne se fait guère attendre : « est substantiel ce que la Cour constitutionnelle qualifie comme tel »[2].

---

[1] Selon Eberhard Schmidt-Aßmann, *Das allgemeine Verwaltungsrecht als Ordnungsidee*, 2e édition, Springer, 2004, p. 190, la séparation de la théorie de la réserve de loi en deux directions : celle de la réserve-ingérence et celle de la réserve institutionnelle, est le résultat de domaines réservés reconnus et concrets dont l'étendue fut élargie avec précaution : « Die Ausrichtung der Vorbehaltslehre an einem eingriffszentrierten und einem institutionellen Entwicklungsansatz geht von anerkannten und konkreten Vorbehaltsbereichen aus, die vorsichtig erweitert werden ».

[2] Michael Klopfer, « Der Vorbehalt des Gesetzes im Wandel », *JZ*, 1984, p. 692 : « Wesentlich ist was, das BVerfG dafür hält ».

CONCLUSION DU CHAPITRE

Obliger le Parlement à prendre les décisions substantielles n'est pas une « invention » de la Cour constitutionnelle. La différence entre ce qui est substantiel, et ce qui est secondaire, d'importance mineure existait déjà à l'époque du *Vormärz*. La théorie substantielle ne signifie en aucun cas un moment « zéro » (*eine Stunde Null*)[1] dans la discussion portant sur la réserve de loi. Dans le cadre de l'ordre constitutionnel démocratique et libéral, elle doit servir à délimiter les compétences respectives du pouvoir législatif et du pouvoir exécutif. C'est le juge constitutionnel qui dessine de manière progressive la ligne qui les sépare. Le critère substantiel ne représente pas un critère autonome, car en tant que « critère isolé » il est beaucoup trop imprécis, « indifférencié »[2]. Si on sort du domaine des droits fondamentaux, il n'y a aucune certitude quant à la « substantialité » d'une décision : les questions d'actualité ou les querelles politiques ne permettent pas d'identifier la décision substantielle dans un domaine normatif fondamental[3].

L'utilisation du critère substantiel peut avoir comme effet la mise en échec du principe de justice fonctionnelle. Si le Parlement était le seul organe qui puisse prendre les décisions fondamentales, et ceci indépendamment de la matière concernée, alors on devrait conclure qu'aucun autre organe, même le Gouvernement fédéral n'aurait la moindre possibilité de concurrencer le Parlement. Or, le principe de justice fonctionnelle suppose une juste répartition des compétences constitutionnelles entre les différents organes. De plus, chacun des trois pouvoirs dispose d'un noyau de compétences exclusif fermé aux deux autres. Le principe de la justice fonctionnelle et la théorie du noyau exclusif ne remplissent-ils pas de manière satisfaisante[4] la mission de distinguer les sphères d'action des trois pouvoirs et de leur garantir un domaine propre ? La loi est certes « la clef de voûte du principe de la séparation des pouvoirs », elle encadre et conditionne l'exercice des pouvoirs exécutif et judiciaire. Cependant doit-elle se transformer en un moyen puissant qui vise à placer le Parlement au-dessus des autres organes et constituer ainsi la menace de les priver des compétences nécessaires à l'accomplissement de leurs missions constitutionnelles ? Le cadre de la collaboration, du contrôle et de l'interpénétration réciproques qui caractérise le

---

1 Jürgen Staupe, *Parlamentsvorbehalt und Delegationsbefugnis*, Schriften zum Öffentlichen Recht, vol.506, Duncker & Humblot, Berlin, 1986, p. 109-110, avec référence à la Constitution de Hanovre de 1840, dont l'article 113 dispose que la participation des ordres (*Stände*) se limite « au contenu substantiel des lois » (« *auf den wesentlichen Inhalt der Gesetze* »).

2 Eberhard Schmidt-Aßmann, *Das allgemeine Verwaltungsrecht als Ordnungsidee*, 2e édition, Springer, 2004, p. 191.

3 *Ibid*, p. 191.

4 Eberhard Schmidt-Aßmann, « Der Rechtsstaat », *in* Josef Isensee/Paul Kirchhof (dir.), *Handbuch des deutschen Staatsrechts*, vol. 2, 3e édition, C.F. Müller, Heidelberg, 2004, p. 573.

principe de la séparation des pouvoirs serait franchi : le pouvoir exécutif deviendrait un pouvoir politiquement paralysé. Or, cette conception des rapports des trois pouvoirs n'est pas tenable au regard tant de la Loi fondamentale que de la jurisprudence de la Cour relative au principe de séparation des pouvoirs.

Le juge constitutionnel est probablement conscient du danger que comporte la théorie de la décision substantielle et tente d'opérer un recentrage du critère substantiel sur l'exercice des droits fondamentaux[1] ainsi que sur les réserves institutionnelles expressément mentionnées par le texte de la Constitution[2].

---

[1] BVerf 49, 89 « Kalkar I » du 18 août 1978, p. 126 : « Dans le cas présent, il s'agit du domaine de la production normative, c'est-à-dire d'un domaine, pour lequel la Loi fondamentale contient un régime de répartition des compétences. Ici, le principe de la réserve de loi générale permet de déduire que les actes du pouvoir exécutif, qui touchent de manière substantielle la liberté et à l'égalité du citoyen, nécessitent une base législative » (Im vorliegenden Fall geht es um den Bereich der Rechtsetzung, also um einen Bereich, für den das Grundgesetz eine Kompetenzzuordnung enthält. Hier ergibt sich aus dem Grundsatz des allgemeinen Vorbehalts des Gesetzes, daß die Exekutive für Akte, die den Freiheitsbereich und Gleichheitsbereich des Bürgers wesentlich betreffen, der gesetzlichen Grundlage bedarf). Mais ici, est-ce la réseve de loi générale qui permet de déduire la nécessité d'une loi conditionnant les actes du pouvoir exécutif, ou bien une interprétation des dispositions concrètes de la loi fondamentale relatives à la liberté générale d'agir (article 2 LF) et au principe d'égalité (article 3 LF) ?

[2] Comme par exemple les articles 24, alinéa 1er, qui dispose que la Fédération « peut transférer, par voie législative, des droits de souveraineté à des institutions internationales », ou 59, alinéa 2 LF, qui exige une loi formelle pour la ratification de certains traités internationaux.

CHAPITRE 3
La place du principe de séparation des pouvoirs dans l'architecture constitutionnelle allemande

Les dispositions de la Loi fondamentale de Bonn de 1949 forment un ensemble cohérent, un système[1]. Cette cohérence interne suppose une démarche interprétative globale : les articles constitutionnels forment un tout et non pas des parties isolées sans connexion logique. La globalité ne signifie pas abstraction : il est toujours question *d'une* Constitution en particulier et non pas du concept abstrait de constitution qui fait davantage appel à l'histoire intellectuelle de l'État plutôt qu'à l'interprétation précise d'une constitution déterminée :

> *(...) on ne saurait partir de la Constitution en général, (...) mais seulement de la Constitution de cette communauté-ci, de la Loi fondamentale de Bonn. Puisque les questions de méthode sont des questions concrètes, les problèmes posés par une méthodologie qui doit être produite ici et maintenant ne peuvent être séparés des caractères propres à cette Loi fondamentale, de ses champs factuels ni du destin de cet ordre constitutionnel qui s'est accompli au cours de l'histoire de la République Fédérale d'Allemagne*[2].

Ainsi, le principe de séparation des pouvoirs, déduit par la Cour de l'article 20, alinéa 2 LF, ne doit aucunement être entendu comme un principe abstrait. Il s'agit d'une norme concrète qui tisse des liens étroits avec d'autres principes constitutionnels dans le cadre défini par la Loi fondamentale. Certes, le principe est doté d'une autonomie normative, mais celle-ci doit être insérée dans la logique interne du système. La signification du principe de la séparation des pouvoirs législatif, exécutif et judiciaire, et des organes qui en sont investis, n'est accessible qu'à la lecture combinée avec d'autres principes : le principe démocratique, celui de l'État de droit ou bien le principe fédéral.

Du texte constitutionnel cohérent se dégage un certain nombre de décisions fondamentales structurant le corpus de la Loi fondamentale. Ces décisions fondamentales sont expressément protégées par l'article 79, alinéa 3 LF qui pose des limites au pouvoir de révision constitutionnelle. La cohérence et l'unicité de l'ensemble ne signifient pas qu'il n'existe aucun rapport hiérarchique entre les

---

[1] Sur la question relative à l'unité de l'ensemble constitutionnel allemand et la conception holiste, voir Olivier Jouanjan, *Le principe d'égalité devant la loi en droit allemand*, Economica, Paris 1992, p. 189 et suiv. avec des références à l'oeuvre de Friedrich Müller (*Die Einheit der Verfassung*, Duncker & Humblot, Berlin, 1979 et *Juristische Methodik*, 3ème édition, Duncker & Humblot, Berlin, 1989 [*Discours de la méthode juridique*, trad. fr. Olivier Jouanjan, PUF, coll. Léviathan, 1996]).

[2] Friedrich Müller, *Discours de la méthode juridique*, PUF, coll. Léviathan, 1996, p. 229.

dispositions constitutionnelles. Bien au contraire, dès 1953, la Cour met en lien la conception unitaire de la Loi fondamentale et le rapport hiérarchique entre « certains principes et décisions fondamentales » et « les dispositions constitutionnelles particulières » :

> *Une disposition constitutionnelle ne peut être entendue de manière isolée et interprétée à partir d'elle-même. Elle forme un contexte de sens (*Sinnzusammenhang*) avec les autres dispositions de la Constitution, qui forment une unité interne (*innere Einheit*). À partir du contenu global de la Constitution ressortent certains principes et décisions fondamentales auxquels sont subordonnées les dispositions constitutionnelles particulières. La Loi fondamentale se base de manière évidente sur cette conception, comme le montre l'exemple particulier de l'article 79, alinéa 3*[1].

Le principe de séparation des pouvoirs s'inscrit dans le « monde de valeurs »[2] créé par la Loi fondamentale. Il fait sans aucun doute partie des principes fondamentaux auxquels se réfère le juge constitutionnel et constitue ainsi l'ossature de la Loi fondamentale. Afin de mieux comprendre la place qu'occupe la norme, déduite de l'article 20, alinéa 2 LF, au sein de cet ordre constitutionnel, il convient d'analyser le lien qu'elle entretient avec quelques principes constitutionnels (Section 1) pour ensuite tenter d'expliquer la teneur de la protection matérielle apportée par l'article 79, alinéa 3 LF (Section 2).

Section 1 : Le principe de séparation des pouvoirs à la lumière de quelques principes constitutionnels.

Si le principe de la séparation des pouvoirs est lié à chacune des décisions fondamentales prises par le constituant en 1949, il entretient avec le principe démocratique un lien privilégié. Ce dernier constitue le fondement de la légitimation des trois pouvoirs législatif, exécutif et judiciaire.

---

[1] BVerfGE 1, 14 « Südweststaat » du 23 octobre 1953, p. 31 : « Eine einzelne Verfassungsbestimmung kann nicht isoliert betrachtet und allein aus sich heraus ausgelegt werden. Sie steht in einem Sinnzusammenhang mit den übrigen Vorschriften der Verfassung, die eine innere Einheit darstellt. Aus dem Gesamtinhalt der Verfassung ergeben sich gewisse verfassungsrechtliche Grundsätze und Grundentscheidungen, denen die einzelnen Verfassungsbestimmungen untergeordnet sind. Das Grundgesetz geht, wie sich insbesondere aus Art.79 Abs. 3 ergibt, ersichtlich von dieser Auffassung aus ».

[2] Hugo Hahn, « Über die Gewaltenteilung in der Wertwelt des Grundgesetzes », *JöR*, n°14, 1965, p.15-44.

Le principe démocratique, concrétisé par l'article 20, alinéa 2 LF[1], désigne comme origine de tout pouvoir étatique le peuple souverain qui « l'exerce au moyen d'élections et de votations et par des organes spéciaux investis des pouvoirs législatif, exécutif et judiciaire ». Le principe de séparation des pouvoirs et le principe démocratique sont indissociables puisque ce dernier constitue un moyen de légitimation des organes investis des pouvoirs législatif, exécutif et judiciaire (§ 1). Par suite, il convient de s'interroger sur l'autonomie du principe constitutionnel de la séparation des pouvoirs : la question de savoir s'il constitue un des éléments de l'État de droit, ou bien s'il est complètement autonome pose certaines difficultés (§2). Enfin, la structure fédérale, qui est un moyen d'organisation et de répartition verticale du pouvoir, vient compléter le principe de la séparation horizontale (§3).

§ 1. Le principe démocratique comme moyen de légitimation des pouvoirs législatif, exécutif et judiciaire.

Paradoxalement, dans la construction constitutionnelle de 1949, le souverain, le peuple, est vu comme une menace pour le régime démocratique dont il est l'élément fondamental. Le peuple, en exerçant son pouvoir constituant, s'est autolimité. L'exercice du pouvoir par le « peuple » de la Loi fondamentale est encadré. Ainsi, les élections et les votations ne sont pas exemptes de conditions : l'article 21, alinéa 2 LF ouvre la possibilité d'interdire un parti politique, dont la programmation contient des éléments qui laissent penser que les idées mises en avant sont incompatibles avec l'ordre constitutionnel démocratique et libéral[2].

La démocratie doit assurer sa propre défense, elle ne doit point être neutre, car cette neutralité peut causer sa perte : elle doit être une « démocratie militante » (*streitbare Demokratie*). Cette notion peut paraître problématique, car est-il possible pour un ordre démocratique de vouloir combattre ses ennemis lorsqu'ils sont devenus la majorité ? Si la démocratie se servait d'outils semblables à ceux, privilégiés par des régimes dictatoriaux, pourrait-elle véritablement répondre à cet idéal qu'elle est censée incarner sans mettre en danger le fondement démocratique

---

[1] Hans-Heinrich Trute, « Die demokratische Legitimation der Verwaltung », *in* Wolfgang Hoffman-Riem/Eberhard Schmidt Assmann, Andreas Vosskuhle, *Grundlagen des Verwamtungsrechts*, vol. 1 (*Methoden, Massstäbe, Aufgaben, Organisation*), 1e édition, C.H. Beck, München, 2006, p. 327 : « Art. 20 Abs. 2 S.2 GG konkretisiert das Demokratieprinzip, indem er festlegt, wie das Volk die Staatsgewalt ausübt ».

[2] L'article 21, alinéa 2 LF, qui marque l'influence de Gerhard Leibholz et sa théorie des partis politiques, permet à la Cour constitutionnelle fédérale de prononcer l'inconstitutionnalité d'un parti politique qui tend à « porter atteinte à l'ordre constitutionnel libéral et démocratique, ou à le renverser, ou à mettre en péril l'existence de la République fédérale d'Allemagne » (« Parteien, die nach ihren Zielen oder nach dem Verhalten ihrer Anhänger darauf ausgehen, die freiheitliche demokratische Grundordnung zu beeinträchtigen oder zu beseitigen oder den Bestand der Bundesrepublik Deutschland zu gefährden, sind verfassungswidrig. Über die Frage der Verfassungswidrigkeit entscheidet das Bundesverfassungsgericht »). Cette procédure reste exceptionnelle. Parmi les décisions prononçant l'inconstitutionnalité d'un parti politique : BVerfGE 5, 85 « KPD-Verbot » du 17 août 1956 interdisant le Parti communiste allemand (*Kommunistische Partei Deutschlands*). Voir encore BVerfGE 2,1 « SRP-Verbot » du 23 octobre 1952 qui déclare inconstitutionnel le Parti socialiste de l'Empire (*Sozialistische Reichspartei*).

de l'État[1]? Dans une telle hypothèse, il se peut qu'il soit nécessaire de déroger aux règles du régime démocratique afin de le « sauver ». Ce désir exacerbé de protéger la démocratie est le résultat de l'expérience singulière de l'Allemagne, dont le peuple, après la débâcle de 1933, qui l'a précipité dans l'abîme totalitaire, « a perdu confiance en soi »[2].

Le principe démocratique constitue la base de la légitimation des organes investis des pouvoirs législatif, exécutif et judiciaire (A), mais peut cacher une menace de déséquilibre institutionnel, car le *Bundestag* est le seul organe bénéficiant

---

[1] L'expression de « démocratie militante » (*streitbare Demokratie*) est rendue populaire par le juriste allemand Karl Loewenstein qui, face à l'inéluctable ascension politique du parti national-socialiste, émigre aux États-Unis en 1933. Voir Karl Loewenstein, « Militant Democracy and Fundamental Rights », *American Political Science Review*, vol. 3, n°3 (p.417-432) et n°4 (p. 638-658), 1937. Les techniques ayant permis l'avènement des régimes totalitaires en Europe, ont été rendues possibles par les « conditions extraordinaires offertes par les institutions démocratiques » (« *under the extraordinary conditions offered by democratic institutions* »), car « la démocratie et la tolérance démocratique ont été utilisées en vue de leur propre destruction » (« *Democracy and democratic tolerance have been used of their own destruction* »). Pour éviter cet effet pervers, il faut donner à la démocratie toutes ses chances en la dotant d'armes suffisamment puissantes pour qu'elle puisse détruire ses ennemis. Cette conception d'une démocratie, qui combat ses ennemis en se servant de la force, va à l'encontre de l'idée démocratique développée par Hans Kelsen. Pour le juriste autrichien, ayant également choisi la voie de l'émigration outre-Atlantique, dès l'instant où la démocratie commence à combattre ses ennemis à l'aide de moyens antidémocratiques, elle cesse d'être une démocratie et revêt aussitôt le manteau de la dictature. Une démocratie ne peut se défendre contre le peuple qui constitue sa base, sa raison d'être. Hans Kelsen, « Zur Verteidigung der Demokratie » (1932), *in* Matthias Jestaedt/Oliver Lepsius (éd.), *Verteidigung der Demokratie : Abhandlungen zur Demokratietheorie*, Mohr Siebeck, Tübingen, 2006, p. 237 : « *Eine Demokratie, die sich gegen den Willen der Mehrheit zu behaupten, gar mit Gewalt sich zu behaupten versucht, hat aufgehört, Demokratie zu sein.* Eine Volksherrschaft kann nicht gegen das Volk bestehen bleiben. Und soll es auch gar nicht versuchen, d.h. wer für die Demokratie ist, darf sich nicht in den verhängnisvollen Widerspruch verstricken lassen und zur Diktatur greifen, um die Demokratie zu retten » (souligné dans le texte).

[2] Selon Böckenförde, « Principes de la démocratie, forme politique et forme de gouvernement », *in* du même, *Le droit, l'État et la constitution démocratique. Essais de théorie juridique, politique et constitutionnelle*, *op.cit.*, p. 287, qui analyse les limites matérielles de l'article 79, alinéa 3 LF, les « garanties d'intangibilité d'une constitution démocratique (...) sont (...) non pas une émanation de la liberté démocratique, mais une restriction matérielle de celle-ci », car elles « poursuivent l'objectif (...) d'empêcher toute "révolution légale", c'est-à-dire toute modification touchant aux principes fondamentaux de l'ordre politique et juridique qui puisse emprunter la voie de la légalité formelle ». Ces garanties « démontrent qu'une communauté politique – comme, par exemple, le peuple allemand à la suite de l'ordre politique perverti de la période 1933-1945 – a perdu confiance en soi ». Mais, dès 1948 et les discussions qui ont cours au sein du Conseil parlementaire (*Parlamentarischer Rat*), il est clair que l'expression directe de la volonté populaire doit être exclue. Ainsi, Theodor Heuss, député du FDP, qui devenait en 1949 le premier président de la RFA, dira, en pleine discussion, en parlant de la possibilité pour le peuple d'exprimer directement sa volonté : « *Cave canem* ! » (Attention au chien !). Cette position de Heuss reflète l'opinion dominante des députés du Conseil parlementaire. Cité par Josef Isensee, « Demokratie ohne Volksbestimmung », *in* Christian Hilgruber/Christian Waldhoff (dir.), *60 Jahre Bonner Grundgesetz – eine geglückte Verfassung ?*, Bonn University Press, 2010, p. 117 et suiv. Pour Isensee, il ne s'agit pas vraiment d'une peur du peuple. Il est plutôt question de prévenir le mal avant qu'il ne puisse arriver, c'est une mesure de précaution : « Also doch Angst vor dem Volke ? Das war es eben nicht, was die Autoren des Grundgesetzes leitete, aber auch nicht der Glaube an die paradiesische Unschuld, die natürliche Güte, die erhabene Weisheit des Volkssouveräns (...) "Cave canem !" – das war kein Zeichen von irrationaler Angst, sondern vor Vorsicht ». Sur l'article 79, alinéa 3 LF, voir *infra*, ce chapitre, section 2.

de la légitimité démocratique directe. Face au danger de déséquilibre, le juge constitutionnel formule une interdiction adressée au *Bundestag* de monopoliser le pouvoir (B).

A. La définition générale du principe démocratique.

La définition de la démocratie en tant que « gouvernement du peuple » n'arrive pas à dépasser le stade d'un régime dont la finalité première est la domination. Il ne s'agit point d'un régime idéal dans lequel le peuple est détenteur de tout pouvoir d'État et l'exerce de manière directe ou indirecte. Il est plutôt question, comme l'explique Ernst-Wolfgang Böckenförde, d'« *un principe d'organisation* relatif à la détention et à l'exercice du pouvoir d'État », dont la finalité, somme toute, n'est pas différente de celle de tout autre type de régime : organiser les hommes tout en les maintenant dans la soumission[1].

La démocratie ne doit par conséquent pas être comprise comme un principe qui, par sa seule application, éradiquerait la menace d'un pouvoir arbitraire. Le régime démocratique ne signifie pas la réalisation idéale de la liberté car il n'implique pas nécessairement l'existence d'une sphère de liberté de l'individu. Si l'idéal démocratique est entendu comme réalisé dès l'instant où l'on considère que « les sujets de l'ordre étatique participent à sa création », alors cet idéal « n'a plus rien à voir avec la mesure dans laquelle cet ordre étatique saisit les actes des individus qui le créent, c'est-à-dire avec le degré jusqu'auquel il restreint leur "liberté" ». La liberté individuelle peut donc être absente de la liste des valeurs d'une entité politique qui se veut démocratique. La seule condition que doit remplir le régime démocratique est la création par les individus de l'ordre étatique auquel ils sont soumis. La démocratie présente les mêmes défauts, dont peuvent souffrir les régimes à tendance autoritaire, car son penchant pour l'expansion « n'est pas moindre » que celui « du pouvoir autocratique »[2].

Le régime démocratique signifie une domination « de l'homme sur l'homme », toujours « insupportable à la sensibilité démocratique », mais rendue acceptable pour les individus qui doivent, en formant le corps politique qu'est le

---

[1] Ernst-Wolfgang Böckenförde, « Principes de la démocratie, forme politique et forme de gouvernement », *in* Ernst-Wolfgang Böckenförde, *Le droit, l'État et la constitution démocratique. Essais de théorie juridique, politique et constitutionnelle* réunis, traduits et présentés par Olivier Jouanjan (avec la collaboration de Willy Zimmer et Olivier Beaud), LGDJ/Bruylant, collection *La pensée juridique*, Paris/Bruxelles, 2000, p. 278 (souligné dans le texte).

[2] « Même un État où la puissance étatique sur l'individu recevrait une extension illimitée, c'est-à-dire où la "liberté" individuelle serait totalement anéantie et l'idéal libéral intégralement nié, pourrait encore constituer une démocratie, pourvu que l'ordre étatique fût créé par les individus qui y sont soumis ». Voir Hans Kelsen, *La démocratie. Sa nature – sa valeur*, trad. fr. Charles Eisenmann, réimpression de la 2e édition (1932), Dalloz, 2004, p.9-10.

peuple, légitimer toute action étatique[1]. Le peuple est ainsi le premier maillon de la « chaîne de la légitimation démocratique »[2].

« Tout pouvoir d'État émane du peuple » – l'article 20, alinéa 2 LF, première phrase légitime démocratiquement le pouvoir d'État[3], ainsi que l'exercice de celui-ci par des « organes spéciaux » cités dans la deuxième phrase de l'alinéa 2 de la même disposition constitutionnelle. Il s'agit d'une norme qui indique le détenteur et le titulaire du pouvoir d'État qui est toujours présent, de manière directe ou indirecte, afin de donner la légitimation suffisante de toute action étatique[4].

B. Le maintien de l'équilibre institutionnel : interdiction pour le Bundestag *d'avoir le monopole du pouvoir (*Gewaltenmonismus*).*

La légitimité démocratique directe dont bénéficie le *Bundestag* comporte un double danger. La « logique de la division des pouvoirs ne s'explique que par le fait que la séparation fonctionnelle assure (…) le primat de la législation démocratique (…) »[5]. Cette primauté du législateur démocratique peut devenir une menace pour l'équilibre des pouvoirs. D'une part, cet organe central du système constitutionnel allemand peut, par son mode désignation, devenir un organe écrasant les organes investis des pouvoirs exécutif et judiciaire, et, d'autre part, au sein même du Parlement, le principe majoritaire peut vider de son sens l'existence d'une opposition parlementaire.

---

[1] Ernst-Wolfgang Böckenförde, « Principes de la démocratie, forme politique et forme de gouvernement », *in* Ernst-Wolfgang Böckenförde, *Le droit, l'État et la constitution démocratique. Essais de théorie juridique, politique et constitutionnelle*, *op.cit.*, p. 278 : «La démocratie, comme forme politique et forme de gouvernement, n'a pas pour objet de surmonter (*Aufhebung*) ou de dépasser la domination organisée dans l'État. Elle vise au contraire à une certaine organisation de cette domination ». La démocratie qui porte en soi le processus de la personnification de l'État est une habile dissimulation, nous explique Kelsen, *La démocratie. Sa nature – sa valeur*, *op.cit.*, p. 11 : « Dans la démocratie, c'est l'État lui-même qui apparaît comme sujet du pouvoir. La personnification de l'État est un voile qui dissimule le fait, insupportable à la sensibilité démocratique, d'une domination de l'homme sur l'homme ».

[2] Ernst-Wolfgang Böckenförde, « Principes de la démocratie, forme politique et forme de gouvernement », *in* du même, « Principes de la démocratie, forme politique et forme de gouvernement », *in* Ernst-Wolfgang Böckenförde, *Le droit, l'État et la constitution démocratique. Essais de théorie juridique, politique et constitutionnelle* *op.cit.*, p. 279 : « On parle à cet égard de la nécessaire chaîne de légitimation démocratique ». La Cour constitutionnelle emploie l'expression de « chaîne de légitimation ininterrompue » (*ununterbrochene Legitimationskette*) : BVerfGE 83, 60 « Ausländerwahlrecht » du 31 octobre 1990 (p. 72 et suiv.) ou encore BVerfGE 93, 37 « Mitbestimmungsgesetz Schleswig-Holstein » du 24 mai 1995 (p. 67).

[3] Ernst-Wolfgang Böckenförde, « Principes de la démocratie, forme politique et forme de gouvernement », *in* du même, *Le droit, l'État et la constitution démocratique. Essais de théorie juridique, politique et constitutionnelle*, *op.cit.*, p. 283 : « La légitimation démocratique de l'exercice du pouvoir d'État (...) doit à chaque fois émaner du peuple *dans son ensemble* ou remonter jusqu'à lui » (souligné dans le texte).

[4] Christoph Möllers, *Das Grundgesetz. Geschichte und Inhalt*, C.H. Beck, München, 2009, p.52.

[5] Jürgen Habermas, *Droit et démocratie. Entre faits et normes*, Gallimard Essais, tr.fr. Rainer Rochlitz et Christian Bouchindhomme, 1997, p. 207.

La démocratie de la Constitution allemande tend à éviter « l'absolutisme de la majorité » (*Mehrheitsabsolutismus*) par « la garantie des droits fondamentaux et la séparation des pouvoirs »[1]. Cet absolutisme de la majorité peut être le résultat de la place privilégiée de l'organe réunissant les représentants du peuple – le Parlement au sein duquel le principe majoritaire domine la production législative et l'action gouvernementale. Le principe démocratique proclamé par la Loi fondamentale est lié à l'idée de gouvernement parlementaire qui implique la responsabilité politique du gouvernement devant le parlement[2]. Il est en effet fréquent de vouloir lier le principe démocratique à l'existence d'un gouvernement parlementaire, car le parlement, en tant qu'organe représentatif de la volonté nationale, est vu comme le garant de la souveraineté du peuple. Dès lors, la tentation est grande d'affirmer que seul le *Bundestag*, dont la composition résulte du suffrage universel direct, dispose de la légitimité nécessaire à la prise de toute décision politique importante.

L'affirmation est erronée, car les autres organes sont également démocratiquement légitimés, même s'il s'agit d'une légitimation indirecte[3]. « La représentation du souverain dans l'organisation d'un État démocratique présuppose l'existence d'un organe spécial » qui concrétise le principe démocratique. Cet organe est le parlement, car il serait difficile d'imaginer que le principe démocratique puisse être mis en œuvre dans le cadre d'un mono-gouvernement ou dans l'hypothèse du gouvernement d'un groupement d'organes, même si ces modes de gouvernement peuvent être basés sur un système électoral répondant aux canons démocratiques (suffrage universel, égalitaire et secret). Il s'agirait dans ce cas plutôt d'une « dictature plébiscitaire » ou « un État autoritaire monopartisan » qui ne pourrait se prévaloir d'une véritable légitimité démocratique[4]. Cependant, il ne faut guère

---

[1] Reinhold Zippelius/Thomas Würtenberger, *Deutsches Staatsrecht*, 31e édition, C.H. Beck, München, 2005, p. 73.

[2] Il s'agit par conséquent d'un système représentatif parlementaire qu'on pourrait opposer au régime dit présidentiel dont l'exemple le plus parfait sont les États-Unis. Voir sur ce point, Reinhold Zippelius/Thomas Würtenberger, *Deutsches Staatsrecht, op.cit.*, p. 81.

[3] Carl Schmitt, *Théorie de la Constitution* (1928), trad. fr. Lilyane Deroche, PUF, collection Quadrige, Paris, 2008, p. 451 : « Dans les États du continent européen, le XIXe siècle vit l'influence de la représentation populaire élue s'accroître face au gouvernement monarchique. Le parlement en tant qu'organe législatif chercha à étendre son pouvoir hors du domaine de la législation dans celui du gouvernement (...). (...) [L]'exigence d'un gouvernement parlementaire se transformerait en une exigence *purement démocratique* : dépendance du gouvernement envers la volonté de la représentation populaire, le gouvernement étant une pure délégation (*Ausschuss*) de la représentation populaire, donc du parlement qui lui-même est une pure délégation du peuple (...) » (en italique dans le texte).

[4] Le principe démocratique, tel qu'il existe dans le système constitutionnel actuel, n'est pas seulement le gouvernement du peuple, mais exige l'existence de débats ouverts, d'une confrontation d'idées et d'opinions. Un État, dont le gouvernement est dominé par un seul ou dont le système prône la domination d'un parti unique, où l'alternative a disparu du paysage politique (on peut ici penser aux républiques « satellites » de l'ex-URSS en Europe de l'Est où, malgré l'organisation d'élections prétendument démocratiques, le choix n'était qu'un simulacre car l'électeur obligé de donner sa voix à un seul parti), ne respecte pas le principe démocratique mais représente une illusion de système démocratique – en pervertissant les pratiques démocratiques, il instaure un régime totalement opposé aux valeurs de la

confondre le principe démocratique et l'existence d'un gouvernement parlementaire. Si la représentation du souverain par l'organe parlementaire correspond au principe démocratique, le gouvernement parlementaire n'est pas une condition de la réalisation de celui-ci[1]. La Loi fondamentale, dans son article 20, alinéa 2, ne pose d'ailleurs pas le principe du gouvernement parlementaire, mais le principe démocratique qui doit constituer le fondement de toute forme de gouvernement choisie – qu'elle soit de type parlementaire ou de type présidentiel –, car le principe du gouvernement parlementaire n'est pas protégé par « la clause d'éternité » de l'article 79, alinéa 3 LF[2].

La Loi fondamentale ne différencie pas les pouvoirs en fonction d'un degré peu ou prou élevé de légitimité : tous les trois trouvent leur source première dans le principe démocratique qui veut que le peuple soit détenteur de la souveraineté et l'exerce soit par le biais d'élections ou de votations, soit par le biais des « organes spéciaux »[3]. Le *Bundestag*, l'organe central du système constitutionnel, ne doit pas être vu comme maître du pouvoir exécutif qui ne serait chargé que d'accomplir la volonté du corps législatif : le Gouvernement fédéral n'est pas un organe issu d'un processus électoral direct, il ne peut se prévaloir de l'avantage d'être *directement* élu par le peuple. La thèse qui met en avant le pouvoir législatif, pouvoir démocratique par excellence, face à l'autre pouvoir incarné par le monarque, qui, lui, représente l'élément «non-démocratique de la Constitution », trouve tout son sens sous la période de la monarchie limitée, mais n'est plus tenable aujourd'hui[4]. La Cour constitutionnelle se refuse à admettre un « monopole » du pouvoir exercé par l'organe investi du pouvoir législatif :

---

démocratie. En ce sens, Peter Badura, *Staatsrecht. Systematische Erläuterung des Grundgesetzes für die Bundesrepublik Deutschland*, 2e édition, C.H. Beck'sche Verlagsbuchhandlung, München, 1996, p. 235.

1 Élisabeth Zoller, *Introduction au droit public*, 1e édition, Dalloz, 2006, p. 123 et suiv. Les États-Unis d'Amérique, où le principe de la responsabilité politique est mis de côté au profit de la pratique de l'*impeachment*, qui, bien que représentant une procédure à caractère pénal, contient une coloration politique.

2 Sur ce point, Hans Meyer, *Das parlamentarische Regierungssystem des Grundgesetzes*, *VVDStRL*, n°33, Walter de Gruyter, 1975, p. 74-75, note n°18 : « Art. 79 III schreibt die Demokratie des Art. 20 und die dort normierte organisatorische Grobstruktur wie die Notwendigkeit besonderer Organe der Gesetzgebung, der vollziehenden Gewalt und der Rechtsprechung fest, nicht aber die organisatorische Ausformung etwa in Art. 38 oder 39 GG (...) ». Meyer va plus loin encore en affirmant que ni le libre mandat des députés, ni le principe de la démocratie représentative ne sont protégés par l'article 79, alinéa 3 LF.

3 Article 20, alinéa 2 LF, deuxième phrase : « Le peuple l'exerce au moyen d'élections et de votations et par des organes spéciaux investis des pouvoirs législatif, exécutif et judiciaire ».

4 Ernst-Wolfgang Böckenförde, *Die Organisationsgewalt im Bereich der Regierung. Eine Untersuchung zum Staatsrecht der Bundesrepublik Deutschland*, Schriften zum Öffentlichen Recht, vol. 18, Duncker & Humblot, Berlin, 1964, p. 79 : « Im demokratischen Verfassungsstaat hingegen ist *jede* Funktion demokratisch, steht auf der Grundlage der demokratischen Verfassung. Sie wird durch die Verfassung allererst konstituiert, aber eben dadurch auch demokratisch legitimiert ».

> *L'organisation concrète de la répartition et de l'équilibre du pouvoir d'État, dont la sauvegarde est imposée par la Loi fondamentale, ne doit pas être remise en cause par un monopole du pouvoir (*Gewaltenmonismus*), déduit de manière erronée du principe démocratique, qui prendrait la forme d'une réserve parlementaire générale. Le fait que seuls les membres du Parlement sont directement élus par le peuple ne signifie pas que les autres institutions et fonctions de l'État sont privées de légitimité démocratique. Les organes des pouvoirs législatif, exécutif et judiciaire puisent leur légitimité démocratique institutionnelle et fonctionnelle dans la décision du constituant exprimée dans l'article 20, alinéa 2 LF*[1].

Le principe démocratique ne justifie pas une monopolisation, par l'organe parlementaire, du pouvoir d'État – l'élection immédiate de ses membres ne peut conférer une place privilégiée au Parlement, au détriment des autres pouvoirs qui bénéficient également de la même légitimité démocratique en vertu de l'article 20, alinéa 2 LF[2].

§ 2. Le principe de séparation des pouvoirs : élément de l'État de droit ou principe autonome ?

Le terme *Rechtsstaat* (État de droit) doit sa première apparition à « un ouvrage publié en 1798 à Strasbourg et rédigé par Johann Wilhelm Placidus (1758-1815) »[3]. Il est certain que l'expression de jadis ne correspond plus à la réalité normative qu'elle acquiert sous l'empire de la Loi fondamentale de 1949. Article 28, alinéa 1er

---

[1] BVerfGE 49, 89 « Kalkar I » du 8 août 1978, p. 125 : « Die konkrete Ordnung der Verteilung und des Ausgleichs staatlicher Macht, die das Grundgesetz gewahrt wissen will, darf nicht durch einen aus dem Demokratieprinzip fälschlich abgeleiteten Gewaltenmonismus in Form eines allumfassenden Parlamentsvorbehalts unterlaufen werden. Aus dem Umstand, daß allein die Mitglieder des Parlaments unmittelbar vom Volk gewählt werden, folgt nicht, daß andere Institutionen und Funktionen der Staatsgewalt der demokratischen Legitimation entbehrten. Die Organe der gesetzgebenden, vollziehenden und der rechtsprechenden Gewalt beziehen ihre institutionelle und funktionelle demokratische Legitimation aus der in Art. 20 Abs. 2 GG getroffenen Entscheidung des Verfassungsgebers ». Dans le même sens, BVerfGE 68, 1 « Atomwaffenstationierung » du 17 juillet 1984, p. 87, ou encore BVerfGE 98, 218 « Rechtschreibreform » du 12 mai 1998, p. 252.

[2] Konrad Hesse, *Grundzüge des Verfassungsrechts der Bundesrepublik Deutschland*, *op.cit.*, p. 247, emploie le superlatif « *oberste* » (suprême) pour désigner la place du Bundestag dans le système constitutionnel allemand. Mais « central » et « suprême » ne sont pas des termes synonymes, et il convient de se demander si le *Bundestag* n'est pas au sommet d'une hiérarchie organique basée sur le degré de légitimité, hiérarchie que la Cour, en apparence, n'admet pas.

[3] Sur l'origine de l'expression et les transformations du *Rechtsstaat* : Olivier Jouanjan, « Présentation », *in* du même (dir.), *Figures de l'État de droit. Le* Rechtsstaat *dans l'histoire intellectuelle et constitutionnelle allemande*, Presses universitaires de Strasbourg, 2001, p. 7 : « (...) Placidus (...) fut l'ami de Schiller et, à partir de 1786, bibliothécaire de la Cour et professeur de diplomatique et d'héraldique à Stuttgart », et les références bibliographiques supplémentaires.

LF fait expressément référence à « l'État de droit »[1] sans jamais définir les éléments qui le composent. Le principe de la séparation des pouvoirs qui, à l'époque du constitutionnalisme allemand, ne fut pas associé au concept d'État de droit[2], se trouve aujourd'hui au cœur d'une dispute doctrinale dont l'objet est l'autonomie du Gewaltenteilungsgrundsatz ou bien son caractère d'élement composant l'État de droit (A). La solution apportée par le juge constitutionnel ne résout pas les problèmes posés par l'interrogation doctrinale (B).

A. Incertitudes doctrinales.

Pour Eberhard Schmidt-Aßmann, d'un point de vue systématique, le principe d'État de droit se déploie dans deux directions : en tant qu'ordre étatique subjectif et en tant qu'ordre fonctionnel objectif qui place en son centre la séparation des pouvoirs. Il ne s'agit donc pas d'un principe autonome mais d'un élément de « l'État de droit formel », à côté de « l'indépendance des tribunaux, de la légalité de l'action administrative, de la protection juridictionnelle contre les actes de la puissance publique et un processus décisionnel répondant aux règles de la publicité et de la transparence »[3]. Katharina Sobota soutient que le principe de séparation des pouvoirs est déduit de l'article 20, alinéa 1er LF et constitue un élément de l'État de droit possédant une teneur normative[4]. Il est « douteux, écrit en revanche Philip Kunig, que la "séparation des pouvoirs", telle qu'elle fut conçue par la Loi fondamentale, soit conditionnée par "l'idée d'État de droit" » :

---

[1] « L'ordre constitutionnel des Länder doit être conforme aux principes d'un État de droit républicain, démocratique et social, au sens de la présente Loi fondamentale. (...) ». Après la révision constitutionnelle du 21 décembre 1992, l'article 23 LF relatif à l'Union européenne dispose que « pour l'édification d'une Europe unie, la République fédérale d'Allemagne concourt au développement de l'Union européenne qui est attachée aux principes fédératifs, sociaux, d'État de droit et de démocratie (...) » (Luc Heuschling, *État de droit, Rechtsstaat, Rule of Law*, Dalloz, coll. *Nouvelle Bibliothèque des Thèses*, 2002, p. 146).

[2] Eberhard Schmidt-Aßmann, « Der Rechtsstaat », *in* Josef Isensee/Paul Kirchhof (dir.), *Handbuch des Staatsrechts der Bundesrepublik Deutschland*, vol. 2 (*Verfassungsstaat*), 3e édition, 2004, p. 542 : « À la fin du 18e et au début du 19 siècle, le concept [d'État de droit] apparut d'abord comme un programme de limitation du pouvoir » (« Der Begriff ils als staatseingrenzendes Programm an der Wende vom 18. Zum 19. Jahrhundert entstanden »). L'idée d'État de droit est étroitement liée, au XIXe siècle allemand, à la garantie des droits des citoyens (voir *supra*, cette partie, titre 1er, chapitre 1er, section 2, § 2).

[3] Eberhard Schmidt-Aßmann, « Der Rechtsstaat », *in* Josef Isensee/Paul Kirchhof (dir.), *Handbuch des Staatsrechts der Bundesrepublik Deutschland*, vol. 2 (*Verfassungsstaat*), 3e édition, 2004, p. 552 : « Als formeller Rechtsstaat gilt ein Staat, der die Gewaltenteilung, die Unabhängigkeit der Gerichte, die Gesetzesmäßigkeit der Verwaltung, Rechtsschutz gegen Akte öffentlicher Gewalt und eine öffentlich-rechtliche Entscheidung als unverzichtbare Institute anerkannt (...) » ; p. 565 : « Systematisch ist das Rechtsstaatsprinzip als subjektive Staatsordnung und als objektive Funktionenordnung zu entfalte. (...) Im Zentrum der objektiven Funktionenordnung (...) steht die Gewaltenteilung ».

[4] Katharina Sobota, *Prinzip Rechtsstaat*, Mohr Siebeck, Tübingen, 1997, p. 403-404 : « Die wichtigsten seiner Elemente seien bereits positives Recht (...). Der Grundsatz der Gewaltenteilung wird jedoch vom Grundgesetz nicht ausdrücklich ausgesprochen. In Art. 20 Abs. 2 Satz 2 und Abs. 3 findet er lediglich Anklagung ».

> *Les études et les commentaires de la Loi fondamentale décrivent ainsi le contenu du principe d'État de droit en se référant en partie à la doctrine, en partie à la jurisprudence de la Cour constitutionnelle allemande, en formulant des sub-sujets dont le fondement de validité est l'État de droit. Particulièrement fréquentes sont les affirmations, selon lesquelles l'idée d'État de droit signifierait (...) la séparation, la division et le contrôle des pouvoirs (...). La question de savoir si ces normes, qui trouvent leur fondement de validité dans le droit positif, sont embrassées par un principe général de l'État de droit ne fait pas l'objet d'une problématisation*[1].

Cet extrait résume à lui seul le débat doctrinal ayant pour objet le lien entre le principe de séparation des pouvoirs et l'État de droit. La volonté d'élaborer un concept élastique au sein duquel peut être regroupée une variation infinie de combinaisons[2] n'est pas suivie par une problémtisation suffisante qui permettrait de savoir quel est l'intérêt de la sous-catégorisation.

Élément de l'État de droit ou bien principe dotée d'existence autonome, dans les deux cas de figure, la séparation constitutionnelle des pouvoirs possède une teneur normative qui lui est propre. Décider si le principe fait partie des composantes de l'État de droit n'est qu'une question de forme. Car, au fond, l'effet normatif du principe ne fait pas de doute : il s'agit d'une norme opérante qui permet d'obtenir des résultats et des solutions à des problèmes juridiques concrets.

B. La solution du juge constitutionnel.

Pour la Cour, les dispositions de la Loi fondamentale, notamment l'article 20 LF, contiennent seulement des éléments du principe de l'État de droit. Dans la

---

[1] Critique sur la classification de la séparation des pouvoirs comme élément constitutif de l'État de droit : Philip Kunig, *Das Rechtsstaatsprinzip. Überlegungen zu seiner Bedeutung für das Verfassungsrecht der Bundesrepublik Deutschland*, Mohr Siebeck, Tübingen, 1986, p. 76 : « Zudem ist (...) zweifelhaft, ob "Gewaltenteilung", wie sie das Grundgesetz vorsieht, (...) durch "Rechtstaatlichkeit" geboten ist » ; p. 122 : « Die Lehrdarstellungen und die kommentare zum Grundgesetz beschreiben also den Inhalt des Rechtsstaatsprinzips, indem sie teilweise auf geschriebenes Verfassungsrecht Bezug nehmen, teilweise – ganz offensichtlich und zumindest explizit in Anlehnung an die Rechtsprechung des Bundesverfassungsgerichts – Untertopoi formulieren, deren Geltungsgrund sie in einem allgemeinen Rechtsstaatsprinzip sehen (...) Besonders häufig sind die Aussagen, Rechtsstaatlichkeit bedeute (...) Gewaltenteilung, -trennung, -kontrolle (...). Ob diese Normen, die ihre Geltungsgrundlage schon in geschriebenen Recht finden, von einem allgemeinen Rechtsstaatsprinzip mit umfaßt sind, wird dabei durchweg nicht problematisiert ». Pour l'autonomie normative du principe, voir également Konrad Hesse, *Grundzüge des Verfassungsrechts der Bundesrepublik Deutschland*, 20e édition, 1999, p. 207 et suiv.

[2] On ne compte pas moins de 142 éléments composant l'État de droit chez Katharina Sobota, et la liste n'est pas exhaustive.

décision du 15 décembre 1970 dite des *Écoutes téléphoniques*, l'article 20 « ne fait que garantir certains aspects du *Rechtsstaat* sans en consacrer le principe général »[1] :

> *Article 20 LF, aussi, contient plusieurs principes fondamentaux, sans que le « principe de l'État de droit » y soit « établi », mais fait référence à des principes strictement définis composant l'État de droit : dans l'alinéa 2, on trouve le principe de séparation des pouvoirs et, dans l'alinéa 3, le principe selon lequel le pouvoir législatif est lié par l'ordre constitutionnel et les pouvoirs exécutif et judiciaire au droit et à la loi*[2].

La conséquence de l'affirmation du juge selon laquelle le principe de l'État de droit n'est pas consacré, dans son intégralité, par la Loi fondamentale qui opte plutôt pour l'intégration de différents éléments composant le principe, est la protection partielle du principe de l'État de droit par l'article 79, alinéa 3 LF. La solution jurisprudentielle est compréhensible : il devient impossible de proclamer l'existence de l'État de droit sans prendre les précautions nécessaires afin de distinguer l'idée de l'État de droit de ses éléments constitutifs. Le contraire pourrait aboutir à une extension du champ d'application de l'article 79, alinéa 3 LF : tous les éléments susceptibles de faire partie de l'État de droit pourraient ainsi se trouver sous la protection de la « clause d'éternité ».

L'autonomie du *Gewaltenteilungsgrundsatz* est d'intérêt doctrinal, car, en pratique, la teneur normative n'est pas modulée en fonction de son statut de principe autonome ou élément composant l'État de droit.

§ 3. L'articulation entre la séparation horizontale des pouvoirs et le principe fédéral.

Le principe d'organisation fédérale[3] est posé par l'article 20, alinéa 1er LF aux termes duquel la République allemande « est un État fédéral, démocratique et

---

[1] Luc Heuschling, *État de droit, Rechtsstaat, Rule of Law*, Dalloz, coll. Nouvelle Bibliothèque des Thèses, 2002, p. 151.

[2] BVerfGE 30, 1 « Abhörurteil » du 15 décembre 1970, p. 24: « Auch in Art. 20 GG sind mehrere Grundsätze niedergelegt, nicht jedoch ist dort "niedergelegt" das "Rechtsstaatsprinzip", sondern nur ganz bestimmte Grundsätze des Rechtsstaatsprinzips : in Absatz 2 der Grundsatz der Gewaltenteilung und Absatz 3 der Grundsatz der Bindung der Gesetzgebung an die verfassungsmäßige Ordnung, der vollziehenden Gewalt und der Rechtsprechung an Gesetz und Recht ».

[3] Sur le fédéralisme: Gerhard Anschütz, « Der deutsche Föderalismus », *in VVDStRL*, De Gruyter, Berlin/Leipzig, 1924, p. 11-32; Peter Lerche, « Föderalismus als nationales und internationales Ordnungsprinzip », in *VVDStRL*, De Gruyter, Berlin, 1964, p. 66-101; Thorsten Ingo Schmidt, « Der Bundesrat. Geschichte, Struktur, Funktion » (p. 651-689), Christian Starck, « Idee und Struktur des Föderalismus im Lichte der Allgemeinen Staatslehre » (p. 41-55), *in* Ines Härtel (éd.), *Handbuch Föderalismus– Föderalismus als demokratische Rechtsordnung und Rechtskultur in Deutschland, Europa und in der Welt*, vol. 1 (*Grundlagen des Föderalismus und der deutsche Bundesstaat*), Springer, Berlin, 2012 ; ou encore l'essai de Konrad Hesse, *Der unitarische Bundesstaat*, C. F. Müller, Heidelberg, 1962.

social ». La forme fédérale est l'organisation verticale et la répartition du pouvoir opère entre le *Bund* (la Fédération) et les *Länder* (les États fédérés allemands). L'organisation fédérale se définit comme « le principe politique de base de la libre association d'entités régionales distinctes et égales qui sont liées par leur action commune ». Le sens de l'organisation fédérale réside dans la création d'une structure politique unifiée tout en sauvegardant les particularités des membres qui la composent[1]. La séparation vérticale des pouvoirs entre *Bund* et *Länder* (A) est garantie par l'institution originale du *Bundesrat* (B).

A. La séparation verticale des pouvoirs entre Bund et Länder.

L'État fédéral est caractérisé par une séparation verticale des pouvoirs législatif, exécutif et judiciaire dont l'exercice se trouve partagé entre le *Bund* et les *Länder*. La forme étatique fédérale est définie par un dualisme et un parallèlisme des organes[2]. Les différentes parties, horizontales et verticales, forment « l'ensemble entier du pouvoir d'État »[3]. L'exercice partagé du pouvoir et le contrôle exercé par les entités fédérées sur les organes de la Fédération complètent le système de la balance des pouvoirs tendant à empêcher la création d'un appareil « bureaucratique unitaire »[4] et omnipotent. Ainsi, le « nouveau » fédéralisme allemand, celui construit après 1945, « complète la séparation horizontale traditionnelle des pouvoirs par une séparation verticale »[5]. Selon la Cour constitutionnelle fédérale, la décision fondamentale de créer un ordre fédéral est prise dans « l'intérêt d'une séparation effective des pouvoirs »[6] :

> *La répartition des compétences est une concrétisation importante du principe fédéral dans la Loi fondamentale et en même temps un élément*

---

[1] Konrad Hesse, *Grundzüge des Verfassungsrechts der Bundesrepublik Deutschland*, 20e édition, 1999, C.F. Müller, Heidelberg, p. 97 : « (…) bezeichnet als politisches Grundprinp die freie Einigung von differenzierten, grundsätzlich gleichberechtigten, (…) regionalen politischen Gesamtheiten, die auf die Weise zu gemeinschaftlichem Zusammenwirken verbunden werden sollen. (…) politishe Einheit zu bilden (…) ohne die Besonderheit der Glieder aufzuheben (…) ».

[2] Adolf Merkl, « Zum rechtstechnischen Problem der bundesstaatlichen Kompetenzverteilung », *Zeitschrift für öffentliches Recht* (1921), réimpression dans Hans Klecatsky/René Marcic/Herbert Schambeck (éd.), *Die Wiener Rechtstheoretische Schule. Schriften von Hans Kelsen, Adolf Merkl, Alfred Verdroß*, vol. 2, 1968, p. 1594.

[3] Reinhold Zippelius/Thomas Würtenberger, *Deutsches Staatsrecht*, 32e édition, C.H. Beck, München, 2008, p. 146 : « (…) alle Teilfunktionen die volle deutsche Staatsgewalt bilden ».

[4] Reinhold Zippelius/Thomas Würtenberger, *Deutsches Staatsrecht*, *op.cit.*, p. 146 : « (…) übermächtigen Einheitsbürokratie ».

[5] Constance Grewe, « Le droit constitutionnel allemand dans la science juridique française », *in* Olivier Beaud/Erk Volkmar (dir.), *Eine deutsch-französische Rechtswissenschaft ? – Une science juridique franco-allemande ?*, Baden-Baden, Nomos Verlagsgesellschaft, 1999, p. 221-235, spécialement p. 231.

[6] BVerfGE 12, 205 « 1. Rundfunkentscheidung » du 28 février 1961, p. 229 : « Diese Grundentscheidung (…) die (…) eine Entscheidung zugunsten des föderalistischen Staatsaufbaus im Interesse einer wirksamen Teilung der Gewalten ist (…) ».

> *de la séparation fonctionnelle des pouvoirs. Elle divise le pouvoir politique et enferme son exercice dans un cadre constitutionnel qui doit maintenir cette répartition de la puissance et rendre possible le concours des différentes forces politiques ainsi que garantir un équilibre des intérêts antagoniques.*[1]

Le poids politique dans la répartition des compétences entre le *Bund* et les *Länder* réside dans le premier, tandis que les seconds sont plutôt assignés au rôle d'administration des affaires de la Fédération. La « séparation des pouvoirs fédérative » *(föderative Gewaltenteilung)* exige une claire répartition des compétences entre les deux échelons, fédéral et celui des États. La règle de la Loi fondamentale est celle de la compétence d'attribution de la Fédération : tant que la Constitution ne dispose pas autrement, l'exercice des compétences et l'accomplissement des missions étatitques relèvent du domaine des *Länder*[2]. En ce qui concerne la compétence législative, conformément à l'article 70 LF les *Länder* « ont le droit de légiférer dans les cas où la présente Loi fondamentale ne confère pas à la Fédération des pouvoirs de légiférer ».

Au niveau fédéral, la participation des *Länder* est garantie par le *Bundesrat* qui joue un rôle non seulement dans le rapport vertical, mais aussi dans la répartition horizontale des pourvoirs, car il présente certaines originalités suceptibles, au premier abord, de troubler le schéma « classique » du système de la séparation des pouvoirs.

B. Le **Bundesrat** *: émanation des gouvernements des* **Länder** *au niveau de la Fédération.*

Le *Bundesrat* de la Loi fondamentale est l'héritier du Conseil fédéral qui fut une institution-phare de l'Empire allemand. En effet, il « ressort » de la Constitution fédérale de 1871 que l'autorité politique fédérale apparaissant au premier plan n'est pas l'empreur, mais le *Bundesrat.* La position de cette institution vient de l'originalité de l'Empire qui unit des États monarchiques dans une structure républicaine. Ainsi, le *Bundesrat* composé des représentants des gouvernements monarchiques disposait d'importants pouvoirs afin de traduire la

---

[1] BVerfGE 55, 274 « Berufsausbildungsabgabe » du 10 décembre 1980, p. 318-319 : « Die (...) Kompetenzaufteilung ist eine wichtige Ausformung des bundesstaatlichen Prinzips im Grundgesetz und zugleich ein Element zusätzlicher funktionaler Gewaltenteilung. Sie verteilt politische Macht und setzt ihrer Ausübung einen verfassungsrechtlichen Rahmen, der diese Machtverteilung aufrechterhalten und ein Zusammenwirken der verschiedenen Kräfte sowie einen Ausgleich widerstreitender Belange ermöglichen soll ».

[2] Article 30 LF : « L'exercice des pouvoirs étatiques et l'accomplissement des missions de l'État relèvent des Länder, à moins que la présente Loi fondamentale n'en dispose autrement ou n'admette un autre règlement ».

volonté monarchique au niveau fédéral[1]. S'il est vrai que le *Bundesrat* « incarne le principe fédéral, c'est-à-dire l'union de monarchies » à l'époque du *Reich*, aujourd'hui, il incarne le principe fédéral, c'est-à-dire l'union des *Länder*, les entités républicaines. Il n'a guère les larges compétences que la Constitution de 1871 accordait à son ancêtre, mais représente tout de même un poind institutionnel important au niveau de la Fédération.

La composition « exécutive » de cet organe « atypique »[2] n'a pas changé, car le *Bundesrat* actuel, réunissant les représentants désignés par les gouvernements des *Länder*, porte la volonté des exécutifs fédérés afin qu'elle participe à la formation de la volonté globale, celle de la Fédération[3]. Les vestiges du Conseil fédéral bismarckien subsistent encore. Le vote est un vote « collectif effectué par chaque délégation du Land », exprimé de manière uniforme (*einheitlich*)[4]. Cette nature « exécutive » et l'impossibilité de qualifier le *Bundesrat* d'assemblée parlementaire[5] peuvent troubler celui qui adopte une lecture simpliste du principe horizontal de la séparation des pouvoirs. Mais l'organe à la composition exécutive et aux compétences législatives et exécutives qu'est le *Bundesrat* s'inscrit complètement dans le système de la séparation horizontale des pouvoirs, c'est-à-dire dans la répartition de l'exercice du pouvoir politique entre les organes fédéraux. Par sa faculté de s'opposer à l'adoption d'une loi fédérale, ainsi que dans une série d'autres cas prévus par la Loi fondamentale, il constitue un contrepoids efficace qui ne fait que concrétiser le principe constitutionnel de la séparation des pouvoirs. La rencontre entre le principe horizontal et le principe fédéral contribue à garantir la modération de la puissance en ajoutant au format « classique » cette institution exécutive originale.

Selon l'article 79, alinéa 3 LF, l' « organisation de la Fédération en *Länder* » et le « concours des *Länder* à la législation » ainsi que les principes contenus dans les

---

[1] Olivier Beaud, *Théorie de la fédération*, PUF, coll. *Léviathan*, 2007, p. 404-406 : « (…) par l'étendue de ses compétences, qui dépasse de loin celle d'un Sénat américain ou du Conseil des États suisse, le Bundesrat apparaît comme l'autorité fédérale prédominante dans le Reich. (…) Bismarck défend (…) l'idée d'une sorte de Souverain collectif, fondé sur l'exercice en commun du pouvoir fédéral, et un tel Souverain n'est autre que le Bundesrat, sorte de Directoire des princes de l'Allemagne. (…) ».

[2] Armel Le Divellec, *Le gouvernement parlementaire en Allemagne. Contribution à une théorie générale*, LGDJ, 2004, p. 486.

[3] Michael Sachs, « Das parlamentarische Regierungssystem und der Bundesrat – Entwickelungsstand und Reformbedarf », *VVDStRL*, n°58, 1999, p. 39 et suiv.

[4] Article 51, alinéa 3 LF : « Chaque Land peut déléguer autant de mebres qu'il a de voix. Les voix d'un Land ne peuvent être exprimées que globalement et seulement par des membres présents ou leurs suppléants ». Sur la spécificité du vote : Olivier Beaud, *Théorie de la fédération*, PUF, coll. *Léviathan*, 2007, p. 419.

[5] Le Conseil fédéral n'est pas la deuxième chambre du Parlement allemand. Il n'est pas une assemblée parlementaire. Le seul Parlement que la Loi fondamentale connaisse, c'est le *Bundestag*. Sur ce point, voir : Deuxième partie, titre 1er, chapitre 1er, section 1, § 1.

articles 1er et 20 LF ne peuvent faire l'objet d'une révision constitutionnelle[1]. Le principe de l'organisation fédérale et la garantie de la pariticpation des États à la législation, à côté des autres principes mentionnés dans le même article, participent à la construction du socle de la Loi fondamentale qui est inaccessible pour le pouvoir de révision.

Section 2 : La protection de l'article 20 LF par la « clause d'éternité » (*Ewigkeitsklausel*)[2] de l'article 79, alinéa 3 LF.

En Allemagne, lors des discussions autour de la rédaction de la Loi fondamentale, l'explication de l'existence de ce qui allait devenir l'article 79, alinéa 3 LF, était claire : cette disposition, qui rend intangibles certains principes formant le « cœur » de la Constitution, signifie que la Loi fondamentale ne doit pas fournir des moyens légaux dont l'utilisation aurait comme finalité sa propre destruction. La « mission » de cette norme est d'êmpecher une révolution antidémocratique qui emprunterait la voie légale. L'article 79, alinéa 3 LF doit enlever à un tel mouvement « le masque de la légalité » (*die Maske der Legalität*) [3]. Mais cette protection n'est guère absolue. Elle n'a qu'un effet relatf, car enlever « le masque de la légalité » ne siginfie pas éradiquer la probabilité d'un anéantissement des principes protégés par l'article 79, alinéa 3 LF[4]. Comme l'explique Walter Jellinek, la révolution est la preuve la plus évidente de l'impossibilité d'une clause limitant matériellement le pouvoir constituant qui décide de rompre avec les principes de

---

[1] De manière générale, on se reportera à la contribution de Matthias Jestaedt, « Bundesstaat als Verfassungsprinzip », *in* Josef Isensee/Paul Kirchhof (dir.), *Handbuch des Staatsrechts der Bundesrepublik Deutschland*, vol. 2, 3e édition, C.F.Müller, Heidelberg, 2004, p. 821 et suiv.

[2] Il s'agit d'une expression qui a cours dans les milieux doctrinaux et qui est accepté par la jurisprudence. L'usage des guillemets est nécessaire, car il n'est point question d'une clause « éternelle », ni d'une « garantie éternelle » (*Ewigkeitsgarantie*), mais d'un article qui doit rester intact pendant la « durée de vie » de la Loi fondamentale. Sur les origines modernes des « clauses d'éternité », voir Luc Heuschling, *État de droit, Rechtsstaat*, Rule of Law, Dalloz, 2002, p. 612 et suiv. Si « la première clause d'éternité apparaît dans la Constitution du Delaware du 10 septembre 1776 », dont l' article 30 « proclame l'intangibilité absolue de toute la déclaration des droits qui précède le texte constitutionnel *stricto sensu* et dans laquelle sont énoncés les axiomes d'un ordre démocratique et libéral ».

[3] Peter Häberle (éd.), *Entstehungsgeschichte der Artikel des Grundgesetzes*, Neuausgabe des *JöR*, vol.1, 2e édition, Mohr Siebeck, Tübingen, 2010, p. 586, spécialement les interventions du député du FDP Dehler ; Horst Dreier « Artikel 79 », *in* du même (dir.), *Grundgesetz Kommentar*, vol. 2, Mohr Siebeck, Tübingen, 1998, p. 1510 : « Die Norm macht die legale Revolution unmöglich. Damit verbunden ist eine gewisse Warn- und Signalfunktion ».

[4] Diana Zacharias, « Die sogenannte Ewigkeitsgarantie des Art. 79 Abs. 3 GG », *in* Markus Thiel (dir.), *Wehrhafte Demokratie. Beiträge über die Regelungen zum Schutze der freiheitlichen demokratischen Ordnung*, Mohr Siebeck, Tübingen, 2003, p. 97 : « Die Ewigkeitsgarantie des Art. 79 Abs. 3 GG ist kein geeignetes Instrument, um terroristische Anschläge, eine Revolution oder einen Bürgerkrieg zu verhindern oder im Nachhinein zu ahnden ».

l'ordre constitutionnel existant[1]. La norme de protection ne peut jouer son rôle de manière pleine et entière que dans le cas d'un législateur chargé de modifier le texte constitutionnel qui est « confus », mais « loyal ». Elle se trouverait complètement démunie face à la manifestation d'une volonté (malveillante) de changer de régime de manière radicale[2]. Par ailleurs, en poursuivant l'objetctif d'une protection optimale de l'ordre constitutionnel, il n'est pas prévu que le peuple se prononce par voie référendaire sur une loi de révision[3].

Aux termes de l'article 79, alinéa 3 : « [t]oute modification de la présente Loi fondamentale, qui toucherait à l'organisation de la Fédération en Länder, au principe du concours des Länder à la législation, ou aux principes énoncés aux articles 1 et 20, est interdite[4] ».

Cette disposition pose une limitation matérielle[5] au pouvoir de révision constitutionnelle. Cependant, l'expression « clause d'éternité » peut prêter à confusion: il est difficilement concevable qu'un article constitutionnel puisse être doté d'une valeur normative « éternelle ». Les « clauses d'éternité », plutôt que d'être

---

[1] Walter Jellinek, *Grenzen der Verfassungsgesetzgebung*, Berlin, 1931, p. 23, ou encore Hans Wolff, « Rechtsgrundsätze und verfassunggestaltende Grundentscheidungen als Rechtsquellen », *in Festschrift für Walter Jellinek*, München, 1955, p. 49.

[2] Dans le même sens, Horst Dreier « Artikel 79 », *in* Horst Dreier (dir.), *Grundgesetz Kommentar*, vol. 2, Mohr Siebeck, Tübingen, 1998, p. 1510 : « Adressat ist also nicht nur der Verfassungsgegner, sondern auch ein prinzipiell loyaler, aber gewissermaßen irriger Verfassungsänderungsgesetzgeber » ; Diana Zacharias, « Die sogenannte Ewigkeitsgarantie des Art. 79 Abs. 3 GG », in Markus Thiel (dir.), *Wehrhafte Demokratie. Beiträge über die Regelungen zum Schutze der freiheitlichen demokratischen Ordnung*, Mohr Siebeck, Tübingen, 2003, p. 97 : « Ihr Augenmerk gilt vielmehr den bestehenden staatlichen Gewalten. Diesen versperrt die Ewigkeitsgarantie den Zugriff auf bestimmte verfassungsgeberische Grundentscheidungen, die die Qualität und den Wert des Grundgesetzes ausmachen und die gleichsam die Knotenpunkte bilden, auf die sämtliche anderen Verfassungsbestimmungen zulaufen ».

[3] Johannes Masing, « Zwischen Kontinuität und Diskonktinuität : die Verfassungsänderung », *Der Staat*, 2005, p. 11 : « Cette conception [de la révision constitutionnelle] est portée par une méfiance de principe vis-à-vis du peuple, qui correspond à la tradition allemande (…) » (« Getragen ist dieses Konzept von einem prinzipiellen Mißtrauen gegenüber dem Volk – so wie es deutscher Tradition entspricht […] »).

[4] « Eine Änderung dieses Grundgesetzes, durch welche die Gliederung des Bundes in Länder, die grundsätzliche Mitwirkung der Länder bei der Gesetzgebung oder die in den Artikeln 1 und 20 niedergelegten Grundsätze berührt werden, ist unzulässig. » Aux termes de l'article 79, alinéas 1 et 2 LF, la modification de la Loi fondamentale est opérée par le législateur et n'est pas confiée à un organe spécial. La procédure est « alourdie » par l'exigence de majorités qualifiées afin d'éviter que le texte constitutionnel devienne la proie des aléas de la vie politique. Voir Peter Badura, « Verfassungsänderung, -wandel, -gewohnheitsrecht », *in* Josef Isensee/Paul Kirchhof (dir.), *Handbuch des Staatsrechts der Bundesrepublik Deutschland*, vol. 7 *Normativität und Schutz der Verfassung – Internationale Beziehungen*, C.F. Müller, Heidelberg, 1992, p. 59 : « Das Grundgesetz versteht somit die Verfassungsänderung als eine Erscheinungsweise der Gesetzgebung, legt der verfassungsändernden Gesetzgebung aber bestimmte Erschwerungen auf, nämlich vor allem qualifizierte Mehrheiten in Bundestag und Bundesrat, die eine Gewähr dafür bieten, daß nicht beliebige Zweckmäßigkeit oder tagespolitische Opportunität die Regierung und ihre parlamentarische Mehrheit zu einer Verfügung über das Verfassungsrecht befähigen ».

[5] Sur la révision constitutionnelle en RFA, voir Olivier Jouanjan, « Révision de la constitution et justice constitutionnelle : RFA », *Annuaire International de Justice Constitutionnelle*, 1994, p. 229-254.

entendues commes une œuvre qui ne peut disparaître, doivent être comprises comme un moyen de protection virtuelle contre les menaces que peut subir un régime démocratique et libéral[1]. Par ailleurs, si les « clauses d'éternité » étaient vraiement éternelles, il existerait des principes auxquels le pouvoir constituant ne pourrait nullement déroger. Or, ce n'est pas le cas[2].

Ainsi, ce ne sont pas les principes de l'article 79, alinéa 3 LF qui sont immuables, mais la liberté du pouvoir constituant de décider de s'autolimiter en reprenant, dans les constitutions à venir, les principes protégés par l'article 79, alinéa 3 LF. Le pouvoir constituant originaire ne peut guère être hétérodéterminé. En revanche, il peut encadrer le pouvoir de révision constitutionnelle, qui n'est pas autre chose qu'une « production normative constitutionnelle conformément aux procédures et aux limitations posées par une constitution en vigueur »[3]. La « clause d'éternité » de l'article 79, alinéa 3 LF ne lie que le pouvoir de révision et lui sert de barrière en protégeant ce que le constituant de 1949 considérait comme des décisions constitutionnelles fondamentales. La répartition tripartie du pouvoir d'État de l'article 20, alinéa 2 LF en fait partie et ne peut par conséquent faire l'objet d'aucune révision constitutionnelle qui tendrait à sa modification (§ 1). Ce qui paraît paradoxal, c'est que ce principe de la séparation tripartite des pouvoirs, « n'est, selon la Cour, nulle part parfaitement réalisé »[4]. L'article 79, alinéa 3 LF porte l'interidction de modifier le cœur du principe de la séparation des pouvoirs, mais ne signifie pas une interdiction absolue d'en modifier les modalités d'application (§ 2).

§ 1. La limitation matérielle apportée par l'article 79, alinéa 3 LF au pouvoir de révision constitutionnelle.

L'article 79, alinéa 3 LF limite clairement le pouvoir de révision constitutionnelle en lui interdisant de toucher aux principes et aux articles de la Loi

---

[1] Luc Heuschling, *État de droit, Rechtsstaat, Rule of Law*, *op.cit.*, p. 615-616: « Dans un contexte mouvementé, instable, il s'agit de définir un point d'ancrage, un point fixe qui puisse servir de boussole pour les temps à venir. (…) Si la question des limites matérielles au pouvoir de révision commence à être débattue sous la République de Weimar, elle connaît son heure de gloire après les horreurs du IIIe Reich. Le sinistre précédent de la loi des pleins pouvoirs du 23 mars 1933 sert de repoussoir aux rédacteurs des constitutions des différents Länder et du Grundgesetz de 1949. Les dispositions adoptées alors visent surtout à proteger le fondement humaniste du droit et de la démocratie ».

[2] Karl.-E. Hain, *Die Grundsätze des Grundgesetzes. Eine Untersuchung zu Art. 79 Abs. 3 GG, Nomos Verlagsgesellschaft*, Baden-Baden, 1999, p. 49 : « Fraglich ist nur, ob Art. 79 Abs. 3 GG tatsächlich intendiert, die "ewige" Geltung geschützten Grundentscheidungen selbst gegenüber dem Verfassunggeber zu sichern. Das ist indes keineswegs der Fall ».

[3] Angela Bauer/Matthias Jestaedt, *Das Grundgesetz im Wortlaut. Änderungsgesetze, Synopse, Textstufen und Vokabular zum Grundgesetz*, C.F. Müller Verlag, Heidelberg, 1997, p. 3: « Verfassungsänderung ist die Verfassungserzeugung nach Maßgabe einer bestehenden Verfassung » (en italique dans le texte).

[4] BVerfGE 3, 225 « Gleichberechtigung » du 18 décembre 1953.

fondamentale qui s'y trouvent énumérés. L'article 20, alinéa 2 LF figure dans cette liste, et, par conséquent, le principe de la séparation horizontale des pouvoirs ne peut point être touché par le législateur chargé de réviser le texte constitutionnel. La signification de cette disposition obtient davantage de clarté à la lumière des lectures des travaux préparatoires relatifs à l'élaboration de la Loi fondamentale (A). Le principe de séparation des pouvoirs est un principe certes protégé par la « clause d'éternité », mais cette protection ne vaut que face au pouvoir de révision constitutionnelle. Le principe de la séparation des pouvoirs se trouverait sans défense si le pouvoir constituant se manifestait et décidait de lui substituer un autre principe d'organisation des pouvoirs. Afin de saisir l'étendue de la protection de l'article 79, alinéa 3 LF, il est nécessaire de distinguer le pouvoir de révision du pouvoir constituant (B).

A. La signification de la « clause d'éternité » de l'article 79, alinéa 3 LF.

Si les Constitutions de certains *Länder* comportent des dispostitions protégeant des principes ou décisions considérés comme fondamentaux par le pouvoir constituant, introduire une norme intangible dans la Loi fondamentale constitue, en 1949, une innovation au niveau fédéral. Comme le remarque Gerhard Anschütz dans son *Commentaire* de la Constitution de 1919, cette dernière ne connaît aucune limitation matérielle ou politique. Loi et Constitution ont le même rang. Le législatif « dispose » du contenu du texte constitutionnel[1]. La seule limitation est d'ordre formel : l'article 76 de la Constitution de Weimar exige un quorum des deux tiers des membres du *Reichstag* et la majorité des deux tiers des membres présents, et la majorité des deux tiers des voix au *Reichsrat*, pour que la loi de révision constitutionnelle soit adoptée[2].

Cette conception du pouvoir de révision matériellement illimité n'est pas acceptée de manière unanime. Carl Schmitt, contrairement à Anschütz, distnigue la notion de constitution de celle de lois constitutionnelles. La première représente une décision politique fondamentale qui ne peut être modifiée et dont « le sens

---

[1] Voir Anschütz, *Die Verfassung des deutschen Reiches vom 11. August 1919. Kommentar*, réimpression de la 14e édition (1933), H. Gentner, 1960, p. 401 et suiv.: « (...) Verfassungsgesetz und einfaches Gesetz Willensäußerungen einer und derselben Gewalt, der gesetzgebenden Gewalt, darstellen. (...) Die Verfassungs steht nicht über die Legislative, sondern zur Disposition derselben, mit der Maßgabe, daß die Legislative gegebenenfalls verpflichtet ist, die für Verfassungsänderungen vorgeschriebenen besonderen Formen zu wahren ». Le législateur ordinaire peut tout réviser, indépendamment du contenu ou de l'étendue politique (« *alles ohne Unterschied des Inhalts und der politischen Tragweite* ») (p. 403).

[2] « Die Verfassung kann im Wege der Gesetzgebung geändert werden. Jedoch kommen Beschlüsse des Reichstags auf Abänderung der Verfassung nur zustande, wenn zwei Drittel des gesetzlichen Mitgliederzahl anwesend sind und wenigstens zwei Drittel der Anwesenden zustimmen. Auch Beschlüsse des Reichsrats auf Abänderung der Verfassung bedürfen einer Mehrheit von zwei Dritteln der abgegebenen Stimmen. Soll auf Volksbegehren durch Volksentscheid eine Verfassungsänderung beschlossen werden, so ist die Zustimmung der Mehrheit der Stimmberechtigten erforderlich ».

absolu » doit être préservé. Les secondes sont des lois particulières d'une portée relative qui peuvent être modifiées par le législateur procédant à une révision constitutionnelle. En ce qui concerne la Constitution de Weimar, Schmitt qualifie de décisions politiques fondamentales, et donc inaccessibles au pouvoir de révision, le principe démocratique, le principe républicain, la forme « représentative et parlementaire du législatif et du gouvernement », le principe de l'État de droit bourgeois « avec ses principes, droits fondamentaux et séparation des pouvoirs ». Il n'est nullement question de lois constitutionnelles, de « lois-cadres ou de principes fondamentaux », mais de « décisions politiques concrètes qui fixent la forme d'existence politique du peuple allemand et forment le présupposé fondamental de toutes les normations ultérieures, même celles données par les lois constitutionnelles ». L'absence de limitation matérielle dans le texte constitutionnel n'a pas comme conséquence de rendre possible la modification de ces décisions politiques fondamentales, car « elles forment la substance de la constitution ». La conclusion schmittienne en ce qui concerne l'article 76 de la Constitution de Weimar est sans appel : « (...) on peut modifier (*ändern*) des *lois* constitutionnelles, mais pas la constitution dans son ensemble » (souligné dans le texte)[1].

Suite à l'échec de Weimar, le Conseil parlementaire, chargé d'élaborer un projet de constitution,[2] décide, de ce qui doit être le cœur même de la Constitution allemande, de ce qui compose une partie de son « noyau normatif »[1].

---

[1] Carl Schmitt, *Théorie de la Constitution* (1928), trad. fr. Lilyane Deroche, PUF, collection *Quadrige*, 2008, p. 154 et suiv. : « (...) la distinction entre constitution et loi constitutionnelle n'est possible que parce que l'essence de la constitution n'est pas contenue dans une loi ou dans une norme. Avant toute normation, on rencontre la *décision politique fondamentale du titulaire du pouvoir constituant*, c'est-à-dire du peuple dans la démocratie (...) » (en italique dans l'original). Pour Schmitt, l'absence de limitation matérielle adressée au pouvoir de révision ne peut rendre possible une modification des décisions politiques fondamentales, car « elles forment la substance de la constitution ». Suivant le raisonnement de Schmitt, l'article 79, alinéa 3 LF n'a aucune utilité pratique en ce qui concerne le principe de séparation des pouvoirs: même s'il n'existait pas, le principe de l'article 20 LF n'aurait pas pu faire l'objet d'une loi de révision constitutionnelle, car faisant partie des décisions politiques fondamentales prises par le pouvoir constituant en 1949 et formant, avec le principe démocratique, le principe républicain, le principe fédéral, les éléments du principe de l'État de droit ou celui de la dignité de l'être humain, la « substance » de la Loi fondamentale.

[2] La Constitution de l'Empire du 11 août 1919 ne connaît pas de disposition identique à l'article 79, alinéa 3 LF. En revanche, il est possible de voir dans quelques constitutions de *Länder* une interdiction analogue : par exemple, la Constitution de Wurtemberg-Bade du 28 novembre 1946 et la Constitution du Bade du 18 mai 1947 (qui restent en vigueur jusqu'au 11 novembre 1953, moment de la réorganisation de ces entités fédérées qui aboutit à la création du Land de Bade-Wurtemberg). L'article 85, alinéa 1er de la Constitution de Wurtemberg-Bade est rédigé dans les termes suivants : « La Constitution ne peut être révisée que par une loi. Les demandes de révision, qui tendent à contredire l'esprit de la Constitution (*dem Geist der Verfassung widersprechen*), ne sont pas autorisées (*sind unzulässig*) (...) ». La décision de savoir si une révision est contraire à l'esprit de la Constitution revient à la Cour de justice d'État (*Staatsgerichtshof*). C'est au juge d'interpréter cette notion vague de révision constitutionnelle contraire à l'esprit de la Constitution. Quels sont les éléments constitutifs de cet « esprit », nous l'ignorons, le texte constitutionnel ne nous donne pas davantage de précisions. L'article 92, troisième alinéa de la Constitution du Bade peut paraître plus clair : « (...) Les principes fondamentaux inhérents à une constitution démocratique (*die unerläßlichen*

Grundbestandteile) ne peuvent être violés ou supprimés, même par une loi de révision constitutionnelle ». L'esprit de la Constitution se trouve ici dans les principes, les éléments, inhérents à une constitution démocratique. Il est possible de déduire la protection du principe démocratique et les principes qui assurent sa concrétisation, mais, encore une fois, la disposition reste loin de la précision. Sur ce point, Karl-E. Hain, « Artikel 79 », *in* Hermann von Mangoldt/Friedrich Klein/Christian Starck, *Das Bonner Grundgesetz Kommentar*, vol. 2, 4e édition, Verlag Franz Vahlen, München, 2001, p. 33. Des constitutions de Länder aujourd'hui en vigueur qui contiennent une limitation matérielle du pouvoir de révision : la Constitution de Bade-Wurtemberg du 11 novembre 1953, aricle 64, 1er alinéa : « Ein Änderungsantrag darf den Grundsätzen des republikanischen, demokratischen und sozialen Rechtsstaats nicht wodersprechen » ; la Constitution de la Bavière du 2 décembre 1946, article 75, 1er alinéa : « Anträge auf Verfassunsänderungen, die den demokratischen Grundgedanken der Verfassung widersprechen, sind unzulässig » ; la Constitution de Brême du 21 octobre 1947, article 20 : « Verfassungsänderungen, die die in diesem Abschnitt enthaltenen Grundgedanken der allgemeinen Menschenrechte verletzen, sind unzulässig » ; La Constitution de Hesse du 1 décembre 1946, article 26 : « Diese Grundrechte sind unabänderlich ; sie bienden den Gesetzgeber, den Richter une die Verwaltung unmittelbar », et article 150, 1er alinéa : « Keinerlei Verfassungsänderung darf die demokratischen Grundgedanken der Verfassung und die republikanisch-parlamentarische Staatsform antasten. Die Einrichtung einer Diktatur, in welcher Form auch immer, ist verboten » ; la Constitution de Mecklembourg-Poméranie-Occidentale du 23 mai 1993, article 56, troisième alinéa : « Eine Änderung der Verfassung darf der Würde des Menschen un den in Artikel 2 niedergelegten Grundsätzen dieser Verfassung nicht widersprechen », et l'article 2 pose les principes de l'État de droit républicain, démocratique et social ; la Constitution de Basse-Saxe du 19 mai 1993, dont l'article 46, deuxième alinéa, protège les principes des articles 1, deuxième alinéa (« Das Land Niedersachsen ist ein freiheitlicher, republikanischer, demokratischer, sozialer und dem Schutz der natürlichen Lebensgrundlagen verpflichteter Rechtsstaat in der Bundesrepublik Deutschland und Teil der europäischen Völkergemeinschaft ») et 2 (« Alle Staatsgewalt geht vom Volke aus. Sie wird vom Volke in Wahlen und Abstimmungen und durch besondere Organe der Gesetzgebung, der vollziehenden Gewalt und der Rechtsprechung ausgeübt ») ; la Constitution de Rhénanie-du-Nord-Westphalie du 28 juin 1950, article 69, 1er alinéa : « Änderungen der Verfassung, die den Grundsätzen des republikanischen, demokratischen und sozialen Rechtsstaates im Sinne des Grundgesetzes für die Bundesrepublik Deutschlan widersprechen, sind unzulässig » ; la Constitution de Rhénanie-Palatinat du 18 mai 1947, article 129, deuxième alinéa : « Unzulässig sind jedoch verfassungsändernde Gesetze, welche die im Vorspruch, in Artikel 1 und Artikel 74 niedergelegten Grundsätze verletzen » ; la Constitution de la Saar, article 101, deuxième alinéa : « Die Änderung darf den Grundsätzen des demokratischen und sozialen Rechtsstaates nicht widersprechen » ; la Constitution de Saxe du 27 mai 1992, article 74, 1er alinéa : « Die Änderung darf den Grundsätzen der Artickel 1, 3, 14 und 36 dieser Verfassung nicht widersprechen » qui protège ainsi les principes de l'État de droit démocratique et social (article 1er, le principe démocratique et le principe de la répartition tripartite du pouvoir d'État (article 3), le principe de la dignité humaine (article 14), et le principe selon lequel les droits fondamentaux lient de manière immédiate les pouvoirs législatif, exécutif et judiciaire (article 36) ; la Constitution de Saxe-Anhalt du 16 juillet 1992, article 78, troisième alinéa : « Eine Änderung der Verfassung darf den in Artikel 2 und 4 niedergelegten Grundsätzen dieser Verfassung nicht widersprechen », encore une fois nous avons le renvoi aux principes de l'État de droit démocratique et social, la souveraineté du peuple (« Das Volk ist Souverän »), le principe selon lequel le législateur est lié par l'ordre constitutionnel de la Fédération et du Land, l'exécutif et le judiciaire – par le droit et la loi (article 2), le principe de la dignité humaine et les droits fondamentaux (article 4) ; la Constitution de Thuringe, article 83, troisième alinéa : « Eine Änderung dieser Verfassung, durch welche die in den Artikeln 1, 44 Abs. 1, Artikeln 45 und 47 Abs. 4 niedergelegten Grundsätze berührt werden, ist unzulässig », les articles cités sont relatifs au principe de la dignité humaine et aux droits fondamentaux (article 1er), le principe de l'État de droit démocratique et social (article 44, alinéa 1er), le principe de la souveraineté populaire et de la répartition tripartite du pouvoir d'État (article 45), et le principe selon lequel le législateur est lié par l'ordre constitutionnel, les pouvoirs exécutif et judiciaire – par le droit et la loi (article 47, 4e alinéa).

La Loi fondamentale, pensée comme un texte provisoire, en attente de l'unification des deux États allemands, prévoyait elle-même, avant la révision constitutionnelle de 1990, sa fin. L'article 146 disposait en effet que la « Loi fondamentale, qui, l'unité et la liberté de l'Allemagne ayant été parachevées, vaut pour le peuple allemand tout entier, devient caduque le jour de l'entrée en vigueur d'une constitution adoptée (...) en pleine liberté de décision »[2].

Selon le point de vue de Carl Schmitt, l'article 79, alinéa 3 LF n'aurait aucune utilité[3]. La protection apportée par cette disposition est superfétatoire, car même sans l'appui textuel, les principes fondamentaux pris par le constituant ne peuvent nullement faire l'objet d'une modification. Même si le Conseil parlementaire n'avait pas choisi la démarche consistant à formuler l'interdiction de toucher à l'existence de ces principes, ils auraient été rendus « indisponibles » grâce à leur caractère politique fondamental. Le principe de séparation des pouvoirs représente un principe politique fondamental qui participe à la construction de l'ossature constitutionnelle de la Loi fondamentale et ne peut faire l'objet d'une révision constitutionnelle[4].

B. Le seul destinataire de l'interdiction matérielle : le pouvoir de révision constitutionnelle.

La protection relative de l'article 79, alinéa 3 LF remplit une fonction purement préventive en ne permettant pas une révolution légale dans le cadre

---

1 Friedrich Müller, *Discours de la méthode juridique*, trad. fr. Olivier Jouanjan, PUF, collection *Léviathan*, 1996, p. 233 : « (...) aussi longtemps que demeure préservé le noyau normatif essentiel (que l'article 79 al. 2 LF tente de formuler sous l'angle partiel de la révision constitutionnelle) ».

2« Dieses Grundgesetz, das nach Vollendung der Einheit und Freiheit Deutschlands für das gesamte deutsche Volk gilt, verliert seine Gültigkeit an dem Tage, an dem eine Verfassung in Kraft tritt, die von dem deutschen Volke in freier Entscheidung beschlossen worden ist ».

3 Karl.-E. Hain, *Die Grundgesätze des Grundgesetzes. Eine Untersuchung zu Art. 79 Abs. 3 GG*, Nomos Verlagsgesellschaft, Baden-Baden, 1999, p. 45. La question de savoir si l'article 79, alinéa 3 LF constitue une concrétisation de la théorie schmittienne divise la doctrine. *Pro* : Christian Tomuschat, *Verfassungsgewohnheitsrecht ?Eine Untersuchung zum Staatsrecht der Bundesrepublik Deutschland*, Carl Winter Universitätsverlag, 1975, p. 100 ; Peter Badura « Verfassungsänderung, Verfassungswandel, Verfassungsgewohnheitsrecht », *in* Josef Isensee/Paul Kirchhof (dir.), *Handbuch des deutschen Staatsrechts*, vol. 7, 1e édition, C.F. Müller, Heidelberg, Michael Brenner, « Möglichkeiten und Grenzen grundrechtsbezogener Verfassungsänderungen, dargestellt anhand der Neuregelung des Asylrechts », *Der Staat*, n°32, 1993, p. 495 : « Art. 79 Abs. 3 GG stellt sich als die grundgesetzliche Rezeption der von Carl Schmitt vertretenen und gegen die seinerzeit herrschende – von aus dem Kaiserreich in der Weimarer Zeit weitergereichten Vorstellungen des Positivismus und Formalismus geprägte – deutsche Staatsrechtslehre gerichteten Forderung nach materialen Schranken von Verfassungsänderungen dar ». *Contra* : Bryde, « Artikel 79 », *in* Ingo von Münch, *Grundgesetz Kommentar*, vol. 3, *op.cit.* ; Dietrich Murswiek, *Verfassunggebende Gewalt*, *op.cit.*, p. 171.

4Peter Häberle, « Verfassungsrechtliche Ewigkeitsklauseln als verfassungsstaatliche Identitätsgarantien », *in* Yvo Hangartner (dir.), *Völkerrecht im Dienste des Menschen. Festschrift für Hans Haug*, Haupt, Bern, 1986, p.103.

constitutionnel dessiné par la Loi fondamentale. L'alinéa 3 représente « le seuil de ce qui peut être juridiquement normé (*des juristisch Normierbaren*) et constitue dans une certaine mesure une limite problématique pour le droit constitutionnel »[1].

L'interdiction a un destinataire précis : le pouvoir de révision ; elle ne lie pas le pouvoir constituant[2]. La Loi fondamentale n'est qu'une création du pouvoir constitutiant, elle lui doit sa naissance, de lui dépend l'heure de sa fin[3].

La distinction entre pouvoir constituant et pouvoir de révision est opérée de manière claire par la Loi fondamenale elle-même, mais aussi par la majorité de la doctrine[4]. Dans son Préambule, ainsi que dans son article 146, la Constitution de 1949 différencie les deux notions.

Le pouvoir constituant est celui qui « donne » (*verfassunggebende Gewalt*), qui établit une nouvelle constitution ou abroge celle déjà en vigueur, tandis que le pouvoir de révision constitutionnelle est celui qui la modifie sans la changer (*verfassungändernde Gewalt*). Afin d'assurer une application effective de la protection apportée par l'article 79, alinéa LF, il est nécessaire qu'il y ait un contrôle de la conformité des lois de révision constitutionnelle au texte de la Constitution. Un juge constitutionnel qui procède au contrôle de la conformité d'une loi de révision à la Constitution ne fait que remplir la mission qui lui est constitutionnellement attribuée : celle de concrétiser les dispositions de la Loi fondamentale en repectant

---

[1] Horst Dreier, « Artikel 79 », *in* Horst Dreier, *Grundgesetz Kommentar*, vol. 2, 1e édition, Mohr Siebeck, Tübingen, 1998, p.1511 : « Insgesamt ist und bleibt Art. 79 III GG eine Regelung, die an der Schwelle des juristisch Normierbaren liegt und insofern ein Grenzproblem des Verfassungsrechts markiert ».

[2] Karl.-E. Hain, *Die Grundsätze des Grundgesetzes. Eine Untersuchung zu Art. 79 Abs. 3 GG, Nomos Verlagsgesellschaft*, Baden-Baden, 1999, p. 49, p. 56 : « (...) zeigt doch schon die im Grundgesetz angelegte Unterscheidung von verfassunggebender und verfassungsändernder Gewalt und die Errichtung der Sperre des Art. 79 Abs. 3 GG nur gegenüber dem verfassungsändernden Gesetzgeber, daß die Unberührbarkeit ausschließlich im Rahmen der geltenden Verfassungsordnung und "nicht auf ewig" statuiert ist », ou encore « Vor diesem Hintergrund kam als alleiniger Adressat des Art. 79 Abs. 3 GG der verfassungsändernde Gesetzgeber in Betracht, während nach ganz überwiegender Ansicht diese Vorschrift des positiven Verfassungsrechts dem *pouvoir constituant* keine inhaltlichen Grenzen setzen sollte ». Dans le même sens, Horst Dreier « Artikel 79 », *in* Horst Dreier (dir.), *Grundgesetz Kommentar*, vol. 2, Mohr Siebeck, Tübingen, 1998, p.1059 : « Allerdings bindet er nur den verfassungsändernden Gesetzgeber, nicht auch den originären Verfassunggeber (*pouvoir constituant*) ».

[3] Ernst-Wolfgang Böckenförde, « Le pouvoir constituant du peuple, notion-limite du droit constitutionnel», *in* Ernst-Wolfgang Böckenförde *Le droit, l'État et la constitution démocratique. Essais de théorie juridique, politique et constitutionnelle* réunis, traduits et présentés par Olivier Jouanjan (avec la collaboration de Willy Zimmer et Olivier Beaud), LGDJ/Bruylant, collection *La pensée juridique*, Paris/Bruxelles, 2000, p. 218 : « Prend-on la notion de pouvoir constituant au sens originaire qu'elle a dans une constitution démocratique et pour une théorie démocratique de la constitution, il n'existe alors pas, pour ce pouvoir, de limitations juridiques. La constitution juridique est d'abord produite et légitimée par un acte originaire du pouvoir constituant : elle ne le précède pas ».

[4] Voir, entre autres, Horst Dreier « Artikel 79 », *in* Horst Dreier (dir.), *Grundgesetz Kommentar*, vol. 2, Mohr Siebeck, Tübingen, 1998, p. 1510 ; Brun-Otto Bryde, « Artikel 79 », *in* Ingo von Münch/Philipp Kunig (dir.), *Grundgesetz Kommentar*, vol. 2, 6e édition, C.H. Beck, München, 2012, p.192.

le rapport hiérarchique que celle-ci institue au sein de son corpus normatif. C'est à l'échelle de l'article 79, alinéa 3 LF que doivent être examinées toutes les modifications décidées par le législateur. Le raisonnement de la Cour ne laisse pas de doute: « Comme toute autre révision constitutionnelle, l'article 143, alinéa 3 LF doit être examiné au regard de l'article 79, alinéa 3 LF » [1]. La « clause d'éternité » justifie ainsi le contrôle exercé par le juge sur les lois de révision constitutionnelle, car sa compétence est déduite de cette même norme[2].

Le législateur, chargé de modifier le texte constitutionnel, n'est pas seulement tenu par des règles procédurales, mais doit respecter la limitation matérielle que lui impose l'article 79, alinéa 3 LF[3]. Le pouvoir de révision est créé par le constituant, un pouvoir constité donc, qui ne doit pas dépasser, ni détourner les compétences qui lui sont attribuées.

La Cour fait une interprétation restrictive de l'article 79, alinéa 3 LF. Ce dernier est certes le « noyau dur » de la Loi fondamentale, mais, jusqu'à présent, aucune loi de révision ne fut déclarée inconstitutionnelle[4].

---

[1] BVerfGE 84, 90 « Bodenreform I », p. 120-121: « Materiell ist Art. 143 Abs. 3 GG - wie jede Verfassungsänderung - am Maßstab des Art. 79 Abs. 3 GG zu prüfen ». Horst Dreier « Artikel 79 », *in* Horst Dreier (dir.), *Grundgesetz Kommentar*, vol. 2, Mohr Siebeck, Tübingen, 1998, p. 1509 : « Art. 79 III GG ist einziger materieller Prüfungsmaßstab für Verfassungsänderungen und genießt insofern höheren Rang als die anderen Verfassungsnormen ».

[2] Günter Dürig, « Zur Bedeutung und Tragweite des Art. 79 Abs. III GG (ein Plädoyer) », *in* Peter Lerche/Hans Spanner/Hans Zacher (dir.), *Festgabe für Theodor Maunz zum 70. Geburtstag*, C.H. Beck'sche Verlagsbuchhandlung, München, 1971, p. 42 : « *Diese* Prüfungsbefugnis über nachträglich verfassungsändernde Gesetze hat noch *niemand* in Frage gestellt, da sie eine aus der Verfassung, nämlich aus Art. 79 Abs. III GG, *abgeleitete* Befugnis ist, so daß sich also hier der mögliche Vorwurf, ein Verfassungsorgan eerhebe sich durch *Selbst*interprÉtation seiner Kontrollbefugnisse *über* die Verfassung, nicht stellt » (souligné dans l'original). Cependant, l'explication qui consiste à dire que puisque personne n'a jamais remis en cause la possibilité de contrôler les lois de révision, il n'y a pas lieu de poser la question de la légitimité du juge constitutionnel à vérifier la compatibilité des lois de révision avec la Loi fondamentale.

[3] Christoph Möllers, *Das Grundgesetz. Geschichte und Inhalt*, C.H. Beck, München, 2009, p. 58 : « Eine Ordnung, die diesen Grundsätzen nicht entspricht, soll sich jedenfalls nicht mehr als Ordnung des Grundgesetzes darstellen können ».

[4] Paul Kirchhof, « Die Identität der Verfassung », *in* Josef Isensee/Paul Kirchhof (dir.), *Handbuch des Staatsrechts*, vol. 2, 3e édition, C.F. Müller, Heidelberg, 2004, p. 284 : « Im Ergebnis aber ist bisher keine Verfassungsänderung an Art. 79 Abs. 3 GG – dem einzigen materiellen Prüfungsmaßstab für Verfassungsänderungen – gescheitert. ». Pour Oliver Lepsius, « Le contrôle par la Cour constitutionnelle des lois de révision constitutionnelle dans la République fédérale d'Allemagne », *Nouveaux Cahiers du Conseil constitutionnel*, n°27, « les atouts de cette norme ne peuvent jouer pleinement que s'il n'y a pas de besoin de l'appliquer », car l'application pratique, au cas concret, se révèle une mission compliquée, l'article 79, alinéa 3 LF « ne peut raisonnablement servir pour juger des cas concrets ». Ce point de vue est à prendre avec précaution, car il n'est pas sûr que les « faiblesses » de cette norme, qui impose des limitations matérielles au pouvoir de révision, soient imputables à la norme elle-même. Il faut aussi chercher du côté de l'interprétation qu'en fait la Cour constitutionnelle. À titre d'exemple, le juge constitutionnel, dans la décision du 30 juin 2009 « Lissabon-Vertrag » (BVerfGE 123, 267) révèle que la norme de l'article 79, alinéa 3 LF sert à protéger le pouvoir constituant lui-même et une atteinte portée à « l'identité

Si la possibilité de contrôler le pouvoir de révision ne pose pas de grande difficulté en Allemagne, en France, le Conseil constitutionnel se déclare incompétent pour contrôler le législateur chargé de modifier le texte de la Constitution du 4 octobre 1958. Ce refus de contrôle découle d'une conception erronnée du pouvoir constituant et du pouvoir de révision qui sont, pour la majorité de la doctrine française, de même nature. Mais, le pouvoir de révision, bien que touchant à l'objet appelé « constitution » n'est pas identifié au pouvoir constituant originaire, celui qui établit le texte ou dispose du droit de l'abroger. Les deux pouvoirs ne sont pas de même nature, car leur origine n'est pas la même : le pouvoir constituant est exercé directement ou indirectement par le souverain, alors que le pouvoir de révision n'existe que dans le cadre de la création du souverain, la constitution. Il lui est impossible de modifier de manière intégrale le texte, car il dépasserait les limites de sa compétence qui est celle d'un pouvoir constitué.

L'amalgame, fait par la majorité de la doctrine française, entre ces deux pouvoirs, constituant et modifiant la constitution, est relativement récent. Au début du XIXe siècle, certains auteurs commencent à brouiller les pistes en élaborant la théorie selon laquelle l'introduction d'une limite, censée protéger des dispositions constitutionnelles considérées comme fondamentales, est sans aucune valeur juridique. Vouloir rendre immuable, intangible, une partie du texte constitutionnel, dit Julien Laferrière, est un « procédé (...) sans valeur », car « des dispositions de ce genre sont de simples voeux, des manifestations politiques », elles « n'ont aucune valeur juridique, aucune force obligatoire pour les constituants futurs »[1]. Certes, une limite matérielle inscrite dans la constitution d'aujourd'hui est sans valeur juridique pour les constituants futurs, mais elle délploie toute sa force obligatoire s'agissant du pouvoir chargé de modifier la constitution en vigueur.

Face à la conception allemande qui distingue clairement le pouvoir constituant du pouvoir de révision constitutionnelle, la position du Conseil constitutionnel français peut étonner. Il se déclare incompétent pour contrôler la constitutionnalité d'une loi de révision constitutionnelle en assimilant complètement le pouvoir constituant originaire et le pouvoir de révision. Ce raisonnement ne peut être juridiquement convaincant, surtout à la lecture de la

---

constitutionnelle » à laquelle fait référence l'article 79, alinéa 3 LF par une intégration poussée de la RFA au sein de l'Union européenne qui ne respecterait pas le principe démocratique (article 20, alinéa 2 LF), porterait indirectement atteinte au pouvoir constituant de la Nation », un « droit imprescriptible ».

[1] Julien Laferrière, *Traité de droit constitutionnel* (1933), réédition Economica, 1985, p. 897, cité par Olivier Jouanjan, « La forme républicaine de gouvernement, norme supraconstitutionnelle ? », *in* Bertrand Mathieu/Michel Verpeaux (dir.), *La République en droit français 1792-1992*, Economica, collection *Droit public positif*, 1996, p. 267 et suiv. La distinction entre pouvoir constituant et pouvoir de révision sous la double appellation de pouvoir constituant originaire et de pouvoir constituant institué fut « canonsiée » par Roger Bonnard. Depuis, elle est devenue « une sorte de lieu commun dans la doctrine constititutionnelle française ». Sur ce point, voir Olivier Beaud, « Maastricht et la théorie constitutionnelle, *Les Petites Affiches*, n°39, 1993, p. 14.

formulation contenue dans la décision du Conseil du 2 septembre 1992 relative au Traité de Maastricht :

> *(...) sous réserve, d'une part des limitations touchant aux périodes au cours desquelles une révision de la Constitution ne peut pas être engagée ou poursuivie, qui résultent des articles 7, 16 et 89, alinéa 4, du texte constitutionnel et, d'autre part, du respect des prescriptions du cinquième alinéa de l'article 89 en vertu desquelles « la forme républicaine du gouvernement ne peut faire l'objet d'une révision », le pouvoir constituant est souverain ; qu'il lui est loisible d'abroger, de modifier ou de compléter des dispositions de valeur constitutionnelle dans la forme qu'il estime appropriée ; qu'ainsi rien ne s'oppose à ce qu'il introduise dans le texte de la Constitution des dispositions nouvelles qui, dans le cas qu'elles visent, dérogent à une règle ou à un principe de valeur constitutionnelle (...)*[1].

Ce passage de la jurisprudence constitutionnelle française, en flagrante dissonance avec la conception allemande du pouvoir constituant, laisse le lecteur perplexe pour trois raisons. La première tient à la confusion terminologique : pour le Conseil, il n'y aurait pas deux pouvoirs distincts : le pouvoir constituant et le pouvoir de révision, il n'y aurait, en effet, qu'un seul pouvoir, qu'il qualifie de « constituant », qui est *souverain à condition* qu'il respecte les limites posées par les articles constitutionnels cités. La deuxième est relative à l'emploi du terme « souverain » par le Conseil. Le souverain exerçant le pouvoir constituant n'est sujet à aucune limite extérieure. Le souverain ne peut que décider de s'autolimiter, il ne peut être soumis aux limitations existant dans un cadre constitutionnel concret. Soit il s'agit en l'espèce du pouvoir de révision, qui peut faire l'objet de limitations formelles, matérielles ou temporelles, soit le Conseil constitutionnel vise dans ses développelements le pouvoir constituant, qui est souverain et ne peut être mis « sous réserve »[2]. Mettre celui qui est souverain « sous réserve » reviendrait à le priver de cette qualité, le pouvoir constituant est dispensé de toute contrainte, il peut se manifester à tout moment, et même les limites contenues dans un texte

---

[1] C.C., décision n°92-312 DC du 2 septembre 1992, *Traité sur l'Union européenne*, Rec., p.76, considérant 19.

[2] Voir l'analyse d'Olivier Jouanjan, « La forme républicaine de gouvernement, norme supraconstitutionnelle ? », *in* Bertrand Mathieu/Michel Verpeaux (dir.), *La République en droit français 1792-1992*, Economica, collection *Droit public positif*, 1996, p. 267 et suiv. Comme l'explique Olivier Jouanjan dans les débats suivant sa contribution, il serait « très problématique d'écrire qu'un pouvoir est "souverain *sous réserve*" » (en italique dans l'original), car « les réserves rappelées par le Conseil constitutionnel (...) s'appliquent au pouvoir de révision – et non au pouvoir constituant – et que ce pouvoir de révision n'est précisément pas souverain, mais *constitué*, institué ou dérivé (...) ». Dans le même sens, Olivier Beaud, *La puissance de l'État*, PUF, collection *Léviathan*, 1994 ; du même, « La souveraineté de l'État, le pouvoir constituant et le Traité de Maastricht », *Revue française de droit administratif*, 1993, p. 1048 et suiv.

constitutionnel et regardées comme intangibles, ou bien éternelles, ne peuvent s'imposer à ce pouvoir souverain. La troisième raison de la confusion, que provoque le raisonnement du Conseil, est la conséquence relative au contrôle des lois de révision constitutionnelle. S'il n'existe point de différence de nature entre ces deux pouvoirs, mais une différence de degré, un organe constitué ne peut s'ériger en censeur des lois modifiant la Constitution. Dans sa décision de 2003, le Conseil, en prétextant l'absence de disposition constitutionnelle expresse lui conférant cette compétence, refuse de manière explicite de procéder au contrôle de la conformité d'une loi de révision avec la Constitution[1].

Si le Conseil constitutionnel ne contrôle pas les lois de révision constitutionnelle, il est imaginable qu'une telle loi soit contraire, par exemple, au cinquième alinéa de l'article 89 de la Constitution du 4 octobre 1958 qui interdit toute révision qui toucherait à la forme républicaine du gouvernement[2]. Il faut, pour assurer sa pérennité, croire en le bon sens que possèderait le pouvoir de révision qui agirait de manière morale et respecterait l'interdiction que comporte cette disposition constitutionnelle. Mais dans ce cas, on n'est plus placé sur le terrain juridique, il est question de la moralité de celui qui, libéré de tout devoir

---

[1] C.C., décision n°2003-469 DC du 26 mars 2003, *Révision constitutionnelle relative à l'organisation décentralisée de la République*, Rec., p. 293. Dans cette décision le Conseil se déclare incompétent pour contrôler la constitutionnalité d'une loi de révision constitutionnelle, en motivant sa décision avec l'absence de disposition constitutionnelle expresse qui lui confierait cette compétence : « Considérant que l'article 61 de la Constitution donne au Conseil constitutionnel mission d'apprécier la conformité à la Constitution des lois organiques et, lorsqu'elles lui sont déférées dans les conditions fixées par cet article, des lois organiques ; que le Conseil constitutionnel ne tient ni de l'article 61, ni de l'article 89, ni d'aucune autre disposition de la Constitution le pouvoir de statuer sur une révision constitutionnelle (...) » (considérant 2). Il s'agit de la suite logique du raisonnement erroné du Conseil qui figurait, déjà, dans la décision de 1992. Nous retrouvons le même raisonnement, qui fait l'amalgame entre pouvoir constituant et pouvoir de révision constitutionnelle, dans le commentaire de la décision de 2003 dans l'ouvrage de Louis Favoreu/Loïc Philip et *alii*, *Grandes décisions du Conseil constitutionnel*, 16e édition, Dalloz, 2011, p. 312 : « La question qui est posée est, en réalité, non pas celle de savoir s'il faut laisser un large pouvoir discrétionnaire au pouvoir constituant mais si une entière liberté doit être reconnue à celui-ci, quelles que soient les circonstances » avant de lire qu'il est « permis de regretter que, dans sa décision n°2003-469 DC du 26 mars 2003, le Conseil constitutionnel ait condamné certaines ouvertures possibles, du fait du caractère abrupt de sa motivation ».

[2] Titre XVI *De la révision*, article 89, cinquième alinéa : « La forme républicaine du Gouvernement ne peut faire l'objet d'une révision », *in* Stéphane Rials, Textes constitutionnels français, 22e édition, PUF, collection *Que sais-je ?*, 2009, p. 113. En 2003, tout devient compliqué, car si en 1992, dans la décision *Maastricht II*, le Conseil déclare que le pouvoir constituant est souverain « sous réserve » des limitations apportées par les articles 7 (aucune révision constitutionnelle durant la vacance de la présidence), 16 (aucune révision constitutionnelle en cas de circonstances exceptionnelles qui justifient la mise en œuvre de l'article 16), 89, quatrième alinéa (aucune révision constitutionnelle si l'intégrité du territoire est atteint), d'une part, et « sous réserve » de la disposition contenue à l'article 89, cinquième alinéa, d'autre part, en 2003, le Conseil décide de ne pas contrôler ce pouvoir constituant qui est souverain « sous réserve », il décide, comme nous l'avons déjà mentionné, de ne pas confronter la loi de révision constitutionnelles aux articles qui lui apportent une limitation. Quelle est cette « réserve » sous laquelle se trouve le pouvoir constituant ? Une « réserve » qui est censée lui servir d'auto-contrôle, un *self-restraint* à la française ?

imposé par le droit, ressentirait un devoir moral, dont l'irrespect n'aurait pas pour conséquence une sanction juridique.

§ 2. La portée de la protection de l'article 79, alinéa 3 LF.

La limitation matérielle adressée au législateur habilité à modifier le texte constitutionnel protège les principes contenus à l'article 20 LF. Le principe de séparation des pouvoirs se trouve donc dans le champ d'application de cette « clause d'éternité ». Il s'agit cependant de ne protéger que le « cœur » du principe, les modalités de sa mise en œuvre sont malléables, ce qui pose le problème de l'étendue précise de la protéction dont bénéficie le principe de séparation des pouvoirs (A), car actuellement, il n'est « nulle part parfaitement réalisé » (B).

A. Seul le « cœur » du principe doit rester intact.

En vertu de l'article 79, alinéa 3 LF, « toute modification (...) qui toucherait (*berührt*) (...) aux principes (*Grundsätze*) énoncés aux articles 1 et 20, est interdite ». Le « noyau » du principe de la séparation des pouvoirs est protégé contre une éventuelle modification opérée par le pouvoir de révision[1]. Il ne s'agit pas de fixer une fois pour toutes les différents organes et leurs compétences respectives, mais de garantir la division du pouvoir d'État et permettre la réalisation des finalités du prinipe : la modération de la puissance publique ainsi que la protection de la liberté de l'individu[2]. L'élément protégé par l'article 79, alinéa 3 LF doit être regardé d'un point de vue négatif : il existe une fléxibilité dans l'ajustement des compétences constitutionnelles des trois pouvoirs[3]. Le principe de la « *trias politica* », la répartition tripartite est la seule concrétisation du principe de la séparaton des pouvoirs. L'article 79, alinéa 3 LF, qui protège la « *trias politica* », et l'article 20, alinéa 2,

---

[1] L'article 79, alinéa 3 LF ne dispose pas de manière directe que le principe de la séparation des pouvoirs ne peut faire l'objet d'une révision, mais renvoie à l'article 20 LF. La protection est une protection à étapes, contrairement à certains textes constitutionnels de Länder où on trouve une protection expresse et directe de la division des pouvoirs. Voir, par exemple, la Constitution de la Rhénanie-Palatinat (art. 77) : « La division constitutionnelle des pouvoirs législatif, exécutif et judiciaire doit rester intacte » (*Die verfassungsmäßige Trennung der gesetzgebenden, rechtsprechenden und vollziehenden Gewalt ist unantastbar*). Sur ce point, Hans Peters, *Geschichtliche Entwicklung und Grundfragen der Verfassung*, Springer Verlag, Berlin/New York, 1969, p. 186.

[2] Karl-E. Hain, « Artikel 79 », in von Mangoldt/Klein/Starck, *Grundgesetz Kommentar*, vol 2, 6e édition, C.H. Beck, München, 2010, p. 2272 : « Die Garantie der Gewaltenteilung hat also eine der Menschenwürde dienende Sicherungsfunktion, und zwar in einer ganz spezifischen Hinsicht : Als Sicherung der Freiheit von den Gefahren staatlicher Machtsausübung erfüllt die Gewaltenteilung einen Zweck im Hinblick auf die bürgerliche Freiheit in ihrer Abwehrdimension ».

[3] Horst Dreier, « Artikel 79 », *in* Horst Dreier, *Grundgesetz Kommentar*, vol. 2, 1998, Mohr Siebeck, Tübingen, p. 1521 : « Dabei gehört die Unterscheidung dreier Funktionen und ihre zuordnung zu besonderen Organen zum unantastbaren Kernbereich, während die derzeit den einzelnen Gewalten zugewiesenen Kompetenzen in Grenzen flexibel gestaltbar sind. Gewaltenteilung darf nicht zu einem abstrakten Prinzip hypostasiert und als solches dogmatisiert, sonder muß in sseinen mannigfaltigen Realisierungsmöglichkeiten begriffen werden ».

forment ainsi le socle normatif de la garantie du principe de la séparation des pouvoirs horizontale[1].

Dans la décision dite des *Écoutes téléphoniques*[2], le juge constitutionnel interprète cette disposition de manière restrictive[3]. Il procède à un parallèle entre l'article 79, alinéa 3 LF et l'article 19, alinéa 2 LF relatif aux restrictions apportées à un droit fondamental : « [i]l ne doit en aucun cas être porté atteinte à la substance d'un droit fondamental ». Selon la Seconde chambre de la Cour, la signification et les effets que produisent ces deux textes sont comparables. Si l'article 19, alinéa 2 LF entend protéger la « susbtance » d'un droit fondamental qui peut, en principe, faire l'objet d'une limitation dans les conditions posées par la Loi fondamentale, l'article 79, alinéa 3 LF comporte également une protection qui n'embrasse pas l'intégralité des articles 1 et 20, mais uniquement leur « substance »[4] :

> *Théoriquement, la disposition interdit un abandon des principes qui y sont énoncés. Les principes ne sont pas « touchés » en tant que principes, si on en tient compte de manière générale et si la modification qui leur est portée intervient pour des raisons objectives évidentes et corresond à leurs spécificités. La formulation, aux termes de laquelle les principes « ne doivent pas être touchés » (*nicht berührt werden*), n'a pas une signification plus étroite que la formulation semblable de l'article 19, alinéa 2 LF qui dispose qu'il ne doit en aucun cas « être porté atteinte à la substance d'un droit fondamental » (*in seinem Wesensgehalt angestastet werden*)*[5].

---

[1] Karl-E. Hain, « Artikel 79 », *in* von Mangoldt/Klein/Starck, *Grundgesetz Kommentar*, vol 2, 6e édition, C.H. Beck, München, 2010, p. 2280 : « Ausrücklich im Text der Verfassung geregelt ist nur die *trias politica* (Art. 20 Abs. 2 S. 2) als Konkretisierung des Prinzips. Als *ratio legis* der *trias politica* ist das Prinzip aber Bestandteil des positiven Rechts. Und da es eine Konkretisierung schon auf der Ebene der durch 79 Abs. 3 geschützten Normen gefunden hat, ist es ebenso wie die in Art. 20 Abs. 2 S. 2 niedergelegte *trias politica* Bestandteil des positiven Rechts auf eben dieser Ebene. Beide Normen zusammen bilden die unberührbare Garantie der horizontalen Gewaltenteilung im Grundgesetz (…)».

[2] BVerfGE 30, 1 « Abhörurteil » du 15 décembre 1970.

[3] Horst Dreier, « Artikel 79 », *in* Horst Dreier, *Grundgesetz Kommentar*, vol. 2, 1998, Mohr Siebeck, Tübingen, p. 1511 : « Das Merkal des "Berührens" der Grundsätze ist im sog. Abhör-Urteil vom Bundesverfassungsgerciht in restriktiver Weise ausgelegt worden ».

[4] Horst Dreier, « Artikel 79 », *in* Horst Dreier, *Grundgesetz Kommentar*, vol. 2, 1998, Mohr Siebeck, Tübingen, p. 1514 : « Art. 79 III umschließt Art. 1 und 20 GG nicht in ihrer Gänze, sondern erklärt ausdrücklich nur ihre Grundsätze für unabänderlich ». Dans le même sens, Udo di Fabio, « Gewaltenteilung », *in* Josef Isensee/Paul Kirchhof (dir.), *Handbuch des deutschen Staatsrechts*, vol. 2, 3e édition, C.F. Müller, Heidelberg, 2004, p. 615 : « In ihren essentiellen Gehalten ist der Grundsatz der Gewaltenteilung änderungsfest : Er ist (…) durch Art. 79 Abs. 3 GG der Disposition des verfassungsändernden Gesetzgeber entzogen (…) ».

[5] BVerfGE 30, 1, p. 24 : « Die Vorschrift verbietet also eine prinzipielle Presigabe der dort genannten Grundsätze. Grundsätze werden als "Grundsätze" von vornherein nicht "berührt", wenn ihnen im allgemeinen Rechnung getragen wird und sie nur für eine Sonderlage entsprechend deren

Ainsi, la voie d'une révision constitutionnelle, modifiant les modalités d'application du principe de séparation des pouvoirs, est ouverte. Seul le « cœur » du principe doit rester intact, il est soustrait à une révision tendant à l'abroger ou à lui porter une atteinte telle qu'il ne serait plus possible de l'identifier en tant que principe constitutionnel normatif et organisationnel de la Loi fondamentale. La protection n'équivaut pas à une interdiction pure et simple de modifier la manière dont le pricnipe est concrétisé[1]. Car la répartition tripartite du pouvoir d'État, exercé par des organes spéciaux investis des pouvoirs législatif, exécutif et judiciaire, n'est qu'une mise en œuvre, certes la plus classique, mais pas la seule possible, du principe général de répartition.

B. Les modalités de la mise en œuvre du principe ne sont pas protégées par l'article 79, alinéa 3 LF.

L'attribution et la répartition des compétences constitutionnelles ne sont pas figées. Il n'est question que de la protection d'un système de freins et de contrepoids qui tend à éviter une concentration absuvie du pouvoir. Aucune atteinte n'est portée au *Gewaltenteilungsgrundsatz* dans le cas d'une modification des compétences constitutionnelles d'un organe ou, à titre d'exemple, dans l'hypothèse dans laquelle un organe investi du pouvoir législatif exercerait des compétences administratives[2]. La coordination des compétences et les organes auxquelles celles-ci sont attribuées doit être le résultat de la mise en œuvre du principe de justice fonctionnelle qui complète la signification du principe normatif de la séparation des pouvoirs de l'article 20, alinéa 2 LF. La violation du principe ne peut être constatée qu'après le dépassement d'un seuil, celui du « noyau de compétences exclusif » d'un des pouvoirs, c'est-à-dire à partir du moment où un organe se substitue de manière intégrale à un autre en le privant des moyens constitutionnels mis à sa disposition pour l'accomplissement des missions qui lui sont attribuées par la Loi

---

Eigenart aus evident sachgerechten Gründen modifiziert werden. Die Formel, jene Grpundsätze dürfen "nicht berührt" werden, hat also keine striktere Bedeutung als die ihr verwandte Formel in Art. 19 Abs. 2 GG, wonach in keinem Fall ein Grundrecht "in seinem Wesensgehalt angetastet" werden darf ».

[1] Horst Dreier, « Artikel 79 », *in* Horst Dreier, *Grundgesetz Kommentar*, vol. 2, 1998, Mohr Siebeck, Tübingen, p. 1514-1515 : « Das zielt auf den substantiellen Kerngehalt der in bezug genommenen Normen, der jeweils im einzelnen herauszupräparieren ist. Einigkeit herrscht darüber, daß mit dieser Formulierung die mannigfaltigen Konkretisierungen, die die in Art. 1 und 20 GG enthaltenen Rechtsnormen erfahren haben, nicht von der Ewigkeitsgarantie erfaßt werden. Letzlich eintscheidend für die dem verfassungsändernden Gesetzgeber auferlegten Schranken sind die je für sich betrachtenden Regelungsgehalte ».

[2] Hans Peters, *Geschichtliche Entwicklung und Grundfragen der Verfassung*, Springer Verlag, Berlin/New York, 1969, p. 186-187 : « (…) diese letzte Bestimmungen (…) besagen in Wahrheit nichts anders als daß besondere Organe für die Gesetzgebung, für Vollziehung und für Rechtsprechung vorhanden sein müssen ; sie verbieten aber nicht, gelegentlich etwa den Gesetzgebungsorgan auch Verwaltungsaufgaben oder umgekehrt den Verwaltungsbehörden dort, wo es zweckmäßig erscheint, Rechtsprechungsaufgaben zu übertragen ».

fondamentale. Il s'agit du respect d'un « standard minimal » qui garantit la norme contenue dans l'article 20, alinéa 2 LF.

Les termes « *Grundsatz* » et « *grundsätzlich* », employés au troisième alinéa de l'article 79 LF, peuvent être traduits comme « prinicpe » et « relatif au principe », mais cette traduction ne rend pas la signification exacte de ces expressions. Selon Karl-Eberhard Hain, dans sa signification courante, le *Grundsatz* est un élément « dont le contenu est d'importance élémentaire et qui, en même temps, signifie la substance en tant que caractéristique propre, ce moment qui permet d'identifier la singularité de la sphère à laquelle se rapporte cet élément »[1].

La terminologie utilisée lors la rédaction de l'article 79, alinéa 3 LF est probablement la clef de l'interprétation de l'étendue de la protection portée aux principes (*Grundsätze*) des articles 1 et 20 LF. Cet article dispose que les principes des articles 1 et 20 LF[2] ne doivent pas être touchés (*berührt*) par une loi de révision constitutionnelle. Le terme de « *beührt* » ne fut pas le premier choix rédactionnel du constituant. Les députés du Conseil parlementaire avaient formulé d'autres propositions[3] avant d'arriver à la formulation finale, celle qui interdit au pouvoir de révision de « toucher » aux principes des articles 1 et 20 LF. La difficulté de

---

[1] Karl-E. Hain, *Die Grundsätze des Grundgesetzes. Eine Untersuchung zu Art. 79 Abs. 3 GG,* Nomos Verlagsgesellschaft, Baden-Baden, 1999, p. 82, p. 89 : « Ein Grundsatz in diesem Sinne ist ein Satz, dessen Inhalt von elementarer Bedeutung ist, und der gleichzeitig das Wesen als das Eigentliche, das identitätsstiftende Moment der vom Grundsatz geprägten Materie bezeichnet » ; « (...) das Bundesverfassungsgericht hat schon in frühen Entscheidungen (2, 1 ; 5, 85) durch Art. 1 und 20 GG geschützte Grundsatzbestimmungen als grundlegende Prinzipien der freiheitlich-demokratischen Grundordnung bezeichnet und in engem textlichen Zusammenhang mit dierser Passage von obersten Werten der Verfassungsordnung und den elementaren Grundsätzen der Verfassungsordnung spricht, die die Verfassungsordnung zu einer freiheitlich-demokratischen machen. Gerade in dieser Aussage des Gerichts tritt ebenfalls die bereits erwähnte Dimension der Grundsätze als identitätsstiftende Faktoren auf der Ebene der durch die Verfassung errichteten Grundordnung hervor. Die in Art. 1, 20 und 79 Abs. 3 GG niedergelegten Grundsätze bilden das Fundament der Verfassungs- und der übrigen Rechtsordnung und sollen verhaltenssteuernde Wirkung für die Staatsgewalt, insbesondere für die Tätigkeit des verfassungsändernden Gesetzgebers, entfalten, so daß auch verfassungsändernde Gesetze auf dieser Grundlage ruhen müssen. Man wird dementsprechend davon ausgehen können, daß der Begriff "Grundsatz" zur Bezeichnung fundamentaler, grundlegender, eben : verfassunggeberischer Grundentscheidungen verwendet worden ist und auch weithin in diesem Sinne verstanden wird ».

[2] Dans l'opinion dissidente (la première dans l'histoire de la Cour) des juges Geller, Schlabrendorff et Rupp sous la décision de la Cour constitutionnelle dite des *Écoutes téléphoniques* du 15 décembre 1970 (BVerfGE 30, 1), on lit que les articles 1 et 20 LF « sont les pierres angulaires de l'ordre constitutionnel (*sind die Eckpfeiler der grundgesetzlichen Ordnung*) » (p. 39). Les trois juges concluent que les dispositions visant à modifier l'article 10, alinéa 2 LF, sont contraires à l'article 79, alinéa 3 LF car elles « touchent » aux principes « énoncés aux articles 1 et 20 LG ».

[3] *Der Parlamentarische Rat 1948-1949, Akten und Protokolle*, vol. 14, 1e partie, Oldenburg Wissenschaftsverlag, München, 2009, p. 1117-1118. Ainsi, le député Dehler exprime un doute quant à la pertinence de la référence que fait l'article 108 (qui devient par la suite l'article 79, alinéa 3 LF) aux articles 1 et 21 (le futur article 20 LF). La proposition qui fait objet des discussions: « Der Verfassungsänderung gemäß Art. 106 sind die in den Artikeln 1 und 21 dieses Grundgesetzes niedergelegten Grundsätze entzogen ». Il ne s'agit pas de « toucher » aux principes des articles 1 et 21, mais de les « soustraire » (*sind* [...] *entzogen*) à toute révision constitutionnelle.

déterminer avec une précision, même relative, quels sont les principes contenus à l'article 20 LF n'est pas clairement résolue. Si, en ce qui concerne l'article 1 LF et la protection du principe de la dignité de l'être humain, ainsi que l'obligation des pouvoirs publics de respecter les droits fondamentaux du Titre Ier de la Loi fondamentale en tant que droit directement applicable, l'article 20 LF et les principes, qui y sont énumérés, ne se prêtent pas à une interprétation univoque. Dans les deux cas, s'agissant de l'article 1 et de l'article 20 LF, il est nécessaire d'identifier le « cœur », le principe, protégé par « la clause d'éternité ».

La protection de la « clause d'éternité » garantit le principe de séparation des pouvoirs déduit de l'article 20, alinéa 2 LF. Il ne s'agit pourtant pas d'avoir un principe abstrait « hypostasié » ou « dogmatisé » ne pouvant faire l'objet d'aucune modification[1].

L'article 20, alinéa 2 LF, qui constitue la base normative du principe de séparation des pouvoirs, énonce clairement l'existence de trois pouvoirs distincts portés par différents organes. Qu'est-ce qui est protégé par la clause d'éternité ? La distinction entre les trois pouvoirs et leurs noyaux de compétences exclusifs ? Cette thèse souffre d'un défaut important : si on peut affirmer que l'article 79, alinéa 3 LF protège le principe de distinction des trois pouvois, il est difficile de conclure à la protection des noyaux exclusifs de ceux-ci. Le noyau de compétences exclusif (*Kernbereich*) de chaque pouvoir est un concept dont se sert la Cour pour dessiner de manière progressive et parfois incertaine la limite de l'interpénétration entre les trois pouvoirs[2].

La Cour n'admet pas que le principe de l'État de droit soit implicitement déduit de la lettre de l'article 20 LF[3]. L'article 20 LF fait référence à différentes normes, composantes de l'État de droit, qui sont également dotées d'une existence autonome sans qu'il y ait besoin de les relier à un principe qui les engloberait afin

---

[1] Horst Dreier, « Artikel 79 », *in* Horst Dreier (dir.), *Grundgesetz Kommentar*, vol. 2, Mohr Siebeck, Tübingen, 1998, p. 1521 : « Gewaltenteilung darf nicht zu einem abstrakten Prinzip hypostasiert und als solches dogmatisiert, sondern muß in seinen mannigfaltigen Realisierungsmöglichkeiten begriffen werden. Die politisch-rechtliche Leitfunktion des Parlaments, ein gewisser Kernbereich exekutiver Eigenverantwortung und die Unabhängigkeit der Rechtsprechung sind aber in jedem Fall zu erhalten ».

[2] Pour Luc Heuschling, *État de droit, Rechtsstaat, Rule of Law*, *op. cit.*, p. 623, ce qui est protégé par l'article 79, alinéa 3 LF, c'est « l'existence de trois pouvoirs distincts, chacun jouissant d'un noyau dur de compétences. Sa signification se réduit alors à l'interdiction d'une loi de pleins pouvoirs, à l'instar de celle votée en 1933 ».

[3] BVerfGE 1, 14 « Südweststaat », du 23 octobre 1951 p. 45, où la Cour parle de principes déduit de l'État de droit (*rechtsstaatlichen Grundsätzen*) : « In extremen Fällen dieser Art könnte ein Gesetz nichtig sein, weil es mit rechtsstaatlichen Grundsätzen – das Grundgesetz bekennt sich in Art. 20 Abs. 3 und 28 Abs. 1 ausdrücklich zu diesen Grundsätzen – unvereinbar ist ». De manière catégorique, sur l'absence de « principe de l'État de droit » énoncé dans son intégralité : BVerfGE 30, 1 du 15 décembre 1970 « Abhörurteil », p. 25: « Auch in Art. 20 GG sind mehrere Grundsätze "niedergelegt", nicht jedoch ist dort "niedergelegt" das "Rechtsstaatsprinzip", sondern nur ganz bestimmte Grundsätze des Rechtsstaatsprinzips : in Absatz 2 das Grundsatz der Gewaltenteilung (...) ».

de leur donner leur validité[1]. Un principe général de l'État de droit doit-il être déduit de l'article 20 LF[2] ? Admettre l'existence de ce principe général suppose un travail préalable de définition du concept et pose la question de savoir si « parmi les éléments du Rechtsstaat autres que ceux déjà mentionnés expressis verbis à l'article 20, il y a des "principes" au sens de l'article 79, al. 3 »[3].

Le principe de séparation des pouvoirs n'est aucunement un principe « pur » et la Cour construit sa définition de manière progressive. Si ce principe est toujours « en construction » (le travail interprétatif du juge n'est en réalité jamais achevé), quelle est la signification de la protection dont bénéficie cette norme ? Deux hypothèses : considérer que la norme imposant le principe de séparation des trois pouvoirs ne doit pas être touchée et doit rester figée pendant la durée de la Loi fondamentale, c'est-à-dire qu'aucune modification, même minimale ne doit être apportée, ou considérer que le principe de l'article 20, alinéa 2 LF, deuxième phrase, ne doit être préservé que dans son cœur, et ne doit par conséquent pas être vidé de sa substance, ce qui n'exclut pas une adaptation de sa mise en œuvre. De la première hypothèse peuvent résulter une rigidité et une impossibilité d'adaptation du principe, de la seconde – une marge de manœuvre considérable laissée au pouvoir de révision, qui, sous réserve de ne pas modifier le cœur du principe, pourrait modifier les modalités de sa mise en œuvre.

C. Le principe de séparation des pouvoirs « n'est cependant nulle part parfaitement réalisé »[4].

Le principe de séparation des pouvoirs peut être modifié sans pour autant que l'article 79, alinéa 3 LF, et donc l'article 20, alinéa 2 LF[5] soient violés. La Cour,

---

[1] Dans ce sens, Hans Jarass, « Artikel 20, C. Gewaltenteilungsprinzip », *in* Hans Jarass/Bodo Pieroth, *Grundgesetz für die Bundesrepublik Deutschland. Kommentar*, 8e édition, C.H. Beck, München, 12e édition, 2012, p. 455 : « Der organisationsrechtliche Charakter verdeutlicht, dass das Gewaltenteilungsprinzip kein bloßer Unterfall des Rechtsstaatsprinzip ist, auch wenn es weite Überschneidungen gibt ». Jarass, sous le commentaire de l'article 20, distingue les développements consacrés au principe de la séparation des pouvoirs (*C. Gewaltenteilungsprinzip*) de ceux relatifs au principe de l'État de droit (*D. Rechstaatsprinzip*, p. 456 et suiv.), mais il compte parmi les concrétisation (*Konkretisierung*) du principe de l'État de droit le principe de la séparation des pouvoirs, à côté des droits fondamentaux, la réserve législative, le principe de la proportionnalité, la protection juridictionnelle contre la puissance publique…

[2] Philip Kunig, *Das Rechtsstaatsprinzip*, Mohr Siebeck, Tübingen, 1986, p. 477, selon lequel le principe général de l'État de droit ne bénéficie pas de la protection de l'article 79, alinéa 3 LF, car il ne peut être déduit ni de l'article 1er ni de l'article 20 LF: « Da weder in Art. 1 GG noch in den einzelnen Absätzen des Art. 20 G die Geltungsgrundlage eines allgemeinen Rechtsstaatsprinzips gefunden werden kann, ist ein solches auch nicht in den Gewährleistungsumfang des Art. 79 Abs.3 GG einbezogen (…) ».

[3] Luc Heuschling, *État de droit, Rechtsstaat, Rule of Law*, *op.cit.*, p. 628.

[4] BVerfGE 3, 225 « Gleichberechtigung » du 18 décembre 1953.

[5] BVerfGE 30, 1 « Abhörurteil » du 15 décembre 1970, p. 27 : « das in Art. 79 Abs 3 GG für unantastbar erklärte Prinzip der Gewaltenteilung, das Art. 20 Abs. 2 GG mit den Worten garantiert, daß

dans une jurisprudence constante, suit le raisonnement selon lequel « cet élément central » de l'État de droit[1], le principe « organisationnel porteur de la Loi fondamentale »[2], protégé par « la clause d'éternité », « n'est nulle part parfaitement réalisé » :

> *Sa signification réside dans le partage du pouvoir politique, l'imbrication des trois pouvoirs et la modération de la puissance publique qui en résulte. Ce principe n'est pourtant nulle part parfaitement réalisé (*nirgends rein verwirklicht*). Un certain degré d'interpénétration (*Überschneidungen*) des fonctions et l'influence d'un des pouvoirs sur un autre sont courantes même dans les systèmes étatiques qui reconnaissent ce principe (...)*[3].

Ou encore :

> *La séparation des pouvoirs (*Teilung der Gewalten*) est un principe organisationnel et fonctionnel porteur de la Loi fondamentale. (...) En ce qui concerne la Fédération, le principe de séparation des pouvoirs n'est cependant pas parfaitement réalisé. Il existe de nombreuses interpénétrations et une recherche d'équilibre entre les pouvoirs. Il ne s'agit pas de déduire de la structure constitutionnelle de la Loi fondamentale une division absolue, mais un système de contrôle, de freins et de modération réciproques des pouvoirs*[4].

---

die Staatsgewalt "durch besondere Organe der Gesetzgebung, der vollziehden Gewalt und der Rechtsprechung ausgeübt" wird ».

[1] Karl-Peter Sommermann, « Artikel 20 », *in* Hermann von Mangoldt/Friedrich Klein/Christian Starck, *Grundgesetz Kommentar*, vol. 2, 4e édition, Vahlen, 2000, p. 90 : « Mit der Verankerung des Prinzips der Gewaltenteilung in Art. 20 Abs. 2 S. 2 (...) hat der Verfassunggeber ein zentrales Element formaller Rechtsstaatlichkeit in den nach Art. 79 Abs. 3 GG änderungsfester Verfassungskern aufgenommen ».

[2] BVerfGE 3, 225 « Gleichberechtigung » du 18 décembre 1953, p. 247 : « Freilich ist Gewaltenteilung ein tragendes Organisationsprinzip des Grundgesetzes ».

[3] BVerfGE 3, 225 « Gleichberechtigung » du 18 décembre 1953, p. 247 : « Seine Bedeutung liegt in der politischen Machtverteilung, dem Ineinandergreifen der drei Gewalten un der daraus resultierenden Mäßigung der Staatsherrschaft. Dieses Prinzip ist jedoch nirgends rein verwirklicht. Auch in den Staatsordnungen, die das Prinzip anerkennen, sind gewisse Überschneidungen der Funktionen und Einflußnahmen der einen Gewalt auf die andere gebräuchlich ».

[4] BVerfGE 34, 52 « Hessisches Richtergesetz » du 10 octobre 1972, p. 59: « Die Teilung der Gewalten ist für das Grundgesetz ein tragendes Organisations- und Funktionsprinzip. (...) Das Prinzip der Gewaltenteilung ist für den Bereich des Bundes jedoch nicht rein verwirklicht. Es bestehen zahlreiche Gewaltenverschränkungen und –balancierungen. Nicht absolute Trennung, sondern gegenseitige Kontrolle, Hemmung und Mäßigung der Gewalten ist dem Verfassungsaufbau des Grundgesetzes zu entnehmen (...)». La même formulation se retrouve dans BVerfGE 95, 1 « Südumfahrung Stendal » du 17 juillet 1996, p. 15 : « Das Prinzip der Gewaltenteilung ist nirgends rein verwirklicht. Es bestehen

Le principe de séparation des pouvoirs ne trouve nulle part, pour le domaine de la Fédération, une parfaite réalisation. Il n'est guère possible de qualifier sa concrétisation de parfaite, car vouloir séparer de manière étanche les trois pouvoirs législatif, exécutif et judiciaire serait la marque d'une démarche illogique tendant à paralyser le fonctionnement de l'appareil étatique. Sile principe n'est pas parfaitement réalisé, alors comment le juge constitutionnel pourrait-il déterminer que le législateur chargé de modifier une partie de la Loi fondamentale[1], d'adapter le principe de l'article 20, alinéa 2 LF, deuxième phrase, sort de sa sphère de compétence matériellement limitée par l'article 79, alinéa 3 LF. Konrad Hesse[2] met en exergue les deux facettes du principe de séparation des pouvoirs : la division des pouvoirs législatif, de l'exécutif et du judiciaire et la recherche d'équilibre et de contrôle réciproque.

En vertu des articles 77 et 83 LF, et par sa « double fonction » (*Doppeltätigkeit*)[3], législative et exécutive, le *Bundesrat* permet la participation des *Länder* aux fonctions législatives et exécutives au niveau fédéral. Le principe de la séparation des pouvoirs horizontal se trouve « neutralisé » par le principe de participation des entités fédérées aux affaires fédérales qui est un des principes constitutifs de l'État fédéral. Les cas d'interprétation entre les pouvoirs ne permettent pas la mise en œuvre parfaite du principe de séparation des pouvoirs, il

zahlreiche Gewaltenverschränkungen und –balancierungen. Das Grundgesetz fordert nicht eine absolute Trennung, sondern die gegenseitige Kontrolle, Hemmung, und Mäßigung der Gewalten ».

[1] Konrad Hesse, *Grundzüge des Verfassungsrechts der Bundesrepublik Deutschland*, *op.cit.*, p. 208, pose la même question en ne précisant pas s'il s'agit d'une norme constitutionnelle résultant d'une révision ou d'une norme constitutionnelle insérée dans le texte originel de la Loi fondamentale : « (...) wobei dann sogar die Frage entstehen kann, ob eine das Gewaltenteilungsprinzip durchbrechende Verfassungsnorm ggf. als ungültig betrachtet werden müsse (...) ». Si nous étions en présence d'une norme originelle qui serait contraire au principe de la séparation des pouvoirs, cela voudrait dire qu'il y aurait du droit constitutionnel originaire frappé d'inconstitutionnalité. Cette hypothèse fut expressément rejetée par la Cour constitutionnelle. Si on se plaçait dans le deuxième cas de figure, ce serait à la Cour de contrôler la conformité la loi de révision au principe de la séparation des pouvoirs, car si la loi ne respectait pas le principe, elle serait contraire à l'article 79, alinéa 3 LF. Aucune loi de révision constitutionnelle ne fut sanctionnée par le juge à raison de sa non-conformité avec l'article 79, alinéa LF. Il n'y a donc pas de réponse à la question de savoir quelle est la profondeur que le pouvoir de révision est autorisé à pénétrer sans que son « intervention » soit déclarée contraire à l'article 79, alinéa 3 LF et, par conséquent, au principe de séparation des pouvoirs déduit de l'article 20, alinéa 2 LF.

[2] Konrad Hesse, *Grundzüge des Verfassungsrechts der Bundesrepublik Deutschland*, *op.cit.*, p. 207-208.

[3] Hans Peters, *Geschichtliche Entwicklung und Grundfragen der Verfassung*, Springer Verlag, Berlin/New York, 1969, p. 187 : « So wirken nach Art. 50 GG die Länder durch den Bundesrat bei Gesetzgebung *und* Verwaltung mit » (souligné dans le texte).

ne peut point être question de sa « validité absolue » (*absoluten Geltung*)[1] : « [c]e principe n'est, somme toute, pas mis en œuvre de manière stricte »[2].

Afin de fixer l'atteinte portée au principe, il faut examiner si les noyaux exclusifs de compétences de chacun des pouvoirs sont intacts et si le noyau d'un pouvoir ne fait pas l'objet d'une transgression de la part d'un autre, ce qui équivaudrait l'usurpation des compétences du premier et l'empêcherait d'accomplir les missions qui lui sont confiées par la Constitution[3]. Mais il est difficle de déterminer quels sont les éléments constitutifs du noyau exclusif de chacun des pouvoirs[4] qui ne peut être modifié[5]. Ce moment, où il est possible d'identifier l'organe investi du pouvoir législatif, exécutif ou judiciaire, en tant que responsable[6] ultime de la décision en adéquation avec ses compétences constitutionnelles, son organisation, sa structure et les procédures régissant l'élaboration de la décision prise. L'absence de la possibilité d'identifer l'organe responsable de la prise d'une décision publique ne permet pas la prise en compte de son action et n'est par conséquent pas prévisible par les citoyens. Les processus décisionnels opaques sont incompatibles avec la finalité du principe de séparation des pouvoirs, qui est la garantie de la liberté de l'individu par une modération du pouvoir d'État qui

---

[1] Hans Peters, *Geschichtliche Entwicklung und Grundfragen der Verfassung*, Springer Verlag, Berlin/New York, 1969, p. 190 : « (...) daß das geltende Verfassungsrecht längst nicht in dem Maße vom Gewaltenteilungsprinzip durchdrungen ist, wie oft behauptet wird. Angesichts der zahlreichen Durchbrechungen kann von seiner absoluten Geltung keine Rede sein ».

[2] BVerfGE, 7, 188 : « Dieser Grundsatz ist allerdings nicht streng durchgeführt ». Ainsi, Menger dans la discussion sa discussion avec Wehrhahn, *VVDStRL*, n°, 1957, p. 24, conclut qu' « une division claire des fonctions entre législation d'une part, et gouvernement et administration d'autre part, est étrangère à la Loi fondamentale » (*Dem Grundgesetz ist eine klare Funktionstrennung zwischen Gesetzgebung, Regierung und Verwaltung fremd*).

[3] C'est la signification de la théorie du domaine essentiel de compétence (*Kernbereichtheorie*) : v. ce titre, chapitre 1er, section 1, § 1.

[4] Konrad Hesse, *Grundzüge des Verfassungsrechts der Bundesrepublik Deutschland*, *op.cit.*, p. 208, qui développe l'idée que le principe de la séparation des pouvoirs ne peut être violé qu'à condition qu'une définition, même approximative, du noyau exclusif de compétences soit maîtrisée : « Wenn der Grundsatz "nirgends rein verwirklicht" ist, kann er allenfalls noch dann verletzt werden, wenn zugunsten einer Gewalt ein Einbruch in den "Kernbereich" einer anderen Gewalt erfolgt ; wo dieser Kernbereich beginnt, bleibt eine offene Frage ».

[5] BVerfGE 95, 1 « Südumfahrung Stendal » du 17 juillet 1996, p. 15 : « Der Kernbereich der verschiedenen Gewalten ist unveränderbar ». Ce raisonnement selon lequel le noyau exclusif de compétences ne peut faire l'objet d'aucune modification nous évoque les rapports entre l'article 79, alinéa 3 LF (norme matérielle de protection) l'article 20, alinéa 2 LF (norme protégée), car cette interdiction de modifier les noyaux respectifs des pouvoirs est la conséquence logique de l'interdiction de « toucher » au principe de la séparation des pouvoirs énoncé à l'article 20. Si une modification devait vider un des pouvoirs de son sens, de sa teneur, il y aurait dans ce cas une atteinte portée à l'article 79, alinéa 3 LF.

[6] Udo Di Fabio, « Gewaltenteilung », *in* Josef Isensee/Paul Kirchhof (dir.), *Handbuch des deutschen Staatsrechts*, vol. 2, 3e édition, 2004, p. 632 : « Das Prinzip der Verantwortung der Inhaber der Staatsgewalt verlangt, daß den gewählten Vertretern des Volkes und den von ihnen berufenen Amtsträgern öffentliches Handeln hinreichend sicher zugerechnet werden kann ».

empêche le déploiement d'une puissance arbitraire, ni avec la responsabilité démocratique[1] qui incombe à chacun des organes investis des pouvoirs législatif, exécutif ou judiciaire.

La recherche d'équilibre représente la deuxième facette du principe de la séparation des pouvoirs, il s'agit d'une recherche d'équilibre, qui présuppose le contrôle et la limitation réciproques des pouvoirs. La mise en œuvre d'un contrôle efficace n'est pas une tâche aisée à réaliser, et nous ne pouvons parler que d'un équilibre relatif, dynamique qui doit être sans cesse maintenu.

[1] Udo Di Fabio, « Gewaltenteilung », *in* Josef Isensee/Paul Kirchhof (dir.), *Handbuch des deutschen Staatsrechts*, vol. 2, 3e édition, 2004, p. 632 : « Ein Übermaß an opaken Verflechtungen höhlt die Substanz demokratischer Verantwortlichkeit aus. (...) Es ist ein im Grundsatz gewaltenteiliger Rechtsstaatlichkeit verankertes Gebot, daß "ein Staatsorgan, das eine Entscheidung zu treffen hat, dafür die Verantwortung trägt".

CONCLUSION DU CHAPITRE

Le principe de la séparation des pouvoirs, tel qu'il est interprété par les juges de Karlsruhe, ne constitue pas un principe qui existe *en soi*, il « porte » l'ordre constitutionnel de la Loi fondamentale. Le principe de la séparation des pouvoirs est le moyen efficace qui permet et qui conditionne la réalisation et l'existence de cet ordre. C'est la raison pour laquelle le principe déduit de l'article 20, alinéa 2 LF est protégé par « la clause d'éternité » de l'article 79, alinéa 3 LF. C'est la raison pour laquelle la Cour déclare constitutionnelle, en 1970[1], une loi de révision constitutionnelle problématique, qui prive d'un recours juridictionnel, en le remplaçant « par le contrôle d'organes et d'organes auxiliaires désignés par la représentation du peuple »[2], un individu, qui pourrait être une menace pour l'ordre constitutionnel démocratique et libéral. La démocratie allemande est une démocratie militante (*streitbare Demokratie*) et n'accepterait pas, même au nom d'une des pierres angulaires de son édifice, au nom du principe de la séparation des pouvoirs, d'être rongée de l'intérieur. Afin de préserver la Loi fondamentale de 1949, la Cour est prête à sacrifier, sur l'autel de l'ordre constitutionnel démocratique et libéral, le principe de la séparation des pouvoirs. Après tout, il n'est pas question de doter un organe de compétences intangibles afin qu'il exerce une fonction déterminée. Il convient de réfléchir en termes de freins et de contrepoids qui rendent possible le fonctionnement d'un système où le pouvoir arbitraire, libéré des chaînes du contrôle et de l'équilibre, ne dispose que d'une infime chance de voir le jour.

---

[1] BVerfGE 30, 1 « Abhörurteil » du 15 décembre 1970.

[2] Article 10, alinéa 2 LF.

CONCLUSION DU TITRE SECOND

La définition générale du *Gewaltenteilungsgrundsatz* livrée par la Cour dans une série de décisions de principe, donne une image plus complète de la norme opérationnelle déduite de l'article 20, alinéa 2 LF. Cependant, il subsiste des zones d'ombres. La définition générale, par elle-même, est dans l'inacapacité de résoudre tous les problèmes qui se posent lorsque le juge constitutionnel doit interpréter le principe de la séparation des pouvoirs. Ainsi, affirmer uniquement qu'il la Loi fondamentale suppose la collaboration, l'interpénétration entre les pouvoirs afin de modérer la puissance et garantir la liberté de l'individu, n'épuise pas la signification du princpe. Le juge, conscient, de l'insuffisance de cette définition, s'est attelé à la tâche difficile qui consiste à compléter le principe en introduisant de nouveaux critères permettant d'identifier une violation caractérisée de la séparation des pouvoirs. Il faut par conséquent observer le principe sous le prisme de la justice fonctionnelle qui suppose que chaque organe soit à sa place et prenne les décisions publiques en adéquation avec la structure et sa place dans le schéma constitutionnel de la séparation des pouvoirs. Mais le principe de la justice fonctionnelle comporte un danger : si on poussait son interprétation trop loin, il se pourrait qu'un organe se trouve, à chaque fois, le mieux placé afin de prendre n'édicter n'importe quelle mesure ou d'agir en se substituant à un organe. Le seuil intolérable de l'usurpation de pouvoir serait alors franchi. Mais la Cour a créé un moyen afin d'empêcher la réalisation de cette éventualité. La théorie du noyau de compétences exclusif permet d'arrêter l' « invasion » d'un organe dans la sphère d'action d'un autre et de garantir par conséquent le maintien de l'équilibre entre les pouvoirs tel qu'il a été conçu par la Loi fondamentale. Car aucun organe ne peut avoir à sa libre disposition la totalité des compétences d'un autre, ni décidait de sortir du schéma constitutionnel de la séparation. Ce dernier est protégé, dans son principe, par la « clause d'éternité » de l'article 79, alinéa 3 LF. L'impossibilité de réviser l'article 20 LF qui contient les éléments du principe de la séparation des pouvoirs démontre qu'il s'agit d'un des principes « porteurs » de la Loi fondamentale. Cependant, il ne faut pas être induit en erreur et croire que le principe est au contenu arrêté et intangible. Bien au contraire, le juge constitutionnel a affirmé qu'il n'y a que le « cœur » du principe qui se trouve protégé par l'article 79, alinéa 3 LF. Les modalités d'application, en revahcne, peuvent faire l'objet d'un aménagement ou d'une modification.

CONCLUSION DE LA PREMIERE PARTIE

La signification et la construction progressive du principe de la séparation des pouvoirs sont les deux éléments qui permettent de faire une tentative de compréhension. Par l'analyse historique du principe, on ne vise pas à présenter de manière détachée l'histoire linéaire d'un principe qui se meut dans un espace dont les confins sont formés par l'adoration aveugle (des révolutionnaires) et le rejet frénétique des théoriciens libéraux et conservateurs qui martèlent, presqu'unanimes, que le principe de la séparation importerait la souveraineté nationale et que cela signifierait la fin de l'État et de son pouvoir unitaire. Tous ces discours trahissent l'idéologie confessée par leurs auteurs. Le principe de la séparation des pouvoirs, présenté comme arme de destruction massive de l'ordre monarchique ancré dans les mentalités, sert à mieux asseoir selon laquelle il n'y aurait qu'un seul pouvoir, celui du monarque qui ne peut être point divisé, mais, dans le meilleur des cas fait l'objet d'un partage, dans son exercice, entre le monarque et les assemblées. Or, il est bien clair que, quand Gerber et Laband répètent que le principe de la séparation des pouvoirs n'est pas compatible avec le caractère unitaire de l'État, les chantres du positivisme visent un État concret, leur État monarchique allemand. Si ces développements présentent un intérêt, il réside dans la nécessité d'arrêter de classer le principe de la séparation des pouvoirs quelque part dans le long récit mythologique des concepts sans pouvoir le comprendre. Il convient de cesser de s'attacher de manière féroce à l'idée selon laquelle il y aurait un seul principe qui se comporterait de la même manière dans n'importe quelles circonstances constitutionnelles. Le principe est un instrument concret, en l'espèce un outil qui permet de rationaliser le pouvoir et de l'organiser en poursuivant la réalisation d'un gouvernement modéré.

Lorsque le juge interprète le principe, il dessine précisément cette image. L'image d'un système de mécanismes conrcret qui identifient une norme fonctionnelle permettant de sanctionner les violations de la configuration constitutionnelle des pouvoirs. Mais la sanction n'est ni générale, ni absolue, car il faut préserver une sphère de libre activité laissée à la discrétion de chacun des organes investis des pouvoirs législatif, exécutif et judiciaire.

Analyser le bagage historique du principe et accéder à l'interprétation du juge ne permet pas encore d'accéder à la compréhension globale. Il est nécessaire d'analyser certains aspects du système constitutionnel de la séparation des pouvoirs afin d'avoir une vue d'ensemble mettant en exergue les aspérités dans l'applicaion, mais aussi les limites qui se posent devant le principe « porteur » de la Loi fondamentale.

SECONDE PARTIE
LA CONCRETISATION DU PRINCIPE DE SEPARATION DES POUVOIRS DANS LA PRATIQUE CONSTITUTIONNELLE ALLEMANDE

« L'idée, selon laquelle la séparation des pouvoirs est toujours menacée d'être vidée de son sens ou simplement remplacée, correspond à une vieille conception. À l'origine de tels dangers peut être uniquement une application juridique faussée de la théorie de la séparation des pouvoirs ; ils résultent surtout de la redistribution du pouvoir entre les forces réelles qui configurent l'édifice constitutionnel. (…) Avant même que l'on déclare précipitamment, en se basant sur de telles conceptions, l'obsolescence de la séparation des pouvoirs, il faut réfléchir sur le fait que la Loi fondamentale n'entend pas le principe de manière abstraite, mais en tant qu'élément concret de la forme de gouvernement parlementaire qui accorde une place particulère aux partis politiques (…). »[1]

Le principe de séparation des pouvoirs traverse l'ordre constitutionnel tout entier en donnant homogénéité et unité aux différents organes, aux « réels facteurs de puissance » chargés de l'accomplissement des fonctions étatiques. Ce principe organisationnel « porteur » de la Loi fondamentale ne doit pas être identifié à un dogme intemporel imposé à l'ordre constitutionnel allemand par la force d'une certaine tradition constitutionnelle, qui ne peut guère prétendre à une véritable continuité, si ce n'est une continuité terminologique. Il s'agit ici d'un principe constitutionnel opérant mettant en œuvre les règles d'organisation du pouvoir d'État en permettant ainsi l'optimisation et la rationalisation du travail effectué par les organes investis des pouvoirs législatif, exécutif et judiciaire. Le principe de séparation des pouvoirs vise à stabiliser l'organisation du pouvoir, mais il souffre lui-même d'un manque de stabilisation chronique dû à l'interprétation évolutive de la Cour constitutionnelle fédérale. Cependant, il est possible de voir la mise en place d'un système de freins et de contrepoids régissant les rapports entres les différents organes. Il n'est point question de schématiser l'organisation du pouvoir

---

[1] Eberhard Schmidt-Aßmann, « Der Rechtsstaat », *in* Josef Isensee/Paul Kirchhof (dir.), *Handbuch des Staatsrechts der Bundesrepublik Deutschland*, vol. 2 (*Verfassungsstaat*), 3e édition, C.F. Müller, Heidelberg, 2004, p.578 : « Daß die Gewaltenteilung immer wieder in Gefähr steht, ausgehöhlt oder überspielt zu werden, entspricht einer alten Beobachtung. Solche Gefahren können aus der juristisch falschen Anwendung der Gewaltenteilungslehre entstehen; vor allem aber folgen sie aus Machtverschiebungen realer verfassungsgestaltender Kräfte. (…) Bevor man auf Grund dieser Beobachtungen die Gewaltenteilung jedoch vorschnell für obsolet erklärt, sollte bedacht werden, daß das Grundgesetz selbst Gewaltenteilung nicht abstrakt, sondern vor dem Hintergrund der parlamentarischen parteieinstaatlichen Regierungsform sieht (…) ».

en postulant une spécialisation des organes. Un organe ne saurait être cantonné à l'accomplissement d'une seule fonction. Au contraire, le plus souvent, plusieurs organes participent de manière effective à la réalisation d'une fonction étatique. Toutefois, il convient de souligner que, s'il n'y a pas de vértiable spécialisation, il existe une répartition fonctionnelle qui tend à faire d'un organe l'apanage, mais pas l'exclusivité d'une fonction déterminée. Le principe constitutionnel porteur de la Loi fondamentale représente par conséquent un système de freins et de conrepoids qui rend possible l'équilibre organique en modérant la puissance publique. Afin de tenter de comprendre les rouges qui meuvent la machine constitutionnelle, il convient de se pencher sur les cas concrets. Grâce à l'étude d'une situation réelle, il est possible de dépasser le cadre théorique et de se détacher de l'aspect « mythique » qui enveloppe la théorie de la séparation des pouvoirs. Le principe de la séparation des pouvoirs est, en tant que principe de la formation, de la rationalisation, de la stabilisation et de la limitation du pouvoir étatique, le principe d'organisation fondamental de la Constitution du 23 mai 1949. Mais son application connaît des limites qui peuvent résulter d'une situation exceptionnelle qui justifie sa modification temporaire, ou bien certains changements qui sont la conséquence de l'évolution de l'Union européenne et qui dépassent donc le cadre national.

Afin d'étudier les cas concrets qui offrent une illustration du principe constitutionnel de la séparation des pouvoirs ainsi que les limitations apportées à celui-ci, il convient de diviser cette partie en deux titres :

Titre premier : Le principe de séparation des pouvoirs comme système de freins et de contrepoids.

Titre second : Les limites apportées à l'application du principe de séparation des pouvoirs.

TITRE PREMIER
LE PRINCIPE DE SEPARATION DES POUVOIRS COMME SYSTEME DE FREINS ET DE CONTREPOIDS

Le processus de concrétisation du principe ne se résume pas à une application machinale de la définition générale, mais suppose une adaptation aux cas concrets auxquels il se trouve confronté. Or, les cas concrets ne correspodent pas parfaitement à la norme interprétée par la Cour. Il convient alors de procéder à un ajustement entre l'espèce et les normes que l'on doit appliquer. Le principe directeur du système n'est pas l'attribution exclusive de compétences, mais le partage des celles-ci entre différents organes concourant à la réalisation d'une mission étatique. Le partage ne signifie aucunement une atteinte au principe, bien au contraire, ce sont précisément les mécanimses de contrôle qui permettent au principe de pleinement déployer ses effets.

Les organes sont associés à la prise d'une même décision, mais ils ne se substituent pourtant pas à l'organe qui dispose de la faculté de statuer en la matière. Ainsi, il existe toujours un décideur ultime, celui qui statue ; les autres organes participent en ayant la possibilité d'empêcher la mise en œuvre de la décision prise. Qu'il s'agisse du domaine partagé par les pouvoirs législatif et exécutif (chapitre 1), ou bien du cas particulier de la politique extérieure et militaire (chapitre 2), les organes de ces deux pouvoirs agissent de concert. Le pouvoir de rendre la justice est le seul qui bénéficie d'une indépendance complète, ce qui ne veut pas automatiquement dire qu'il reste à l'abri de l'infuence des pouvoirs dits politiques, ou bien qu'il ne tente pas de s'immiscer lui-même dans leurs sphères d'action (chapitre 3).

CHAPITRE 1
Le partage de compétences et les moyens de contrôle dans les rapports entre les pouvoirs législatif et exécutif

Pendant l'époque de la monarchie limitée allemande, les assemblées représentatives étaient le moyen de la société civile de limiter la toute puissance du monarque qui détenait l'intégralité du pouvoir d'État. Le débat portait sur la question de savoir si ces organes représentatifs pouvaient être dotés de compétences positives propres ou étaient cantonnées à un espace négatif. Aujourd'hui, avec l'affirmation du principe démocratique ancré dans l'article 20, alinéa 2 LF, les interrogations sont différentes. La structure du régime démocratique de la Loi fondamentale repose sur le principe selon lequel « toutes les fonctions du pouvoir d'État » sont démocratiquement « légitimées et constituées » en vertu du principe de séparation des pouvoirs[1]. Si, dans le constitutionnalisme du XIXe siècle, les assemblées parlementaires furent des organes aux compétences négatives qui n'étaient pas destinées à gouverner de manière effective, les fondements démocratiques du droit constitutionnel positif font du parlement l'organe de décision central dont émane l'instrument normatif principal de la puissance publique : la loi.

Le principe démocratique constitue la base des pouvoirs législatif, exécutif et judiciaire. Il n'y a donc pas de différence qualitative entre les différents types de légitimation des organes investis des trois pouvoirs. Cependant, le Parlement, étant le seul organe constitutionnel à bénéficier d'une légitimité démocratique directe, immédiate, occupe la place centrale dans le système institutionnel de la Loi fondamentale. L'amalgame traditionnel tend à confondre l'organe « parlement » avec la fonction législative. L'identifier exclusivement à la production de la loi est cependant trompeur. Certes, il s'agit de l'organe qui, par l'acte final d'adoption de la loi, domine la procédure et permet sa finalisation. Mais dans l'accomplissement de cette mission, le *Bundestag* n'est pas seul, il le partage avec l'exécutif. Si, en la matière, le Bundestag dispose du vértibale pouvoir décisionnel, de la faculté de statuer en adoptant ou abandonnant un texte ayant la vocation à devenir une loi, les organes exécutifs se contentent de compétences limitées.

Les compétences constitutionnelles du Parlement ne s'épuisent pas dans l'accomplissement de la fonction législative. Le deuxième volet de son action est celui du contrôle exercé sur le gouvernement fédéral. Mais ici, les rôles sont inversés : le Parlement perd sa qualité de « décideur » et se transforme en

---

[1] Hans Hugo Klein, « Aufgaben des Bundestages », *in* Josef Isensee/Paul Kirchhof (dir.), *Handbuch des Staatsrechts der Bundesrepublik Deutschland*, vol. 2, 1e édition, C.F. Müller, Heidelberg, 1987, p. 342 : « Die Struktur der vom Grundgesetz verfaßten Demokratie beruht darauf, daß die Staatsgewalt in allen ihren Funktionen (…) demokratisch konstituiert und legitimiert und auf dieser Grundlage gewaltenteilug organisiert ist ».

« contrôleur », c'est-à-dire un acteur secondaire chargé d'opérer un contrôle sur l'action politique du gouvernement fédéral sans pour autant empiéter sur le domaine de « responsabilité exécutive propre » de celui-ci.

L'interprétation du principe de séparation des pouvoirs livrée par la Cour constitutionnelle fédérale permet, sinon de complètement comprendre les mécanismes régissant les rapports entre les organes investis des pouvoirs législatif et exécutif, au moins de tenter une explication des lignes directrices présidant à leur fonctionnement.

Il convient d'aborder le rôle prépondérant du Parlement dans la fonction législative (section 1) afin de pouvoir ensuite se concentrer sur le contrôle parlementaire opéré sur gouvernement fédéral (section 2).

Section 1 : La participation des organes exécutifs à la fonction législative.

La légitimation démocratique a des conséquences immédiates : le Parlement fédéral, le *Bundestag*[1], n'est plus assigné à un rôle négatif. L'erreur commune consiste à déduire de cette position privilégiée que le parlement est l'unique organe agissant dans le domaine de la fonction législative. Cette erreur résulte d'une compréhension simplifiée et inadéquate du principe de séparation des pouvoirs qui se résumerait à la règle « un organe-une fonction ». Le principe de séparation des pouvoirs n'exige point qu'un organe soit exclusivement chargé d'une fonction. Ainsi, si on peut affirmer que, dans l'exercice de la fonction législative, la place centrale est accordée au Parlement (§1), il n'est pas sans intérêt de s'interroger sur la possibilité de voir apparaître, sous l'empire de la Loi fondamentale, un pouvoir réglementaire autonome (B).

---

[1] Hans Hugo Klein, « Aufgaben des Bundestages », *in* Josef Isensee/Paul Kirchhof (dir.), *Handbuch des Staatsrechts der Bundesrepublik Deutschland*, t. 2, 1e édition, C.F. Müller, Heidelberg, 1987, p. 342 : « Der Deutsche Bundestag (…) ist das Parlament der Bundesrepublik Deutschland ». La présentation d'un parlement fédéral bicaméral, que l'on trouve chez une grande partie des auteurs français, est fausse (par exemple, chez Michel Troper/Francis Hamon, *Droit constitutionnel*, 34e édition, LGDJ, 2013, p. 198, on lit que le Parlement allemand « comporte les deux Chambres impliquées par le fédéralisme : le Bundestag (Diète) qui représente le peuple entier de la fédération et le Bundesrat qui représente les États »). Le Parlement allemand est monocaméral, il n'y pas de deuxième chambre législative qui serait le *Bundesrat*. Ce dernier est un organe spécifique de la structure institutionnelle allemande résultant de l'histoire particulière de l'État fédéral allemand. V. la première partie, titre 2, chapitre 3, section 1, § 3, et, sur la participation du *Bundesrat* à la procédure législative : cette section, §1, B.

§1. La procédure législative comme lieu d'action commune des pouvoirs législatif et exécutif.

Le paradigme traditionnel du système parlementaire présente la loi comme l'instrument principal de l'action de l'État et le Parlement comme l'organe central chargé de la production normative[1]. La loi, « garantie de la stabilité constitutionnelle et l'instrument de médation de la légitimation démocratique »[2], est le produit du législateur démocratique. Dans le cadre de la Loi fondamentale, il s'agit de l'acte « suivant les formes et procédures prévues par la Constitution » pour le processus de production législative[3]. Ainsi, la capacité de la représentation nationale d'adopter des lois est qualifiée de « pouvoir législatif »[4].

A. Le droit d'initiative partagé entre le **Bundestag**, *le* **Bundesrat** *et le gouvernement fédéral.*

La procédure législative actuelle est le miroir inversé de la production législative de la monarchie limitée allemande. Contrairement au modèle de cette dernière, ce sont les organes exécutifs qui se trouvent soumis au Parlement en ne disposant que d'une marge de manœuvre conditionnée par la décision finale du législateur démocratique : ils ne peuvent pas fixer de manière autonome le contenu d'une loi.

La procédure législative est le point de rencontre du Parlement, du *Bundesrat* et du Gouvernement fédéral[5]. Conformément à l'article 76, alinéa 1er LF, ces trois organes disposent du droit d'initiative législative. Le Gouvernement fédéral, par le biais de l'initiative législative et par l'appui qu'il trouve dans la majorité

---

[1] Armin von Bogdandy, *Gubernative Rechtsetzung : eine Neubestimmung der Rechtsetzung und des Regierungssystems unter dem Grundgesetz in der Perspektive gemeineuropäischer Dogmatik*, Mohr Siebeck, Tübingen, 2000, p. 6 : « (…) in der durchgängigen Betonung des Parlaments als des prinzipalen Organs der Rechtsetzung und des Gesetzes als der zentralen Handlungsform in einer nach geltendem Recht (…) ausgeprägten Weise am überkommenen Paradigma des Parlamentarismus ».

[2] Eberhard Schmidt-Aßmann, « Gefährdungen der Rechts- und Gesetzesbindung der Exekutive », *in* Joachim Burmeister (dir.), *Verfassungsstaatlichkeit. Festschrift für Klaus Stern zum 65. Geburtstag*, C.H. Beck'sche Verlagsbuchhandlung, München, 1997, p. 751 : « Das Gesetz ist Garant rechtsstaatlicher Stabilität und Mittler demokratischer Legitimation ».

[3] Eberhard Schmidt-Aßmann, *Das allgemeine Verwaltungsrecht als Ordnungsidee*, 2e édition, Springer, Berlin/Heidelberg, 2004, p. 49: « Als Gesetz bezeichnen wir nur das parlamentarische Gesetz, d.h. jede Art parlamentarischer Entscheidung, die in den für Gesetze verfassungsrechtlich vorgesehenen Formen und Verfahren zustandegekommen ist ».

[4] Peter Badura, *Staatsrecht. Systematische Erläuterung des Grundgesetzes für die Bundesrepublik Deutschland,* 2e édition, C.H. Verlagsbuchhandlung, München, 1996, p. 463: « Die Fähigkeit der parlamentarischen Volksvertretung, Gesetze zu erlassen, wird als "gesetzgebende Gewalt" bezeichnet ».

[5] Ralf Poscher, « Funktionenordnung des Grundgesetzes », *in* Wolfgang Hoffman-Riem/Eberhard Schmidt Assmann, Andreas Vosskuhle, *Grundlagen des Verwamtungsrechts*, vol. 1 (*Methoden, Massstäbe, Aufgaben, Organisation*), 1e édition, C.H.Beck, Münche, 2006, p. 514 : « An der Gesetzgebung sind im Bund eine ganze Reihe von Organen beteiligt ».

parlementaire, est un moteur de la procédure, mais il n'est pas l'organe spécial investi de la fonction législative. S'il détient l'initiative, à côté des membres du *Bundestag* et du *Bundesrat*, en vertu de l'article 76, alinéa 1er LF[1], il ne détient pas le pouvoir décisionnel, il n'adopte pas la loi. L'initiative, qui appartient à la fois au Gouvernement fédéral et aux membres du *Bundestag* et du *Bundesrat*, est un exemple de compétence « perméable » (*permeabel*) entre différents organes du pouvoir législatif et du pouvoir exécutif[2].

Aujourd'hui, la majorité des textes législatifs adoptés par l'assemblée parlementaire proviennent du Gouvernement fédéral. L'une des raisons les plus sérieuses de cette présence gouvernementale dans l'élaboration de la loi est la maîtrise technique qui permet au Gouvernement d'être plus à même de garantir, ou du moins essayer, un texte répondant aux nécessités concrètes. Le droit d'initiative ne constitue pas une compétence décisionnelle, car le dernier mot appartient au *Bundestag*, qui adopte la loi sans être lié à la proposition gouvernementale ou à la prise de position du *Bundesrat*. En cas de désaccord entre le Parlement et le Conseil fédéral, la possibilité existe de convoquer une commission parlementaire de médiation (*Vermittlungsausschuß*)[3], composée de membres du *Bundestag* et du *Bundesrat*, chargée de trouver un compromis textuel.

Les restes de l'ordre constitutionnel de la monarchie limitée et de la Constitution impériale de 1871, qui crée un État fédéral matériellement monarchique mais formellement républicain[4], sont présents dans l'organe original qu'est le *Bundesrat*. Il fut le facteur décisionnel le plus important sous la monarchie limitée, car, composé des représentants des gouvernements monarchiques, il fut le moyen de sauvegarder le principe monarchique dans une structure républicaine. Dans le système constitutionnel actuel, le *Bundesrat* « n'est ni une assemblée parlementaire, ni la "deuxième chambre" d'un parlement bi- ou pluricaméral »[5].

---

[1] « Les projets de loi sont déposés au *Bundestag* par le gouvernement fédéral, par les membres du *Bundestag* ou par le *Bundesrat.* »

[2] Susanne Baer, « Vermutungen zu Kernbereichen der Regierung und des Parlaments », *Der Staat*, 2001, p.539 : « (...) kennt das Grundgesetz auch Fälle, in denen Parlament *oder* Regierung handeln können, eine Befugnis also permeabel ist. Paradigmatisch ist die Befugnis zur Gesetzesinitiative (Art. 76 GG), denn Regelungen dürfen sowohl die Regierung als auch das Parlament initiieren ».

[3] En vertu de l'article 77, alinéa 2 LF « le *Bundesrat* peut demander la convocation d'une commission formée de membres du *Bundestag* et du Bundesrat en vue de la discussion commune de textes » ; « [l]orsque l'approbation du Bundesrat est requise pour une loi, le *Bundestag* et le gouvernement fédéral peuvent également demander la convocation de la commission ». La proposition du texte par la commission n'équivaut pas à une adoption de la loi : BVerfGE 72, 175 « Wohnungsfürsorge » du 13 mai 1986, p. 188 : « Des coméptences décisionnelles ne sont pas confiées à la commission de médiation » (« Entscheidungskompetenzen sind dem Vermittlungsausschuß nicht eingeräumt »).

[4] V. lapremière partie, titre 1er, chapitre 3.

[5] Roman Herzog, « Stellung des Bundesrates im demokratischen Bundesstaat », *in* Josef Isensee/Paul Kirchhof (dir.), *Handbuch des Staatsrechts der Bundesrepublik Deutschland*, t. 2, 1e édition, C.F. Müller, Heidelberg, 1987, p. 473-474 : « Der Bundesrat ist weder ein Parlament noch die "Zweite

Cette émanation des exécutifs des *Länder* a un rôle considérable dans l'exercice de la fonction législative et il n'est pas faux de le qualifier de « colégislateur » en raison de l'importante quantité de lois requérant son consentement (*Zustimmungsgesetz*) et de son poids institutionnel dans le processus d'intégration européenne aux termes de l'article 23 LF[1].

La coopération et la coordination entre le Parlement, le Conseil fédéral et le Gouvernement fédéral sont une concrétisation du principe de séparation des pouvoirs : la soi-disant immixtion d'organes exécutifs dans la fonction législative ne constitue en aucun cas une atteinte au principe. Les facultés de statuer et d'empêcher sont ici l'illustration parfaite du système de freins et de contrepoids dont la finalité est la modération du pouvoir. La participation exécutive à la procédure n'aboutit pas à la substitution du *Bundesrat* ou du Gouvernement au Parlement qui statue en dernier lieu en adoptant la loi.

B. L'authentification du texte législatif adopté par le Parlement : la promulgation par le président fédéral.

Contrairement aux compétences du chef de l'État sous la République de Weimar, le président fédéral se voit accorder incomparablement peu de pouvoirs[2]. Il exerce des compétences de nature exécutive, mais représente également « le lien entre les trois pouvoirs sans pour autant en être un quatrième »[3]. L'une des missions les plus importantes, qui incombe au président, est liée au processus législatif. En vertu de l'article 82, alinéa 1er LF, il signe et promulgue les lois

---

Kammer" eines zwei- oder gar mehrteiligen Parlaments. Bewußt und nach langwierigen Beratungen und Verhandlungen hat sich der Parlamentarische Rat gegen eine Senatslösung nach amerikanischem Muster und für eine Bundesratslösung nach den bekannten deutschen Vorbildern entschieden. Damit war klar, daß der Bundesrat nicht von gewählten Volksvertretern, sondern von Regierungsmitgliedern beherrscht werden würde. Schon deshalb ist es berechtigt, ihm eine exekutivische Struktur – wenn auch bei weitem nicht nur exekutivische Funktionen - zuzuschreiben».

[1] Olivier Beaud, *Théorie de la fédération*, PUF, collection *Léviathan*, 2007, p. 420, note n°2 : « (...) il faut savoir que le *Bundesrat* a un droit de veto sur toutes les lois qui exigent son consentement (*Zustimmungsgesetz*), mais en outre, le volume de ces lois, qui représentait environ un dixième des lois fédérales, a augmenté pour représenter près de la moitié des lois de la République fédérale allemande. Il n'est donc pas exagéré de voir dans ce *Bundesrat* un colégislateur. Il a également acquis d'importants pouvoirs de codécision en matière d'intégration européenne, à l'occasion de la révision constitutionnelle opérée en 1993 (nouvel art. 23) ».

[2] Contrairement à son prédecesseur, il ne dispose pas de la faculté de mettre en œuvre la soi-disant « dictature présidentielle » en cas de crise grave menaçant « la sécurité et l'ordre public » (article 48, alinéa 2 de la Constitution de 1919). Le président fédéral n'a pas non plus le commandement des forces armées qui relève, en temps de paix, de la compétence du ministre de la défense fédéral et se trouve confié en temps de guerre au chancelier fédéral (article 115 b LF qui fait partie de la « constitution d'urgence » de la Loi fondamentale). Certes, il reste au président la possibilité de déclarer, avec le Bundesrat, l'état de nécessité législative de l'article 81 LF). Sur l'état d'exception, voir *infra*, cette partie, titre 2, chapitre 1er).

[3] Dieter C. Umbach, «Der Bundespräsident. Vorbemerkungen vor Art. 54 ff», *in* Dieter C. Umbach/Thomas Clemens (dir.), *Grundgesetz. Mitarbeiterkommentar und Handbuch*, C. F. Müller, Heidelberg, 2002, p. 309 : « Er ist (…) das Bindeglied der drei Gewalten, ohne selbst eine "vierte" zu sein ».

« définitivement adoptées ». Cette compétence est l'héritière directe de la sanction monarchique exsitant à l'époque de la monarchie limitée allemande. Par la sanction du monarque, le texte législatif devenait un texte authentique, exprimant la volonté du monarque[1], ouvrant la voie à la promulgation et à la publication. Mais les parallèles formels avec la sanction s'arrêtent là, car, dans le cadre d'un régime démocratique parlementaire, il n'appartient pas au chef de l'État de censurer un texte législatif définitivement adopté sous prétexte d'opérer un contrôle de son contenu ou bien en avançant un désaccord politique avec le *Bundestag* et le *Bundesrat.* « Étrangement », cette disposition constitutionnelle « ne comporte pas de délai » dans lequel le président est obligé de promulguer la loi[2]. Il convient de s'interroger sur la possibilité pour le président fédéral de réaliser un examen du texte qui lui est soumis afin de vérifier si ce dernier ne présente pas de vices matériels ou formels qui le rendraient inconstitutionnel[3]. Le refus de promulgation du président peut faire l'objet d'un litige interorganique au sens de l'article 93, alinéa 1er, n°1er LF, en vue de constater la conformité de la loi, ayant fait l'objet du contrôl présidentiel, avec la Constitution[4].

Le Parlement est par conséquent l'organe spécial qui adopte la loi, mais est-ce cette dernière le seul instrument normatif dans l'architecture constitutionnelle allemande ? La spécialisation dans la procédure législative ne signifie pas l'exclusion de tout autre organe du processus normatif. La question de l'émergence d'un pouvoir réglementaire autonome, indépendant d'un texte législatif, ne peut être occultée.

---

1 Klaus Schlaich, « Die Funktionen des Bundespräsidenten im Verfassungsgefüge », *in* Josef Isensee/Paul Kirchhof (dir.), *Handbuch des Staatsrechts der Bundesrepublik Deutschland*, t. 2, 1e édition, C.F. Müller, Heidelberg, 1987, p. 551-552 : « Dem Monarchen kam die Ausfertigung zu, weil er dem Gesetzesbeschluß vom Parlaments den Gesetzesbefehl (die Sanktion) erteilte ; mit der Unterzeichnung nahm er den Gesetzesinhalt in seinen Willen auf ».

2 Klaus Schlaich, « Die Funktionen des Bundespräsidenten im Verfassungsgefüge », *in* Josef Isensee/Paul Kirchhof (dir.), *Handbuch des Staatsrechts der Bundesrepublik Deutschland*, t. 2, 1e édition, C.F. Müller, Heidelberg, 1987, p. 551-552 : « Seltsamer weise setzt das Grundgesetz dem Bundespräsidenten keine Fristen – auch nicht für die Gesetzesausfertigung (…) ».

3 Konrad Hesse, *Grundzüge des Verfassungsrechts der Bundesrepublik Deutschland*, 20e édition, C.F. Müller, Heidelberg, 1999, p. 277; voir également Hartmut Maurer, « Hat der Präsident ein politisches Mitspracherecht? », *DÖV*, 1966, p. 665 et suiv. ; Karl-Heinrich Friauf, « Zur Prüfungszuständigkeit des Bundespräsidenten bei der Ausfertigung der Bundesgesetze », *in Einigkeit und Recht und Freiheit : Festschrift für Karl Carstens*, Carl Heymanns Verlag, 1984, vol. 2, p. 545. Jusqu'à présent, tous les présidents ont exercé leur droit de contrôle matériel des lois (Dieter C. Umbach, «Der Bundespräsident. Vorbemerkungen vor Art. 54 ff », Dieter C. Umbach/Thomas Clemens (dir.), *Grundgesetz. Mitarbeiterkommentar und Handbuch, C.F. Müller, Heidelberg,* 2002, p. 312*)*.

4 Sur le litige interorganique, *infra*, cette partie, ce titre, chapitre 3, section 2, § 2, B.

> *Dans le système démocratique et libéral de la Loi fondamentale, la mission de la production normative est confiée au Parlement en tant qu'organe législatif.*[1]

Il n'y a que la production normative sous forme de loi qui est confiée au Parlement. Le législateur « n'a pas de compétence normative exclusive, il a seulement le monopole de l'espace de la production législative »[2].

§2. L'émergence possible d'un pouvoir réglementaire autonome ?

Par le biais de la procédure d'autorisation législative de l'article 80, alinéa 1er LF, le législateur permet aux organes exécutifs mentionnés d'édicter des règlements. La possibilité pour le pouvoir exécutif de « produire du droit » (*Recht zu setzen*) en vertu de l'article 80, alinéa 1er LF[3], paraît, au premier abord, être une atteinte au principe de la séparation des pouvoirs. Le système de freins et de contrepoids de la Loi fondamentale n'entend pas attribuer l'exclusivité de la production normative au seul législateur. L'interdiction faite aux organes exécutifs d'exercer un pouvoir réglementaire autonome est la conséquence de l'expérience néfaste de la République de Weimar et du régime national-socialiste (A). Aujourd'hui, l'absence d'un pouvoir réglementaire autonome ne correspond plus à la réalité constitutionnelle actuelle (B).

A. L'heure de la réhabilitation du pouvoir réglementaire autonome ?

La méfiance vis-à-vis du pouvoir réglementaire autonome, qui a cours en 1949, est la conséquence logique de l'expérience néfaste de sa pratique abusive. Le règlement devint, à la fin de la République de Weimar, l'instrument normatif privilégié du Gouvernement, se substituant à la loi. Contrairement au pouvoir réglementaire français qui, en vertu de l'article 37, alinéa 1er C, se voit attribuer « toutes les matières qui ne relèvent pas du domaine de la loi », le pouvoir réglementaire de la Loi fondamentale souffre encore des vieux démons qui ont causé sa soumission totale à la loi sans lui laisser une marge de manœuvre autonome.

---

[1]BVerfGE 95, 1, p. 15 : « Im freiheitlich-demokratischen System des Grundgesetzes fällt dem Parlament als Legislative die verfassungsrechtliche Aufgabe der Normsetzung zu. Nur das Parlament besitzt hierfür die demokratische Legitimation ». La même formulation dans BVerfGE 34, 52, p. 59 ; BVerfGE 49, 89, p. 124 ; BVerfGE, 68, 1, p. 87.

[2] Ralf Poscher, « Funktionenordnung des Grundgesetzes », *in* Wolfgang Hoffman-Riem/Eberhard Schmidt Assmann/Andreas Vosskuhle, *Grundlagen des Verwamtungsrechts*, vol. 1 (*Methoden, Massstäbe, Aufgaben, Organisation*), 1e édition, C.H.Beck, Münche, 2006, p. 514 : « Der Gesetzgeber hat danach kein Monopol der Normsetzung, aber ein Monopol gesetzlicher Regelung ».

[3] Karl-Peter Sommermann, « Verordnungsermächtigung und Demokratieprinzip », *JZ*, n°9, 1997, p.435 : « (…) wirken die in Art. 80 Abs. 1 Satz 2 GG niedergelegten Bedingungen für eine Verordnungsermächtigung relativ streng ». Sur le problème des autorisations législatives et la théorie substantielle : première partie, titre second, chapitre 2, section 2.

Le Parlement peut « déléguer »[1] une partie de l'exercice de sa compétence normative aux organes énumérés à l'article 80, alinéa 1er LF. Le principal objectif du règlement est de décharger le législateur d'une partie de son activité, de « sauver » la loi, par la technique de la délégation, de la « déconcentration de la fonction législative »[2], du piège de l'inflation législative[3]. L'article est situé à un endroit précis dans la Loi fondamentale : dans le titre portant sur la législation de la Fédération (*Gesetzgebung des Bundes*). Cette disposition, qui régit la procédure selon laquelle le législateur autorise le pouvoir exécutif à édicter des règlements, signifie-t-elle que ce dernier n'est pas, en dehors de l'autorisation expresse, compétent pour agir par voie réglementaire autonome ?

La conception traditionnelle[4] du règlement comme « production normative dérivée » est l'expression des vieilles craintes de l'époque monarchique et liées à un pouvoir exécutif puissant. Elle rappelle également l'inflation réglementaire existant dans les dernières années de la République de Weimar[5] et les excès de l'État

---

[1] Le terme de « délégation » peut paraître impropre, car il ne s'agit pas d'une véritable procédure de délégation, mais d'une autorisation accordée par le législateur aux organes exéctufs leur permettant d'intervenir par règlement. En accordant cette autorisation, le Parlement ne se dessaisit pas de sa compétence.

[2] Fritz Ossenbühl, « Rechtsverordnung », *in* Josef Isensee/Paul Kirchhof (dir.), *Handbuch des Staatsrechts der Bundesrepublik Deutschland*, vol. 5, 3e édition, 2007, C.F. Müller, Heidelberg, p. 262 : « Die Rechtsverordnungen sind damit als abgeleitete (derivative) Rechtsquellen Ausdruck einer delegierten Rechtsetzung, einer Dekonzetration der Gesetzgebung ».

[3] Oliver Lepsius, « Rechtsverordnung », *in* Werner Heun/Martin Honecker/Martin Morlok/Joachim Wieland (dir.), *Evangelisches Staatslexikon*, nouvelle édition, Kohlhammer, Stuttgart, 2006, p. 1941 : « Sie ist zugleich Gesetzesvollziehung und Rechtssetzung, Rechtsgrundlage und exekutive Handlungsform (...) Hauptzweck der Rechtsverordnung ist heute die Entlastung des parlamentarischen Gesetzgebers durch Rechtssetzungsdelegation (...) ». Dans le même sens: Fritz Ossenbühl, « Rechtsverordnung », *in* Josef Isensee/Paul Kirchhof (dir.), *Handbuch des Staatsrechts der Bundesrepublik Deutschland*, t. 5, 3e édition, 2007, C.F. Müller, Heidelberg, p. 262: « Die Delegation von der Rechtsetzungsgewalt auf die Exekutive hat den Sinn, den parlamentarischen Gesetzgeber zu entlasten »; Hartmut Bauer, « Artikel 80 », *in* Horst Dreier (dir.), *Grundgesetz Kommentar*, vol. 2, 1e édition, Mohr Siebeck, Tübingen, 1998, p. 1533, qui démontre les deux fonctions du règlement. Le règlement a comme objectif de dispenser le législateur du détail, des éléments secondaires en laissant le pouvoirexécutif prendre les mesures nécessaires (*Entalstungsfunktion*), ensuite, le règlement, intervenant dans le cadre d'une autorisation législative, ne permet pas au Parlement de se dessaisir de sa compétence normative en l'abandonnant complètement au pouvoir exécutif et de se décharger ainsi de la responsabilité qui lui incombe en tant que corps législatif (*Funktionssicherungs- und Begrenzungsfunktion*).

[4] Selon Fritz Ossenbühl, « Gesetz und Recht – Die Rechtsquellen », *in* Josef Isensee/Paul Kirchhof (dir.), *Handbuch des Staatsrechts der Bundesrepublik Deutschland*, vol. 5 *Rechtsquellen, Organisation, Finanzwesen*, 3e édition, C.F. Müller Verlag, Heidelberg, 2007, p. 159 : « Die Rechtsverordnung ist Ausdruck einer Dekonzentration der Gesetzgebung. Der parlamentarische Gesetzgeber überträgt diese delegierte Rechtsetzungsgewalt auf die Exekutive (Art. 80 GG). Die Exekutive betätigt diese delegierte Rechtsetzungsgewalt in Form der Rechtsverordnung ».

[5] Pour la Cour (BVerfGE 1, 14 « Südwestsaat » du 23 octobre 1951, p. 59-60), l'article 80 LF est le résultat de la volonté délibérée d'abandonner les pratiques weimariennes. Cette volonté traduit la conception « plus stricte » de la séparation des pouvoirs : « In bewußter Abkehr von der Praxis der Weimarer Zeit fordert Art. 80 GG als Grundlage für Rechtsverordnungen jeder Art eine gesetzliche

national-socialiste, comme le remarque à juste titre Eberhard Schmidt-Aßmann en démontrant l'artificialité de la construction traditionnelle aux termes de laquelle la fonction législative est celle chargée de la production normative primaire, tandis que la fonction exécutive, pour accéder à la possibilité de produire des normes sous la forme de règlements, ne peut qu'être tributaire, dépendante de la décision initiale prise par le législateur. La crainte du pouvoir réglementaire empêche la doctrine d'élaborer une conception consistante du règlement et a comme conséquence son identification à une production normative secondaire. Il peut être pensé uniquement comme « production normative dérivée (*abgeleitet*) qui présuppose une autorisation législative ». Dans cette lecture traditionnelle et dépassée, le règlement n'est jamais un acte autonome. La « phobie du pouvoir réglementaire » typiquement allemande ne permet pas de penser son autonomie. Car l'exercice autonome du pouvoir réglementaire pourrait transformer le Gouvernement fédéral en législateur de substitution[1]. Le règlement participe par conséquent à un processus de « concrétisation continue »[2]. Une hiérarchie normative factice entre la loi et le règlement, dont le but serait d'exprimer la plus grande « valeur » de la loi et de refléter la soumission totale du règlement, n'est plus d'actualité. Si l'acte du pouvoir exécutif doit se soumettre à la loi (article 20, alinéa 3 LF), il n'est plus possible de lui octroyer un rôle purement secondaire. Le rôle d'un acte qui ne fait qu'exécuter machinalement la volonté du législateur sans pouvoir se prévaloir d'une marge de liberté pourtant indispensable dans certains domaines, marqués par des changements si rapides qu'ils se prêtent difficilement à la procédure législative,

---

Ermächtigung, die nach Inhalt, Zweck und Ausmaß genau umgrenzt ist. Das Grundgesetz entscheidet sich hier wie an anderer Stelle für eine strengere Teilung der Gewalten ».

[1]Eberhard Schmidt-Aßmann, « Rechtsverordnung im Verhältnis zu Gesetz und Verwaltungsvorschrift », *in* Paul Kirchhof/Moris Lehner /Arndt Raupach/Michael Rodi (dir.), *Staaten und Steuern. Festschrift für Klaus Vogel zum 70. Geburtstag*, C.F. Müller, Heidelberg, 2000, p. 479. Sur cette méfiance vis-à-vis du pouvoir réglementaire de l'exécutif, Fritz Ossenbühl, « Rechtsverordnung », *in* Josef Isensee/Paul Kirchhof (dir.), *Handbuch des Staatsrechts der Bundesrepublik Deutschland*, t.5, 3e édition, C.F. Müller, Heidelberg, 2007, p. 268: « Diese durch historische Erfahrungen geprägte verfassungsrechtliche Ausgangslage hat im Nachkriegsdeutschland zu einem tiefsitzenden Mißtrauen gegenüber einem Verordnungsrecht der Exektuvie geführt ». Selon Ossenbühl, il ne s'agit pas d'une simple méfiance, mais d'une « phobie du pouvoir réglementaire » (*Verordnungsphobie*) typiquement allemande.

[2] Christoph Möllers, *The Three Branches. A Comparative Model of Separation of Powers*, Oxford University Press, 2013, p. 106, pense la relation entre les trois pouvoirs comme une « structure cyclique » dans laquelle la production du droit est effectuée à plusieurs niveaux : le pouvoir exécutif concrétise les lois en agissant dans des sphères différentes de l'organisation bureaucratique et en transformant les textes législatifs en des normes de plus en plus spécifiques (à la fin du processus, elles peuvent concerner un seul citoyen), les tribunaux confirment cette concrétisation de manière rétrospective, et le cycle de production du droit prend fin : « This reconstruction speaks against the widespread notion of a hierarchy between the powers ». Les idées de concrétisation, de structure cyclique rappellent l'analyse de Friedrich Müller, *Discours de la méthode juridique*, trad. fr. Olivier Jouanjan, PUF, coll. *Léviathan*, 1996, p. 135 : « La mise en œuvre du droit se présente désormais sous la forme d'une *concrétisation* (=obtention, construction) de *normes juridiques* qui puisse être méthodologiquement rapportée à des textes de normes du droit en vigueur et à la suite de laquelle la norme juridique ainsi produite est individualisée en une *norme-décision* » (souligné dans le texte).

souvent synonyme de longueur et lourdeur, ne correpond plus au pouvoir réglementaire. La loi en tant qu'instrument du législateur, n'est pas toujours adaptée à des situations exigeant une intervention immédiate et adéquate des autorités publiques. Par la technique de l'autorisation législative, qui permet au pouvoir exécutif d'édicter des règlements, l'occasion se présente pour législateur non seulement de se décharger des détails qui ne doivent pas alourdir de manière excessive le texte législatif, mais de donner au pouvoir exécutif la chance d'intervenir dans un domaine et pour un laps de temps déterminés de manière efficace en satisfaisant ainsi l'attente de production normative. Pour l'administration, les règlements font « partie de la formation par degrés de la compétence normative de l'État », et représentent des actes juridiques, qui revêtent une incontestable valeur d'action propre[1].

Il est désormais nécessaire d'avoir une conception du règlement « moins restrictive et davantage convaincante d'un point de vue systémique »[2]. Ni la pratique de la production normative, ni son cadre juridique ne correspondent au paradigme traditionnel selon lequel le pouvoir exécutif est chargé uniquement d'édicter uniquement des actes qui concrétisent le contenu législatif[3]. Par ailleurs, l'interdiction totale d'un pouvoir réglementaire autonome ne peut être déduite du texte constitutionnel[4]. Le pouvoir réglementaire autonome s'inscrit dans un esprit de cohérence du système fonctionnel et organisationnel de la Loi fondamentale. L'idée n'est pas nouvelle : déjà, en 1968, Fritz Ossenbühl plaide « pour l'existence d'un pouvoir normatif "originaire" et donc "autonome" de l'administration » prenant la forme des prescriptions administratives (*Verwaltungsvorschriften*)[5]. Mais la

---

1Eberhard Schmidt-Aßmann, « Rechtsverordnung im Verhältnis zu Gesetz und Verwaltungsvorschrift », *in* Paul Kirchhof/Moris Lehner /Arndt Raupach/Michael Rodi (dir.), *Staaten und Steuern. Festschrift für Klaus Vogel zum 70. Geburtstag*, C.F. Müller, Heidelberg, 2000, p. 477 : (...) sind sie Teil einer *Stufenordnung* staatlicher Normsetzung (...). Verordnungen besitzen für die Praxis einen unbestreitbar eigenen Rechts-und Handlungswert » (souligné dans l'original).

2Eberhard Schmidt-Aßmann, « Rechtsverordnung im Verhältnis zu Gesetz und Verwaltungsvorschrift », *art. précit.,* p. 479 : « (...) die Fundamente für ein weniger restriktives und systematisch überzeugendes Konzept der Verordnungsgebung längst gelegt sind ».

3 Pour une conception nouvelle du pouvoir normatif : Armin von Bogdandy, *Gubernative Rechtsetzung. Eine Neubestimmung der Rechtsetung und des Regierungssystems unter dem Grundgesetz in der Perspektive gemeineuropäischer Dogmatik*, op.cit., p. 6 : « Weder die Rechtsetzungspraxis noch ihr rechtlicher Rahmen fügen sich dem überkommenen Paradigma ». Voir également : Fritz Ossenbühl, « Rechtsverordnung », *in* Josef Isensee/Paul Kirchhof (dir.), *Handbuch des Staatsrechts der Bundesrepublik Deutschland*, vol. 5, 3e édition, C.F.Müller, Heidelberg, 2007, p. 268 : « Es wuchs die Einsicht, daß ein aus Art. 80 Abs. 1 GG oder aus dem Demokratiegebot abgeleitetes Rechtsetzungsmonopol des Parlamentes lebensfremd und unrealistisch ist ».

4 Armin von Bogdandy, *Gubernative Rechtsetzung. Eine Neubestimmung der Rechtsetung und des Regierungssystems unter dem Grundgesetz in der Perspektive gemeineuropäischer Dogmatik*, 2000, op.cit., p. 291 : « Aus der Systematik der Verfassungen können keine Gründe gefolgert werden, die eine gesetzesunabhängige Verordnungsmacht der Regierung prinzipiell ausschließen ».

5 Olivier Jouanjan, *Le principe d'égalité en droit allemand, op.cit.*, p. 379, et la référence à la thèse d'habilitation de Fritz Ossenbühl, *Verwaltungsvorschriften und Grundgesetz*, Bad Homburg v.d.H.,

question de l'autonomie normative de l'administration dépasse largement les prescriptions administratives. Il ne s'agit plus d'envisager les actes administratifs en les divisant en des actes ayant des effets internes à l'administration et des actes qui ont des effets externes à l'administration (les règlements). Il convient davantage d'analyser les actes administratifs comme des actes se contentant d'interpréter la loi, de concrétiser son contenu normatif, et des actes qui peuvent créer du droit sans qu'il y ait besoin d'une autorisation législative préalable. Pour Ossenbühl, il y a un besoin d'une nouvelle *summa divisio* entre la réglementation substantielle et la réglementation de détail, dont l'objet n'est pas la prise de décisions[1]. Si l'administration peut édicter des normes dans des domaines non-substantiels qui ne sont pas soumis à l'exigence d'une loi, alors « la voie est ouverte » pour un pouvoir réglementaire autonome, direct, ne dépendant pas d'une autorisation législative préalable[2]. Ce jeu entre « substantiel » et « non-substantiel » correspond-il à une reconnaissance timide d'un pouvoir réglementaire autonome ? Si c'était le pouvoir exécutif qui décidait de la non-substantialité de la décision à prendre, alors la discrétionnarité, dont il disposerait, ne serait-elle pas dangereuse ? Certes, il est clair qu'en vertu des dispositions de la Loi fondamentale, les décisions touchant à l'exercice des droits fondamentaux, doivent prendre la forme d'une loi. Mais qu'en est-il d'autres domaines, dont la réglementation ne met pas en cause de manière suffisamment directe et immédiate l'exercice d'un droit fondamental, mais qui, par ses effets « secondaires », peut y porter atteinte ?

Par deux décisions, rendues le 26 juin 2002, la Première chambre de la Cour constitutionnelle[3] reconnaît au Gouvernement la compétence de prendre des mesures contenant des informations susceptibles de porter indirectement atteinte à l'exercice des droits fondamentaux des requérants.

Berlin/Zürich, 1968. Voir également Fritz Ossenbühl, « Autonome Rechtsetzung der Verwaltung », *in* Josef Isensee/Paul Kirchhof (dir.), *Handbuch des Staatsrechts*, vol. 5, 3e édition, 2007, p. 312 et suiv.

[1] Fritz Ossenbühl, « Autonome Rechtsetzung der Verwaltung », *art. précit.*, p. 313 : « Die Abgrenzung zwischen dem Gesetzesvorbehalt und der autonomen Rechtsetzung der Verwamtung vollzieht sich dann nicht mehr nach dem Schema von Innenrecht und Außenrecht, sondern nach den Kriterien von wesentlich/unwesentlich ».

[2] Fritz Ossenbühl, « Autonome Rechtsetzung der Verwaltung », *art. précit.*, p. 312 : « So eröffnet die neuerlich betonte und praktizierte Wesentlichkeitstheorie im Rahmen der Doktrin vom Gesetzesvorbehalt zwangslos die Möglichkeit, dem Funktionsbereich der Verwaltung solche Regelung zuzuweisen, die nicht dem Kriterium der Wesentlichen unterfallen. Damit ist der Weg frei zur Begründung eines aus der Verwaltungsfunktion resultierenden unmittelbaren administrativen Verordnungsrechts (...) ».

[3] BVerfGE 105, 252 « Glykol » et BVerfGE 105, 279 « Osho » du 26 juin 2002.

B. Les décisions « Osho » et « Glykol » du 26 juin 2002[1].

Les motifs de la Cour pour admettre l'existence d'un domaine affranchi de l'exigence d'une autorisation législative sont tirés de l'absence d'atteinte à l'exercice des droits fondamentaux, en l'occurrence, la liberté de croyance, de conscience et de profession de foi protégées par l'article 4 LF (*Osho*) et le droit de choisir et d'exercer librement sa profession protégé par l'article 12, alinéa 1er LF (*Glykol*)[2].

Les mesures, prises par le Gouvernement dans ces deux espèces, ne portent pas atteinte aux droits fondamentaux et ne sont par conséquent pas soumises à l'exigence d'une loi formelle. Dans le premier cas, était en cause une mise en garde émise par le Gouvernement fédéral afin de prévenir les consommateurs de la présence de glycol dans certains vins, et, dans le deuxième cas, la mouvement *Osho* était visé par des actes émanant du Gouvernement fédéral tendant à mieux informer le public sur les dangers que présentait ce courant spirituel. Les solutions données par le juge constitutionnel dans les deux affaires sont les comparables : l'absence d'effet sur les droits fondamentaux ouvre la voie à une action autonome du pouvoir exécutif qui peut adresser au public des informations relatives au danger de certains produits ou à la menace que cache l'appartenance à un mouvement qualifié de sectaire. Il est possible de prolonger ce raisonnement est de dire que l'action gouvernementale est liée par la loi et le droit en vertu de l'article 20, alinéa 3 LF (primauté de la loi), mais n'est pas soumise à l'exigence d'une loi préalable lui permettant d'agir dans ce domaine précis qu'est la diffusion d'informations par une autorité publique (réserve de loi). Le Gouvernement n'est par conséquent pas soumis à une autorisation législative préalable, même si son action peut toucher, certes, de manière indirecte (et peut-être insuffisante pour le juge constitutionnel) l'exercice des droits fondamentaux des requérants. En l'occurrence, il s'agissait de la liberté de croyance, de conscience et de profession de foi (*Osho*) et du droit de

---

[1] Il s'agit d'une saga jurisprudentielle ayant occupé les tribunaux depuis 1985. Les décisions de la Cour sont rendues après que les deux affaires furent pendantes plus de dix ans. Sur ce point, Dietrich Murswieck, « Das Bundesverfassungsgericht und die Dogmatik mittelbarer Grundrechtseingriffe – Zu der Glykol- und der Osho-Entscheidung vom 26.6.2002 », *NVwZ*, 2003, p. 1 et suiv. ; ou encore Peter M. Huber, « Die Informationstätigkeit der öffentlichen Hand – ein grundrechtliches Sonderregime aus Karlsruhe ? », *JZ*, 2003, p. 290 et suiv.

[2] Selon la solution de la Cour, les informations diffusées au large public par le gouvernement fédéral dans l'affaire « Glykol » n'affectent d'aucune manière les droits fondamentaux des entreprises concernées, mais, dans sa décision, la Cour valide l'acte contenant ces informations car, justement, il ne touche pas aux droits fondamentaux, et est donc un acte pris sans qu'il y ait une autorisation législative préalable. Critique : Peter M. Huber, « Die Informationstätigkeit der öffentlichen Hand – ein grundrechtliches Sonderregime aus Karlsruhe ? », *JZ*, 2003, p.292, pour qui « la conception dogmatique des deux décisions n'est point convainquante ». De plus, la Cour « méconnaît la fonction protectrice des droits fondamentaux de la réserve de loi » (« Die dogmatische Konzeption beider Beschlüsse überzeugt nicht. Das BVerfG vermengt insoweit die Bestimmung des Schutzbereichs mit Fragen der Rechtfertigung, es missachtet die grundrechtssichernde Funktion des Gesetzesvorbehalts [...] »).

choisir et d'exercer librement sa profession (*Glykol*). Pour la Cour, la diffisuion d'informations fait partie des missions du Gouvernement fédéral :

> *La diffusion d'informations par une autorité publique suppose l'existence d'une mission de l'autorité qui agit (*eine Aufgabe der handelnden Stelle*), et le respect des compétences qui lui sont attribuées (*die Einhaltung der Zuständiggrenzen*). Si les missions du gouvernement ou de l'administration peuvent être accomplies par le biais de la diffusion publique d'informations, s'agissant de l'attribution de leurs missions (*Aufgabenzuweisung*), le Gouvernement et l'administration bénéficient, en principe, d'une habilitation à diffuser de l'information (*eine Ermächtigung zum Informationshandeln*). C'est le cas de la mission de direction politique (*Staatsleitung*) du Gouvernement. Dans une démocratie, cette mission vise à la légitimation politique du Gouvernement et englobe la participation à l'accomplissement de missions publiques concrètes en dehors de l'activité de l'administration. La mission gouvernementale ne signifie pas uniquement agir par les moyens de la législation ou le concours actif du Gouvernement à l'exécution de la loi, mais aussi par la diffusion d'informations dans la sphère publique (…).* [1]

Le Gouvernement a le droit de diffuser des informations ayant un intérêt pour les citoyens, même si, en l'espèce, cette diffusion peut être préjudiciable pour les entreprises ou mouvements religieux visés par l'acte. L'atteinte éventuelle portée à l'exercice d'un droit fondamental n'est pas suffisamment caractérisée pour que le juge constitutionnel déclare les mesures prises par les autorités gouvernementales contraires à la Constitution. Ici, l'action gouvernementale, qui pourrait avoir un effet indirect sur l'exercice des droits fondamentaux, n'est pas conditionnée par l'existence d'une loi préalable.

Il faut s'interroger sur la portée de ces deux décisions de la Première chambre de la Cour. S'agit-il d'une évolution jurisprudentielle qui peut aboutir à l'affirmation d'un pouvoir réglementaire autonome ? Dans ces deux jugements, l'article 80, alinéa 1er LF ne joue aucun rôle. Ici, l'action autonome du Gouvernement en tant qu'organe déterminant les lignes conductrices de la politique de l'État constitue le point de départ pertinent.

Même s'il n'est pas encore possible de conclure à l'existence d'un pouvoir réglementaire autonome[2], aujourd'hui, la jurisprudence relative aux autorisations

---

[1] BVerfGE 105, 252 « Glycol » du 26 juin 2002, p. 268. La même formulation dans BVerfGE 105, 279 « Osho » du 26 juin 2002, p. 301.

[2] La commission chargée de l'étude de la réforme constitutionnelle de 1976 s'interrogeait sur l'opportunité d'introduire un pouvoir réglementaire autonome, indépendant des autorisations législatives

législatives évolue dans le sens d'un relâchement des critères concernant le contenu, le but et l'étendue de l'autorisation. Cette latitude au profit de l'exécutif signifie l'évolution de la conception du pouvoir réglementaire.

Section 2 : Le Parlement comme organe de contrôle du Gouvernement.

Les missions constitutionnelles du Parlement ne s'épuisent pas dans la fonction législative. Il est des domaines, où le *Bundestag* ne dispose pas du droit d'initiative ou de la faculté décisionnelle, mais dans lesquels il intervient afin de procéder à un contrôle de l'activité du Gouvernement fédéral. Le contrôle parlementaire n'est pas illimité et ne peut s'exercer sur toutes les sphères d'action du Gouvernement afin que la responsabilité exécutive propre de ce dernier soit préservée (§1). Les moyens de contrôle politique dont peut user le Parlement permettent de résoudre les rapports de tension entre le *Bundestag* et le Gouvernement fédéral (§2).

§1. Un contrôle limité par le domaine de responsabilité exécutive propre du Gouvernement.

La notion de responsabilité exécutive propre (*Kernbereich exekutiver Verantwortung*)[1] peut « sauver » le pouvoir exécutif en préservant une sphère inaccessible pour le Parlement dans laquelle seul le Gouvernement est maître de l'action (B). La Cour tente de définir de manière positive le pouvoir exécutif qui ne se prête pas à une systématisation à cause de l'hétérogénéité de ses missions (A). L'exemple des commissions d'enquête parlementaires formées en vertu de l'article 44 LF illustre la tension qui existe entre la protection de la responsabilité exécutive propre du Gouvernement fédéral et le droit de contrôle du *Bundestag* (C).

---

de l'article 80 LF. La question d'un pouvoir réglementaire autonome faisait l'objet d'un désaccord au sein même de la commission. Sur ce point, consulter le Rapport final de la Commission chargée de l'étude de la réforme constitutionnelle (*Schlußbericht der Enquete-Kommission Verfassungsreform*), Bonner Universitäts-Buchdruckerei, Bonn, 1976, p. 89-90 : « Die Kommission hat darüber hinaus erörtert, ob nicht ein verfassungsunmittelbares, von Ermächtigungen des Gesetzgebers unabhängiges und selbständiges Verordnungsrecht der Regierung eingeführt werden sollte. (...) Die Kommission hat sich nicht dazu verstehen können, die Einführung eines selbständigen Verordnungsrechts der Exektuvie zu emfehlen. Die Befürchtung, das Parlament in seinem Verhältnis zur Regierung durch einen solchen Schritt im Zweifel eher zu schwächen als zu stärken, hat entscheidend zu diesem Ergebnis beigetragen ».

[1] L'expression est de Rupert Scholz, « Parlamentarischer Untersuchungsausschuß und Steuergeheimnis », *AöR*, 1980, p.598. Elle fut reprise par le juge constitutionnel qui l'utilise pour la première fois en 1984 : BVerfGE 67, 100 « Flick-Untersuchungsausschuß » du 17 juillet 1984, p. 139, et BVerfGE 68, 1 « Atomwaffenstationierung » du 18 décembre 1984, p. 87. Plus récent : BVerfGE 124, 78 « Untersuchungsausschuss Geheimgefängnisse » du 17 juin 2009, p. 120 et suiv.

A. Éléments de définition du pouvoir exécutif.

Pour qualifier le pouvoir exécutif, Christoph Möllers emploie l'adjectif de « mystérieux »[1]. Contrairement au pouvoir législatif ou au pouvoir judiciaire, le pouvoir exécutif ne se soumet pas à une typisation, car les missions, dont il est chargé en vertu du texte constitutionnel et le rôle qu'il tient sur la scène institutionnelle, ne se prêtent pas facilement à une conceptualisation. Le pouvoir exécutif ne représente pas une organisation homogène, il contient deux volets qui obéissent à des règles différentes et qui ne disposent pas de la même marge de manœuvre quant à leur action : le gouvernement (*Regierung*) et l'administration (*Verwaltung*)[2]. Le Gouvernement est l'organe qui conduit la politique nationale (*Staatsleitung*)[3], il bénéficie d'un degré d'autonomie plus élevé que celui de l'administration[4]. Le pouvoir exécutif n'est pas directement légitimé[5] : le Gouvernement fédéral est le résultat de l'élection du chancelier par le Parlement, « donateur de légitimité » (*Legitimationsspender*)[6].

---

[1] Christoph Möllers, *The Three Branches. A Comparative Model of Separation of Powers*, Oxford University Press, 2013, *op.cit.*, p. 96 : « The mysterious executive ».

[2] Wolgang Hoffmann-Riem, « Eigenständigkeit der Verwaltung », *in* Wolfgang Hoffman-Riem/Eberhard Schmidt Assmann, Andreas Vosskuhle, *Grundlagen des Verwamtungsrechts*, vol. 1 (*Methoden, Massstäbe, Aufgaben, Organisation*), 1e édition, C.H.Beck, München, 2006, p. 656 : « (...) die vollziehende Gewalt – ihr werden üblicherweise die Regierung und die Verwaltung zugeordnet (...) ».

[3] S'agissant du budget de l'État adopté par le Parlement sous la forme d'une loi, les pouvoirs législatif et exécutif sont étroitement liés, et ce dernier est dans le rôle de l'organe qui conduit la politque nationale, tandis que le Parlement est celui qui représente la nation. Sur cette notion de « conduite politique » (*Führung* ou *Staatsleitung*) : Johannes Heckel, « Einrichtung und rechtliche Bedeutung des Reichshaultsgesetzes », *in* Gerhard Anschütz/Richard Thoma (dir.), *Handbuch des deutschen Staatsrechts*, vol. 2, Mohr Siebeck, Tübingen, 1932, p. 386-387 : « Das entscheidende Problem im Verhältnis von Exekutive und Legislative ist hier nicht, wie bei der rechtsstaatlichen Gewaltenteilung das Verhältnis von Gesetzesvollzug und Gesetz, sondern von Führung und Volksgesamtheit oder genauer gesagt : die demokratische Konstituierung, Legitimierung und Kontrolle der Fürung ». Voir encore: Werner Heun, *Die Verfassungsordnung der Bundesrepublik Deutschland*, Mohr Siebeck, Tübingen, 2012, p. 153-154.

[4] Peter Badura, *Staatsrecht: Systematische Erläuterung des Grundgesetzes für die Bundesrepublik Deutschland*, 2e édition, 1996, *op.cit.*, p. 509 : « Die vollziehnde Gewalt umfaßt Regierung und Verwaltung, also staatsleitende Aufgaben und administrative Aufgaben. Während die administrativen Aufgaben durch den Grundsatz der Gesetzmäßigkeit der Verwaltung bestimmt werden, gelten für die politischen Aufgaben der Staatsleitung durch die Regierung die Grundsätze des parlamentarischen Regierungssytems und der danach gegebenen parlamentarischen Kontrolle der Regierung »; Ulrich Scheuner, « Der Bereich der Regierung », *in* Joseph Listl/Wolfgang Rüfner (éd.), *Ulrich Scheuner, Staatstheorie und Staatsrecht. Gesammelte Schriften*, Duncker & Humblot, Berlin, 1978, p. 478 : « Da neben gehört zum politischen Spitze der Exekutive, die Regierung ».

[5] Christoph Möllers, *Gewaltengliederung: Legitimation und Dogmatikk im nationalen und internationalen Rechtsvergleich*, *op.cit.*, p. 112 : « An einer solchen Typiesirungmöglichkeit fehlt es für die exekutive Funktion, denn dieser ist kein "eigener" Legitimationsmoduis zuzuordnen ».

[6] Rapport final de la Commission d'enquête chargée de l'étude de la réforme constitutionnelle, (*Schlußbericht der Enquete-Kommission Verfassungsreform*), Bonner Universitäts-Buchdruckerei, Bonn, 1976, p.36 : le Parlement est le « donateur de légitimité » (*Legitimationsspender*) qu'il distribue aux autres organes : « Das Parlament ist, sofern es keinen volksgewählten Präsidenten gibt, der Legitimationsspender für die

Aujourd'hui, la définition négative, qui désigne comme « pouvoir exécutif » tout ce qui ne relève pas des pouvoirs législatif et judiciaire, n'est plus pertinente[1]. Le pouvoir exécutif représente la fonction de l'action directe de l'État[2] grâce à laquelle les décisions des autorités publiques sont mises en œuvre. La loi fondamentale n'entend pas distinguer de manière claire les notions de gouvernement et d'administration[3]. L'absence d'une distinction prononcée se cache dans l'histoire constitutionnelle allemande : d'une part, une activité gouvernementale autonome, séparée de l'administration rappelle l'autonomie des actes du monarque sans qu'une sanction légale soit prévue en cas d'abus, d'autre part, à l'époque national-socialiste, l'exigence d'un gouvernement libre et autonome est utilisée comme prétexte d'une immunisation contre tout contrôle juridictionnel. « Soumettre les deux facettes du pouvoir exécutif– la facette politique et la facette administrative – à la loi, était le principal objectif des auteurs de la Constitution de 1949. »[4] L'unité du pouvoir exécutif dans le texte constitutionnel ne signifie pas que ce pouvoir soit « un bloc monolithe ou une organisation pyramidale »[5].

N'est-il pas possible d'affirmer que la place centrale du gouvernement transforme le régime parlementaire en un régime orienté davantage vers le pouvoir exécutif ? Ce « pouvoir hégémonique » est ainsi lié à « un réseau complexe de dépendances et contrôles juridiques, politiques et sociétales, et intégré à un vaste domaine constitué de centres de puissances politiques et sociétales »[6]. Si le

---

gesamte weitere staatliche Organisation, es vermittelt sie vom Staatsträger her und gibt sie an die Organe der Exekutive und Judikative weiter ».

[1] Konrad Hesse, *Grundzüge des Verfassungsrechts der Bundesrepublik Deutschland*, *op.cit.*, p. 226 : « Anderseits ist sie nicht nur ein bloßer Sammelbegriff für alles das, was nicht Gesetzgebung und Rechtsprechung ist ».

[2] Konrad Hesse, *Grundzüge des Verfassungsrechts der Bundesrepublik Deutschland, op.cit.*, p. 226 : « Sie bezeichnet vielmehr die Funktionen des unmittelbaren staatlichen Tätigwerdens ».

[3] Eberhard Schmidt-Aßmann/Christoph Möllers, «The Scope and Accountability of Executive Power in Germany », *in* Paul Craig/Adam Tomkins (dir.), *The Executive and Public law. Power and Accountability in Comparative Perspective*, Oxford University Press, 2006, p. 268 : « In Article 20 the *Grundgesetz* sets its face against any distinction between political government on the one hand and public administration executing laws on the other ».

[4] Eberhard Schmidt-Aßmann/Christoph Möllers, « The Scope Scope and Accountability of Executive Power in Germany », *art.précit.*, p. 268 : « Subjecting both the political and the administrative parts of the executive to the law was a principal goal of the authors of the 1949 Constitution ».

[5] Eberhard Schmidt-Aßmann/Christoph Möllers, « The Scope and Accountability of Executive Power in Germany », *art. précit.*, p. 269 : « (…) the fact that executive power is regarded as a unitary concept does not mean that it should be understood in German law as a monolithic or pyramid organization ».

[6] Armin von Bogdandy, *Gubernative Rechtsetzung. Eine Neubestimmung der Rechtsetzung und des Regierungssystems unter dem Grundgesetz in der Perspektive gemeineuropäischer Dogmatik*, op.cit., p. 3 : « Die Regierung ist von der Rechtsordnung als Hegemonialgewalt ermöglicht, und zugleich ist sie in ein kompliziertes Netz rechtlicher, politischer und gesellschaftlicher Abhängigkeiten und Kontrollen

gouvernement remplit une fonction politique qui peut, sous certaines conditions, échapper au contrôle du pouvoir législatif et du pouvoir judiciaire, l'activité administrative est souvent cantonnée au rôle d'agent d'exécution. Si le législateur est celui qui donne corps, par la loi, à la volonté nationale, l'administration est « la partie physique » de l'action libre, celle qui anime ce corps afin qu'il puisse agir, elle lui donne son souffle vital[1].

B. La notion de responsabilité exécutive propre du Gouvernement.

Le domaine de responsabilité exécutive propre interdit l'intervention du Parlement et garantit une sphère d'action au pouvoir exécutif. Ce n'est pas une matière donnée qui constitue le noyau dur de compétences exécutives (*Kernbereich*), c'est la maîtrise d'un processus décisionnel pour lequel le pouvoir exécutif porte la pleine et entière responsabilité. Ce raisonnement est suivi par la Cour dans les affaires concernant le contrôle exercé par le Parlement dans le cadre des commissions d'enquête.

> *La responsabilité du gouvernement face au Parlement et au peuple suppose nécessairement l'existence d'un "noyau de responsabilité exécutive propre"* (Kernbereich exekutiver Eigenverantwortung), *qui inclut un domaine d'initiative, de délibération et d'action, en principe, inaccessible* (nicht ausforschbaren) *même pour les commissions d'enquête parlementaires. Par exemple, la formation de la volonté gouvernementale, concrétisée par des processus de coordination impliquant le gouvernement et les ministères, qui concerne tant les discussions au sein du gouvernement que la phase de préparation des décisions relatives au seul gouvernement ou touchant au domaine de compétences de plusieurs ministères, fait partie de ce domaine de responsabilité exécutive propre.*[2]

---

eingebunden und einem kaum überschaubaren Feld weiterer politischer und gesellschaftlicher Machtzentren ausgesetzt ».

[1] Jean-Jacques Rousseau, *Du Contrat social*, Éditions Garnier, Paris, 1954, Livre III, chapitre I, p. 272 : « Toute action libre a deux causes qui concourent à la produire : l'une morale, savoir : la volonté qui détermine l'acte ; l'autre physique, savoir : la puissance qui l'exécute. (…) Le corps politique a les mêmes mobiles : on y distingue de même la force et la volonté ; celle-ci sous le nom de puissance législative, l'autre sous le nom de puissance exécutive. Rien n'y fait ou ne doit s'y faire sans leur concours ».

[2] BVerfGE 110, 199 « Aktenvorlage II » du 30 mars 2004, p. 214 : « Die Verantwortung der Regierung gegenüber Parlament und Volk setzt notwendigerweise einen "Kernbereich exekutiver Eigenverantwortung" voraus, der einen auch von parlamentarischen Untersuchungsausschüssen grundsetzlich nicht ausforschbaren Initiativ-, Beratungs- und Handlungsbereich einschließt. Dazu gehört z.B. die Willensbildung der Regierung selbst, sowohl hinsichtlich der Erörterungen im Kabinett als auch bei der Vorbereitung von Kabinetts- und Ressortentscheidungen, die sich vornehmlich in ressortübergreifenden und -internen Abstimmungsprozessen vollzieht (…) ». Cette formulation figure, déjà, dans la décision de 1984 : BVerfGE 67, 100 « Flick-Untersuchungsausschuß » du 17 juillet 1984, p.

En ce qui concerne les rapports de tension entre le Parlement et le gouvernement fédéral, l'exemple de l'Union européenne est significatif. Les droits du *Bundestag* sont renforcés en vue de la légitimation des décisions prises par des organes supranationaux souvent accusés de déficit démocratique[1]. Cependant, la Cour tient à rappeler que le droit d'information du Parlement, sa participation aux processus décisionnels de l'Union européenne ne justifient en aucun cas une transgression du domaine du gouvernement identifié par l'existence d'une responsabilité exécutive propre (*Kernbereich exekutiver Eigenverantwortung*)[2]. Les droits du Parlement doivent être garantis en même temps que la sphère d'action du Gouvernement doit être protégée. L'expression de responsabilité exécutive propre, qui signale ainsi la ligne rouge que le Parlement ne doit pas franchir, est utilisée dans des hypothèses impliquant la participation de la République fédérale à l'Union européenne : le Gouvernement, en vertu de l'article 23 LF, est tenu d'informer et d'associer le Parlement au processus décisionnel tout en sauvegardant une part de responsabilité et donc d'action propres. Le droit d'information du Parlement s'ouvre seulement lorsque le processus de formation de la volonté gouvernementale est achevé, c'est-à-dire lorsque la décision gouvernementale n'est plus au stade de la discussion, mais a déjà été prise :

> *Les limites au droit d'information (*Unterrichtungspflicht*) résultent du principe de la séparation des pouvoirs. La structure fonctionnelle de la Loi fondamentale suppose, en règle générale, que le gouvernement possède une responsabilité exécutive exclusive qui lui est propre et qui renferme un domaine d'initiative, de délibération et d'action inexplorable (*nicht ausforschbaren*) (…). Aussi longtemps que la formation interne de la volonté du Gouvernement n'est pas achevée, il n'existe aucun droit d'information dont peut se prévaloir le Parlement*[3].

---

139. Selon Susanne Baer, « Vermutungen zu Kernbereichen der Regierung und des Parlaments, *Der Staat*, 2001, p. 537, les décisions, les discussions qui ont cours au sein du gouvernement, relèvent d'un domaine informel, inaccessible pour le Parlement et constituant un domaine de compétences exclusives implicites du gouvernement.

[1] Le Parlement doit être associé à toutes les décisions prises au niveau de l'Union européenne, il doit en être informé et pouvoir prendre position (article 23, alinéas 1er, 2, 3 LF). BVerfGE 131, 152 « Unterrichtungspflicht », p.198 : « Die verglichen mit der allgemeinen Gewichtsverteilung zwischen Bundesregierung und Deutschem Bundestag im Bereich der auswärtigen Gewalt stärkere Einbindung des Parlaments in Angelegenheiten der Europäischen Union durch weitreichende Informations- und Mitwirkungsrechte ».

[2] BVerfGE 131, 152 « Unterrichtungspflicht » du 19 juin 2012, p. 206.

[3] BVerfGE 131, 152 « Unterrichtungspflicht » du 19 juin 2012, p. 205 : « Grenzen der Unterrichtungspflicht ergeben sich aus dem Grundsatz der Gewaltenteilung. Das Funktionengefüge des Grundgesetzes geht davon aus, dass die Regierung einen Kernbereich exekutiver Eigenverantwortung besitzt, der einen grundsätzlich nicht ausforschbaren Initiativ-, Beratungs- und Handlungsbereich

Il est question d'un principe de séparation qui comporte un mécanisme de défense mis à disposition de chaque pouvoir qui doit être « armé » contre les « assauts » des deux autres. Ce qui constitue le noyau même ne doit point être sacrifié devant l'autel de l'adéquation et du contrôle[1]. Le principe de séparation des pouvoirs constitue ainsi à la fois le fondement du contrôle parlementaire et sa limite. Cette délicate balance tend à préserver la liberté d'action du Gouvernement dans la formation de sa volonté politique sans pour autant paralyser le contrôle effectué par le Parlement :

> *Ici, la nécessité d'opérer une balance entre les intérêts opposés correspond à la double fonction du principe de séparation des pouvoirs qui est à la fois le fondement et la limite des droits de contrôle parlementaires*[2].

C. Les commissions d'enquête parlementaires : intrusion dans le domaine du Gouvernement ou protection des droits de la minorité parlementaire?

Le contrôle exercé par le Parlement est le cœur même du régime parlementaire[3]. Les commissions d'enquête parlementaires (*Untersuchungsausschüsse*)[4]

---

einschließt (...). Solange die interne Willensbildung der Bundesregierung nicht abgeschlossen ist, besteht daher kein Anspruch des Parlaments auf Unterrichtung. ».

[1] Meinhard Schröder, « Untersuchungsausschüsse », *in* Hans-Peter Schneider/Wolfgang Zeh, *Parlamentsrecht und Parlamentspraxis in der Bundesrepublik Deutschland, op.cit.*, p. 1249 : « Untersuchungen zur Regierungs- und Verwaltungskontrolle dürfen sich grundsätzlich nur mit abgeschlossenen Vorgängen befassen, damit der Exekutive ein eigenständiger Initiativ-, Beratungs- und Handlungsbereich erhalten bleibt. Dazu gehört z.B. die Willensbildung der Regierung selbst, sowohl jinsichtlich der Erörterungen im Kabinett als auch bei der Vorbereitung von Kabinetts- und Ressortentscheidungen, die sich vornehmlich in ressortübergreifenden und internen Abstimmungsprozessen vollzieht ».

[2] BVerfGE 110, 199 « Aktenvorlage II » du 30 mars 2004, p. 219 : « Die Notwendigkeit, hier zwischen gegenläufigen Belangen abzuwägen, entspricht der doppelten Funktion des Gewaltenteilungsgrundsatzes als Grund und Grenze parlamentarischer Kontrollrechte ».

[3] Le pivot du régime parlementaire est la responsabilité politique gouvernementale devant le Parlement. Sur la notion de faute politique, voir Élisabeth Zoller, *Histoire du gouvernement présidentiel aux États-Unis*, Dalloz, 2011, p. 171 et suiv. En ce qui concerne la Loi fondamentale, la responsabilité politique du gouverment est mise en œuvre par la procédure de la motion de défiance constructive, dont l'initiative appartient au *Bundestag*, qui tend à éviter un renversement du chancelier purement arbitraire, résultat d'inimités politiques (article 67 LF) et par l'existence de la motion de confiance (ou la question de confiance) proposée par le chancelier fédéral (article 68) qui peut aboutir sur la dissolution du *Bundestag* par le président fédéral (article 68). La structure parlementaire implique des armes mises à disposition à chacun des deux pouvoirs – législatif et exécutif – afin que le fonctionnement d'un système équilibré puisse être maintenu (le système de freins et de contrepoids). S'il faut différencier les fonctions attribuées aux organes spéciaux qui en sont investis, il ne faut pas oublier les mécanismes de contrôle qui existent afin qu'un aucun pouvoir ne puisse détenir l'intégralité du pouvoir d'État.

[4] « *Untersuchungsausschuß* » signifie, littéralement, « commission d'enquête ». Ce terme, en droit allemand, peut induire en erreur, car la confusion est possible avec une autre expression : « *Enquête-Kommission* » qui, en langue française, trouve la même traduction. Cependant il s'agit de deux types de commissions qui remplissent des fonctions différentes. La confusion vient du fait que « enquête » est le mot français pour le terme allemand de « *Untersuchung* ». Hoffmann-Riem/Ramcke, « Enquete-

exceptionnellement créées (article 44 LF[1]) afin d'analyser les problèmes provoqués par un événement particulier ou bien enquêter sur des affaires concernant un ou plusieurs membres du pouvoir exécutif[2]. Les commissions d'enquête représentent un contrôle à la fois occasionnel et permanant dans la mesure où elles n'ont pas une existence continue et création est toujours possible. Si un quart des membres du *Bundestag* en demandent la constitution, le droit se transforme en obligation : la commission d'enquête doit être constituée. Leur rôle est important à double titre : elles assurent un contrôle sur les organes gouvernementaux en garantissant une participation effective à l'opposition parlementaire, car, dans la plupart des cas, la demande de convoquer une commission enquêtant sur un problème précis émane de députés des partis minoritaires au *Bundestag*. La mission importante de contrôle du Gouvernement revêt, dans certains cas de figure, la forme de commissions d'enquête parlementaires :

> *Les procédures d'enquête (*Untersuchungsverfahren*) ont, dans le cadre de la démocratie parlementaire, une mission importante. Par la constitution de commissions d'enquête, les parlements obtiennent la possibilité d'examiner, en remplissant leur mission constitutionnelle de représentation nationale, de manière autonome, indépendamment du Gouvernement, de l'administration et des tribunaux, en employant des moyens de puissance publique mis à disposition des tribunaux et de certaines autorités administratives, des faits qui doivent être rendus publics. Le devoir des commissions d'enquête parlementaires est d'apporter du soutien au Parlement et de préparer les décisions qui doivent être prises par celui-ci sur une question précise. Le point capital*

Komissionen », *in* Hans-Peter Schneider/Wolfgang Zeh (dir.), *Parlamentsrecht und Parlamentspraxis in der Bundesrepublik Deutschland : ein Handbuch*, Walter de Gruyter, Berlin/New York, 1989, p. 1262 : « Enquete-Kommissionen sind keine Untersuchungsausschüsse gemäß Art. 44 GG ». Les commissions d'enquête (*Untersuchungsausschüsse*) chargées d'une affaire particulière sont temporaires, constituées en vertu de l'article 44 LF, alors que le deuxième type de commissions d'enquête (*Enquete-Kommissionen*) sont constituées en vertu du §56 du Règlement intérieur du *Bundestag* (*Geschäftsordnung des Deutschen Bundestags*) dans sa version du 2 juillet 2009.

[1] L'article 44, alinéa 1er LF dispose que le *Bundestag* « a le droit et, à la demande d'un quart de ses membres, l'obligation de constituer une commission d'enquête chargée de recueillir les preuves nécessaires en audiance publique (…) ». Il ne s'agit pas d'une innovation de la Loi fondamentale, car l'article 34 de la Constitution de Weimar prévoyait déjà un droit d'enquête du Parlement : « Le Reichstag a le droit, et à la demande d'un cinquième de ses membres le devoir, de créer des commissions d'enquête. Ces commissions examinent en audience publique les preuves qu'elles jugent nécessaires ou à la demande du requérant (…)».

[2] Christoph Möllers, *Die drei Gewalten. Legitimation der Gewaltengliederung in Verfassungsstaat, Europäischer Integration und Internationalisierung*, *op.cit.*, p. 129: « Die Idee der Kontrolle fügt sich daher dem hier entwickelten Modell parlamentarischen Handelns nicht einfach ein : Kontrolle ist retrospektiv und auf konkrete Sachverhalte bezogen, womit sie judikativem Handeln ähnelt. Nicht zufällig erinnern parlamentarische Untersuchungsausschüsse an gerichtliche Verfahren ».

des enquêtes parlementaires consiste naturellement dans le contrôle du Gouvernement et de l'administration, en particulier dans l'éclaircissement d'affaires qui touchent au domaine de responsabilité du Gouvernement ayant donné lieu à des irrégularités. Précisément un tel contrôle a un poids singulier dans le système de la séparation des pouvoirs (…). Ce contrôle n'est justifié que s'il existe entre le Parlement et le Gouvernement un rapport de tension politique (politisches Spannungsverhältnis)[1].

Le rapport de tension politique entre gouvernement et parlement, qui doit justifier la création d'une commission d'enquête parlementaire, n'est pas un rapport entre le gouvernement et la majorité qui en est le soutien. La Cour souligne sans équivoque l'importance revenant à l'opposition parlementaire qui doit opérer un contrôle sur les actions du gouvernement et remplir la mission de contrôle qui incombe au parlement :

Dans le système de gouvernement parlementaire, la mission de contrôle du Gouvernement n'incombe pas en premier lieu à la majorité, cette mission est surtout remplie par l'opposition, et donc, en principe, par la minorité. Pour cette raison, afin que le contrôle parlementaire soit effectif, aucune atteinte ne doit être portée au droit constitutionnellement garanti de la minorité de demander la convocation d'une commission d'enquête parlementaire[2].

Le juge met ainsi en exergue le droit de l'opposition parlementaire d'enquêter et d'exercer un contrôle sur les actes du pouvoir exécutif. La mise en jeu de la responsabilité politique par la technique de la motion de censure constructive

---

[1] BVerfGE 49, 70 « Untersuchungsgegenstand » du 2 août 1978, p. 85 : « Untersuchungsverfahren haben in der parlamentarischen Demokratie eine wichtige Aufgabe zu erfüllen. Durch sie erhalten die Parlamente die Möglichkeit, unabhängig von Regierung, Behörden und Gerichten mit hoheitlichen Mitteln, wie sie sonst nur Gerichten und besonderen Behörden zur Verfügung stehen, selbständig die Sachverhalte zu prüfen, die sie in Erfüllung ihres Verfassungsauftrags als Vertretung des Volkes für aufkläreungsbedürftig halten. Aufgabe der Untersuchungsausschüsse ist es, das Parlament bei seiner Arbeit zu unterstützen und seine Entscheidungen vorzubereiten. Das Schwergewicht der Untersuchungen liegt naturgemäß in der parlamentarischen Kontrolle von Regierung und Verwaltung, insbesondere in der Aufklärung von in den Verantwaortungsbereich der Regierung fallenden Vorgängen, die auf Mißstände hinweisen. Gerade solcher Kontrolle kommt im Rahmen der Gewaltenteilung besonderes Gewicht zu (…). Sie ist nur gewährleistet, wenn zwischen Parlament und Regierung ein politisches Spannungsverhältnis besteht ».

[2] BVerfGE 49, 70 « Untersuchungsgegenstand » du 2 août 1978, p. 86 : « Im parlamentarischen Regierungssystem überwacht daher in erster Linie nicht die Mehrheit die Regierung, sonder diese Aufgabe wird vorwiegend von der Opposition – und damit in der Regel von einer Minderheit – wahrgenommen. Das durch die Verfassung garantierte Recht der Minderheit auf Einsetzung eines Untersuchungsausschusses darf, soll vor diesem Hintergrund die parlamentarische Kontrolle ihren Sinn noch erfüllen können, nicht angetastet werden ».

n'est donc pas la seule arme face à un pouvoir exécutif fort qui tend à dominer l'action politique. L'obligation de constituer une commission d'enquête à la demande d'un quart des membres du *Bundestag* ouverte par l'article 44 LF remplit une fonction importante : celle de garantir un équilibre entre les pouvoirs. En 1984, dans une décision intervenue à la suite de l'affaire impliquant tous les grands partis politiques[1] financés de manière opaque par l'entreprise tentaculaire *Flick*[2], le juge constitutionnel n'admet pas les arguments du Gouvernement fédéral selon lesquels le pouvoir exécutif dipose d'un domaine qui lui est propre et est autorisé, en arguant du caractère confidentiel de certains documents dont le contenu était décisif pour l'issue de l'enquête parlementaire, à ne pas communiquer ces informations aux membres de la commission d'enquête. Le raisonnement de la Cour suit une autre logique : celle de la collaboration entre le Parlement et le Gouvernement et le devoir incombant à ce dernier de communiquer toutes les pièces demandées par les membres de la commission d'enquête dont la connaissance se révèle indispensable à un contrôle efficace. Il s'agit pour le gouvernement d'un devoir d'information et pour le Parlement d'un droit à exiger et obtenir les informations en rapport immédiat avec l'enquête en cours. L'argument de la confidentialité des documents ne peut justifier le refus de transmission systématique : le Parlement dispose des moyens permettant la sauvegarde d'un éventuel secret gouvernemental. Le contrôle parlementaire efficace est une partie essentielle du principe de la séparation des pouvoirs :

> *Le principe de séparation des pouvoirs, principe organisationnel porteur de la Loi fondamentale, dont la signification réside dans la répartition du pouvoir politique, dans l'interpénétration des trois pouvoirs et dans la modération de la puissance publique qui en résulte (…), implique, précisément eu égard à la position dominante du Gouvernement, et surtout à cause des possibilités réduites d'action du Parlement dans le domaine du pouvoir exécutif, dans lequel il est à l'origine de son action immédiate et est chargé d'appliquer la loi, que la Loi fondamentale soit interprétée de sorte que le contrôle parlementaire soit le plus efficace possible (…). Dans le cadre d'une demande formulée par le Parlement à l'occasion d'une affaire faisant l'objet d'une commission d'enquête, le droit de regard (*Einsichtnahme*) sur les actes du Gouvernement fait*

---

[1] Les partis politiques concernés, CDU, CSU, SPD et FDP, furent tous représentés au *Bundestag* au moment des faits. Le seul parti « immaculé », *Die Grüne* (*Les Verts*), prît la présidence de la commission d'enquête parlementaire « Flick ».

[2] BVerfGE 67, 100 « Flick-Untersuchungsausschuß » du 17 juillet 1984.

*partie de ces compétences (*Befugnisse*), en tant qu'élément essentiel du droit de recueillir les preuves nécessaires à l'enquête*[1].

La place importante qu'occupe le gouvernement dans le schéma institutionnel doit être compensée par une action de contrôle parlementaire étendu qui ne se limite pas uniquement aux questions posées par les députés au chancelier ou aux ministres[2], mais contient également un véritable pouvoir d'enquête. Il s'agit d'une intrusion exceptionnelle dans la sphère d'action exécutive justifiée par la volonté de créer un système d'équilibre où chaque pouvoir est susceptible, en cas de danger, d'arrêter l'autre. La procédure intrusive qu'est la constitution d'une commission d'enquête parlementaire est certes un moyen efficace et fiable de contrôle sur le pouvoir exécutif, mais ne doit pas se transformer en un moyen fréquemment employé. Les armes mises à disposition des trois pouvoirs doivent être utilisées avec modération et aucun pouvoir ne doit être au-dessus des autres en bénéficiant d'une immunité absolue dans l'accomplissement de ses missions constitutionnelles. Seule la modération peut garantir un gouvernement fonctionnel[3].

Les commissions d'enquête parlementaires répondent, au moins partiellement, aux reproches dont fait l'objet le modèle parlementaire allemand à cause de la concordance politique entre le chef du gouvernement et la majorité parlementaire «discipliné »[4]. La possibilité de convoquer une commission est par conséquent une protection et une mise en œuvre des droits de contrôle de la

---

[1] BVerfGE 67, 100 « Flick-Untersuchungsausschuß » du 17 juillet 1984, p. 130 : « Der Grundsatz der Gewaltenteilung, der zu den tragenden Organisationsprinzipien des Grundgesetzes gehört und dessen Bedeutung in der politischen Machtverteilung, dem Ineinandergreifen der drei Gewalten und der daraus resultierenden Mäßigung der Staatsgewalt liegt (…), gebietet gerade im Hinblick auf die starke Stellung der Regierung, zumal wegen mangelnder Eingriffsmöglichkeiten des Parlaments in den der Exekutive zukommenden Bereich unmittelbarer Handlungsinitiative und Gesetzesanwendung, eine Auslegung des Grundgesetzes dahin, daß parlamentarische Kontrolle wirksam sein kann (…). Zu diesen Befugnissen gehört – im Rahmen des durch Parlamentsbeschluß festgelegten Untersuchungsauftrages – als ein Bestandteil des Rechts, die erforderlichen Beweise zu erheben, das Recht auf Einsichtnahme in die Akten der Regierung ».

[2] Il s'agit d'une technique plus « légère » de contrôle sur le gouvernement : la possibilité pour les membres du Parlement d'adresser des questions au Chancelier et aux ministres. Ces derniers sont obligés d'y répondre.

[3] Sur l'importance de la modération du pouvoir : Julien Boudon, *La passion de la modération d'Aristote à Nicolas Sarkozy*, Dalloz, collection *Le sens du droit*, 2011, p. 37 et suiv. Sur le concept de « *workable government* » (gouvernement qui « marche », gouvernement efficace et fonctionnel), qui exige un système équilibré entre les pouvoirs, voir, les arrêts de la Cour suprême des États-Unis, *Youngstown Sheet & Tube Co. v. Sawyer*, 343 U.S. 579 (1952) : « While the Constitution diffuses power the better to secure liberty, it also contemplates that practice will integrate the dispersed powers into a workable government. It enjoins upon its branches separateness but interdependence, autonomy but reciprocity. Presidential powers are not fixed but fluctuate depending upon their disjunction or conjunction with those of Congress »; *United States v. Nixon*, 418 U.S. 683 (1974), qui reprend la formulation de l'arrêt de 1952.

[4] Karl Loewenstein, *Verfassungslehre* (1959), Mohr Siebeck, Tübingen, 2000, p.94.

minorité parlementaire[1]. Le contrôle des commissions parlementaires est défendu par la Cour constitutionnelle au nom du principe de la séparation des pouvoirs qui exige un contrôle et une collaboration réciproques entre les pouvoirs. Cependant, les moyens dont disposent ces commissions peuvent faire l'objet de restrictions au nom de ce même principe, car les compétences d'enquête et de contrôle des parlementaires ne doivent pas avoir comme conséquence de vider de sens l'institution exécutive en empiétant sur tous les domaines de son action et en exerçant un contrôle excessif qui n'aurait pas comme effet la modération de la puissance et la garantie de la liberté de l'individu, mais un exercice déséquilibré du pouvoir.

§2. Le contrôle politique comme moyen de résoudre les rapports de tension entre le Parlement et le Gouvernement.

Tandis que le constituant allemand de 1949 manifeste la volonté d'éviter toute dérive vers un régime antidémocratique en imaginant un régime parlementaire rationalisé, « contrôlé »[2], en France, le Comité consultatif chargé de proposer une nouvelle Constitution en 1958 semble puiser de l'inspiration dans la Constitution de Weimar de 1919[3], en créant un pouvoir exécutif fort, maximalement détaché du Parlement. La comparaison avec le régime parlementaire français atypique est intéressante. Article 23 de la Constitution française du 4 octobre pose le principe d'incompatibilité entre les fonctions de parlementaire et de membre du gouvernement[4]. La règle est inhabituelle dans le cadre d'un régime parlementaire « classique », dans lequel le premier ministre, ainsi que les membres de son gouvernement, sont issus des rangs de la majorité parlementaire.

---

[1] Meinhard Schröder, « Untersuchungsausschüsse », *in* Hans-Peter Schneider/Wolfgang Zeh, *Parlamentsrecht und Parlamentspraxis in der Bundesrepublik Deutschland, op.cit.*, p. 1245-1246 : « Inhalt und Zweck machen das Untersuchungsrecht im parlamentarischen Regierung zu einem Instrument, das in besonderem Maße von oppositionellen Kräften genutzt wird (…) ».

[2] Karl Loewenstein, *Verfassungslehre* (1957), Mohr Siebeck, Tübingen, 2000, p. 92 et suiv., parle du « Kontrollierter Parlamentarismus : Die Bonner Version » qu'il oppose au parlementarisme « dompté » (*gebändigter Parlamentarismus*) français. L'extrême stabilité du gouvernement allemand et les mécanismes mettant en jeu sa responsabilité, ainsi que la procédure de dissolution encadrée créent une certaine rigidité démocratique. Loewenstein emploie l'expression de gouvernement « démocratiquement autoritaire » (*demoautoritär*).

[3] L'article 16 C permet au président de la République, si les conditions de l'alinéa 1er sont remplies, de s'arroger les pleins pouvoirs. Cette disposition de la Constitution française actuelle s'inspire de l'article 48 de la Constitution de Weimar de 1919. La même source d'inspiration est perceptible à la lecture de l'article 11 relatif au droit de dissolution du président de la République, qui constitue un pouvoir propre, dispensé du contreseing primoministériel (article 19) qui rappelle l'article 25 de la Constitution weimarienne.

[4] « Les fonctions de membre du Gouvernement sont incompatibles avec l'exercice de tout mandat parlementaire (…) »

La raison de l'introduction du principe d'incompatibilité fut l'expérience de la subordination totale du pouvoir exécutif au Parlement omnipotent sous la IIIe et la IVe République et la volonté, en 1958, de distinguer suffisamment d'un point de vue organique le gouvernement du parlement et d'assurer au premier une indépendance vis-à-vis du second. La situation allemande est différente : en 1949, pour la première fois, le régime constitutionnel présente toutes les caractéristiques du régime parlementaire « classique ». Dans « les années après 1949, la RFA a développé avec une surprenante rapidité quelque chose qui ne trouvait pas d'équivalent dans l'histoire constitutionnelle allemande : un système de gouvernement parlementaire à l'anglaise[1], avec un rapport clairement antagonique entre gouvernement et opposition »[2]. Ce régime parlementaire tend à se transformer, sous le gouvernement du chancelier Konrad Adenauer[3], en une *Kanzlerdemokratie* : un gouvernement entièrement dominé et maîtrisé par le chancelier. Le renforcement du rôle du chancelier doit être entendu comme un remède aux « faibles chanceliers du *Reich* et à l'instabilité du *Reichstag* » de la période weimarienne[4]. Mais un chancelier qui domine complètement la scène politique n'est pas sans danger, car le parlement peut vite devenir un instrument de réalisation de la seule volonté du chef du gouvernement, et l'opposition parlementaire – mise à l'écart des importantes décisions politiques (A). Les moyens constitutionnels, accordés aux députés afin de contrôler l'action politique gouvernementale, présentent certaines originalités, mais leur objectif commun est la stabilité institutionnelle (B).

A. Le rapport antagonique entre majorité et opposition parlementaire : nouvelle configuration (politique) du principe de séparation des pouvoirs ?

Le régime parlementaire suppose les liens étroits entre l'organe gouvernemental et la majorité parlementaire. Mais cet état politique qui rend les frontières entre les pouvoirs législatif et exécutif flous ne suffit pas à lui seul à remettre en cause le principe constitutionnel de la séparation des pouvoirs. Si tel

---

1 Sur la naissance et l'évolution du régime parlementaire « anglais », on se reportera, de manière générale, à l'ouvrage de Denis Baranger, *Parlamentarisme des origines*, PUF, coll. *Léviathan*, 1999.

2 Christoph Schönberger, « Anmerkungen zu Karlsruhe », *in* Matthias Jestaedt/Oliver Lepsius/Christoph Möllers/Christoph Schönberger, *Das entgrenzte Gericht. Eine kritische Bilanz nach sechzig Jahren Bundesverfassungsgericht*, Suhrkamp Verlag, Berlin, 2011, p. 16: « Die Bundesrepublik entwickelte nach 1949 mit erstaunlicher Geschwindigkeit etwas, das es in der deutschen Verfassungsgeschichte zuvor noch nie gegeben hatte : ein parlamentarisches Regierungssystem geradezu britischen Zuschnitts, mit einer klaren Gegenüberstellung von Regierung und Opposition ».

3 Adenauer fut élu chancelier fédéral le 14 août 1949 et démissionna le 15 octobre 1963.

4 Christoph Schönberger, « Anmerkungen zu Karlsruhe », *in* Matthias Jestaedt/Oliver Lepsius/Christoph Möllers/Christoph Schönberger, *Das entgrenzte Gericht. Eine kritische Bilanz nach sechzig Jahren Bundesverfassungsgericht*, Suhrkamp Verlag, Berlin, 2011, p. 16: « Man war auf den Weg zu Adenauers Kanzlerdemokratie, welche die schwachen Rechskanzler und instabilen Reichstage der Weimarer Republik vergessen machte ».

était le cas, il faudrait réfléchir à une refonte totale des mécanismes de fonctionnement des organes constitutionnels investis des pouvoirs législatif et exécutif. Affirmer que la majorité, dont émane le gouvernement, suit toujours la ligne directrice tracée par ce dernier ne permet pas de conclure à la « disparition » du principe de séparation des pouvoirs au profit d'un principe de confusion. Pour que ce soit le cas, il convient d'effacer les techniques constitutionnelles mises à disposition du *Bundestag* permettant de renverser ou de pousser le gouvernement à démissionner.

« Le contrôle effectué par le Parlement sur le gouvernement (en tant qu'organe) et la participation du Parlement à l'activité gouvernementale (en tant que fonction) »[1] sont deux éléments indispensables à la réalisation du principe de séparation des pouvoirs façonné par la Loi fondamentale. Dans le contexte du régime parlementaire, il n'est pas facile de définir les paramètres du contrôle ainsi opéré visant à sauvegarder la balance fragile entre les deux organes participant à la formation de la volonté politique, le gouvernement et le *Bundestag*[2]. Par conséquent, dans l'hypothèse d'une concordance politique entre majorité et gouvernement, la fonction de contrôle peut être complètement investie par l'opposition parlementaire[3], le groupe composé de députés manifestant une hostilité ou une désapprobation des décisions prises par le gouvernement, appuyé par la majorité des parlementaires. Le point de tension ne se situe pas au niveau des pouvoirs législatif et exécutif, mais au niveau de ces deux masses politiques qui se trouvent dans un rapport antagonique. Dans cet ordre d'idées, conclure à l'effacement de la ligne de division entre les deux pouvoirs politiques, ne relève pas de l'analyse juridique, mais prend plutôt en compte des paramètres politiques. La configuration politique instantané ne peut déterminer le régime juridique du principe de séparation des pouvoirs. Le soutien infaillible de la majorité à son gouvernement ne change pas la donne constitutionnelle selon laquelle il existe une distinction organique et fonctionnelle du gouvernement et du parlement. Tant que les mécanismes de contrôle prévus par la Loi fondamentale ne sont pas abrogés, le contrôle du Parlement, pris dans son ensemble, est toujours possible.

---

[1] La ligne de démarcation tracée entre organe et fonction n'est pas claire. Ernst Friesenhahn, «Parlament und Regierung im modernen Staat », *VVStRL*, n°16, De Gruyter, 1958, p. 34: « Die parlamentarische Regierungsweise führt keineswegs zu einer schwachen Regierung, sondern sie will nur die Mitwirkung des Parlaments bei der Regierung (als Funktion) und die Kontrolle der Regierung (als Organ) durch das Parlament sichern ».

[2] Christoph Möllers, *Die drei Gewalten. Legitimation der Gewaltengliederung in Verfassungsstaat, Europäischer Integration und Internationalisierung, op.cit.*, 2008, p. 129 : « Was aber bedeutet Kontrolle ? In allen demokratischen Systemen nehmen Parlamente die Rolle der Legislative ein, in parlamentarischen Systemen wählen sie zudem die Regierung. Beide Kompetenzen wird man kaum unter den Begriff der Kontrolle fassen. (…) ».

[3] Sur la difficulté de donner une définition précise au terme d' « opposition » : Ralf Poscher, « Die Opposition als Rechtsbegriff », *AöR*, 1997, p. 444-468.

B. Le contrôle politique du Parlement sur le Gouvernement fédéral : l'engagement de la responsabilité politique.

L'élection du chancelier par les membres du *Bundestag* (article 63 LF[1]) est le point le le plus visible de l'influence politique du Parlement sur le gouvernement fédéral[2]. La motion de défiance constructive (article 67[3]) est un moyen de contrôle efficace du parlement sur le gouvernement. Il s'agit pourtant d'une mesure exceptionnelle intervenant dans des cas de crises politiques majeures, de divergences entre le gouvernement et la majorité parlementaire. La motion de censure constructive ne peut remplir la fonction d'un contrôle de routine, bien que la Cour s'efforce à la présenter, ainsi que les compétences du Parlement comme les éléments d'un contrôle habituel :

> *Il reste au Bundestag, qui n'approuve pas les décisions prises, ses compétences de contrôle ; il peut (…) élire un nouveau chancelier en renversant ainsi le Gouvernement fédéral (…)*[4].

Il s'agit d'une formule jurisprudentielle constante[5]. Il est problématique de voir dans la procédure de renversement du gouvernement et l'élection d'un nouveau chancelier fédéral une procédure banale qui peut être activée de manière rapide et efficace suite à un désaccord politique isolé entre le gouvernement et les députés. L'obligation de désigner le successeur du chancelier, visée par la procédure de l'article 67 LF, qui pèse sur les parlementaires remettant en cause la responsabilité politique du chef du gouvernement permet de ne pas facilement

---

[1] Aux termes de l'article 63, 1er alinéa LF le chancelier fédéral « est élu sans débat par le *Bundestag* sur proposition du Président fédéral ».

[2] Konrad Hesse, *Grundzüge der Verfassungsrechts der Bundesrepublik Deutschland*, *op.cit.*, p. 252 : « Das wesentliche Mittel dieses Einflusses ist die Befugnis zur Wahl des Bundeskanzlers (…) ».

[3] Article 67, alinéa 1er LF : « Le *Bundestag* ne peut exprimer sa défiance envers le Chancelier fédéral qu'en élisant un successeur à la majorité de ses membres et en demandant au Président fédéral de révoquer le Chancelier fédéral ». Le Président fédéral ne dispose d'aucune marge de manœuvre puisque si les conditions de l'article 67, alinéa 1er sont réunies, il est dans l'obligation de révoquer le Chancelier et de nommer le candidat élu par le *Bundestag*.

[4] BVerfGE 49, 89 « Kalkar I » du 8 août 1978, p. 125 : « Dem Bundestag, der solche Entscheidungen mißbilligt, verbleiben seine Kontrollbefugnisse; er kann gegebenenfalls einen neuen Bundeskanzler wählen und damit den Sturz der bisherigen Bundesregierung bewirken; (…) ».

[5] BVerfGE 68, 1 « Atomwaffenstationierung » du 18 décembre 1984, p. 89 : « Dem Bundestag, der solche Entscheidungen mißbilligt, verbleiben - auch in auswärtigen Angelegenheiten - seine parlamentarischen Kontrollbefugnisse; er kann gegebenenfalls einen neuen Bundeskanzler wählen und damit den Sturz der bisherigen Regierung bewirken; er kann von seinen Haushaltskompetenzen Gebrauch machen (…) ». Plus récemment: BVerfGE 131, 152 « Unterrichtungspflicht » du 19 juin 2012, p. 196 : « Das parlamentarische Regierungssystem des Grundgesetzes stellt dem Deutschen Bundestag auch insoweit geeignete Instrumente für die politische Kontrolle der Bundesregierung zur Verfügung. Der Bundestag kann sein Frage-, Debatten- und Entschließungsrecht ausüben, seine Kontroll- und Haushaltsbefugnisse wahrnehmen und dadurch auf die Entscheidungen der Regierung einwirken oder durch Wahl eines neuen Bundeskanzlers die Regierung stürzen, Art. 67 Abs. 1 Satz 1 GG (…) ».

céder à la tentation de renverser un gouvernement dès les premiers signes de divergences politiques.

La motion de censure ainsi conditionnée reflète la volonté d'éviter une instabilité institutionnelle résultant de l'abus d'une procédure de mise en œuvre de la responsabilité potlitque du gouvernement. Le contrepoids de la responsabilité gouvernementale est le droit de dissolution qui met une fin prématurée au mandat de la législature. Elle peut être prononcée par le président fédéral lorsqu'une motion de confiance proposée par le chancelier fédéral est refusée par le *Bundestag*[1]. En revanche, si les députés décident de renverser le gouvernement en place, mais ne réussissent pas à élire un nouveau chancelier, il n'y a pas de sanction qui s'y attache. Bien sûr, le chancelier ayant fait l'objet de la procédure peut demander à son tour une motion de confiance. Si le Parlement ne la lui accorde pas, la configuration est celle de l'article 68, alinéa 1er LF : le chancelier peut demander au président de prononcer la dissolution du *Bundestag*, ce qui ouvre la voie à l'organisation d'élections législatives anticipées qui sont soit la confirmation, soit le désaveu de la politique par le chancelier et sa majorité. Le chancelier fédéral, face à une majorité velléitaire, peut céder à la tentation de la dissolution calculée. Le refus de la confiance de la part du *Bundestag* n'est parfois qu'un paravent qui cache les ambitions du gouvernement de provoquer de nouvelles élections et d'obtenir un résultat qui permet d'avoir un soutien parlementaire plus « renforcé ».

La dissolution peut se transformer ainsi en moyen habile consistant à garantir une majorité plus « confortable » au gouvernement. Trois dissolutions ont été prononcées depuis 1949 : en 1972, en 1982 et en 2005. Les trois sont le résultat de jeux politiques et non pas de la volonté des députés de contrôler l'action gouvernementale ou bien le désir du pouvoir exécutif de s'assurer du soutien politique des députés. En 1972, le chancelier Willy Brandt (*SPD*) demande au président Gustav Heinemann la dissolution du *Bundestag*. Mais l'« esprit » de la demande ne correspond pas à l'« esprit » de la Loi fondamentale. Certes, la confiance est refusée au gouvernement Brandt, mais ce refus est le résultat de la demande expresse du chancelier adressée à sa majorité.

Le chef du gouvrenement s'est vu contraint de détourner la procédure de motion de confiance après l'échec d'une motion de censure constructive (article 67 LF) de la *CDU*. En 1982, le gouvernement du chancelier Helmut Schmidt (*SPD*) est renversé et le Bundestag élit son successeur, Helmut Kohl (*CDU*). À la demande du nouveau Chancelier, le *Bundestag* lui refuse sa confiance et la dissolution est prononcée par le président Karl Carstens. Ces deux dissolutions sont l'illustration de manœuvres politiques complexes détournant les mécanismes constitutionnels. En 1982, la question est posée à la Cour de savoir si le

---

[1] Article 68, alinéa 1er LF : «Si une motion de confiance proposée par le Chancelier fédéral n'obtient pas l'approbation de la majorité des membres du *Bundestag*, le Président fédéral peut, sur proposition du Chancelier fédéral, dissoudre le *Bundestag* dans les vingt et un jours (…) ».

détournement de la procédure de l'article 68, alinéa 1er LF n'est pas inconstitutionnel. La majorité des juges de la Seconde chambre valide la décision du président fédéral de dissoudre le *Bundestag*, car le chef de l'État doit, « lors de l'examen de *la conformité avec la Constitution* de la demande et la proposition du chancelier fédéral suivant l'article 68 LF (…), respecter la compétence décisionnelle et la libre appréciation du chancelier fédéral ». La Loi fondamentale « place le président fédéral dans le rôle d'une instance de décision neutre » [1]. Le juge ne peut pas scruter les intentions politiques des organes constitutionnels afin de sanctionner un comportement « déviant » : « la Loi fondamentale se fie au système de contrôle réciproque et d'équilibre politique entre les organes constitutionnels participant à la vie politique » ; [s]eulement là, où le comportement politique doit répondre à des standards constitutionnels déterminés, la Cour peut sanctionner leur violation »[2].

> *La Constitution n'entend pas le gouvernement (…) comme la commission exécutive du Parlement. La condition d'un contrôle réciproque effectif des pouvoirs est l'existence d'un domaine de responsabilité bien distinct appartenant au gouvernement (…). Ce dernier est conçu comme un organe autonome participant à l'organisation politique*[3].

Le détournement de la procédure de la dissolution est justifié ici par l'autonomie politique du gouvernement doté d'une sphère d'action qui lui est

---

1 BVerfGE 62,1 « Bundestagsauflösung I » du 16 février 1983, p. 50 : « Der Bundespräsident kann bei der Prüfung, ob der Antrag un der Vorschlag des Bundeskanzlers nach Art. 68 GG mit der Verfassung vereinbar sind (…) die Einschätzungs- und Beurteilungskompetenz des Bundeskanzlers zu beachten. (…) Dem Bundespräsidenten hat das Grundgesetz (…) die Rolle einer neutralen Entscheidungsinstanz zugewiesen ». La décision est suivie des opinions dissidentes du juge Zeidler, Rinck et Rottman (p. 64-116).

2 BVerfGE 62,1 « Bundestagsauflösung I » du 16 février 1983, p. 51 : « (…) das Grundgesetz vertraut insoweit in erster Linie auf das Art. 68 GG selbst angelegte System der gegenseitigen politische Kontrolle und des politischen Ausgleichs zwischen den beteiligten politischen Verfassungsorganen. Allein dort, wo verfassungsrechtliche Maßstäbe für politisches Verhalten normiert sind, kann das Bundesverfasssungsgericht ihrer Verletzung entgegentreten ». La même formulation dans BVerfGE 114, 121 « Bundestagsauflösung III » du 25 août 2005, p. 160, ayant comme objet le décret de dissolution pris par le président fédéral sur proposition et à la demande du chancelier Gerhard Schröder (*SPD*). Le chancelier, après la défaite de son parti aux législatives du *Land* de Rhénanie du Nord-Westphalie, demande que le Bundestag lui refuse sa confiance en espérant obtenir une nouvelle légitimité à l'occasion des élections anticipées. La dissolution est prononcée par le président Horst Köhler.

3 BVerfGE 114, 121 « Bundestagsauflösung III » du 25 août 2005, p. 154 : « Die Verfassung sieht die Regierung (…) als einen exekutiven Ausschuss des Parlamentes an. Voraussetzung für eine effektive gegenseitige Kontrolle der Gewalten ist, dass auch die Bundesregierung einen abgegrenzten Verantwortungsbereich hat (...). Die Bundesregierung ist als eigenständiges politisch gestaltendes Verfassungsorgan konzipiert (…) ». Comme en 1983, la décision n'obtient pas le soutien unanime des juges de la Seconde chambre. Les opinions dissidentes des juges Jentsch et Lübbe-Wolff (p. 170-195) n'arrivent pas à la conclusion majoritaire.

propre et qui doit être respectée car le chancelier et ses ministres ne peuvent pas être assimilés à de simples agents d'exécution de la volonté parlementaire. L'instrument de l'article 68 LF mis à disposition du chancelier n'est pas une arme d'« autodissolution » du *Bundestag*. Sous le couvert de la marge de manœuvre politique et de la responsabilité exécutive propre et en arguant de l'équilibre entre les organes constitutionnels, la majorité de la Seconde chambre autorise une dissolution « factice », qui, au lieu de servir le principe de séparation des pouvoirs conçu par la Loi fondamentale, tend à le mettre en échec[1]. Mais il est impossible de maîtriser l'élément psychologique qui meut la volonté politique. Le principe constitutionnel de séparation des pouvoirs atteind ses limites logiques.

---

[1] Les décisions du juge sont sans doute le résultat du climat politique. Ainsi, en 1983, le président Karl Carstens menace de démissionner au cas où la Cour déclarerait inconstitutionnelle sa décision de dissoudre le *Bundestag*. Dans l'opinion dissidente du juge Zeidler, on peut lire que « le chacelier fédéral trahit l'esprit, qui anime l'article 68 LF : maintenir aussi longtemps que possible (…) en fonction le gouvernement et le Parlement, s'il a recours à l'instrument de l'article 68 LF afin de créer les conditions formelles de la dissolution du *Bundestag* et provoquer de nouvelles élections, en passant par une question de confiance factice moyennant un vote dont le résultat est défini à l'avance. Il méconnaît ainsi la décision de la Loi fondamentale qui ne prévoit aucunement l'auto-dissolution du Parlement » (« Greift […] ein Bundeskanzler zu dem Instrument des Art. 68 GG, um dirch eine unechte Vertrauensfrage mittels eines von vornherein vereinbarten Abstimmungsergebnisses die formalen Voraussetzungen einer Bundestagsauflösung und damit von Neuwahlen zu schaffen, verfehlt er damit den dem Art. 68 GG innewohnenden Leitgendaken, Regierung und Parlament so lange wie […] möglich in Funktion zu halten. Er unterläuft die Entscheidung des Grundgesetzes […], da seine Selbstauflösung des Parlaments unter keinen Umständen vorsieht »).

CONCLUSION DU CHAPITRE

La fonction législative, traditionnellement associée au seul Parlement, n'exclut guère la participation des organes exécutifs, ce qui ne signifie pas que le *Bundestag* se trouve dépossédé d'une partie de ses compétences constitutionnelles. En effet, si les organes exécutifs concourent à la fonction législative, seul le Parlement, sauf cas exceptionnels[1], dispose de la faculté de statuer en dernier lieu en adoptant la loi. Le Parlement doit par conséquent être entendu comme un organe spécial de la fonction législative sans en être l'organe exclusif. Le contrôle opéré par le président fédéral représente un outil de vérification de la régulatité matérielle ou formelle de la loi. Le président n'a pas de véritable compétence relevant de la fonction législative. Il se contente de la faculté d'empêcher l'entrée en vigueur immédiate de l'acte qui loui est soumis.

L'autre aspect des rapports entre le Parlement et organes exécutifs est celui du contrôle exercé par les députés sur les actions du gouvernement. Ici, les rôles sont inversés : c'est le *Bundestag* qui n'est doté que des fonctions de contrôle sans pouvoir statuer de manière autonome. Ainsi, le gouvernement dispose de la faculté de statuer et se trouve protégé par l'existence d'une shère de responsabilité exécutive propre. Le Parlement, même dans son rôle d'organe de contrôle, est obligé de respecter la marge de manœuvre gouvernementale et ne pas transformer les contrôles en opérations intempestives tendant au blocage institutionnel.

---

[1] Par exemple, tel est le cas dans le cadre de l'état de nécessité législative lorsque les rapports de force s'inversent. V. cette partie, titre 2, section 1.

CHAPITRE 2
Le cas particulier de la politique extérieure et militaire

L'expression « affaires extérieures » (*auswärtige Gewalt*) ne désigne pas, contrairement à ce que pourrait laisser penser sa traduction littérale, un pouvoir autonome, existant à côté de la triade classique[1]. Les « affaires extérieures » sont « la somme des compétences »[2] attribuées à différents organes relevant des pouvoirs législatif ou exécutif. La notion générale subit une évolution importante depuis la Deuxième guerre mondiale : dans les années 1950 elle se contente de signifier la maîtrise des conséquences de la guerre, le rétablissement de la souveraineté de l'État allemand et l'intégration au processus de conclusion de traités internationaux contribuant à la reconstruction du monde occidental[3]. L'article 73 LF définit les compétences législatives exclusives de la Fédération dans le domaine des « affaires extérieures »[4]. Par conséquent, l'expression englobe aujourd'hui les compétences constitutionnelles relatives aux relations avec d'autres États ou entités de droit

[1] Kay Hailbronner, « Kontrolle der auswärtigen Gewalt », *VVDStRL*, n°56, De Gruyter, Berlin/New York, 1997, p. 9 : « Die auswärtige Gewalt ist keine eigenständige, gegenständlich abgrenzbare Gewalt im Sinne der Gewaltentrennung, sondern eine Sammelbezeichnung für Zuständigkeiten staatlicher Organe im Bereich der auswärtigen Beziehungen ». Sur la notion et l'absence d'un « pouvoir » ; Wilhelm Grewe, « Die auswärtige Gewalt der Bundesrepublik », *VVDStRL*, n°12, De Gruyter, Berlin, 1954, p. 130-131.

[2] Udo di Fabio, « Gewaltenteilung », *in* Josef Isensee/Paul Kirchhof (dir.), *Handbuch des Staatsrechts der Bundesrepublik Deutschland*, vol. 2 (*Verfassungsstaat*), 3e édition, C.F.Müller, Heidelberg, p. 646 : « Die Rede von der auswärtigen Gewalt will zwar nicht das Dreiteilungsschema von Legislative, Exekutive und Judikative erweitern, aber als Sammelbezeichnung für Zuständigkeiten staatlicher Organe im Bereich der auswärtigen Beziehungen doch eine Sonderhabung innerhalb dieses Schemas beanspruchen ». Plus clair : Martin Nettesheim, « Verfassungsbindung der auswärtigen Gewalt », *in* Josef Isensee/Paul Kirchhof (dir.), *Handbuch des Staatsrechts der Bundesrepublik Deutschland*, vol. 13 (*Internationale Bezüge*), 3e édition, C.F. Müller, Heidelberg, 2013, p. 569 : « Der Begriff "auswärtige Gewalt" (…) erfaßt alle an der Außentätigkeit der Bundesrepublik beteiligten Organe ».

[3] Kay Hailbronner, « Kontrolle der auswärtigen Gewalt », *VVDStRL*, n°56, De Gruyter, Berlin/New York, 1997, p. 8 et suiv. Voir également les contributions de Wilhelm Grewe et d'Eberhard Menzel sur le sujet : « Die auswärtige Gewalt der Bundesrepublik Deutschland », *VVDStRL*, n°12, Walter de Gruyter, Berlin, 1954 ; ou encore : Wilhelm Grewe, « Auswärtige Gewalt », *in* Josef Isensee/Paul Kirchhof (dir.), *Handbuch des Staatsrechts der Bundesrepublik Deutchland*, vol. 3, 1e édition, C.F. Müller, Heidelberg, 1988, p. 921-975. De manière générale : Ulrich Fastenrath, *Kompetenzverteilung im Bereich der auswärtigen Gewalt*, C.H. Beck, München, 1986.

[4] Article 73 LF relatif à la compétence législative exclusive de la Fédération dispose que la Fédération a la compétence législative exclusive dans le domaine des « affaires étrangères ainsi que défense y compris la protection de la population civile » (« die auswärtigen Angelegenheiten sowie die Verteidigung des Schutzes der Zivilbevölkerung »). Originairement, la phrase ne comportait que « les affaires étrangères », mais suite à la révision du 26 mars 1954 entrée en vigueur le 6 mai 1955 la défense et la protection de la population civile furent ajoutées.

international[1][2]. La finalité « extérieure » de la « *auswärtige Gewalt* » ne veut pas dire que son exercice n'a pas d'effets immédiats sur la configuration interne des compétences des organes constitutionnels. Avec l'évolution de la notion de politique étrangère, on obersve l'apparaition des discussions relatives à « l'étendue de la participation du Parlement à la concrétisation des compétences du pouvoir exécutif en la matière »[3]. Le domaine illustre parfaitement les tensions entre le Gouvernement fédéral et Parlement, car la question de savoir s'il s'agit d'une compétence exclusive exécutive ou bien la compétence partagée est toujours d'actualité[4] (Section 1). Les solutions jurisprudentielles incertaines ne permettent pas de véritablement répondre à l'interrogation, mais esquissent un début de systématisation (Section 2).

Section 1 : Le domaine de la politique extérieure et militaire : compétence exécutive exclusive du pouvoir exécutif ou domaine partagé ?

La répartition des compétences entre les organes investis des pouvoirs législatif et exécutif opérée par la Loi fondamentale attribue « en règle générale le domaine de la politique extérieure et militaire au pouvoir exécutif »[5]. Le domaine

---

1 BVerfGE 33, 52 « Zensur » du 25 avril 1972, p. 60 : « Auswärtige Angelegenheiten im Sinne dieser Grundgesetzvorschrift sind nur die Beziehungen, die sich aus der Stellung der Bundesrepublik als Völkerrechtssubjekt zu anderen Staaten ergeben ».

2 Rudolf Geiger, *Grundgesetz und Völkerrecht*, 2e édition, C.H. Beck, München, 1994, p. 118. Selon Geiger, le terme d'affaires extérieures ou étrangères est parfois considéré comme restrictif, car ne prenant pas en compte toute une série d'actes qui relèvent du droit international – les activités transnationales des communces et des villes, des personnes privées ou même les programmes d'échanges interuniversitaires.

3 Martin Nettesheim, « Verfassungsbindung der auswärtigen Gewalt », *in* Josef Isensee/Paul Kirchhof (dir.), *Handbuch des Staatsrechts der Bundesrepublik Deutschland*, t. 13 (*Internationale Bezüge*), 3e édition, C.F. Müller, Heidelberg, 2013, p. 560 : « Seit den 1950er Jahren wird darüber diskutiert, in welchem Umfang das Parlament an der Wahrnehmung auswärtiger Befugnisse der Gunbernative teilhaben beanspruchen kann ».

4 Car identifier une activité comme relevant du domaine de la politique étrangère n'entraîne pas encore le régime juridique des coméptences des organes concernés. Dans ce sens, Martin Nettesheim, « Verfassungsbindung der auswärtigen Gewalt », *in* Josef Isensee/Paul Kirchhof (dir.), *Handbuch des Staatsrechts der Bundesrepublik Deutschland*, t. 13 (*Internationale Bezüge*), 3e édition, C.F. Müller, Heidelberg, 2013, p. 569 : « Allein aus der Zuordnung einer Materie zur auswärtigen Gewalt ergibt sich im übrigen noch keine Rechtsfolge (…) ».

5 Reinhold Zippelius/Thomas Würtenberger, *Deutsches Staatsrecht*, 32e édition, C.H. Beck, München, 2008, p. 606 : « Dieses [das Grundgesetz] ordnet die Akte des auswärtigen Verkehrs grundsätzlich dem Kompetenzbereich der Exekutive zu ». Dans le même sens, Werner Heun, *Die Verfassungsordnung der Bundesrepublik Deutschland*, Mohr Siebeck, Tübingen, 2012, p. 138 : « Traditionell gehören die Außenpolitik und das Militär zum Vorbehaltsbereich der Exekutive ». De manière générale, en langue française, Élisabeth Zoller, *Droit constitutionnel*, 1e édition, PUF, 1998, p. 432 : « Parmi les

des « relations extérieures » est celui dans lequel le Gouvernement fédéral subit « le moins de contraintes juridiques matérielles »[1] quant à son action et dispose d'une large marge de manœuvre décisionnelle. Cependant, il n'est pas question d'une sphère exclusivement exécutive. Le *Bundestag* a un rôle important dans les processus décisionnels qui touchent à la politique extérieure et militaire de la République fédérale d'Allemagne. Dans ce domaine, l'action exclusive des organes exécutifs fédéraux est illusoire: le Parlement, même s'il ne détient pas le droit d'initiative et n'est pas en mesure de négocier les traités conclus par la République fédérale, bénéficie d'une « faculté d'empêcher »[2] la ratification d'un traité international ou bien de décider de ne pas autoriser le Gouvernement à engager des forces militaires allemandes à l'étranger en mettant ainsi le chancelier et ses ministres dans une position inconfortable vis-à-vis des partenaires internationaux, particulièrement s'agissant du système de sécurité collective. Le domaine des affaires étrangères est étroitement lié à celui de la politique militaire : la participation de la République fédérale dans un système de sécurité mutuelle collective[3], le déploiement d'armes nucléaires sur le sol allemand ou l'envoi de forces armées à l'étranger soulèvent des interrogations qui traversent les questions militaires afin de se transformer en stratégies de politique internationale. Ce sont des matières relevant de la politique extérieure *et* militaire, ce qui suppose une vue d'ensemble permettant d'explorer la répartition des compétences entres les différents organes susceptibles d'initier le processus décisionnel ou bien d'y mettre un frein. La collaboration ou le désaccord entre le Parlement et le Gouvernement fédéral, qui agissent de concert, met en exergue le rôle fonctionnel du principe de séparation des pouvoirs en tant que principe organisationnel porteur de la Loi fondamentale supposant l'existence d'une collaboration entre les pouvoirs.

Il convient de se pencher sur la faculté décisionnelle du Gouvernement (§1) avant d'aborder la faculté, dont dispose le Parlement, d'empêcher le cours de la

---

attributions traditionnelles du pouvoir exécutif figure la conduite des relations extérieures. Cette attribution correspond à une des premières missions de l'exécutif qui est, comme le soulignait Montesquieu, d'établir la sûreté et d'établir les invasions ». L'évolution du droit international et l'apparition d'une organisation internationale à un degré d'intégration intensive comme l'Union européenne ne répondent plus à cette définition d'une des « premières missions du pouvoir exécutif ».

[1] Konrad Hesse, *Grundzüge des Verfassungsrechts der Bundesrepublik Deutschland*, 20e édition, C.F. Müller, 1999, p. 228 : « (...) in dem Bereich, in dem die Regierung den geringsten Beschränkungen durch materielles Recht unterliegt (...) ».

[2] Pour reprendre la terminologie de Montesquieu, *De l'Esprit des Lois*, Œuvres complètes, vol. II, Éditions Gallimard, p. 1951, Livre XI, chapitre VI, p. 401. Voir également : Jean-Jacques Chevallier, « De la distinction établie par Montesquieu entre la faculté de statuer et la faculté d'empêcher », *in Mélanges en l'honneur de Maurice Hauriou*, 1929, p. 137-158.

[3] Artilce 24 LF qui rend possible, dès 1949, l'adhésion de la RFA à l'ONU (membre depuis le 18 septembre 1973) et à l'OTAN (membre depuis le 6 mai 1955) dispose que, pour « sauvegarder la paix, la Fédération peut adhérer à un système de sécurité mutuelle collective ; elle consentira à cet effet aux limitations de ses droits de souveraineté qui établissent et garantissent un ordre pacifique durable en Europe et entre les peuples du monde ».

procédure décisionnelle lancée par l'exécutif dans le domaine de la politique extérieure et militaire (§2).

§1. Le Gouvernement comme centre décisionnel de la politique extérieure et militaire dans le cadre constitutionnel de la Loi fondamentale.

Dans le domaine de la politique extérieure et militaire, le gouvernement est l'organe qui détient le droit d'initiative et la faculté décisionnelle (A). Malgré la place prééminente de cet organe exécutif, il n'est pas le seul acteur en la matière. Le Parlement dispose de moyens afin d'opérer un contrôle sur les décisions prises par le gouvernement qui s'exprime en sa faculté d'empêcher leur mise en œuvre (B).

A. Le droit d'initiative et la faculté décisionnelle du Gouvernement fédéral.

Article 59, alinéa 2 LF dispose : « Les traités réglant les relations politiques de la Fédération, ou relatifs à des matières qui relèvent de la compétence législative fédérale, requièrent l'approbation ou le concours des organes respectivement compétents en matière de législation fédérale, sous la forme d'une loi fédérale (...) ». À la lecture des premières décisions de la Cour, il est possible de conclure qu'il appartient exclusivement au Gouvernement de « mener la politique extérieure et commerciale », car le Parlement n'est pas expressément doté de « compétences gouverenementales »[1].

Par la suite, le juge fait clairement la distinction entre la compétence d'un organe, qui dispose de la liberté décisionnelle, et de la marge de manœuvre limitée d'un autre organe, qui ne se contenterait que d'être associé au processus de prise de décision. Si on reste fidèle à ce raisonnement, il n'est pas possible de contstater, comme la Cour le fait à quelqures reprises, que l'article 59, alinéa 2 LF (ou tout autre article qui associe le Parlement à l'activité du Gouvernement dans ce domaine), porte atteinte au principe de séparation des pouvoirs. Cela voudrait dire qu'on appliquerait de manière machinale la règle selon laquelle les compétences sont distribuées de manière exclusive. Or, ce n'est pas le cas. L'article 59, alinéa 2 LF est l'illustration même du système de contrôle réciproque de la Loi fondamentale.

Il faut ici signaler que l'article 59 LF n'est pas le seul article régissant les relations internationales de la Fédération. Avec le développement de l'Union européenne et l'introduction de dispositions constitutionnelles particulières relatives à la participation de la République fédérale à l'Union européenne, par

---

[1] BVerfGE 1, 372 « Deutsch-Französisches Wirtschaftsabkommen » du 29 juillet 1952, p. 394 : « In der parlamentarischen Demokratie ist grundsätzlich dem Parlament die Rechtsetzung vorbehalten und der Exektive die Regierung und Verwaltung übertragen. (...) für die Ausschlißlichkeit dieser ausdrücklich statuierten Zuständigkeiten der Regierung (...). Der Bundestag kann diese Funktion der Regierung nicht übernehmen soweit ihm nicht ausdrücklich Regierungsaufgaben zugewiesen sind ».

exemple l'article 23 LF[1], qui, par la spécificité de l'organisation internationale visée, ne sont pas ou sont indirectement prises en compte.

B. La faculté du Parlement d'empêcher la mise en œuvre des décisions gouvernementales.

Le *Bundestag* intervient uniquement en tant qu'organe compétent pour contrôler l'action gouvernementale, en aucun cas en tant que décideur ou co-auteur des actes pris par l'organe exécutif. Ainsi, les dispositions constitutionnelles, qui octroient un droit de participation dans le processus décisionnel, ne font que confirmer la règle selon laquelle cette matière est l'apanage du pouvoir exécutif. La position du Gouvernement fédéral n'est pas uniquement déduite du texte de la Loi fondamentale. Elle est également la conséquence de l'interprétation du juge qui développe, à partir de 1984[2], la théorie de la justice fonctionnelle complétant les dispositions de la Constitution allemande[3]. Conformément à ce principe jurisprudentiel, les missions constitutionnelles doivent être remplies par l'organe disposant des conditions optimales afin de prendre les décisions dans le domaine en question. Ainsi, dans la sphère de la politique étrangère, le Gouvernement est l'organe le mieux placé, d'après son organisation, composition ainsi que les compétences qui lui sont constitutionnellement attribuées, pour agir et prendre des décisions adéquates. Son « noyau de responsabilité exécutive propre » protège sa liberté d'action contre une éventuelle volonté d'immixtion de la part du *Bundestag*[4]. Ce dernier peut être associé au processus décisionnel, mais uniquement avec l'accord du Gouvernement fédéral :

> *Par cette répartition (*Verteilung*) des fonctions entre le Gouvernement et le Parlement, la Loi fondamentale n'a pas empêché le Gouvernement d'associer le Bundestag à la conduite des affaire extérieures, et cette collaboration fait l'objet de l'accord sur le concours du Bundestag et le Gouvernement fédéral dans les questions relatives au commerce extérieur du 18 juin 1950. La constitution d'un comité consultatif parlementaire, qui joue le rôle de conseil du Gouvernement à l'occasion de la conclusion*

---

[1] La participation de la République fédérale à l'Union européenne est bien distincte de sa participation à d'auters institutions internationales, comme le montre l'existence des articles 23 LF relatif à l'Union européenne et 24 LF qui règle le transfert par une loi fédérale de « droits de souveraineté » à une organisation internationale, le transfert de droits de souveraineté par les *Länder* si ceux-ci sont compétents en la matière à des « organisations internationales de voisinage frontalier », la participation de la Fédération à « un système de sécurité mutielle collective », et l'adhésion à des « convention établissant » des juridictions arbitrales.

[2] BVerfGE 68, 1 « Atomwaffenstationierung » du 10 décembre 1984, voir *infra* section 2.

[3] Sur le principe de justice fonctionnelle, on renvoie à la première partie, titre second, chapitre 1er.

[4] BVerfGe 68, 1 « Atomwaffenstationierung » du 10 décembre 1984, p. 83. Sur la responsabilité exéutive propre: cette partie, titre 1er, chapitre 1er, section 2.

> *d'accords politiques à caractère commercial, ne porte pas atteinte au principe de sépration des pouvoirs (Gewaltentrennung). Au contraire, l'existence d'un tel comité exige la collaboration entre les pouvoirs législatif et exécutif et garantit leur contrôle et équilibre réciproques*[1].

Le cadre constitutionnel de la Loi fondamentale contient une distinction entre la faculté de statuer, c'est-à-dire prendre les décisions dans le domaine des affaires extérieures, qui appartient au Gouvernement fédéral, et la faculté, dont dispose le Parlement, afin d'empêcher l'application des décisions prises. Mais la place secondaire accordée au Parlement est davantage renforcée par les solutions jurisprudentielles.

§2. L'interprétation restrictive du droit de participation du Bundestag à la politique extérieure et militaire.

L'interprétation restrictive de l'article 59, alinéa 2 LF tend à élargir la sphère d'action exécutive par l'exclusion d'une série d'actes qui n'exigeraient pas, selon le juge, la participation ou l'approbation du Parlement (A). Mais la justification et les arguments avancés par la Cour peuvent être sujets à des critiques (B).

A. L'interprétation restrictive de l'article 59, alinéa 2 LF comme moyen de protéger la faculté décisionnelle du Gouvernement.

La jurisprudence constitutionnelle allemande élabore, dans un premier temps, une interprétation restrictive de l'article 59, alinéa 2 LF. Cette interprétation restrictive semble être en faveur du pouvoir exécutif (*exekutivfreundlich*)[2] car elle lui accorde une large marge de manœuvre en excluant la participation ou le concours du Parlement en dehors des cas expressément prévus par la Constitution. Pour la Seconde chambre, le Parlement est, « en principe », identifié à la fonction normative. Il ne doit pas empiéter sur les compétences du Gouvernement fédéral :

> *Dans la démocratie parlementaire, la compétence normative est en principe réservée (*vorbehalten*) au Parlement et la fonction exécutive*

---

[1] BVerfGE 1, 372 « Deutsch-französisches Wirtschaftsabkommen » du 29 juillet 1952, p. 394-395: « Durch diese Verteilung der Funktionen zwischen Regierung und Parlament hat das Grundgesetz die Bundesregierung nicht gehindert, dem Bundestag Einfluß auf die Führung der auswärtigen Angelegenheiten einzuräumen, wie dies in der Vereinbarung über das Zusammenwirken von Bundestag und Bundesregierung in Außenhandelsfragen vom 18. Juli 1950 vorgesehen ist. Die Bildung des Parlamentarischen Beirats, der die Regierung beim Abschluß handelspolitischer Vereinbarungen berät, widerspricht dem Grundsatz der Gewaltentrennung nicht. Sie fördert vielmehr die Zusammenarbeit von Legislative und Exekutive und sichert Kontrolle und Ausgleich der beiden Gewalten ».

[2] Heiko Sauer « Das Verfassungsrecht der kollektiven Sicherheit. Materielle Grenzen und Organkompetenzverteilung beim Wandel von Bündnisverträgen und beim Auslandseinsatz der Bundeswehr », *in* Hartmut Rensen/Stefan Brinck (dir.), *Linien der Rechtsprechung des Bundesverfassungsgerichts erörtert von den wissenschaftlichen Mitarbeitern*, Walter de Gruyter, Berlin, 2009, p. 608.

> *est attribuée au gouvernement et à l'administration. La conduite de la politique extérieure et commerciale fait aussi partie de la fonction exécutive*[1].

Ou encore :

> *Une telle compétence exceptionnelle (*Ausnahmebefugnis*) du pouvoir législatif dans le domaine du pouvoir exécutif est justifiée par l'article 59, alinéa 2 LF dans des limites strictement définies. (...) L'article 59, alinéa 2 LF n'autorise pas le Bundestag à intervenir dans le domaine de compétences du Gouvernement. Le Bundestag reste limité aux possibilités de contrôle ouvertes par la Constitution. Il ne gouverne (*regiert*) et ne dispose pas de l'administration (*verwaltet*), mais contrôle le Gouvernement. S'il désapprouve la politique gouvernementale, il peut refuser sa confiance au Chancelier (art. 67 LF) et renverser ainsi le Gouvernement. Mais le Bundestag seul ne peut conduire les affaires politiques*[2].

Les deux décisions du 29 juillet 1952[3] donnent la tonalité d'une interprétation restrictive tendant à protéger la liberté d'action du Gouvernement fédéral en la matière. La Seconde chambre de la Cour adopte, dans son interprétation de l'article 59, alinéa 2 LF, en le qualifiant d' « atteinte au système de la séparation des pouvoirs », une démarche, dont l'objectif est de poser clairement la ligne de partage entre la maîtrise par le Gouvernement des affaires étrangères d'une part, et la participation du Parlement, qui ne peut être entendue que comme une participation exceptionnelle :

> *Article 59, alinéa 2 LF constitue une atteinte au système de séparation des pouvoirs dans la mesure où, en vertu de cette disposition*

---

[1] BVerfGE 1, 372 « Deutsch-französisches Wirtschaftsabkommen » du 29 juillet 1952, p. 394 : « In der parlamentarischen Demokratie ist grundsätzlich dem Parlament die Rechtsetzung vorbehalten und der Exekutive die Regierung und Verwaltung übertragen. Hierzu gehört auch die Führung der Außen- und Handelspolitik ».

[2] BVerfGE 1, 372 « Deutsch-französisches Wirtschaftsabkommen » du 29 juillet 1952, p. 394 : « Eine solche Ausnahmebefugnis der Legislative im Bereich der Exekutive hat Art. 59 Abs. 2 GG in ganz bestimmten Grenzen begründet. (...) hat Art. 59 Abs. 2 GG dem Bundestag kein Recht gegeben, in den Zuständigkeitsbereich der Regierung einzugreifen. Der Bundestag bleibt auf die allgemeinen verfassungsmäßigen Kontrollmöglichkeiten beschränkt. Er regiert und verwaltet nicht selbst, sondern er kontrolliert die Regierung. Mißbilligt er deren Politik, so kann er dem Bundeskanzler das Mißtrauen aussprechen (Art. 67 GG) und dadurch die Regierung stürzen. Er kann aber nicht selbst die Politik führen ».

[3] BVerfGE 1, 372 « Deutsch-französisches Wirtschaftsabkommen » du 29 juillet 1952 et BVerfGE 1, 351 « Petersberger Abkommen » du 29 juillet 1952.

> *constitutionnelle, le pouvoir législatif s'immisce (übergreift) dans le domaine du pouvoir exécutif*[1].

Puisqu'il s'agit d'une atteinte au principe de la séparation des pouvoirs, l'interprétation de l'article 59, alinéa 2 LF doit donc être stricte. La disposition constitutionnelle ne peut aucunement servir au Parlement pour qu'il exerce un contrôle déguisé non-autorisé sur l'action gouvernementale et faire de cette façon intrusion dans le domaine du pouvoir exécutif. Si le *Bundestag* voulait sanctionner la politique extérieure du Gouvernement, il pourrait mettre en œuvre la motion de censure constructive de l'article 67 LF. L'analyse du juge constitutionnel peut étonner, car la motion de censure constructive[2] est un instrument difficile à manier et complètement dépendant de la configuration politique du *Bundestag* : si le Gouvernement fédéral dispose du soutien de la majorité parlementaire, il est alors exclu que la mise en œuvre de l'article 67 LF soit suivie d'effet. Si l'opposition ne souhaite pas ratifier un traité international, elle n'a aucune chance dans l'hypothèse où la majorité suit le Gouvernement et vote la loi de ratification. L'équilibre semble alors se jouer non pas entre les pouvoirs législatif et exécutif, mais entre le Gouvernement soutenu par sa majorité et l'opposition.

La décision de la Cour du 18 décembre 1984[3], relative au stationnement d'armes nucléaires sur le sol allemand dans le cadre du programme nucléaire de l'OTAN[4], est un parfait exemple de l'élasticité de l'interprétation de la règle de participation du *Bundesrat* au domaine de la politique extérieure et militaire. Un groupe de députés formule une demande tendant à constater la violation des droits

---

1 BVerfGE 1, 351 « Petersberger Abkommen » du 29 juillet 1952, p. 369 : « Art. 59 Abs. 2 GG durchbricht das gewaltenteilungssystem insofern, als hier die Legislative in den Bereich der Exekutive übergreift ».

2 Sur la motion de censure et les rapports entre majorité et opposition parlementaire: *supra*, chapitre 1er, section 2, § 2.

3 BVerfGE 68, 1 « Atomwaffenstationierung » du 18 décembre 1984. Les circonstances particulières qui entourent cette affaire méritent l'attention : l'époque est celle de la guerre froide que se livrent les États occidentaux et le bloc de l'URSS. Toute décision gouvernementale peut susciter de vives réactions dans ces deux camps et porte le danger potentiel du déclenchement d'un conflit politique ou militaire violent. Il s'agit d'un litige interorganique (article 93, alinéa 1er, point n°1 LF) qui oppose la fraction parlementaire du parti *Die Grüne* (*Les Verts*) au gouvernement fédéral.

4 Heiko Sauer, « Das Verfassungsrecht der kollektiven Sicherheit. Materielle Grenzen und Organkompetenzverteilung beim Wandel von Bündnisverträgen und beim Auslandseinsatz der Bundeswehr », *in* Hartmut Rensen/Stefan Brink (dir.*), Linien der Rechtsprechung des Bundesverfassungsgerichts, erörtert von den wissenschaftlichen Arbeitern*, Walter de Gruyter, Berlin, 2009, p. 592. Il s'agit de l'exécution de la double résolution (*Doppelbeschluss*) du Conseil de l'OTAN du 12 décembre 1979, qui fut la réaction du déploiement de raquettes soviétiques à moyenne portée et prévoyait la modernisation de l'arsenal nucléaire de l'OTAN dans l'hypothèse d'un échec des négociations de désarmement menées avec l'URSS. Les négociations subirent un échec et la modernisation du parc nucléaire fut lancée. Il faut signaler que le déploiement d'armes sur le sol de la RFA fut prévu dans l'accord de 1979, approuvée par le Bundestag. Le président des États-Unis, première puissance nucléaire mondiale, pouvait décider de la mobilisation du système d'armements en vue de la protection des membres de l'OTAN.

du *Bundestag* qui résulterait de l'absence d'approbation du *Bundestag*[1] du déploiement d'armes nucléaires sur le territoire de la RFA[2]. Selon les députés, le Gouvernement ne peut décider de manière autonome de l'autorisation de déploiement d'armes sur le sol allemand. Il faut qu'il obtienne, au préalable, l'approbation du Parlement revêtant la forme d'une loi fédérale. Cette approbation est indispensable, car il ne s'agit pas, selon la fraction, d'un acte unilatéral du Gouvernement fédéral qui échappe à l'exigence d'une loi en vertu de l'article 59, alinéa 2 LF.

La Seconde chambre de la Cour n'accepte pas l'argumentation de la fraction parlementaire et valide l'acte gouvernemental autorisant le déploiement d'armes nucléaires en RFA. En effet, l'interprétation jurisprudentielle de l'article 59, alinéa 2 LF dessine une conception stricte des actes qui tombent dans son champ d'application. Il suffit qu'il s'agisse d'un acte unilatéral émanant du Gouvernement, et la disposition constitutionnelle n'est plus applicable. Mais un acte unilatéral peut aussi être un accord déguisé entre deux parties dans le seul but d'« éviter » le Parlement. Pour les députés à l'origine du litige interorganique, la déclaration cache un accord passé entre la RFA et le président des États-Unis. Le juge ne suit pas ce raisonnement, car, pour lui, il est question d'un acte unilatéral auquel l'article 59, alinéa 2 LF n'est pas applicable :

> *L'organisation constitutionnelle de la démocratie ne repose pas sur un droit accordé au Parlement d'entreprendre toutes les actions et prendre les décisions qui sont, par elles-mêmes ou par leurs conséquences, d'une portée étendue ou existentielle (*weittragender oder existentieller Bedeutung*), ou d'y participer par le biais d'une loi. Le pouvoir exécutif aussi, en particulier le Gouvernement, est configuré (gestaltet) comme un pouvoir "politique" et n'est pas limité, a priori, à la prise de décisions politiques de moindre importance. Selon la Loi fondamentale, toutes les fonctions de la puissance publique sont démocratiquement constituées et légitimées, même si les manières, dont opèrent la constitution et la légitimation démocratiques, sont différentes. La puissance publique est ainsi organisée selon le principe de séparation des*

---

[1] Il faut remarquer que ces manœuvres militaires ont fait l'objet, en 1983, d'un recours constitutionnel individuel (*Bundesverfassungsbeschwerde*) accompagné d'une demande d'émettre une ordonnance d'urgence permettant de suspendre la disposition de missiles américaines à charge nucléaire et des missiles de bas vol sur le territoire allemand. Voir BVerfGE 66, 39 « Nachrüstung » du 16.12.1983. Il s'agit du résultat d'une résolution des ministres des affaires étrangères et de la défense des États appartenant à l'Organisation du traité de l'Atlantique du Nord prise le 12 décembre 1979 à Bruxelles. Le gouvernement fédéral n'a pas procédé à la demande d'une autorisation de la part du *Bundestag* afin que la disposition de ces armes sur le territoire de la République fédérale soit effectuée en vertu d'une loi. La Cour ne donne pas suite à la demande formulée et n'édicte pas une ordonnance d'urgence.

[2] Il s'agit de raquettes à tête nuclaire *Pershing* 2 et des missiles *Cruise*. Les premières *Pershing* 2 furent déployées en Allemagne dès janvier 1984. Leur « séjour » n'est pas vraiment très long : elles sont démantelées à la suite d'un accord entre l'URSS et les États-Unis du 27 mai 1988.

pouvoirs. Si, dans le domaine de la politique extérieure, le pouvoir exécutif possède des compétences exclusives concernant les décisions d'une portée étendue, peut-être même existentielles, il ne s'agit en aucun cas d'un déficit démocratique. (...) Le Bundestag, qui désapprouve les décisions gouvernementales, dispose, même dans le domaine de la politique extérieure, de ses compétences de contrôle ; il peut, le cas échéant, élire un nouveau Chancelier fédéral et contribuer au renversement du gouvernement en place ; il peut faire usage de ses compétences budgétaires. L'article 59, alinéa 2 LF ne lui reconnaît pas une compétence d'approbation en ce qui concerne les actes comme celui qui fait objet du présent différend[1].

Des notions comme « relations politiques » sont toujours sujettes à une certaine imprécision et leur interprétation peut avoir comme conséquence d'exclure du champ d'application de l'article 59, alinéa 2 LF des traités internationaux, dont l'objet ne serait pas considéré par le juge comme réglant les relations politiques de la Fédération, ou, au contraire d'avoir une interprétation à caractère « expansif » tendant à donner une coloration politique à toute action gouvernementale (mais toute action gouvernementale n'est-elle pas politique ?)[2]. Cette disposition constitutionnelle est uniquement applicable dans le cas des traités internationaux[3],

---

[1]BVerfGE 68, 1 «Atomwaffenstationierung » du 18 décembre 1984, p. 89 : « Die Organisation der grundgesetzlichen Demokratie beruht indes, wie dargelegt, nicht darauf, alle Handlungen und Entscheidungen, die aus sich oder in ihren Folgen von politisch weittragender oder existentieller Bedeutung sind, dem Parlament zuzuweisen oder es daran in Gesetzesform zu beteiligen. Auch die Exekutive, und innerhalb ihrer besonders die Regierung, ist als "politische" Gewalt ausgestaltet und nicht etwa von vornherein auf politisch weniger bedeutsame Entscheidungen beschränkt. Die Staatsgewalt in allen ihren Funktionen ist nach dem Grundgesetz, wenn auch in unterschiedlicher Weise, demokratisch konstituiert und legitimiert und auf dieser Grundlage gewaltenteilig organisiert. Es ist daher keineswegs ein Defizit an Demokratie, wenn die Exekutive im Bereich der auswärtigen Angelegenheiten auch ausschließliche Befugnisse zu weittragenden, möglicherweise existentiellen Entscheidungen besitzt. (...) Dem Bundestag, der solche Entscheidungen mißbilligt, verbleiben - auch in au, swärtigen Angelegenheiten - seine parlamentarischen Kontrollbefugnisse; er kann gegebenenfalls einen neuen Bundeskanzler wählen und damit den Sturz der bisherigen Regierung bewirken; er kann von seinen Haushaltskompetenzen Gebrauch machen - eine Zustimmungskompetenz für Akte der hier in Rede stehenden Art erkennt ihm Art. 59 Abs. 2 Satz 1 GG nicht zu ».

[2] Par exemple, les accords de caractère commercial sont en principe exclus du champ d'application de l'article 59 LF. Sur ce point : BVerfGE 1, 372 « Deutsch-französisches Wirtschaftsabkommen » du 29 juillet 1952, p. 381 et suiv.

[3] Concernant la négociation et la conclusion d'un traité international, le pouvoir exécutif est certes autonome, mais il est difficile de parler d'un noyau de compétences exclusif. Sa liberté s'arrête là, où apparaît l'exigence d'obtenir l'approbation du Parlement. Bien sûr, ce dernier ne peut décider de son propre chef de modifier le contenu d'un traité déjà conclu. Il ne peut qu'accorder son approbation ou la refuser. Les compétences exclusives du pouvoir exécutif existent seulement dans des domaines dispensés de l'exigence de participation ou de concours du Parlement. Dans ce sens, Susanne Baer, « Vermutungen zu Kernbereichen der Regierung und Befugnisse des Parlaments », *Der Staat*, 2001, p. 536 : « Das

les actes internationaux unilatéraux pris par le Gouvernement fédéral ne sont pas soumis à l'exigence d'une approbation des organes « compétents en matière de législation fédérale ». L'interprétation élastique de l'article 59, alinéa 2 LF met par conséquent en lumière les points de tension entre le Parlement et le gouvernement fédéral dans le domaine de la politique extérieure.

B. Appréciation critique.

Exclure du champ d'application l'accord passé par la République fédérale avec les puissances occupantes ou l'accord commercial franco-allemand suppose la volonté de la Cour de défendre la liberté gouvernementale et de ne pas donner une signification large de la notion « relations politiques » mentionnée à l'article 59, alinéa 2 LF. En 1952, l'article 59, alinéa 2 LF n'est pas applicable aux accords commerciaux conclus entre la RFA et la France, car ils ne répondent à aucune des conditions posées : ils ne sont ni de traités relatifs aux relations politiques de la République fédérale, ni ne concernent une matière relevant de la législation fédérale. L'interprétation restrictive de l'article 59, alinéa 2 LF tend à limiter la participation ou le concours du pouvoir législatif uniquement dans les hypothèses énumérées.

Il en résulte la volonté de préserver la liberté d'action du pouvoir exécutif dans le domaine des affaires étrangères. Font l'objet de participation ou de concours du Parlement les traités relatifs aux relations politiques de la Fédération ou portant sur une matière relevant de la législation fédérale. Ne doivent être assimilés à ce type de traités les accords passés par la Fédération avec les puissances qui occupent le territoire allemand après la fin de la Deuxième guerre mondiale. Si l'interprétation de la Cour allait dans ce sens, cette application élargie aux accords, qui ne sont pas de traités internationaux au sens classique, transformerait l'atteinte tolérable de l'article 59, alinéa 2 LF en « une atteinte inadmissible du principe de la séparation des pouvoirs » (*Durchbrechung der Grundsätze der Gewaltenteilung in unzulässiger Weise*) et déséquilibrerait la balance entre les pouvoirs au profit du chancelier et du Gouvernement fédéral[1]. Mais affirmer que l'article 59, alinéa 2 LF constitue une atteinte au principe constitutionnel de séparation des pouvoirs n'est-il pas en contradiction avec la définition générale du principe donnée par la Cour.

Si le juge entend le *Gewaltenteilungsgrundsatz* comme un système de freins et de contrepoids qui suppose l'interpénétration et le contrôle réciproque des pouvoirs,

---

Parlament wirkt an Verträgen und im Rahmen der Art.23 und 24 GG mit. Exklusive Regierungsbefugnisse existieren danach ausdrücklich nur außerhalb von Vertragsschlüssen ».

[1] BVerfGE 1, 351 « Petersberger Abkommen » du 29 juillet 1952, p. 369 : « Eine Anwendung des Art. 59 Abs. 2 auf Abmachungen mit den Besatzungsmächten würde also die Durchbrechung der Grundsätze der Gewaltenteilung in unzulässiger Weise erweitern » ; p. 370 : « (...) eine Auslegung des Art. 59 GG, die besatzungsrechtliche Abmachungen aus seinem Geltungsbereich herausnimmt, eine Verschiebung im System des Grundgesetzes zugunsten des Bundeskanzlers und der Bundesregierung darstelle ».

alors la participation du Parlement au processus décisionnel, maîtrisé par le Gouvernement fédéral, dans le domaine de la politique extérieure et militaire, ne peut être que la concrétisation de la définition générale de la norme déduite de l'article 20, alinéa 2 LF.

Définir quels sont les actes soumis à l'approbation ou exigeant le concours du *Bundestag* constitue sans doute un défi pour le juge constitutionnel. La solution, quelle qu'elle soit, a des conséquences immédiates sur les rapports entre le Parlement et le Gouvernement fédéral. Il s'agit de procéder à une mise en balance entre les intérêts en présence, et la décision prise n'est jamais sans conséquence directe sur la liberté des organes dont les compétences sont en jeu. Le juge constitutionnel doit faire preuve d'une souplesse remarquable, quitte à faire l'objet de critiques, qui voient dans ses décisions une gymnastique intelectuelle, qui répond, derrière le rideau tissé de règles juridiques, à des questions profondément politiques et qui satisfait tant la majorité parlementaire que le Gouvernement.

Section 2 : La prétendue inflexion jurisprudentielle : partage des compétences ou contrôle parlementaire accru ?

Dans les premières années passées sous l'empire de la Loi fondamentale, la Cour constitutionnelle fédérale n'adoptait pas de solutions susceptibles de bouleverser l'équilibre entre le Gouvernement fédéral et le *Bundestag*. Cependant, au début des années 1990, l'affaire, relative à l'engagement de forces armées allemandes à l'étranger, sème le trouble dans le paysage institutionnel. L'armée allemande est un « instrument de la politique extérieure »[1] et entendue comme faisant partie du domaine traditionnellement gouvernemental. Dans sa décision « Out-of-area-Einsätze » du 12 juillet 1994, la Cour développe la conception selon laquelle l'engagement effectif de l'armée allemande dans des opérations militaires à l'étranger nécessite l'autorisation préalable du *Bundestag*. Malgré les apparences, cette solution ne rompt pas de manière radicale avec l'ancienne jurisprudence « favorable au pouvoir exécutif », car il s'agit de deux cas d'espèce dont la configuration n'est pas identique, ce qui jusitifie un traitement différent (§2).

§1. Le maintien relatif de l'interprétation restrictive de l'étendue de la participation du *Bundestag*.

Dans l'hypothèse de l'engagement des forces allemandes à l'étranger, le juge constitutionnel pose l'exigence d'une autorisation préalable du *Bundestag* qui doit être obtenue par le Gouvernement fédéral (A). Mais la solution ne change pas considérablement la ligne jurisprudentielle d'interprétation restrictive de la

---

1 Volker Röben, « Der Einsatz der Streitkräfte nach dem Grundgesetz », *ZaöRV*, 2003, p. 593.

participation du Parlement dans le domaine de la politique extérieure et militaire. L'exigence d'approbation parlementaire préalable résulte de l'économie générale de la Loi fondamentale et de la tradition constitutionnelle allemande (B).

A. Le maintien de l'interprétation restrictive de l'étendue de la participation du Parlement dans le domaine de la politique extérieure et militaire et l'approbation préalable du Bundestag *de l'engagement des forces armées à l'étranger.*

L'approbation préalable du Parlement doit être obtenue si le Gouvernement décide d'engager des forces militaires à l'étranger. Telle est la solution du juge dans la décision de principe « Out-of-area-Einsätze » du 12 juillet 1994, qui intervient dans le cadre d'un litige interorganique opposant la fraction parlementaire de la *FDP* au Gouvernement fédéral. L'objet du litige était l'engagement de forces militaires allemandes dans les opérations pilotées par l'OTAN qui furent la suite logique de l'accord du 7 novembre 1991 permettant la participation de forces militaires complétant ainsi les sanctions de nature politiet économique à l'encontre de l'ex-Yougoslavie. Des soldats de la *Bundeswehr* firent partie de deux opérations de surveillances aériennes de l'espace maritime yougoslave et de celui de la Bosnie et Herzégovine, et d'une opération visant à rétablir la paix en Somalie. Cette participation de forces militaires allemandes fut décidée sans que le *Bundestag* ait accordé son approbation préalable Il n'existait d'ailleurs aucun texte, constitutionnel ou législatif, en ce sens. Selon la majorité des juges de la Seconde chambre, l'article 59, alinéa 2 LF n'est applicable que dans l'hypothèse de la conclusion d'un nouveau traité international. Les modifications matérielles d'un traité existant, résultant de nouvelles pratiques ou d'une interprétation différente des dispositions conventionnelles, ne nécessitent pas l'intervention du Parlement. Selon la majorité des juges[1], l'article 59, alinéa 2 LF n'est applicable que dans l'hypothèse de la conclusion d'un nouveau traité international. Les modifications matérielles d'un traité existant ne nécessitent par conséquent pas l'intervention du Parlement[2]. Ainsi, la Cour entend préserver « le partage des compétences entre le *Bundestag* et le Gouvernement fédéral » dans le domaine de la politique extérieure et militaire, car ce partage constitue « un élément de la séparation des pouvoirs telle qu'elle fut conçue par la Loi fondamentale »[3].

---

[1] La décision est suivie de l'opinion dissidente des juges Böckenförde et Kruis (BVerfGE 90, 286 [p.390-394]) qui émettent une critique du détournement de la procédure de la queurelle interorganique à des fins non pas juridiques, mais politiques. Sur ce point, voir, ce titre, chapitre 2, section 2, §2.

[2] BVerfGE 90, 286 « Out-of-area-Einsätze » du 12 juillet 1994, p. 364 : « Wäre Art. 59 Abs. 2 Satz 1 GG in diesem Zusammenhang anwendbar, so müßte die Bundesregierung bei jedem Schritt, der in der Abfolge des Geschehens zu einem solchen Ergebnis führen kann, die Zustimmung des Gesetzgebers einholen ».

[3] BVerfGE 90, 286 « Out-of-area-Einsätze » du 12 juillet 1994, p. 364 : « Die ein solches Ergebnis vermeidende strikte Auslegung des Art. 59 Abs. 2 Satz 1 GG gewährleistet die notwendige eindeutige Kompetenzabgrenzung zwischen Bundesregierung und Gesetzgeber; sie ist ein Element der

En 2003, la Seconde chambre est de nouveau saisie par la fraction parlementaire du *FDP* d'une demande d'émettre une ordonnance d'urgence afin que le Gouvernement fédéral engage la participation de soldats allemands à l'opération menée par l'OTAN, ayant comme objectif la surveillance assurée par des avions AWACS[1] de l'espace aérien turc en vue de prévenir d'éventuelles attaques irakiennes, uniquement après avoir obtenu l'approbation du Parlement. La demande ainsi formulée s'ajoute au litige interorganique intenté en vertu de l'article 93, alinéa 1er, point n°1 LF, concernant l'absence d'approbation parlementaire préalable de la décision du gouvernement Schröder d'engager des soldats allemands dans l'opération de surveillance aérienne de la Turquie. Il est donc question de préciser la portée de la solution jurisprudentielle 12 juillet 1994 et de savoir quelle est l'étendue de la réserve parlementaire constitutive relative à l'engagement de forces militaires à l'étranger. Au lieu d'apporter des réponses à ces interrogations, les juges décident, à l'unanimité, que la demande d'émettre une ordonnance d'urgence est infondée. La Cour semble préserver la liberté d'action du pouvoir exécutif, quitte à sacrifier l'exigence d'une approbation parlementaire en la matière. Les deux solutions sont envisagées : émettre une ordonnance d'urgence et obliger ainsi le Gouvernement à demander l'approbation du Parlement, ou bien déclarer la requête infondée et attendre la décision au principal. Le juge opte pour la seconde solution qui est moins « dommageable » pour le Gouvernement tout en rappelant que l'armée allemande est l' « armée du Parlement » (*Parlamentsheer*)[2]. Émettre une ordonnance d'urgence comporte le risque de voir le Parlement désavouer l'action gouvernementale. Ce dernier se trouverait ainsi dans l'impossibilité d'exécuter ses engagements et souffrirait du discrédit devant ses partenaires internationaux. La situation est d'autant plus délicate que la mesure demandée, une ordonnance d'urgence, constitue « une atteinte portée par la Cour à l'autonomie d'un autre organe constitutionnel »[3], dont les effets, dans ce cas précis, ne concernent pas seulement les rapports entre les différents organes constitutionnels, mais peuvent

---

Gewaltenteilung, wie sie das Grundgesetz ausgestaltet hat (...) ». Dans le même sens, BVerfGE 68, 1 « Atomwaffenstationierung » du 18 décembre 1984, p. 86 : « Diese strikte Begrenzung der den gesetzgebenden Körperschaften im Rahmen des Art. 59 Abs. 2 Satz 1 GG eingeräumten Befugnisse ist ein Element der Gewaltenteilung, wie sie das Grundgesetz ausgestaltet hat ».

[1] *Airborne warning and control system* ou système de détection et de commandement aéroporté. Ces avions sont munis d'un système de stations radar qui ont une fonction de surveillance de vastes espaces aériens, ils ne sont pas utilisés en tant qu'avion de combat. La décision de mettre en œuvre un plan de surveillance est prise par le Comité des plans de défense de l'OTAN le 19 février 2003. Les premiers avions arrivent en Turquie dès le 26 février 2003. Il est question d'une surveillance préventive qui n'implique pas la participation de soldats allemands (qui constituent un tiers de tous les effectifs de l'opération) dans un conflit armé concret.

[2] BVerfGE108, 34 « Bewaffnete Bundeswehreinsätze » du 25 mars 2003, p. 44, avec une référence à la décision du 12 juillet 1994.

[3] BVerfGE 108, 34 « Bewaffnete Bundeswehreinsätze » du 25 mars 2003, p. 41 : « Der Erlass einer einstweiligen Anordnung im Organstreitverfahren bedeutet einen Eingriff des Bundeverfassungsgerichts in die Autonomie eines anderen Verfassungsorgans ».

également engendrer des conséquences pour le rôle de la RFA sur le plan international. Il convient par conséquent de procéder à une mise en balance, un « bilan coûts-avantages ». D'une part, il y a l'exigence d'approbation préalable du Parlement de l'engagement de forces allemandes à l'étranger résultant du jugement de 1994, d'autre part, « le noyau exclusif de liberté décisionnelle propre du Gouvernement » (*Kernbereich eigener Entscheidungsfreiheit*) doit être préservé[1]. La décision de la Cour porte la marque de la sagesse politique, car elle maintient la marge de manœuvre du gouvernement pour l'exécution du programme de l'OTAN, mais laisse délibérément ouverte la question de la constitutionnalité de l'engagement concret des forces militaires en l'absence d'une approbation préalable. La solution principale « arrive » cinq ans plus tard, le 7 juin 2008[2]. La décision n'a en soi plus d'intérêt d'un point de vue pratique ou politique, car l'opération litigieuse prend fin avant que la Cour se prononce[3]. Cependant, les développements relatifs à l'étendue de la réserve parlementaire constitutive permettent d'éclairer certaines zones d'ombre qui existent toujours, même après l'entrée en vigueur de la loi de 2005.

Selon la Cour, article 24 LF autorise la RFA à participer aux systèmes de sécurité collective mutuelle, tels que celui de l'ONU et celui de l'OTAN, y compris en engageant des forces armées de la *Bundeswehr*, mais ne donne pas plus de détail quant à l'organe compétent pour décider de l'engagement. L'approbation accordée par le *Bundestag*, en vertu de l'article 59, alinéa 2 LF, n'épuise pas la compétence du Parlement dans le domaine de la politique extérieure. Bien sûr, le Gouvernement est libre de participer à l'évolution d'un traité en question sans pour autant agir en dehors de l'autorisation du Parlement. Le droit du *Bundestag* est violé uniquement si le gouvernement sort de sa sphère de compétence et agit *ultra vires* en empiétant ainsi directement sur le domaine d'action du *Bundestag*. La latitude, dont dispose le Gouvernement dans le domaine de la politique extérieure et militaire, se trouve diminuée dans l'hypothèse d'un engagement de l'armée allemande en dehors des frontières de la RFA. Certes, le commandement de l'armée appartient au ministre de la défense, mais le Parlement doit se voir garantir un droit effectif de participation à la décision d'employer des troupes armées à l'étranger. Ce droit ne

---

[1] BVerfGE 108, 34 « Bewaffnete Bundeswehreinsätze » du 25 mars 2003, p. 41 : « Die Einbeziehung deutscher Soldaten in bewaffnete Unternehmungen ohne Zustimmung des Bundestages greift deshalb prinzipiell tief in die Rechte des Parlaments ein. Auf der anderen Seite steht die außenpolitische Verantwortung der Exekutive mit ihrem Kernbereich eigener Entscheidungsfreiheit ».

[2] BVerfGE 121, 135 « Luftraumüberwachung Türkei ». Voir les propos très pertinents de Hans-Heinrich Rupp, « AWACS-Einsätze und die Rechte des Bundestages », *JZ*, n°18, 2003, p. 899-900: « Vielleicht mag bei der vom BVerfG vorgenommenen Folgenkalkulation eine Rolle gespielt haben, daß das Gericht Herr seiner Termine ist und es in der Hand hätte, mit einem Hauptverfahren so lang zu warten, bis der AWACS-Eisatz zu Ende ist. Dann würde die Bejahung des Parlamentsvorbehlats politisch und praktisch keine Rolle mehr spielen und auch für die Zukunft wenig aussagefähig sein ».

[3] La surveillance du ciel turc effectuée par des avions AWACS s'étale du 16 février 2003 au 17 avril 2003.

peut être effectif que si l'approbation du Parlement est sollicitée avant le début des opérations. En dehors des situations d'urgence, le Parlement doit être pleinement informé des entreprises envisagées afin d'octroyer son approbation dont l'absence signifie une action inconstitutionnelle du Gouvernement[1]. Cette analyse de la Cour est surprenante, car, si le droit du Parlement doit être effectif et si l'approbation doit être accordée avant le début de l'engagement, alors, pourquoi, en 2003, le juge refuse d'admettre le bien-fondé de la demande d'une ordonnance d'urgence[2] ?

La gymnastique intellectuelle et politique de la Cour mérite d'être saluée : il est certain, depuis le jugement du 12 juillet 1994, que le Parlement a un droit de participation effective à la décision d'engager des forces militaires dans des opérations à l'étranger dans le cadre de systèmes de sécurité collective mutuelle. Cependant, ce droit n'a plus de raison d'être s'il n'existe pas de véritable risque pour la vie des soldats engagés, c'est-à-dire s'il n'y a pas de menace réelle de conflit armé. Le refus d'émettre une ordonnance d'urgence paraît trouver son explication : en 2003, la Seconde chambre n'est pas sûre de la réalité du conflit et de l'existence d'un risque pour la vie des pilotes allemands envoyés pour surveiller l'espace aérien turc. Seul « le passage de la diplomatie à la force militaire » est susceptible de justifier l'exigence d'approbation prélable qui doit être demandée par le Gouvernement au Parlement. Pour le juge constitutionnel, ce passage signale un « changement des paramètres de la séparation interne des pouvoirs telle qu'elle est conçue par la Loi fondamentale »[3].

La décision d'engager des soldats allemands prise par le Gouvernement et l'approbation préalable accordée par le *Bundestag* forment ainsi un domaine où ces deux organes agissent de concert, ils forment une « communauté décisionnelle » (*Entscheidungverbund*) où le Gouvernement détient l'initiative et le Parlement dispose de la faculté d'empêcher la mise en œuvre de la décision. L'alliance entre ces deux

---

1 BVerfGE 121, 135 « Luftraumüberwachung Türkei » du 7 juin 2008, p. 161 : « Mit der Anwendung militärischer Gewalt endet der weit bemessene Gestaltungsspielraum der Exekutive im auswärtigen Bereich. Der Deutsche Bundestag ist bei Einsatz bewaffneter Streitkräfte nicht lediglich in der Rolle eines nachvollziehenden, nur mittelbar lenkenden und kontrollierenden Organs, sondern er ist zur grundlegenden, konstitutiven Entscheidung berufen, ihm obliegt die Verantwortung für den bewaffneten Außeneinsatz der Bundeswehr. Die Bundeswehr ist insofern ein "Parlamentsheer", ungeachtet der Kommandostruktur (vgl. Art. 65a, Art. 115b GG), die die militärisch-operative Führung dann wieder in die Hand der Exekutive legt. Seinen rechtserheblichen Einfluss auf die Verwendung der Streitkräfte kann der Deutsche Bundestag nur dann wahren, wenn er über ein wirksames Mitentscheidungsrecht über den Einsatz bewaffneter Streitkräfte verfügt, bevor das militärische Unternehmen beginnt und dann maßgeblich zu einer Frage militärischer Zweckmäßigkeit wird ».

2 Voir le commentaire très critique de la décision « Bundeswehr-Einsätze » du 25 mars 2003 (BVerfGE 108, 34) de Hans-Heinrich Rupp, « AWACS-Einsätze und die Rechte des Bundestages », *JZ*, n°18, 2003, p.899 et suiv.

3 BVerfGE 121, 135 « Luftraumüberwachung Türkei » du 7 juin 2008, p. 161: « Dem übergang von der Diplomatie zur Gewalt korrespondiert eine Veränderung in den Proportionen der innerstaatlichen Gewaltenteilung ».

organes « ne remet pas en cause leurs compétences respectives », car la politique extérieure et militaire est toujours dominée par le pouvoir exécutif[1].

La réserve parlementaire constitutive, (*konstitutiver Parlamentsvorbehalt*) relative à l'engagement des forces armées à l'étranger, est déduite de la Loi fondamentale elle-même et repose sur la tradition constitutionnelle allemande[2]. Le domaine de la politique extérieure et militaire est celui du pouvoir exécutif, mais dans le cas de l'engagement des forces armées, le Parlement doit donner son « feu vert ». Il ne dispose pas de l'initiative (*Initiativbefugnis*), mais seulement de la faculté d'empêcher la mise en œuvre de la décision prise par le Gouvernement[3]. L'approbation du *Bundestag* conditionne l'action gouvernementale. Le *Bundestag* ne peut en revanche pas obliger le Gouvernement fédéral d'entreprendre une action qui engage des forces armées à l'étranger. Ce type de décision tombe dans la sphère de compétences exécutives propres. L'armée allemande est l'« armée du Parlement » (*Parlamentsheer*), elle ne doit pas être regardée uniquement comme un « instrument de puissance potentielle » (*Machtpotential*) mis à disposition du pouvoir exécutif, car l'ordre constitutionnel allemand exige que le Parlement participe de manière effective à l'organisation et au déploiement de la force armée[4]. Néanmoins, il n'a aucune emprise sur « l'étendue, les modalités et la durée » des opérations militaires[5].

La jurisprudence de la Seconde chambre illustre la recherche de balance entre les organes investis des pouvoirs législatif et exécutif. Elle s'inscrit dans la

---

[1] BVerfGE 121, 135 « Luftraumüberwachung Türkei » du 7 juin 2008, p. 161-162 : « Der durch den Parlamentsvorbehalt solcherart hergestellte Entscheidungsverbund von Parlament und Regierung über den Einsatz bewaffneter Streitkräfte stellt den der Exekutive verfassungsrechtlich zugeordneten eigenen Handlungs- und Verantwortungsbereich für die Außenpolitik (...) dabei nicht grundsätzlich in Frage ».

[2] BVerfGE 90, 286 « Out-of-area-Einsätze » du 12 juillet 1994, p. 383 : « Für den militärischen Einsatz von Streitkräften ist dem Grundgesetz das Prinzip eines konstitutiven Parlamentsvorbehalts zu entnehmen. Ein solcher Parlamentsvorbehalt entspricht seit 1918 deutscher Verfassungstradition ». L'exigence d'une loi qui autorise l'engagement des forces armées allemandes à l'étranger est le résultat de la « constitution militaire » (*Wehrverfassung*) : il s'agit, pour la Seconde chambre, d'interpréter les dispositions de la Loi fondamentale dans le sens d'une participation obligatoire, constitutive du *Bundestag* sans laquelle la décision gouvernementale n'est pas conforme à l'esprit de la Constitution et porte par conséquent atteinte aux droits constitutionnellement garantis du Parlement.

[3] BVerfGE 90, 286 « Out-of-area-Einsätze » du 12 juillet 1994, p. 389 : « Der Zustimmungsvorbehalt für den Einsatz bewaffneter Streitkräfte verleiht dem Bundestag keine Initiativbefugnis », avec une référence à la décision du 18 décembre 1984 (BVerfGE 68, 1 [p. 86]).

[4] BVerfGE 90, 286 « Out-of-area-Einsätze » du 12 juillet 1994, p. 382 : « (...) die Bundeswehr nicht als Machtpotential allein der Exekutive zu überlassen, sondern als "Parlamentsheer" in die demokratisch rechtsstaatliche Verfassungsordnung einzufügen, d.h. dem Parlament einen rechtserheblichen Einfluß auf Aufbau und Verwendung der Streitkräfte zu sichern».

[5] BVefGE 90, 286 « Out-of-area-Einsätze » du 12 juillet 1994, p. 389 : «Der der Regierung von der Verfassung für außenpolitisches Handeln gewährte Eigenbereich exekutiver Handlungsbefugnis und Verantwortlichkeit wird durch den Parlamentsvorbehalt nicht berührt. Das gilt insbesondere hinsichtlich der Entscheidung über die Modalitäten, den Umfang und die Dauer der Einsätze, die notwendige Koordination in und mit Organen internationaler Organisationen».

ligne jurisprudentielle tracée par la décision du 18 décembre 1984[1]. Il n'est pas possible de croire en une inflexion jurisprudentielle radicale qui sonnerait la fin de la place « privilégiée » du Gouvernement dans le domaine de la politique extérieure et militaire: le noyau exclusif de responsabilité exécutive propre doit être préservé.

Le seul bémol dans les solutions ultérieures concerne l'exigence d'autorisation préalable du Parlement que doit obtenir le Gouvernement s'il souhaite engager des forces de l'armée allemande à l'étranger. Cette solution est souvent perçue comme un revirement de jurisprudence opéré par la Seconde chambre. L'autorisation de déploiement d'armes nucléaires sur le sol allemand et l'engagement de forces allemandes à l'étranger ne constituent pas des cas identiques et les solutions du juge ne peuvent être des solutions identiques. Dans la première espèce, il est question d'une attitude passive : la RFA ne fait que permettre le stationnement d'engins militaires, alors que, dans le deuxième cas de figure, l'armée de la RFA peut se trouver impliquée dans des conflits armés réelles avec des conséquences dramatiques.

Le Gouvernement est l'organe le mieux placé pour agir lorsque les circonstances exigent une réaction rapide et efficace. Il agit de manière autonome, mais toujours sous le contrôle des deux autres pouvoirs[2].

B. La réserve parlementaire déduite de l'économie générale de la Loi fondamentale.

Afin d'étayer la nécessité pour le Gouvernement d'obtenir une autorisation parlementaire préalable à tout engagement effectif des forces armées, la Cour fait appel au principe de justice fonctionnelle (*Funktionsgerechtigkeit*), développé à partir de la décision de 1984. Mais la répartition fonctionnelle n'est pas le seul élément de la construction jurisprudentielle qui tend à justifier l'obligation imposée au Gouvernement. Le principe démocratique entre également en jeu, car l'autorisation octroyée par le *Bundestag* constitue en effet une réserve institutionnelle au profit du parlement :

> *La réserve parlementaire déduite de la constitution militaire (*wehrverfassungsrechtliche Parlamentsvorbehalt*) garantit sur*

---

[1] BVerfGE 68, 1 « Atomwaffenstationierung ».

[2] Dans ce sens : BVerfGE 104, 151 « NATO-Konzept » du 22 novembre 2001, p. 207 : « Sowohl die Rolle des Parlaments als Gesetzgebungsorgan als auch diejenige der rechtsprechenden Gewalt sind schon aus Gründen der Funktionsgerechtigkeit in diesem Bereich beschränkt. Die der Bundesregierung insoweit anvertraute auswärtige Gewalt steht zwar nicht außerhalb parlamentarischer Kontrolle und unterliegt wie jede Ausübung öffentlicher Gewalt den Bindungen des Grundgesetzes » ; BVerfGE 131, 152 « Unterrichtungspflicht » du 19 juin 2012, p. 195 : « Das Grundgesetz hat in Anknüpfung an die traditionelle Staatsauffassung der Regierung im Bereich auswärtiger Politik einen weit bemessenen Spielraum zu eigenverantwortlicher Aufgabenwahrnehmung überlassen (…). Die Rolle des Parlaments ist schon aus Gründen der Funktionsgerechtigkeit in diesem Bereich beschränkt (…) ».

*ce point une répartition adéquate des compétences organiques, notamment en tenant compte de la participation de l'opposition dans le débat démocratique parlementaire, et permet ainsi à l'opinion publique de mieux juger la portée politique (*politische Reichweite*) de l'engagement de forces armées à l'étranger qui fait l'objet du présent différend. Le partage du pouvoir d'État dans le domaine des affaires étrangères répond aux exigences de la division fonctionnelle juste du pouvoir d'État (*funktionsgerechte Teilung der Staatsgewalt*). Quant au système de sécurité collective mutuelle, sa conception est telle que le Parlement, par sa participation au processus décisionnel, porte une responsabilité fondamentale en ce qui concerne la base conventionnelle du système, d'une part, et la décision concrète de l'engagement des forces armées, d'autre part, tandis qu'en principe, la responsabilité de l'organisation détaillée du pacte incombe au Gouvernement fédéral, tout comme les modalités de la mise en œuvre de l'engagement des forces armées*[1].

À la lecture de ce passage, il est possible de céder à la tentation d'admettre que la Cour se sert du critère substantiel afin d'argumenter sa solution. Ce n'est cependant pas le cas. Comme dans le jugement du 12 juillet 1994, la théorie de la décision substantielle (*Wesentlichkeitstheorie*) n'apparaît nulle part dans les développements. La raison est la différence, qui doit être opérée entre la faculté de statuer, dont dispose le Gouvernement fédéral, et la faculté d'empêcher du *Bundestag*, en ce qui concerne la question cruciale et politiquement délicate relative à l'engagement de l'armée allemande dans des opérations militaires à l'étranger. La théorie de la décision substantielle n'a pas sa place dans le tableau de la politique extérieure et militaire, car ici le parlement doit se contenter d'un rôle certes important, mais secondaire par rapport à l'étendue des compétences du pouvoir exécutif fédéral.

Le *Bundestag* est l'organe qui contrôle les actes pris par le pouvoir exécutif. Ce contrôle s'exprime dans l'existence d'une réserve institutionnelle déduite de l'économie générale des dispositions relatives aux questions de politique militaire.

---

[1] BVerfGE 121, 135 « Luftraumüberwachung Türkei » du 7 juin 2008, p. 162 : « Der wehrverfassungsrechtliche Parlamentsvorbehalt sichert insoweit eine adäquate Organzuständigkeit gerade im Hinblick auf die Beteiligung der Opposition in freier parlamentarischer Debatte und macht es damit auch der öffentlichen Meinung besser möglich, über die politische Reichweite des jeweiligen Einsatzes zu urteilen. Die funktionsgerechte Teilung der Staatsgewalt im Bereich der auswärtigen Angelegenheiten (...) gestaltet sich im Hinblick auf Systeme gegenseitiger kollektiver Sicherheit damit so, dass das Parlament durch seine Mitentscheidung grundlegende Verantwortung für die vertragliche Grundlage des System seinerseits und für die Entscheidung über den konkreten bewaffneten Streitkräfteeinsatz andererseits übernimmt, während im Übrigen die nähere Ausgestaltung der Bündnispolitik als Kompetenzverantwortung ebenso wie konkrete Einsatzplanungen der Bundesregierung obliegen ».

L'emploi de l'expression « réserve parlementaire » peut facilement induire en erreur. Il ne s'agit pourtant pas d'une décision initiale que doit prendre le parlement, mais bien d'une possibilité d'empêcher la mise en œuvre de l'acte pris par le Gouvernement. C'est toujours ce dernier qui donne l'impulsion initiale dont l'exécution est entre les mains des députés du *Bundestag*.

Le contrôle parlementaire, c'est-à-dire l'obligation d'obtenir l'autorisation préalable dans le cas d'engagement d'unités militaires allemandes à l'étranger, ne constitue pas une transgression du principe de séparation des pouvoirs. Le *Gewaltenteilungsgrundsatz* de la Loi fondamentale qui ne peut être entendu *a priori*, en tant que principe présupposé définissant de manière statique les rapports entre les organes investis des trois pouvoirs mentionnés à l'article 20, alinéa 2 LF[1]. Bien au contraire, le contrôle parlementaire en la matière participe pleinement à la construction dynamique du principe constitutionnel. Comme le souligne la Cour : « [l]a réserve parlementaire est un élément constitutif du principe fondamental de la séparation des pouvoirs et non pas une atteinte portée à celui-ci »[2]. Le point important est une articulation entre les organes et les missions qui leur sont constitutionnellement attribuées qui forment le système positif de freins et de contrepoids. Pour cette raison, l'obligation du Gouvernement d'obtenir l'approbation parlementaire préalable ne constitue pas une exception à la répartition constitutionnelle des compétences respectives de ces deux organes.

Cette manière de voir les rapports entre le Parlement et le Gouvernement semble contredire la thèse de la décision substantielle : si le régime démocratique créé par la Loi fondamentale ne signifie point que le Parlement est l'organe qui prend les « décisions d'une portée étendue ou d'une importance existentielle », alors il n'y aucune raison de soustraire la compétence décisionnelle concernant des matières fondamentales au pouvoir exécutif. Démontrer que le *Bundestag*, l'organe central de l'organisation institutionnelle, ne se place au-dessus des autres organes et ne peut usurper les compétences exécutives, n'est pas nouveau pour la Seconde chambre de la Cour. Dès 1978, dans la décision « Kalkar I » du 8 août 1978, relative à l'utilisation pacifique de l'énergie nucléaire, le juge explique que la légitimité démocratique directe dont bénéficie le Parlement ne justifie pas une toute puissance face aux autres pouvoirs[3]. Il faut signaler que, dans la décision de 1978, à

---

[1] BVerfGE 121, 135 « Luftraumüberwachung Türkei » du 7 juin 2008, p. 163 : « Wenn und soweit dem Grundgesetz eine Zuständigkeit des Deutschen Bundestags in Form eines wehrverfassungsrechtlichen Mitentscheidungsrechts entnommen werden kann, besteht gerade kein eigenverantwortlicher Entscheidungsraum der Bundesregierung. Eigenverantwortliche, das heißt letztlich verfassungsgerichtlicher Überprüfung entzogene Abgrenzungen der Kompetenzräume der in Art. 20 Abs. 2 Satz 2 GG genannten Gewalten lassen sich nicht einem apriorischen Gewaltenteilungskonzept entnehmen (...) ».

[2] BVerfGE 121, 135 « Luftraumüberwachung Türkei » du 7 juin 2008, p. 163: « Der Parlamentsvorbehalt ist Teil des Bauprinzips der Gewaltenteilung, nicht seine Durchbrechung ».

[3] BVerfGE 49, 89 « Kalkar I », p. 125-126 : « Die konkrete Ordnung der Verteilung und des Ausgleichs staatlicher Macht, die das Grundgesetz gewahrt wissen will, darf nicht durch einen aus dem

côté des arguments en faveur d'un équilibre entre le Parlement et le Gouvernement fédéral, la Cour met en avant la thèse de la décision substantielle développée dans la jurisprudence de la Première chambre relative aux rapports spéciaux entre l'administration et les citoyens, notamment dans le domaine de la politique scolaire : le Parlement est le seul organe qui doit intervenir lorsqu'il s'agit d'une décision susceptible de toucher la vie des citoyens :

> *La décision normative fondamentale qui autorise ou n'autorise pas l'utilisation de l'énergie nucléaire à des fins pacifiques sur le territoire de la République fédérale est une décision fondamentale et substantielle au sens de la réserve législative à cause des effets qu'elle est susceptible de produire sur la vie des citoyens, en particulier dans la sphère des libertés fondamentales et sur le principe d'égalité, sur leurs relations en général, et à cause de l'intensité et de la forme qui qualifient nécessairement une telle réglementation. Cette décision ne peut être prise que par le législateur*[1].

En 1978, l'utilisation de l'énergie nucléaire à des fins pacifiques est une décision substantielle dont seul le législateur est compétent. En 1984, l'autorisation gouvernementale de déployer des armes nucléaires sur le sol allemand n'est pas, aux yeux de la Cour, une décision exigeant l'approbation préalable du Parlement. Il est sans doute question de deux espèces très différentes : en 1978 la construction d'un surgénérateur nucléaire est programmée (elle ne vit d'ailleurs jamais le jour), alors qu'en 1984, la Cour doit décider si le Parlement dispose de la faculté d'empêcher le Gouvernement d'autoriser, par un acte qualifié par le Gouvernement d'unilatéral, le stationnement d'équipements militaires. En 1984, l'autorisation gouvernementale n'est pas tributaire d'une approbation parlementaire.

Un fragile équilibre jurisprudentiel est perceptible à la lecture des deux décisions : dans « Kalkar I », la Seconde chambre conclut certes à la compétence du

---

Demokratieprinzip fälschlich abgeleiteten Gewaltenmonismus in Form eines allumfassenden Parlamentsvorbehalts unterlaufen werden. Aus dem Umstand, daß allein die Mitglieder des Parlaments unmittelbar vom Volk gewählt werden, folgt nicht, daß andere Institutionen und Funktionen der Staatsgewalt der demokratischen Legitimation entbehrten. (…) Das aber schließt es aus, aus dem Grundsatz der parlamentarischen Demokratie einen Vorrang des Parlaments und seiner Entscheidungen gegenüber den anderen Gewalten als einen alle konkreten Kompetenzzuordnungen überspielenden Auslegungsgrundsatz herzuleiten. »

[1] BVerfGE 49, 89 « Kalkar I » du 8 août 1978, p. 127 : « Die normative Grundsatzentscheidung für oder gegen die rechtliche Zulässigkeit der friedlichen Nutzung der Kernenergie im Hoheitsbereich der Bundesrepublik Deutschland ist wegen ihrer weitreichenden Auswirkungen auf die Bürger, insbesondere auf ihren Freiheitsbereich und ihren Gleichheitsbereich, auf die allgemeinen Lebensverhältnisse und wegen der notwendigerweise damit verbundenen Art und Intensität der Regelung eine grundlegende und wesentliche Entscheidung im Sinne des Vorbehalts des Gesetzes. Sie zu treffen ist allein der Gesetzgeber berufen.

Parlement tout en expliquant que cette compétence de prendre des décisions substantielles n'est pas la conséquence de la légitimité directe de cet organe. « Atomwaffenstationierung » continue ce raisonnement : le Parlement n'est pas un organe politiquement omnipotent qui bloque l'action gouvernementale en la limitant à des décisions de second ordre.

Le principe de justice fonctionnelle (*Funktionsgerechtigkeit*)[1] permet en l'occurrence de conclure à la compétence du Gouvernement d'autoriser le stationnement d'armes sur le territoire allemand :

> *L'article 59, alinéa 2, première phrase LF doit être interprété à la lumière de l'article 20, alinéa 2 LF. Le principe de la distinction (*Unterscheidung*) organique et fonctionnelle et la division (*Trennung*) des pouvoirs contenus dans l'article 20, alinéa 2 LF garantissent surtout (*zumal*) le partage (*Verteilung*) du pouvoir et de la responsabilité politiques, ainsi que le contrôle des détenteurs du pouvoir ; ce principe vise également à ce que les décisions étatiques soient prises de la manière la plus juste possible (*möglichst richtig*), c'est-à-dire par les organes qui disposent des meilleures conditions en vertu de leur organisation, composition, leurs fonctions et règles procédurales (…)*[2].

Aujourd'hui, la situation française se rapproche du cas allemand. Cependant, des divergences existent : le Gouvernement français se trouve dans une situation infiniment plus confortable que le Gouvernement fédéral. En effet, depuis la révision du 23 juillet 2008, l'article 35 C prévoit que si le Gouvernement décide d'engager des forces armées à l'étranger, il « informe le Parlement » de la décision et ceci « au plus tard trois jours après le début de l'intervention ». C'est seulement dans l'hypothèse (la plus fréquente, lorsqu'il est question d'engagement militaire), où « la durée de l'intervention excède quatre mois » que le Gouvernement soumet « sa prolongation à l'autorisation du Parlement ». Il s'agit d'une autorisation qui est vidée de tout sens, car on imagine assez mal un parlement ne pas accorder l'autorisation, alors que des opérations militaires sont déjà engagées depuis quelques mois.

---

[1] *Supra*, première partie, titre 2, chapitre 1, Section 2, § 2.

[2] BVerfGE 68, 1 « Atomwaffenstationierung » du 18 décembre 1984, p. 86 : « Art. 59 Abs.1 Satz 1 GG ist im Lichte des Art. 20 Abs. 2 GG auszulegen. Die dort als Grundsatz normierte organisatorische und funktionnelle Unterscheidung und Trennung der Gewalten dient zumal der Verteilung von politischer Macht und Verantwortung sowie der Kontrolle der Machtträger ; sie zielt darauf ab, daß staatliche Entscheidungen möglichst richtig, daß heißt von Organen getroffen werden, die dafür nach ihrer Organisation, Zusammensetzung, Funktion und Verfahrensweise über die besten Voraussetzungen verfügen (…) ».

S'agissant du cas allemand, il existe aujourd'hui une loi qui règle, en reprenant les solutions jurisprudentielles, la question épineuse de l'autorisation préalable accordée par le Parlement.

§2. La participation constitutive du Parlement dans l'hypothèse d'un engagement actif des forces armées allemandes à l'étranger : de l'obligation jurisprudentielle à l'obligation légale.

En 1994, le juge constitutionnel pose le principe de l'autorisation préalable du parlement dans le cas où le Gouvernement fédéral décide d'engager des forces armées allemandes à l'étranger. Cette nouvelle condition, imposée au pouvoir exécutif fut l'objet d'un « tremblement de terre de force moyenne » au sein de la doctrine, car jusqu'alors, un accord régnait sur le principe de la compétence gouvernementale de décider de la participation de soldats allemands dans des opérations en dehors de la RFA sans que l'organe parlementaire soit effectivement associé au processus décisionnel[1]. L'autorisation préalable est strictement encadrée par le juge, car elle ne doit pas se transformer en une arme parlementaire visant à paralyser l'action gouvernementale sur la scène internationale (A). En 2005, l'obligation imposée par le juge devient enfin une loi fédérale précisant les contours de la participation constitutive du Parlement au processus d'engagement de militaires allemands à l'étranger (B).

A. Les conditions posées par le juge constitutionnel.

L'approbation préalable du Parlement doit être obtenue si le Gouvernement décide d'engager des forces militaires à l'étranger. Telle est la solution livrée dans la décision de principe « Out-of-area-Einsätze » du 12 juillet 1994[2]. Il s'agit de l'engagement de forces militaires allemandes dans des opérations pilotées par l'OTAN qui furent la suite logique de l'accord du 7 novembre 1991 permettant la participation de forces militaires qui complètent des sanctions de nature politique ou économique. La participation de forces militaires allemandes fut décidée sans que le *Bundestag* ait accordé son approbation préalable, ce qui donna lieu à la jurisprudence citée plus haut. Il ne s'agit cependant pas d'une obligation absolue et générale. Le gouvernment doit se contenter de quêter l'approbation lorsque les conditions posées par le juge relatives à l'engagement armé sont remplies. Ainsi, l'opération militaire doit être réelle, et il faut qu'il y ait un conflit en cours ou alors la menace sérieuse d'un conflit sur le point de se concrétiser.

---

[1]Tobias Wagner, *Parlamentsvorbehalt und Parlamentsbeteiligungsgesetz. Die Beteiligung des Bundestages bei Auslandseinsätzen der Bundeswehr*, Duncker & Humblot, Berlin, 2010, p. 21 : « Der Richterspruch löste in der Literatur ein mittleres Erdbeben aus, hatte die herrschende Meinung doch bisher vertreten, dass die Einsatzkompetenz als Teil der auswärtigen Gewalt allein der Regierung zustande », avec des références bibliographiques supplémentaires.

[2] BVerfGE 90, 286.

Le juge impose au Gouvernement l'obligation d'obtenir une autorisation prélable, mais, même dans ce cas, il essaie de préserver la marge de manœuvre gouvernementale sur la scène internationale. La loi fédérale du 18 mars 2005 codifie les solutions jurisprudentielles. Désormais, l'obligation d'obtenir l'autorisation prélable du *Bundestag* est légale.

B. La loi fédérale du 18 mars 2005 relative à la participation constitutive du Parlement.

Selon la Cour, c'est au législateur d'apporter les précisions nécessaires à l'application de la réserve parlementaire constitutive de l'engagement des forces militaires allemandes. Il aura fallu onze ans avant que la loi fédérale soit adoptée. La loi relative à la participation du Parlement à la décision d'engager des forces armées à l'étranger (*Parlamentsbeteiligungsgesetz*) du 18 mars 2005 entre en vigueur le 24 mars 2005. Elle répond ainsi à l'injonction adressée au législateur et au Gouvernement dans la décision de 1994[1] en soumettant l'engagement de forces militaires à l'étranger à l'approbation préalable du *Bundestag*. L'obligation d'origine jurisprudentielle se transforme ainsi en une obligation légale pesant sur le Gouvernement fédéral. Le texte législatif, assez lacunaire, reprend les solutions jurisprudentielles. Ainsi, la loi « régit la forme et l'étendue de la participation du *Bundestag* à la décision d'engager des forces armées allemandes à l'étranger ». L'engagement doit concerner un conflit militaire déjà en cours ou sur le point de se produire. Sont par conséquent exclus les conflits qui n'impliquent pas d'opérations militaires portant un danger pour les forces engagées. L'approbation parlementaire porte uniquement sur la décision précise d'engager des forces allemandes. Elle ne peut être étendue à la phase préparatoire qui planifie la participation de soldats allemands. Le législateur prend donc soin de préserver la liberté d'action de l'exécutif dans le domaine de la politique extérieure et militaire. Des négociations informelles ou autres démarches qui visent à faciliter ou préciser l'ampleur de l'opération militaire concrète, ne tombent pas dans le champ d'application de la loi de 2005. Dans le sens du maintien de l'équilibre fonctionnel entre Gouvernement fédéral et Parlement, ce dernier peut approuver ou rejeter de manière intégrale la demande d'autorisation de l'engagement des forces armées. Les députés n'ont pas la possibilité de modifier une partie du texte qui leur est soumis et qui doit contenir les éléments relatifs au déroulement de l'opération militaire.

---

[1] BVerfGE 90, 286 « Out-of-area-Einsätze » du 12 juillet 1994, p. 390: « Der verfassungsrechtlich geforderte Parlamentsvorbehalt gilt ungeachtet näherer gesetzlicher Ausgestaltung unmittelbar kraft Verfassung. Bundesregierung und Bundestag haben daher bis zum Erlaß eines Gesetzes, das eine förmliche parlamentarische Beteiligung an der Entscheidung über militärische Einsätze deutscher Streitkräfte näher ausgestaltet (...) ».

CONCLUSION DU CHAPITRE

Les moyens, dont disposent les pouvoirs, qui leur permettent d'empêcher la réalisation de certaines décisions dans leurs sphères de compétences respectives, n'est pas incompatible avec la norme de l'article 20, alinéa 2 LF. Cette construction implique un mécanisme de freins et de contrepoids plutôt qu'une séparation des pouvoirs étanche. L'affirmation, selon laquelle la réserve de loi, relative à l'engagement des forces armées à l'étranger est un élément du principe de la séparation des pouvoirs et non pas une transgression de celui-ci, trahit la terminologie inadéquate héritée des doctrines politiques anciennes qui n'a peut-être plus sa place dans la jurisprudence constitutionnelle contemporaine.

Au lieu de s'attacher à l'expression de « séparation des pouvoirs », il convient d'opter pour celle de système de freins et de contrepoids qui exprime mieux l'idée de ce principe organisationnel et fonctionnel « porteur » de la Loi fondamentale. Le caractère artificiel d'une prétendue séparation ne peut, à lui seul, expliquer les rapports de collaboration, de partage et de contrôle qu'entretiennent les organes investis des pouvoirs législatif et exécutif. Il s'agit de définir un relatif équilibre entre ces deux pouvoirs politiques afin de faciliter le fonctionnement du régime parlementaire.

CHAPITRE 3
La place du pouvoir de rendre la justice dans le « schéma de la séparation des pouvoirs »[1]

Le « troisième pouvoir », dont la fonction, plus « ancienne que la moderne séparation des pouvoirs »[2], est loin d'être uniquement « la bouche de la loi » « a pris le pas sur les deux autres »[3] en s'insérant dans le schéma de la séparation des pouvoirs en tant qu'entité séparée des organes investis des pouvoirs législatif et exécutif.

Le pouvoir de rendre la justice « est caractérisé par la faculté de rendre d'une manière indépendante des décisions d'autorité, qui lient les pouvoirs publics et les particuliers, suivant une procédure spéciale dans les cas de violation ou de contestation d'un droit ; il sert exclusivement la sauvegarde et ainsi la concrétisation et le développement du droit »[4]. La concrétisation du droit, la résolution de différends[5], la fonction de protection de l'individu contre les actes de la puissance publique, la garantie des droits et libertés fondamentaux sont des missions qui incombent au pouvoir judiciaire[6]. Il existe des points communs avec le pouvoir

---

[1] La phrase est de Dieter Wilke, « Die rechtsprechende Gewalt », *in* Josef Isensee/Paul Kirchhof, *Handbuch des Staatsrechts der Bundesrepublik Deutschland*, vol. 5, 3e édition, C.F. Müller, Heidelberg, p. 635.

[2] Christoph Schönberger, « Höchstrichterliche Rechtsfindung und Auslegung gerichtlicher Entscheidungen », *in VVDStRL*, De Gruyter, Berlin/Boston, 2012, p. 298 : « Das Amt des Richters ist älter als die moderne Gewaltenteilung ».

[3] Jacques Krynen, *L'emprise contemporaine des juges*, Gallimard, 2012, p. 9.

[4] Ulrich Scheuner, « Der Bereich der Regierung », *in* Joseph Listl/Wolfgang Rüfner (éd.), *Ulrich Scheuner, Staatstheorie und Staatsrecht. Gesammelte Schriften*, Duncker & Humblot, Berlin, 1978, p. 478: « Sie trifft im Einzelfall in besonderem Verfahren die autoritative Feststellung bestrittenen oder verletzten Rechtes. Ihr Wesen wird durch den verbindlichen Rechtspruch über konkrete Frage bestimmt, der verselbständigt in besonderer Form ergeht ». Dans le même sens, Konrad Hesse, *Grundzüge des Verfassungsrechts der Bundesrepublik Deutschland*, *op.cit.*, p. 235 : « Rechtsprechung ist vielmehr in ihrer Grundtypik charakterisiert durch die Aufgabe autoritativer und damit verbindlicher, verselbständiger Entscheidung in Fällen bestrittenen oder verletzten Rechts in einem besonderen Verfahren ; sie dient ausschließlich der Wahrung und mit dieser der Konkretisierung und Fortbildung des Rechts ».

[5] La définition du pouvoir de rendre la justice en tant que moyen de résolution des différends entre les parties ne convient pas à la notion de justice pénale. Il n'y pas véritablement de conflit qui doit être résolu dans un procès pénal, à moins que l'on entende le terme de "conflit" au sens très large. L'accusé et le ministère public ne sont pas des parties à un conflit, car la mission du ministère public est celle de défendre l'intérêt général, l'intérêt de la société à ce que l'ordre soit rétabli, un préjudice réparé etc. De ce point de vue, on peut admettre qu'il s'agit d'un conflit opposant une personne physique ou morale à la société qui est « résolu » par le juge pénal. La justice administrative ne répond pas non plus à cette définition qui veut que le juge soit l'organe de résolution de différends. Voir, sur ce point, Konrad Hesse, *Grundzüge des Verfassungsrechts der Bundesrepublik Deutschland*, *op.cit.*, p.235, et Werner Heun, *Die Verfassungsordnung der Bundesrepublik Deutschland*, Mohr Siebeck, 2012, p. 185.

[6] Peter Badura, *Staatsrecht : Systematische Erläuterung des Grundgesetzes für die Bundesrepublik Deutschland*, *op.cit.*, 2e édition, 1996, p. 570 : « Das Grundgesetz hat der richterlichen Gewalt, der die Wahrung des

législatif ou le pouvoir exécutif. Le pouvoir de rendre la justice, tout comme le pouvoir législatif, a une fonction « stabilisatrice », « rationnelle », il a pour effet de « rétablir l'ordre » (*ordnende*)[1]. Mais il manque au pouvoir judiciaire l'élément politique qui détermine l'action du pouvoir législatif et du pouvoir exécutif[2]. Une décision de justice ne devrait pas être une décision politique, elle devrait se tenir aux règles de droit applicables et les concrétiser afin de résoudre un conflit. Naturellement, il est illusoire de croire que l'activité du « troisième pouvoir » est exempte de toute coloration politique : il suffit de regarder les décisions du juge constitutionnel et l'impact politique que celles-ci sont susceptibles de produire. Mais le politique ne peut être la justification d'une décision de justice, contrairement aux décisions prises par les deux autres pouvoirs. Le droit jurisprudentiel (*Richterrecht*) n'est pas le résultat d'un processus de formation de la volonté politique, « il n'a pas vocation à remplacer le droit produit par le législateur dans le cadre de la procédure législative, et ne bénéficie pas du même degré de légitimité démocratique qui caractérise les lois adoptées par le Parlement »[3]. L'acitivité du juge est marquée par l'indépendance, par la spécificité de la procédure, par l'autorité des décisions (*autoritativ*). Les actes des deux autres pouvoirs sont soumis, sauf exception, au contrôle juridictionnel (*unter dem Vorbehalt des Richterspruchs stehen*)[4].

Le pouvoir de rendre la justice se déploie au sein de l'État suivant deux axes : celui qui vise à la protection de l'individu par le biais d'un recours bien-fondé, même s'il est destiné à contester une décision issue des instances publiques démocratiques et celui qui tend à garantir le principe démocratique par l'obligation du juge de suivre la loi, car dans la « loi s'articule la volonté du peuple »[5]. Le

---

Rechts, die Entscheidung von Streitfällen und der Schutz der Rechte und Freiheiten obliegt, ein ungewöhnliches Gewicht gegeben ».

1 Konrad Hesse, *Grundzüge des Verfassungsrechts der Bundesrepublik Deutschland*, *op.cit.*, p. 235 : « In der Efüllung dieser Aufgabe entfaltet Rechtsprechung ordnende, rationalisierende und stabilisierende Wirkungen. Sie hat daher vieles mit der Gesetzgebung gemein. Indessen fehlt ihr das politische Element der Gesetzgebung. (…) ».

2 Ulrich Scheuner, « Der Bereich der Regierung », *in* Joseph Listl/Wolfgang Rüfner (éd.), *Ulrich Scheuner, Staatstheorie und Staatsrecht. Gesammelte Schriften*, Duncker & Humblot, Berlin, 1978, p. 478 qui explique que « la justice se trouve séprée du politique pour être au service du droit » (« Die Rechtsprechung steht vom Bereich des Politischen abgesondert im Dienste des Rechts »).

3 Konrad Hesse, *Grundzüge des Verfassungsrechts der Bundesrepublik Deutschland*, *op.cit.*, p. 235 : « Richterrecht entsteht nicht im politischen Willensbildungsprozeß ; es vermag daher nicht das im demokratischen Gesetzgebungsverfahren entstandene Recht zu ersetzen, und es ist nicht im gleichen Maße demokratisch legitimiert wie das vom Parlament beschlossene Recht ».

4 Konrad Hesse, *Grundzüge des Verfassungsrechts der Bundesrepublik Deutschland*, *op.cit.*, p. 236 : « Aber ihre Entscheidungen sind in aller Regel nicht verselbständigt ; sie ergehen regelmäßig nicht in einem besonderen Verfahren und sind nicht "autoritativ", weil sie unter dem Vorbehalt des Richterspruchs stehen ».

5 Udo Di Fabio, « Gewaltenteilung », *in* Josef Isensee/Paul Kirchhof (dir.), *Handbuch des Staatsrechts der Bundesrepublik Deutschland*, vol. 2 (*Verfassungsstaat*), 3e édition, C.F. Müller, Heidelberg, 2004, p. 635 :

« troisième pouvoir » qui constitue le domaine réservé des juges accomplit une mission de contrôle des mesures prises par la puissance publique à l'épreuve du droit en vigueur. Tandis que, en ce qui concerne les pouvoirs législatif et exécutif, la Loi fondamentale prévoit de multiples mécanismes de collaboration et d'interpénétration, s'agissant du pouvoir de rendre la justice, il est surtout question de réduire maximalement l'influence constitutionnelle des pouvoirs dits politiques. La Loi fondamentale renforce par conséquent la « distinction », la spécialisation (*Sonderung*) du pouvoir de rendre la justice[1].

Le juge bénéficie de la même légitimité démocratique que les organes investis des deux autres pouvoirs grâce à « chaîne de légitimation » ininterrompue. La fonction juridictionnelle doit être comprise d'un point de vue matériel et non pas formel (Section 1). La Cour constitutionnelle, elle, occupe une place particulière, en livrant son interprétation de la Loi fondamentale et en s'érigeant elle-même au rang de « gardien de la Constitution », en donnant à cette dernière une signification qui lie les autres autorités publiques (Section 2).

Section 1 : La place du juge dans le schéma constitutionnel de la séparation des pouvoirs.

L'article 92, alinéa 1er LF dispose que « le pouvoir de rendre la justice (*rechtsprechende Gewalt*) est confié aux juges ; il est exercé par la Cour constitutionnelle fédérale, par les cours fédérales prévues par la présente Loi fondamentale et par les tribunaux des Länder ». L'article 92 LF confirme, en précisant l'article 20, alinéa 2 LF, que la fonction juridictionnelle accomplie par les juges constitue un des éléments intégrants du pouvoir d'État[2]. Ainsi, le pouvoir

---

« wahrt (...) das demokratische Prinzip der Volkssouveränität durch ihr Insistieren auf Gesetzesbindung, denn im Gesetz artikuliert sich der Wille des Volkes ».

[1] Udo Di Fabio, « Gewaltenteilung », *in* Josef Isensee/Paul Kirchhof (dir.), *Handbuch des Staatsrechts der Bundesrepublik Deutschland*, vol. 2 (*Verfassungsstaat*), 3e édition, C.F. Müller, Heidelberg, 2004, p. 635 : « Die dritte, dem Richtern (...) vorbehaltene rechtsprechende Gewalt kontrolliert die staatlichen Gewalten am Maßstab des Rechts (...) ».

[2] Karl-August Bettermann, « Die rechtsprechende Gewalt », *in* Josef Isensee/Paul Kirchhof (dir.), *Handbuch des Staatsrechts der Bundesrepublik Deutschland*, vol. 3 (*Das Handeln des Staates*), 1e édition, C.F.Müller, Heidelberg, 1988, p. 776-777 : « Er bestätigt die schon in Art. 20 Abs. 2 vorgenommene Qualifikation der Rechtsprechung als Staatsgewalt und erinnert daran, daß die "Gewalten" der Teilungslehre nicht bloß Funktionen, sondern über die Kompetenzen auch Machtbefugnisse bezeichnen, denen Träger – bei der Rechtsprechung nach Art. 92 die Richter – nicht bloß Funktionäre, auch nicht nur Kompetenzträger, sondern Macht(in)haber, Gewalt(in)haber sind. (...) Für die "dritte", die "rechsprechende Gewalt", normiert das Grundgesetz keine vergleichbaren Kombinationen. Im Gegenteil beschränkt es die "Sonderung" des Art. 20 Abs. 2 S. 2 durch Art. 92 HS 1, wo es "die rechsprechende Gewalt den Richtern anvertraut". Allgemein wird dies dahin verstanden, daß die Staatsfunktion Rechsprechung nur durch Gerichte und innerhalb der Gerichte nur durch Richter, ausgeübt werden darf. Art. 92 begründet ein Rechsprechungsmonopol der Richter und Gerichte. Die Rechtsprechung steht unter Richtervorbehalt ».

judiciaire ou le pouvoir de rendre la justice est expressément identifié aux juges qui l'exercent dans le cadre des tribunaux de la Fédération ou des Länder. En ce qui concerne le pouvoir judiciaire, la fonction (rendre la justice) et l'organe coïncident parfaitement. Contrairement au pouvoir législatif ou au pouvoir exécutif, pour lesquels la Loi fondamentale ne fait que mentionner, à l'article 20, alinéa 2 LF, qu'ils sont exercés par des organes spéciaux sans désigner de manière expresse les organes, le « troisième pouvoir » se voit attribué aux juges. Les éléments de définition du pouvoir de rendre la justice démocratiquement légitimé (§1) ont été remis en cause par la décision de la Cour du 15 décembre 1970 dite des *Écoutes téléphoniques* (§2).

§1. Les éléments de définition du pouvoir de rendre la justice démocratiquement légitimé.

Le juge est démocratiquement légitimé (article 20, alinéa 2 LF) en tant que pouvoir indépendant des deux autres (article 92, alinéa 1er LF), même s'il est lié par la loi (article 20, alinéa 3 LF et article 97, alinéa 1er LF) (A) et la fonction qui lui est constitutionnellement confiée doit être entendue au sens matériel (B).

A. Le pouvoir de rendre la justice est démocratiquement légitimé.

En vertu de l'article 92 LF, le pouvoir de rendre la justice est exclusivement confié à la Cour constitutionnelle fédérale, aux tribunaux de la Fédération et aux tribunaux des *Länder*, ce qui interdit formellement l'immixtion des organes du pouvoir législatif et du pouvoir exécutif[1]. Il s'agit d'un élément essentiel de la mise en œuvre du principe de séparation des pouvoirs[2]. Certes, le pouvoir de rendre la justice est confié à des organes spéciaux, les tribunaux, mais il n'est point défini dans le texte de la Loi fondamentale. Il ne fait par conséquent pas figure d'exception : ni le pouvoir législatif, ni le pouvoir exécutif ne trouvent une définition dans les dispositions constitutionnelles. Le pouvoir de rendre la justice est une notion présupposée, une notion « pré-constitutionnelle ». C'est la raison pour laquelle, selon Helmuth Schulze-Fielitz, « il n'y a eu, jusqu'à présent, aucune

---

[1] Helmuth Schulze-Fielitz, « Artikel 92 », *in* Horst Dreier (dir.), *Grundgesetz Kommentar*, vol. 3, Mohr Siebeck, 2000, p. 361 : « Nach Art. 92 (...) obliegt die Staatsaufgabe Rechtsprechung ausschließlkich staatlichen Gerichten und ihren Richtern ; er verbietet den Organen der gesetzgebenden und vollziehenden Gewalt, rechtsprechende Gewalt auszuüben ».

[2] Reinhold Zippelius/Thomas Würtenberger, *Deutsches Staatsrecht*, 32e édition, C.H. Beck, München, 2008, p. 437: « Darin verwirklicht sich eine wesentliche Seite der Gewaltenteilung (...) ». Dans le même sens, Werner Heun, *Die Verfassungsordnung der Bundesrepublik Deutschland*, Mohr Siebeck, Tübingen, 2012, p. 185 : « Das Gewaltenteilungsprinzip wird durch die Festellung in Art. 92 GG, dass die Rechtsprechung den Richtern übertragen ist und durch verschiedene Gerichte ausgeübt wird, weiter konkretisiert und akzentuiert ».

définition dominante du "pouvoir de rendre la justice" »[1]. Une définition possible représente la démarcation des deux autres pouvoirs : « L'exercice du pouvoir de rendre la justice suppose une procédure décisionelle particlièrement imprégnée des règles juridiques, établit des faits relatifs à un cas précis, juge ces faits en tenant compte d'un droit incertain, car contesté ou violé, et agit en dernière instance en appliquant le droit en vigueur par le biais d'un organe neutre et indépendant qui n'est pas partie au litige »[2]. Ces éléments ne font que donner une définition sommaire ou négative du pouvoir de rendre la justice en le distinguant d'une part du pouvoir législatif[3], qui édicte des règles générales et abstraites, qui, en principe, ne servent pas à la résolution d'un différend, et sont concrétisées par le juge, et d'autre part du pouvoir exécutif, qui peut régler des conflits, mais peut ne pas agir en dernière instance : ses décisions sont susceptibles de faire l'objet d'un recours devant le juge[4].

En vertu de l'article 20, alinéa 2 LF, le pouvoir judiciaire bénéficie de la même légitimité démocratique que le pouvoir législatif ou le pouvoir exécutif[5]. Cette légitimation démocratique se compose de plusieurs éléments : la légitmation fonctionnelle et institutionnelle, la légitimation personnelle et organisationnelle, et, enfin, la légitimation matérielle. En ce qui concerne la première, il s'agit de « la formation constitutionnelle des pouvoirs législatif, exécutif ou judiciaire en tant que

---

[1] Helmuth Schulze-Fielitz, « Artikel 92 », *in* Horst Dreier (dir.), *Grundgesetz Kommentar*, vol. 3, Mohr Siebeck, 2000, p. 364: « (...) wird als vorkonstitutioneller Begriff vorausgesetzt. (...) hat sich bislang keine Definition der "rechtsprechenden Gewalt" als dominierend durchgesetzt ». Werner Heun, *Die Verfassungsordnung*, *op.cit.*, p. 185, souligne la difficulté inhérente à l'affirmation de l'article 92 LF confiant le pouvoir de rendre la justice aux tribunaux. À la lecture de cette disposition, « la question extrêmement difficile qui se pose de manière immédiate est de savoir ce qui doit être entendu par la notion de pouvoir de rendre la justice » (« [...] wirft damit unmittelbar die ungemein schwierige Frage auf, was unter Rechtsprechung zu verstehen ist »).

[2] Helmuth Schulze-Fielitz, « Artikel 92 », *art. précit.*, p. 366 : « Die Ausübung der rechtsprechenden Gewalt setzt (1) ein besonderes rechtlich geregeltes Entscheidungsverfahren voraus, stellt (2) einzelfallbezogen einen konkreten Sachverhalt fest, beurteilt (3) diesen vor dem Hintergrund ungewissen, weil umstrittenen oder verletzten Rechts und handelt (4) letzverbindlich und rechtskräftig streitentscheidend allein in Anwendung des geltenden Rechts durch (5) ein unabhängiges und am Ausgangskonflikt unbeteiligtes (neutrales) Staatsorgan (...) ».

[3]Christian Starck, « Die Bindung an Gesetz und Verfassung », *VVDStRL*, n°34, De Gruyter, Berlin/New York, 1976, p. 65, et les références citées : « Die Funktion der Rechtsprechung wird häufig in Abgrenzung zur Gesetzgebung mit griffigen Formeln gekennzeichnet wie : der Gesetzgeber gestalte, der Richter bewahre ; der Gesetzgeber entscheide politisch, der Richter rechtlich ; der Gesetzgeber setze Recht, der Richter wende Recht an. (...) Diese Umschreibungen treffen nur Aspekte der richterlichen Tätigkeit. Auch der Gesetzgeber bewahrt, der Richter gestaltet; auch der Gesetzgeber entscheidet Streit im weiteren Sinne und behebt Rechtsungewißheit usw. ».

[4] Helmuth Schulze-Fielitz, « Artikel 92 », *in* Horst Dreier (dir.), *Grundgesetz Kommentar*, vol. 3, Mohr Siebeck, 2000, p. 366.

[5] Gerd Roellecke, « Die Bindung an Gesetz und Verfassung », *VVDStRL*, n°34, De Gruyter, Berlin/New York, 1976, p. 31 : « Da alle Staatsgewalt vom Volke ausgeht und da Rechtsprechung Ausübung von Staatsgewalt ist (Art. 20 Abs. 2 GG), muß der Richter das Recht vom Volke nehmen ».

pouvoirs d'État autonomes démocratiquement légitimés »[1]. Ce pouvoir démocratiquement légitimé est exclusivement confié aux juges aux termes de l'article 92 LF. Ainsi, l'article 20, alinéa 2 et l'article 92 LF constituent le socle normatif de la légitimation fonctionnelle et institutionnelle du pouvoir de rendre la justice. Cet élément de la composition de la légitimation démocratique n'est pas suffisant : il est possible que « le lien de légitimation avec le peuple » soit rompu[2].

Le deuxième type de légitimation démocratique du juge, la légitimation personnelle et organisationelle touche aux différents modes de désignation des juges, à la garantie de leur indépendance et à la relation entre les juridictions ordinaires et les ministères. La légitimation personnelle des juges résulte de leur mode de désignation : ils peuvent être nommés par des membres du pouvoir exécutif ou, le cas échéant, par une commission parlementaire spécialement formée, ou être élus par une commission composée de représentants des pouvoirs législatif, exécutif, de juges et d'autres personnalités. Les modes de désignation des juges sont strictement encadrés par la Cour de Karlsruhe[3].

La désignation des juges par des membres du pouvoir exécutif fut toujours critiquée à raison de sa prétendue incompatibilité avec le principe démocratique, le pincipe de l'indépendance des juges et le principe de séparation des pouvoirs. Cependant, ce mode de nomination des juges n'est contraire à aucun de ces trois principes. La légitimation démocratique est toujours présente, même en l'absence d'une élection. La nomination ne signifie pas dire que le juge nommé par le pouvoir exécutif se trouve dans une situation de dépendance personnelle et fonctionnelle. L'emprise du pouvoir exécutif s'épuise dans l'acte de nomination : au-delà, l'article 97 LF assure l'indépendance du juge qui ne peut pas être remise en cause par ce mode de désignation. L'acte de nomination ne porte pas atteinte à l'indépendance du « troisième pouvoir », son noyau de compétences exclusif (*Kernbereich*) est intact. Il ne peut donc pas y avoir d'atteinte au principe de séparation des pouvoirs. Selon l'affirmation très claire de l'article 20, alinéa 3 LF, le pouvoir de rendre la justice n'est lié que par la loi et le droit[4]. Cette disposition est complétée par l'article 97,

---

[1] Andreas Voßkuhle/Gernot Sydow, « Die demokratische Legitimation des Richters », *JZ*, 2002, p.676: « Funktionnell-institutionelle Legitimation bezeichnet die verfassungsrechtliche Konstituierung von Legislative, Exekutive und Judikative als eigenständige, je für sich demokratisch legitimierte Staatsgewalten ».

[2] Andreas Voßkuhle/Gernot Sydow, « Die demokratische Legitimation des Richters », *art.précit.*, p.676.

[3] Andreas Voßkuhle/Gernot Sydow, « Die demokratische Legitimation des Richters », *art. précit.*, p.676, et les références aux décisions de la Cour. S'agissant de l'élection des juges à la Cour constitutionnelle fédérale, le mode d'élection mis en œuvre par le *Bundestag* a fait l'objet d'un recours constitutionnel. En effet, au lieu d'être élus par l'ensemble des députés, huit juges constitutionnels sont élus par les membres d'une commission parlementaire spéciale, contrairement à la procédure d'élection par le Bundesrat où les juges sont élus par l'assemblée tout entière. Sur ce point, voir *infra*, section 2.

[4] « (...) le pouvoir législatif et le pouvoir judiciaire sont liés par le droit et la loi ». Comme le remarque Gerd Roellecke, « Die Bindung des Richters an Gesetz und Verfassung », *VVDStRL*, n°34, De

alinéa 1er LF, deuxième partie de la phrase (« les juges [...] n'obéissent qu'à la loi »), qui ne fait que concrétiser l'article 20, alinéa 3 LF. Le même constat vaut dans l'hypothèse où il n'existe pas un ministère de la justice autonme : le principe de l'indépendance des juges ne peut pas être violé « car les moyens d'influence du pouvoir exécutif sont limités »[1] et ne peuvent point constituer une menace ou une contrainte pour le libre exercice de l'activité du juge.

La légitimation démocratique objective-matérielle du pouvoir de rendre la justice consiste avant tout en l'obligation du juge de respecter et d'appliquer la loi[2]. Bien sûr, il n'est nullement question d'une application mécanique de la loi. L'article 20, alinéa 3 LF et l'article 97 ont une autre signification : le juge est lié par le droit et la loi en vigueur, mais cette obligation n'exclut pas une marge de manœuvre quant à l'interprétation et à l'application de ces règles. La légitimation matérielle veut aussi dire que le juge ne reçoit d'ordre ou de directives de personne. « Elle est prioritairement destinée à parer l'iinfluence du pouvoir exéctuif, mais, au bout du compte, elle assure également une protection contre les tentatives d'influence du pouvoir législatif en dehors de la loi. »[3] C'est à ce niveau de légitimation matérielle que réside le paradoxe du principe selon lequel le juge n'est lié que par la loi. Si le juge est nécessairement lié par la loi, la manière dont il l'applique, l'interpète, bref, dont il concrétise son contenu n'est soumise à aucun contrôle externe[4]. Un tel contrôle n'est guère possible car il signifierait une emprise du pouvoir législatif ou du pouvoir exécutif sur l'activité du juge et équivaudrait à une soumission totale de celui-ci en sonnant ainsi la fin de son indépendance.

Gruyter, Berlin/New York, 1976, p. 8 : « (...) Klarer als das Grundgesetz scheint eine Verfassung das Verhältnis zwischen Richter und Gesetz kaumm bestimmen zu können ».

[1] Andreas Voßkuhle/Gernot Sydow, « Die demokratische Legitimation des Richters », *art. précit.*, p. 678 : « Daß die richterliche Unabhängigkeit verletzt ist, falls die Justiz nicht in einem eigenständigen Justizministerium ressortiert, wird man angesichts der beschränkten Einflußmöglichkeiten der Exekutive wohl letztlich nicht annehmen können ».

[2] Gerd Roellecke, « Die Bindung an Gesetz und Verfassung », *VVDStRL*, n°34, De Gruyter, Berlin/New York, 1976, p. 31: « Also habe der Gesetzgeber die höhere demokratische Legitimation. Und deshalb sei der Richter an das Gesetz gebunden ». Voir également Christian Starck, « Die Bindung an Gesetz und Verfassung », *VVDStRL*, n°34, De Gruyter, Berlin/New York, 1976, p. 48 qui souligne la double liaison du juge: « Die von der Verfassung postulierte Bindung des Richters ist eine *doppelte*: Der Instanzrichter ist an das Gesetz gebunden, aber nur, soweit dieses der Verfassung entspricht. (...) Die doppelte Bindung an Gesetz und Verfassung gebietet – soweit möglich – verfassungskonforme Auslegung von Gesetzen und verlangt ferner, die in der Verfassung zum Ausdruck gebrachten Rechtsgedanken in die Auslegung und Anwendung offener und unbestimmter Gesetzen einfließen zu lassen » (souligné dans le texte).

[3] Andreas Voßkuhle/Gernot Sydow, « Die demokratische Legitimation des Richters », *art. précit.*, p.679.

[4] Andreas Voßkuhle/Gernot Sydow, « Die demokratische Legitimation des Richters », *art.précit.*, p.679 : (...) anderseits bleibt die Art und Weise der Aufgabenwahrnehmung im Kern unkontrolliert ». Selon Voßkuhle et Sydow, ce paradoxe du principe selon lequel le juge n'est lié que par la loi et l'impossibilité de contrôle la manière dont la loi est concrétisée représente une « faille » dans la chaîne de légitimation démocratique (*Legitimationslücke*).

Le pouvoir de rendre la justice peut être entendu au sens formel et au sens matériel[1]. Au sens formel, le pouvoir de rendre la justice est lié à une procédure spécifique dans le cadre delaquelle le juge est amené à résoudre un différend et prononcer une décision. Il s'agit de l'ensemble des procédures et missions qui sont confiées par la loi aux tribunaux[2]. Cette conception purement formelle, organique du pouvoir de rendre la justice ne permet pas d'en voir la teneur. Or, afin de tracer une ligne de démarcation, qui ne doit pas être franchie par les deux autres pouvoirs, il convient de tenter de savoir quelles sont les missions matérielles accomplies par le juge. Il est difficile d'arrêter une définition précise rendant compte de ce qui devrait être la « matière » du pouvoir judiciaire. Aux termes de l'article 20, alinéa 3 LF, lu en combinaison avec l'article 92 LF ce pouvoir est exercé de manière exclusive par des organes spéciaux. Ces organes spéciaux sont les tribunaux. Il y a par conséquent une identification parfaite entre le pouvoir et l'organe, ce qui signifie que seuls les tribunaux sont habilités à excercer le pouvoir de rendre la justice. Ce sont les organes chargés de protéger l'individu contre les actes de la puissance publique au sens de l'article 19, alinéa 4 LF[3].

B. La définition matérielle du pouvoir de rendre la justice.

La notion du pouvoir de rendre la justice n'est pas définie par la Loi fondamentale. Il n'y a que des *éléments* de définition matérielle et fonctionelle[4], dont le juge constitutionnel se sert, afin de poser des limites censées protéger le domaine du pouvoir de rendre la justice face aux pouvoirs législatif et exécutif. Il est généralement admis que le noyau de compétences exclusif du « troisième pouvoir » est composé des missions constitutionnellement attribuées au juge ou encore des décisions rendues par le juge en matière civile et pénale[5]. Ce noyau exclusif est en

---

1 Peter Badura, *Staatsrecht : Systematische Erläuterung des Grundgesetzes für die Bundesrepublik Deutschland*, 2e édition, C.H. Beck, 1996, p. 570.

2 Peter Badura, *Staatsrecht : Systematische Erläuterung des Grundgesetzes für die Bundesrepublik Deutschland*, *op. cit.*, p. 570 : « In einem formellen (…) Sinn, kann man als "Rechtsprechung" alle Verfahren und Entscheidungsaufgaben bezeichnen, die das Gesetz den Gerichten zugewiesen hat ».

3 « Quiconque est lésé dans ses droits par la puissance publique dispose d'un recours juridictionnel. Lorsqu'aucune autre juridiction n'est compétente, le recours est porté devant la juridiction ordinaire (…) ».

4 Schmidt-Bleibtreu/Hopfauf, *in* Schmidt-Bleibtreu/Klein, *Grundgesetz Kommentar*, 10e édition, Luchterhand, München, 2004, p. 1686 : « Das BVerfG betont vielmehr, dass der rechtsprechenden Gewalt durch Verfassungsrechtsprechung nicht abschließend geklärt ist, und stellt maßgeblich auf materielle und funktionelle Kriterien ab » ; Karl-August Bettermann, « Die rechtsprechende Gewalt », *in* Josef Isensee/Paul Kirchhof (dir.), *Handbuch des Staatsrechts der Bundesrepublik Deutschland*, t. 3 (*Das Handeln des Staates*), 1e édition, C.F.Müller, Heidelberg, 1988, p. 784 : « Wenn Art. 92 GG der Rechtsprechung den Richtern vorbehält, also alle anderen Staatsorgane von der Staatsfunktion Rechtsprechung ausschließt, setzt er einen materiellen oder funktionellen Begriff der Rechtsprechung voraus ».

5 Schmidt-Bleibtreu/Hopfauf, *in* Schmidt-Bleibtreu/Klein, *Grundgesetz Kommentar*, 10e édition, Luchterhand, München, 2004, p. 1686. Dans le même sens, Peter Badura, *Staatsrecht : Systematische Erläuterung des Grundgesetzes für die Bundesrepublik Deutschland*, *op.cit.*, p.570 : « Dem Gegenstand nach,

règle générale inaccessible pour le législateur et il ne peut pas en disposer librement en le vidant de son contenu[1]. Le législateur est lié par la notion matérielle du pouvoir judiciaire telle qu'elle est interprétée par le juge constitutionnel, mais dispose cependant d'une certaine marge de liberté quant à l'étendue des missions du pouvoir judiciaire[2].

Les éléments de définition du pouvoir de rendre la justice donnés par le juge constitutionnel tendent à dépasser la conception formelle, dominante sous la Constitution de Weimar de 1919[3]. Sans en donner une définition complète, la Cour constitutionnelle fédérale, dans une jurisprudence constante, cherche à construire une notion matérielle du « troisième pouvoir ». Ainsi, les litiges de nature civile ou criminelle en font partie[4]. L'article 92 LF, qui représente une concrétisation du

---

"materiell" gehören die Entscheidung bürgerlicher Rechtsstreitigkeiten, die Ausübung der Strafgerichtsbarkeit und der gerichtliche Rechtschutz gegenüber der öffentlicher Verwaltung zur Rechtsprechung, wie sie die Verfassung voraussetzt ». Selon Peter Badura, la protection juridictionnelle contre des actes de l'administration (*Verwaltung*) appartient aux missions matérielles du juge qui sont inaccessibles au législateur. Cependant, cette manière de voir fut contestée par la décision sur les *Écoutes téléphoniques* (BVerfGE 30, 1), voir *infra*. De plus, la protection juridictionnelle n'est pas uniquement destinée contre les actes de l'administration, mais, de manière plus générale, contre les actes du pouvoir exécutif (des actes de l'exécutif, mais aussi des actes des juridictions etc.). Badura lui-même parle non plus de l'administration, mais du pouvoir exécutif (*Exekutive*) quelques pages plus loin (p. 586).

[1] Helmuth Schulze-Fielitz, « Artikel 92 », *in* Horst Dreier (dir.), *Grundgesetz Kommentar*, vol. 3, Mohr Siebeck, 2000, p. 368 : « (…) entscheidet Art. 92 GG auch konstitutiv, daß die traditionellen Kernbereiche der Rechtsprechung, namentlich die Entscheidungen der bürgerlichen und strafrechtlichen Gerichtsbarkeit, materiell zur rechtsprechenden Gewalt i.S. von Art. 92 GG zu zählen sind, auch wenn sie im Text des Grundgesetzes nicht ausdrücklich hervorgehoben werden. Diese Kernaufgaben können der Rechtsprechung auch durch Gesetz nicht entzogen werden. Zu den Kernbereichen der Strafgerichtsbarkeit gehören die Verhängung von Kriminalstrafen einschließlich Geldstrafen (…). Zum Kernbereich der bürgerlichen Gerichtsbarkeit gehören etwa Rechtsstreitigkeiten vermögensrechtlicher Art, aber nur ein Teil der Angelegenheiten der freiwilligen Gerichtsbarkeit. Zum Kernbereich der Verwaltungsgerichtbarkeit gehören alle von Art. 19 IV GG garantierten Rechtsschutzmöglichkeiten gegen den Bürger belastende, d.h. potentiell in seinen Rechten verletzende Handlungen der Verwaltung, etwa auch die Eintscheidung über streitge Statusfragen (im Staatsangehörigkeitsrecht) ».

[2] Helmuth Schulze-Fielitz, « Artikel 92 », *in* Horst Dreier (dir.), *Grundgesetz Kommentar*, vol. 3, Mohr Siebeck, 2000, p. 369-370.

[3] Voir le commentaire de Gerhard Anschütz, *Die Verfassung des Deutschen Reiches*, 14e édition, 1933, Hermann Gentner Verlag, réimpression 1960, p. 479 et suiv., de l'article 103 de la Constitution de 1919 qui dispose que la « justice ordinaire est exercée par le Tribunal de l'Empire et par les tribunaux des Länder » (« [die] ordentliche Gerichtsbarkeit wird durch das Reichsgericht und durch die Gerichte der Länder ausgeübt »). Pour Anschütz « la justice ordinaire est la sphère d'action des tribunaux ordinaires dont l'organisation et procédures sont réglées par les lois fédérales sur la justice, avant d'être établies par la loi constitutionnelle portant sur les tribunaux et les règlements de procédure » (« Ordentliche Gerichtsbarkeit ist der Wirkungskreis der in ihrer Einrichtung und ihrem Verfahren durh die Reichsjustizgesetze, vorab durch das GVG [Gerichtsverfassungsgesetz] und die Prozeßordnungen geregelten ordentlichen Gerichte »).

[4] BVerfGE 27, 18 « Ordnungswidrigkeiten » du 16 juillet 1969, p. 28 : « (…) les traditionnels domaines de compétences exclusifs de la justice, en particulier les affaires civiles et la justice pénale, sont confiés par l'art.92 LF aux juges » (« […] werden durch Art. 92 GG die traditionellen Kernbereiche der Rechtsprechung – insbesondere die bürgerliche Rechtspflege und die Strafgerichtsbarkeit – den Richtern anvertraut ») ; ou encore BVerfGE 8, 197 « Bußgeldverfahren » du 14 octobre 1958, p. 207 : « (…)

principe normatif de la séparation des pouvoirs ancré dans l'article 20, alinéa 2 LF, livre des détails de caractère organisationnel et matériel :

> *Conformément à l'art. 92 LF la notion du pouvoir de rendre la justice ne peut être entendue que d'un point de vue matériel. (…) [A]rt. 92 est certes une norme organisationelle, mais contient surtout une signification matérielle dans la mesure où elle accomplit l'attribution de missions determinées au pouvoir de rendre la justice. Lui sont ainsi attribuées celles des missions que la Constitution, à d'autres endroits, confie aux tribunaux (…)*[1].

Dans cette décision de principe du 6 juin 1967, la Cour scelle la conception matérielle du pouvoir juridictionnel en s'appuyant sur la norme contenue dans l'article 92 LF. L'énoncé laconique de cette disposition constitutionnelle permet en effet de faire le lien avec d'autres articles relatifs au pouvoir de rendre la justice. Ainsi, à chaque fois que la Loi fondamentale mentionne les termes de « juge », « tribunal », « cour », il faut en déduire qu'on est en présence de compétences expressément attribuées au « troisième pouvoir » qui ne peuvent aucunement être accomplies par les organes investis des pouvoirs législatif ou exécutif. De telles dispositions constitutionnelles sont, à titre d'exemple, les articles 13, alinéa 2[2], 14, alinéa 3[3], ou encore 19, alinéa 4[4], 93[5] LF. Les articles n'épuisent pas les

---

l'exercice de la justice pénale fait partie des fonctions de ce pouvoir [de rendre la justice] » (« […] gehört die Ausübung der Strafgerichtsbarkeit zu den Funktionen dieser Gewalt ») ; BVerfGE 22, 49 « Verwaltungsstrafverfahren » du 6 juin 1967, p. 74 : « (…) elle [la Cour] a cependant désigné avec certitude les litiges de nature pénale comme appartenant aux fonctions du troisième pouvoir » (« […] es hat jedoch die Ausübung der Strafgerichtsbarkeit als sicher zu den Funktionen der Dritten Gewalt gehörend bezeichnet »).

1 BVerfGE 22, 49 « Verwaltungsstrafverfahren » du 6 juin 1967, p. 73 et 76-77 : « Nur ein materielles Verständnis des Rechtsprechungsbegriffs wird dem Sinn des Art. 92 GG gerecht. (…) ist Art. 92 zwar auch Organisationsnorm, hat aber vor allem materielle Bedeutung in dem Sinn, daß damit bereits eine Zuweisung bestimmter Aufgaben an die rechsprechende Gewalt vollzogen ist. Ihr sind durch Art. 92 alle diejenigen Aufgaben zugewiesen, die die Verfassung selbst an anderer Stelle den Gerichten überträgt (…) ».

2 « Des perquisitions ne peuvent être ordonnées que par le juge ainsi que, s'il y a péril en la demeure, par les autres organes prévus par les lois ; elles ne peuvent être effectuées que dans la forme y prescrite ».

3 « L'expropriation n'est permise qu'en vue du bien de la collectivité. (…) En cas de litige portant sur le montant de l'indemnité, les tribunaux ordinaires sont compétents ».

4 « Quiconque est lésé dans ses droits par la puissance publique dispose d'un recours juridictionnel. Lorsqu'aucune autre juridiction n'est compétence, le recours est porté devant la juridiction ordinaire. L'article 10, al. 2, 2e phrase n'est pas affecté ». Cet article 19, alinéa 4 LF est au centre de la polémique déclenchée de la révision constitutionnelle ayant abouti à la restriction du droit fondamental au secret de la correspondance de l'article 10 validée par la Cour constitutionnelle dans la décision vivement critiquée dite des Écoutes téléphoniques du 15 décembre 1970 (sur ce point, v. ce §, B).

5 Article 93 LF énumère les compétences de la Cour constitutionnelle fédérale.

compétences du pouvoir de rendre la justice, ils ne font que compléter la définition matérielle livrée par la Cour[1].

L'un des éléments du noyau matériel, la justice pénale, permet de tracer la ligne de démarcation des deux autres pouvoirs législatif et exécutif, particulièrement en ce qui concerne l'administration. En effet, dans certaines hypothèses, le législateur peut être tenté de confier d'importants pouvoirs de sanction à l'administration s'apparentant à de véritables peines de nature pénale. Or, selon le juge constitutionnel, prononcer des sentences pénales est une compétence du pouvoir de rendre la justice et non pas celle de l'administration. Doter cette dernière de compétences en matière pénale aboutirait à priver les citoyens de leur droit à un juge légal protégé par l'article 101, alinéa 1er LF[2]. Il est exclu que des compétences attribuées par la Constitution au pouvoir juridictionnel soient transférées par le législateur aux autorités exécutives[3]. Le pouvoir législatif n'est pas assimilé à la « puissance publique » dont les mesures peuvent être attaquées par le biais d'un recours juridictionnel garanti par l'article 19, alinéa 4 LF[4]. Le « recours juridictionnel », garanti à toute personne lésée par un acte de la puissance publique est destiné à contrebalancer « la posture autoritaire du pouvoir exécutif »[5]

Le contrôle exercé par le juge sur les actes du pouvoir exécutif, mais aussi sur tous les actes de la puissance publique, dont la conformité à la Constitution peut être examinée par la juridiction constitutionnelle, sont des éléments de l'État de droit et font ainsi partie du système d'équilibre entre les pouvoirs[6]. Le droit à un recours juridictionnel contre les actes du pouvoir exécutif est garanti par l'article 19, alinéa 4 LF. Néanmoins, dans une décision du 15 décembre 1970[7] dite *Écoutes*

---

[1] BVerfGE 22, 49 « Verwaltungsstrafverfahren » du 6 juin 1967, p. 75 : « Elles représentent une partie essentielle de l'activité des tribunaux » (« Sie machen bereits einen sehr wesentlichen Teil der Tätigkeit der Gerichte aus »).

[2] Article 101 LF interdit les tribunaux d'exception : « Les tribunaux d'exception sont interdits. Nul ne doit être soustrait à son juge légal » (alinéa 2, deuxième phrase).

[3] BVerfGE 6, 45, p. 50 ; BVerfGE 9, 223, p. 226 ; BVerfGE 10, 200, p. 213.

[4] BVerfGE 24 33 « AKU-Beschluß » du 25 juin 1968, p. 49 : « Le pouvoir législatif n'appartient pas au "pouvoir public" au sens de l'art. 19, al. 4 LF » (« Die Gesetzgebung gehört nicht zur "öffentlichen Gewalt" im Sinne von Art. 19 Abs. 4 GG »).

[5] Eberhard Schmidt-Aßmann, « Art. 19 Abs. 4 », *in* Theodor Maunz/Günter Dürig (dir.), *Grundgesetz Kommentar*, vol. 3, 71e complèment d'édition, C.H. Beck, München, 2014, n°1 : « Seine Aufgabe, der "Selbstherrlichkeit der Exekutive" entgegenzuwirken, hat er erfüllt. (…) Die Gerichte dürfen die Respektierung des ihnen in einer gerichtsgeprägten Gewaltenteilung zukommenden Ranges bei Haushaltsgesetzgebern und Justizverwaltungen einfordern. Aber sie werden auch nicht darum herumkommen, mehr als bisher eigene Rationalisierungsmöglichkeiten zu nutzen. Im System der Gewaltenteilung sind die Gerichte Glieder eines Kontrollverbundes ».

[6] Konrad Hesse, *Grundzüge des Verfassungsrechts der Bundesrepublik Deutschland*, *op.cit.*, p. 214 : « Ein Element rechtsstaatlicher Gewaltenbalancierung ist die richterliche Kontrolle der vollziehenden Gewalt (Art. 19 Abs. 4 GG), namentlich aber die Kontrolle aller staatlichen Gewalten durch die im Grundgesetz mit umfassenden Zuständigkeiten ausgestattete Verfassungsgerichtsbarkeit ».

[7] BVerfGE 30, 1 « Abhörurteil ».

téléphoniques, la Cour décide que ce droit peut être également garanti par un autre type de recours ouvert devant des institutions formées par le Parlement avec le concours du Gouvernement.

§2. La décision dite des *Écoutes téléphoniques* du 15 décembre 1970.

La décision de la Seconde chambre de la Cour constitutionnelle datée du 15 décembre 1970 relative à la révision de l'article 10, alinéa 2 LF entre en contradiction avec la jurisprudence antérieure concernant le droit à un juge légal qui fait partie des compétences traditionnelles du pouvoir de rendre la justice (A). La solution est accompagnée de l'opinion dissidente des juges Geller, von Schlabrendorff et Rupp, et fait l'objet de vives critiques doctrinales (B).

A. Le droit à un recours juridictionnel ne fait pas partie du noyau de compétences exclusif du pouvoir de rendre la justice.

La dix-septième loi portant révision de la Loi fondamentale du 24 juin 1968[1] apporte une modification substantielle à l'article 10 LF[2]. Il est désormais possible, en cas de danger pour « l'ordre constitutionnel libéral et démocratique, ou l'existence ou la sécurité de la Fédération ou d'un *Land* », d'apporter, en vertu d'une loi, des restrictions au secret de la correspondance, de la poste et des télécommunications sans que la personne visée en soit informée. Jusqu'ici, la révision de l'article 10 LF ne choque guère. La loi modifiant le texte constitutionnel fut adoptée dans la période trouble de la fin des années 1960 et fait partie de ce qu'il est admis d'appeler « la constitution d'urgence » (*Nostandsverfassung*)[3].

Il est possible de restreindre le droit fondamental en cause sans fournir un renseignement préalable à l'intéressé dans l'objectif de garantir la protection de l'ordre constitutionnel de la Loi fondamenale, l'existence ou la sécurité de la Fédération ou d'un Land. Mais la phrase qui suit pose le véritable problème : dans le cas de figure mentionné, « le recours jurdictionnel sera remplacé par le contrôle d'organes et d'organes auxiliaires désignés par la représentation du peuple ». L'ajout de cette nouvelle technique de contrôle des mesures, prises par la puissance

---

[1] Siebzehntes Gesetz zur Ergänzung des Grundgesetzes.

[2] Alinéa 1er : « Le secret de la correspondance ainsi que le secret de la poste et des télécommunications sont inviolavles », alinéa 2 (après la révision constitutionnelle) : « Des restrictions ne peuvent y être apportées qu'en vertu d'une loi. Si la restriction est destinée à défendre l'ordre constitutionnel libéral et démocratique, ou l'existence ou la sécurité de la Fédération ou d'un Land, la loi peut disposer que l'intéressé n'en sera pas informé et que le recours juridictionnel est remplacé par le contrôle d'organes auxiliaires désignés par la représentation du peuple ». C'est cette dernière partie qui posait problème.

[3] Sur les dispositions constitutionnelles prévues par la Loi fondamentale en cas de circonstances exceptionnelles et les révisions constitutionnelles des années 1960, voir *infra*, cette partie, titre 2, chapitre 1.

publique, impose une modification de l'article 19, alinéa 4 LF aux termes duquel « quiconque est lésé dans ses droits par la puissance publique dispose d'un recours juridictionnel ». Ainsi, une dernière phrase complète l'alinéa 4 qui dispose que l'article 10, alinéa 2, deuxième phrase n'est pas « affecté ».

Interrogée sur la conformité de la loi complétant l'article 10, alinéa 2 LF avec la « clause d'éternité » de l'article 79, alinéa 3 LF en combinaison avec les articles 1er et 20 LF, la majorité des juges composant la Seconde chambre de la Cour déclare la disposition conforme à la Loi fondamentale[1]. Selon les cinq juges-auteurs de la décision, le principe de séparation des pouvoirs, contenu dans l'article 20, alinéa 2 LF et protégé par l'article 79, alinéa 3 LF[2], n'équivaut pas à une interdiction absolue de remplacer, dans certains cas particuliers, la voie de recours juridictionnelle ouverte au justiciable par le recours formé contre une mesure du pouvoir exécutif formé devant un organe émis par le Parlement. Plus encore, l'institution ainsi créée par la révision constitutionnelle, même si elle bénéficie de la garantie de l'indépendance dans l'accomplissement de cette mission, agit « à l'intérieur du domaine de compétences du pouvori exécutif »[3].

Les circonstances exceptionnelles, dans lesquelles sont déclenchées les écoutes et surveillance da la personne visée, justifient par conséquent la suppression du recours juridictionnel. La protection juridictionnelle contre un acte de la puissance publique qui léserait les droits d'une personne ne fait pas partie du noyau de compétences exclusif du pouvoir de rendre la justice. La garantie du recours devant un juge de l'article 19, alinéa 4 LF n'entre pas, selon la Cour, dans le champ d'application de la « clause d'éternité » et se trouve par conséquent à la disposition du législateur qui modifie le texte constitutionnel.

Le principe de séparation des pouvoirs doit rester intact, mais les modalités de sa mise en œuvre peuvent faire sans problème l'objet d'une modification. Dans

---

[1] Eberhard Schmidt-Aßmann, « Art. 19 Abs. 4 », in Theodor Maunz/Günter Dürig (dir.), Grundgesetz Kommentar, vol. 3, 71e complèment d'édition, C.H. Beck, München, 2014, n°30 : « Der Individualrechtsschutz gegen Akte öffentlicher Gewalt als solcher kann selbst durch verfassungsänderndes Gesetz nicht ausgeschlossen werden. Streitig ist dagegen, ob einzelne Materien ausnahmsweise durch Verfassungsänderung von der Gerichtsschutzgarantie ausgenommen werden dürfen. Für die Zulässigkeit einer solchen Ausnahme kann immerhin aufgeführt werden, daß Art. 19 Abs. 4 in Art. 79 Abs. 3 nicht ausdrücklich genannt un ein entsprechender Aufnahmeantrag im Parlamentarischen Rat zudem abgelehnt worden ist (…). Die darauf gestützte Gesetzgebung muß freilich (erneut) den Art. 19 Abs. 4 in den Blick nehmen und darf Einschränkungen oder Erschwerungen eines Folgerechtsschutzes nicht in größerem Umfang als unbedingt erforderlich festlegen. Dem einfachen Gesetzgeber ist es dagegen verwehrt, einen vollständigen Ausschluß einzelner Typen von Streitfällen vom Rechtsweg zu verfügen ».

[2] Sur le problème posé par la compatibilité de la révision constitutionnelle de 1968 avec l'article 79, alinéa 3 LF, voir première partie, titre second, chapitre 3, section 3.

[3] Peter Häberle, « Die Abhörentscheidung des Bundesverfassungsgerichts vom 15. 12. 1970 : Analyse und Kritik des Urteils sowie des Minderheitsvotums vom 4. Januar 1971 », *JZ*, 1971, p. 153 : « Nach dem BVerfG erlaubt das Prinzip der Gewaltenteilung auch, daß Rechtsschutz gegenüber Maßnahmen der Exekutive ausnahmsweise nicht durch Gerichte, sondern durch vom Parlament bestellte oder gebildete unabhängige Institutionen innerhalb des Funktionsbereichs der Exekutive gewährt wird ».

ce cas, la théorie du noyau de compétences exclusif développée dans la jurisprudence constitutionnelle se trouve mise en difficulté. La décision prise par le pouvoir exécutif de mettre sur écoute un individu constitue une intrusion dans la sphère privée individuelle et une atteinte portée au droit fondamental de l'article 10 LF. Ici, après avoir évacué la possibilité d'une non-conformité avec l'article 20 ou 79, alinéa 3 LF, le juge étaie un argumentaire démontrant que l'hypothèse d'une menace sécuritaire, ayant pour objet l'ordre constitutionnel pris dans son intégralité ou bien la Fédération ou un *Land* en particulier, dicte la solution adoptée selon laquelle le contrôle d'un organe hybride n'appartenant pas au « troisième pouvoir » doit se substituer au recours juridictionnel. En effet, si l'intéressé devait pouvoir exercer un recours « normal », il faudrait que les autorités publiques l'informent de la décision de le mettre sur écoute, ce qui viderait de tout son sens la mesure prise.

La solution majoritaire ne convainc pas les trois juges dissidents Geller, Schlabrendorff et Rupp, qui critiquent tant les arguments avancés que le résultat obtenu.

B. Opinion dissidente et critique doctrinale.

Selon Peter Häberle, la décision du 15 décembre 1970 ne tient pas compte du principe de séparation des pouvoirs et ceci dans ses deux composantes, objetctive et subjective. D'un point de vue objectif, la création d'une procédure *ersatz* remplaçant le recours juridictionnel porte atteinte au principe de séparation des pouvoirs entendu comme un système de contrôle et de limitation de la puissance publique. Le contrôle exercé par l'organe créé par la représentation populaire ne dispose pas des moyens du juge. D'un point de vue subjectif, la division des pouvoirs accomplit la mission de garantir la liberté de l'indvidu contre les actes de la puissance publique. Le pouvoir de rendre la justice est celui qui joue le rôle central dans la protection de la sphère des libertés de l'individu. L'impossibilité de saisir un juge légal conduit à la violation du noyau de compétences exclusif du juge. En l'espèce, le raisonnement relatif à ce noyau exclusif n'est pas appliqué au « troisième pouvoir ». Article 10, alinéa 2 LF constitue une « ingérence » dans la sphère pivée à « l'intensité inconnue et la portée difficilement prévisible » est par conséquent une atteinte à la fonction juridictionnelle[1]. L'analyse de la majorité des juges semble ici entrer en conflit avec la jurisprudence antérieure de la Cour selon laquelle le pouvoir de rendre la justice représente « en vertu de l'article 19, alinéa 4 LF un contrôle répressif des actes

---

1 Peter Häberle, « Die Abhörentscheidung des Bundesverfassungsgerichts vom 15. 12. 1970 : Analyse und Kritik des Urteils sowie des Minderheitsvotums vom 4. Januar 1971 », *JZ*, 1971, p. 153 : « (...) Einbruch in die bürgerliche Freiheitssphäre von nicht gekannter Intensität und unübersehbarem Ausmaß und zugleich einen Einbruch in den Kern der die bürgerliche Freiheit schützende Rechtsprechungsfunktion ».

d'ingérence de la puissance publique » qui se trouve « exclusivement confié aux tribunaux »[1].

Contrairement à l'analyse majoritaire, l'opinion minoritaire constate l'incompatibilité de l'article 10, alinéa 2 LF avec l'article 20, alinéa 2 LF, protégé par l'article 79, alinéa 3 LF. Le principe normatif de la division contient l'interdiction de remettre en cause les compétences exclusives de chacun des trois pouvoirs. Le support textuel du principe, l'article 20, alinéa 2 LF, contient, selon les trois juges, l'idée de la protection juridictionnelle de l'individu concrétisée par l'article 19, alinéa 4 LF :

> *Dans le système de séparation des pouvoirs, la garantie d'une protection juridictionnelle individuelle est la fonction de la justice, car elle sert à protéger l'individu contre les ingérences des deux autres pouvoirs. Les organes de protection juridictionnelle appartiennent par conséquent au domaine fonctionnel de la justice. (...) Il n'est plus besoin d'insister sur le fait que la procédure secrète, telle qu'elle est autorisée par l'article 10, alinéa 2, deuxième phrase LF, une procédure, dans laquelle l'individu concerné n'a pas la possibilité d'être entendu et de se défendre, n'offre aucune protection juridictionnelle*[2].

Le lien fait entre ces deux dispositions constitutionnelles et l'affirmation que le principe de séparation des pouvoirs se trouve concrétisé par le droit à un recours juridictionnel contre les actes de la puissance publique paraît problématique. Car, en mettant en exergue la qualité de norme concrétisante de l'article 19, alinéa 4 LF, les juges minoritaires ne font que confirmer le raisonnement de la majorité de la Chambre. S'il s'agissait ici d'une simple mise en œuvre, d'une concrétisation du principe de l'article 20, alinéa 2 LF, alors, la protection de la « clause d'éternité » ne pourrait guère s'appliquer. Si, au contraire, les articles mettant en œuvre le principe normatif de la séparation des pouvoirs tombaient sous cette protection et échappaient ainsi à toute possibilité de révision constitutionnelle, dans ce cas de figure, une grande partie du texte de la Loi fondamentale se trouverait figée et hors la portée du législateur chargé de modifier le texte initial.

La distinction opérée entre le principe lui-même et les différentes modalités d'application sert à éviter une telle compréhension rigide et paralysante de l'article 79, alinéa 3 LF. Certes, le résultat est critiquable : la personne visée par un acte du

---

[1] BVerfGE 22, 49, p. 77.

[2] BVerfGE 30, 1 « Abhörurteil » du 15 décembre 1970, p.42-43 : « Die Gewährung eines individuellen Rechtsschutzes ist im System der Gewaltenteilung eine Funktion der Rechtsprechung, da sie dem Schutz gegen Eingriffe der beiden anderen Gewalten dient. Die Rechtsschutzorgane gehören daher in den Funktionsbereichs der Rechtsprechung. (...) Es sollte nicht mehr besonders betont werden müssen, daß ein Geheimverfahren, wie es in Art. 10 Abs. 2 Satz 2 GG zugelassen ist, also ein Verfahren, in dem der Betroffene nicht gehört und sich nicht verteidigen kann, keinen Rechtsschutz bietet ».

pouvoir exécutif est mise sur écoute, le droit fondamental au secret de sa correspondance se trouve excessivement restreint, sans qu'il y ait la moindre possibilité de contester la mesure devant un juge dans les formes d'une procédure juridictionnelle. Cependant, il est impossible d'arriver à la conclusion selon laquelle le droit à recours juridictionnel, en tant que concrétisation du principe normatif de la séparation des pouvoirs, ne peut être modifié ou aménagé[1].

La décision du 15 décembre 1970 ne présage-t-elle les mesures exceptionnelles prises dans les années 2000 en vue de combattre le terrorisme ? Les lois « anti-terroristes », adoptées en Allemagne à la suite du *Patriote Act* états-unien de 2001, ne constituent-elles pas la dernière étape de la destruction progressive de certains droits fondamentaux, notamment ceux garantissant le secret de la correspodence, au nom d'une politique sécuritaire performante ? Sous couvert de la volonté étatique de mieux protéger les individus, cette obsession sécuritaire ne conduit-elle vers un contrôle accru et vers la dépossession progressive des moyens mis à disposition du juge afin de garantir le cœur de la sphère privée des individus inaccessible à la puissance publique ? Si le droit à un recours juridictionnel est constitutionnellement garanti (par l'article 19, alinéa 4 LF) et représente un des

---

[1] Dans ce sens, Eberhard Schmidt-Aßmann, « Art. 19 Abs. 4 », *in* Theodor Maunz/Günter Dürig (dir.), *Grundgesetz Kommentar*, vol. 3, 8e édition complétée, C.H. Beck, München, 2014, n°30 : « Unter den Gegengründen überzeugt die Bezugnahme auf die Gewaltenteilung nicht, weil sie als ein funktionales Prinzip am ehesten gewissen Modifikationen in den Verschränkungsbereichen der Gewalten zugänglich ist. (…) Gemessen an diesen Maßstäben ist der in Art. 19 Abs. 4 Satz 3 in Bezug genommene Ausschluß des Gerichtsschutzes in Art. 10 Abs. 2 Satz 2 verfassungsmäßig ». Voir les développements d'Eberhard Schmidt-Aßmann, « Art. 19 Abs. 4 », *in* Theodor Maunz/Günter Dürig (dir.), *Grundgesetz Kommentar*, vol. 3, 71e complèment d'édition, C.H. Beck, München, 2014, n°6 et suiv., selon lequel l'article 19, alinéa 4 ne transforme pas les tribunaux en une sorte d'instance universelle de protection. Il ne s'agit pas d'un « contrôle total » exercé sur les autres pouvoirs, mais d'un « contrôle conformément aux standards du droit » et l'article 19, alinéa 4 ne constitue pas une « réserve législative » (« Der durch das 17. Gesetz zur Ergänzung des Grundgesetzes vom 24.6.1968 (BGBL. I. S. 709) angefügte Satz 3 bringt einen klarstellenden Hunweis aud den in Art. 10 Abs. 2 Satz 2 vorgesehenen Ausschluß des Rechtswegs in Angelegenheiten der sog. Telefonüberwachung. Im Übrigen ist dem Art. 19 Abs. 4 kein Gesetzesvorbehalt angefügt. Art. 19 Abs. 4 jene gerichtsgeprägte Gewaltenteilung, die ein Spezifikum des grundgesetzlichen Rechtssaatsbildes ist. Den Gerichten fällt eine zentrale Funktion bei der Kontrolle der Legislative, vor allem aber der Exekutive zu. Das ganze Gefüge der Staatsfunktionen wird gerade in der Institution der Justiz als einem Element der "Feintarierung" zu einem arbeitsteiligen Sustem von Verschränkungen, gegenseitigen Einflußnahmen und Ergänzungen. Um dieses System in der Balance zu halten, müssen allerdings die Besonderheiten des Art. 19 Abs. 4 im Blick bleiben. Im einzelnen gilt : Art. 19 Abs. 4 macht die Gerichte nicht zur *universalen Kontrollinstanz*. Die Rechtsweggarantie denkt vom subjektiven Recht her. (… Art. 19 Abs. 4 macht den Gerichten keine *totale Kontrolle* der anderen Gewalten zur Aufgabe, sondern eine Kontrolle am Maßstab und mit den *Methoden des Rechts*.(…) Das weist dem parlamentarischen Gesetz eine zentrale Rolle zu, ohne daß Exekutive und Justiz freilich auf den schlichten Nachvollzug gesetzlicher Eintscheidungen fixiert würden. Wie die juristische Methodenlehre zeigt, liegen die arbeitsteilig wahrzunehmenden Aufgaben der Staatsgewalten bei der Herausbildung des Rechts diffiziler. Sie umgreifen für die Justiz, auch die Rechtsentwicklung durch Gesetzesintegration, Lückenfüllung und Zielkonkretisierung, insbesondere bei gesetzlichen Finalprogrammen, wie umgekehrt der Exekutive im Rahmen normativ eingeräumter Ermessens- und Gestaltungsermächtigungen ihrerseuts ein eigenständiger Bereich der Rechtsentwicklung zufallen kann. (…) Verfassungsfest ist durch Art. 19 Abs. 4 nur ein Kernbestand fixiert » (en italique dans le texte).

éléments composant le domaine de compétences du pouvoir de rendre la justice, n'est-il pas problématique que la Cour constitutionnelle, dès 1970, accepte, même s'il s'agit d'une hypothèse extrêmement grave, celle d'une menace pesant sur l'ordre démocratique et libéral, la création d'une procédure *ersatz* de contrôle des actes de la puissance publique privant la personne mise sur écoute de la possibilité de former un recours devant le juge compétent. Dans le cas de l'article 10, alinéa 2 et des organes institués par la représentation populaire qui remplacent le juge comme organe de contrôle, n'est-il pas question d'une sorte d'« ersatz »-« tribunal » exceptionnel ?

Section 2 : La justice constitutionnelle ou la garantie juridictionnelle du principe de séparation des pouvoirs.

Même si la justice constitutionnelle est un phénomène relativement nouveau dans l'histoire constitutionnelle allemande : avant 1949, on ne peut signaler que la tentative avortée de la Constitution de l'église Saint-Paul du 28 mars 1849 de doter le Tribunal d'Empire (*Reichsgericht*) de comptences qui rappellent celles de la Cour constitutionnelle fédérale[1], ou l'existence de la Cour d'État (*Staatsgerichtshof*) créée par la Constitution de Weimar de 1919[2], la Cour de Karlsruhe a su s'imposer en tant qu'institution incontournable du paysage politique allemand[3]. Par le passé, le contrôle des normes que l'on lie aujourd'hui à la mission de la justice constitutionnelle ne fut pas la question centrale « en tant que telle ». Il s'agitssait, sous le Saint Empire romain-germanique, de « trancher soit des conflits entre des

---

[1] Le modèle de la Cour constitutionnelle fédérale n'est pas le « modèle » kelsénien, mais bien le *Reichsgericht* de la Constitution du 23 mars 1849 : Olivier Jouanjan, « Une origine des "droits fondamentaux" en Allemagne : le moment 1848», *RDP*, 2012, p. 766 et suiv. : « Ces droits [fondamentaux] seront garantis par une juridiction constitutionnelle bien plus inspirée par la Constitution de 1849 que par le "modèle kelsénien", Kelsen ne jouan aucun rôle dans la discussion parlementaire de 1949 ni, d'ailleurs, à cette époque, dans la discussion doctrinale allemande. Le recours constitutionnel individuel (*Verfassungsbeschwerde*) prend modèle sur le recours imaginé en 1849 (…) ».

[2] Heinrich Triepel, « Wesen und Entwicklung der Staatsgerichtsbarkeit », *in VVDStRL*, n°5, 1929, p. 2 et suiv. ; voir églament, dans le même numéro, la contrinution de Hans Kelsen, p. 30 et suiv.

[3] Sur la politisation de la Cour : Konrad Hesse, « Verfassungsgerichtsbarkeit im geschichtlichen Wandel », *JZ*, 1995, p. 266 et suiv. Par les décisions rendues, la Cour devient la pièce incontournable de la scène politique allemande. Deux exemples parmi d'autres : en 2011 les juges ont déclaré non-conforme à la Loi fondamentale le seuil de 5% qui devait être obtenu par les partis concourant aux élections européennes (BVerfGE 129, 300 « Fünf-Prozent-Sperrklausel EuWG du 9 novembre 2011), ce qui permit, en 2014, d'envoyer au Parlement européen le premier député allemand portant l'étiquette du *NPD* (*Nationaldemokratische Partei Deutschlands*, Parti national-démocrate d'Allemagne). Ce même *NPD*, sur lequel pèse souvent l'épée de Damoclès, dont la frappe dépend aussi de la Cour. En vertu de l'article 21, alinéa 2 LF (« Les partis qui, d'après leurs buts ou d'après le comportement de leurs adhérents, tendant à porter atteinte à l'ordre constitutionnel libéral et démocratique, sont inconstitutionnels. La Cour constitutionnelle fédérale statue sur la question de l'inconstitutionnalité »), la dernière demande d'interdiction du parti n'était pas couronnée de succès (BVerfG, décision du 17 janvier 2017).

instances politiques éminentes », soit « une question de responsabilité (spécialement ministérielle) »[1].

Selon l'affirmation triviale, le juge constitutionnel représente un organe spécial qui ne s'inscrit pas dans le schéma classique de la séparation des pouvoirs, car habilité par le constituant à contrôler l'œuvre du législateur démocratique. Le contrôle des lois est certes la mission la plus visible et médiatisée des tribunaux constitutionnels, mais il ne s'agit que d'une partie seulement des compétences qui leur sont attribuées. Ainsi, la Loi fondamentale dote la Cour constitutionnelle fédérale d'un vaste éventail de compétences : « la garantie des rapports constitutionnels entre la Fédération et les *Länder* et des *Länder* entre eux », « la garantie des rapports constitutionnels entre les organes politiques de l'État (litiges interorganes) », « la garantie des droits fondamentaux », « la justice électorale garantissant la sincérité de la représentation politique », enfin, « la protection de la constitution contre ses ennemis politiques ».

La signification première de la justice constitutionnelle réside dans la garantie juridictionnelle des « éléments structurels fondamentaux » de l'État moderne, c'est-à-dire : la forme de celui-ci, la distribution des pouvoirs, la primauté normative de la Constitution, les libertés accordées aux citoyens et aux individus, la représentation démocratique, la défense de l'ordre libéral et démocratique contre ses ennemis. Il s'agit par conséquent pour l'État de protéger « ses propres présupposés », l'organisation des fonctions étatiques et par là « les bases mêmes, les fondations » de l'État[2].

La Cour constitutionnelle fédérale fait partie du pouvoir de rendre la justice[3]. Il s'agit d'un « véritable » tribunal[4] qui peut être saisi dans le but de résoudre un

---

[1] Olivier Jouanjan « Aperçu d'une histoire des fonctions de justice constitutionnelle en Allemagne (1815-1933) », *in* Constance Grewe/Olivier Jouanjan/Éric Maulin/Patrick Wachsmann (dir.), *La notion de « justice constitutionnelle »*, Dalloz, coll. *Thèmes et commentaires*, 2005, p. 14 : « C'est alors une justice qui tranche dans des conflits politiques majeurs et extrêmement tendus, une justice en ce sens extraordinaire, mais aussi exceptionnelle en ce sens qu'elle est rare ».

[2] Olivier Jouanjan « Aperçu d'une histoire des fonctions de justice constitutionnelle en Allemagne (1815-1933) », *in* Constance Grewe/Olivier Jouanjan/Éric Maulin/Patrick Wachsmann (dir.), *La notion de « justice constitutionnelle »*, Dalloz, coll. *Thèmes et commentaires*, 2005, p. 16.

[3] Ingo von Münch/Ute Mager, *Staatsrecht* I (*Staatsorganisationsrecht unter Berücksichtigung der europäischen Bezüge*), 7e édition, Verlag Kohlhammer, Stuttgart, 2009, p. 300 : « Art. 92 GG weist das Bundesverfassungsgericht als Teil der rechtsprechenden Gewalt aus » ; Gerd Roellecke, « Aufgaben und Stellung des Bundesverfassungsgerichts im Verfassungsgefüge », *in* Josef Isensee/Paul Kirchhof (dir.), *Handbuch des Staatsrechts der Bundesrepublik Deutschland*, t. 3 (*Demokratie-Bundesorgane*), 3e édition, C.F. Müller, Heidelberg, 2005, p. 1206 : « Das Grundgesetz betrachtet das Bundesverfassungsgericht als Teil der rechtsprechenden Gewalt ».

[4]Gerd Roellecke, « Aufgaben und Stellung des Bundesverfassungsgerichts im Verfassungsgefüge », *in* Josef Isensee/Paul Kirchhof (dir.), *Handbuch des Staatsrechts der Bundesrepublik Deutschland*, vol. 3 (*Demokratie-Bundesorgane*), 3e édition, C.F. Müller, Heidelberg, 2005, p. 1207 : « (…) echtes Gerciht (…) ».

différend, mais l'échelle de son examen juridictionnel, ce sont les dispositions constitutionnelles. La Cour de Karlsruhe « s'est très vite imposée comme une institution majeure dans l'architecture constitutionnelle allemande après 1945 »[1].

La justice constitutionnelle a un rôle particulier dans « l'ensemble de la séparation des pouvoirs », car elle permet de garantir le respect de la primauté de la Constitution par le législateur[2]. Mais, par ses autres compétences, par exemple la saisine possible dans le cas d'un différend entre deux organes constitutionnels, elle participe davantage à la concrétisation du *Gewaltenteilungsgrundsatz*.

Au premier abord, il n'est pas facile d'admettre le contrôle effectué par une juridiction sur la loi du législateur démocratique. Mais il ne s'agit que d'un aperçu superficiel, car la justice constitutionnelle n'a nullement la fonction d'un censeur de la loi, elle ne se situe pas au-dessus de la Constitution, elle exerce les compétences que cette dernière lui attribue afin de garantir un ordre juridique constitutionnellement conforme. La prétendue incompatibilité de la justice constitutionnelle avec le principe de séparation des pouvoirs ne réside pas dans ses compétences. La difficulté se situe au niveau de la légitimation du juge[3] et de la tendance à politiser ses décisions[4]. Afin de tenter de saisir la place qu'occupe le juge constitutionnel dans le schéma de la séparation des pouvoirs, il convient de se pencher sur le problème de la compatibilité de cette « fonction » avec le principe ainsi que sur les difficultés susceptibles d'être posées par les questions de légitimation du juge constitutionnel (§1). Dans le système de freins et de contrepoids de la Loi fondamentale, la justice constitutionnelle représente une garantie de l'équilibre institutionnel en permettant de sanctionner le non respect

---

[1] Olivier Jouanjan, « Modèles et représentations de la justice constitutionnelle en France : un bilan critique », *Jus politicum*, n°2, 2009, p. 1.

[2] Udo Di Fabio, « Gewaltenteilung », *in* Josef Isensee/Paul Kirchhof (dir.), *Handbuch des Staatsrechts der deutschen Bundesrepublik*, vol. 2 (*Verfassungsstaat*), 3e édition, C.F. Müller, Heidelberg, 2004, p. 627 : « (…) nimmt im Ensemble der Gewaltenteilung (…) deshalbt eine besondere Stelleung ein, weil sir di Pflicht des Gesetzgeber zur Beachtung der verfassungsmäßigen Ordnung (Art. 20 Abs. 3 GG) kontrolliert und demnach auch Parlamentsgesetze für verfassungswidrig und damit regelmäßig für nichtig erklären kann (Art. 100 Abs. 10 GG).

[3] Christoph Möllers, *Die drei Gewalten : Legitimation der Gewaltengliederung in Verfassungsstaat, Europäischer Integration und Internationalisierung*, *op.cit.*, p. 138 : « (…) Ein Gericht, das in einem exklusiven verrechtlichen Verfahren individualisierte Fälle entscheiden soll, kann Gesetze außer Kraft setzen und damit Entscheidungen von einer Reichweite treffen, die eigentlich demokratischer Legitimation bedürfte. Ein Gerichtsverfahren, das auf individuelle Legitimation ausgerichtet ist, erzeugt demokratische Entscheidungswirkungen. Ist dies zu rechtfertigen ? Oder ist die verfassungsrechtliche Einrichtung der Verfassungsgerichtsbarkeit nicht von vornherein ein Verstoß gegen die Idee der Gewaltengliederung, also ein zwar legaler, aber nicht überzugend legitimierter Akt ? Diese Frage kann nur mit einem Blick auf verschiedene Aufgaben von Verfassungsgerichten geklärt werden ».

[4] Ernst Wolfgang Böckenförde, « Verfassungsgerichtsbarkeit : Strukturfragen, Organisation, Legitimation », *NJW*, 1999, p. 12 : « Verfassungsgerichtsbarkeit kann daher nicht in der Weise ein von politischen Dissoziationen und den damit verbundenen Problemen abgetrennter Bereich sein, wie es der Idee nach die normale an festgelegte Gesetze gebundene Gerichtsbarkeit ist ».

des éléments constitutifs du principe normatif de la séparaion des pouvoirs par le biais du contrôle de la loi et du litige interorganes (§2).

§ 1. La qualité d'organe constitutionnel de la Cour et sa légitimation démocratique.

Appartenant au pouvoir de rendre la justice, la Cour n'était pas qualifiée par le constituant de 1949 d'organe constitutionnel, à l'instar des autres pouvoirs publics de la Fédération : le *Bundestag*, le *Bundesrat*, le Gouvernement fédéral ou le président fédéral. Dès 1952, la juridiction constitutionnelle s'auto-qualifie d'« organe constitutionnel » en s'érigeant ainsi au niveau des pouvoirs politiques (A). La portée des décisions rendues par les « deux caméras du cœur républicain »[1] exigent un degré de légitimation suffisant (B).

A. La (nécessaire) auto-qualification d'organe constitutionnel.

Dans les premières années de son existence, la Cour constitutionnelle fédérale ne fut pas entendue comme un organe constitutionnel suprême, placé à côté du Parlement, du *Bundesrat*, du Gouvernement ou du président fédéral. La Loi fondamentale elle-même ne qualifie nulle part la Cour d'organe constitutionnel. Elle « la désigne expressément comme un organe de la *Rechtsprechung*, comme un organe juridictionnel, mais la Cour devait, au-delà, s'autointerpréter comme un "*Verfassungsorgan*", comme l'un des "pouvoirs publics constitutionnels" pourrait-on traduire en français ; il s'agissait d'affirmer son identité de rang avec les autres organes constitutionnels dont elle avait à trancher les litiges, sa légitimité à décider souverainement sur des cas politiques de nature constitutionnelle et de donner à ses pouvoirs une base juridique d'où la Cour pouvait affirmer une "maîtrise" spécifique sur leur exercice (…) »[2]. La Cour définit les organes constitutionnels comme ceux, « dont la genèse, l'existence et l'activité constitutionnelle constituent l'État et garantissent son unité »[3]. Rattachée au ministère fédéral de la justice, la Cour ne disposait pas de budget autonome, les juges étaient considérés comme des fonctionnaires et le tribunal – géré par le ministère. Dans un mémoire (*Status-Denkschrift*) du 27 juin 1952[4], adressé au président fédéral Theodor Heuss, au

---

1 Michael Stolleis (dir.), Herzkammern der Republik. Die Deutschen und das Bundesverfassungsgericht, C.H. Beck, München, 2011.

2 Olivier Jouanjan, « Modèles et représentations de la justice constitutionnelle en France : un bilan critique », *Jus politicum*, 2009, p. 7.

3 Richard Thoma, « Bemerkungen des Bundesverfassungsgerichts zu dem Rechtsgutakten », *JöR*, 1957, p.198 : « Jene Organe, deren Entstehen, Bestehen und verfassungsmäßige Tätigkeit recht eigentlich den Staat konstituieren und seine Einheit sichern, sind Verfassungsorgane ».

4 Le document fut préparé par le juge Gerhard Leibholz et approuvé par le plénum de la Cour (Ernst Benda/Eckart Klein /Oliver Klein, *Verfassungsprozeßrecht*, 3e édition, C.F. Müller, Heildelberg, 2012, p. 57).

Bundestag, au *Bundesrat* et au Gouvernement fédéral, la Cour se qualifia elle-même de « gardien suprême de la Constitution » (*oberste Hüter der Verfassung*)[1] et d' « organe constitutionnel doté, en vertu de la lettre et de l'esprit de la Loi fondamentale et de la loi sur la Cour constitutionnelle fédérale, de la plus haute autorité ». En conséquence, elle ne peut être soumise « ni à un autre organe fédéral, ni à une administration fédérale »[2]. Cette auto-qualification « paternaliste » et « terminologiquement injuste » du juge constitutionnel comme « gardien suprême de la Constitution » peut induire en erreur et laisser croire que la Cour se situe quelque part à côté ou même au-dessus de la Constitution elle-même[3].

Contrairement à la Cour, le Conseil constitutionnel français, que la Constitution du 4 octobre 1958 « insitutait comme l'un des pouvoirs publics constitutionnels », se fait « juridiction » par auto-interprétation[4], car « nul mot » du texte de 1958 « n'indiquait qu'à cet organe était attaché la qualité de juridiction »[5]. La composition et la place du Conseil constitutionnel français paraissent aux antipodes de celles de la Cour constitutionnelle fédérale. Les articles consacrés au Conseil ne se trouvent pas dans le titre VIII de la Constitution relatif à l'autorité judiciaire, comme c'est le cas de la Loi fondamentale dont le titre IX « Du pouvoir judiciaire » englobe tant des dispositions concernant les juridictions ordinaires que des dispositions qui traitent de la Cour constitutionnelle fédérale[6].

---

[1] La queurelle sur le « gardien de la constitution » est mythique. D'une part, Kelsen, « Wer soll der Hüter der Verfassung sein » (1929), *in* du même *Der Hüter der Verfassung*, Mohr Siebeck, Tübingen, 2008, p. 58 (*Qui doît être le gardien de la Constitution?*, tr.fr. Sandrine Baume, Michel Houdiard Éditeur, 2006) soutenant que la meilleure garantie de la constitution est la justice constitutionnelle, alors que deux ans plus tard Carl Schmitt, *Der Hüter der Verfassung* (1931), 4e édition, Duncker & Humblot, démonta les idées kelsénienne en faisant du chef de l'État « meilleur gardien ». Voir, en langue française, l'ouvrage collectif sous la direction d'Olivier Beaud et de Pasquale Pasquino, *Controverse sur le gardien de la Constitution*, Éditions Panthéon Assas, 2007.

[2] Le *Status-Denkschrift* est publié au JöR, 1957, p. 144-148 : « (...) nach Wortlaut und Sinn des Grundgesetzes und des Gesetzes über das Bundesverfassungsgericht zugleich ein mit höchster Autorität ausgestattetes Verfassungsorgan (...). (...) das Bundesverfassungsgericht weder einem anderen Bundesorgan noch einer Bundesbehörde unterstellt sein kann ».

[3] Andreas Voßkuhle, « Artikel 93 », *in* Hermann von Mangoldt/Friedrich Klein/Christian Starck (dir.), *Grundgesetz Kommentar*, vol. 3, 6e édition, Franz Vahlen Verlag, 2010, p. 678 : « « Das Bundesverfassungsgericht steht nicht etwa neben oder gar über dem positiven Verfassungsgesetz, wie seine paternalistische und zumindenst terminologisch missverständliche Selbstcharakterisierung als "oberster Hüter der Verfassung" suggerieren könnte ».

[4] L'auto-qualification du Conseil n'est pas très audacieuse. En 1962 (CC du 16 janvier 1962, *Loi d'orientation agricole*), on lit qu'aux décisions du Conseil s'attache l'autorité de la chose jugée.

[5] Olivier Jouanjan, « Modèles et représentations de la justice constitutionnelle en France : un bilan critique », *Jus politicum*, 2009, p. 8 : des comptes rendus du Comité consultatif constitutionnel « résulte clairement que les participants à la rédaction du texte avaient nettement envisagé la question de la qualité juridictionnelle du Conseil et pris position *par la négative* ».

[6] Il est intéressant de remarquer que, dans le projet de Cheerenhimsee, la Cour constitutionnelle fédérale faisait l'objet d'un chapitre distinct de celui consacré au pouvoir judiciaire. Sur ce point : Gerhard Leibholz/Hermann von Mangoldt (éd.), *Enstehungsgeschichte der Artikel des Grundgesetzes*, *JöR*, n°1 (N.F),

En France, la justice constitutionnelle n'a pas eu son heure de gloire. Créé dans le but de protéger le domaine du pouvoir exécutif d'un Parlement trop envahissant et pallier ainsi les insuffisances institutionnelles dont souffraient les républiques précédentes, le Conseil constitutionnel peut difficilement être qualifié de juridiction constitutionnelle.

Depuis 1958, certains progrès modérés sont perceptibles. Le dernier en date, la révision du 23 juillet 2008, qui insère dans la Constitution du 4 octobre 1958, l'article 61-1 C relatif à la question prioritaire de constitutionnalité[1], fait entrer dans le système constitutionnel français, enfin, le contrôle de constitutionnalité des lois *a posteriori*. Hélas, cette innovation ne permet pas un renforcement effectif de l'institution française. Bien au contraire, sous certains égards, la procédure de la question prioritaire de constitutionnalité tend à diminuer le rôle du Conseil dans le processus de contrôle de la loi. Car, aujourd'hui, les juridictions ordinaires – administratives et judiciaires – acquièrent une importance non négligeable en la matière. Le Conseil d'État ou la Cour de cassation, dans leurs ordres de juridiction respectifs, décident de transmettre la question relative à la constitutionnalité d'une loi qui remplit les conditions posées par l'article 61-1 C et la loi organique du 10 décembre 2009. La décision de non-transmission équivaut à une déclaration de constitutionnalité de la loi loi visée puisque le refus de soumettre la question au Conseil constitutionnel n'est suceptible d'aucun recours et la loi sera applicable au litige concret et restera en vigueur. Le monopole du contentieux constitutionnel commence à s'éffriter à cause du contrôle de constitutionnalité bis exercé par les juges ordinaires. Malgré les efforts pour tranformer le Conseil en une juridiction constitutionnelle, rien n'est encore fait pour pallier l'absence de compétences de juriste de ses membres, qui transparaît souvent dans les décisions lacunaires et expéditives, qui ne donnent pas une pleine satisfaction à celui qui décide de s'aventurer dans les méandres de la jurisprudence constitutionnelle française. Ses « membres »[2] sont, dans la majorité des cas, en fonction des affinités politiques. Les

---

1951, p.664 : « Außer dem Abschn. IX "Die Rechtspflege" hatte der Ch.E. noch einen besonderen Abschn. VIII "Das Bundesverfassungsgericht" hinter dem Abschn. VII "Bundesregierung" eingeschaltet, weil es der Herrenchiemseer Konvent für angebracht hielt, dadurch die grundsätzliche Bedeutung dieser Institution hervorzuheben und die Gleichberechtigung dieses höchsten Organs der dritten Gewalt mit den anderen Gewalten sichtbar zu machen. Das GG ist dieser Anordnung nicht gefolgt, sondern hat die Vorschriften über das Bundesverfassungsgericht in den Absch. IX mitaufgenommen. Durch die Nennung des Bundesverfassungsgerichts an erster Stelle sollte dabei seine besondere "Dignität" zum Ausdruck kommen».

[1] Article 61-1 C : « Lorsque, à l'occasion d'une instance en cours devant une juridiction, il est soutenu qu'une disposition législative porte atteinte aux droits et libertés que la Constitution garantit, le Conseil constitutionnel peut être saisi de cette question sur renvoi du Conseil d'État ou de la Cour de cassation qui se prononce dans un délai déterminé ». La disposition fut complétée par la loi organique portant application de l'article 61-1 du 10 novembre 2009 et la procédure est entrée en vigueur le 1er mars 2010.

[2] Article 56 C : « Le Conseil constitutionnel comprend neuf membres, dont le mandat dure neuf ans et n'est pas renouvelable ».

autorités dotées du pouvoir de nomination – le président de la République (qui nomme également le président du Conseil qui dispose d'une voix prépondérante en cas de partage des voix), les présidents de l'Assemblée nationale et du Sénat[1] – choisissent les candidats parmi des conseillers, des collaborateurs ou des hommes politiques qui gravitent dans l'orbite du pouvoir[2]. Certes, il y a eu d'excellents « membres », comme Georges Vedel[3], qu'on pourrait volontiers qualifier de « juges », mais il s'agit d'une partie infime de la grande masse de ceux ayant fait partie de cette institution.

Comparés aux « membres » du Conseil désignés par les autorités politiques sans qu'il y ait une exigence quant aux compétences juridiques des candidats, les juges constitutionnels allemands sont de véritables « professionnels » du droit. Le § 3 de la loi sur la Cour constitutionnelle fédérale donne une réponse : tous les juges doivent avoir l'aptitude à exercer la fonction de juge[4]. La Cour est exclusivement composée de juristes professionnels, et la qualité de juge à la Cour n'est compatible qu'avec la fonction de professeur des universités[5]. La qualification juridique, dont ils doivent attester, est peut-être une des raisons de la qualité rédactionnelle et argumentative des décisions de la Cour. Même si parfois l'argumentaire des juges

---

1 La révision constitutionnelle du 23 juillet 2008 permet au parlement de s'opposer, à la majorité des trois cinquièmes des suffrages exprimés, à une nomination.

2 Sur tous ces points, voir le témoignage de Dominique Schnapper, *Une sociologue au Conseil constitutionnel*, Éditions Gallimard, 2010. Sociologue, Schnapper fut nommée membre par le président du Sénat, Christian Poncelet, et siégea au Conseil dans la période 2001-2010. « Quelques soient les discours, les nominations justifiées par le seul argument de la compétence sont rares. Sur une cohorte totale de 66 conseillers nommés, on a vu le petit nombre de juristes universitaires, auxquels il faudrait ajouter secrétaires généraux des assemblées parlementaires et quelques conseillers d'état dont la compétence est grande, mais, même dans ces cas, la nomination est plus souvent liée à l'activité politique qu'à la seule maîtrise juridique des dossiers. Le résultat est qu'à quelques exceptions près – on évoque toujours, et à juste titre, Georges Vedel – on nomme des proches ou des collaborateurs, que la compétence des personnes et l'intérêt de l'institution ne sont pas les critères premiers, et que dominent, de manière inévitable, les raisons politiques à court terme » (p. 212).

3 Nommé par le Valéry Giscard d'Estaing, Vedel fut membre du Conseil de 1980 à 1989.

4 Aux termes du § 3, alinéa 2 de la loi les juges « doivent avoir l'aptitude à exercer la fonction de juge conformément à la loi allemande sur le statut des juges (*nach dem Deutschen Richtergesetz*) » ou, en ce qui concerne le territoire de la RDA dans la période avant le 3 octobre 1990, avoir l'aptitude de juriste diplômé (*die Befähigung als Diplomjurist*) et avoir exercé en tant que juriste. Les autres conditions posées par le § 3 de la loi : les juges doivent également « avoir accompli leur quarantième année » (*müssen das 40. Lebensjahr vollendet haben*), « être éligibles au *Bundestag* » (*zum Bundestag wählbar sein*), et avoir déclaré par écrit vouloir être « membre de la Cour constitutionnelle fédérale » (« sich schriftlich bereit erklärt haben, Mitglied des Bundesverfassungsgerichts zu werden»).

5 § 3, alinéa 4 de la loi dispose que « une activité autre que celle d'un professeur de droit, est incompatible avec la fonction de juge constitutionnel » (*Mit der richterlichen Tätigkeit ist eine andere berufliche Tätigkeit als die eines Lehrers des Rechts an einer deutschen Hochschule unvereinbar*). Le président actuel de la Cour, Andreas Voßkuhle, est professeur de droit public à l'Université de Fribourg-en-Brisgau. Parmi les juges qui ont laissé leur empreinte sur la jurisprudence constitutionnelle, le nombre de professeurs de droit est impressionnant : Gerhard Leibholz, Ernst-Wolfgang Böckenförde, Konrad Hesse ne sont que quelques noms qui illustrent cette constellation de professeurs-juges.

est loin d'être satisfaisant, on observe une réelle tentative d'explication, plus ou moins réussie, de la solution prise. De plus, les juges de Karlsruhe sont légitimés par une procédure d'élection qui participe à la volonté de transparence du processus de désignation.

B. La légitimation démocratique des juges composant la Cour constitutionnelle fédérale.

La Cour est composée de seize juges divisés en deux chambres[1]. Ils[2] sont sont élus sur nomination du président fédéral, à la suite d'un consensus entre les grands partis politiques[3], conformément à l'article 94, alinéa 1er LF, « pour moitié par le *Bundestag* et pour moitié par le *Bundesrat* ». Il s'agit d'une procédure qui déroge à la procédure de désignation ordinaire des juges des cours suprêmes fédérales de l'article 95, alinéa 2 LF[4]. Ce mode de désignation des juges vise à doter la Cour, « au vu de l'ampleur de ses compétences et de son pouvoir », d'une légitimité démocratique[5], qui opère dans le respect de la « parité fédérale »[6] : les juges ne sont pas directement élus par le peuple, mais par ses représentants et par les représentants des gouvernements des *Länder* au niveau fédéral. En vertu de la même disposition, une partie des juges doit être des juges fédéraux, l'autre partie peut être composée « d'autres membres » qui ne peuvent pas être membres du

---

[1] Le nombre de juges constitutionnels n'est pas fixé par le texte de la Loi fondamentale.

[2] Qui ne sont pas de juges constitutionnels fédéraux, mais, en vertu du § 98, alinéa 1er de la loi sur la Cour constitutionnelle fédérale, des juges de la Cour cosntitutionnelle fédérale (*Richter des Bundesverfassungsgerichts*). Dans ce sens, Klaus Schlaich/Stefan Korioth, *Das Bundesverfassungsgericht. Stellung, Verfahren, Entscheidungen*, 9e édition, C.H. Beck, München, 2012, p. 27 : « Der Titel der Richter lautet : "Richter des Bundesverfassungsgerichts" (vgl. § 98 I BVerfGG). Die üblich gewordene Bezeichnung "Bundesverfassungsrichter" ist nicht schön und falsch. Auch viele Richter nennen sich selbst so ».

[3] Stefan Ruppert, « § 6 », *in* Dieter Umbach/Thomas Clemens/Franz-Wilhelm Dollinger (dir.), *Bundesverfassungsgerichtsgesetz. Mitarbeiterkommentar und Handbuch*, 2e édition, C.F. Müller, Heidelberg, 2005, p. 209: « (...) durch das Wahlverfahren Kandidaten zu wählen, die nicht auschließlich als Vertrer einer bestimmten Partei zu betrachten sind. Man suchte nach einem breiten Konsens (...) ».

[4] Aux termes de l'article 95, alinéa 2 LF les juges de la Cour fédérale de justice, de la Cour fédérale administrative, de la Cour fédérales des finances, de la Cour fédérale du travail et de la Cour fédérale du contentieux social « sont nommés par le minitre fédéral compétent pour la matière considérée, conjointement avec une commission chargée de l'élection des juges, composée des Länder compétents pour la matière considérée et d'un nombre égal de membres élus par le Bundestag ».

[5] Andreas Voßkuhle, « Artikel 94 », *in* Hermann von Mangoldt/Friedrich Klein/Christian Starck, *Grundgesetz Kommentar*, vol. 3, 6e édition, Verlag Franz Vahlen, München, 2010, p. 792 : « Getragen ist die Regelung von der Intention, den Mitgliedern des Bundesverfassungsgerichts im Hinblick auf ihre Kompetenz- und Machfülle eine besondere demokratische Legitimation zu verleihen ».

[6] Andreas Voßkuhle, « Artikel 94 », *in* Hermann von Mangoldt/Friedrich Klein/Christian Starck, *Grundgesetz Kommentar*, vol. 3, 6e édition, Verlag Franz Vahlen, München, 2010, p. 792 : « Durch das Zusammenwirken von Bundestag und Bundesrat "in föderativer Parität" soll sichergestellt werden, dass die politischen Mehrheitsverhältnisse auf Bundes- und Landesebene gleichermaßen Berücksichtigung finden ».

Bundestag ou du *Bundesrat*, membres du Gouvernement fédéral ou « aux organes correspondants d'un *Land*[1]. L'incompatibilité entre la fonction de juge à la Cour et les autres hautes fonctions de l'État : député, membre d'un gouvernement ou du *Bundesrat* est censé garantir » la neutralité politique et l'indépendance des juges » en concrétisant le principe de la séparation des pouvoirs déduit des articles 92 et 97 LF[2].

S'agissant de l'élection des juges par le *Bundestag*, la constitutionnalité des modalités de cette élection fut l'objet d'un recours devant la Cour qui répondit que la procédure du § 6 de la loi sur la Cour constitutionnelle fédérale[3], selon laquelle les juges sont élus, de manière indirecte, par une commission spéciale composée de douze députés représentant les différents partis politiques siégeant au *Bundestag*, est conforme à l'article 94, alinéa 1er LF[4]. L'argumentation de cette décision est étonnante, notamment eu égard à une décision de la Cour ayant précédé de quelques mois la solution donnée en juin 2012. Certes, elle n'a pas pour objet les modalités d'élection de ses juges, mais souligne l'importance de la séance plénière au cours de laquelle des débats sont menés et différentes thèses – confrontées, ce qui permet aux électeurs d'avoir une idée plus claire de la décision prise par cet organe. Dans une décision du 28 février 2012[5], relative au mécanisme européen de stabilité financière, la Cour déclare que « les débats publics démontrant des arguments et des contre-arguments font partie intégrante du parlementarisme démocratique » avant de conclure que « les décisions d'une importance capitale » doivent être le résultat d'une procédure qui permet aux citoyens d'avoir une image claire de la nécessité et de l'étendue des mesures prises[6]. L'élection des juges

---

1 Article 94, alinéa 1er LF : « La Cour constitutionnelle fédérale se compose de juges fédéraux et d'autres membres. Les membres de la Cour constitutionnelle fédérale sont élus pour moitié par le Bundestag et pour moitié par le Bundesrat. Ils ne peuvent appartenir ni au Bundestag, ni au Bundesrat, ni au gouvernement fédéral, ni aux organes correspondants d'un Land ».

2 Andreas Voßkuhle, « Artikel 94 », *in* Hermann von Mangoldt/Friedrich Klein/Christian Starck, *Grundgesetz Kommentar*, vol. 3, 6e édition, Verlag Franz Vahlen, München, 2010, p. 796 : « Zur Sicherung ihrer politischen Neutralität und der richterlichen Unabhängigkeit (...). Die Regelung konkretisiert den bereits in Art. 92 und Art. 97 ausgeformten Gewaltenteilungsgrundsatz, dem zufolge die Rechtsprechung auf Grund ihres Kontrollauftrags von Einwirkungen anderer Gewalten jenseits der Gesetzesbindung weitgehend abgeschirmt sein soll ».

3 § 6 dispose que l'élection des huit juges par le Bundestag est le résultat d'une « élection indirecte » (« *Die vom Bundestag zu berufenen Richtern werden in indirekter Wahl gewählt* »).

4 BVerfGE 131, 230 « Bundesverfassungsrichterwahl » du 19 juin 2012 déclare l'élection indirecte des juges constitutionnels par le Bundestag conforme à la Loi fondamentale.

5 BVerfGE 130, 318 « Stabilisierungsmechanismusgesetz » du 28 février 2012.

6 BVerfGE 130, 318 « Stabilisierungsmechanismusgesetz » du 28 février 2012, p. 344 : « Öffentliches Verhandeln von Argument und Gegenargument, öffentliche Debatte und öffentliche Diskussion sind wesentliche Elemente des demokratischen Parlamentarismus. (...) Entscheidungen von erheblicher Tragweite muss deshalb grundsätzlich ein Verfahren vorausgehen, das der Öffentlichkeit Gelegenheit bietet, ihre Auffassungen auszubilden und zu vertreten, und das die Volksvertretung dazu anhält, Notwendigkeit und Umfang der zu beschließenden Maßnahmen in öffentlicher Debatte zu klären (...) ».

constitutionnels par le *Bundestag* ne répond pas à ces crtières de publicité et de confontation d'arguments en séance plénière. Pourtant, élire des juges à la Cour est une décision d'une importance capitale, et l'explication selon laquelle les citoyens ne témoignent pas d'un intérêt manifeste pour le processus ne peut convaincre. L'article 94, alinéa 1er LF n'introduit pas la possibilité d'une élection qui serait le résultat d'un comité restreint au sein duquel les partis politiques représentés en fonction du nombre de sièges dont ils disposent au *Bundestag*. Ce mode d'élection[1], à huis clos, sans débats[2], ne correspond pas à l'esprit du « parlementarisme démocratique » mentionné par la Cour dans sa décision du 28 février 2012. Du côté de la doctrine, des voix se sont élevées pour contester la constitutionnalité de la procédure du § 6 de la loi sur la Cour constitutionnelle fédérale[3]. Le président du *Bundestag*, Norbert Lammert, dit ainsi regretter la décision qui déclare l'élection indirecte des juges par le *Bundestag* coforme à l'article 94, alinéa 1er LF[4].

---

[1] L'élection indirecte par le *Bundestag* ne fut pas prévue dans le projet initial de la loi sur la Cour constitutionnelle fédérale. C'est le SPD qui proposa ce mode d'élection. Sur ce point : Stefan Ruppert, « § 6 », *in* Dieter Umbach/Thomas Clemens/Franz-Wilhelm Dollinger, *Bundesverfassungsgerichtsgesetz. Mitarbeiterkommentar und Handbuch*, 2e édition, C.F. Müller, Heidelberg, 2005, p. 209 : « Das in Absatz 1 normierte Prinzip der indirekten Wahl war im ursprünglichen Gesetzentwurf nicht vorgesehen und geht auf einen Vorschlag der SPD zurück ».

[2] Stefan Ruppert, « § 6 », *in* Dieter Umbach/Thomas Clemens/Franz-Wilhelm Dollinger, *Bundesverfassungsgerichtsgesetz. Mitarbeiterkommentar und Handbuch*, 2e édition, C.F. Müller, Heidelberg, 2005, p. 209 : « Die gegen das Prinzip der indirekten Wahl erhobene verfassungsrechtliche Kritik argumentiert mit dem Wortlaut des Art. II 2 GG und dem Grundsatz, daß wesentliche Entscheidungen durch das Plenum des Bundestages selbst zu treffen seien. Begründet wird dies entweder mit dem aus dem Verwaltungsrecht stammenden Grundsatz, daß Zuständigkeitsübertragungen lediglich mit Erlaubnis des Kompetenzgebers, hier also des Verfassungsgebers, zulässig seien oder mit der Forderung nach einem Plenarvorbehalt, der beinhaltet, daß demokratisch besonders bedeutsame Entscheidungen durch das Plenum selbst getroffen werden ».

[3]Voir, par exemple: Klaus Schlaich/Stefan Korioth, *Dans Bundesverfassungsgericht. Stellung, Verfahren, Entscheidungen*, 9e édition, C.H. Beck, München, 2012, p. 29, et les références citées: « Tandis que l'élection par le Bundesrat désigne les juges en séance plénière, l'élection du Bundestag est le résultat, contrairement à la lettre de l'article 94, alinéa 1er, deuxième phrase LF, d'une commission parlementaire, l'élection est donc indirecte » (« Während der Bundesrat im Plenum wählt, erfolgt die Wahl des Bundestags entgegen dem Wortlaut des Art. 94 I S. 2 GG durch einen Wahlausschuß, also indirekt »). L'autonomie institutionnelle, dont bénéficie le *Bundestag*, ne peut justifier le choix de ce mode d'élection. La compétence du Bundestag de se doter de son propre règlement intérieur (*Geschäftordnungskompetenz*) est une compétence « interne », elle concerne les décisions prises pour l'organisation, les affaires internes du *Bundestag*. L'élection de juges constitutionnels n'est pas couverte par l'autonomie du Bundestag, car ce dernier est en l'espèce « organe créateur » (*Kreationsorgan*) pour un autre organe constitutionnel, et sa décision produit des effets « à l'extérieur » (*nach außen*). Pour Schmidt-Bleibtreu/Hopfauf, « Artikel 94 », *in* Schmidt-Bleibtreu/Klein, *Grundgesetz Kommentar*, 10e édition, Luchterhand, 2004, p. 1740, il est souhaitable d'envisager une modification de l'article 94, alinéa 1er LF afin d'ancrer dans le texte constitutionnel la possibilité pour le *Bundestag* (et pourquoi pas pour le *Bundesrat* ?) d'élire les juges de manière indirecte : « Gleichwohl wäre (…) eine Änderung des Art. 94 Abs. 1 GG wünschenswert, die ausdrücklich die indirekte Wahl der vom Bundestag zu wählenden Richter für zulässig erklärt und die aufgeworfenen Zweifel beseitigt ».

[44] Dans une tribune du 17 octobre 2012, publiée dans la rubrique *Staat und Recht* de la version électronique de la *Frankfurter Allgemeine Zeitung* (http://www.faz.net/aktuell/politik/staat-und-

Est-ce concevable de confier l'élection des juges à la Cour constitutionnelle fédérale à une commission parlementaire ? En transférant cette compétence à un tel comité restreint, le législateur fédéral ne s'est-t-il pas privé d'un droit qui lui est constitutionnellement garanti : celui d'élire la moitié des juges constitutionnels ? Afin de répondre à cette question, il convient de se demander quel est le degré de légitimité des décisions prises par les commissions parlementaires. Même si les députés, qui composent ces commissions, représentent fidèlement la répartition des fractions politiques du *Bundestag*, ils ne peuvent jamais n'être qu'une image réduite du parlement, et ne peuvent décider pour le parlement tout entier.

---

recht/bundesverfassungsgericht-erste-wahl-11929376.html#Drucken), Norbert Lammert, président du *Bundestag* (*CDU*), critique vivement la décision de la Cour en étayant l'incohérence des arguments utilisés par la Seconde chambre. En effet, au mois de février, à l'occasion de la décision sur le mécanisme européen de stabilité, les juges soulignaient l'importance de la séance plénière supposant la confrontation d'idées et la publicité des débats. En juin, l'élection indirecte des juges par une commission parlementaire créée à cet effet est compatible avec le texte, pourtant très clair, de l'article 94, alinéa 1er LF. Lammert fait référence au commentaire de l'actuel président de la Cour constitutionnelle, Andreas Voßkuhle, qui, dans son commentaire sous l'article 94 LF, émet des critiques quant à la constitutionnalité du § 6 de la loi sur la Cour constitutionnelle fédérale. Voir Andreas Vosßkuhle, « Artikel 94 », *in* Hermann von Mangoldt/Friedrich Klein/Christian Starck, *Grundgesetz Kommentar*, vol. 3, 6e édition, Verlag Franz Vahlen, München, 2010, p.793: « Von nicht unerheblichen Teilen der Literatur wird diese Regelung zu Recht für verfassungswidrig gehalten ». Pour Voßkuhle, la Loi fondamentale distingue clairement entre la formation du *Bundestag* en tant qu'assemblée et les différentes commissions parlementaires : « Da die Verfassung selbst an verschiedener Stellen (vgl. z. B. Art. 42 Abs. 3, 43 Abs. 1 und 2, 46 Abs. 1) zwischen dem Bundestag un den Ausschüssen differenziert, kann Art. 94 Abs. 1 S. 2 nur dahingehend verstanden werden, dass dem Plenum der Abgeordneten die Wahl der Richter vorbehalten sein soll. Eine weitergehende Kompetenzdelegation des Parlaments auf Teile seiner selbst widerspricht darüber hinaus der Bedeutung dieser Entscheidung und damit dem Erfordernis "funktionsadäquater demokratischer Legitimation" ». *Contra* : Stefan Ruppert, « § 6 », *in* Dieter Umbach/Thomas Clemens/Franz-Wilhelm Dollinger, *Bundesverfassungsgerichtsgesetz. Mitarbeiterkommentar und Handbuch*, 2e édition, C.F. Müller, Heidelberg, 2005, p. 210, qui utilise comme argument pour la constitutionnalité du § 6 de la loi les mêmes articles de la Loi fondamentale en livrant une toute autre lecture. Selon lui, le pouvoir constituant, auteur de la Loi fondamentale, ne fait pas de différence qualitative entre le *Bundestag* et ses commissions. Par ailleurs, l'élection indirecte ne pose pas de problème, elle est justifiée par la pratique acceptée par la Cour constitutionnelle elle-même : « Das Prinzip der indirekten Wahl des § 6 verstößt nicht gegen den Wortlaut des Art. 94 GG. In Abgrenzung zu der Formulierung in Art. 94 I 2 GG ("vom Bundestage gewählt") verwendet das Grundgesetz etwa in den Art. 42 III, 43 I und 46 I GG die Formulierung "die Bundestag und seine Ausschüsse". Daraus kann aber nicht abgeleitet werden, der Verfassungsgeber habe strikt zwischen solchen Aufgaben unterschieden, die dem Bundestag zugewiesen werden sollen und anderen Aufgaben, die der Ausschuß erledigen könne. (…) Nicht zuletzt besteht bei der indirekten Wahl der Bundesverfassungsrichter eine mehr als fünfzigjährige und vom Bundesverfassungsgericht akzeptierte Praxis ». Ces explications ne sont pas convaincantes. S'il n'y avait aucune différence qualitative entre le *Bundestag*, qui se réunit en séance planière, et ses commissions, alors pourquoi ne pas envisager une commission qui voterait les lois sans qu'il y ait besoin de procéder à un vote en séance plénière ? Que la Cour ait acceptée cette pratique de l'élection indirecte d'une partie de ses membres n'est pas chose étonnante. Car on imagine assez difficielement l'hypothèse dans laquelle la Cour invalide l'élection d'une partie des juges qui la composent et ébranler ainsi son fondement démocratique : l'inconstitutionnalité prononcée du § 5 voudrait dire que tous les juges élus par le *Bundestag* depuis 1951 étaient illégitimes car le résultat d'une procédure non-conforme à l'article 94, alinéa 1er LF. Consciente de ce danger pour sa propre légitimité, la Cour a certes délcaré le § 6 constitutionnel, mais a tout de même souligné que le législateur était libre de modifier le mode d'élection dees juges élus par le *Bundestag*.

Les discussions en commission, soustraites au regard public, ne peuvent point remplacer les débats en séance plénière, ni le vote qui s'en suit. En avançant ces arguments, le § 6 de la loi sur la Cour constitutionnelle fédérale ne peut être déclaré conforme à l'article 94, alinéa 1er LF qui a le mérite de la clarté. Si le constituant avait voulu ouvrir la possibilité d'une élection indirecte par une commission parlementaire, s'il avait voulu laisser le choix au parlement, pourquoi n'aurait-il pas introduit, afin de dissiper le doute, la phrase suivante : « Le *Bundestag* ou une commission parlementaire élisent la moitié des juges constitutionnels ». Mentionner le *Bundestag* et ses commissions n'aurait pas été une originalité : il existe des dispositions constitutionnelles qui en sont l'exemple. On comprend parfaitement le refus de la Cour de déclarer l'inconstitutionnalité du § 6. La loi sur la Cour constitutionnelle fédérale date de 1951. Si le constitant de 1949 ne pouvait pas avoir une vision prémonitoire et résoudre *a priori* le problème de l'élection indirecte. L'article 94, alinéa 1er LF ne fait pas partie des articles couverts par la « clause d'éternité » de l'article 79, alinéa 3 LF et rien n'empêche « son ajustement » à la loi et à la pratique constitutionnelle « acceptée par la Cour ».

Le principe de séparation des pouvoirs représente un système de freins et de contrepoids, une articulation complexe entre les différents organes investis des pouvoirs législatif, exécutif et judiciaire. La Cour constitutionnelle fédérale fait partie de ce jeu institutionnel[1] dont le but est la modération du pouvoir d'État et la protection de la liberté. Elle devient le contrepoids nécessaire à l'équilibre institutionnel par son rôle dans les litiges interorganiques.

§ 2. La garantie juridictionnelle du principe de séparation des pouvoirs par la Cour constitutionnelle fédérale.

Les compétences de la Cour [2] énumérées à l'article 93 LF[3] constituent un large éventail mettant en œuvre non seulement le contrôle de la conformité des actes étatiques à la Constitution, mais confient à la Cour la mission de résoudre les conflits entre organes constitutionnels ou entre la Fédération et les *Länder*[4]. Ses

---

1 Christoph Schönberger, « Anmerkungen zu Karlsruhe », *in* Matthias Jestaedt/Oliver Lepsius/Christoph Möllers/Christoph Schönberger, *Das entgrenzte Gericht. Eine kritische Bilanz nach sechzig Jahren Bundesverfassungsgericht*, Suhrkamp Verlag, Berlin, 2011, p. 16 : « Diese neuartige Efahrung verstärkte die Suche nach Gegengewichten. Das Bundesverfassungsgericht schien ein solcher Widerpart zu können ».

2 « We are under the Constitution; but the constitution is what the judges say it is ! », cette constatation est de Charles Even Hughes fut à deux reprises juge à la Cour suprême des États-Unis (1910-1916 et 1930-1941 [la deuxième fois il fut également *Chief Justice*]), cité par Andreas Voßkuhle, « Artikel 93 », *in* Hermann von Mangoldt/Friedrich Klein/Christian Starck (dir.), *Grundgesetz Kommentar*, vol. 3, 6e édition, Franz Vahlen Verlag, 2010, p. 685.

3 Tel n'est pas le cas des autres hautes juridictions.

4 Cette compétence s'inscrit parfaitement dans le cadre fédéral de la RFA et ne peut faire l'objet de plus amples développements. Sur les différends Fédération/*Länder* (*die Bund-Länder-Streitigkeiten*): Ernst

décisions sont censées donner une solution à des problèmes juridiques concrets. Sa qualité d'organe constitutionnel ainsi que les effets produits par sa jurisprudence démontrent l'élément politique inhérent à son activité juridictionnelle[1].

L'article 93, alinéa 1er LF introduit la possibilité de saisir la Cour constitutionnelle fédérale en cas de litiges relatifs à l'interprétation de la Loi fondamentale, impliquant les organes fédéraux « ou d'autres parties investies de pouvoirs propres » et mettant en cause les « droits et obligations », qui leur incombent soit « par la présente Loi fondamentale, soit par le règlement intérieur d'un organe fédéral suprême »[2]. Cette possibilité, ouverte à un des organes suprêmes de la Fédération ou d'autres « parties », a un rapport direct avec la mise en œuvre du principe de séparation des pouvoirs, car, en déclenchant la procédure du différend interorganique (*Organstreitverfahren*)[3], un organe peut rétablir la balance entre les pouvoirs déséquilibrée par un autre organe qui se serait accaparé de compétences qui ne sont pas les siennes, ou qui aurait omis d'agir en déployant pleinement les moyens constitutionnels dont il dispose[4]. L'originalité du litige interorganique est donc son lien étroit avec le système de freins et de contrepoids. Le juge constitutionnel veille au respect de cet équilibre institutionnel voulu par la Loi fondamentale qui octroie aux organes fédéraux suprêmes des attributions précises afin qu'ils accomplissent leurs missions constitutionnelles. Une des armes, mises à dispositions des organes ou parties investis de pouvoirs propres est le différend interorganique – le recours au juge doit présenter une garantie suffisante pour le respect de l'équilibre entre les pouvoirs de sorte qu'aucun pouvoir ne se permette de priver un autre des compétences nécessaires à l'accomplissement de

---

Benda/Eckart Klein, *Verfassungsprozeßrecht. Ein Lehr- und Handbuch*, 2e édition, C.F. Müller, Heidelberg, 2001, p. 435-456.

[1] Gerhard Leibholz/Hermann von Mangoldt (éd.), *Enstehungsgeschichte der Artikel des Grundgesetzes*, *JöR*, n°1 (N.F), 1951, p. 665 : « Es [das Bundesverfassungsgericht] entscheidet zwar als Gericht nur über Rechtsfragen. Seine Entscheidungen haben jedoch (...) größte politische Auswirkungen, so daß seine Tätigkeit eine Gerichtsbarkeit mit politischem Akzent ist ».

[2] Article 93, alinéa 1er LF : « La Cour constitutionnelle fédérale statue 1. sur l'interprétation de la présente Loi fondamentale, à l'occasion de litiges sur l'étendue des droits et obligations d'un organe fédéral suprême ou d'autres parties investies de pouvoirs propres, soit par la présente Loi fondamentale, soit par le règlement intérieur d'un organe fédéral suprême (...) », complété par § 63 et suiv. de la loi relative à la Cour constitutionnelle fédérale (*Bundesverfassungsgerichtsgesetz*) du 12 mars 1951.

[3] Dans la littérature, parmi d'autres: Bodo Pieroth, « Artikel 93 », *in* Hans Jarass/Bodo Pieroth, *Grundgesetz für die Bundesrepublik Deutschland. Kommentar*, 8e édition, C.H. Beck, München, 2006 [12e édition, 2012], p. 870 : « *Bundesorganstreitigkeit* » (litige entre organes fédéraux) ; Konrad Hesse, *Grundzüge des Verfassungsrechts der Bundesrepublik Deutschland*, *op.cit.*, p. 282 : « *Organstreitigkeiten* » (litiges interorganiques). En langue française : Armel Le Divellec, « Des conflits constitutionnels dans un "État constitutionnel" : le mécanisme des "litiges entre organes" devant la Cour constitutionnelle fédérale d'Allemagne », *in* Jacky Hummel (dir.), *Les conflits constitutionnels*, Presses universitaires de Rennes, 2010, p. 99-119.

[4] § 64, 1er alinéa de la loi relative à la Cour constitutionnelle fédérale (*BVerfGG*) dispose : « Der Antrag ist nur zulässig, wenn der Antragsteller geltend gemacht, daß er oder das Organ, dem er angehört, durch eine Maßnahme oder Unterlassung des Antragsgegners in seinen ihm durch das Grundgesetz übertragenen Rechten und Pflichten verletzt oder unmittelbar gefährdet ist ».

ses missions (B). Dans l'exercice de son contrôle, le juge constitutionnel doit sauvegarder la liberté de l'action politique des organes constitutionnels (A).

A. Les limites du contrôle opéré par le juge constitutionnel : sauvegarder la liberté d'action politique des organes constitutionnels.

Les procédures de contrôle de la constitutionnalité de la loi ou des décisions prises par le Gouvernement permettent au juge constitutionnel de garantir l'équilibre entre les organes investis des pouvoirs législatif, exécutif et judiciaire. Mais ce contrôle fait l'objet d'un grand nombre d'interrogations, car il s'agit d'admettre qu'un organe juridictionnel s'érige en censeur de l'œuvre du législateur bénéficiant de la légitimité démocratique directe ou bien tend à s'immiscer dans la sphère d'action gouvernementale. Il faut par conséquent trouver un juste milieu permettant un contrôle efficace sans pour autant porter atteinte à la liberté d'exercice des compétences constitutionnelles des organes politiques. Sauvegarder la balance entre l'étendue du contrôle de la Cour et le domaine fonctionnel des pouvoirs législatif et exécutif n'est pas chose aisée. La limite entre l'examen du juge, qui tend à purger le texte d'éventuelles inconstitutionnalités ou de constater son incompatibilité avec la Loi fondamentale, et la tentantion d'opérer un contrôle de l'opportunité politique de l'acte, est très fine.

La technique de l'autolimitation du juge (*judicial self-restraint*) fait montre de sa volonté de ne pas usurper par le biais du contrôle la prise de la décision qui appartient à un autre organe[1]. « Le principe du *judicial self-retraint* vise à préserver le libre espace d'action politique garanti par la Constitution aux autres organes constitutionnels »[2]. Cependant, cette limitation, dont le but est la garantie de la liberté d'action politique, ne représente pas une « auto »-limitation, car cela signifierait que la Cour est maître de ses propres compétences et peut en disposer de manière discrétionnaire en décidant, dans certains cas de figure, de moduler l'étendue de son contrôle afin de ne pas porter atteinte à la liberté politique d'un autre organe. La limitation résulte de « la qualité d'organe faisant partie du pouvoir de rendre la justice de la Cour ainsi que des standards d'examen mis à sa

---

[1] Sur l'(auto)-limitation du juge constitutionnel allemand, voir Klaus Schlaich/Stefan Korioth, *Das Bundesverfassungsgericht. Stellung, Verfahren, Entscheidungen*, 9e édition, C.H. Beck, München, 2012, p. 341-342. Voir églament : Hans-Peter Schneider, « Verfassungsgerichtsbarkeit und Gewaltenteilung. Zur Funktionsgerechtigkeit von Kontrollmaßstäben und Kontrolldichte verfassungsrechtlicher Entscheidung », *NJW*, 1980, p. 2103 et suiv.

[2] BVerfGE 36, 1 « Grundlagenvertrag » du 31 juillet 1973, première phrase du résumé de la solution de la Cour : « Der Grundsatz des judicial self-restraint zielt darauf ab, den von der Verfassung für die anderen Verfassungsorgane garantierten Raum freier politischer Gestaltung offenzuhalten » ; dans le même sens BVerfGE 59, 360 « Schülerberater » du 9 février 1982, p. 77, qui utilise le terme de « retenue » : (…) la Cour constitutionnelle fédérale doit faire preuve d'une grande retenue lors du contrôle des règles relatives à la politique scolaire des Länder » (« […] muß sich das Bundesverfassungsgericht bei der verfassungsrechtlichen Beurteilung schulrechtlicher Regelungen der Bundesländer große Zurückhaltung auferlegen »).

disposition »[1]. Le juge doit accomplir la mission qui lui est constitutionnellement attribuée, en n'essayant pas, dans un domaine déterminé, de « substituer ses considérations à celles (…) des organes politiques compétents de la Fédération »[2].

B. Le litige interorganes comme moyen juridictionnel de protection des compétences constitutionnelles des « organes suprêmes » ou la politisation de la procédure de l'article 93, alinéa 1er, n°1 LF.

Par la procédure de l'article 93, alinéa 1er, n°1 LF, la Cour constitutionnelle fédérale peut être saisie afin de livrer son interprétation sur « l'étendue des droits et obligations d'un organe fédéral suprême ou d'autres parties investies de droit propres, soit par la présente Loi fondamentale, soit par le règlement intérieur d'un organe fédéral suprême » [3]. Il s'agit d'un litige constitutionnel « typique »[4] auquel peuvent être partie « le président fédéral, le *Bundestag*, le *Bundesrat*, le Gouvernement fédéral, les fractions parlementaires ou les partis politiques »[5]. Une « partie » des organes cités peut être à l'origine du litige, car elle peut faire prévaloir les droits de la totalité de l'organe auquel elle appartient. Ainsi, l'opposition parlementaire se voit accorder la possibilité de saisir la Cour afin de contrer l'action de la majorité parlementaire soutenant le Gouvernement fédéral qui aurait comme résultat la

---

[1] Klaus Schlaich/Stefan Korioth, *Das Bundesverfassungsgericht. Stellung, Verfahren, Entscheidungen*, 9e édition, C.H. Beck, München, 2012, p. 342 : « Die "Beschränkung", die dem BVerfG obliegt, ist diejenige auf seine Gerichtsförmigkeit und auf die ihm zur Verfügung stehenden Kontrollmaßstabe ».

[2] BVerfGE 66, 39 « Nachrüstung » du 16 décembre 1983, p. 61 : « (…) es ist nicht Aufgabe des Bundesverfassungsgerichts (…) seine Einschätzungen an die Stelle der Einschätzungen (…) der zuständigen politischen Organe des Bundes zu setzen » ; BVerfGE 68, 1 « Atomwaffenstationierung » du 14 décemnre 1984, p.97 : « La Cour constitutionnelle fédérale n'a pas à procéder à un examen (…) afin de savoir si des considérations politiques visées sont opportuns ou inopportuns, car elle ne dispose pas de standards juridiques permettant ce contrôle ; ces questions relèvent de la responsabilité politique » (« Das Bundesverfassungsgericht hat […] nicht nachzuprüfen, ob Einschätzungen und Wertungen dieser Art zutreffend oder unzutreffend sind, da es insoweit rechtlicher Maßstäbe ermangelt ; sie sind politisch zu verantworten »).

[3] Article 93, alinéa 1er LF : « La Cour constitutionnelle fédérale statue 1. sur l'interprétation de la présente Loi fondamentale, à l'occasion de litiges sur l'étendue des droits et obligations d'un organe fédéral suprême ou d'autres parties investies de pouvoirs propres, soit par la présente Loi fondamentale, soit par le règlement intérieur d'un organe fédéral suprême », complété par § 63 et suiv. de la loi relative à la Cour constitutionnelle fédérale (*Bundesverfassungsgerichtsgesetz*) du 12 mars 1951.

[4] V., en langue française, sur les conflits constitutionnel en général, et les « litiges entre organes » en particulier: Jacky Hummel, « Les conflits constitutionnels. Définition(s) d'un objet d'étude », du même, *Les conflits constitutionnels*, Presses universitaires de Rennes, 2010, p. 14 s., et Armel Le Divellec, « Des conflits constitutionnels dans un "État constitutionnel " : le mécanisme des "litiges entre organes" devant la Cour constitutionnelle fédérale d'Allemagne », *in* Jacky Hummel (éd.), *Les conflits constitutionnels*, *op.cit.*, p. 99 s.

[5] § 63 de la loi relative à la Cour constitutionnelle fédérale : « Antragsteller und Antragsgegner können nur sein : der Bundespräsidetn, der Bundestag, der Bundesrat, die Bundesregierung und die im Grundgesetz oder in den Geschäftsordnungen des Bundestages und des Bundesrates mit eigenen Rechten ausgestatteten Teile dieser Organe ». Sur ce point, Christian Pestalozza, *Verfassungsprozeßrecht*, 3e édition, C.H. Beck'sche Verlagsbuchhandlung, München, 1991, p. 104-105.

violation des droits du *Bundestag*. Le différend interorganes a ici la fonction d'un instrument procédural visant à protéger la minorité parlementaire :

> *Selon la jurisprudence de la Cour constitutionnelle fédérale, le litige interorganique entre une fraction du Bundestag et un autre organe fédéral suprême sert, entre autres, à protéger la minorité parlementaire incarnée par la fraction.*[1]

Les « organes suprêmes » ou les « parties invesites de droit propres » ne sont pas « titulaires de droits subjectifs », mais exercent des « compétences »[2] qui leur ont été objectivement attribuées par le texte constitutionnel. Cependant, l'aspect subjectif du litige n'est pas absolument exclu, car l'expression « droits et obligations » introduit également le côté subjectif de la procédure. Il n'est par conséquent pas seulement question du « droit constitutionnel objectif », mais aussi de « la position juridique subjective » de la partie à l'origine de la saisine[3].

La finalité du litige entre organes n'est pas la protection isolée des compétences d'un organe déterminé. Il s'agit de préserver le maintien de l'équilibre institutionnel et de garantir l'ordre fonctionnel de la Loi fondamentale contre « les prétentions excessives d'un organe constitutionnel »[4], dont les actes tendraient à élargir sa sphère d'action en balayant toutes les limites posées par le principe normatif de la séparation des pouvoirs. La finalité de l'article 93, alinéa 1er, n°1 LF

---

[1] BVerfGE 68, 1 « Atomwaffenstationierung » du 18 décembre 1984, p. 77 : « Nach der Rechtsprechung des Bundesverfassungsgerichts dient das Organstreitverfahren zwischen einer Fraktion des Bundestages und einem anderen obersten Bundesorgan unter anderem dem Schutz der in der Fraktion verkörperten Parlamentsminderheit » ; BVerfGE 45, 1 « Haushaltsüberschreitung » du 25 mai 1977, p. 29 : « Diese Befugnis, Rechte des Bundestages selbst gegen dessen Willen vor dem Bundesverfassungsgericht geltend zu machen, bringt auch den Minderheitsschutz zur Geltung, der vor der Verfassung nach dem Wortlaut und der Entstehungsgeschichte des Art. 93 Abs. 1 Nr. 1 GG intendiert ist ».

[2] Wolfgang Löwer, « Zuständigkeiten und Verfahren des Bundesverfassungsgerichts », », *in* Josef Isensee/Paul Kirchhof (dir.), *Handbuch des Staatsrechts der Bundesrepublik Deutschland*, t. 3 (*Demokratie-Bundesorgane*), 3ᵉ édition, C.F. Müller, Heildelberg, 2005, p. 745-746 : « Organe sind aber nicht Träger subjektiver Rechte ; ihnen sind vielmehr Kompetenzen (…) zugewiesen ». V., p. ex., un jugement de la Seconde chambre de la Cour du 22 novembre 2011 (2BvE 3/08 – Rn. 1-45): la question se posait de savoir si le *Bundestag* aurait dû donner son accord concernant l'aliénation de biens appartenants à la *Deutsche Bahn AG* (§§41 s.)

[3] Christian Pestalozza, *Verfassungsprozeßrecht*, 3ᵉ édition, C.H. Beck'sche Verlagsbuchhandlung, München 1991, p. 113 : « "Rechte und Pflichten" heißt, daß nicht um lediglich objektives Verfassungsrecht gestritten werden darf ; es muß um "subjektive" Rechtspositionen gehen ».

[4] Wolfgang Löwer, « Zuständigkeiten und Verfahren des Bundesverfassungsgerichts », », *in* Josef Isensee/Paul Kirchhof (dir.), *Handbuch des Staatsrechts der Bundesrepublik Deutschland*, t. 3 (*Demokratie-Bundesorgane*), 3ᵉ édition, C.F. Müller, Heildelberg, 2005, p. 745-746 : « (…) diese Funktionenordnung gegen die excedierende Kompetenzeinspruchsnahme eines Verfassungsorgans zu sichern, nicht zum Schutz des "beeinträchtigten Organs" (….) ».

est objective car elle vise à préserver la répartition des compétences constitutionnelles.

Ainsi, l'article 93, alinéa 1er, n°1 LF permet à la fois le retour à l'équilibre institutionnel créé par la Loi fondamentale entre les organes suprêmes et prend en compte la menace que représente la configuration politique propre au régime parlementaire pour le principe constitutionnel de la séparation des pouvoirs. L'identité de l'obédience politique du Gouvernement fédéral et de la majorité parlementaire tend à placer le *Bundestag* dans une position subordonnée en le transformant en un agent d'exécution de la volonté gouvernementale. Ouvrir le litige interorganes à la minorité parlementaire permet sinon de complétement éviter le danger, au moins de doter l'opposition d'un moyen peu ou prou efficace permettant de protéger les droits et obligations constitutionnels du *Bundestag*. Ce mécanisme acquiert une importante particulière s'agissant des partis politiques et le principe d'égalité des chances, ce qui contribue à maintenir l'équilibre des forces politiques évoluant sur la scène politique allemande[1].

La formulation employée par l'article 93, alinéa 1er, n°1 LF peut induire en erreur : la Cour est saisie afin de donner une interprétation de l' « étendue des droits et obligations », mais les conséquences de cette saisine ne sont pas claires. S'agit-il d'une simple interprétation qui ne signfie pas vraiment une sanction de l'organe ou la partie qui aurait franchi ses compétences ? Dans cette hypothèse la décision du juge intervient en tant que solution abstraite qui ne produit pas d'effet sur le litige concret. Ou bien, l'interprétation de la Cour doit-elle être suivie d'effet ? Dans ce cas de figure, l'action visée par la saisine doit cesser immédiatement afin que l'équilibre institutionnel soit préservé. Il est clair, à la lecture des §§64 et 67[2] de la loi sur la Cour constitutionnelle fédérale, que l'interprétation n'a pas une dimension complètement abstraite, détachée de l'espèce, mais sert à résoudre le problème juridique concret posé à la Cour : dans le cadre du litige interorganes, elle « décide non pas d'une question juridique abstraite, mais d'un différend juridique concret », car « chaque litige constitutionnel a pour objet un rapport juridique constitutionnel »[3].

---

[1] BVerfGE 6, 367 du 7 mai 1957 (p. 372 s.).

[2] En vertu du §64 de la loi sur la Cour constitutionnelle fédérale dispose que la demande est recevable si le demandeur allègue qu'une « mesure ou une ommission d'agir » (« eine Maßnahme oder Uniterlassung ») du défendeur constitue « une violation ou une menace directe de ses droits et obligations » (« in seinem [...] Rechten und Pflichten verletzt oder unmittelbar gefährdet ist ») ; §67 porte sur la décision de la Cour qui « établit si la mesure existante ou l'ommission d'agir du défendeur porte atteinte à une disposition constitutionnelle » (ob [...] die beanstandene Maßnahme oder Unterlassung des Antragsgegners gegen eine Bestimmung des Grundgesetzes verstößt ») qui doit être « indiquée » (« ist zu bezeichnen ») dans la décision.

[3] Il s'agit d'une jurisprudence constante : BVerfGE 45, 1 « Haushaltsüberschreitung » du 25 mai 1977, p.29 : « Das Bundesverfassungsgericht entscheidet im Organstreit nicht über eine abstrakte Rechtsfrage, sondern über den konkreten Rechtsstreit ». Dans le même sens, déjà, BVerfGE 1, 208

CONCLUSION DU CHAPITRE

Le pouvoir de rendre la justice est le seul qui bénéficie d'une indépendance constitutionnellement garantie. Il se trouve ainsi séparé des organes des deux pouvoirs « politiques ». Cette séparation résulte de son statut partiulier. Il veille à la protection des intérêts individuels face aux ingérences éventuelles des actes de la puissance publique. La fonction coïncide ici parfaitement avec l'organe qui en a la charge. La Cour constitutionnelle adopte une définition matérielle du pouvoir de réndre la justice qui pourrait aboutir, dans certains cas, à dissocier l'organe et la fonction. La révision de l'article 10, alinéa 2 LF donne lieu à une décision vivement critiquée à cause de la solution prise : désormais, dans des circonstances exceptionnelles, lorsqu'il y a une menace pour l'ordre constitutionnel démocratique et libéral, le juge et le recours juridictionnel, qui sert de protection contre les actes de l'exécutif, peut être remplacé par une institution spéciale combinant des éléments des pouvoirs législatif et exécutif et qui agit d'après des procédures secrètes ne donnant pas l'occasion à l'individu visé de se défendre. Ainsi, on constate que le recours judictionnel de l'article 19, alinéa 4 LF ne tombe pas sous la protection de l'article 79, alinéa 3 LF. Les modalités de mise en application du principe de la séparation des pouvoirs ne sont pas à l'abri d'une révision constitutionnelle.

En dépassant les conclusions inconsistantes et trop hâtives selon lesquelles la justice constitutionnelle est incompatible avec le principe de séparation des pouvoirs, on constate que le juge constitutionnel est devenu, par ses décisions, le garant du principe de séparation des pouvoirs. En procédant à une mise en balance des intérêts contradictoires présentés par les différents organes investis des pouvoirs législatif, exécutif et judiciaire, la Cour constitutionnelle élabore sa propre doctrine de la séparation des pouvoirs qu'elle applique aux différents cas concrets. Loin d'être l'élément trouble, elle constitue la pièce principale du système de freins et de contrepoids de la Loi fondamentale.

« 7,5%-Sperrklausel » du 5 avril 1952, p. 221 : « Eine Verfassungsstreitigkeit hat ein verfassungsrechtliches Rechtsverhältnis zum Gegenstand ».

CONCLUSION DU TITRE PREMIER

L'analyse des cas concrets qui mettent en rapport les différents pouvoirs démontrent qu'il ne s'agit pas de concrétiser de manière machinale le principe sans prendre en compte les données empiriques qui diffèrent chaque fois. Aucune fonction ne se voit attribuée exclusivement à un seul organe. L'organisation du pouvoir est tissée de rapports complexes qui font ressortir l'impossible existence d'un principe de la séparation des pouvoirs qui serait d'application certaine et ne tolérerait pas les ajustements.

Il s'agit davantage d'avoir des rapports balancés qui permettent, jusqu'à un certain niveau, le partage des compétences, tout en sauvegardant l'organe qui porte la responsaibilité pour la prise d'une décision et qui dont ne peut pas être remplacé par un autre. C'est là la limite de la norme constitutionnelle déduite de l'article 20, alinéa 2 LF et concrétisée par les articles de la Loi fondamentale. C'est ce jeu de contrôle et de concours aux mêmes missions qui est difficile à comprendre si on s'arrête à une présentation illusoire, fallacieuse du principe. L'explication banale et scolaire un organe-une fonction-un pouvoir ne peut guère s'appliquer à la réalité constitutionnelle. Ou alors, le principe de la séparation des pouvoirs ne remplirait plus sa mission de principe d'organisation du pouvoir d'État. Organiser le pouvoir, c'est rationaliser les actions des différents pouvoirs et optimiser les conditions de leur travail. Cela ne veut certainement pas dire qu'il faut construire une structure statique qui ne permettrait aucun mouvement, aucun équilibre. Car l'équilibre suppose le mouvement dynamique.

La simple application des règles du syllogisme juridique (souvent mal compris) ne correspond pas à la nature fonctionnelle du principe de la séparation des pouvoirs. Ce dernier ne doit pas s'en tenir aux présuposés, aux inexactitudes qui accompagnent sa concrétisation. Les définitions dégagées par la Cour tout au long de sa jurisprudence doivent non pas être calquées sur les espèces concrètes, mais suivre un processus d'adaptation nécessaire afin que la solution soit adéquate au problème juridique posé. Certes, les solutions données par la Cour présentent parfois, et même souvent, des failles. Mais l'effort avec lequel le juge constitutionnel allemand tente d'expliquer son raisonnement mérite d'attirer l'attention.

TITRE SECOND
LES LIMITES APPORTEES A L'APPLICATION DU PRINCIPE DE SEPARATION DES POUVOIRS

L'« état d'exception » appelle l'application de normes extraordinaires suceptibles de produire des effets rapides afin que l'on puisse revenir à la situation normale ou ordinaire. Ainsi, le principe de séparation des pouvoirs, dans sa configuration « initiale » ne peut pas trouver une application intégrale dans le cas d'une situation de crise. Il s'en trouve soit temporairement suspendu, soit temporairement modifié (chapitre 1).

Aujourd'hui, il semble que l'obsession sécuritaire plonge les sytèmes constitutionnels modernes dans un « état d'exception » permanent. Le monde globalisé exige des solutions qui ne peuvent pas être le résultat d'une seule puissance. Les États s'ouvrent par conséquent davantage vers l'extérieur en intégrant différents organismes internationaux. Mais l'adhésion entraîne souvent des conséquences immédiates à l'intérieur même de l'État. Ainsi, l'hyper-structure de l'Union européenne est l'exemple d'une organisation internationale à forte intégration dont l'ordre jurdique vient se calquer sur celui des États membres, et, même plus, le pénétrer complètement. Le principe interne de la séparation des pouvoirs subit par conséquent les effets de l'impact du droit de l'Union européenne (chapitre 2).

CHAPITRE 1
L' « état d'exception » : suspension temporaire ou modification du principe de séparation des pouvoirs

Dans les situations d'exception, que les règles « normales » n'arrivent pas à maîtriser, il faut pouvoir déclencher un mécanisme de décision et d'action susceptible de produire des effets concrets dans un laps de temps très court[1].

La finalité d'une telle action paraît complètement justifiable d'un point de vue politique. Du point de vue du droit constitutionnel, en revanche, les choses se présentent autrement. En effet, « aucune formule n'est arrêtée pour rendre compte de l'état d'exception »[2]. « Est souverain celui qui décide de l'état d'exception. »[3] La phrase résume à elle seule tout le problème de l'état d'exception généralement perçu comme un espace où le droit se trouve suspendu au profit de la capacité décisionnelle de celui qui le maîtrise.

> *La situation exceptionnelle se situe en deçà de la révolution et au-delà de la simple lutte politique. Exceptionnel n'a de sens que par rapport à un ordre juridique et en fonction d'une finalité. (…) Si l'exception n'existe que par rapport à la norme– au sens de l'obligation juridique et de comportement habituel ou normal (…).*[4]

Ces deux éléments vont être retenus ici : d'abord la situation exceptionnelle n'est pas une rupture révolutionnaire ni un banal différend politique. Puis, on doit être en mesure de connaître la norme qui s'applique habituellement afin de la distinguer de la règle exceptionnelle.

L'exigence de la prise de décision immédiate et de l'action ciblée et rapide peut être difficilement remplie dans le cadre du fonctionnement normal des organes investis des pouvoirs législatif, exécutif et judiciaire. Il convient, dans ces cas de figure, de procéder à une suspension ou une modification du principe constitutionnel de la séparation des pouvoirs afin de revenir à un état de fonctionnement normal de la machine étatique. Par conséquent, l'« état

---

[1] Jean Lamarque, « La théorie de la nécessité et l'article 16 de la Constitution de 1958 », *RDP*, 1961, p. 595 et suiv. Sur l'article 16 : *L'article 16 de la Constitution de 1958*, documents réunis et commentés par Francis Hamon, *La Documentation française*, Paris, 1994, p. 4 et suiv. ; Michèle Voisset, *L'article 16 de la Constitution de 1958*, LGDJ, 1969.

[2] François Saint-Bonnet, *État d'exception*, PUF, coll. *Léviathan*, 2001, p. 15.

[3] Carl Schmitt, *Politische Theologie. Vier Kapitel zur Lehre von der Souveränität*, 8e édition, Duncker & Himblot, Berlin, 2004, p. 13 : « Souverän ist, wer über den Ausnahmezustand entscheidet », avec une référence critique à Robert von Mohl pour qui décider de l'état d'exception ne peut être une question juridique.

[4] François Saint-Bonnet, *État d'exception*, PUF, coll. *Léviathan*, 2001, p. 29.

d'exception » est incompatible avec la mise en œuvre normale du principe de séparation des pouvoirs. Le danger inhérant à un tel mécanisme est la concentration du pouvoir d'État au sein d'un seul organe ou dans les mains d'une seule personne, tenté(e) de faire durer l'état d'exception pour, finalement, détruire l'ordre constitutionnel existant.

Lors des discussions du Conseil parlementaire, on enregistre le rejet des auteurs du texte de la Loi fondamentale d'y introduire, dès 1949, des dispositions relatives à une situation d'exception modifiant de manière temporaire la distribution des compétences constitutionnelles et l'équilibre organique en mettant en danger l'ordre constitutionnel démocratique et libéral de la Loi fondamentale.

Toutefois, l'idée d'une « constitution de l'urgence » (*Nostandsverfassung*) renaît quelques années plus tard. Dans la période agitée des années 1960, le gouvernement du chancelier Kiesinger formule un projet de loi de révision constitutionnelle dont l'objet est l'adoption d'une série d'articles prévoyant des mécanismes de fonctionnement des pouvoirs publics dans l'hypothèse de situations exceptionnelles. Ces dispositions touchent aux droits fondamentaux et à l'organisation des organes des trois pouvoirs constitutionnels. La dix-septième loi de révision de la Loi fondamentale, adoptée en 1968, permet de créer la « constitution d'urgence ». Les réticences et les vives critiques, dont la révision fait l'objet, sont à rechercher dans ses origines constitutionnelles et la volonté de ne pas reproduire les erreurs de la politique weimarienne (Section 1). La « constitution d'ugence » actuelle vise à garantir un équilibre entre puissances de l'État en évitant la concentration au sein du seul pouvoir exécutif. Ainsi, elle représente moins une suspension du principe de la séparation des pouvoirs qu'une modification temporaire de ses modalités de mise en œuvre (Section 2).

Section 1 : Origines constitutionnelles.

Dans sa version initiale, en 1949, la Loi fondamentale ne comportait pas de règles s'appliquant pendant les périodes de crise. Le souvenir de la pernicieuse expérience de l'article 48 de la Constitution de Weimar était encore trop présent. C'est cette disposition constitutionnelle qui fut un des moyens qui permirent de pervertir le régime weimarien et de transformer le pouvoir exécutif en seul maître de l'état d'exception (§1). Mais, ne pas créer un cadre légal pour l'état d'exception aurait pu se révéler encore plus dangereux pour l'ordre constitutionnel démocratique et libéral, ce qui a finalement conduit à l'adoption de la loi de révision et de complément de la Loi fondamentale du 24 juin 1968 (§2).

§1. L'article 48 de la Constitution de Weimar de 1919 : le pouvoir exécutif, seul maître de « l'état d'exception ».

« Un État, qui, comme la République de Weimar, est né d'une situation de crise et dont l'existence passe sous le signe des crises permanentes, nécessitait des règles normatives régissant l'état de crise susceptibles d'être immédiatement mises en œuvre et de s'adapter constamment aux rapports de crise. »[1] En 1919, l'article 48 CW fait l'objet de vifs débats lors des discussions de l'Assemblée chargée de rédiger le nouveau texte constitutionnel[2] pour connaître par la suite un grand succès avant de causer la perte de la République de Weimar[3]. Les conditions posées par l'article 48, alinéa 2 CW (A) ont permis la mise en place d'une « dictature »[4] présidentielle (B).

A. Les conditions posées par l'article 48 de la Constitution de 1919.

Dans la réalité constitutionnelle de Weimar, les temps de crise furent à l'origine des transgressions et atteintes les plus importantes au principe de séparation des pouvoirs. Dans la configuration de l'article 48 CW, l'équilibre institutionnel entre les pouvoirs législatif et exécutif disparaît : la division des deux pouvoirs est alors remplacée par leur concentration du pouvoir au sein du seul

---

1 Ernst Rudolf Huber, « Zur Geschichte und Theorie des Verfassungsnotrechts », *in* du même, *Bewahrung und Wandlung. Studien zur deutschen Staatstheorie und Verfassungsgeschichte*, Duncker & Humblot, 1975, p. 193-194 : « Ein Staat, der wie die Weimarer Republik aus der Krise entstanden war und in fast permanenter Krisenlage existierte, bedurfte eines permanent verfügbaren wie eines an die wechselnden Krisenverhältnisse ständig anpassungsfähigen Krisenrechts ».

2 Christoph Gusy, *Die Weimarer Reichsverfassung*, Mohr Siebeck, Tübingen, 1997, p. 107 : « Dabei trafen gegensätzliche Ziele aufeinander : Das Bestreben, die junge Republik wirksam – auch gegen kommunistische Aufstände – zu schützen, und die Tendenz, den staatlichen Sicherheitsorganen (…) hinreichend klare Grenze zu ziehen ». Selon Huber, *Deutsche Verfassungsgeschichte*, t. 6 (*Die Weimarer Reichsverfassung*), Kohlhammer, Stuttgart, 1981, p. 688, le prototype de l'article 48 est le § 10 de la loi relative à l'administration de l'Alsace-Lorraine du 30 décembre 1871, qui habilite le président du nouveau territoire impérial à « prendre immédiatement toutes les mesures nécessaires » en cas de « menace pour la sécurité publique » (« alle Maßregeln ungesäumt zu treffen » ; « bei Gefahr für die öffentliche Sicherheit »). L'origine du texte, mis en avant par Hugo Preuss lors des débats de l'Assemblée constituante, sont une réglementation prussienne datant du 31 octobre 1825 et la loi française relative à l'état de siège en Alsace-Lorraine du 9 août 1849, restée en vigueur jusqu'en 1871.

3 Christoph Gusy, *Weimar – die wehrlose Republik ? Verfassungsschutzrecht und Verfassungsschutz in der Weimarer Republik*, Mohr Siebeck, Tübingen, 1991, p. 50, fait remarquer qu'entre le 10 octobre 1919 et le 31 décembre 1933, 254 ordonnances d'urgence furent édictées.

4 Chez Rousseau, on trouve l'idée que la dictature est un moyen de « sauver la patrie » : Jean-Jacques Rousseau, *Du Contrat social* (1762), Éditions Gallimard, collection *Folio essais*, 1964, p. 279, Deux moyens d'action sont possibles : « augmenter l'activité du gouvernement » en le concentrant « dans un ou deux de ses membres » ou de nommer « un chef suprême qui fasse taire toutes les loix et suspende un moment l'autorité Souveraine (...) et il est évident que la première intention du peuple est que l'État ne périsse pas ».

pouvoir exécutif[1]. Il ne s'agit pourtant pas d'une disposition constitutionnelle qui suspend intégralement l'application du principe de séparation des pouvoirs. La lecture des alinéas 2 et 3 de l'article 48 CW démontre que le Parlement est maintenu dans sa fonction d'organe de contrôle, car le président du *Reich* « doit sans retard communiquer » au Parlement « toutes les mesures prises » qui « doivent être abrogées à la demande du *Reichstag* »[2]. Les actes, pris en vertu de l'article 48, alinéa 2 CW doivent être, conformément à l'article 50 CW, contresignés par le chancelier ou, le cas échéant, par le ministre du ressort duquel relève la décision[3]. De plus, l'alinéa 2 pose deux conditions cumulatives qui permettent la concentration de pouvoir dans les mains du chef de l'État : il faut que « la sécurité et l'ordre public » soient « gravement troublés ou compromis au sein du *Reich* ». La formulation paraît précise, mais derrière les expressions employées se cache une possibilité interprétative assez large. Combinée avec la sortie délibérée du champ d'application de l'article 48 CW[4], elle devient l'arme qui va se retourner contre la Constitution qui l'a créée. La « sécurité et l'ordre public » sont des notions vastes qui renvoient au domaine de la police et à la mission des autorités publiques chargées de garantir le maintien de la sécurité et de l'ordre. Mais, comme le remarque à juste titre Gerhard Anschütz, la dimension tirée du domaine de la police n'est pas pertinente ici. Dans le contexte constitutionnel, la sécurité et l'ordre doivent être interprétés de manière extensive[5]. Ils peuvent par conséquent renvoyer

---

1 Ernst Rudolf Huber, *Deutsche Verfassungsgeschichte*, t. VI (*Die Weimarer Reichsverfassung*), Kohlhammer, Stuttgart, 1981, p. 91 : « (…) entstanden in Konflikts- und Krisenzeiten die stärekeren Beeinträchtungen des kunstvoll ausgewogenen Systems edr Gewaltenteilung aus der sich entwickelnden Übermacht der Exekutive. (…) An die Stelle der Trennung trat damit die Vereinigung von Exekutive und Legislative in einer Hand ».

2 « Der Reichspräsident kann, wenn im Deutschen Reiche die öffentliche Sicherheit und Ordnung erheblich gestört oder gefährdet wird, die zur Wiederherstellung der öffentlichen Sicherheit und Ordnung nötigen Maßnahmen treffen (…) » (alinéa 2) ; « Von allen gemäß Abs. 1 oder Abs. 2 dieses Artikels getroffenen Maßnahmen hat der Reichspräsident unverzüglich dem Reichstag Kenntnis zu geben. Die Maßnamhen sind auf Verlangen des Reichstags außer Kraft zu setzen » (alinéa 3).

3 « Alle Ordnungen und Verfügungen des Reichspräsidenten (…) bedürfen zu ihrer Gültigkeit der Gegenzeichnung durch den Reichskanzler oder den zuständigen Reichsminister. Durch die Gegenzeichnung wird die Verantwortung übernommen ». Sur ce point : Christoph Gusy, *Weimar – die wehrlose Republik ? Verfassungsschutzrecht und Verfassungsschutz in der Weimarer Republik*, Mohr Siebeck, Tübingen, 1991, p. 47 : « Le contrôle parlementaire des mesures prises dans le cadre de l'état d'urgence devrait être garanti par les mécanismes du contreseing (art. 50 CW) et de l'abrogation sur demande du Reichstag (art. 48, al. 3 CW) » (« Die parlamentarische Kontrolle über die Notmaßnahmen sollte durch die Instrumente der Gegenzeichnung [Art. 50 WRV] und des Aufhebungsverlangens [Art. 48 Abs. 3 WRV] sichergestellt werden »).

4 Carl Schmitt, « Die Diktatur des Reichspräsidenten nach Art. 48 der Weimarer Verfassung », *in* du même, *Die Diktatur* (1921), 7e édition, 2006, Duncker & Humblot, Berlin, p. 214.

5 Ce qui correspond à l'opinion majoritaire de la doctrine : à titre d'exemple, Richard Thoma « Der Vorbehalt der Legislative », *in* Gerhard Anschütz/Richard Thoma (dir.), *Handbuch des deutschen Staatsrechts*, vol. 2, Mohr Siebeck, Tübingen, 1932, p. 231 ; Carl Schmitt, *Der Hüter der Verfassung* (1931), 4e édition, Duncker & Humblot, 1996, p. 119, qui analyse la crise financière et économique à l'origine de l'application de l'article 48 CW.

à n'importe quelle menace, en sortant ainsi du cadre de l'exercice du pouvoir de police, à n'importe quel dysfonctionnement pourvu que ceux-ci soient de nature à entraver la marche normale de l'État. D'importantes difficultés économiques ou financières[1], des troubles institutionnels, en particulier concernant le fonctionnement du régime parlementaire[2], peuvent entrer dans le champ d'application de l'article 48, alinéa 2 de la Constitution de 1919.

Dans l'hypothèse, dans laquelle les organes de l'État ne sont pas aptes à accomplir leurs missions en mobilisant les moyens politiques ordinaires mis à leur disposition, l'article 48 CW représente une sorte de « compétence de réserve »[3]. Les prérogatives étendues accordées au président sont faussement assimilées à une sorte de « dictature » républicaine. Le régime weimarien repose sur la double légitmité démoratique immédiate de deux organes, l'un exécutif, l'autre législatif, le président du *Reich* et le Parlement. Ce sont les deux « piliers » institutionnels bénéficiant de la légitimité démocratique issue du suffrage populaire[4]. II s'agit de deux sphères d'action démocratiques à l'intérieur desquelles se meuvent deux organes, le *Reichstag* et le président du Reich. La particularité de l'article 48 est la création d'un déséquilibre total entre ces deux organes. Car l'arsenal mis à disposition de l'organe exécutif, en vue de rétablir la sécurité et l'ordre publics, est très lourd. En ce qui concerne les pouvoirs législatif et exécutif, l'article « fait sortir de vigueur le système de la séparation des pouvoirs »[5]. Les « conséquences

---

[1] L'idée d'une crise économique et financière constitutive d'un trouble grave de la sécurité et de l'ordre publique apparaît pendant la crise économique qui secoue l'Allemagne dans les années 1922-1924. La finalité du droit de l'urgence change car s'y ajoutent des facteurs qui ne sont pas politico-institutionnels au sens strict. Sur ces questions : Christoph Gusy, *Die Weimarer Verfassung*, Mohr Siebeck, Tübingen, 1997, p. 108.

[2] Sur les potentielles raisons de la mise en œuvre de l'article 48, alinéa 2 et la distinction entre l'exercice du pouvoir de police et les compétences attribuées au président du *Reich* en cas de troubles graves menaçant la sûreté et l'ordre public, voir Gerhard Anschütz, *Die Verfassung des Deutschen Reiches vom 11. August 1919*, 14e édition (1933), Hermann Genter Verlag, réimpression 1960, p. 278-279.

[3] Christoph Gusy, *Weimar – die wehrlose Republik ? Verfassungsschutzrecht und Verfassungsschutz in der Weimarer Republik*, Mohr Siebeck, Tübingen, 1991, p. 46 : « (…) so konnte Art. 48 (…) als "Reservkompetenz" zum Einsatz gelangen »

[4] Christoph Gusy, *Weimar – die wehrlose Republik ? Verfassungsschutzrecht und Verfassungsschutz in der Weimarer Republik*, Mohr Siebeck, Tübingen, 1991, p. 47 : « (…) sondern durch die Volkswahl des Präsidenten daneben eine zweite Säule institutionalisiert hatte. (…) Wenn sich für seine Notmaßnahmen faktisch sofort nach Abschluß der Verfassunggebung die *Bezeichnung "Diktatur"* einbürgerte, so war diese Bennenung jedenfalls mißverständlich » (souligné dans le texte), avec une référence à l'essai de Richard Grau, *Die Diktaturgewalt des Reichspräsidenten und der Landesregierungen auf Grund des Artikels 48 der Reichsverfassung*, Liebmann, Berlin, 1922.

[5] Ernst Rudolf Huber, *Deutsche Verfassungsgeschichte*, t. 6 (*Die Weimarer Reichsverfassung*), Kohlhammer, Stuttgart, 1981, p. 91 : « Im Verehältnis von Legislative und Exektuive trat das Gewaltenteilungssystem außer Funktion ».

juridiques » portent une suspension des règles constitutionnelles relatives à la distribution des compétences[1].

Avec l'application de l'article 48 CW, le président du *Reich* se transforme en l'organe qui dicte l'action politique, appuyé par le chancelier et ses ministres. D'une part, le pouvoir exécutif peut adopter des mesures sans demander l'autorisation législative nécessaire en période normale, et, d'autre part, les compétences de l'État sont élargies au détriment du domaine des droits fondamentaux. Le président du *Reich* peut, conformément à cet article, décider de suspendre l'application d'une série de droits fondamentaux « entièrement ou en partie »[2].

B. La mise en place de la « dictature » du président du Reich.

En vertu de l'article 48, alinéa 2 CW, le président du *Reich* pouvait prendre toute mesure nécessaire afin de mettre fin aux troubles : des règlements d'urgence, des ordonnances ; il pouvait également décider de l'emploi des forces armées à l'intérieur de l'État. Les limites constitutionnelles de l'action présidentielle furent bien minces. Outre l'énumération des droits fondamentaux, pouvant faire l'objet d'une suspension temporaire intégrale ou partielle, on ne trouvait que des éléments épars, dont la stabilité était incertaine, afin de tenter de limiter de manière efficace l'exercice omniprésent de compétences relevant à la fois du domaine législatif et du domaine exécutif. Une loi fédérale aurait pu poser davantage de limites à ces compétences étendues, mais, malgré l'énoncé de l'alinéa 5 de l'article 48 CW[3], un tel texte ne vit jamais le jour. Les conditions posées par l'alinéa 2 ne suffirent pas pour assister à l'élargissement progressif de son champ d'application. Aux « troubles graves » à la sécurité et l'ordre public s'ajoutent, au cours des années 1920, les troubles économiques et financiers. Puis, dans les années 1930, il ne s'agit plus que d'un dysfonctionnement constitutionnel auquel il est impossible de mettre fin en employant les moyens législatifs ou exécutifs « ordinaires »[4]. La seule

---

1 Christoph Gusy, *Weimar – die wehrlose Republik ? Verfassungsschutzrecht und Verfassungsschutz in der Weimarer Republik*, Mohr Siebeck, Tübingen, 1991, p. 47 : « (...) ein demokratischer Handlungszusammenhang neben einem anderen, gleichfalls demokratischen Handeln. (...) *Die Rechtsfolgen* (...) *waren überwiegend kompetenzverschiebender Art* (...) » (souligné dans le texe) ; du même, *Die Weimarer Reichsverfassung*, Mohr Siebeck, Tubingen, 1997, p. 107 : « Soweit andere Staatsorgane ihren Aufgaben nicht nachkommen konnten oder wollten, war der Reichspräsident berechtigt, über die Grenzen seines Amtes hinaus in die Zuständigkeiten (...) anderer Organe des Reichs, etwa der Regierung oder des Parlaments ».

2 Il s'agit de la liberté personnelle (article 115 CW), de l'inviolabilité du domicile (article 116 CW), du secret de la correspondance (article 117 CW), de la liberté d'expression (article 118 CW), de la liberté de réunion (article 123 CW), de la liberté d'association (article 124 CW), de la propriété (article 153 CW).

3 Alinéa 5 dispose que les précisions relatives à l'application de l'article 48 sont fixées par une loi du *Reich* (« Das Nähere bestimmt ein Reichsgesetz »). Christoph Gusy, *Weimar – die wehrlose Republik ? Verfassungsschutzrecht und Verfassungsschutz in der Weimarer Republik*, Mohr Siebeck, Tübingen, 1991, p. 49 : « Ein derartiges Gesetz könne die Diktaturbefugnisse des Art. 48 WRV lediglich einschränken (...) ».

4 Sur ces différences : Johannes Heckel, « Diktatur, Notverordnungsrecht, Verfassungsnotstand », *AöR*, 1932, p. 257 ; Christoph Gusy, *Weimar – die wehrlose Republik ? Verfassungsschutzrecht und*

inacapacité d'un organe à accomplir la mission qui lui est attribuée, ou même le retard de sa réalisation peuvent être constitutifs d'un état d'urgence constitutionnelle appelant l'application de l'article 48[1]. L'interprétation large permet au président du *Reich* de prendre les mesures nécessaires sans attendre que le *Reichstag* se réunisse ou qu'il s'accorde sur une décision[2].

Le Parlement weimarien, victime d'un morcellement partisan paralysant son action politique ainsi que la production législative, n'est plus indispensable à l'adoption de textes relevant de la matière législative. Le chef de l'État peut désormais gouverner contre une assemblée qui lui est politiquement hostile, mais aussi, sans que celle-ci soit présente dans le processus décisionnel politique[3]. Dans le cas de figure où les députés rejettent un projet de loi, le Gouvernement se trouve protégé par l'écran des compétences exceptionnelles du président. Les textes rejetés peuvent être immédiatement adoptés sous la forme d'ordonnances édictées par le pouvoir exécutif dans le cadre de l'article 48 CW. L'« urgence constitutionnelle n'était plus à rechercher dans une paralysie ou une interruption du fonctionnement d'un organe, mais dans l'absence de volonté politique des organes de l'État et des partis politiques de travailler de concert »[4]. La banalisation des mesures d'urgence prises sur le fondement de l'article 48 CW tend à redefenir la configuration du

---

Verfassungsschutz in der Weimarer Republik, Mohr Siebeck, Tübingen, 1991, p. 55 : « Konstituierend für den Diktaturfall waren (...) nur noch die folgenden Begriffselemente : *(1) eine wichtige Staatsaufgabe im weiten Sinne, (2) deren Erfüllung in erheblichem Umfang beeinträchtigt war und die (3) auch nicht rechtzeitig mit regulären staatlichen Mitteln der Gesetzgebung oder Vollziehung gelöst werden konnte* » (souligné dans le texte).

[1] Gerhard Anschütz, *Die Verfassung des Deutschen Reiches vom 11. August 1919*, 14e édition (1933), Hermann Genter Verlag, réimpression 1960, p. 279.

[2] Johannes Heckel, « Diktatur, Notverordnungsrecht, Verfassungsnotstand », *AöR*, 1932, p. 310, explique que l'état d'« urgence constitutionnelle » désigne l'impossibilité pour un organe de remplir ses missions constitutionnelles. Cet organe, sous Weimar, est le Parlement. Il s'exclut lui-même du processus décisionnel par son incapacité chronique à stabiliser le processus politique, ce qui ouvre la brèche pour l'utilisation abusive de l'article 48 CW par le président du *Reich* et son gouvernement.

[3] Ernst Rudolf Huber, *Deutsche Verfassungsgeschichte*, t. 6 (*Die Weimarer Reichsverfassung*), Kohlhammer, Stuttgart, 1981, p. 91 : « Nichts trug in der Endphase der Weimarer Republik zur Erschütterung des Rechtsstaatsbewußtseins mehr bei als der Umstand, daß in der schweren anhaltenden Krisenlage die parlamentarische Legislative infolge des Verlusts ihrer Funktionsfähigkeit nicht in der Lage war, die zur Erhaltung der nationalen Existenz notwendigen Maßnahmen auf dem Boden des Rechtsstaates zu treffen, sondern die Exekutive gezwungen war, unter Abkehr vom Gewaltenteilungssystem das Notwendige vermöge ihrer für den Notstandsfall vorgesehenen Maßnahmehoheit im Weg der außerordentlichen Rechsetzungsgewalt anzuordnen » ; Christoph Gusy, *Weimar – die wehrlose Republik ? Verfassungsschutzrecht und Verfassungsschutz in der Weimarer Republik*, Mohr Siebeck, Tübingen, 1991, p. 58 : « (...) mit der starken Position des Reichspräsidenten bei der Regierungsbildung ermöglichte dieses Konzept ein Regieren ohne das Parlament und schließlich auch gegen das Parlament ».

[4] Christoph Gusy, *Weimar – die wehrlose Republik ? Verfassungsschutzrecht und Verfassungsschutz in der Weimarer Republik*, Mohr Siebeck, Tübingen, 1991, p. 57 : « Der "Verfassungsnotstand" lag nicht in der "Obstruktion" oder einem "Versagen" eines Organs, sondern in dem fehlenden politischen Willen der Staatsorgane oder Parteien zur Zusammenarbeit », avec des références bibliographiques supplémentaires.

principe constitutionnel de la séparation des pouvoirs pour enfin faire disparaître les barrières fonctionnelles entre les organes législatifs et exécutifs.

Le germe de la perversion du système, opérée à l'aide de la « dictature » présidentielle, est contenu dans la double légitimité démocratique directe voulue par le constituant en 1919. L'élection du président par le peuple « greffé » sur régime parlementaire weimarien fausse son fonctionnement. Pensé comme un organe-contrepoids au *Reichstag* et au gouvernement soutenu par la majorité parlementaire, le chef de l'État est « la pièce défectueuse dans la construction du pouvoir sous Weimar »[1].

L'article 48 CW destiné à garantir l'exsitence de la Constitution devient à la fin de son existence une arme puissante servant sa propre destruction[2]. Le spectre de la fin terrible de Weimar hante les auteurs de la Loi fondamentale de 1949[3] : malgré plusieurs projets[4], aucune disposition ne prévoit l'organisation des pouvoirs dans l'hypothèse de situations ne permettant pas le fonctionnement normal des organes de l'État. Il n'y a que quelques articles, comme par exemple les dispositions portant sur l'état de défense, qui ne peuvent aucunement répondre aux besoins d'une situation exceptionnelle. Ce n'est que dans les années 1960 que la discussion sur la nécessité de normes constitutionnelles régissant les circonstances exceptionnelles ressurgit. Le résultat est l'adoption de la dix-septième loi modifiant la Loi fondamentale du 24 juin 1968 qui introduit la « constitution d'urgence » dans le droit constitutionnel allemand.

§2. La loi de révision constitutionnelle de la Loi fondamentale du 24 juin 1968 : la «constitution d'urgence » (*Notstandsverfassung*).

Le refus du pouvoir constituant d'introduire des règles applicables en situation de crise dans le texte de la Loi fondamentale de 1949 n'efface pas la

---

[1] Karl Löwenstein, *Verfassungslehre* (1959), Mohr Siebeck, Tübingen, 2000, p. 91 : « (...) pfropfte man einem von Volke gewählten Präsidenten auf (...) Diese einander widerpsrechenden Absichten resultierten in der verhängnisvollen Fehlkonstruktion des Machtprozesses unter Weimar : der Reichskanzler wurde vom Reichspräsidenten ernannt und entlassen (Art. 53) ; gleichzeitig benötigte er zu seiner Amtsführung das Vertrauen des Reichstages (Art. 54) ».

[2] Christoph Gusy, *Weimar – die wehrlose Republik ? Verfassungsschutzrecht und Verfassungsschutz in der Weimarer Republik*, Mohr Siebeck, Tübingen, 1991, p. 58 : « In diesem Sinne stellte die höchste Fortentwicklung der Diktatur zum Schutz der WRV zugleich die erste Stufe ihrer rechtlichen Selbstauflösung dar ».

[3] Consulter les discussions du Conseil parlementaire relatives à la question, publiées dans *JöR*, nouvelle série, 1951, p. 605 et suiv.

[4] Ulrich Scheuner, « Einleitung », *in* Carl Otto Lenz, *Notstandsverfassung des Grundgesetzes*, Athenäum Verlag, Frankfurt am Main, 1971, p. 11 : « Der Parlamentarische Rat hatte allerdings ursprünglich vorgehabt, in das Grundgesetz auch einen allgemeinen Notstandsartikel aufzunehmen. Für diesen gab es mehrere Entwürfe (...) Am 2.5.1949 beantragte der Allgemeine Redaktionsausschuß die Streichung des gesamten Artikels, ohne dafür eine Begründung zu geben. Der Hauptausschuß ensprach diesem Vorschlag in vierter Lesung, ohne daß es zu einer höheren Erörterung der Materie gekommen wäre ».

nécessité d'une « constitution d'urgence » (A). Après plusieurs échecs de modification de la Constitution afin d'y inclure des règles applicables dans des circonstances exceptionnelles, la loi de révision fut adoptée le 24 juin 1968 (B).

A. La nécessité d'adopter des règles constitutionnelles régissant les situations de crise.

Lorsque les dispositions constitutionnelles en vigueur ou bien la possibilité de maîtriser l'état d'exception par l'adoption de lois ordinaires, dont le champ d'application est nécessairement limité, ne sont pas suffisantes, apparaît l'exigence d'avoir un corpus normatif constitutionnel destiné aux situations de crise. Car, dans l'hypothèse dans laquelle une situation exceptionnelle n'est point suceptible d'être régie par les règles « normales » se présentait, alors, il faudrait recourir à un droit d'exception non-écrit afin de rétablir l'ordre constitutionnel. Il s'agit avant tout de « sauvegarder, même en temps de crise, le régime constitutionnel normatif de la Loi fondamentale, qui s'inscrit dans un cadre historique concret, et de garantir le retour à l'état normal après la fin de la période trouble »[1].

L'absence de normes spéciales adaptées à des situations de crise peut obliger les organes étatiques, en cas d'urgence, à sortir du domaine du droit et prendre des mesures qui ne s'inscrivent dans aucun cadre normatif préexistant. Ainsi, au lieu de résoudre le problème par des moyens certes extraordinaires, mais prévus par le texte constitutionnel, les organes de l'État se reportent à des règles non-écrites dont la teneur et les conditions d'application sont floues. Le caracère imprécis d'une « constitution d'urgence » non-écrite peut être à l'origine de dérives institutionnelles difficilement contrôlables et, par là, rendre possible l'exercice arbitraire du pouvoir. Car il manque à la « constitution d'urgence » non-écrite les conditions liées aux circonstances permettant sa mise en œuvre. « Où se situe le point qui signale la nécessité d'appliquer le droit d'urgence non-écrit à la place de la Constitution écrite ? » Et, dans cette hypothèse, « comment savoir quel est ou quels sont le(s) organe(s) compétent(s) « afin d'assumer les pouvoirs exceptionnels »[2] ? Dès lors que la frontière extrêment fine, qui sépare le domaine normatif de la sphère factuelle, peut être aisément franchie[3] et le chemin du retour est souvent une

---

1 Konrad Hesse, « Grundfragen einer verfassungsmäßigen Normierung des Ausnahmezustandes », *JZ*, 1960, p. 105 : « (…) geht es allein um einen leitenden Gesichtspunkt (…) : den Primat der rechtlichen Verfassung im staatlichen Leben. Es geht darum, den geschichtlich-konkreten, durch das GG normativ geordneten öffentlichen Gesamtzustand auch in Notzeiten und über Zeiten der Not hinweg zu erhalten ».

2 Konrad Hesse, « Grundfragen einer verfassungsmäßigen Normierung des Ausnahmezustandes », art. précit., p. 106 : « Wo ist der Punkt, an dem das ungeschriebene Notrecht an die Stelle der geschriebenen Verfassung tritt ? Wer soll die Ausnahmebefugnisse ausüben ? ».

3 Konrad Hesse, « Grundfragen einer verfassungsmäßigen Normierung des Ausnahmezustandes », art. précit, p. 106 : «À la place du droit vient le pouvoir des faits et la question qui reste est celle de savoir par quels moyens on pourrait quitter le factuel afin d'entrer de nouveau dans le

mission parsemée d'obstacles. Mais un autre danger existe également : du désir d'éviter à tout prix l'emploi du droit non-écrit peut naître une interprétation élastique des écrits constitutionnels. La constitution est par conséquent l'objet de deux lectures : l'une ayant cours dans la période « hors-crise » et l'autre entrant sur la scène institutionnelle en cas de crise. Mais alors, les articles constitutionnels « ordinaires » risquent de devenir des articles utilisés à des fins extraordinaires et n'être plus en mesure de prendre en compte des situations normales qui n'exigent pas l'application de règles d'urgence.

Le refus initial d'adopter des textes relatifs à des situations de crises d'une gravité telle que le fonctionnement normal des organes de l'État n'est pas possible cache davantage de dangers qu'il ne tend à en prévenir. L'alternative néfaste entre l'application d'un droit non-écrit et l'interprétation extensive de celle-ci laisse apparaître la nécessité pour la Loi fondamentale de se doter d'une véritable « constitution d'urgence ».

B. L'adoption de la loi de révision constitutionnelle du 24 juin 1968.

Avant d'être adoptée le 30 mai 1968, la loi de révision constitutionnelle, contenant la modification de certaines dispositions constitutionnelles ou l'introduction d'une série de nouveaux articles, est l'objet de vives critiques. Le projet est initié par le gouvernement du chancelier Kurt Kiesinger pendant la période de la première Grande coalition de la *CDU* et du *SPD* (1966-1969). Il ne s'agit pas du premier projet d'une « constitution d'urgence », car, déjà, dès 1958, des lois régissant des situations de crise commencent à être proposés. Ces premiers projets n'obtiennent pas la majorité parlementaire nécessaire et sont rapidement mis de côté. L'une des raisons du rejet est sans doute l'étendue des compétences du pouvoir exécutif. Pendant les années suivant les premières tentatives d'élaborer un corpus de règles applicables en cas d'urgence, la conception de la soi-disant constitution d'urgence a fondamentalement changé. Le pouvoir réglementaire général et la possibilité de restreindre largement l'exercice des droits fondamentaux, dont bénéficiait le gouvernement dans les premiers projets, et qui faisait de la constitution d'urgence « l'heure de l'exécutif »[1], disparaissent progressivement.

Dans le système de la Loi fondamentale, il était difficile d'admettre l'introduction d'une telle « heure de l'exécutif » qui ne laissait au Parlement

---

cadre du droit » (« An die Stelle des Rechts tritt die Macht der Fakten, und es bleiblt die Frage, wie man von hier aus wieder in die Bahnen des Rechts zurückfindet »).

[1] Eckart Klein, « Der innere Notstand », *in* Josef Isensee/Paul Kirchhof (dir.), *Handbuch des Staatsrechts der Bundesrepublik Deutschland*, t. 7 (*Normativität und Schutz der Verfassung – Internationale Beziehungen*), 1e édition, 1992, p. 392 : « Während der erste Regierungsentwurf von 1960 der Bundesregierung ein generalklauseartiges Notverordnungsrecht für den "Ausnahmezustand" mit der Befugnis zu weitrechender Grundrechtsbeschränkung einräumte, den Nostand also zur "Stunde der Exekutive" (...) machte (...) ».

quasiement aucun moyen d'action[1]. L'autre élément, perçu comme un danger, est la possibilité de restreindre de manière significative l'exercice des droits fondamentaux[2]. Après ces échecs, le gouvernement Kiesinger réussit, au mois de mai 1968, à faire adopter la dix-septième modification de la Loi fondamentale. Le texte fait l'objet de vives critiques[3]. Même s'il n'est pas vraiment possible d'affirmer que le « maître de l'état d'urgence »[4] est le pouvoir législatif, il convient de souligner que le projet de révision constitutionnelle proposé par le Gouvernement était animé par la volonté de garantir le principe de la séparation des pouvoirs en modifiant temporairement les modalités d'application du principe.

Section 2 : L' « état d'exception » dans le cadre de la Loi fondamentale : modification temporaire du principe de la séparation des pouvoirs.

Dans les deux aspects, tant interne qu'externe, des règles applicables en cas de crise (§ 1), le principe de séparation des pouvoirs n'est pas suspendu, mais les modalités de son application se trouvent modifiés afin de correspondre aux exigences impérieuses dictées par la configuration institutionnelle exceptionnelle (§ 2).

---

1 Ernst Benda, *Die Notstandsverfassung*, Günter Olzog Verlag, München, 1966, p. 62 : « (…) das Parlament seine Verantwortung für das Wohl des Staates auch und gerade im zustande der Gefahr wahrn[immt] (…) ».

2 Voir l'exemple de l'article 10 LF relatif au secret de la correspondance et des communications,v. cette partie, titre 1er, chapitre 3, section 1.

3 Ulrich Scheuner, « Einleitung », *in* Carl Otto Lenz, *Notstandsverfassung des Grundgesetzes*, Athenäum Verlag, Frankfurt am Main, 1971, p. 13 : « In der Öffentlichkeit ist die Beratung des Gesetzes, namentlich in ihrem letzten Stadium, mit lebhafter teilweise leidenschaftlicher Beteiligung und haftige Kritik begleitet worden » ; Eckart Klein, « Der innere Notstand », *in* Josef Isensee/Paul Kirchhof (dir.), *Handbuch des Staatsrechts der Bundesrepublik Deutschland*, t. 7 (*Normativität und Schutz der Verfassung – Internationale Beziehungen*), 1e édition, 1992, p. 391 : « Kein anderes Gesetzesvorhaben in der bisherigen Geschichte der Bundesrepublik Deutschland wurde von einer so heftigen öffentlichen Debatte begleitet wie das im Jahr 1968 schließlich zustande gekommene Gesetz, mit dem der verfassungsändernde Gesetzgeber (…) eine generelle Vorsorge für den Fall des äußeren und inneren Notstandes zu treffen suchte » ; Hans Schäfer, « Die lückenhafte Notstandsverfassung. Kritische Bemerkungen zur dritten Regierungsvorlage », *AöR*, 1968, p. 38 et suiv.; puis, quelques années plus tard : Ernst-Wolfgang Böckenförde, « Der verdrängte Ausnahmezustand. Zum Handeln der Staatsgewalt in außergewöhnlichen Lagen », *NJW*, 1978, p. 1881 et suiv. et Meinhard Schröder, « Staatsrecht an den Grenzen des Rechtsstaates. Überlegungen zur Verteidigung des Rechtsstaates in außergewohnlichen Lagen », *AöR*, 1978, p. 121 et suiv.

4 Comme le fait Karl August Bettermann, « Die Notstandsentwürfe der Bundesregierung », *in* Ernst Fraenkel (dir.), *Der Staatsnotstand*, Colloquium Verlag, Berlin, 1965, p. 209 : « (…) die Legislative (…) ist Herr des Notstands ».

§1. Les différents aspects de la « constitution d'urgence ».

Les dispositions constitutionnelles applicables en cas de crise ne résultent pas seulement de la loi de 1968. L'état de nécessité législative (article 81 LF), qui fait partie de la rédaction initiale de la Loi fondamentale, ouvre la possibilité de déroger à la procédure législative normale dans l'hypothèse de troubles institutionnels graves dont l'origine réside à l'intérieur même des organes concernés (B). Les états de crise grave provoqués par des facteurs extérieurs au fonctionnement institutionnel forment l'autre aspect de la « constitution d'urgence » (A).

A. L'aspect objectif : l'état de tension et l'état de défense.

L'état de tension de l'article 80a LF[1] et l'état de défense de l'article 115a LF[2] furent introduits par la loi de révision constitutionnelle du 24 juin 1968. Il s'agit de deux hypothèses où la présence de facteurs objectifs et extérieurs au fonctionnement des organes de l'État ne permet plus la marche normale de la

---

1 Alinéa 1er : « Si la présente Loi fondamentale ou une loi fédérale relative à la défense, y compris la protection de la population civile, spécifie que des règles de droit peuvent être appliquées seulement dans les conditions du présent article, l'application en dehors de l'état de défense n'est permise que si le *Bundestag* a constaté la survenance de l'état de tension ou s'il a approuvé expressément cette application. La constatation de l'état de tension et l'approbation expresse, dans les cas visés à l'article 12a, al. 5, 1ère phrase et al. 6, 2ème phrase, requièrent une majorité des deux tiers des suffrages exprimés » (article 12 LF relatif au service militaire et civil obligatoire contient des précisions concernant les règles applicables pendant l'état de défense); alinéa 2 : « Les mesures prises en vertu des règles de droit visées à l'alinéa 1er doivent être rapportées si le Bundestag l'exige » ; alinéa 3 : « Par dérogation à l'alinéa 1er, l'application de telles règles de droit est également permise sur le fondement et dans les conditions d'une décision prise par un organe international dans le cadre d'un traité d'alliance, avec l'accord du gouvernement fédéral. Les mesures prises en vertu du présent alinéa doivent être rapportées si le Bundestag l'exige à la majorité de ses membres ».

2 L'article 115a ouvre le titre Xa de la Loi fondamentale consacré à l'état de défense. Il dispose qu' « [i]l appartient au *Bundestag* avec l'approbation du *Bundesrat* de constater que le territoire fédéral fait l'objet d'une agression armée, ou qu'une telle agression est imminente (état de défense). La constatation est faite à la demande du gouvernement fédéral et requiert la majorité des deux tiers des voix exprimés corresponsdant au moins à la majorité des membres composant le *Bundestag* » (alinéa 1er) ; si « la situation exige impérativement une action immédiate et si par suite d'obstacles insurmontables le *Bundestag* n'a pu se réunir en temps utile, ou ne peut délibérer faute de quorum, cette constatation sera faite par la commission commune (*Gemeinsamer Ausschuß*) à la majorité des deux tiers des voix exprimés correspondant au moins à la majorité de ses membres » (alinéa 2) ; si « le territoire fédéral fait l'objet d'une agression armée et que les organes fédéraux compétents sont dans l'impossibilité de constater l'état de défense conformément à l'alinéa 1er, 1ère phrase, cette constatation est réputée avoir été faite et promulguée au moment où l'agression a débuté. Le président fédéral fait connaître cette date dès que les circonstances le permettent » (alinéa 4) ; ou encore que si « constatation de l'état de défense a été promulguée et que le territoire fédéral fait l'objet d'une agression armée, le président fédéral peut, avec l'approbation du *Bundestag*, procéder à des déclarations internationales sur l'existence de l'état de défense. Dans les circonstances prévues à l'alinéa 2, la commission commune se substitue au Bundestag » (alinéa 5). L'alinéa 3 est relatif à la promulgation de la constatation de l'état de défense par le président fédéral au journal officiel fédéral.

machine institutionnelle. Plutôt que basés sur un trouble constitutionnel, dont l'origine réside dans le refus ou l'incapacité d'un organe à accomplir les missions qui lui ont été attribuées en causant ainsi une paralysie institutionnelle, l'état de tension et l'état de défense peuvent être déclarés si une menace sérieuse et de nature à mettre en danger l'existence de la République fédérale est constatée par le *Bundestag*, et le cas échéant, avec l'approbation du *Bundesrat*, dans le cas le plus grave, l'état de défense.

Il existe une gradation matérielle entre l'état de tension et l'état de défense. Si le premier pourrait signifier la présence d'une menace de conflit armé ayant un impact immédiat sur la sécurité de l'État, il reste dans la sphère de l'hypothétique, tandis que l'état de défense montre le passage du stade de la menace à la réalisation effective de l'agression ou du conflit armé[1]. L'état de tension, c'est-à-dire, l'existence de rapports conflictuels d'une gravité telle que la confrontation armée paraît inévitable[2], permet la préparation des mesures devant être prises au cas où l'état de défense est constaté par le *Bundestag* et le *Bundesrat.*

Le problème, que pose l'état de tension, est l'absence de définition[3] de ce qui pourrait être désigné comme « tension » susceptible de permettre l'application de la

---

[1] Otto Deppenheuer, « Artikel 80a », *in* Theodor Maunz/Günter Gürig, *Grundgesetz Kommentar*, v. 5 (Art. 54-85), 71e édition, C.H. Beck, München, 2014, n°10, regrette l'interprétation restrictive de l'article 80A LF qui fait de l'état de tension uniquement une phase préalable à l'état de défense en le privant d'une existence autonome : « Il est regrettable (…) que le champ d'application de l'art. 80a LF est jusqu'ici interprété de manière restrictive, et de façon peu convaincante, qualifié d'étape préalable du "cas de défense" au sens de l'art. 115a LF » (« Es ist […] bedauerlich, dass der Anwendungsbereich des Art. 80a GG bisher […] restriktiv interpretiert und – wenig überzeugend – nur als Vorstufe zum "Verteidigungsfall" i. S. d. Art. 115a GG qualifiziert worden ist »).

[2] La probabilité que la menace immanente qui pèse sur la République fédérale se transforme en un véritable conflit militaire est par conséquent élevée. Dans ce sens: Wolfgang Graf Vitzthum, « Der Spannungs- und Verteidigungsfall », *in* Josef Isensee/Paul Kirchhof (dir.), *Handbuch des Staatsrechts der Bundesrepublik Deutschland*, t. VII (*Normativität und Schutz der Verfassung – Internationale Beziehungen*), 1e édtion, C.F. Müller, Heidelberg, 1992, p. 417 et suiv. Pour Otto Deppenheuer, « Artikel 80a », *in* Theodor Maunz/Günter Gürig, *Grundgesetz Kommentar*, vol. 5 (Art. 54-85), 71e édition, C.H. Beck, München, 2014, n°17, l'état de tension ne signifie aucunement que la menace immanente soit le résultat de forces extérieures au territoire de la RFA. Bien au contraire, la situation de tension peut avoir une origine interne : « (…) la situation de tension peut être définie comme une situation politique conflictuelle interieure ou extérieure (…) » (« […] kann die Spannungslage definiert werden als schwere außen- wie innenpolitische Konfliktsituation […] »). Faire entre les situations conflictuelles intérieures dans le champ d'application de l'article 80a LF permet ainsi d'englober les menaces terroristes.

[3] Sur la notion indéterminée de l'état de tension : Wolfgang Graf Vitzthum, « Der Spannungs- und Verteidigungsfall », *in* Josef Isensee/Paul Kirchhof (dir.), *Handbuch des Staatsrechts der Bundesrepublik Deutschland*, vol. 7 (*Normativität und Schutz der Verfassung – Internationale Beziehungen*), 1e édtion, C.F. Müller, Heidelberg, 1992, p. 418 et suiv ; Konrad Hesse, *Grundzüge des Verfassungsrechts der Bundesrepublik Deutschland*, 20e édition, C.F. Müller, Heidelberg, 1999, p. 309 : « Aucune norme ne définit avec précision ce qu'est un "état de tension" » (« Was ein "Spannungsfall" ist, ist nirgends normativ festgelegt »). Pour Hans Hugo Klein, « Artikel 80a », *in* Hermann von Mangoldt/Friedrich Klein, *Das Bonner Grundgesetz. Kommentar*, 2e édition, Franz Vahlen Verlag, 1974, p. 1976, l'état de tension embrasse « le court laps de temps avant le début des opérations mlilitaires effectives » (« der Spannungsfall nur den kurzen Zeitraum umfaßt, der dem Ausbruch von Kampfhandlungen unmittelbar vorgeht »).

« constitution d'urgence » prévue par la Loi fondamentale. Maître de la définition est le Parlement qui seul décide de qualifier une menace immenante pour la sécurité de l'État d'état de tension. L'existence de la tension est la condition matérielle indispensable à la mise en suspens de la situation constitutionnelle normale. Le critère le plus sûr est la distinction matérielle entre l'état de tension et l'état de défense. Dans le premier cas, il s'agit certes d'une « situation de crise », mais les conditions ne sont pas réunies pour que « la constatation de l'état de défense puisse être justifiée »[1]. Ainsi, la tension se définit surtout de manière négative et par opposition à l'état de défense. Dans les deux cas, la Loi fondamentale prévoit que le *Bundestag* se prononce sur la question. Le Parlement est l'organe qui met en œuvre les dispositions constitutionnelles relatives à des situations de crise extérieures au fonctionnement institutionnel. L'action gouvernementale est ainsi conditionnée par la constatation du *Bundestag* (pour l'état de tension) et du *Bundestag* et du *Bundesrat* (pour l'état de défense).

L'état de défense rédéfinit les contours du système constitutionnel de freins et de contrepoids entre les organes investis des pouvoirs législatif, exécutif et judiciaire. Dans l'hypothèse d'une agression armée déjà réalisée ou sur le point d'être réalisée (« le territoire fédéral fait l'objet d'une agression armée, ou qu'une telle agression est imminente »), le *Bundestag* peut se trouver dans l'impossibilité de se réunir afin de constater l'état de défense. Mais, même dans ce cas de figure extrême, la Loi fondamentale n'entend pas laisser au pouvoir exécutif la maîtrise exclusive de la situation. Le constat peut être effectué par le substitut du *Bundestag* et du *Bundesrat*, la commission commune, composée, conformément à l'article 53a LF[2], de députés et de membres du Conseil de la Fédération. Il s'agit d'une sorte de « parlement de crise » qui traduit la volonté de maintenir un équilibre relatif entre législatif et exécutif et surtout de disposer d'un organe représentant un contrepoids important face au Gouvernement fédéral. Les députés qui en font partie ne peuvent pas appartenir au Gouvernement fédéral. Le principe d'incompatibilité, qui n'existe pas en période normale en ce qui concerne les députés et leur participation au Gouvernement fédéral, tend à empêcher l'influence exécutive sur la décision prise par la commission. Pour la même raison, les membres du *Bundesrat* désignés par les *Länder* pour faire partie de la commission ne sont pas soumis au respect des instructions données par leurs gouvernements. Cependant, le désir de maintenir cet

---

[1] Voir le rapport de la commission juridique sur le projet de loi gouvernemental portant modification de la Loi fondamentale (Schriftlicher Bericht des Rechtsausschusses über den von der Bundesregierung eingebrachten Entwurf eines Gesetzes zur Ergänzung des Grundgesetzes) du 9 mai 1968, Bonner Universitätsdruckerei, p. 8 : « (...) ist für die Verwirklichung von Maßnahmen zur Herstellung der erhöhten militärischen und zivilen Verteidigungsbereitschaft in einer zugespitzten Krisenlage, die noch nicht die Feststellung des Verteidigungsfalles rechtfertigt ».

[2] La commission commune est composée « pour les deux tiers de députés du *Bundestag* et pour un tiers de membres du *Bundesrat* ». Les députés « sont désignés par le *Bundestag* en proportion de l'importance des groupes parlementaires ; ils ne peuvent pas faire partie du gouvernement fédéral ». Contrairement à la situation normale, les membres représentant les *Länder* « ne sont pas liés par des instructions ».

équilibre connaît une limite : lorsque la gravité de la situation ne permet la réunion ni du *Bundestag*, ni de la Commission commune, le pouvoir exécutif se trouve seul sur la scène institutionnelle et l'état de défense est réputé avoir débuté au moment du début de l'agression armée. Le point de départ de l'application de la « constitution d'urgence » est dans ce cas purement factuel.

B. L'aspect subjectif : l'état de « nécessité législative ».

L'état de nécessité législative (*Gesetzgebungsnotstand*) de l'article 81 LF[1] ne fait pas partie des dispositions introduites par la loi de révision constitutionnelle du 24 juin 1968. D'un point de vue temporel, il n'appartient pas au corpus normatif de la « constitution d'urgence ». Cependant, d'un point de vue matériel, les dispositions le régissant en font partie intégrante. La procédure d'adoption des actes législatifs de cet article est applicable en cas de troubles institutionnels résultant de l'activité du Parlement et empêchant le cours normal de la procédure législative des articles 77 et 78 LF[2].

Il s'agit par conséquent d'une « urgence » subjective dans la mesure où l'article 81 LF déroge à la procédure normale d'adoption des lois fédérales par un coup de force constitutionnel du gouvernement qui n'est que la riposte provoquée par le refus du Parlement de procéder à l'adoption d'un projet de loi urgent. Si on se réfère à la terminologie de Heckel, l'état de nécessité législative constitue un « trouble » dont l'origine est endogène et réside dans le *Bundestag* lui-même[3]. Il s'agit

---

[1] Alinéa 1er : « Si, dans le cas prévu à l'article 68, le *Bundestag* n'est pas dissous, le président fédéral peut à la demande du gouvernement fédéral et avec l'approbation du *Bundesrat*, déclarer l'état de nécessité législative à propos d'un projet de loi que rejette le *Bundestag* bien que le gouvernement fédéral l'ait délcaré urgent. Il en est de même lorsqu'un projet de loi a été rejeté bien que le chancelier fédéral y ait lié la demande prévue à l'article 68 » ; alinéa 2 : « Si, après déclaration de l'état de nécessité législative, le *Bundestag* rejette à nouveau le projet ou s'il l'adopte dans une rédaction que le gouvernement fédéral a déclaré inacceptable, la loi est considérée comme définitivement adoptée dans la mesure où le *Bundesrat* l'approuve. Il en est de même si le projet n'est pas voté par le *Bundestag* dans un délai de quatre semaines après un nouveau dépôt » ; alinéa 3 : « Pendant la durée des fonctions d'un chancelier fédéral, tout autre projet de loi rejeté par le *Bundestag* peut également être adopté selon les dispositions des alinéas 1 et 2 dans un délai de six mois à compter de la première déclaration de l'état de nécessité législative. À l'expiration de ce délai, l'état de nécessité législative ne pourra pas être déclaré une seconde fois pendant la durée des fonctions du même chancelier fédéral » ; alinéa 4 : « La Loi fondamentale ne peut être ni modifiée, ni abrogée, ni suspendue, en totalité ou en partie, par une loi définitivement adoptée en application de l'alinéa 2 ».

[2] Il faut remarquer que l'application des articles 77 et 78 n'est pas susepndue pendant l'application de l'article 81 LF. Ce dernier ne se rapporte qu'à un projet de loi précis, les autres textes, qui ne rencontrent pas l'opposition du *Bundestag*, peuvent naturellement être adoptées en suivant le cours normal de la procédure législative fédérale.

[3] Roman Herzog, « Artikel 81 », *in* Theodor Maunz/Günter Gürig, *Grundgesetz Kommentar*, vol. 5 (Art. 54-85), 71e édition, C.H. Beck, München, 2014, n°7 : « Sachlich versucht die Vorschrift (...) einen Teilbereich zu regeln, auf den früher Art. 48 Abs.2 Weim. Verf. Angewandt wurde, obwohl diese Bestimmung ursprünglicj wohl nur für objektiv gegebene Nostandssituationen gedacht war ».

d'une « constellation particulière de troubles constitutionnels »[1]. L'état de nécessité législative est toujours déclaré à l'occasion du rejet d'un projet de loi concret. Il n'est donc ni général, ni absolu. Le discrédit du Gouvernement suite à l'échec de la question de confiance de larticle 68, alinéa 1er LF, ainsi que le refus réitéré du Parlement d'adopter un projet de loi déclaré urgent par le Gouvernement fédéral tend à paralyser l'action de ce dernier. La cause de l'abus de l'article 48 CW et le détournement de sa finalité objective – le rétablissement de la sécurité et l'ordre public – fut l'absence de dispositions constitutionnelles concrètes qui auraient permis au Gouvernement de déclencher une procédure législative urgente en excluant temporairement le Parlement hostile. La conséquence de l'interprétation large donnée à l'alinéa 2 de l'article 48 CW fut l'utilisation croissante du pouvoir réglementaire. Article 81 LF empêche le « déguisement » normatif, car les actes, adoptés dans l'état de nécessité législative, ont le rang de lois fédérales, dont l'auteur est le seul gouvernement. L'exclusion du *Bundestag* de la procédure législative exceptionnelle est compensée par le vote du *Bundesrat.*

Ainsi, le principe de la participation des *Länder* à la législation fédérale est respecté au détriment de la distribution des compétences entre *Bundestag* et Gouvernement fédéral en la matière. La crise institutionnelle, qui ouvre la voie à la mise en œuvre de l'article 91 LF, est telle qu'elle signifie l'impossibilité de trouver un accord politique sur le projet de loi visé entre le chancelier et son gouvernement et la majorité parlementaire censée être son soutien politique dans un régime parlementaire. Conformément aux termes de l'article 68, alinéa 1er LF, l'échec de la question de confianceröder posée par le chancelier au *Bundestag* permet à ce dernier soit de demander la dissolution de l'assemblée parlementaire au président fédéral, soit de s'abstenir et d'agir afin de surmonter la crise politique. L'état de nécessité législative est le dernier recours du Gouvernement : la dissolution peut n'être pas prononcée par le président et l'urgence de la situation dicte alors la demande immédiate adressée aux parlementaires[2]. Il s'agit d'une illustration de la suspension temporaire du principe constitutionnel de la séparation des pouvoirs qui ne permet cependant pas la concentration totale de l'exercice de la puissance de l'État au sein du seul Gouvernement. Si la division des pouvoirs n'est pas mise en œuvre dans l'état de nécessité législative, il convient de souligner l'existence d'un mécanisme qui peut se révéler insuffisant. Le Parlement est exclu (ou s'est auto)-exclu de la procédure législative, mais cela ne transforme pas le pouvoir exécutif en maître absolu de la situation. Une possibilité est donnée au *Bundestag* de prendre part à la procédure : après la déclaration de l'état de nécessité législative, le Parlement est de

---

[1] Eckart Klein, « Funktionsstöungen in der Staatsorganisation », *in* Josef Isensee/Paul Kirchhof (dir.), *Handbuch des Staatsrechts der Bundesrepublik Deutschland*, vol. 7 (*Normativität und Schutz der Verfassung – Internationale Beziehungen*), 1e édition, 1992, p. 374 : « (...) besondere Konstellation einer Verfassungsstörung (...) ».

[2] Roman Herzog, « Artikel 81 », *in* Theodor Maunz/Günter Gürig, *Grundgesetz Kommentar*, vol. 5 (Art. 54-85), 71e édition, C.H. Beck, München, 2014, n°6.

nouveau saisi du texte. Ce n'est que s'il le rejetait de nouveau ou s'il modifiait ses termes « dans une rédaction (...) inacceptable » pour le Gouvernement fédéral, que le Parlement serait exclu de l'adoption du projet de loi. Ce n'est que dans l'hypothèse d'un refus catégorique que le projet est adopté par le seul *Bundesrat* qui représente le contrepoids nécessaire à l'action gouvernementale. Ici, le Conseil fédéral joue le rôle d'une « réserve de légalité »[1].

L'état de nécessité législative de l'article 81 LF démontre que le cœur de la norme, contenue dans l'article 20, alinéa 2 LF et protégée par l'article 79, alinéa 3 LF, reste intact. Il n'y a que les modalités de mise en œuvre qui se trouvent modifiées sous l'effet de l'exigence imépríeuse de la situation.

Ni dans les cas d'urgence, dont l'origine est objective, extérieure aux organes de l'État, ni dans l'hypothèse de l'état de nécessité législative introduisant une situation de crise, dont la cause est intérieure à l'organe, on ne trouve de suspension totale du principe de séparation des pouvoirs. Au contraire, le fil rouge qui traverse les dispositions composant la « constitution d'urgence » de la Loi fondamentale est la volonté d'éviter la domination exécutive et de maintenanir l'existence, même dans des circonstances exceptionnelles, d'un système de freins et de contrepoids qui garantit l'ordre démocratique et libéral. Cependant, il n'est pas sûr que la volonté de maintenir un équilibre relatif entre les trois pouvoirs soit réellement concrétisée.

§2. La volonté de maintenir un système d'équilibre en évitant la domination du pouvoir exécutif.

Comparée à la situation française, la « constitution d'urgence » allemande porte l'ambition de garantir de la manière la plus complète possible le maintien du principe de séparation des pouvoirs et d'éviter la concentration exclusive de la puissance dans les mains du pouvoir exécutif. Pendant l' « état d'exception », qu'il s'agisse de troubles liés au fonctionnement même d'un organe constitutionnel (le cas de la nécessité législative de l'article 81 LF), ou bien de menace d'agression armée qui cause le dysfonctionnement de l'appareil institutionnel de l'État, il n'est pas question de suspendre l'application du principe de séparation des pouvoirs, mais d'opérer une modification permettant à la fois de prendre en compte le temps de crise et d'adapter le système de freins et de contrepoids à l'éventualité d'un fonctionnement défaillant des organes investis des pouvoirs législatif, exécutif et judiciaire (A). Le texte constitutionnel semble comporter toutes les précautions nécessaires afin de « paralyser la capacité d'action inhérente au pouvoir exécutif (...) par un système de *checks and balances* » [2]. Cependant, malgré la configuration

---

[1] Roman Herzog, « Artikel 81 », *in* Theodor Maunz/Günter Gürig, *Grundgesetz Kommentar*, *op.cit.*, n°64 : « (...) rückt der Bundesrat auch faktisch in seine Stellung als "Legalitätsreserve" ein ».

[2] Hermann-Wilfried Bayer, « Notstandsverfassung und Rechtsvergleichung », *ZaöRV*, 1968, p. 609 : « (...) scheint (...) alles darauf angelegt zu sein, die an sich unverzichtbare Handlungsbereitschaft der Exekutive (...) durch ein System von *checks and balances* besonders zu lähmen ».

équilibrée des dispositions applicables aux situations exceptionnelles, il convient de remarquer que la Loi fondamentale n'épuise pas toutes les voies possibles afin de garantir le respect maximal du principe normatif déduit de l'article 20, alinéa 2 LF (B).

A. La modification temporaire du principe de séparation des pouvoirs.

Grâce à la limite temporelle de l'article 81, alinéa 3 LF l'état de nécessité législative ne peut être tranformé par le chancelier fédéral en situation normale et devenir une arme constitutionnelle employé afin d'exclure de manière durable le *Bundestag* de la procédure législative. Cela équivaudrait à avoir des actes adoptés par le seul *Bundesrat* qui ont la qualité de « lois », mais dont le contenu n'a probablement fait l'objet d'aucun débat parlementaire. Le texte issu du coup de force entre le Gouvernement fédéral et le Parlement traduirait par conséquent de manière exclusive la volonté gouvernementale. Afin d'empêcher toute dérive, la Loi fondamentale prévoit le concours de plusieurs organes, dont la mission est de garantir un contrôle de l'action exécutive. Le Gouvernement dispose ainsi du droit d'initiative pour demander au président fédéral la déclaration de l'état de nécessité législative. C'est le chef de l'État qui détient le pouvoir décisionnel : le Gouvernement propose, mais le président dispose de la faculté décisionnelle.

L'obligation de demander l'approbation du *Bundesrat* avant de déclarer l'état de nécessité législative permet de s'assurer qu'aucun projet de loi ne sera imposé de force par le Gouvernement fédéral aux *Länder* sans le consentement exprès de ces derniers. Pour la même raison, le projet de loi doit être voté par le *Bundesrat.* Pendant son mandat, le chef du gouvernement a la faculté de déclarer une seule fois l'état de nécessité législative. Elle ne peut durer plus de six mois à compter de la déclaration. En ce qui concerne l'état de tension, les mesures prises par le Gouvernement fédéral sur la base de l'article 80a, alinéa 2 LF sont soumises au contrôle du *Bundestag.* Ce dernier a le droit de demander leur abrogation qui ne peut être refusée. La portée de ce droit est cependant tempérérée par l'absence de délai relatif à la durée de l'état de tension ainsi que l'absence de toute obligation pour le *Bundestag* d'approuver les mesures gouvernementales. Le contrôle parlementaire est essentiellement négatif. Quant à l'état de défense, il donne l'exemple d'un système ingénieux de freins et de contrepoids. Le Gouvernement fédéral, le *Bundestag*, le *Bundesrat* et, dans l'hypothèse où le Parlement est dans l'impossibilité de se réunir, la commission commune, sont liés par des mécanismes de contrôle et des limitations temporelles précises. Les lois adoptées par la commission commune et les règlements édictés en vertu de ces lois, ainsi qu'une série de textes législatifs[1],

---

[1] Il s'agit de lois dérogeant aux dispositions des articles 91a (relatif au concours de la Fédération dans l'accomplissement des tâches des *Länder* sur la base des lois fédérales), 91b (portant sur la coopération de la Fédération et des Länder basée sur des conventions conclues dans cetains domaines énumérés par le même article), 104a (concernant les garanties juridiques en cas de détension), 106 (qui

doivent sortir de vigueur six mois après la fin de l'état de défense, ou au plus tard à la fin de la deuxième année suivant la fin de l'état de défense[1].

Malgré la place accordée au Gouvernement dans les cas d'urgence, le Parlement est maintenu dans ses fonctions d'organe législatif et de contrôle.

B. Un encadrement suffisant?

Bien que le constituant, puis le législateur exerçant le pouvoir de révision, aient voulu élaborer des règles « exceptionnelles » qui n'avantagent de manière excessive aucun des pouvoirs constitutionnels, il n'est pas possible d'éradiquer toute hypothèse d'abus dans l'exercice des compétences attribuées en cas de crise.

Le droit de l'urgence « cache immanquablement des problèmes et des dangers »[2]. Certes, il n'est pas possible de garantir l'ordre constitutionnel de la Loi fondamentale contre tout exercice arbitraire du pouvoir. Mais la « constitution d'urgence » doit se conformer aux exigences de la « clarté juridique, de l'intelligibilité et de la prévisibilité » de sa mise en œuvre.

Selon Konrad Hesse, qui signe une critique acerbe immédiatement après l'adoption de la loi de révision constitutionnelle[3], les règles de la Loi fondamentale applicables aux situations de crise ne répondent aucunement aux exigences énumérées[4], car créant un ensemble normatif marqué par une extrême complexité. Au lieu de remplir ces exigences, cet ensemble crée une façade trompeuse qui n'a pas d'autre fonction que de brouiller la frontière tracée entre le cas « normal » et l'état d' « exception »[5]. Malgré les apparences, la « constitution d'urgence » relègue le Parlement à un rôle secondaire en camouflant son exclusion intégrale ou partielle de la maîtrise des situations de crise par un une série de dispositions qui visent à convaincre qu'il existe toujours un contrôle parlementaire efficace. Mais aucune règle constitutionnelle n'est susceptible de prévoir et de prévenir un Parlement qui

---

établit les règles de répartition du produit des impôts entre la Fédération et les *Länder*) et 107 (réglant la péréquation financière entre les différents *Länder*) LF.

[1] Konrad Hesse, *Grundzüge des Verfassungsrechts der Bundesrepublik Deutschland*, 20e édition, 1999, C.F.Müller, Heidelberg, 1999, p. 308.

[2] Konrad Hesse, Konrad Hesse, *Grundzüge des Verfassungsrechts der Bundesrepublik Deutschland*, 20e édition, 1999, C.F.Müller, Heidelberg, 1999, p. 315 : « (...) birgt unvermeidlich Probleme und Gefahren in sich ».

[3] Konrad Hesse, *Das neue Notstandsrecht der Bundesrepublik Deutschland*, C.F. Müller, Heidelberg, 1968. Les idées de cet essai qui ne fait que 28 pages sont intégrées dans ses *Grundzüge des Verfassungsrechts der Bundesrepublik Deutschland*, 20e édition, 1999, C.F.Müller, Heidelberg, 1999,p. 315 et suiv.

[4] Konrad Hesse, *Grundzüge des Verfassungsrechts der Bundesrepublik Deutschland*, *op.cit.*, p. 315 : « (...) muß Notstandsrecht (...) den Anforderungen der Rechtsklarheit, der Verständlichkeit und Übersichtlichkeit genügen. (...) Die (...) Notstandsgesetzgebung entspricht diesen Anforderungen nicht ».

[5] Konrad Hesse, *Grundzüge des Verfassungsrechts der Bundesrepublik Deutschland*, *op.cit.*, p. 315 : « (...) die neuere Notstandsgesetzgebung nicht die Möglichkeit bietet, Ausnahmelage und Normallage klar auseinander zu halten ».

agirait de concert avec le Gouvernement dans le sens de sa déresponsabilisation progressive et dans la logique délibérée d'un refus d'exercer ses compétences constitutionnelles. La ligne rouge, bien trop mince, qui sépare la normalité de l'exception, peut servir d'appui à une action de prise du pouvoir par le pouvoir exécutif avec la « collaboration » d'un Parlement affaibli et (in)conscient de la gravité des mesures prises. L'éventualité d'une agression militaire peut être le prétexte idéal de demander au Parlement la constatation de l'état de défense. Puis, la voie qui mène à l'(auto)-destruction de l'ordre constitutionnel démocratique et libéral de la Loi fondamentale peut être ouverte sans grande difficulté.

CONCLUSION DU CHAPITRE

Les paramètres du principe de séparation des pouvoirs changent en cas de crise grave menaçant la sécurité de l'État ou bien empêchant le fonctionnement normal des organes constitutionnels. Le système de freins et de contrepoids, principe organisationnel porteur de la Loi fondamentale, atteint ses limites lorsqu'il est confronté à un état d'exception qui suppose la prise de décisions rapides et des mesures qui, souvent, sont à la lisière du droit constitutionnel et qui ne peuvent pas être le résultat de la production législative et réglementaire noramale. Le moment charnière, qui permet de situer le point marquant la sortie du cadre « normal » pour passer du côté de la crise, de l'urgence, de l'exception, n'est pas aisément définissable. La tentation est grande de profiter de la présence de mesures destinées à maîtriser les crises avec seul but le rétablissement de l'ordre et du fonctionnement constitutionnels normaux. Si les pouvoirs exceptionnels confiés aux organes de l'État ne sont pas utilisés en vue de la normalisation rapide de la situation de crise, alors les dispositions constitutionnelles permettent de sortir de la sphère du droit à l'aide de ce même droit.

Aujourd'hui, l'activite « terroriste » donne l'occasion aux pouvoirs publics d'élaborer une pléiade de règles « exceptionnelles ». « L'état d'exception a même atteint (...) son plus large déploiement planétaire. »[1] Depuis l'adoption du *USA Patriot Act*[2] le 25 octobre 2001, l'obsession sécuritaire, qui saisit les États démocratiques, donne toute sa raison d'être à un état d'exception permanent dont la finalité ultime serait la protection tant des individus que de l'État lui-même. Dans la configuration actuelle, celle où plane une menace moins concrète ou clairement identifiable, mais de plus en plus présente dans les discours politiques, il n'est plus question de mettre en application des dispositions exceptionnelles afin de revenir le plus rapidement possible à la situation normale. Il n'y a pas de retour « à l'état de droit », car « ce sont les concepts mêmes d'"état" et de "droit" » qui sont remis en question[3].

---

[1] Giorgio Agamben, *État d'exception* (*Homo sacer II, 1*), trad. fr. Joël Gayraud, Éditions du Seuil, 2003, p.146 : « L'aspect normatif du droit peut être ainsi impunément oblitéré et contredit par une violence gouvernementale qui, en ignorant à l'extérieur le droit international et en produisant à l'intérieur un état d'exception permanent, prétend cependant appliquer encore le droit ».

[2] L'abréviation réussit l'allusion au patriotisme, mais signifie *Uniting and Strengthening America by Providing Appropriate Tools Required to Intercept and Obstruct Terrorism Act* (Unir et renforcer l'Amérique en créant des mécanismes appropriés afin de déceler et empêcher l'activité terroriste). Certaines des dispositions du USA Patriot Act étaient temporellement limitées (par exemple à une durée de quatre ans), mais le Congrès prolongea l'application de cette loi « exeptionnelle » en 2006, puis de nouveau en 2011. Ainsi, la loi reste en vigueur jusqu'au mois de juin 2015. Il s'agit donc d'un état d'exception qui dure depuis plus de treize ans.

[3] Giorgio Agamben, *État d'exception* (*Homo sacer II, 1*), trad. fr. Joël Gayraud, Éditions du Seuil, 2003, p.146.

Le principe constitutionnel de la séparation des pouvoirs ne peut plus être entendu uniquement du point de vue du droit interne, car, aujourd'hui, l'État s'inscrit dans des constellations globales complexes qui déterminent, même s'agissant de la politique intérieure, les lignes directrices à suivre. La norme déduite de l'article 20, alinéa 2 LF vit sous la pression constante d'un pouvoir à la domination duquel l'État a consenti, mais qui finit par modifier l'organisation et la distribution des compétences des organes chargés des pouvoirs législatif, exécutif et judiciaire.

CHAPITRE 2
L'impact de l'intégration européenne sur le principe constitutionnel de séparation des pouvoirs

Le principe constitutionnel de séparation des pouvoirs s'inscrit aujourd'hui dans un système multi-niveaux[1] de plus en plus complexe où les couches tectoniques sont en constant mouvement. Le tremblement de terre provoqué par le *Brexit*, qui n'a pas fini d'interroger la sphère politique quant aux conditions de sa miese en œuvre qui s'avère davantage problématique que l'on ne voulait le croire, donne à réfléchir sur la manière de penser la stabilité d'un principe de droit constitutionnel interne qui trouve également son alter-ego européen dans la version que lui donne la Cour de Justice de l'Union européenne.

Le principe de l'équilibre des pouvoirs, tel qu'il est interprété par la Cour de Justice de l'Union européenne a peu de points communs avec le principe interne de la séparation des pouvoirs. Cependant, il produit des effets sur la structure constitutionnelle interne en tendant à modifier l'équilibre des organes étatiques (Section 1). La Cour constitutionnelle fédérale tente d'imposer le modèle démocratique et organisationnel allemand en proclamant que le dernier stade de l'intégration européenne est désormais atteint (Section 2).

Section 1 : Le principe d'équilibre des pouvoirs appliqué à la structure institutionnelle de l'Union européenne et ses effets sur le principe constitutionnel de séparation des pouvoirs.

Article 13, alinéa 2 du Traité sur l'Union européenne[2], signé le 13 décembre 2007, dispose que « [c]haque institution agit dans les limites des attributions qui lui sont conférées dans les traités, conformément aux procédures, conditions et fin prévues par ceux-ci » et ajoute que « [l]es institutions pratiquent entre elles une coopéeration loyale ». À la lecture de ce texte, qui ouvre le titre relatif aux institutitions de l'Union européenne, il est possible de se tromper et de croire que, à l'instar de l'ordre constitutionnel interne, dont la base organisationnelle est le principe de séparation des pouvoirs, l'Union fonctionne sur le modèle

---

[1] Armin von Bogdandy, « Common principles for a plurality of orders : A study on public authority in the European legal area », International Journal of Constitutional Law, vol. 12, 2014, p. 980 s.

[2] Le *Traité sur l'Union européenne* (Traité de Lisbonne), publié au Journal officiel de l'Union européenne du 9 mai 2008, p. 1-388, est en vigueur depuis le 1er décembre 2009. Il fut adopté suite à l'échec du Traité de Rome (ou encore Traité établissant une constitution pour l'Europe) signé le 29 octobre 2004 qui ne fut pas ratifié par les vingt-cinq États-membres. Le nombre de ratifications fut figé à 18 et le processus–arrêté. La France et les Pays-Bas ont rejeté le texte par référendum.

« traditionnel » du principe. La structure institutionnelle hétérogène de l'Union présente davantage de complexité que celle de l'ordre constitutionnel d'un État, car elle doit prendre en compte les spécificités de ce nouveau Léviathan qui dépasse largement le cadre national (§1). Le fonctionnement de l'Union obéit à une autre logique qui est celle de l'efficacité de l'action institutionnelle. La fonction exécutive qui n'est pas exclusivement attribuée à un seul organe constitue le moteur de la machine d'intégration européenne (§2).

§ 1. Le principe d'équilibre institutionnel.

S'il existe à l'échelon européen un système d'équilibre entre les différentes institutions déduit par la Cour de justice de l'Union (avant l'entrée en vigueur du Traité de Lisbonne : Cour de justice des Communautés européennes) des dispositions des traités fondateurs (B), il est certain qu'aucune transposition immédiate du principe de la séparation des pouvoirs n'est possible au niveau de l'Union (A).

A. La « traditionnelle » séparation des pouvoirs appliquée à l'Union européenne ?

Le schéma institutionnel de l'Union ne repose guère sur un socle de légitimité uniforme. Le Parlement européen, la Commission, le Conseil ou encore la Cour de Justice de l'Union ne représentent pas des institutions fondées, comme le pouvoir d'État de l'article 20, alinéa 2 LF, sur le principe démocratique. La Commission, le Parlement et le Conseil de l'Union ne représentent pas une seule entité politique, mais forment un jeu complexe où sont liés les intérêts de l'Union, ceux des citoyens des États membres, enfin les intérêts des États eux-mêmes. La chaîne de légitimation démocratique de ces organes n'est aucunement linéaire et ininterrompue.

Les trois organes portant les différents intérêts au niveau de l'Union doivent être placés dans un rapport de contrôle réciproque qui garantit un équilibre des intérêts représentés. Si l'objectif de la séparation constitutionnelle des pouvoirs est l'organisation la plus efficace du travail afin que les organes accomplissent leurs missions dans les meilleures conditions possibles, la finalité du principe de l'équilibre institutionnel est de procéder à la balance des différents éléments organique de la mosaïque représentative de l'Union. Par suite, il ne s'agit pas de s'assurer qu'un des « pouvoirs » n'usurpe pas les compétences attribuées à un autre « pouvoir ». La théorie du noyau de compétences exclusif tissée par juge constitutionnel allemand, qui constitue la pièce maîtresse de la séparation fondamentale conçue par la Loi fondamentale, n'est pas applicable à l'organisation institutionnelle de l'Union. L'ordre juridique européen opère une distinction entre les trois fonctions : législative, exécutive et judiciaire. Mais ici s'arrête le parallèle avec le principe constitutionnel d'organisation et de distribution du pouvoir, tel qu'il est interprété par la Cour de Karlsruhe.

La fonction législative, ainsi que la fonction budgétaire, ne connaissent pas d'assise parlementaire exclusive : en vertu de l'article 15 TUE, leur exercice se trouve partagé entre le Parlement, réunissant les représentants des citoyens des États, et le Conseil, l'organe exécutif où siègent les ministres des États. Le Conseil européen, institutionnalisé par le Traité de Lisbonne, est l'émanation des exécutifs des États-membres, car composé des chefs d'État ou de gouvernement. Il « donne à l'Union les impulsions nécessaires à son développement et en définit les orientations et les priorités politiques générales ». Toujours en vertu de l'article 15 TUE, le Conseil « n'exerce pas la fonction législative ». Si l'existence d'un noyau de compétences exclsuif ne peut être déduit, la formulation du Traité, contenue dans l'article 15, démontre la volonté de suffisamment distinguer non pas des organes institutionnels possédant une sphère d'action qui leur est propre, mais de constater formellement de manière négative que le Conseil européen n'exerce pas la fonction législative. Pas de distinction prononcée entre les fonctions législative et exécutive, mais une séparation du Parlement et du Conseil de l'Union, d'une part, et du Conseil européen, d'autre part. La finalité première de cette distinction est l'équilibre institutionnel interprété très tôt par la Cour de justice comme un principe non-écrit déduit des Traités.

B. L'équilibre institutionnel et fonctionnel selon l'interprétation de la Cour de justice de l'Union européenne.

La division des pouvoirs n'est pas expréssement mentionné dans les premiers Traités. Mais la Cour de Justice réussit, en interprétant les textes conventionnels, à établir un principe général d'équilibre institutionnel. La garantie de l'équilibre des pouvoirs, agissant au sein de la Communauté, devient alors un moyen opérant permettant de sanctionner le non-respect de la distribution des compétences résultant des traités[1].

Dès 1958, dans le cadre du Traité de Paris, instituant la Communauté européenne de charbon et d'acier du 18 avril 1951, la Cour déduit de la base textuelle de l'article 3 « le principe de l'équilibre des pouvoirs, caractéristique de la structure institutionnelle de la Communauté »[2]. Ce principe représente « une garantie fondamentale » qui, en l'espèce, interdit toute délégation d'un pouvoir discrétionnaire à une autorité sans qu'elle y soit expressément autorisée[3]. En 1990,

---

[1] Christoph Möllers, *Die drei Gewalten. Legitimation der Gewaltengliederung in Verfassungsstaat, Europäischer Integration und Internationalisierung*, Velbrück Wissenschaft, 2008, p. 176 : « (…) ging es darum, die verträglichen Kompetenzregelns dem Zugriff des einfachen Rechtsetzers zu entziehen ».

[2] CJCE, 13 juin 1958, *Meroni & Co. c. Haute Autorité de la Communauté européenne du charbon et de l'acier*, aff. 9/56, Rec. (édition française), p. 53 et suiv.

[3] CJCE, 13 juin 1958, *Meroni & Co. c. Haute Autorité de la Communauté européenne du charbon et de l'acier*, aff. 9/56, Rec., p. 82 : « Que la délégation d'un pouvoir discrétionnaire, en le confiant à des autorités différentes de celles qui ont été établies par le Traité pour en assurer et en contrôler l'exercice dans le cadre de leurs attributions respectives, porterait atteinte à cette garantie ».

de « caractéristique », l'équilibre des pouvoirs passe au stade de principe « créé par les traités »[1]. Le principe de l'équilibre institutionnel tend à garantir une « limitation de la puissance qui vise à sauvegarder les libertés ainsi qu'une organisation optimale du pouvoir traduisant les spécificités » de l'ordre de l'Union. Cette organisation n'est pas le reflet de « la séparation des pouvoirs classique ». Il en résulte par conséquent une « division fonctionnelle du pouvoir »[2]. La « préservation de la capacité fonctionnelle, l'exécution efficace des missions attribuées, ainsi que l'obligation des organes de coopérer »[3] représentent les différents aspects du principe de l'équilibre institutionnel.

§ 2. La place prédominante du pouvoir exécutif dans l'architecture institutionnelle de l'Union: « le fédéralisme exécutif ».

Le modèle organisationnel de l'Union européenne est qualifié de «fédéralisme exécutif ». Il s'agit d'une forme d'organisation verticale d'exercice du pouvoir qui ne doit pas être immédiatement assimilée à l'État fédéral, car elle ne s'épuise pas dans les systèmes juridiques nationaux, mais convient parfaitement au fonctionnement de la structure « multi-niveaux »[4] de l'Union[1]. Du point de vue du

---

[1] Dans un arrêt du 22 mai 1990, *Parlement c. Conseil*, aff. C-70/88, Rec., I-2072-2073, la Cour explique que le principe d'équilibre institutionnel est « créé par les Traités » qui « ont mis en place un système de répartition des compétences entre les différentes institutions de la Communauté, qui attribue à chacune sa propre mission dans la structure institutionnelle de la Communauté et dans la réalisation des tâches confiées à celle-ci ». Et le juge continue : « Le repect de l'équilibre institutionnel implique que chacune des institutions exerce ses compétences dans le respect de celles des autres. Il exige aussi que tout manquement à cette règle, s'il vient à se produire, puisse être sanctionné ». Ou encore : « La Cour, chargée, en vertu des traités, de veiller au respect du droit dans leur interprétation et dans leur application, doit ainsi pouvoir assurer le maintien de l'équilibre institutionnel et, par conséquent, le contrôle juridictionnel du respect des prérogatives du Parlement, lorsqu'elle est saisie à cette fin par ce dernier, par une voie de droit adaptée à l'objectif qu'il poursuit. (...) Il lui [à la Cour] incombe (...) d'assurer la pleine application des dispositions des traités relatives à l'équilibre institutionnel et de faire en sorte que, comme les autres institutions, le Parlement ne puisse pas être atteint dans ses prérogatives sans disposer d'un recours juridictionnel, parmi ceux prévus par les traités, qui puisse être exercé de manière certaine et efficace ».

[2] Eberhard Schmidt-Aßmann, *Das allgemeine Verwaltungsrecht als Ordnungsidee. Grundlagen und Aufgaben der verwaltungsrechtlichen Systembildung*, 2e édition, Springer, Berlin/Heidelberg, 2004, p. 396 : « (...) freiheitssichernder Machtbegrenzung und effizienzorientierter Machtzuordnung in einer gemeinschaftsspezifischen, der klassischen Gewaltenteilung aber immerhin nicht unähnlichen Weise gewährleisten soll ».

[3] Eberhard Schmidt-Aßmann, *Das allgemeine Verwaltungsrecht als Ordnungsidee. Grundlagen und Aufgaben der verwaltungsrechtlichen Systembildung*, 2e édition, Springer, Berlin/Heidelberg, 2004, p. 397 : « Die Erhaltung der Funktionsfähigkeit, das Gebot effizienter Aufgabenerfüllung und die Pflicht der Organe zur Kooperation sind (...) Bestandteile des institutionellen Gleichgewichts ».

[4] Sur l'origine de l'expression « système à multi-niveaux » (*Mehrebenen-Systeme*), voir Christoph Möllers, *Gewaltengliederung : Legitimation und Dogmatik im nationalen und internationalen Rechtsvergleich*, Mohr Siebeck, Tübingen, 2005, p. 210, note n°1 : « L'expression tire son origine (..) de la science politique » (« Der Ausdruck entstammt (...) der Politikwissenschaft »), et des références bibliographiques complémentaires.

système « multi-niveaux », l'Union représente « un ensemble composé d'institutions nationales et européennes qui sont placées dans un rapport étroit »[2]. Cette structure dominée par l'exécutif (A) peut avoir des effets directs sur le principe « interne » de la séparation des pouvoirs (B).

A. L'organisation verticale de l'exercice du pouvoir : le « fédéralisme exécutif ».

Le fédéralisme exécutif est identifié par trois éléments constitutifs. Il s'agit en premier d'une « structure mettant en place des compétences qui se trouvent dans un rapport vertical », ce qui signifie que la compétence normative appartient « au niveau supra-national », c'est-à-dire aux instances de l'Union, tandis que l'application des actes relève en principe, mais pas exclusivement, de la compétence des États membres. Deuxièmement, ce type d'organisation d'exercice du pouvoir implique l'existence d'un organe compétent pour « coordonner et organiser le travail commun ». Pour l'Union européenne, cet organe est le Conseil dont la composition et les fonctions sont inspirées de l'institution originale allemande qu'est le Conseil fédéral, le *Bundesrat.* Enfin, le modèle du fédéralisme exécutif suppose un processus décisionnel « consensuel »[3] qui cherche à satisfaire les intérêts de la structure supra-nationale et ceux des membres la composant. L'organe central du fédéralisme exécutif est le Conseil réunissant en son sein des membres des gouvernements des États. En tant que représentants des exécutifs nationaux au niveau de l'Union, les membres du Conseil sont tenus par les instructions et directives données par leurs gouvernements et ne peuvent agir que conformément à l'intérêt de leur État[4]. Aujourd'hui, il est clair que dans le cadre de

---

[1] Philipp Dann, « Die politischen Institutionen », *in* Armin von Bogdandy/Jürgen Bast (dir.), *Europäisches Verfassungsrecht. Theoretische und dogmatische Grundzüge*, 2e édition, Springer, Berlin/Heidelberg, 2009, p. 343 : « (...) föderale Mehrebenenstruktur (...) » ; n°36 : « (...) der Begriff "Förderalismus" nicht mit Bundesstaatlichkeit gleichzusetzen ist. Das Prinzip des Föderalismus ist nicht auf staatliche Ordnungen beschränkt, sondern ein allgemeines Prinzip der vertikalen Strukturierung von Hoheitsordnungen (...) », avec une référenche à l'ouvrage d'Armin von Bogdandy, *Supranationaler Föderalismus als Wirklichkeit und Idee einer neuen Herrschaftsform*, Nomos, 1999.

[2] Eberhard Schmidt-Aßmann, *Das allgemeine Verwaltungsrecht als Ordnungsidee. Grundlagen und Aufgaben der verwaltungsrechtlichen Systembildung*, 2e édition, Springer, Berlin/Heidelberg, 2004, p. 393 : « Das analysekozept des Mehrebenensystems weist die Europäische Union als ein Gefüge aus, "das sich aus nationalstaatlichen und europäischen Institutionen zusammensetzt, die sich nur noch in Relation zueinander konstituieren" ».

[3] Philipp Dann, « Die politischen Institutionen », *in* Armin von Bogdandy/Jürgen Bast (dir.), *Europäisches Verfassungsrecht. Theoretische und dogmatische Grundzüge*, 2e édition, Springer, Berlin/Heidelberg, 2009, p. 344-345 : « Das zweite Merkmal ist die Existenz eines Organes, das die (...) Zusammenarbeit organisiert und koordiniert, im Falle der EU der Rat (im deutschen Exekutivföderalismus der Bundesrat) (...) impliziert die exekutiv-föderale Struktur als drittes Merkmal einen spezifischen Entscheidungsmodus : (...) die konsensuale Entscheidungsfindung (...) ».

[4] Armin von Bogdandy, « Information und Kommunikation in der Europäischen Union », *in* Wolfgang Hoffmann-Riem/Eberhard Schmidt-Aßmann (dir.), *Verwaltungsrecht in der Informationsgesellschaft*, Nomos, Baden-Baden, 2000, p. 167-168.

l'Union des vingt-huit, il est illusoire de croire que chacun des membres du Conseil pourrait imposer la ligne de sa politique aux autres, la règle de la décision consensuelle trouve toute sa signification pratique.

B. Les conséquences pour le principe « interne » de la séparation des pouvoirs.

Le Conseil intervient à toutes les étapes de formation de la volonté politique de l'Union et il lui appartient de prononcer le dernier mot. Cette institution originale inspirée du droit interne allemand fonctionne de manière satisfaisante à l'échelle de l'Union, mais peut avoir des effets pervers sur le principe constitutionnel de la séparation des pouvoirs. Le risque, que prennent les États, naturellement avec le consentement et la participation active de leurs propres gouvernements, est de se transformer en entités exécutives des décisions prises par les instances européennes. Décisions dont la teneur est dictée par un organe de composition « exécutive ». Le cercle est vicieux, car en garantissant les intérêts des États membres par leur représentation par le Conseil, on aboutit à un déclassement progressif des parlements nationaux qui n'ont que peu de marge de manœuvre face aux obligations de mettre en œuvre les actes édictés par l'Union.

Comme dans le cas du système fédéral allemand, le fédéralisme exécutif de l'Union accorde une place importante à la mission d'exécution des règles prises par les instances supra-nationales dont l'application est assurée par les États. Le moteur de la mise en œuvre, ce sont les organes exécutifs agissant au niveau national. Ainsi, il est permis de dire que le « droit de l'Union est appliqué par « les administrations » des États[1]. Par conséquent, le poids exécutif (concernant le gouvernement, mais également l'administration) peut déséquilibrer la balance institutionnelle de l'Union.

La recherche d'équilibre entre les institutions de l'Union et la volonté de préserver leurs compétences respectives est paradoxale au regard de l'impact du droit de l'Union sur le principe constitutionnel de la séparation des pouvoirs. L'équilibre institutionnel au sein de l'Union ne permet pas de maintenir le système de freins et de contrepoids de la Loi fondamentale allemande. La menace pesant sur le principe de séparation des pouvoirs augmente proportionnellement à l'avancée du processus d'intégration européenne. Ainsi, dans les récentes décisions de la Cour constitutionnelle fédérale, les solutions livrées tendent à garantir la place prééminente du *Bundestag* face au Gouvernement fédéral qui, grâce à la structure fédérale-exécutive de l'Union, se trouve dans l'épicentre décisionnel de la politique que les États membres doivent mettre en œuvre.

---

[1] Philipp Dann, « Die politischen Institutionen », *in* Armin von Bogdandy/Jürgen Bast (dir.), *Europäisches Verfassungsrecht. Theoretische und dogmatische Grundzüge*, 2e édition, Springer, Berlin/Heidelberg, 2009, p.344 : « (…) die Beteiligung exekutiver Akteure, vor allem auf der Ebene der Mitgliedstaaten (…). (…) Unionsrecht von nationalen Administrationen durchgeführt wird (…) ».

La place secondaire des parlements a poussé les États à consolider les garanties déjà existantes ou à inclure dans le traité de Lisbonne de nouveaux mécanismes de contrôle permettant au Parlement européen d'être le contrepoids dans le système institutionnel imprégné par la présence exécutive. Quant aux parlements nationaux, la situation se révèle problématique. La Cour constitutionnelle fédérale a certes validé les dispositions du Traité de Lisbonne. Cependant, les juges n'ont pas manqué à soulever les difficultés liées à la légitimation démocratique et au risque qu'encourt le parlement allemand face au processus d'intégration européenne ayant atteint ses limites constitutionnelles.

Section 2 : La volonté de la Cour constitutionnelle fédérale de garantir la place centrale du Parlement dans le processus d'intégration européenne.

Le principe démocratique, tel qu'il est interprété par la Cour constitutionnelle allemande, a la fonction d'une barrière au processus d'intégration européenne qui « trouve ses limites dans la Loi fondamentale »[1]. Il constitue également un moyen de sauvegarder le principe interne de la séparation des pouvoirs en garantissant des droits effectifs au Parlement face à un pouvoir exécutif très présent sur la scène européenne (§1). Le processus d'intégration se trouve par conséquent « sous la surveillance totale » des juges de Karlsruhe (§2).

§ 1. Le principe démocratique comme protection du principe constitutionnel de la séparation des pouvoirs.

Le jugement de la Seconde chambre de la Cour constitutionnelle fédérale relatif à la loi portant ratification du traité de Lisbonne fut l'objet de vives critiques doctrinales, visant en particulier l'interprétation élastique de l'article 38 LF (B). L'analyse du juge fait par ailleurs à maintes reprises référence à l'exigence d'un niveau de légitimation démocratique suffisante des organes de l'Union (A).

---

[1] Dieter Grimm, « Das Grundgesetz als Riegel vor einer Verstaatlichung der Europäischen Union. Zum Lissabon Urteil des Bundesverfassungsgerichts », *in* du même, *Die Zukunft der Verfassung II Auswirkungen und Globalisierung*, Suhrkamp, Berlin, 2012, p.153 : « Der Fortgang der europäischen Integration (…) findet in ihm [dem Grundgesetz] Grenzen ».

A. Le « déficit démocratique »[1] de l'Union européenne.

Malgré le renforcement important des compétences du Parlement européen, il reste un organe dont la puissance n'arrive pas à concurrencer de manière efficace la Commission ou le Conseil qui dominent le paysage institutionnel de l'Union. C'est le Parlement qui, à l'instar du *Bundestag*, bénéficie d'une légitmité démocratique immédiate, car les députés européens sont directement élus par les citoyens des États-membres. Cependant, cette légitimité, bien que directe, ne correspond pas au niveau de légitimité du *Bundestag*, car elle ne suit pas la règle du vote égal (un homme – un vote)[2]. L'insuffisance de la fonction de contrôle parlementaire européenne ainsi que la puissance de la machine exécutive incarnée par la Commission et le Conseil, peuvent trahir des rapports de tension entre l'exigence de maintenir le système constitutionnel de la séparation des pouvoirs et le fonctionnement des organes de l'Union. L'absence de contrôle parlementaire suffisamment déployé au niveau européen ne doit pas avoir comme conséquence une influence des exécutifs agissant par le biais du Conseil et de la Commission. Ainsi, tant que le principe démocratique n'obtient pas de garatnies suffisantes au niveau de l'Union, équivalentes à celles de l'ordre juridique national, l'Union contininuera à porter le signe du déficit démocratique[3]. Pourtant, lorsque, dans la décision relative au Traité de Lisbonne du 30 juin 2009[4], la Seconde chambre

---

[1] BVerfGE 123, 267 « Lissabon Vertrag » du 30 juin 2009, p. 364-365 : « Ein nach Art. 23 in Verbindung mit Art. 79 Abs. 3 GG nicht hinnehmbares strukturelles Demokratiedefizit läge vor, wenn der Kompetenzumfang, die politische Gestaltungsmacht und der Grad an selbstständiger Willensbildung der Unionsorgane ein der Bundesebene im föderalen Staat entsprechendes (staatsanaloges) Niveau erreichte, weil etwa die für die demokratische Selbstbestimmung wesentlichen Gesetzgebungszuständigkeiten überwiegend auf der Unionsebene ausgeübt werden. Wenn sich im Entwicklungsverlauf der europäischen Integration ein Missverhältnis zwischen Art und Umfang der ausgeübten Hoheitsrechte und dem Maß demokratischer Legitimation einstellt, obliegt es der Bundesrepublik Deutschland aufgrund ihrer Integrationsverantwortung, auf eine Veränderung hinzuwirken und im äußersten Fall sogar ihr weitere Beteiligung an der Euroäischen Union zu verweigern ». Sur l'influence de l'intégration européenne sur le principe démocratique : Karl-Peter Sommermann, « Verfassungsperspektiven für die Demokratie in der erweiterten Europäischen Union : Gefahr der Entdemokratisierung oder Fortentwicklung im Rahmen europäischer Supranationalität ? », *DÖV*, 2003, p. 1009 et suiv.

[2] Daniel Laberstam/Christoph Möllers, « The German Constitutional Court says "Ja zu Deutschland !" », *German Law Journal*, 2009, p. 1247 : « (...) the voting mecanisms to the European Parliament do not function according to a strict rule of democratic equality, one (wo)man, one vote. (...) if there is no people, there is no parliament. As there is no European people, the European Parliament is not a real parliament, i.e. a popular representation (*Volksvertretung*). ».

[3] Stefan Oeter, « Souveränität und Demokratie als Probleme in der "Verfassungsentwicklung" der Europäischen Union. Fragen aus Verfassungstheorie und Verfassungsgeschichte an die deutsche Debatte um Souveränität, Demokratie und die Verteilung politischer Verantwortung im geeinten Europa », *ZaöRV*, 1995, p.661 : « Die Rechte des Parlaments seien eindeutig zu schwach ausgeprägt, um wirklich den Anforderungen aus dem Demokratieprinzip und dem Gedanken parlamentarischer Kontrolle der Gesetzgebung und Verwaltung gerecht zu werden ».

[4] BVerfGE 123, 267 « Lissabon Vertrag ».

analyse les caractéristiques du « standard démocratique », elle constate que « les éléments du principe démocratique ne peuvent pas être réalisés de la même manière au sein de l'Union européenne ». Les deux types de standards démocratiques résident dans les différences structurelles entre l'organisation internationale *sui generis*, l'Union, et l'architecture constitutionnelle étatique. En effet, il ne peut pas y avoir une exigence de parfaite symétrie entre ces deux ordres juridiques, car « tant que l'organisation des compétences de l'Union » obéit au principe de la délégation expresse accordée par les États suivant une « procédure de coopération décisionnelle respectant la responsabilité d'intégration étatique » et « tant qu'un équilibre entre les compétences de l'Union et celles des États est maintenu, la démocratie de l'Union ne doit et ne peut pas être analogue au standard démocratique étatique ».

Le « noyau dur » d'un régime démocratique, qui fait partie « de la tradition constitutionnelle commune des États européens » se retrouve dans le droit du peuple de « déterminer de manière libre et égalitaire le gouvernement et le législateur »[1]. Mais ce droit ne peut être transposé à l'échelon institutionnel de l'Union, car ni le Parlement européen, ni la Commission ont un rôle équivalent à celui du *Bundestag* ou celui du gouvernement fédéral[2]. Certes, l'Union européenne souffre d'un « déficit démocratique », car elle ne répond guère aux conditions posées par le principe démocratique de la Loi fondamentale. La « responsabilité d'intégration durable » qui incombe aux organes étatiques signfie que « le système politique de la République fédérale ainsi que celui de l'Union européenne doivent

---

[1] BVerfGE 123, 267 « Lissabon Vertrag » du 30 juin 2009, p. 368 : « Solange die europäische Zuständigkeitsordnung nach dem Prinzip der begrenzten Einzelermächtigung in kooperativ ausgestalteten Eintscheidungsverfahren unter Wahrung der staatliche Intergrationsverantwortung besteht und solange eine ausgewogene Balance der Unionszuständigkeiten un der staatlichen Zuständigkeiten erhalten bleibt, kann und muss die Demokratie der Europäischen Union nicht staatsanalog ausgestaltet sein » ; p. 366 : « (...) die demokratischen Grundsätze in der Europäischen Union nicht in gleicher Weise wie im Grundgesetz verwirklicht werden können (...) » ; p. 367-368 : « In einer Demokratie muss das Volk Regierung und Gesetzgebung in freier un gleicher Wahl bestimmen können (...) Die Europäische Union ekennt diesen demokratischen Kerngedanken als gemeineuropäische Verfassungstradition an (...) ».

[2] BVerfGE 123, 267 « Lissabon Vertrag » du 30 juin 2009, p. 368 : « En tant qu'organe représentatif des peuples (...), il [le Parlement] ne doit et ne peut pas (...) répondre aux exigences qui résultent, au niveau national, par le droit de vote de tous les citoyens. La Commission, en tant qu'organe supranational spécial (...). La Commission, en tant qu'organe supranational spécial ne doit pas (...) satisfaire aux conditions posées à un gouvernement pleinement responsable devant la décision majoritaire des électeurs ou le parlement, car elle n'est pas elle-même conditionnée de la même manière par la volonté électorale » (« Als Vertretungsorgan der Völker [...] kann und muss es in seiner Zusammensetzung nicht den Anforderungen entsprechen, die sich auf der staatlichen Ebene aus dem gleichen politischen Wahlrecht aller Bürger ergeben. Die Kommission muss als ein supranationales, besonderes Organ ebenfalls nicht umfänglich den Bedingungen einer entweder dem Parlament oder der Mehrheitsentscheidung der Wähler voll verantwortlichen Regierung genügen, weil sie slebst nicht in vergleichbarer Weise dem Wählerwillen verpflichtet ist »).

satisfaire aux principes de l'article 20, alinéas 1er et 2 en combinaison avec l'article 79, alinéa 3 LF »[1].

La structure institutionnelle particulière de cet ordre « supranational » ne peut justifier un déséquilibre dans l'organisation interne des pouvoirs. Ainsi, dans certains domaines dans lesquels les organs exécutifs disposent d'une participation importante et dans lesquels le Parlement national n'est pas directement associé au processus décisionnel, le Gouvernement fédéral a l'obligation de fournir toutes les informations nécessaires au *Bundestag* afin que ce dernier puisse examiner le « programme d'intégration par l'Union européenne » et contrôler « l'activité du Gouvernement fédéral ». Il s'agit d'une obligation constitutionnelle résultant de « la répartition des compétences des organes constitutionnels conforme à la séparation des pouvoirs »[2].

B. La protection du **Bundestag** *ou le droit individuel à une légitimation démocratique suffisante des organes de l'Union.*

Le « détachement injustifié du champ d'application de l'article 38, alinéa 1, première phrase » représente une des « particularités processuelles »[3] de la décision de la Cour. La question de savoir si les dispositions du traité sont conformes à l'article 38 LF n'est pas critiquable en soi. Ce qui est problématique, c'est « *comment* article 38 LF est interprété et appliqué »[4] par le juge. La portée de l'article ne s'épuise pas, selon l'analyse de la Seconde chambre, dans l'existence d'une

---

1 BVerfGE 123, 267 « Lissabon Vertrag » du 30 juin 2009, p. 356 : « Den deutschen Verfassungsorganen obliegt eine dauerhafte Integrationsverantwortung. Si ist darauf gerichtet, bei der Vertragung von Hoheitsrechten und bei der Ausgestaltung der europäischen Entscheidungsverfahren dafür Sorge zu tragen, dass in einer Gesamtbetrachtung sowohl das politische System der Bundesrepublik Deutschland als auch das der Europäischen Union demokratischen Grundsätzen im Sinne des Art. 20 Abs. 1 und Abs. 2 in Verbindung mit Art. 79 Abs. 3 GG entspricht », puis p. 364 : « Die konkreten Anforderungen an die demokratischen Grundsätze hängen vom Umfang der übertragenen Hoheitsrechte und vom Grad der Verselbständigung europäischer Entscheidungsverfahren ab ».

2 BVerfGE 123, 267 « Lissabon Vertrag » du 30 juin 2009, p. 420 : « (…) die Prüfung der Einhaltung ddes Integrationsprogramms durch die Europäische Union und die Kontrolle der Tätigkeit der Bundesregierung ermöglicht (…) ; sie ist hierzu (…) der gewaltenteilenden Aufgabendifferenzierung unter den Verfassungsorganen (…) verfassungsrechtlich verpflchtet ». En l'espèce, il s'agit de la participation de la Commission et des gouvernements nationaux dans les négociations relatives à l'Organisation mondiale du commerce.

3 Christoph Schönberger, « Die Europäische Union zwischen "Demokratiedefizit" und Bundesstaatsverbot. Anmerkungen zum Lissabon-Urteil des Bundesverfassungsgerichts », *Der Staat*, 2009, p. 539 : « Zu den prozessualen Eigenheiten des Lissabon-Urteils gehört die uferlose Entgrenzung des Anwendungsbereichs von Art. 38 Abs. 1 S. 1 GG ». Article 38 LF porte sur les élections des membres du *Bundestag*. L'extrait visé dispose que « [l]es députés du *Bundestag* allemand sont élus au suffrage universel, direct, libre, égal et secret ».

4 Matthias Jestaedt, « Warum in die Ferne schweifen, wenn der Massstab liegt so nah ? Verfassungshandwerkliche Anfragen an das Lissabon-Urteil des BVerfG », *Der Staat*, 2009, p. 503 : « Gegenstand der Kritik ist, *wie* Art. 38 GG ausgelegt und angewendet wird (…) » (souligné dans le texte).

« garantie individuelle de participation » à l'élection des députés, mais confère églament aux citoyens « le droit individuel de revendiquer un rapport de légitimation entre les personnes ayant le droit de vote et la puissance publique de l'Union européenne »[1], d'un « droit individuel à la démocratie »[2]. Les modalités d'élection des députés allemands servent de justification afin d'élaborer un ensemble de rapports complexe entre, d'une part, les électeurs et, d'autre part, le pouvoir exercé par l'Union. Cette subjectivisation[3] du droit de de vote de l'article 38 LF permet de poser des limites au processus d'intégration européenne qui irait trop loin et ne s'inscrirait plus dans ce cadre de légitimation. Par ce raisonnement, le juge constitutionnel allemand a transformé « chaque *quivis ex populo* en un gardien constitutionnel procédural de la démocratie européenne ». Le résultat n'est pas seulement l'exigence d'une légitimation de la puissance publique de l'Union répondant aux canons de la Loi fondamentale. À partir de « Lisbonne », il devient possible qu'un citoyen, qui considère que son droit individuel à une légitimation suffisante du pouvoir supranational est lésé par une « modification du traité », forme un « recours constitutionnel individuel contre la loi ratifiant la modification conventionnelle »[4]. Ici, la subjectivisation de ce droit est d'autant plus étonnante qu'elle va à l'encontre des solutions livrées par la Cour dans le cadre national. En effet, un électeur ne peut s'appuyer sur l'article 38 LF afin de former un recours devant la Cour de Karlsruhe tendant à constater la violation des compétences du *Bundestag*[5].

L'interprétation élastique de l'article 38 LF et sa combinaison avec l'exigence de légitimité du pouvoir de l'Union n'a que des effets extérieurs, mais ne peut

---

1 Christoph Schönberger, « Die Europäische Union zwischen "Demokratiedefizit" und Bundesstaatsverbot. Anmerkungen zum Lissabon-Urteil des Bundesverfassungsgerichts », Der Staat, 2009, p. 539-540 : « Der Gewährleistungsgehalt dieser Vorschrift beschränkt sich (...) nicht auf die Individualgarantie der Teilnahme an der Bundestagswahl (...). Vielmehr leit Art. 38 Abs. 1 S. 1 GG dem deutschen Bürger in der Deutung des Bundesverfassungsgerichts einen umfassenden Individualanspruch auf einen "legitimatorischen Zusammenhang zwischen den Wahlberechtigten und der europäischen Hoheitsgewalt" ».

2 Matthias Jestaedt, « Warum in die Ferne schweifen, wenn der Massstab liegt so nah ? Verfassungshandwerkliche Anfragen an das Lissabon-Urteil des BVerfG », *Der Staat*, 2009, p. 504 : « (...) individuellen Recht auf Demokratie ».

3 Martin Nettesheim, « Ein Individualrecht auf Staatlichkeit ? Die Lissabon-Entscheidung des BVerfG », *NJW*, 2009, p. 2869, parle d'un « droit indvduel posant l'exigence d'étaticité ».

4 Christoph Schönberger, « Die Europäische Union zwischen "Demokratiedefizit" und Bundesstaatsverbot. Anmerkungen zum Lissabon-Urteil des Bundesverfassungsgerichts », *Der Staat*, 2009, p. 540 : « (...) jeden *quivis ex populo* zum verfassungsprozessualen Hüter der europäischen Demokratie erhebt (...), jede zukünftige Vertragsrevision über den Weg einer Verfassungsbeschwerde gegen das Zustimmungsgesetz (...) unterzogen werden kann ».

5 BVerfGE 62, 397, p. 399, relative à la dissolution anticipée du *Bundestag* suite à l'habile jeu politique du chancelier Helmut Schmidt, cité par Christoph Schönberger, « Die Europäische Union zwischen "Demokratiedefizit" und Bundesstaatsverbot. Anmerkungen zum Lissabon-Urteil des Bundesverfassungsgerichts », *Der Staat*, 2009, p. 541.

toujours pas constituer la base textuelle justificative d'une violation interne des droits du *Bundestag*. Le sens politique de la décision est clair : dans l'avenir, même si la loi ratifiant une modification du traité échappe au contrôle du juge constitutionnel grâce à l'exigence d'« un quorum d'un tiers des membres du *Bundestag* », elle ne sera pas immunisé contre l'éventualité d'un recours constitutionnel individuel[1]. « Le traditionnel consensus politique des grandes fractions parlementaires dans le domaine des questions européennes ne doit pas empêcher l'examen opéré par le juge constitutionnel. »[2]

Afin d'assurer le maintien du système interne de l'équilibre des pouvoirs, la Cour opère un contrôle sur le degré du processus d'intégration européenne, qui doit rester conforme à la « clause d'éternité » de l'article 79, alinéa 3 LF.

§ 2. Le processus d'intégration européenne « sous la surveillance totale de Karlsruhe »[3].

Article 23, alinéa 1er LF dispose qu'afin de concourir « au développement de l'Union européenne », la République fédérale « peut transférer des droits de souveraineté par une loi approuvée par le Bundestag » et que les alinéas 2 et 3 de l'article 79 LF sont applicables « à l'institution de l'Union européenne ainsi qu'aux modifications de ses bases conventionnelles et aux autres textes comparables qui modifient ou complètent la présente Loi fondamentale dans son contenu ou rendent possibles de tels compléments ou modifications ». La conséquence de cet article est que toute modification des « bases conventionnelles » de l'Union doit suivre les règles de la procédure de révision constitutionnelle de la Loi fondamentale et non pas la procédure législative ordinaire.

Ensuite, la « clause d'éternité », applicable à l'institution européenne, représente les limites matérielles qui doivent être respectées par le législateur ratifiant un traité ou une modification des dispositions conventionnelles exsitantes. Si cette limite était franchie, alors la Fédération allemande se trouverait dans l'impossibilité de continuer sa participation au processus d'intégration européenne. Dans ce cas de figure, le pouvoir constituant du peuple devrait se manifester afin

---

1 Sur la participation de l'individu à l'évolution du droit et de la jurisprudence : Johannes Masing, Mobilisierung des Bürgers für die Durchsetzung des Rechts. Europäische Impulse für eine Revision der Lehre vom subjektiv-öffentlichen Recht, Duncker & Humblot, Berlin, 1997.

2 Christoph Schönberger, « Die Europäische Union zwischen "Demokratiedefizit" und Bundesstaatsverbot. Anmerkungen zum Lissabon-Urteil des Bundesverfassungsgerichts », *Der Staat*, 2009, p. 541 : « Der übliche europapolitische Konsens der großen Bundestagsfraktionen soll die verfassungsgerichtliche Überprüfung nicht hindern ». La solution n'est point « convainquante du point de vue de la dogmatique constitutionnelle » et « la signification politico-juridique de cette jurisprudence est évidente » (« [s]o wenig das verfassungsdogmatisch überzeugen kann, so offenkundig ist der rechtspolitische Sinne dieser Rechtsprechung »).

3 Christian Calliess, « Unter Karlsruher Totalaufsicht », *Frankfurter Allgemeine Zeitung*, n°198 du 27 août 2009, p. 8.

d'abroger l'actuelle Constitution et d'en établir une autre, conforme au stade avancé de développement de l'organisation supranationale (A). Par suite, il convient de s'interroger sur la nécessité de la création d'un nouvel ordre institutionnel européen (B).

A. La nécessité de faire appel au pouvoir constituant : la Cour entre le « déficit démocratique » et l'« impossibilité de créer un État fédéral européen ».

Le traité de Lisbonne constitue-t-il la dernière étape conventionnelle possible dans le cadre de la Loi fondamentale ? Pour la Cour, le processus d'intégration européenne a atteint un stade qui ne peut être dépassé sans qu'il y ait une violation du « cœur » de la Constitution, c'est-à-dire des principes protégés par l'article 79, alinéa 3 :

> *La violation de l'identité constitutionnelle contenue dans l'article 79, alina 3 LF est du point de vue du principe démocratique également une atteinte au pouvoir constituant du peuple. Ainsi, ce dernier n'a pas accordé un mandat aux représentants et organes du peuple qui leur permettrait de disposer de l'identité constitutionnelle. La compétence de modifier les principes fondamentaux de l'article 79, alinéa 3 LF n'est confiée à aucun organe constitutionnel.*[1]

L'application de la «clause d'éternité » au processus d'intégration européenne est problématique au regard de la génèse de la disposition et de sa finalité. Elle est destinée à protéger les principes qui s'y trouvent énumérés contre les « ennemis » du régime constitutionnel démocratique et libéral de la Loi fondamentale. Article 79, alinéa 3 LF fut pensé comme une réaction à l'échec du système weimarien de garantir la Constitution de 1919 face aux assauts de ses ennemis[2]. Les principes

---

[1] BVerfGE 123, 267 « Lissabon Vertrag » du 30 juin 2009, p. 344 : « Die Verletzung der in Art. 79 Abs. 3 GG festgelegten Verfassungsidentität ist aus der Sicht des Demokratieprinzips zugleich ein Übergriff in die verfassungsgebenden Gewalt des Volkes. Die verfassungsgebende Gewalt hat insofern den Vertretern und Organen des Volkes kein Mandat erteilt, über die Verfassungsidentität zu verfügen. Keinem Verfassungsorgan ist die Kompetenz eingeräumt die nach Art. 79 Abs. 3 GG grundlegenden Verfassungsprinzipien zu verändern ». Ou encore, p. 404 : « Sans la déclaration de volonté expresse des peuples, les organes élus ne sont pas compétents pour créer dans leurs espaces constitutionnels étatiques un nouveau sujet faisant l'objet d'une légitimation ou pour délégitimer les sujets déjà existants » (« Ohne den ausdrücklich erklärten Willen der Völker sind die gewählten Organe nicht befugt, in ihren staatlichen Verfassungsräumen ein neues Legitimationssubjekt zu schaffen oder die vorhandenen zu delegitimiern »). La notion d' « identité constitutionnelle » apparaît aussi dans les décisions du Conseil constitutionnel, sans que ce dernier y apporte des précisions satisfaisantes. Voir, par exemple : CC, décision n°2006-540 du 27 juillet 2006, *Loi relative au droit d'auteur et aux droits voisins dans la société de l'information*, considérant 19 : « Considérant, en premier lieu, que la transposition d'une directive ne saurait aller à l'encontre d'une règle ou d'un principe inhérent à l'identité constitutionnelle de la France, sauf à ce que le constituant y ait consenti ».

[2] Sur l'article 79, alinéa 3 LF, *supra*, première partie, titre second, chapitre 3, section 3.

énumérés : la participation des Länder à la législation fédérale, les principes contenus dans les articles 1er et 20 LF démontrent la volonté du constituant de 1949 d'assurer une sphère inaccessible pour le pouvoir de révision dans laquelle se trouvent déployés les éléments constitutifs d'un régime démocratique et libéral. Mais l'ordre institutionnel de l'Union européenne présente-t-il un quelconque danger pour la Loi fondamentale ? Ne peut-il offrir des garanties minimales d'existence des principes protégés par l'article 79, alinéa 3 LF ?

La Cour « échoue dans la tentative de démontrer pourquoi les problèmes spécifiques de l'organisation démocratique de l'Union européenne devraient déclencher l'application de l'utlime limitation qu'est la "clause d'éternité" »[1]. Et dans l'hypothèse, dans laquelle le stade du processus d'intégration européenne exigerait de faire appel au pouvoir constituant, comment la Cour, organe constitué, garantirait l'adoption d'une nouvelle constitution s'inscrivant dans un nouvel ordre institutionnel de l'Union voulu par les États membres?

À toutes ces interrogations, le juge ne donne aucune réponse ou explication satisfaisante. Il va encore plus loin en affiramant que la République fédérale ne peut aucunement participer à un État fédéral européen sous prétexte qu'une telle « création » franchit les limites posées par la Loi fondamentale.

B. La nécessité d'un nouvel ordre institutionnel ?

La « clause d'éternité » est entendue par le juge constitutionnel allemand comme une garantie de la « souveraínté » allemande.

> *Lorsque (...) le seuil de la creation d'un État fédéral et du renoncement à la souveraineté étatique serait franchi, ce qui suppose en Allemagne la décision libre du peuple au-delà de la validité de la Loi fondamentale, le niveau des exigences démocratiques devrait complètement correspondre aux besoins de legitimation démocratique d'une union organisée conformément modèle étatique. (...) Un déficit démocratique inacceptable au regard de l'article 23 en combinaison avec l'article 79, alinéa 3 LF signifierait que l'étendue des compétences, la puissance d'organisation politique et le degré de la formation de volonté autonome des organes de l'Union ont atteint un niveau de fédéralisation comparable à celui d'un État fédéral (analogue à un État)*[2].

---

[1] Christoph Schönberger, « Lisbon in Karlsruhe : Maastricht's Epigones At Sea », *German Law Journal*, 2009, p. 1208 : « The Court fails to demonstrate why specific problems of the democratic organization of the European Union should trigger the ultimate barrier that is the "eternity clause" ».

[2] BVerfGE 123, 267 « Lissabon Vertrag » du 30 juin 2009, p. 364-365 : « Wenn (...) die Schwelle zum Bundesstaat un zum nationalen Souveränitätsverzicht überschritten wäre, was in Deutschland eine freie Entscheidung des Volkes jenseits der gegenwärtigen Geltungskraft des Grundgesetzes voraussetzt,

Si nombre de questions sont laissées sans véritable explication, on lit ici la réponse à une interrogation dont la place n'était probablement pas dans les analyses concernant le traité de Lisbonne. La Cour affirme purement et simplement que la Loi fondamentale ne permet pas le passage à un État fédéral européen sans qu'il y ait un changement de texte constitutionnel. Or, « d'un point de vue constitutionnel », cette analyse est « plus que douteuse ». Tout d'abord, la question d'un État fédéral européen n'est pas à l'ordre du jour politique. Puis, le juge n'offre « aucune définition de la notion d'État fédéral » pas plus qu'il ne discute de l'importance et des fonctions d'un organe représentant les États fédérés, à côté du parlement réunissant les représentans du(es) peuple(s) européen(s)[1].

müssten demokratische Anforderungen auf einem Niveau eingehalten werden, das den Anforderungen an die demokratische Legitimation eines staatlich organisierten Herrschaftsverbandes vollständig entspäche. (...). Ein nach Art. 23 in Verbindung mit Art. 79 Abs. 3 GG nicht hinnehmbares strukturelles Demokratiedefizit läge vor, wenn der Kompetenzumfang, die politische Gestaltungsmacht und der Grad an selbständiger Willensbildung der Unionsorgane ein der Bundesebene im föderalen Staat entsprechendes (staatsanalogisches) Niveau erreichte ».

[1] Sur cette argumentation défaillante: Christoph Schönberger, « Die Europäische Union zwischen "Demokratiedefizit" und Bundesstaatsverbot. Anmerkungen zum Lissabon-Urteil des Bundesverfassungsgerichts », *Der Staat*, 2009, p. 556-557, qui explique que la Seconde chambre de la Cour imagine une construction fédérale « vidée de toute substance » (« blutleere Konstruktion »), qui n'est qu'une « réminiscence de la théorie de l'État fédéral » (« Reminiszenzen an die deutsche Bundesstaatstheorie ») du XIXe siècle ; voir, du même, « Die Europäische Union als Bund. Zugleich ein Beitrag zur Verabschiebung des Staatenbund-Bundesstaat-Schemas », *AöR*, p. 88.

CONCLUSION DU CHAPITRE

L'équilibre institutionnel existant entre les différents organes de l'Union européenne n'est aucunement un calque du principe « traditionnel » de la séparation des pouvoirs. Même si, à certains égards, il est possible d'établir des parallèles entre ces deux formes d'organisation de l'exercice du pouvoir, l'architecture des deux ordres juridiques dans lesquels se déploient leurs effets est différente. La structure de l'Union, inspirée par le modèle du « fédéralisme exécutif » allemand peut s'avérer incompatible avec la mise en œuvre du principe horizontal de séparation des pouvoirs déduit de l'article 20, alinéa 2 LF. En effet, les modes de légitimation des organes de l'Union, ainsi que leur fonctionnement, leurs processus décisionnels, troublent la configuration constitutionnelle du principe de séparation allemand.

Le poids décisionnel des organes de coloration exécutive de l'Union semble accorder, dans ce système « multi-niveaux », une place prépondérante au pouvoir exécutif national qui peut, dans certaines hypothèses, être mieux placé afin de participer à la formation de la volonté politique des instances supranationales. Cette place tend à concurrencer et, parfois, à diminuer l'importance du Parlement national, « donateur de légitimité démocratique directe ». La primauté des organes exécutifs n'est pas en complète harmonie avec l'équilibre organique interne. Afin de garantir, par le biais du respect du principe démocratique, le rôle que doit jouer le *Bundestag* dans le processus d'intégration européenne, la Cour constitutionnelle fédérale d'Allemagne n'hésite pas à reconnaître un recours individuel tendant à protéger le niveau de légitimité du Parlement basé sur une nouvelle lecture de l'article 38 LF en institutant de cette façon un « droit individuel à la démocratie ». La protection du *Bundestag* et des compétences, qui lui sont constitutionnellement attribuées, par l'action de citoyens isolés devient ainsi possible. Par l'examen du degré de légitimité démocratique, c'est la répartition interne entre les organes invesis des trois pouvoirs qui peut être finalement garanti, car, enfin, il bénéficie de l'égide déployé par le principe démocratique.

CONCLUSION DU TITRE SECOND

L'état d'exception et l'impact du processus d'intégration européenne montrent la face fragile du principe de la séparation des pouvoirs. La fragilité consiste en la limite que le principe ne pourra jamais surmonter. Il peut être mise en brèche par la discorde générale entre un ou plusieurs organes relevant de « pouvoirs différents » et se trouver ainsi complètement paralysée. Les règles constitutionnelles applicable en période de crise (insitutionnelle ou militaire) suffisent, pour l'instant à garantir que jamais un pouvoir essayera d'usurper la totalité du pouvoir sans avoir la moindre intention de revenir à l'état normal. Alors, le principe puissant qui porte la Loi fondamentale tout entière, se perdra au moins de l'ordre constitutionnel concret qui devient victime d'une telle attaque couverte sous la volonté de « sauver » la situation. L'état d'exception est donc l'état de tous les dangers pour *Gewaltenteilungsgrundsatz*.

Face aux cataclysmes institutionnels que peuvent provoquer les circonstances exceptionnelles, l'Union européenne ne paraît, de prime abord, comme une menace. Il n'y a pas beaucoup de similitudes entre le système d'équilibre institutionnel au niveau de l'Union et le principe normatif du droit constitutionnel allemand si ce n'est que lorsque le premier rencontre le second. L'organisation technocratique de l'Union et la place prédominante des organes exécutifs au sein des institutions permettent de s'interroger sur une possible modification importante ou bien simplement une adaptation de la structure constitutionnelle interne, donc de l'article 20 LF., aux exigences posées au niveau supranational. La démarche de la Cour consiste à renforcer, même en risquant l'interprétation très libre des dispositions de la Loi fondamentale, la place institutionnelle du Parlement national dans la configuration tant nationale qu'européenne. De manière paradoxale, c'est par la garantie du principe démocratique que l'on garantit aussi le principe de séparation des pouvoirs.

CONCLUSION DE LA SECONDE PARTIE

Les éléments exposés illustrant la concrétisation du principe de la séparation, ne portent point la prétention de l'exhaustivité. Il s'agit ici de soulever quelques problèmes ou bien d'exposer des situations qui peuvent paraître problémtiques à un public français. Lorsqu'on parle de la fonction législative, il est facile de visualiser le parlement et d'assimiler la fonction à l'organe. Et de conclure que la participation des organes exécutifs à la procédure législative constitue en effet un empiètement ou une anormalité. La même conclusion vaut à propos des pouvoirs exécutif ou judiciaire. Vouloir machinalement séparer les organes et les fonctions et introduire de manière massive la notion d'« empiètement » empêche de comprendre globalement la norme concrétisée à partir de l'article 20, alinéa 2 LF en la réduisant à un état statique qui ne connaît aucun mouvement. Or, l'étude de cas, d'exemples concrets montre qu'il s'agit d'un concept dynamique à la recheche perpétuelle du point d'équilibre optimal tendant à permettre à l'ensemble des orgnes invesits des pouviors législatif, exécutif et judiciaire d'accomplir de la meilleure manière possible les missions qui leur sont constitutionnellement attribuées.

Ici, la définition générale, élaborée et affinée par la Cour ne se réduit pas à un syllogisme juridique, mais à une opération intellectuelle complexe qui, afin de produire des effets satisfaisants, met nécessairement en œuvre les différentes pièces de la séparation des pouvoirs constitutionnelle : le principe de justice fonctionnelle et la théorie du noyau de compétences exclusif. Par le premier, il est possible de prendre une certaine liberté quant à la définition de l'organe qui doit agir dans un moment déterminé. Par la seconde, cette liberté trouve les limites qui sont celles de l'usurpation et de la substitution intégrale d'un organe à un autre.

CONCLUSION GENERALE

L'analyse de la doctrine et des solutions jurisprudentielles allemandes relatives au principe de la séparation des pouvoirs démontre sa véritable qualité fonctionnelle. Il n'est pas un dogme que l'on se contente de répéter ou utiliser de manière générale et indéterminée afin de justifier un raisonnement détaché de toute réalité constitutionnelle. En Allemagne, le principe est n'est pas identifié avec une prétendue règle valable de manière générale et absolue qui coordonnerait de manière identique les régimes constitutionnels qui la mettant en œuvre. Malgré les incohérences parfois présentes dans l'analyse doctrinale et jurisprudentielle, la volonté d'un traitement scientifique du principe ne fait pas de doute.

La définition générale, donnée par le juge constitutionnel suivant laquelle le principe de la séparation des pouvoirs est un système de freins et de contrepoids permettant la modération de la puissance de l'État et, par là, garantit la protection de la liberté de l'individu, n'est que le début d'une tentative de systématiser le principe normatif déduit de l'article 20, alinéa 2 LF. Au lieu de s'arrêter à la formule générale, la Cour constitutionnelle fédérale déploie un arsenal théorique important qui sert la résolution des cas concrets. Ainsi, le principe de justice fonctionnelle, qui complète le texte de la Loi fondamentale, montre la volonté de ne pas se cantonner à une signification générale et trop abstraite, mais de procéder à un examen approfondi afin de constater, dans une situation précise, quel est l'organe le mieux adapté à la prise d'une décision publique. Ici, la méthode banale qui a habituellement cours et selon laquelle il faudrait qu'à chaque organe corresponde une fonction, n'est pas applicable. Il n'est pas interdit qu'un organe investi du pouvoir législatif participe ou concourt au processus décisionnel maîtrisé par l'exécutif, tout comme il n'y a pas d'atteinte au principe de la séparation des pouvoirs lorsque les organes exécutifs participent à l'élaboration de la loi. Mais il est une limite qu'il ne faut pas dépasser : si un organe tend à usurper complètement les compétences d'un autre organe, alors, la violation du principe doit être constatée. La théorie du noyau exclusif de compétences élaborée par la Cour afin de protéger, dans chaque pouvoir, une sphère qui doit rester intacte et inaccessble aux autres pouvoirs permet la sanction de la violation du principe. Cette méthode peut se révéler problématique, car il n'existe pas de définition complète et satisfaisante des « noyaux exclusifs » des pouvoirs législatif, exécutif et judiciaire. L'incapacité de donner un contenu précis à la sphère de compétences exclusive trahit l'impossibilité d'arrêter, une fois pour toutes, le contenu du principe. Il doit par conséquent être entendu comme principe *fonctionnel* et non pas substantiel. Sa concrétisation permet d'optimiser les conditions d'exercice du pouvoir d'État. S'il y existe des lignes directrices, les solutions du juge ne sont pas uniformes. Elles ne peuvent pas l'être, car le mouvement de concrétisation de la norme contenue par l'article 20, alinéa 2 LF, n'obéit pas à un esprit d'exécution machinale. Il s'agit, au contraire, de prendre en compte tous les éléments de l'espèce afin de les confronter aux solutions générales dégagées au fil de la jurisprudence. La nécessaire adaptation ainsi que l'ajustement des règles générales au cas particulier donnent l'impression d'une incohérence présente dans l'analyse du juge.

Certes, les décisions de la Cour constitutionnelle, ayant directement ou indirectement pour objet le principe de la séparation des pouvoirs, ne sont pas sans exemptes de faiblesses. Mais, au moins, l'effort de systématisation et de justification plus ou moins approfondie méritent l'attention du juriste français. Les solutions allemandes ne sont pas la panacée des maladies françaises. Elles ne peuvent pas être simplement reprises par la doctrine ou transposées sans davantage de réflexion par le juge. Car derrière les théories doctrinales et jurisprudentielles sur le principe de la séparation des pouvoirs, tissées par les Allemands, se cache une culture juridique qui présente des différences profondes avec l'imaginaire juridique français. Toutefois, certains éléments du principe allemand peuvent être repris sans grande difficulté. La théorie de la décision substantielle selon laquelle le législateur doit prendre les décisions qualifiées de substantielles sans laisser une marge de manœuvre disproportionnée au pouvoir réglementaire trouve un écho dans la jurisprudence du Conseil constitutionnel relative au domaine réservé au législateur. Le Conseil sanctionne l'« incompétence négative du législateur » en l'obligeant à exercer pleinement ses compétences et prendre les décisions dans des matières fondamentales comme « celle des droits et libertés des citoyens »[1].

Le litige entre organes, qui permet de saisir la Cour afin que celle-ci interprète « l'étendue des droits et obligations d'un organe fédéral suprême ou d'autres parties investies de droits propres », offre la possibilité aux organes et parties mentionnés de constater une violation du principe de la séparation des pouvoirs par l'action ou l'omission d'agir d'un autre organe ou partie. Une telle procédure n'existe pas en France. Le cas des ordonnances de 1986 que le président de l'époque, François Mitterrand, refusa de signer[2], peut revenir à l'ordre du jour constitutionnel. Actuellement, le droit français n'offre pas de solution concrète au problème de l'éventuelle interprétation incosntitutionnelle de celui qui est censé, en vertu de l'article 5 C, veiller « au respect de la Constitution ». Car le problème des ordonnances touche à la répartition-même des compétences entre le président de la République d'une part, et celles du Gouvernement et du Parlement d'autre part. En l'état actuel des choses, il est donc possible qu'un chef de l'État décide, sans justification solide, de s'opposer à une loi d'habilitation législative adoptée conformément à l'article 38C permettant au Gouvernement de légiférer par

---

[1] CC, n°75-56 DC, *Juge unique* du 23 juillet 1975, Rec., p. 22, considérant n°6.

[2] Article 13, alinéa 1er C dispose : « Le président de la République signe les ordonnances (…) délibéré[e]s en Conseil des ministres (…) ». Mitterrand interpréta la forme indicative du verbe signer comme l'existence d'un choix : le président « signe », mais il peut également ne pas le faire. Cet argument fut appuyé par d'autres justifications que la doctrine a reprses. Sur le problème des ordonnances : Michel Troper, « La signature des ordonnances. Fonctions d'une controverse », *Pouvoirs*, 1987, n°41, p.75-91.

ordonnance dans le domaine de l'article 34 C[1]. En l'absence d'une procédure équivalente à l'« *Organstreitverfahren* », il ne reste plus qu'à savourer la myriade de commentaires auxquels la doctrine se consacre corps et âme.

Il existe bien des problèmes juridiques concrets auxquels le principe de séparation des pouvoirs peut apporter une solution. Mais si le juriste français restait convaincu que le principe n'est rien d'autre qu'un « sanctuaire vide », une vieille incantation héritée des essais politiques des siècles passées, alors il continuerait de se maintenir dans un état d'anesthésie générale qui ne lui permet pas d'accéder à la signification de ce principe organisationnel et fonctionnel. Car la norme constitutionnelle portant l'idée de la séparation des pouvoirs n'est rien d'autre qu'un système complexe de freins et de contrepoids, de balance entre les pouvoirs qui permet de mieux diviser le travail des organes et améliorer le fonctionnement de l'appareil étatique. Si la séparation des pouvoirs ne réussit pas à passer du dogme au niveau d'un principe constitutionnel concret, elle sera condamnée à errer dans le champ doctrinal français où elle sera la cible des approximations théoriques et des analyses trop rapides.

---

[1] Qui comporte une longue liste des matières dans lesquelles la loi doit intervenir (la « loi fixe les règles consernant […]).

BIBLIOGRAPHIE :

I. Sources (jusqu'en 1945)

Références allemandes

Ouvrages géneraux, Manuels, traités:

Aretin (Johann Christoph von)/Rotteck (Carl von), *Staatsrecht der konstitutionellen Monarchie. Ein Handbuch für Geschäftsmänner, studierende Jünglinge, und gebildete Bürger*, 2e édition, Volckmar, Leipzig, 1838-1840, (trois volumes).

Anschütz (Gerhard)/Thoma (Richard), *Handbuch des deutschen Staatsrechts*, t.1 (1930) et t. 2 (1932), Mohr Siebeck, Tübingen, 708 et 788 p.

Bluntschli (Johan Capsar), *Allgemeines Staatsrecht, geschichtlich begründet*, 1e édition, J.G.Gottaschen buchhandlung, 1852, 2e édition, München, 1863, 2 vol, 563p. et 562p.

Bluntchli (Johann Caspar), *Lehre vom modernen Staate,* 1e partie (*Allgemeine Staatslehre*), 6e édition, Stuttgart, 1886.

Bluntchli (Johann Caspar)/ Brater (Karl) (dir.), *Deutsches Staats-Wörterbuch*, vol. 9, 1865.

Bornhak (Conrad), *Allgemeine Staatslehre*, 2e édition, C.Heymann, Berlin, 1909.

Fleiner (Fritz), *Institutionen des deutschen Verwaltungsrechts*, 3ème édition, Mohr Siebeck Verlag, Tübingen, 1913, 421 p.

Gerber (Carl Friedrich von), *Grundzüge eines Systems des deutschen Staatsrechts*, 1e édition, Tauchnitz, Leipzig, 1865, 208 p.

Haller (Karl Ludwig von Haller), *Restauration der Staatswissenschaft*, vol. 1, 2e édition, In der Steinerischen Bunchhandlung, Wineterthur,1820, 519 p.

Held (Joseph von), *System des Verfassungsrechts der monarchischen Staaten Deutschlands mit besonderer Rücksicht auf den Constitutionalismus*, vol. 1, Stahel, Würzburg, 1856, 503 p.

Heller (Hermann), *Staatslehre*, 3e édition, A.W. Sijthoff, Leiden, 1963, 298 p.

Huber (Ernst Rudolf), *Verfassungsrecht des großdeutschen Reiches*, 2e édition, Hanseatische Verlanganstalt, Hamburg, 1939, 527 p.

Jellinek (Georg), *Allgemeine Staatslehre*, 2e édition, O. Häring, Berlin 1905, 797 p. 3e édition, O. Häring, Berlin, 1914, 837 p. (tr.fr. Fardis [Georges], *L'État moderne et son droit*, Girard & Brière, Paris, 1911-1913, rééd. 2 vol. [*Théorie générale de l'État* et *Théorie juridique de l'État*], Paris LGDJ, Éditions Panthéon-Assas, 2005).

Jordan (Sylvester), *Lehrbuch des allgemeinen und deutschen Staatsrechts*, Kriegel, Cassel, 1831.

Kelsen (Hans), *Allgemeine Staatslehre*, Julius Springer, Berlin, 1925, 433 p.

Klüber, *Öffentliches Recht des Teutschen Bundes*, 4e édition, Andreä, Frankfurt am Main, 1840, 962 p.

Laband (Paul), *Das Staatsrecht des deutschen Reiches*, 3e édition, 4 vol., Leipzig, 1895-, tr.fr. Gandilhon (Camille) (à partir de la 3e édition allemande), *Le droit public de l'Empire allemand*, Giard & Brière, Paris, 6 vol. (préface Larnaude [Ferdinand]), 1900-1904.

Maurenbrecher (Romeo), *Grundsätze des heutigen deutschen Staatsrechts*, 1e édition, 1837, 2e édition, 1843, Varrentap, Frankfurt am Main, 589 p. et 589 p.

Mayer (Otto), *Deutsches Verwaltungsrecht*, vol.1, Duncker & Humblot, Leipzig, 1895, 482 p.

Merkl (Adolf), *Allgemeines Verwaltungsrecht*, Julius Springer, Wien/Berlin, 1927, 400 p.

Meyer (Georg), *Lehrbuch des deutschen Staatsrechts*, 1e édition, Duncker & Humblot, Leipzig, 1878, 640 p.

Meyer (Georg)/Anschütz (Gerhard), *Lehrbuch des deutschen Staatsrechts*, 7e édition, 1919, réimpression, Duncker & Humblot, Berlin, 2005, 1067 p.

Mohl (Robert von), *Das Staatsrecht des Königreiches Württemberg*, 1e édition, Heinrich Laupp, Tübingen, 1829, 693 p.

Mohl (Robert von), *Encyklopädie der Staatswissenschaften*, Laupp, Tübingen, 1859, p. 775.

Pölitz (Karl), *Die Staatswissenschaften im Lichte unsrer Zeit*, Leipzig, 1823, 340 p.

Rönne (Ludwig von), *Das Staatsrecht der preußischen Monarchie*, t. 1, 3e édition, Brockhaus, Leipzig, p. 495.

Rotteck (Carl von)/Welcker (Carl Theodor), *Staats-Lexikon oder Encyklopädie der Staatswissenschaften,* 1e édition, Hammerich, Althona, 1834-1843, 15 vol.

Rotteck (Carl von), *Lehrbuch des Vernunftrechts und der Staatswissenschaften*, t.2 (*Allgemeine Staatslehre*), 1e édition, Stuttgart, 1830, 2e édition, Stuttgart, 1840, t. 3, *Materielle Politik*), 1e édition, Stuttgart, 1834.

Schmitthenner (Friedrich), *Grundlinien des allgemeinen oder idealen Staatsrechts*, G.F. Heyer, Giessen, 1845, 607 p.

Schulze (Hermann), *Einleitung in das deutsche Staatsrecht*, 1e édition, Breitkopf & Härtel, Leipzig, 1865, 368 p.

Schulze (Hermann), *Einleitung in das deutsche Staatsrecht mit besonderer Berücksichtigung der Krisis des Jahres 1866 und Gründung des Norddeutschen Bundes*, nouvelle édition, Breitkopf & Härtel, Leipzig, 1867, 492 p.

Seydel (Max von), *Grundzüge einer allgemeinen Staatslehre*, A. Stuber's buchhandlung, Würzburg, 1873, 104 p.

Smend (Rudolf), *Verfassung und Verfassungsrecht*, Duncker & Humblot, München/Leipzig, 1928 178 p.

Stahl (Friedrich Julius), *Die Philosophie des Rechts*, 2e édition, Mohr, Heidelberg, 1846, 2 vol.

Stein (Lorenz von), *Verwaltungslehre*, 1e partie, 2e édition, Verlag bei J. G. Gottaschen Buchhandlung, Stuttgart, 1869, 355 p.

Zachariä, *Vierzig Bücher vom Staate*, 1e édition, Cotta, Stuttgart und Tübingen, 1820-1832, 5 vol.

Ouvrages spéciaux, thèses et monographies :

Ancillon (Friedrich), *Über Souveränität und Staatsverfassungen. Ein Versuch zur Berechtigung einiger politischer Grundbegriffe*, 2e édition, Duncker & Humblot, Berlin, 1816, 102 p.

Anschütz (Gerhard), *Kritische Studien zur Lehre von Rechtssatz und materiellen Gesetz*, Halle, 1891, 88 p.

Anschütz (Gerhard), *Die gegenwärtigen Theorien über den Begriff der gesetzgebenden Gewalt und den Umfang des königlichen Verordnungsrechts nach preussischem Staatsrecht*, 1e édition (1899), Tübingen et 2e édition, Tübingen/Leipzig (1901).

Dahlmann (Friedrich Christoph), *Die Politik, auf den Grund und das Mass der gegebenen Zustände zurückgeführt*, t. 1, 1e édition, 1835, 2e édition, Leipzig, 1847 .

Gerber (Carl Friedrich von), *Ueber öffentliche Rechte*, Laup & Siebeck, Tübingen, 1852, 107 p.

Gumplowicz (Ludwig), *Geschichte der Staatstheorien*, Wagner, Innsbruck, 1905, 592 p.

Hänel (Albert), *Studien zum Deutschen Staatsrechts*, vol. 2 (*Die organisatorische Entwicklung der deutschen Reichsverfassung/Das Gesetz im formellen und materiellen Sinne*), Haessel, Leipzig, 1888.

Jellinek (Georg), Gesetz und Verordnung : Staatsrechtliche Untersuchungen auf rechtsgeschichtlicher und rechtsvergleichender Grundlage, Mohr (Siebeck), Freiburg im Breisgau, 1887, 412 p.

Jellinek (Georg), *System der subjektiven öffentlichen Rechte*, 1e édition, Mohr (Siebeck), Freiburg im Breisgau, 1892, 345 p.

Jellinek (Walter), *Grenzen der Verfassungsgesetzgebung*, Springer, Berlin, 1931, 27p.

Kelsen (Hans), Hauptprobleme der Staatsrechtslehre entwickelt aus der Lehre vom Rechtssatze, 2e édition, Mohr Siebeck, Tübingen, 1923.

Kelsen (Hans) « Wer soll der Hüter der Verfassung sein » (1929), *in* du même *Der Hüter der Verfassung*, Mohr Siebeck, Tübingen, 2008.

Kelsen (Hans), *La démocratie. Sa nature – sa valeur*, tr.fr. Charles Eisenmann, réimpression de la 2e édition (1932), Dalloz, 2004, 122 p.

Kelsen (Hans), *Reine Rechtslehre* (1934), Mohr Siebeck, 2008, 181 p.

Krieken (Albert van), *Ueber die sogenannte organische Staatstheorie*, Duncker & Humblot, Leipzig, 1873, 163 p.

Laband (Paul), Das Budgetrecht nach den Bestimmungen der Preussischen Verfassungs-Urkunde unter Berücksichtigung der Verfassung der Norddeutschen Bundes, Guttentag, Berlin, 1871, 83 p.

Landsberg (Ernst), *Geschichte der deutschen Rechtswissenschaft*, t. 3, 2e partie, München/Berlin, 1910.

Mohl (Robert von), *Lebenserinnerungen (1799-1875)*, vol. 2, Stuttgart/Leipzig, 1902.

Savigny (Friedrich Carl von), *System des heutigen Römischen Rechts*, t. 1, Berlin, 1840.

Schmitt (Carl), Die Diktatur. Von den Anfängen des modernen Souveränitätsgedankens bis zum proletarischen Klasenkampf (1921), 7e édition, Duncker & Humblot, Berlin, 2006, 257 p.

Schmitt (Carl), *Théorie de la Constitution* (1928), trad. fr. Deroche (Lilyane), PUF, coll. *Quadrige*, 2008 (préface Beaud [Olivier], « Carl Schmitt ou le juriste engagé »), 576 p.

Schmitt (Carl), *Der Hüter der Ver*fassung (1931), 4e édition, Duncker & Humblot, 1996, 159 p.

Schmitt (Carl), *Der Begriff des Politischen* (1931), 8e édition, Duncker & Humblot, Berlin, 2009, 113 p.

Stahl (Friedrich Julius), *Das monarchische Prinzip. Eine staatsrechtlich-politische Abhandlung*, Heidelberg, 1845, 44 p.

Stammler (Rudolf) et *alii*, *Systematische Rechtswissenschaft, Teubner*, Berlin/Leipzig, 1906, 526 p.

Rochau (August Ludwig von), *Grundzüge der Realpolitik*, 1e partie, Stuttgart, 1853.

Rochau (August Ludwig von), *Grundzüge der Realpolitik*, 2e partie, Mohr, Heidelberg, 1869, 221 p.

Windscheid (Bernhard), *Lehrbuch des Pandektenrechts*, t. 1, 2e édition, Buddeus, Düsseldorf, 1867, 736 p.

Articles, études et recensions:

Albrecht (Wilhelm Eduard), Recension de Maurenbrecher (Romeo), *Grundsätze des heutigen deutschen Staatsrechts*, 1e édition, 1837, *Göttingische Gelehrte Anzeigen*, 1837.

Anschütz (Gerhard), « Paul Laband. Ein Gedenkblatt », *Deutsche Juristen-Zeitung*, 1918, p.268.

Anschütz (Gerhard), « Verwaltungsrecht », *in* Stammler (Rudolf) et *alii*, *Systematische Rechtswissenschaft*, Teubner, Berlin/Leipzig, 1906.

Anschütz (Gerhard), « Das Recht des Verwaltungszwanges in Preußen, vornehmlich in seiner geschichtlichen Entwicklung dargestellt », *Verwaltungsarchiv*, n°1, 1893, p. 390 et suiv.

Anschütz (Gerhard), « Der deutsche Föderalismus », *VVDStRL*, De Gruyter, Berlin/Leipzig, 1924, p. 11-32.

Bluntschli (Johann Caspar), « Staatsgewalten », *in* Bluntchli (Johann Caspar)/Brater (Karl) (dir.), *Deutsches Staats-Wörterbuch*, t. 9, 1865.

Gentz (Friedrich von Gentz), « Ueber den Unterscheid zwischen den landständischen und Repräsentativ-Verfassungen », *in* Klüber (Johann Ludwig)/Welcker (Theodor) (éd.), *Wichtige Urkunden für den Rechtszustand der deutschen Nation*, Mannheim, 1884, p. 221.

Gierke (Otto von), « Die Grundbegriffe des Staatsrechts und die neuesten Staatsrechtstheorien I », *Zeitschrift für die gesamte Staatswissenschaft*, vol. 30, 1874, p. 153-198.

Heller (Hermann), « Die Krisis der Staatslehre », *Archiv für Sozialwissenschaft und Sozialpolitik*, n°55, 1926, p. 289-316 (*La crise de la théorie de l'État*, tr. fr. Jouanjan [Olivier], Dalloz, coll. *Tiré-à-part*, 2012).

Heller (Hermann), « Der Begriff des Gesetzes in der Reichsverfassung », *VVDStRL*, n°4, Walter de Gruyter, 1928.

Huber (Ernst-Rudolf), «Die Einheit der Staatsgewalt », *Deutsche Juristen-Zeitung*, 1934, p. 950.

Jacobi (Erwin), « Die Diktatur des Reichspräsidenten nach Art. 48 der Reichsverfassung, *VVDStRL*, De Gruyter, 1924, p. 105-137.

Jacobi (Erwin), « Die Rechtsverordnungen », *in* Anschütz (Gerhard)/Thoma (Richard), *Handbuch des deutschen Staatsrechts*, vol. 2, Mohr Siebeck, Tübingen, 1932.

Kelsen (Hans), « Die Lehre von den drei Gewalten oder Funktionen des Staates », *Archiv für Rechts- und Wirtschaftsphilosophie*, vol. 17, 1923-1924, p. 374-408, réimpression dans Hans Klecatsky (Hans)/Marcic (René)/ Schambeck (Herbert) (éd.), *Die Wiener Rechtstheoretische Schule. Ausgewählte Schriften von Hans Kelsen, Adolf Julius Merkl und Alfred Verdross*, vol. 2, p. 1625-1660.

Kelsen (Hans), « Aperçu d'une théorie générale de l'État », *RDP*, 1926, p. 561-799.

Kelsen (Hans), « La garantie juridictionnelle de la Constitution », *RDP*, 1928.

Kelsen (Hans), « Die Lehre von den drei Gewalten oder Funktionen des Staates », *Archiv für Rechts- und Wirtschaftsphilosophie*, vol. 17, 1923-1924, p. 374-408, réimpression dans Klecatsky (Hans)/Marcic (René)/Schambeck (Herbert) (éd.), *Die Wiener Rechtstheoretische Schule. Ausgewählte Schriften von Hans Kelsen, Adolf Julius Merkl und Alfred Verdross*, vol. 2, p. 1625-1660.

Loewenstein, (Karl), « Militant Democracy and Fundamental Rights », *American Political Science Review*, vol. 3, n°3 (p.417-432) et n°4 (p. 638-658), 1937.

Mayer (Otto), Recension de Gerhard Anschütz, Die gegenwärtigen Theorien über den Begriff der gesetzgebenden Gewalt und den Umfang des königlichen Verordnungsrechts nach preussischem Staatsrecht, 1e édition, Tübingen, 1899, AöR, 1902.

Merkl (Adolf), « Das doppelte Rechtsantlitz », *Juristische Blätter*, 1918, p. 425-427, 444-447, 463,465, réimpression dan Klecatsky (Hans)/Marcic (René)/Schambeck (Herbert) (éd.), *Die Wiener Rechtstheoretische Schule. Ausgewählte Schriften von Hans Kelsen, Adolf Julius Merkl und Alfred Verdross*, vol. 1, Europa Verlag, Wien, 1968, p. 1091-1113.

Merkl (Adolf), *Die Lehre von der Rechtskraft, entwickelt aus dem Rechtsbegriff*, Leipzig/Berlin, 1923.

Merkl (Adolf), « Zum rechtstechnischen Problem der bundesstaatlichen Kompetenzverteilung », *Zeitschrift für öffentliches Recht* (1921), réimpression dans Klecatsky (Hans)/Marcic (René)/Schambeck (Herbert) (éd.), *Die Wiener Rechtstheoretische Schule. Schriften von Hans Kelsen, Adolf Merkl, Alfred Verdroß*, vol. 2, 1968.

Merkl (Adolf), « Prolegomena einer Theorie des rechtlichen Stufenbaues », *Gesellschaft, Staat und Recht, Festschrift für Hans Kelsen*, 1931, p. 252-294, réimpression dans Klecatsky (Hans)/Marcic (René)/Schambeck (Herbert) (éd.), *Die Wiener Rechtstheoretische Schule. Ausgewählte Schriften von Hans Kelsen, Adolf Julius Merkl und Alfred Verdross*, vol. 2, Europa Verlag, Wien, 1968.

Scheuner (Ulrich), « Considérations sur le livre "Le Droit et l'État dans la Doctrine national-socialiste" de M. Roger Bonnard, professeur à la faculté de droit de Bordeaux », *RDP*, vol. 54, 1937.

Schmitt (Carl), « Die Diktatur des Reichspräsidenten nach Art. 48 der Reichsverfassung », *VVStRL*, De Gruyter, 1924, p. 63-103.

Schmitt (Carl), « Der Führer schützt das Recht », *Deutsche Juristen-Zeitung*, 1934.

Stockmar (E. A. Chr. von), « Studien über das preussische Staatsrecht », *Zeitschrift für Deutsches Statsrecht und Deutsche Verfassungsgeschichte* (*Aegidi Zeitschrift*), numéro unique, 1867.

Documents constitutionnels et législatifs:

Anschütz (Gerhard), Die Verfassung des Deutschen Reiches vom 11. August 1919. Ein Kommentar zur Wissenschft und Praxis, 14e édition, 1933, réimpression, 1961, 800 p.

Klüber (Johann Ludwig)/Welcker (Theodor) (éd.), *Wichtige Urkunden für den Rechtszustand der deutschen Nation*, Wassermann, Mannheim, 1845, 428 p.

Smend (Rudolf), *Die Verfassung des Deutschen Reichs vom 11. August 1919*, Sieben Stäbe- Verlags- u. Druckereigesellschaft, Berlin, 1929, 75 p.

Références françaises :

Ouvrages, traités, manuels :

Bonnard (Roger), *Le droit et l'État dans la doctrine national-socialiste*, 2e édition, LGDJ, Paris, 1939, 304 p.

Carré de Malberg (Raymond), *Constribution à la théorie générale de l'État*, Sirey, Paris, 2 vol., (1920-1922), réimpression Dalloz, Paris, 2004 (présentation par Maulin [Éric]), 837 p. et 638 p.

Carré de Malberg (Raymond), Confrontation de la théorie de la formation du droit par degrés avec les idées et les institutions consacrées par le droit positif français relativement à sa formation, Sirey, 1933, réimpression Dalloz (préface Maulin [Éric]), 2007, 214 p.

Constant (Benjamin), *Écrits politiques*, Folio essais, 1997, 864 p.

Duguit (Léon), *Les transformations du droit public*, Armand Colin, Paris, 1913, 285 p.

Duguit (Léon), *Traité de droit constitutionnel*, t. 2 (*Théorie générale de l'État*), 2e édition, E. de Boccard, Paris, 1923, 3e édition, E. de Boccard, Paris, 1928.

Esmein (Adhémar), Éléments de droit constitutionnel français et comparé, 3e édition, Paris, 1903, 912 p.

Hauriou (Maurice), *Précis élémentaire de droit constitutionnel*, 2e édition, Sirey, Paris, 1930, 449 p.

Hauriou (Maurice), *Précis de droit administratif et de droit public*, 10e édition, Sirey, Paris, 1921.

Laferrière (Julien), *Manuel de droit constitutionnel*, Éditions Domat Montchrestien, 2e édition, 1947.

Michou (Léon), La théorie de la personnalité morale et son application au droit français, 1e partie, 1e édition, LGDJ, Paris, 1906.

Montesquieu (Charles-Louis de Secondat, baron de la Brède et de), *De l'Esprit des Lois*, *Œuvres complètes*, Éditions Gallimard, 2 vol., 1995.

Articles :

Deslandres (Maurice), « La crise de la science politique », *RDP*, 1900, p. 5-49.

Eisenmann (Charles), « L'"*Esprit des Lois*" et la séparation des pouvoirs », *Mélanges en l'honneur de Raymond Carré de Malberg*, Librairie du Recueil Sirey, Paris, 1933, p. 163-192.

II. Sources (depuis 1945)

Références allemandes

Ouvrages generaux, traités, manuels :

Badura (Peter), Staatsrecht. Systematische Erläuterung des Grundgesetzes für die Bundesrepublik Deutschland, 2e édition, C.H. Verlagsbuchhandlung, München, 1996, 632 p.

Böckenförde (Ernst-Wolfgang) /Wahl (Rainer), *Moderne deutsche Verfassungsgeschichte (1815-1914)*, 2e édition, Verlag Anton Hain Meisenheim, 1981, 548 p.

Brunner (Otto)/Conze (Werner)/Koselleck (Reinhart), Geschichtliche Grundbegriffe. Historische Lexikon zur politisch-sozialen Sprache in Deutschland, 7 vol. (1972-1992).

Degenhart (Christoph), *Staatsrecht I : Staatsorganisationsrecht*, 28e édition, 2012, C.F. Müller, Heidelberg, 377 p.

Hesse (Konrad), *Grundzüge des Verfassungsrechts der Bundesrepublik Deutschland*, 20e édition, 1999, C.F. Müller, Heidelberg, 335 p.

Heun (Werner)/Martin Honecker (Martin)/Morlok (Martin)/Wieland (Joachim) (dir.), *Evangelisches Staatslexikon*, nouvelle édition, Kohlhammer, Stuttgart, 2006, 1478 p.

Heun (Werner), *Die Verfassungsordnung der Bundesrepublik Deutschland*, Mohr Siebeck, Tübingen, 2012, 290 p.

Huber (Ernst Rudolf), *Deutsche Verfassungsgeschichte seit 1789*, vol. 1 (*Reform und Restauration 1789 bis 1830*), Kohlhammer Verlag, Stuttgart, 1961, 820 p.

Huber (Ernst Rudolf), *Deutsche Verfassungsgeschichte seit 1789*, vol. 2 (*Der Kampf um Einheit und Freiheit [1830 bis 1850]*), Kohlhammer, Stuttgart, 1960, 935 p.

Huber (Ernst Rudolf), *Deutsche Verfassungsgeschichte*, vol. 3 (*Bismarck und das Reich*), Kohlhammer, Stuttgart, 1963, 1074 p.

Huber (Ernst Rudolf), *Deutsche Verfassungsgeschichte*, vol. 6 (*Die Weimarer Reichsverfassung*), Kohlhammer, Stuttgart, 1981, 1146 p ;

Huber (Ernst Rudolf), *Deutsche Verfassungsgeschichte*, vol. 7 (*Ausbau, Schutz und Untergang der Weimarer Republik*), Kohlhammer, Stuttgart, 1984, 1146 p.

Isensee (Josef)/Kirchhof (Paul), *Handbuch des Staatsrechts der Bundesrepublik Deutschland*, 1e édition (1987-2000), 10 vol., 3e édition (2003-), 15 vol., C.F.Müller, Heidelberg.

Loewenstein (Karl), *Verfassungslehre* (1959), Mohr Siebeck, Tübingen, 2000, 498 p.

Maurer (Hartmut), *Droit administratif allemand*, trad. fr. Michel Fromont, 1994, LGDJ, Paris, 420 p.

Schmidt-Aßmann (Eberhard), *Das allgemeine Verwaltungsrecht als Ordnungsidee*, 2e édition, Springer, 2004, 470 p.

Zippelius (Reinhold)/Würtenberger (Thomas), *Deutsches Staatsrecht*, 32e édition, C.H. Beck, München, 2008, 658 p.

Ouvrages spéciaux, thèses, monographies:

Achterberg (Norbert), *Probleme der Funktionenlehre*, C.H. Beck'sche Verlagsbuchhandlung, München, 1970, 242 p.

Bauer (Angela)/Jestaedt (Matthias), *Das Grundgesetz im Wortlaut. Änderungsgesetze, Synopse, Textstufen und Vokabular zum Grundgesetz*, C.F. Müller Verlag, Heidelberg, 1997, 489 p.

Benda (Ernst), *Die Notstandsverfassung*, Günter Olzog Verlag, München, 1966, 160 p.

Benda (Ernst)/Klein (Eckart)/Klein (Oliver), *Verfassungsprozeßrecht*, 3e édition, C.F. Müller, Heildelberg, 2011, 624 p.

Böckenförde (Ernst-Wolfgang), Gesetz und gesetzgebende Gewalt. Von den Anfängen der deutschen Staatsrechtslehre bis zur Höhe des staatsrechtlichen Positivismus, 1e édition, Duncker & Humblot, Berlin, 1958, 360 p.

Böckenförde (Ernst-Wolfgang) *Die Organisationsgewalt im Bereich der Regierung*, Schriften zum Öffentlichen Recht, vol. 18, Duncker & Humblot, Berlin, 1964, 348 p.

Böckenförde (Ernst-Wofgang), *Gesetz und gesetzgebende Gewalt*, Schriften zum Öffentlichen Recht, vol. 1, 2e édition, Duncker & Humblot, Berlin, 1981, 402 p.

Böckenförde (Ernst-Wolfgang), *Le droit, l'État et la constitution démocratique. Essais de théorie juridique, politique et constitutionnelle* réunis, traduits et présentés par Jouanjan (Olivier) (avec la collaboration de Zimmer [Willy] et Beaud [Olivier]), LGDJ/Bruylant, coll. *La pensée juridique*, Paris/Bruxelles, 2000, 320 p.

Bogdandy (Armin von), *Gubernative Rechtsetzung : eine Neubestimmung der Rechtsetzung und des Regierungssystems unter dem Grundgesetz in der Perspektive gemeineuropäischer Dogmatik*, Mohr Siebeck, Tübingen, 2000, 548 p.

Bogdandy (Armin von)/Bast (Jürgen) (dir.), *Europäisches Verfassungsrecht. Theoretische und dogmatische Grundzüge*, 2e édition, Springer, Berlin/Heidelberg, 2009, 1094 p.

Boldt (Hans), *Deutsche Staatslehre im Vormärz*, Droste, Düsseldorf, 1975, 320p.

Dippel (Horst), *Deutschland und die amerikanische Revolution. Sozialgeschichtliche Untersuchung zum politischen Bewußtsein im ausgehenden 18. Jahrhundert*, Dissert., Köln, 1972.

Dippel (Horst) (éd.), *Executive and Legislative Powers in the Constitutions of 1848-49*, Duncker & Humblot, Berlin, 1999, 286 p.

Ehmke (Horst), *Karl von Rotteck, der «politische Professor»*, C.F.Müller, Karlsruhe, 1964, 41p.

Fastenrath (Ulrich), *Kompetenzverteilung im Bereich der auswärtigen Gewalt*, C.H. Beck, München, 1986, 320 p.

Grimm (Dieter), *Die Zukunft der Verfassung II (Auswirkungen von Europäisierung und Globalisierung)*, Suhrkamp, Berlin, 2012, 447 p.

Gusy (Christoph), *Parlamentarischer Gesetzgeber und Bundesverfassungsgericht*, Duncker & Humblot, 1985, 278 p.

Gusy (Christoph), *Weimar – die wehrlose Republik ? Verfassungsschutzrecht und Verfassungsschutz in der Weimarer Republik*, Mohr Siebeck, Tübingen, 1991, 373 p.

Gusy (Christoph), *Die Weimarer Reichsverfassung*, Mohr Siebeck, Tübingen, 1997, 500 p.

Häberle (Peter), *Die Wesensgehaltsgarantie des Art. 19 Abs. 2 Grundgesetz*, Freiburger Rechts- und wissenschaftliche Anhandlungen, Band 21, C. F. Müller Verlag, Karlsruhe, 1962, 109 p.

Habermas (Jürgen), *Droit et démocratie. Entre faits et normes*, tr.fr. Rochlitz (Rainer) et Bouchindhomme (Christian), Gallimard Essais, 1997, 560 p.

Habermas (Jürgen), *La Constitution de l'Europe*, tr. fr. Bouchindhomme (Christian), Gallimard Essais, 2012, 240 p.

Hain (Karl.-E.), *Die Grundsätze des Grundgesetzes. Eine Untersuchung zu Art. 79 Abs. 3 GG*, Nomos Verlagsgesellschaft, Baden-Baden, 1999, 496 p.

Heun (Werner), *Funktionell-rechtliche Schranken der Verfassungsgerichtsbarkeit. Reichweite und Grenzen einer dogmatischen Argumentationsfigur*, Nomos Verlagsgesellschaft, Baden-Baden, 1992, 99 p.

Hoffmann-Riem (Wolfgang) /Schmidt-Aßmann (Eberhard) (dir.), *Verwaltungsrecht in der Informationsgesellschaft*, Nomos, Baden-Baden, 2000, 442 p.

Jesch (Dietrich), *Gesetz und Verwaltung. Eine Problemstudie zum Wandel des Gesetzmässigkeitsprinzipes*, Mohr Siebeck, Tübingen, 1961, 258 p.

Jestaedt (Matthias), *Demokratieprinzip und Kondominialverwaltung, Entschedungstheilhabe Privater an der öffentlichen Verwaltung auf dem Prüfungstand des Verfassungsprinzips Demokratie*, Duncker & Humblot, Berlin, 1993, 661 p.

Jestaedt (Matthias)/Oliver Lepsius (éd.), *Verteidigung der Demokratie : Abhandlungen zur Demokratietheorie*, Mohr Siebeck, Tübingen, 2006, 402 p.

Jestaedt (Matthias)/Lepsius (Oliver)/Möllers (Christoph)/Schönberger (Christoph), *Das entgrenzte Gericht. Eine kritische Bilanz nach sechzig Jahren Bundesverfassungsgericht*, Suhrkamp Verlag, Berlin, 2011, 420 p.

Jestaedt (Matthias) (dir.), *Hans Kelsen und die deutsche Staatsrechtslehre*, Mohr Siebeck, Tübingen, 2013, 289 p.

Kelsen (Hans), *Théorie générale du droit et de l'État suivi de la doctrine du droit naturel et le positivisme juridique*, tr.fr. Laroche (Béatrice) et Faure (Valérie), Bruylant/LGDJ, 1997, 517 p.

Kelsen (Hans), *Théorie pure du droit*, 2e édition (1969), trad. fr. Charles Eisenmann, réimpression, Bruylant/LGDJ, Bruxelles/Paris, 1999, 364 p.

Kersten (Jens), *Georg Jellinek und die klassische Staatslehre*, Mohr Siebeck, Tübingen, 2000, 535 p.

Koselleck (Reinhart), *Kritik und Krise. Eine Studie zur Pathogenese der bürgerlichen Welt*, Verlag Carl Alber, 1959, 230 p.

Krebs (Walter), *Vorbehalt des Gesetzes und Grundrechte. Vergleich des traditionellen Eingriffsvorbehalts mit den Grundrechtsbestimmungen des Grundgesetzes*, Duncker & Humblot, Berlin, 1975, 149 p.

Kühne (Jörg-Detlef), *Die Reichsverfassung der Paulskirche : Vorbild und Verwirklichung im späteren deutschen Rechtsleben*, 2e édition, Luchterhand, 1998, 674 p.

Kunig (Philip), *Das Rechtsstaatsprinzip. Überlegungen zu seiner Bedeutung für das Verfassungsrecht der Bundesrepublik Deutschland*, Mohr Siebeck, Tübingen, 1986, 524 p.

Leibholz (Gerhard), *Strukturprobleme der modernen Demokratie*, 3e édition, C.F. Müller, Karlsruhe, 1967, 353 p.

Masing (Johannes), *Mobilisierung des Bürgers für die Durchsetzung des Rechts. Europäische Impulse für eine Revision der Lehre vom subjektiv-öffentlichen Recht*, Duncker & Humblot, Berlin, 1997, 288 p.

Masing (Johannes)/Jouanjan (Olivier), *Verfassungsgerichtsbarkeit*, Mohr Siebeck, Tübingen, 2011, 151 p.

Mehring (Reinhard), *Carl Schmitt. Aufstieg und Fall. Eine Biographie*, C.H. Beck, München, 2009, 750 p.

Möllers (Christoph), *Gewaltengliederung – Legitimation und Dogmatik im nationalen und übernationalen Rechtsvergleich, Mohr Siebeck*, Tübingen, 2005, 515 p.

Möllers (Chritoph), *Die drei Gewalten. Legitimation der Gewaltengliederung in Verfassungsstaat, Europäischer Integration und Internationalisierung*, Velbrück Wissenschaft, 2008, 240 p.

Möllers (Christoph), *Das Grundgesetz.Geschichte und Inhalt*, C.H.Beck, München, 2009, 122 p.

Möllers (Christoph), *Staat als Argument*, 2e édition, Mohr Siebeck, Tübingen, 2011, 488 p.

Möllers (Christoph), *The Three Branches. A Comparative Model of Separation of Powers*, Oxford University Press, 2013, 276 p.

Mößle (Wilhelm), *Inhalt, Zweck und Ausmaß. Zur Verfassungsgeschichte der Verordnungsermächtigung*, Duncker & Humblot, Berlin, 1990, 66 p.

Müller (Friedrich), *Discours de la méthode juridique*, trad. fr. Olivier Jouanjan, PUF, coll. Léviathan, 1996, 438 p.

Murswiek (Dietrich), *Die verfassungsgebende Gewalt nach dem Grundgesetz für die Bundesrepublik Deutschland*, Duncker & Humblot, Berlin, 1978, 276 p.

Nipperdey (Thomas), *Deutsche Geschichte (1800-1866). Bürgerwelt und starker Staat*, t.1, C.H. Beck, 1983, 838 p.

Ogorek (Regina), *Aufklärung über Justiz*, t.2 : *Richterkönig als Subsumtionsautomat. Zur Justiztheorie in 19. Jahrhundert*, 2e édtition, Vittorio Klostermann, Frankfurt am Main, 2008, 424 p.

Oertzen (Peter von), *Die soziale Funktion des staatsrechtlichen Positivismus. Eine wissenssoziologische studie über die Ensteheung des formalistischen Positivismus in der deutschen Staatsrechtswissenschaft*, Suhrkamp, Frankurt am Main, 1974, 356 p.

Pauly (Walter), *Der Methodenwandel im deutschen Spätkonstitutionalismus : ein Beitrag zu Entwicklung und Gestalt der Wissenschaft vom öffentlichen Recht im 19. Jahrhundert*, Mohr Siebeck, Tübingen, 1993, 269 p.

Paulson (Stanley L.)/ Schlute (Martin) (dir.), *Georg Jellinek : Beiträge zu Leben und Werk*, Mohr Siebeck, Tübingen, 2000, 410 p.

Pestalozza (Christian), *Verfassungsprozeßrecht*, 3e édition, C.H. Beck'sche Vermagsbuchhandlung, München 1991, 743 p.

Peters (Hans), *Geschichtliche Entwicklung und Grundfragen der Verfassung*, Springer Verlag, Berlin/New York, 1969, 311 p.

Rath (Hans-Dieter), *Positivismus und Demoratie. Richard Thoma (1874-1957)*, Duncker & Humblot, Berlin, 1988, 213 p.

Real (Willy), *Der hannoversche Verfassungskonflikt von 1837/1839*, Vandenhoeck & Ruprecht, Göttingen, 1972, 99 p.

Roellecke (Gerd), *Der Begriff des positiven Gesetzes und das Grundgesetz*, von Hase & Kohler, Mainz, 1969, 316 p.

Rupp (Hans-Heinrich), *Grundfragen der heutigen Verwaltungsrechtslehre*, Mohr Siebeck, Tübingen, 1965.

Rüthers (Bernd), *Die unbegrenzte Auslegung*, Mohr Siebeck, Tübingen, 7e édition, 2012.

Schlaich (Klaus)/Korioth (Stephan), *Das Bundesverfassungsgericht. Stellung, Verfahren, Entscheidungen*, 9e édition, C.H. Beck, München, 2012.

Schlüter (Bernd) (éd.), *Paul Laband, Staatsrechtliche Vorlesungen*, Duncker & Humblot, Berlin, 2004, 325 p.

Schneider (Hans)/Zeh (Wolfgang) (dir.), *Parlamentsrecht und Parlamentspraxis in der Bundesrepublik Deutschland : ein Handbuch*, Walter de Gruyter, Berlin/New York, 1989, 1942 p.

Schneider (Hans), *Gesetzgebung*, 3e édition, C.F. Müller, Heidelberg, 2002, 477p.

Schönberger (Christoph), *Das Parlament im Anstaltsstaat : zur Theorie parlamentarischer Repräsentation in der Staatsrechtslehre des Kaiserreichs (1871-1918)*, Vittorio Klostermann, Frankfurt am Main, 1997, 470 p.

Seiler (Christian), *Der einheitliche Parlamentsvorbehalt*, Schriften zum Öffentlichen Recht, vol.825, Duncker & Humblot, Berlin, 2000, 437 p.

Sobota (Katharina), *Prinzip Rechtsstaat*, Mohr Siebeck, Tübingen, 1997, 569 p.

Starck (Christian), *Verfassungen : Ensteheung, Auslegung, Wirkungen, und Sicherung*, Mohr Siebeck, Tübingen, 2009, 442 p.

Staupe (Jürgen), *Parlamentsvorbehalt und Delegationsbefugnis*, Schriften zum Öffentlichen Recht, vol. 506, Duncker & Humblot, Berlin, 1986, 419 p.

Stolleis (Michael), *Recht im Unrecht. Studien zur Rechtsgeschichte des Nationalsozialismus,* Suhrkamp, Berlin, 1994, 342 p.

Stolleis (Michael), *Geschichte des öffentlichen Rechts in Deutschland*, t.3 (*Staats- und Verwaltungswissenschaft in Republik und Diktatur [1914-194]*), C.H. Beck, München, 1999, 439 p.

Stolleis (Michael) (dir.), *Juristen. Ein biographisches Lexikon. Von der Antike bis zum 20. Jahrhundert*, nouvelle édition, Beck'sche Reihen, München, 2001, 719 p.

Stolleis (Michael) (dir.), *Herzkammern der Republik. Die Deutschen und das Bundesverfassungsgericht*, C.H. Beck, München, 2011, 298 p.

Stolleis (Michael), *Histoire du droit public en Allemagne (1800-1914)*, tr. fr. Marie-Ange Maillet et Marie Ange Roy, Dalloz, coll. *Rivages du droit*, 2014, 716 p.

Willoweit (Dietmar), *Deutsche Verfassungsgeschichte. Von Frankenreich bis zur Wiedervereinigung Deutschlands*, 7e édition, 2013, 511 p.

Zimmer (Gerhard), *Funktion – Kompetenz – Legitimation. Gewaltenteilung in der Ordnung des Grundgesetzes*, Schriften zum Öffentlichen Recht, vol. 365, Duncker & Humblot, Berlin, 1979, 456 p.

Articles et études:

Badura (Peter), « Verfassungsänderung, -wandel, -gewohnheitsrecht », in Isensee (Josef)/ Kirchhof (Paul) (dir.), *Handbuch des Staatsrechts der Bundesrepublik Deutschland*, t. 7 (*Normativität und Schutz der Verfassung – Internationale Beziehungen*), C.F. Müller, Heidelberg, 1992, p. 55-77.

Baer (Susanne), « Vermutungen zu Kernbereichen der Regierung und Befugnissen des Parlaments », *Der Staat*, n°40, 2001, p. 525-552.

Bauer (Hartmut)/Möllers (Chrisoph), « Die Rechtschreibereform vor dem Bundesverfassungsgericht », JZ, 1999, p. 697-702.

Bayer (Hermann-Wilfried), « Notstandsverfassung und Rechtsvergleichung », ZaöRV, 1968, p.608-616.

Bettermann (Karl-August), « Richterliche Normenkotrolle als negative Gesetzgebung ?, DVBl, 1982, p. 91-95.

Bogdandy (Armin von), « Information und Kommunikation in der Europäischen Union », *in* Hoffmann-Riem (Wolfgang)/Schmidt-Aßmann

(Eberhard) (dir.), *Verwaltungsrecht in der Informationsgesellschaft*, Nomos, Baden-Baden, 2000, p . 133-194.

Brenner (Michael), « Möglichkeiten und Grenzen grundrechtsbezogener Verfassungsänderungen, dargestellt anhand der Neuregelung des Asylrechts », *Der Staat*, 1993, p. 493-526.

Brunner (Otto), « Vom Gottesgnadentum zum monarchischen Prinzip », *in* Brunner (Otto), *Neue Wege der Verfassungs- und Sozialgeschichte*, 2e édition, Vandenhoeck & Ruprecht, Göttingen, 1968, p. 289-305.

Caldwell (Peter C.), « Richard Thoma », *in* Jacobson (Arthur J.)/Schlink (Bernhard) (dir.), *Weimar : a jurisprudence of crisis*, University of California Press, 2000, p. 151-156.

Cornils (Matthias), « §20 Gewaltenteilung », *in* Depenheuer (Otto)/ Grabenwarter (Christoph) (dir.), *Verfassungstheorie*, Mohr Siebeck, 2010, p. 657-702.

Cremer (Wolfram), « Art. 80 Abs. 1 S. 2 GG und Parlamentsvorbehalt – Dogmatische Unstimmigkeiten in der Rechtsprechung des Bundesverfassungsgerichts », *AöR*, 1997, p. 248-267.

Dann, (Philipp) « Die politischen Organe », *in* Bogdandy (Armin von) / Bast (Jürgen) (dir.), *Europäisches Verfassungsrecht. Theoretische und dogmatische Grundzüge*, 2e édition, Springer, Berlin/Heidelberg, 2009, p. 335-387.

Danwitz (Thomas von), « Der Grundsatz funktionsgerechter Struktur », *Der Staat*, 1996, p. 329-346.

Di Fabio (Udo), « Gewaltenteilung », *in* Isensee (Josef)/Kirchhof (Paul) (dir.), *Handbuch des deutschen Staatsrechts*, vol. 2, 3e édition, C.F. Müller, Heidelberg, 2004, p. 613-658.

Dippel (Horst), « Die Konstitutionalisierung des Bundesstaats in Deutschland 1849-1949 und die Rolle des amerikanischen Modells », *Der Staat*, 1999, p. 221-239.

Dreier (Horst), « Die deutsche Staatsrechtslehre in der Zeit des Nationalsozialismus », *VVDStRL*, n°60, De Gruyter, 2001, p. 9-72.

Dreier (Horst), « Einleitung », *in* Dreier (Horst) (éd.), *Richard Thoma, Rechtsstaat– Demokratie – Grundrechte. Ausgewählte Abhandlungen aus fünf Jahrzehnten*, Mohr Siebeck, Tübingen, 2008, p. XIII.

Dürig (Günter), « Zur Bedeutung und Tragweite des Art. 79 Abs. III GG (ein Plädoyer) », *in* Lerche (Peter)/ Spanner (Hans)/Zacher (Hans) (dir.), *Festgabe für Theodor Maunz zum 70. Geburtstag*, C.H. Beck'sche Verlagsbuchhandlung, München, 1971.

Friauf (Karl-Heinrich), « Zur Prüfungszuständigkeit des Bundespräsidenten bei der Ausfertigung der Bundesgesetze », *in Einigkeit und Recht und Freiheit: Festschrift für Karl Carstens*, Carl Heymanns Verlag, 1984, vol. 2.

Friedrich (Manfred), « Paul Laband und die Staatsrechtswissenschaft seiner Zeit », *AöR*, 1986

Friedrich (Manfred), « Der Methoden- und Richtungsstreit. Zur Grundlagendiskussion der Weimarer Staatsrechtlehre », *AöR*, vol. 111, 1977, p. 161-209.

Friesenhahn (Ernst), «Parlament und Regierung im modernen Staat », *VVDStRL*, De Gruyter, Berlin, 1958, n°16, p. 9-66.

Geiger (Rudolf), *Grundgesetz und Völkerrecht*, 2e édition, C.H. Beck, München, 1994, 364 p.

Grewe (Wilhelm), « Auswärtige Gewalt », *in* Isensee (Josef)/Kirchhof (Paul) (dir.), *Handbuch des Staatsrechts der Bundesrepublik Deutchland*, t. 3, 1e édition, C.F. Müller, Heidelberg, 1988, p. 921-975.

Grewe (Wilhelm), « Die auswärtige Gewalt der Bundesrepublik Deutschland », *VVDStRL*, De Gruyter, Berlin, n°12, 1954, p. 129-178.

Häberle (Peter), « Die Abhörentscheidung des Bundesverfassungsgerichts vom 15. 12. 1970 : Analyse und Kritik des Urteils sowie des Minderheitsvotums vom 4. Januar 1971 », *JZ*, 1971, p.146.

Hailbronner (Kay), « Kontrolle der auswärtigen Gewalt », *VVDStRL*, n°56, De Gruyter, Berlin/New York, 1997, p. 7-36.

Hoffmann-Riem (Wolgang), « Gesetz und Gesetzesvorbehalt im Umbruch. Zur Qualitäts-Gewährleistung durch Normen », *AöR*, 2005, p. 5-69.

Horn (Hans-Detlef), « Gewaltenteilige Demokratie, demokratische Gewaltenteilung. Überlegungen zu einer Organisationsmaxime des Verfassungsstaates », *AöR*, vol. 127, 2002, p. 427-459.

Huber (Ernst Rudolf), « Zur Geschichte und Theorie des Verfassungsnotrechts », *in* Huber (Ernst Rudolf), *Bewahrung und Wandlung. Studien zur deutschen Staatstheorie und Verfassungsgeschichte*, Duncker & Humblot, 1975, p. 170-214.

Huber (Peter M.), « Die Informationstätigkeit der öffentlichen Hand – ein grundrechtliches Sonderregime aus Karlsruhe ? », *JZ*, 2003, p. 290-297.

Jestaedt (Matthias), « Die Ohnmacht des Verfassungsgesetzgebers im verfassungsgerichtlichen Jurisdiktionsstaat », in Nomos und Ethos, Hommage an Josef Isensee, Duncker & Humblot, 2002, p. 183-228.

Jestaedt (Matthias), « Bundesstaat als Verfassungsprinzip », *in* Isensee (Josef)/Kirchhof (Paul) (dir.), *Handbuch des Staatsrechts der Bundesrepublik Deutschland*, t. 2, 3e édition, C.F.Müller, Heidelberg, 2004, p. 785-841.

Jestaedt (Matthias), « Hans Kelsens Reine Rechtslehre. Eine Einfürung », *in Hans Kelsen, Reine Rechtslehre (1931)*, Mohr Siebeck, Tübingen, 2008, p. XI s.

Kirchhof (Paul), « Gewaltenbalance zwischen europäischen und mitgliedstaatlichen Organen », *in* Josef Isensee (éd.), *Gewaltenteilung heute : Symposium aus Anlaß der Vollendung des 65. Lebensjahres von Fritz Ossenbühl*, C.F. Müller Verlag, Heidelberg, 2000, p. 99-121.

Karpen (Ulrich), « Verfassungsgeschichtliche Entwicklung des Gesetzesbegriffs in Deutschland », *in* Selmer (Peter)/von Münch (Ingo) (dir.), *Gedächtnisschrift für Wolfgang Mertens*, 1987, p. 137-152.

Kirchheimer (Otto), « Weimar und was dann ? Analyse einer Verfassung » (1930), *in* Kirchheimer (Otto), *Politik und Verfassung*, Suhrkamp, Frankfurt am Main, 1964, p. 209-250.

Kisker (Gunter), « Neue Aspekte im Streit um den Vorbehalt des Gesetzes », *NJW*, 1977, p. 1313-1320.

Klein, (Eckart) « Der innere Notstand », *in* Isensee (Josef)/Kirchhof (Paul) (dir.), *Handbuch des Staatsrechts der Bundesrepublik Deutschland*, t. 7 (*Normativität und Schutz der Verfassung – Internationale Beziehungen*), 1e édition, 1992, p. 387-414.

Klein (Hans Hugo), « Aufgaben des Bundestages », *in* Isensee (Josef)/Kirchhof (Paul) (dir.), *Handbuch des Staatsrechts der Bundesrepublik Deutschland*, t. 2, 1e édition, C.F. Müller, Heidelberg, 1987, p. 341-366.

Kloepfer (Michael), « Der Vorbehalt des Gesetzes im Wandel », *JZ*, 1984, p.685-695.

Korioth (Stephan), « "Monarchisches Prinzip" und Gewaltenteilung – unvereinbar ? Zur Wirkungsgeschichte der Gewaltenteilungslehre Montesquieus im deutschen Frühkonstitutionalismus », *Der Staat*, n°1, 1998, p. 27-55.

Laberstam (Daniel)/Möllers (Christoph), « The German Constitutional Court says "Ja zu Deutschland !" », *German Law Journal*, 2009, n°8.

Lepsius (Oliver), « Rechtsverordnung », *in* Heun (Werner)/Honecker (Martin)/ Morlok (Martin)/Wieland (Joachim) (dir.), *Evangelisches Staatslexikon*, nouvelle édition, Kohlhammer, Stuttgart, 2006, p. 1941-1944.

Lerche (Peter), « Föderalismus als nationales und internationales Ordnungsprinzip », *VVDStRL*, De Gruyter, Berlin, 1964, p. 66-100.

Lerche (Peter), « Gewaltenteilung – deutsche Sicht », *Gewaltenteilung heute : Symposium aus Anlaß der Vollendung des 65. Lebensjahres von Fritz Ossenbühl*, C.F. Müller Verlag, Heidelberg, 2000, p. 75-98.

Leisner (Walter) « Die quantitative Gewaltenteilung. Für ein neues Verständnis der Trennung der Gewalten », *DöV*, n°12, 1969, p. 405-411.

Löwer (Wolgang), « Zuständigkeit und Verfahren des Bundesverfassungsgerichts », *in* Isensee (Josef)/ Kirchhof (Paul) (dir.), *Handbuch des Staatsrechts der Bundesrepublik Deutschland*, t. 3 (*Demokratie-Bundesorgane*), 3e édition, C.F. Müller, Heildelberg, 2005, p. 1285-1526.

Masing (Johannes), « Der Rechtsstatus des Einzelnen im Verwaltungsrecht », *in* Wolfgang Hoffman-Riem (Wolgang)/ Schmidt-Assmann (Eberhard)/ Vosskuhle (Andreas), *Grundlagen des Verwamtungsrechts*, vol. 1 (*Methoden, Massstäbe, Aufgaben, Organisation*), 1e édition, C.H.Beck, Münche, 2006, p. 437-542.

Maurer (Hartmut), « Hat der Präsident ein politisches Mitspracherecht? », *DÖV*, 1966, p. 665-675.

Menzel (Eberhard), « Die auswärtige Gewalt der Bundesrepublik Deutschland », *VVDStRL*, n°12, Walter de Gruyter, Berlin, 1954, p. 179-220.

Meyer (Hans), « Das parlamentarische Regierungssystem des Grundgesetzes», *VVDStRL*, n°33, 1975, p. 69-119.

Möllers (Christoph), « Dogmatik der grundgesetzlichen Gewaltengliederung », *AöR*, vol. 132, 2007, p.493-538

Murswieck (Dietrich), « Das Bundesverfassungsgericht und die Dogmatik mittelbarer Grundrechtseingriffe – Zu der Glykol- und der Osho-Entscheidung vom 26.6.2002 », *NVwZ*, 2003, p. 1-8.

Nettesheim (Martin), « Verfassungsbindung der auswärtigen Gewalt », *in* Isensee (Josef)/ Kirchhof (Paul) (dir.), *Handbuch des Staatsrechts der Bundesrepublik Deutschland*, t. 13 (*Internationale Bezüge*), 3e édition, C.F. Müller, Heidelberg, 2013, p.559-592.

Ossenbühl (Fritz), « Aktuelle Probleme der Gewaltenteilung », *DöV*, 1980, p.545-553.

Ossenbühl (Fritz), «Vorrang und Vorbehalt des Gesetzes », *in* Isensee (Josef)/Kirchhof (Paul) (dir.), *Handbuch des Staatsrechts der Bundesrepublik Deutschland*, t. 5 (*Rechtsquellen, Organisation, Finanzen*), 3e édition, 2007, p. 183-222.

Ossenbühl (Fritz), « Der Vorbehalt des Gesetzes und seine Grenzen », *in* Götz (Volkmar)/ Klein (Hans Hugo)/Starck (Christian), *Die öffentliche Verwaltung zwischen Gesetzgebung und richterlicher Kontrolle*, C.H. Beck'sche Verlagbuchhandlung, München, 1985, p. 9-35.

Ossenbühl (Fritz) « Gesetz und Recht – Die Rechtsquellen », *in* Isensee (Josef)/Kirchhof (Paul) (dir.), *Handbuch des Staatsrechts der Bundesrepublik Deutschland*, t. 5 (*Rechtsquellen, Organisation, Finanzen*), 3e édition, 2007, p. 135-182.

Ossenbühl (Fritz), « Rechtsverordnung », *in* Isensee (Josef)/Kirchhof (Paul) (dir.), *Handbuch des Staatsrechts der Bundesrepublik Deutschland*, t. 5 (Rechtsquellen, Organisation, Finanzen), 3e édition, 2007, p. 261-304.

Pietzcker (Jost), « Vorrang und Vorbehalt des Gesetzes », *JuS* 1979, p. 710.

Poscher (Ralf), « Die Opposition als Rechtsbegriff », *AöR*, 1997, p. 444-468

Röben (Volker), « Der Einsatz der Streitkräfte nach dem Grundgesetz », *ZaöRV*, 2003, p. 585-603.

Roellecke, (Gerd) « Aufgaben und Stellung des Bundesverfassungsgerichts im Verfassungsgefüge », *in* Isensee (Josef)/Kirchhof (Paul) (dir.), *Handbuch des Staatsrechts der Bundesrepublik Deutschland*, t. 3 (*Demokratie-Bundesorgane*), 3e édition, C.F. Müller, Heidelberg, 2005, p. 1201-1219.

Sauer (Heiko) « Das Verfassungsrecht der kollektiven Sicherheit. Materielle Grenzen und Organkompetenzverteilung beim Wandel von Bündnisverträgen und beim Auslandseinsatz der Bundeswehr », *in* Rensen (Hartmut)/Brinck (Stefan) (dir.), *Linien der Rechtsprechung des Bundesverfassungsgerichts erörtert von den wissenschaftlichen Mitarbeitern*, Walter de Gruyter, Berlin, 2009, p. 585-620.

Schäfer (Hans), « Die lückenhafte Nostandsverfassung. Kritische Bemerkungen zur dritten Regierungsvorlage », *AöR*, 1968, p. 37-80.

Scheuner (Ulrich), « Der Bereich der Regierung », *in* Listl (Joseph)/Rüfner (Wolgang) (éd.), *Ulrich Scheuner, Staatstheorie und Staatsrecht. Gesammelte Schriften*, Duncker & Humblot, Berlin, 1978.

Scheuner (Ulrich), « Einleitung », *in* Lenz (Carl Otto), *Notstandsverfassung des Grundgesetzes*, Athenäum Verlag, Frankfurt am Main, 1971, p. 11.

Schlaich (Klaus), « Die Funktionen des Bundespräsidenten im Verfassungsgefüge », *in* Isensee (Josef)/Kirchhof (Paul) (dir.), *Handbuch des Staatsrechts der Bundesrepublik Deutschland*, vol. 2, 1e édition, C.F. Müller, Heidelberg, 1987.

Schmidt-Aßmann (Eberhard), « Gefährdungen der Rechts- und Gesetzesbindung der Exekutive », *in* Burmeister (Joachim) (dir.), *Verfassungsstaatlichkeit. Festschrift für Klaus Stern zum 65. Geburtstag*, C.H. Beck'sche Verlagsbuchhandlung, München, 1997, p. 745-762.

Schmidt-Aßmann (Eberhard), « Rechtsverordnung im Verhältnis zu Gesetz und Verwaltungsvorschrift », *in* Kirchhof (Paul)/Lehner (Moris) /Raupach (Arndt)/Rodi (Michael) (dir.), S*taaten und Steuern. Festschrift für Klaus Vogel zum 70. Geburtstag*, C.F. Müller, Heidelberg, 2000, p. 477-494.

Schmidt-Aßmann (Eberhard), « Der Rechtsstaat » *in* Isensee (Josef)/Kirchhof (Paul) (dir.), *Handbuch des Staatsrechts*, vol. 2 (*Verfassungsstaat*), 3e édition, C.F. Müller Verlag, Heidelberg, 2004, §26.

Schmidt-Aßmann (Eberhard)/Möllers (Christoph), «The Scope and Accountability of Executive Power in Germany », *in* Paul Craig/Adam Tomkins (dir.), *The Executive and Public law. Power and Accountability in Comparative Perspective*, Oxford University Press, 2006, §9.

Scholz (Rupert), « Parlamentarischer Untersuchungsausschuß und Steuergeheimnis », *AöR*, n°105, 1980, p. 564-622.

Schönberger (Christoph), « Vom repräsentativen Parlamentarismus zur plebiszitären Präsidialdemokratie: Carré de Malberg (1861-1935) und die Souveränität der französischen Nation », *Der Staat*, 1995, p. 359-390.

Schönberger (Christoph), « Elitenherrschaft für den sozialen Ausgleich : Richard Thomas "realistische" Demokratietheorie im Kontexte der Weimarer Diskussion », *in* Gusy (Christoph) (dir.), *Demokratisches Denken in der Weimarer Republik*, Nomos, Baden-Baden, 2000, p. 156-190.

Schönberger (Christoph), « Parlamentarische Autonomie unter Kanzlervorbehalt », *JZ*, 2002, p. 211-219.

Schönberger (Christoph), « Die Europäische Union zwischen "Demokratiedefizit" und Bundesstaatsverbot. Anmerkungen zum Lissabon-Urteil des Bundesverfassungsgerichts », *Der Staat*, 2009, p. 535-554.

Schönberger (Christoph), « De l'État comme substance à l'État comme fonction », *in* Jouanjan (Olivier) (coord.), *Hans Kelsen. Forme du droit et politique de l'autonomie*, PUF, coll. Débats philosophiques, 2010, p.

Schönberger (Christoph), « Höchstrichterliche Rechtsfindung und Auslegung gerichtlicher Entscheidungen », *VVDStRL*, n°71, De Gruyter, Berlin/Boston, 2012, p. 298-329.

Schönberger (Christoph), « Kelsen-Renaissance ? Ein Versuch über die Bedingungen ihrer Möglichkeit im deutschen öffentlichen Recht der Gegenwart », *in* Jestaedt (Matthias) (dir.), *Hans Kelsen und die deutsche Staatsrechtslehre ? Stationen eines wechselvollen Verhältnisses*, Mohr Siebeck, Tübingen, 2013, p. 207-223.

Schröder (Meinhard), « Staatsrecht an den Grenzen des Rechtsstaates. Überlagerung zur Verteidigung des Rechtsstaates in außergewöhnlichen Lagen », *AöR*, 1978, p. 121-149.

Starck (Christian), « Die Bindung an Gesetz und Verfassung », *VVDStRL*, n°34, De Gruyter, Berlin/New York, 1976, p. 44-88.

Sommermann (Karl-Peter), « Artikel 20 » *in* Mangoldt/Klein/Starck, *Grundgesetz Kommentar*, vol. 2 (Art. 20-82), 4e édition, Vahlen, 2000, p. 1-166.

Sommermann (Karl-Peter), « Verordnungsermächtigung und Demokratieprinzip », *JZ*, n°9, 1997, p. 434-441.

Sommermann (Karl-Peter), « Verfassungsperspektiven für die Demokratie in der erweiterten Europäischen Union : Gefahr der Entdemokratisierung oder Fortentwicklung im Rahmen europäischer Supranationalität ? », *DöV*, 2003, p. 1009-1017.

Stolleis (Michael), « Droit naturel et théorie générale de l'État dans l'Allemagne du XIXe siècle », *Le Débat*, n°74, 1993, p. 63-73.

Thoma (Richard), « Bemerkungen des Bundesverfassungsgerichts zu dem Rechtsgutakten » *JöR*, 1957, p. 198.

Trute (Hans-Heinrich), « Die demokratische Legitimation der Verwaltung », *in* Wolfgang Hoffman-Riem/Schmidt-Assmann (Eberhard)/Vosskuhle (Andreas) (dir.), *Grundlagen des Verwamtungsrechts*, vol. 1 (Methoden, Massstäbe, Aufgaben, Organisation), 1e édition, C.H. Beck, München, 2006, p. 341-436.

Umbach (Dieter), « Das Wesentliche an der Wesentlichkeitstheorie », in Zeidler (Wolfgang)/ Maunz (Theodor)/Roellecke (Gerd) (éd.), *Festschrift Hans Joachim Faller*, C.H. Beck'sche Verlagsbuchhandlung, München, 1984.

Vitzthum (Wolfgang Graf), « Der Spannungs- und Verteidigungsfall », in Josef Isensee/Paul Kirchhof (dir.), *Handbuch des Staatsrechts der Bundesrepublik Deutschland*, vol. 7 (*Normativität und Schutz der Verfassung – Internationale Beziehungen*), 1e édition, C.F. Müller, Heidelberg, 1992, p. 415-454.

Voßkuhle (Andreas) / Sydow (Gernot), « Die demokratische Legitimation des Richters », *JZ*, 2002, p. 673-682.

Wilke (Dieter), « Zum Gesetzesvorbehalt im Schulverhältnis », *JZ*, 1982, p.755-760.

Wilke (Dieter), « Die rechtsprechende Gewalt », *in* Isensee (Josef)/Kirchhof (Paul) (dir.) *Handbuch des Staatsrechts der Bundesrepublik Deutschland*, t. 5 (*Rechtsquellen, Organisation, Finanzen*), 3e édition, C.F. Müller Verlag, Heidelberg, 2007, p. 633-680.

Zacharias (Diana), « Die sogenannte Ewigkeitsgarantie des Art. 79 Abs. 3 GG », *in* Thiel (Markus) (dir.), *Wehrhafte Demokratie. Beiträge über die Regelungen zum Schutze der freiheitlichen demokratischen Ordnung*, Mohr Siebeck, Tübingen, 2003, p. 57-98.

Documents constitutionnels :

Autexier (Christian)/ Fromont (Michel)/ Grewe (Constance)/Jouanjan (Olivier), *Loi fondamentale pour la République fédérale d'Allemagne*, Deutscher Bundestag, Berlin, 2010.

Bundesverfassungsgericht, *Status-Denkschrift* du 27 juin 1952, publié au *JöR*, 1957.

Commission d'enquête chargée de l'étude de la réforme constitutionnelle, (*Schlußbericht der Enquete-Kommission Verfassungsreform*), Bonner Universitäts-Buchdruckerei, Bonn, 1976.

Der Parlamentarische Rat *1948-1949, Akten und Protokolle*, Oldenburg Wissenschaftsverlag, München, 2009, 15 vol.

Gosewinkel (Dieter)/ Masing (Johannes) (éds.), *Die Verfassungen in Europa 1789-1949*, C.H. Beck, München, 2006.

Huber (Ernst Rudolf), *Dokumente zur deutschen Verfassungsgeschichte*, Kohlhammer, Stuttgart, 1961, 3 vol.

Commentaires de la Loi fondamentale :

Dreier (Horst) (dir.), *Grundgesetz Kommentar*, 1e édition, 3 vol. (1996-2000), 2e édition, 3 vol. (2004-2008), Mohr Siebeck, Tübingen.

Jarass (Hans)/ Pieroth (Bodo), *Grundgesetz für die Bundesrepublik Deutschland. Kommentar*, 8e édition, C.H. Beck, München, 2006.

Mangoldt (Hermann von)/Klein (Friedrich)/Starck (Christian), *Grundgesetz Kommentar*, vol. 3, 4e édition, 3 vol., 2000, 6e édition, 3 vol., 2010, Franz Vahlen Verlag.

Münch (Ingo von)/Kunig (Philip) (dir.), *Grundgesetz Kommentar*, 5e édition, 2 vol., 2001, 6e édition, 2 vol., 2012, C.H.Beck, München.

Maunz (Theodor)/Dürig (Günter), *Grundgesetz Kommentar*, 47e complèment d'édition, 7 vol., 2006, 71e complèment d'édition, 7 vol., 2014, C.H. Beck, München.

Umbach (Dieter C.)/ Clemens (Thomas) (dir.), *Grundgesetz. Mitarbeiterkommentar und Handbuch*, C. F. Müller, Heidelberg, 2002.

Schmidt-Bleibtreu/Klein, *Grundgesetz Kommentar*, 10e édition, Luchterhand, München, 2004.

Références françaises

Ouvrages généraux, traités et manuels :

Alland (Denis)/Rials (Stéphane), *Dictionnaire de la culture juridique*, PUF, 2003, 1680 p.

Chagnollaud (Dominique)/Troper (Michel) (dir.), *Traité international de droit constitutionnel*, t.1 (*Théorie de la Constitution*), 2012, t. 2 (*Distribution des pouvoirs*), 2013, t.3 (*Suprématie de la Constitution*), 2013.

Hamon (Francis)/Troper (Michel), *Droit constitutionnel*, 34e édition, LGDJ, 2013, 752 p.

Grewe (Constance)/Ruiz-Fabri (Hélène), *Droits constitutionnels européens*, PUF, Paris, 1995, 661 p.

Zoller (Élisabeth), *Droit constitutionnel*, 2e édition, PUF, 1999, 640 p.

Zoller (Élisabeth), *Introduction au droit public*, 2e édition, Dalloz, 2013, 242 p.

Ouvrages spéciaux, thèses, monographies :

Agamben (Giorgio), *Homo sacer I : Le pouvoir souverain et la vie nue*, trad. fr. Raiola (Marilène), Seuil, 1997, 224 p.

Agamben (Giorgio), *État d'exception* (*Homo sacer II, 1*), trad. fr. Gayraud (Joël), Éditions du Seuil, 2003, 160 p.

Althusser (Louis), *Montesquieu. La politique et l'histoire*, 6e édition, PUF, collection *Quadrige*, 1985, 126 p.

Beaud (Olivier), *La puissance de l'État*, PUF, collection *Léviathan*, 1994, 512 p.

Beaud (Olivier), *Les derniers jours de Weimar. Carl Schmitt face à l'avènement du nazisme*, Descartes & Cie, Paris, 1997.

Beaud (Olivier) *Théorie de la fédération*, 1e édition, PUF, coll. *Léviathan*, 2007, 456 p.

Béchillon (Denys de), *Qu'est-ce que la règle de droit ?*, Éditions Odile Jacob, 1997, 302 p.

Capitant (René), *Face au nazisme*, textes réunis par Beaud (Olivier), Presses universitaires de Strasbourg, 2004, 286 p.

Chapoutot (Johann), *Le meurtre de Weimar*, PUF, coll. *Perspectives critiques*, 2010, 138 p.

Chapoutot (Johann), *Fascisme, nazisme et régimes autoritaires en Europe (1918-1945)*, PUF, coll. Quadrige, 2013, 312 p.

Digeon (Claude), *La crise allemande de la pensée française (1870-1914)*, 1e édition, PUF, 1959, 576 p.

Gaillet (Aurore), *L'individu contre l'État. Essai sur l'évolution des recours de droit public dans l'Allemagne du XIXe siècle*, Dalloz, 2012, 532 p.

Gauchet (Marcel), *La révolution des pouvoirs (1789 -1799)*, Gallimard, 1995, 288p.

Gauchet (Marcel), *L'avènement de la démocratie III : A l'épreuve des totalitarismes (1914-1974)*, Gallimard, 2010, 667 p.

Georgopoulos (Théodore), *La séparation horizontale des pouvoirs en France et en Allemagne à l'épreuve du droit communautaire : la fonction du contre-pouvoir*, Dalloz, coll. Nouvelle bibliothèque des Thèses, 2005, 672 p.

Herrera (Carlos Miguel) (dir.), *La Constitution de Weimar et la pensée juridique française. Réceptions, métamorphoses, actualités*, Éditions Kimé, 2011, 206 p.

Herrera (Carlos Miguel), *Théorie juridique et politique chez Hans Kelsen*, Editions Kimé, 1998, 336 p.

Herrera (Carlos Miguel), *La philosophie du droit de Hans Kelsen*, Les Presses de l'Université de Laval, 2004, 103 p.

Heuschling (Luc), État de droit, Rechtsstaat, Rule of Law, Dalloz, coll. Nouvelle Bibliothèque des Thèses, 2002, 739 p.

Hummel (Jacky), Le constitutionnalisme allemand (1815-1918) : le modèle de la monarchie limitée, PUF, coll. Léviathan, 2002, 351 p.

Hummel (Jacky), Carl Schmitt. L'irréductible réalité du politique, Éditions Michalon, coll. Le bien commun, 2005, 113 p.

Hummel (Jacky) (dir.), *Les conflits constitutionnels. Le droit constitutionnel à l'épreuve de l'histoire et du politique*, Presses universitaires de Rennes, 2010, 180 p.

Jouanjan (Olivier) (dir.), *Figures de l'État de droit. Le* Rechtsstaat *dans l'histoire intellectuelle et constitutionnelle de l'Allemagne*, Presses universitaires de Strasbourg, 2001, 414 p.

Jouanjan (Olivier), *Le principe d'égalité devant la loi en droit allemand*, Economica, 1992, 449 p.

Jouanjan, (Olivier) *Une histoire de la pensée juridique en Allemagne (1800-1918). Idéalisme et conceptualisme chez les juristes allemands du XIXe siècle*, PUF, coll. Léviathan, 2005, 366 p.

Jouanjan (Olivier)/ Müller (Friedrich), *Avant dire droit*, Presses universitaires de Laval, 2007, 98 p.

Jouanjan (Olivier) (coord.), *Hans Kelsen, Forme du droit et politique de l'autonomie*, PUF, coll. Débats philosophiques, 2010, 222 p.

Kervégan (Jean-François) (dir.), *Crise et pensée de la crise en droit. Weimar, sa république et ses juristes*, ENS Éditions, 2002, 235 p.

Krynen (Jacques), *L'emprise contemporaine des juges*, Gallimard, 2012, 448 p.

Le Divellec (Armel), *Le gouvernement parlementaire en Allemagne. Contribution à une théorie générale*, LGDJ, 2004, 624 p.

Maulin (Éric), *La théorie de l'État de Carré de Malberg*, PUF, coll. Léviathan, 2003, 344 p.

Mosse (George), *De la Grande Guerre au totalitarisme. La brutalisation des sociétés européennes*, trad. fr. Edith Magyar, Hachette Littératures, 1999, 291 p.

Ost (François)/Kerchove (Michel van de), *De la pyramide au réseau ? Pour une théorie dialectique du droit*, Publications des Facultés universitaires Saint-Louis, Bruxelles, 2002, 596 p.

Spector (Céline), *Montesquieu. Liberté, droit et histoire*, Michalon, coll. Le bien commun, 2010, 310 p.

Thomas (Yan), *Mommsen et l'* « Isolierung » *du droit (Rome, l'Allemagne et l'État)*, Éd. De Boccard, Paris, 1984, 52 p.

Troper (Michel), *La séparation des pouvoirs dans l'histoire constitutionnelle française*, LGDJ, 1973, 251 p.

Troper (Michel), *La théorie du droit, le droit, l'État*, PUF, coll. Léviathan, 2001, 334 p.

Articles :

Beaud (Olivier), « Maastricht et la théorie constitutionnelle, *Les Petites Affiches*, n°39, 1993.

Beaud (Olivier), « Carré de Malberg, juriste alsacien. La biographie comme élément d'explication d'une doctrine constitutionnelle », *in* Beaud (Olivier)/ Wachsmann (Patrick) (dir.), *La science juridique française et la science juridique allemande de 1870 à 1914,* Annales de la Faculté de droit de Strasbourg, nouvelle série n°1, Presses universitaires de Strasbourg, 1997.

Beaud (Olivier) « La souveraineté de l'État, le pouvoir constituant et le Traité de Maastricht », *RFDA*, 1993, p. 1048.

Heuschling (Luc)/Hummel (Jacky), « Le libéralisme du Vormärz : la figure du "professeur politique" », *Revue française d'histoire des idées politiques*, n°24, 2006, p. 227-231.

Hummel (Jacky), « État de droit, libéralisme et constitutionnalisme durant le *Vormärz* », *in* Olivier Jouanjan (dir.), *Figures de l'État de droit. Le* Rechtsstaat *dans l'histoire intellectuelle et constitutionnelle de l'Allemagne*, Presses universitaires de Strasbourg, 2001.

Hummel (Jacky), « Convergences et discordances des discours libéraux allemand et français », *Revue française d'Histoire des idées politiques*, n°24, 2006, p. 233-253.

Hummel (Jacky), « L 'introuvable vérité du droit public ou l'éclipse du politique dans le discours juridique », *Droits*, n°42, 2006, p. 183-198.

Jouanjan (Olivier), « La Constitution de 1791 dans la doctrine constitutionnelle libérale française du XIXe siècle », *in* Bart (Jean)/Clère (Jean-Jacques)/Courvoisier (Claude)/Verpeaux (Michel) (éd.), *1791. La première Constitution française*, Économica, Paris, 1993, p. 433-449.

Jouanjan (Olivier), « La forme républicaine de gouvernement, norme supraconstitutionnelle ? », *in* Mathieu (Bertrand)/ Verpeaux (Michel) (dir.), *La République en droit français 1792-1992*, Économica, collection *Droit public positif*, 1996, p. 267-287.

Jouanjan (Olivier), « Carl Friedrich von Gerber et la constitution d'une science du droit public allemand », *in* Beaud (Olivier)/ Wachsmann (Patrick) (dir.), *La science juridique française et la science juridique allemande de 1870 à 1918*, Annales de la Faculté de droit de Strasbourg, nouvelle série, n°1, 1997, p. 11-63.

Jouanjan (Olivier), « État de droit, forme de gouvernement et représentation. À partir d'un passage de Kant », *in* du même (dir.), *Études de droit théorique et pratique*, Annales de la Faculté de droit de Strasbourg, nouvelle série n°2, Presses universitaires de Strasbourg, 1998, p. 279-301.

Jouanjan (Olivier), « La volonté dans la science juridique allemande du XIXe siècle : itinéraires d'un concept, entre droit romain et droit politique », *Droits*, n°28, 1999, p. 47-69.

Jouanjan (Olivier), « Le contrôle incident des normes et les contradictions de l'État monarchique en Allemagne », *in* du même (dir.), *Figures de l'État de droit. Le* Rechtsstaat *dans l'histoire intellectuelle et constitutionnelle de l'Allemagne*, Presses universitaires de Strasbourg, 2001, p. 253-291.

Jouanjan (Olivier), « Un positiviste dans la crise : Richard Thoma », *in* Jean-François Kervégan (dir.), *Crise et pensée de la crise en droit. Weimar, sa république et ses juristes*, ENS Éditions, 2002, p. 13-54.

Jouanjan (Olivier), « Karl Larenz. Les errements de l'hégélianisme juridique », *in* Colliot-Thélène (Catherine)/Kervégan (Jean-François) (dir.), *De la société à la sociologie*, ENS Éditions, 2002, p. 171-191.

Jouanjan (Olivier), « Laband et ses images », *Bicentenaire de la Faculté de droit de Strasbourg*, Annales de la Faculté de droit, Presses universitaires de Strasbourg, 2008, p. 69-86.

Jouanjan (Olivier) « Aperçu d'une histoire des fonctions de justice constitutionnelle en Allemagne (1815-1933) », *in* Grewe (Constance)/ Jouanjan (Olivier)/Maulin (Éric)/ Wachsmann (Patrick) (dir.), *La notion de « justice constitutionnelle »*, Dalloz, coll. Thèmes et commentaires, 2005, p. 13-48.

Jouanjan (Olivier), « Préface », *in* Georg Jellinek, *Théorie générale de l'État* (1911-1913), tr.fr. Fardis (Georges), vol.1, LGDJ, Éditions Panthéon-Assas, Paris, 2005, p. 5-85.

Jouanjan (Olivier), « "Le monde subjectif dans lequel se joue la vie du droit". Une interprétation de Georg Jellinek », *in* Coutu (Michel)/Rocher (Guy), *La légitimité de l'État et du droit. Autour de Max Weber*, Les Presses de l'Unversité Laval, 2005, 115-136.

Jouanjan (Olivier), « Justifier l'injustifiable », *Astérion*, n°4, 2006, (en ligne : http://asterion.revues.org).

Jouanjan (Olivier) « Duguit et les Allemands », *in* Melleray (Fabrice) (dir.), *Autour de Duguit – Colloque commémoratif du 150e anniversaire de la naissance du doyen Léon Duguit. Bordeaux*, 29-30 mai 2009, Bruylant, Bruxelles, 2010, p. 195-224.

Jouanjan (Olivier), « École historique du droit, pandectisme et codification en Allemagne (XIXe siècle) », *in* Alland (Denis)/Rials (Stéphane), *Dictionnaire de la culture juridique*, PUF, 2003, p. 571-578.

Jouanjan (Olivier), « La *Belle époque* des Verwaltungsrechts : zur Entstehung der modernen Verwaltungsrechtswissenschaft in Europa (1880-1920) », *in Ius Publicum Europäum*, vol. 3, C.F. Müller, 2009, p.425-459.

Jouanjan (Olivier), « Modèles et représentations de la justice constitutionnelle en France : un bilan critique», *Jus politicum*, n°2, 2009.

Jouanjan (Olivier), « Qu'est-ce qu'un discours "juridique" nazi », *Le Débat*, n°178, 2014, p. 160-177.

Jouanjan (Olivier), « Une origine des droits fondamentaux en Allemagne : le moment 1848 », *RDP*, n°3, 2012, p. 764-782.

Maulin (Éric), « Raymond Carré de Malberg (1861-1935) », *in* Cayla (Olivier)/ Halpérin (Jean-Louis) (dir.), *Dictionnaire des grandes œuvres juridiques*, Dalloz, 2008, p.82-91.

Pfersmann (Otto), « Carré de Malberg et la "hiérarchie des normes"», in Beaud (Olivier) Wachsmann (Patrick) (dir.), *La science juridique française et la science juridique allemande de 1870 à 1918,* Annales de la Faculté de droit de Strasbourg, nouvelle série, n°1, Presses universitaires de Strasbourg, 1997, p. 295-324.

Schönberger (Christoph), « Penser l'État dans l'Empire de la République : critique et réception de la conception juridique de l'État de Laband chez Carré de Malberg », *in* Beaud (Olivier)/ Wachsmann (Patrick) (dir.), *La science juridique française et la science juridique allemande de 1870 à 1918*, Annales de la Faculté de droit de Strasbourg, nouvelle série, n°1, Presses universitaires de Strasbourg, 1997, p. 255-265.

Somek (Alexander), « Dynamique juridique : une brève explication », *in* Jouanjan (Olivier) (coord.), *Hans Kelsen. Forme du droit et politique de l'autonomie*, PUF, coll. *Débats philosophiques*, 2010, p. 71-98.

Stolleis (Michael), « Dans le ventre du Léviathan. La science du droit constitutionnel sous le national-socialisme », *Astérion*, n°4, 2006.

Troper (Michel), « La pyramide est toujours debout ! Réponse à Paul Amselek », *RDP*, 1978, p. 1523-1526.

Zimmer (Willy) « Une conception organiciste de l'État : Otto Bähr et Otto von Gierke », *in* Jouanjan (Olivier) (dir.), *Figures de l'État de droit : le* Rechtsstaat *dans l'histoire intellectuelle et constitutionnelle de l'Allemagne*, Presses universitaires de Strasbourg, 2001, p. 220-236.

Références états-uniennes et britanniques :

Ackerman (Bruce), *We the People*, vol 1 : *Foundations*, 1993 (tr.fr. Jean-Fabien Spitz, *Au nom du peuple : les fondements de la démocratie américaine*, Calmann-Lévy, 1998), vol. 2 : *Transformations*, 2000, vol. 3 : *The Civil Rights Revolution*, 2014, Belknap Press.

Ackerman, (Bruce), « The new Separation of powers », *Harvard Law Review*, 2000, p.633-729.

Armitage (David) (éd.), *Bolingbroke, Political Writings*, Cambrige University Press, 1997, 354 p.

Boudon (Julien), « Le mauvais usage des spectres. La séparation “rigide” des pouvoirs», *RFDC*, 2009, p. 247-267.

Boudon (Julien), *Le frein et la balance. Études de droit constitutionnel américain*, Collection Droit et Science politique, Éditions Mare et Martin, 2010, 402 p.

Breyer (Stephen), *Active Liberty : Interpretating Our Democratic Constitution*, Vintage, 2006, 176 p.

Hamilton (Alexander), Jay (John) et Madison (James), *Le Fédéraliste*, trad. fr. Anne Amiel, Classiques Garnier, Paris, 2012, 648 p.

Locke (John), *The Two Treaties of Civil Governement*, Thomas Hollis ed., Londres, 1689.

Zoller (Élisabeth), *Histoire du gouvernement présidentiel aux États-Unis*, Dalloz, 2011, 348 p.

INDEX ALPHABETIQUE

TABLE DES MATIERES

FSC
www.fsc.org
MIX
Papier | Fördert
gute Waldnutzung
FSC® C083411

Kolibri 360 GmbH
Ferdinand-Jühlke-Straße 7
99095 Erfurt, Deutschland
produktsicherheit@kolibri360.de

Druck:
CPI Druckdienstleistungen GmbH
im Auftrag der
Kolibri 360 GmbH
Ferdinand-Jühlke-Str. 7
99095 Erfurt